Zivilrechtliche Folgen steuerlicher Rechtsirrtümer
bei Cum-/Ex-Geschäften

Forum Unternehmens-, Steuer- und Bilanzrecht

Deutsche, europäische und internationale Rechtsfragen

Herausgegeben von Oliver Fehrenbacher / Michael Stöber

Band 8

PETER LANG

Benjamin Westermann

Zivilrechtliche Folgen steuerlicher Rechtsirrtümer bei Cum-/Ex-Geschäften

PETER LANG

Bibliografische Information der Deutschen Nationalbibliothek
Die Deutsche Nationalbibliothek verzeichnet diese Publikation in der Deutschen Nationalbibliografie; detaillierte bibliografische Daten sind im Internet über http://dnb.d-nb.de abrufbar.

Zugl.: Kiel, Univ., Diss., 2018

D8
ISSN 2366-293X
ISBN 978-3-631-76299-8 (Print)
E-ISBN 978-3-631-76308-7 (E-PDF)
E-ISBN 978-3-631-76309-4 (EPUB)
E-ISBN 978-3-631-76310-0 (MOBI)
DOI 10.3726/b14535

Peter Lang –Berli · Bern · Bruxelles · New York ·
Oxford · Warszawa · Wien

Diese Publikation wurde begutachtet.

www.peterlang.com

Vorwort

Die vorliegende Arbeit wurde im Sommersemester 2018 an der juristischen Fakultät der Christian-Albrechts-Universität zu Kiel als Dissertation angenommen. Rechtsprechung und Literatur wurden grundsätzlich bis zum April 2018 berücksichtigt.

Für die gute Betreuung dieser Arbeit danke ich an erster Stelle meinem Doktorvater Herrn Prof. Dr. Michael Stöber, der den Anstoß zum Thema dieser Arbeit gegeben hat und mir stets als Gesprächspartner zur Verfügung stand. Seine Bemühungen im Rahmen der Betreuung und Unterstützung bei der Anfertigung dieser Arbeit gingen weit über das übliche Maß hinaus. Darüber hinaus danke ich Herrn Prof. Dr. Jan Roth für die Übernahme und die Erstellung des Zweitgutachtens.

Dank schulde ich ferner Herrn Dr. Jens Kleinert, der mir ebenfalls Anregungen zum Thema dieser Arbeit unterbreitet hat. Meinen Freunden und Studienkollegen danke ich für viele fruchtbare Gespräche und Diskussionen mit Denkanstößen. Meiner Mutter und meiner Kollegin Dr. Barbara von Finckenstein danke ich für ihre Korrekturvorschläge.

Mein größter Dank gebührt meiner Familie, welche durch ihre Unterstützung, schon während meines Studiums, diese Arbeit überhaupt erst ermöglicht hat und mir auch während der Anfertigung der Arbeit stets den Rücken stärkte.

Hamburg, im April 2018 Benjamin Westermann

Inhaltsverzeichnis

Abkürzungsverzeichnis

a.A.	andere(r) Ansicht/am Anfang
aaO	Am angegebenen Ort
ABlEU	Amtsblatt der Europäischen Union
Abs.	Absatz
Abschn.	Abschnitt
AcP	Archiv für die civilistische Praxis (Zeitschrift)
AdV	Aussetzung der Vollziehung
a.E.	am Ende
AEUV	Vertrag über die Arbeitsweise der Europäischen Union
a.F.	alte/r Fassung
AG	Aktiengesellschaft/Die Aktiengesellschaft (Zeitschrift)
AGB	Allgemeine Geschäftsbedingungen
AktG	Aktiengesetz
Alt.	Alternative
a.M.	am Main
Anm.	Anmerkung(en)
AO	Abgabenordnung
Art.	Artikel
AT	Allgemeiner Teil
Aufl.	Auflage
AVB-AVG	Allgemeine Versicherungsbedingungen für die Vermögensschaden-Haftpflichtversicherung von Aufsichtsräten, Vorständen und Geschäftsführern
BaFin	Bundesanstalt für Finanzdienstleistungsaufsicht
BAG	Bundesarbeitsgericht
BAGE	Sammlung der Entscheidungen des Bundesarbeitsgerichts
BB	Betriebs Berater (Zeitschrift)
Bd.	Band
BeckOK	Beck'scher Online-Kommentar
BeckOGK	Beck'scher Online-Großkommentar
BeckRS	Beck-Rechtsprechung, Rechtsprechungssammlung in beck-online
BedFWB	Bedingungen für Geschäfte an der Frankfurter Wertpapierbörse

Begr.	Begründer(in)/Begründung
Beschl.	Beschluss
BFH	Bundesfinanzhof
BFHE	Sammlung der Entscheidungen des Bundesfinanzhofs
BFH/NV	Sammlung nicht veröffentlichter Entscheidungen des BFH
BGB	Bürgerliches Gesetzbuch
BGB AT	Bürgerliches Gesetzbuch Allgemeiner Teil
BGBl.	Bundesgesetzblatt
BGH	Bundesgerichtshof
BGHSt	Entscheidungen des Bundesgerichtshofs in Strafsachen
BGHZ	Entscheidungen des Bundesgerichtshofs in Zivilsachen
BKR	Zeitschrift für Bank- und Kapitalmarktrecht (Zeitschrift)
BMF	Bundesministerium der Finanzen
BörsG	Börsengesetz
BörsO	Börsenordnung
BRD	Bundesrepublik Deutschland
BR-Drs.	Bundesrats-Drucksache
BStBl	Bundessteuerblatt
BT	Besonderer Teil
BT-Drs	Bundestags-Drucksache
BuB	Bankrecht und Bankpraxis
BVerfG	Bundesverfassungsgericht
BVerfGE	Entscheidungen des Bundesverfassungsgerichts
bzw.	beziehungsweise
CCP	Central Counter Party
cic	Culpa in Contrahendo
CISG	Convention on Contracts for the International Sale of Goods
ClearBed	Clearing Bedingungen der Eurex Clearing AG
DAR	Deutsches Autorecht (Zeitschrift)
DAX	Deutscher Aktienindex
DB	Der Betrieb (Zeitschrift)
DBA	Doppelbesteuerungsabkommen
DepotG	Depotgesetz
ders.	derselbe
d.h.	das heißt
dies.	dieselbe(n)
DNotZ	Deutsche Notar-Zeitschrift

Drs.	Drucksache
DStJG	Deutsche Steuerjuristische Gesellschaft
DStR	Deutsches Steuerrecht (Zeitschrift)
DStRE	Deutsches Steuerrecht Entscheidungsdienst
DStZ	Deutsche Steuerzeitung (Zeitschrift)
E/B/J/S	Ebenroth/Boujong/Joost/Strohn (Kommentar)
EFG	Entscheidungen der Finanzgerichte (Zeitschrift)
EG	Europäische Gemeinschaft
EGBGB	Einführungsgesetz zum Bürgerlichen Gesetzbuche
EStG	Einkommensteuergesetz
EU	Europäische Union
EuGH	Europäischer Gerichtshof
EUV	Vertrag über die Europäische Union
EWiR	Entscheidungen zum Wirtschaftsrecht
f., ff.	folgende(r)
FG	Finanzgericht
Fn.	Fußnote
FR	Finanz Rundschau (Zeitschrift)
FS	Festschrift
FWB	Frankfurter Wertpapierbörse
gem.	gemäß
GesR	Gesellschaftsrecht
GewStG	Gewerbesteuergesetz
GG	Grundgesetz
ggf.	gegebenenfalls
G/J/W	Graf/Jäger/Witting (Kommentar)
GmbH	Gesellschaft mit beschränkter Haftung
GmbHR	GmbH-Rundschau (Zeitschrift)
HGB	Handelsgesetzbuch
Hrsg.	Herausgeber(in)
Hs.	Halbsatz
i.H.v.	in Höhe von
i.R.d.	im Rahmen der/des

INF	Die Information für Steuerberater und Wirtschaftsprüfer (Zeitschrift)
InvStG	Investmentsteuergesetz
InvStRefG	Investmentsteuerreformgesetz
ISDA	International Swap and Derivatives Association
ISIN	International Securities Identification Number (Internationale Wertpapierkennnummer)
IStR	Zeitschrift für europäische und internationale Steuer- und Wirtschaftsberatung (Zeitschrift)
i.V.m.	in Verbindung mit
i.w.S.	im weiteren Sinn
JA	Juristische Arbeitsblätter (Zeitschrift)
jM	juris – Die Monatszeitschrift (Zeitschrift)
JStG	Jahressteuergesetz
JURA	Juristische Ausbildung (Zeitschrift)
JuS	Juristische Schulung (Zeitschrift)
JZ	Juristenzeitung (Zeitschrift)
Kap.	Kapitel
KG	Kammergericht
KBV	Kurs-Buchwert-Verhältnis
KGV	Kurs-Gewinn-Verhältnis
KölnKomm	Kölner Kommentar
KStG	Körperschaftsteuergesetz
KWG	Kreditwesengesetz
LVVO	Leerverkaufsverordnung
littera	lit.
m.	Mit
MAH	Münchener Anwaltshandbuch
MDR	Monatsschrift für Deutsches Recht (Zeitschrift)
m.E.	meines Erachtens
MiFID	Richtlinie 2004/39/EG über Märkte für Finanzinstrumente
Misc.	Miscellaneous Reports
MünchKomm	Münchener Kommentar
m.w.N.	mit weiteren Nachweisen

n.F.	neue Fassung
NJOZ	Neue Juristische Online-Zeitschrift (Zeitschrift)
NJW	Neue Juristische Wochenschrift (Zeitschrift)
NJW-RR	NJW-Rechtsprechungs-Report Zivilrecht
NK	Nomos Kommentar
Nr.	Nummer
NStZ	Neue Zeitschrift für Strafrecht (Zeitschrift)
NWB	Neue Wirtschaftsbriefe (Zeitschrift)
N.Y.	New York State
NZG	Neue Zeitschrift für Gesellschaftsrecht (Zeitschrift)
NZWiSt	Neue Zeitschrift für Wirtschafts-, Steuer- und Unternehmensstrafrecht (Zeitschrift)
OGAW	Organismen für gemeinsame Anlagen in Wertpapieren
OGAW-IV-UmsG	OGAW-IV-Umsetzungsgesetz
OGHZ	Entscheidungen des Obersten Gerichtshofs für die Britische Zone in Zivilsachen
OGHBrZ	Oberster Gerichtshof für die Britische Zone
OLG	Oberlandesgericht
o.N.	Ohne Namen
OTC	Over the counter
PStR	Praxis Steuerstrafrecht (Zeitschrift)
P/W/W	Prütting/Wegen/Weinreich (Kommentar)
RegBegr	Regierungsbegründung
RdF	Recht der Finanzinstrumente (Zeitschrift)
RG	Reichsgericht
RGSt	Sammlung der Rechtsprechung des Reichsgerichts in Strafsachen
RGZ	Sammlung der Entscheidungen des Reichsgerichts in Zivilsachen
RIW	Recht der Internationalen Wirtschaft (Zeitschrift)
rkr.	rechtskräftig
RL	Richtlinie
ROM I	Verordnung (EG) Nr. 593/2008 des Europäischen Parlaments und des Rates vom 17. Juni 2008 über das auf vertragliche Schuldverhältnisse anzuwendende Recht

Rspr.	Rechtsprechung
Rn.	Randnummer(n)
S.	Satz, Seite
SchuldRModG	Gesetz zur Modernisierung des Schuldrechts
SchuldR	Schuldrecht
s.o.	siehe oben
sog.	so genannte(r)/(n)
SolZ	Solidaritätszuschlag
SolZG	Solidaritätszuschlaggesetz
Sonderbeil.	Sonderbeilage
StandOG	Standortsicherungsgesetz
StB	Der Steuerberater (Zeitschrift)
StBerG	Steuerberatungsgesetz
Stbg	Die Steuerberatung (Zeitschrift)
StBp	Die steuerliche Betriebsprüfung (Zeitschrift)
SteuK	Steuerrecht kurzgefaßt (Zeitschrift)
StGB	Strafgesetzbuch
StMBG	Mißbrauchsbekämpfungs- und Steuerbereinigungsgesetz
st. Rspr.	ständige Rechtsprechung
StSenkG	Steuersenkungsgesetz
SchwarzArbG	Gesetz zur Bekämpfung der Schwarzarbeit und illegalen Beschäftigung
u.a.	unter anderem; und andere
UmsG	Umsetzungsgesetz
UntStRefG	Unternehmensteuerreformgesetz 2008
Urt.	Urteil
UStG	Umsatzsteuergesetz
u.U.	unter Umständen
u.v.m.	und viele mehr
v.	vom
Var.	Variante
Verf.	Verfasser(in)
VG	Verwaltungsgericht
vgl.	vergleiche
VO	Verordnung
VZ	Verrechnungszeitraum

wistra	Zeitschrift für Wirtschafts- und Steuerstrafrecht (Zeitschrift)
WM	Wertpapier Mitteilungen – Zeitschrift für Wirtschafts- und Bankrecht (Zeitschrift)
WpHG	Wertpapierhandelsgesetz
WpL	Wertpapierleihe
WpMiVoG	Gesetz zur Vorbeugung gegen missbräuchliche Wertpapier- und Derivategeschäfte
WuB	Entscheidungssammlung zum Wirtschafts- und Bankrecht
Xetra	Exchange Electronic Trading
ZBB	Zeitschrift für Bankrecht und Bankwirtschaft (Zeitschrift)
ZEV	Zeitschrift für Erbrecht und Vermögensnachfolge (Zeitschrift)
ZfBR	Zeitschrift für Deutsches und Internationales Bau- und Vergaberecht (Zeitschrift)
ZfpW	Zeitschrift für die gesamte Privatrechtswissenschaft (Zeitschrift)
ZGR	Zeitschrift für Unternehmens- und Gesellschaftsrecht (Zeitschrift)
ZGS	Zeitschrift für das gesamte Schuldrecht (Zeitschrift)
ZHR	Zeitschrift für das gesamte Handels- und Wirtschaftsrecht (Zeitschrift)
Ziff.	Ziffer
ZIP	Zeitschrift für Wirtschaftsrecht (Zeitschrift)
zzgl.	zuzüglich

Literaturverzeichnis

Alfes, André, Central Counterparty – Zentraler Kontrahent – Zentrale Gegenpartei, Dissertation, Berlin 2005

Amann, Hermann/Brambring, Günter/Hertel, Christian, Vertragspraxis nach neuem Schuldrecht, 2. Auflage, München 2003

Amann, Sascha, Voraussetzungen für KapESt-Anrechnung bei Cum-Ex-Aktiengeschäften, DB 2016, S. 1463–1465

Anzinger, Heribert, Cum-/Cum-Geschäfte: Cum-/Ex-, die Zweite?, RdF 2015, S. 265

–, Übergang des wirtschaftlichen Eigentums an girosammelverwahrten Aktien im System der Kapitalertragsteuer, RdF 2012, S. 394–403

Assmann, Heinz-Dieter/Schneider, Uwe H. (Hrsg.), Wertpapierhandelsgesetz Kommentar, 6. Auflage, Köln 2012

Assmann, Heinz-Dieter/Schütze, Rolf A., Handbuch des Kapitalanlagerechts, 4. Auflage, München 2015

Barnert, Thomas, Mängelhaftung beim Unternehmenskauf zwischen Sachgewährleistung und Verschulden bei Vertragsschluss im neuen Schuldrecht, WM 2003, S. 416–425

Baumann, Horst, Grundlinien eines „beweglichen Systems", AcP 187 (1987), S. 511–551

Baumbach, Klaus J./Hopt, Adolf (Begr.), Handelsgesetzbuch, 38. Auflage, München 2018

Bayer, Hermann-Wilfried, Steuerlehre, Berlin, New York 1998

Beck, Heiko, Das neue elektronische Handelssystem Xetra der Frankfurter Wertpapierbörse, WM 1998, S. 417–430

Beck'scher Online-Kommentar zum BGB, *Bamberger, Heinz Georg/Roth, Herbert* (Hrsg.), 45. Edition (Stand: März 2018), München

Beck'scher Online-Großkommentar zum Bürgerlichen Gesetzbuch, *Gsell, Beate/Krüger, Wolfgang/Lorenz, Stephan* u.a. (Hrsg.), 4. Edition (Stand: November 2017), München

Behrensmeyer, Anke Lydia, Die Verjährung von kaufrechtlichen Gewährleistungs- und Rückgriffsansprüchen, Dissertation, Frankfurt a.M., Berlin, Bern u.a. 2012

Berger, Christian, Der Beschaffenheitsbegriff des § 434 Abs. 1 BGB, JZ 2004, S. 276–283

Berger, Hanno/Matuszewski, Jörn, Dividendenstripping im Fokus der Finanzverwaltung, BB 2011, S. 3097–3104

Bergjan, Ralf, Die Auswirkungen der Schuldrechtsreform 2002 auf den Unternehmenskauf, Dissertation, Berlin 2003

Bippus, Elsa, Dividenden-Stripping-Strategien zur Vermeidung der Besteuerung inländischer Dividendenerträge ausländischer Anteilseigner, RIW 1994, S. 945–960

Blümich, EStG KStG GewStG, *Heuermann, Bernd/Brandis, Peter* (Hrsg.), Loseblattsammlung, 140. Ergänzungslieferung (Stand: Januar 2018), München 2018

Band 1: §§ 1–8 EStG

Band 2: §§ 9–24c EStG

Band 3: §§ 25–99 EStG

Band 4: §§ 1–40 KStG; 27–54 a KStG a.F.; §§ 1–37 GewStG

Blumers, Wolfgang/Elicker, Michael, Verfassungswidrige Überschreitung richterlicher Kompetenzen, BB 2012, S. 3187–3188

Bork, Reinhard, Allgemeiner Teil des Bürgerlichen Gesetzbuchs, 4. Auflage, Tübingen 2016

Brandis, Peter, Sog. cum/ex-Geschäfte: Übergang des wirtschaftlichen Eigentums, in: Nationale und Internationale Unternehmensbesteuerung in der Rechtsordnung, Festschrift für Dietmar Gosch, Lüdicke, Jürgen/Mellinghof, Rudolf/Rödder, Thomas (Hrsg.), München 2016, S. 37–46

Breidenbach, Stephan, Die Voraussetzungen von Informationspflichten beim Vertragsschluß, Dissertation, München 1989

Breitkreuz, Tilman, Die Ordnung der Börse, Dissertation, Berlin 2000

Breuer, Matthias, Mängelhaftung beim Unternehmens- und Beteiligungskauf nach dem Schuldrechtsmodernisierungsgesetz, Dissertation, Berlin 2006

Brink, Ulrich, Forfaitierung und Factoring im Licht der Schuldrechtsreform, WM 2003, S. 1355–1363

Brox, Hans/Walker, Wolf-Dietrich, Allgemeiner Teil des BGB, 41. Auflage, München 2017

–, Allgemeines Schuldrecht, 41. Auflage, München 2017

–, Besonderes Schuldrecht, 41. Auflage, München 2017

Brüggemeier, Gert, Das neue Kaufrecht des Bürgerlichen Gesetzbuches – Eine kritische Bestandsaufnahme –, WM 2002, S. 1376–1387

Bruns, Jan-Willem, Streitfragen bei Leerverkäufen über den Dividendenstichtag, DStZ 2012, S. 333–340

–, Gibt es eine Vervielfachung des wirtschaftlichen Eigentums bei Leerverkäufen?, DStZ 2011, S. 676–684

–, Leerverkäufe und missbräuchliche Gestaltung, DStR 2010, S. 2061–2066

Brych, o.N., Steuervorteile nur eine zusicherungsfähige Eigenschaft?, ZfBR 1981, S. 153

Buck-Heeb, Petra, Kapitalmarktrecht, 9. Auflage, Heidelberg 2017

–, Der Anlageberatungsvertrag – Die Doppelrolle der Bank zwischen Fremd- und Eigeninteresse –, WM 2012, S. 625–635

Buhk, Matthias, Die Haftung eines Wertpapierdienstleistungsunternehmens bei der Anlagenvermittlung und der Anlagenberatung, Dissertation, Frankfurt am Main 1999

Bultmann, Friedrich/Hoepner, Olaf/Lischke, Peter, Anlegerschutz, München 2009

Burda, Michael/Wyplosz, Charles, Macroeconomics, 7. Auflage, New York 2017

Calliess, Christian/Ruffert, Matthias, (Hrsg.), EUV/AEUV Kommentar, 5. Auflage, München 2016

Canaris, Claus-Wilhelm, Die Neuregelung des Leistungsstörungs- und des Kaufrechts – Grundstrukturen und Problemschwerpunkte –, in: Karlsruher Forum 2002: Schuldrechtsmodernisierung, Lorenz, Egon (Hrsg.), Karlsruhe 2003, S. 5–100

–, Schuldrechtsmodernisierung 2002, München 2002

–, Das Rangverhältnis der „klassischen" Auslegungskriterien, demonstriert an Standartproblemen aus dem Zivilrecht, in: Festschrift für Dieter Medicus zum 70. Geburtstag, Beuthin, Volker/Fuchs, Maximilian/Roth, Herbert/Schiemann, Gottfried/Wacke, Andreas (Hrsg.), Köln, Berlin, Bonn, München 1999, S. 25–62

–, Bankvertragsrecht

3. Auflage, Erster Teil, Berlin, New York 1988

2. Auflage, Berlin, New York 1981 (Vorauflage)

Clauss, Annika, Anfechtungsrechte bei Wertpapiergeschäften zu nicht marktgerechten Preisen (Mistrades), Dissertation, Berlin, Boston 2012

Claussen, Carsten Peter/Erne, Roland (Hrsg.), Bank- und Börsenrecht, 5. Auflage, München 2014

Clouth, Peter, Anlegerschutz – Grundlagen aus Sicht der Praxis –, ZHR 177 (2013), S. 212–263

Dauner-Lieb, Barbara/Langen, Werner (Hrsg.), BGB Schuldrecht Kommentar, Band 2/1, 3. Auflage, Baden-Baden 2016

Dauner-Lieb, Barbara/Konzen, Horst/Schmidt, Karsten (Hrsg.), Das neue Schuldrecht in der Praxis, Köln, Berlin, Bonn, München 2003

Dautzenberg, Norbert, Kapitalertragsteuer auf deutsche Dividenden an ausländische Kapitalgesellschaften EG-rechtswidrig?, BB 2001, S. 2137–2142

Demuth, Ralf, Cum/ex-OTC-Geschäfte im Fokus: Erste Gelegenheit des BFH zur Versachlichung einer überhitzten Diskussion, DStR 2013, S. 1116–1118

Derleder, Peter/Knops, Kai-Oliver/Bamberger, Heinz Georg (Hrsg.), Handbuch zum deutschen und europäischen Bankrecht, Band 2, 3. Auflage, Berlin, Heidelberg 2017

Derleder, Peter, Sachmängel- und Arglisthaftung nach neuem Schuldrecht, NJW 2004, S. 969–976

Derlien, Ulrich/Kern, Konrad, Die Herkunft der Arbitrage bei Cum/Ex-Geschäften – abgesprochen oder marktbedingt?, BB 2013, S. 1943–1949

Desens, Marc, Übergang des wirtschaftlichen Eigentums im Aktienhandel, DStR 2014, S. 2317–2324

–, Erhebung und Bescheinigung der Kapitalertragsteuer als Voraussetzungen für ihre Anrechnung nach Aktiengeschäften über den Dividendenstichtag (cum/ex-trades), DStZ 2014, S. 154–165

–, Arbitragen und Gestaltungsmissbräuche durch Aktiengeschäfte über den Dividendenstichtag, FR 2014, S. 265–274 und 305–313

–, Kritische Bestandsaufnahme zu den geplanten Änderungen in § 8b KStG, DStR 2013, Beihefter zu Heft 4, S. 13–24

–, Anrechnung der Kapitalertragsteuer nach Leerverkäufen über den Dividendenstichtag Zum Beschluss des Hessischen FG vom 8.10.2012, 4 V 1661/11, DStR 2012, S. 2473–2477

–, Dividendenkompensationsleistungen nach Leerverkäufen – zugleich eine Replik zur Erwiderung von Stephan Rau –, DStZ 2012, S. 246–252

–, Kapitaleinkünfte bei Leerverkäufen, DStZ 2012, S. 142–155

–, Das Halbeinkünfteverfahren, Dissertation, Köln 2004

Ebeling, Jürgen, Schenkungsteuerliche Rückabwicklungen auf der Grundlage des neuen Schuldrechts, DB 2002, S. 553–555

Ebenroth, Carsten Thomas/Boujong, Karlheinz/Joost, Detlev (Begr.)/*Joost, Detlev/Strohn, Lutz* (Hrsg.), Handelsgesetzbuch, 3. Auflage, München 2015

Band 2: §§ 343–475 h, Transportrecht, Bank- und Börsenrecht

Eckert, Hans-Werner/Maifeld, Jan/Matthiessen, Michael, Handbuch des Kaufrechts, München 2007

Ehling, Jan/Kappel, Jan, Arglist sticht Haftungsausschluss – Gewährleistungsprozess mit „harten Bandagen", BB 2013, S. 2955–2958

Eidenmüller, Horst, Rechtskauf und Unternehmenskauf, ZGS 2002, S. 290–296

–, Die Verjährung beim Rechtskauf, NJW 2002, S. 1625–1627

Einsele, Dorothee, Bank- und Kapitalmarktrecht, 3. Auflage, Tübingen 2014

Emmerich, Volker, BGB – Schuldrecht Besonderer Teil, 14. Auflage, Heidelberg 2015

–, Das Recht der Leistungsstörungen, 6. Auflage, München 2005

–, Anm. zu BGH v. 30.10.1987 – V ZR 144/86, WuB IV A. § 463 BGB 1.88

–, Anm. zu BGH v. 26.4.1991 – V ZR 165/89, JuS 1991, S. 857–859

Englisch, Joachim, Hessisches FG: Kapitalertragsteueranrechnung bei cum/ex-Transaktionen, RdF 2012, S. 425–426

–, Wirtschaftliches Eigentum beim Kauf girosammelverwahrter Aktien, FR 2010, S. 1023–1031

–, Dividendenbesteuerung, Dissertation, Köln 2005

Erman, Walter, Bürgerliches Gesetzbuch, Kommentar, *Westermann, Hans Peter u.a.* (Hrsg.), 15. Auflage, Köln 2017

Band I: §§ 1–758 BGB

Band II: §§ 759–2385 BGB

Fatemi, Aliresa, Der Begriff der Kenntnis im Bürgerlichen Recht, NJOZ 2010, S. 2637–2642

Fiand, Andreas, Die Steigerung von Cum/Ex: Cum/Cum?, NWB 2016, S. 344–351

Fikentscher, Wolfgang/Heinemann, Andreas, Schuldrecht, 10. Auflage (Altauflage), Berlin 2006

Findeisen, Maximilian/Tönningsen, Gerrit, Das Verbot ungedeckter Leerverkäufe – Regelungsgehalt und Reichweite des § 30h WpHG –, WM 2011, S. 1405–1412

Fischer, Detlev, Aktuelle Entwicklungen im Recht der Rechtsanwaltshaftung, ZAP 2016, Fach 23, S. 1087–1098

Fischer, Michael, Die Haftung des Unternehmensverkäufers nach neuem Schuldrecht, DStR 2004, S. 276–282

Fischer, Thomas, Strafgesetzbuch, 65. Auflage, München 2018

Fischinger, Philip S./Lettmaier, Saskia, Sachmangel bei Asbestverseuchung – Anwendbarkeit der c.i.c. neben den §§ 434 ff. BGB, NJW 2009, S. 2496–2499

Fleckner, Andreas M., Die Börsengeschäftsbedingungen, ZHR 180 (2016), S. 458–521

–, Schicksal der Gegenleistungspflicht beim Kauf von Wertpapieren, WM 2009, S. 2064–2073

Fleckner, Andreas M./Vollmuth, Christian, Geschäfte zu nicht marktgerechten Preisen (Mistrades) im außerbörslichen Handel, WM 2004, S. 1263–1278

Fleischer, Holger, Mysterium „Gesetzesmaterialien", Tübingen 2013

–, Vorstandshaftung und Vertrauen auf anwaltlichen Rat, NZG 2010, S. 121–125

–, Rechtsrat und Organwalterhaftung im Gesellschafts- und Kapitalmarktrecht, in: Festschrift für Uwe Hüffer zum 70. Geburtstag, Kindler, Peter/Koch, Jens/Ulmer, Peter/Winter, Martin (Hrsg.), München 2010, S. 187–203

Flore, Ingo/Tsambikakis, Michael, Steuerstrafrecht, Kommentar, 2. Auflage, Köln 2016

Florstedt, Tim, Cum/ex-Geschäfte und Vorstandshaftung – Zur Reichweite des Vertrauensschutzes beim Rechtsirrtum, NZG 2017, S. 601–611

–, Anteilszurechnung und Alternativität – Zugleich zur Frage der Legalität einer mehrfachen Erstattung einmal gezahlter Kapitalertragsteuer bei „Cum-ex"-Geschäften, FR 2016, S. 641–651

Flume, Werner, Allgemeiner Teil des Bürgerlichen Rechts, Band II, 4. Auflage, Berlin, Heidelberg, New York u.a. 1992

–, Eigenschaftsirrtum und Kauf, Regensberg, Münster 1948

Fridrich, Johannes/Seidel, Sebastian, Lücken üblicher Mistrade-Klauseln im außerbörslichen Handel und deren Behebung durch Vertragsgestaltung, BKR 2008, S. 497–504

Frotscher, Gerrit, Anwendung des § 8b KStG, INF 2003, S. 457–462

Fuchs, Andreas (Hrsg.), Wertpapierhandelsgesetz, Kommentar, 2. Auflage, München 2016

–, (Hrsg.), Wertpapierhandelsgesetz, Kommentar, Vorauflage, München 2009

Gabler Bank Lexikon, *Grill, Wolfgang/Gramlich, Ludwig/Eller Roland* (Hrsg.), A-K, 13. Auflage, Wiesbaden 2002

Gaul, Björn, Schuldrechtsmodernisierung und Unternehmenskauf, ZHR 166 (2002), S. 35–71

Geerling, Tobias/Grauke, Britta, Verweigerung der Steueranrechnung nach Dividenden-Stripping als Verstoß gegen die Kapitalverkehrsfreiheit, DStR 2013, S. 1711–1718

Graf, Jürgen Peter/Jäger, Markus/Witting, Petra (Hrsg.), Wirtschafts- und Steuerstrafrecht, 2. Auflage, München 2017

Gröschler, Peter, Die Pflicht des Verkäufers zur Aufklärung über Mängel nach neuem Kaufrecht, NJW 2005, S. 1601–1604

Grigoleit, Hans Christoph/Herresthal Carsten, Grundlagen der Sachmängelhaftung im Kaufrecht, JZ 2003, S. 118–127

Grigoleit, Hans Christoph, Vorvertragliche Informationshaftung, Dissertation, München 1997

Gronstedt, Sebastian/Jörgens, Stefan, Die Gewährleistungshaftung bei Unternehmensverkäufen nach dem neuen Schuldrecht, ZIP 2002, S. 52–65

Groß, Bernd, Steuerstrafrechtliche Behandlung von Kreditinstituten im Zusammenhang mit Cum-ex-Trades, PStR 2013, S. 296–299

Groß, Wolfgang, Kapitalmarktrecht, 6. Auflage, München 2016

Grunewald, Barbara, Rechts- und Sachmängelhaftung beim Kauf von Unternehmensanteilen, NZG 2003, S. 372–374

Gutzeit, Martin, Der arglistig täuschende Verkäufer, NJW 2008, S. 1359–1362

Haas, Lothar, Entwurf eines Schuldrechtsmodernisierungsgesetzes: Kauf- und Werkvertragsrecht, BB 2001, S. 1313–1321

Habammer, Christoph, Die Haftung der Depotbanken bei Cum/Ex-Fällen, DStR 2017, 1958–1963

Habersack, Mathias/Ehrl, Max, Börsengeschäfte unter Einbeziehung eines zentralen Kontrahenten, ZfpW 2015, S. 312–349

Haedicke, Maximilian, Rechtskauf und Rechtsmängelhaftung, Habilitationsschrift, Tübingen 2003

Hafner, Philipp, Das Dividendenstripping – es gibt noch einiges zu klären, Kreditwesen 2016, S. 650–653

Häublein, Martin, Der Beschaffenheitsbegriff und seine Bedeutung für das Verhältnis der Haftung aus culpa in contrahendo zum Kaufrecht, NJW 2003, S. 388–393

Häuselmann, Holger, Kapitalertragsteuerbescheinigungen für 2009 – Muster ohne Wert? Anrechnungsrisiken für betriebliche Dividendenbezieher nach dem BMF-Schreiben vom 5.5.2009, DStR 2009, S. 1996–1997

Hahne, Klaus D., Auslegungs- und Anwendungsfragen zur gesetzlichen Neuregelung für Aktiengeschäfte um den Ausschüttungstermin – Kritische Analyse der Vorschrift des § 20 Abs. 1 Nr. 1 Satz 4 EStG n. F., DStR 2007, S. 605–610

–, Zeitpunkt des Übergangs des wirtschaftlichen Eigentums bei girosammelverwahrten Aktien – Erwiderung zum Beitrag von Rau, DStR 2007, 1192, DStR 2007, S. 1196 – 1198

Haisch, Martin, Führt die Bekämpfung von „Cum/Cum" zu Kollateralschäden beim deutschen Aktienhandel?, RdF 2016, S. 85–86

–, Änderung der Kapitalertrags-Besteuerung von Aktien-Dividenden ab 2012, AG 2011, S. 503–507

Haisch, Martin/Hüniken, Jan, Erhebliche Verschärfung der Steueranrechnung bei deutschen Aktien geplant, BB 2016, S. 345–350

Hammen, Horst, Börsenreform und Verfassungsrecht – Rechtsnatur der Börsenbedingungen und Zuständigkeit für die Einführung von Aktien zum Börsenhandel in den Teilbereichen, WM 2007, S. 1297–1305

Hamsch, Johannes, Die Behandlung des Irrtums im Steuerrecht, Dissertation, Frankfurt am Main 2008

Haritz, Detlef/Werneburg, Martin, Wie geht es weiter nach dem BFH-Urteil zu Cum/ex-Geschäften?, NWB 2015, S. 657–663

Harnos, Rafael, Geschäftsleiterhaftung bei unklarer Rechtslage, Berlin 2013

–, Rechtsirrtum über Aufklärungspflichten beim Vertrieb von Finanzinstrumenten, BKR 2009, S. 316–323

Hartmann-Wendels, Thomas/Pfingsten, Andreas/Weber, Martin, Bankbetriebslehre, 5. Auflage, Dordrecht, London, New York 2010

Happ, Wilhelm (Hrsg.), Aktienrecht, 4. Auflage, Köln, Berlin, München 2015

Heerstraßen, Frank/Reinhard, Thorsten, Die Verjährung von Rechtsmängelansprüchen beim Beteiligungskauf nach der Schuldrechtsreform, BB 2002, S. 1429–1437

Heidel, Thomas (Hrsg.), Nomos Kommentar – Aktienrecht und Kapitalmarktrecht, 4. Auflage, Baden-Baden 2014

Heidel, Thomas/Schall, Alexander (Hrsg.), Nomos Kommentar – Handelsgesetzbuch, 2. Auflage, Baden-Baden 2015

Hellgardt, Alexander, Privatautonome Modifikation der Regeln zu Abschluss, Zustandekommen und Wirksamkeit des Vertrags, AcP 213 (2013), S. 760–824

Hellner, Thorwald/Steuer, Stephan (Begr.), Bankrecht und Bankpraxis, Band 4, Loseblattsammlung, 131. Lieferung (Stand: November 2017), Köln

Helmschrott, Harald/Waßmer, Martin, Aufklärungs-, Beratungs- und Verhaltenspflichten von Wertpapierdienstleistern nach §§ 31, 32 WpHG bei der Anlage in Aktien des Neuen Marktes, WM 1999, S. 1853–1863

Henssler, Martin/Graf von Westphalen, Friedrich (Hrsg.), Praxis der Schuldrechtsreform, 2. Auflage, Köln 2002

Henssler, Martin/Strohn, Lutz (Hrsg.), Gesellschaftsrecht, 3. Auflage, München 2016

Herrmann, Carl/Heuer, Gerhard/Raupach, Arndt, Einkommensteuer- und Körperschaftsteuergesetz, Kommentar, Loseblattsammlung, 283. Ergänzungslieferung (Stand: Februar 2018), Köln

Band VI: §§ 19–32d EStG

Band VII: §§ 33–42g EStG

Band VIII: §§ 43–99 EStG

Hermanns, Marc, Garantien beim Unternehmens- und Anteilskaufvertrag – Gestaltungsmöglichkeiten und Formulierungsvorschläge, ZIP 2002, S. 696–700

Hölters, Wolfgang (Hrsg.), Aktiengesetz, Kommentar, 3. Auflage, München 2017

Honsell, Heinrich, Verletzung der Aufklärungspflicht bei culpa in contrahendo und Delikt, in: Festschrift für Medicus zum 80. Geburtstag, Beuthin, Volker u.a. (Hrsg.), Köln 2009, S. 181–197

Horn, Norbert, Die Erfüllung von Wertpapiergeschäften unter Einbeziehung eines zentralen Kontrahenten an der Börse, WM 2002, Sonderbeilage Nr. 2 zu Heft 20

–, Der Ausschluß von Aufklärung und Beratung im Anlegerschutzrecht, in: Bankrecht – Schwerpunkt und Perspektiven, Festschrift für Herbert Schimansky, Horn, Norbert/Lwowski, Hans-Jürgen/Nobbe, Gerd (Hrsg.), Köln 1999, S. 653–666

Huber, Peter/Faust Florian, Schuldrechtsmodernisierung, München 2002

Huber, Ulrich, Die Praxis des Unternehmenskaufs im System des Kaufrechts, AcP 202 (2002), S. 179–242

Hübschmann, Walter/Hepp, Ernst/Spitaler, Armin (Hrsg.), Abgabenordnung/Finanzgerichtsordnung, Kommentar, Loseblattsammlung, 246. Ergänzungslieferung (Stand: März 2018), Köln

Band III: §§ 33–68 AO

Band X: §§ 369–415 AO

Hüffer, Uwe/Koch, Jens, Aktiengesetz, 12. Auflage, München 2016

Ihlas, Horst, D&O Directors&Officers Liability, 2. Auflage, Berlin 2009

Intemann, Jens, Die Neuregelung zur Steuerpflicht von Streubesitzdividenden, BB 2013, S. 1239–1243

Jagersberger, Barbara, Die Haftung des Verkäufers beim Unternehmens- und Anteilskauf, Dissertation, Regensburg 2006

Jaques, Henning, Haftung des Verkäufers für arglistiges Verhalten beim Unternehmenskauf – zugleich eine Stellungnahme zu § 444 BGB n.F., BB 2002, S. 417–423

Jaskulla, M. Ekkehard, Angemessenheit und Grenzen börslicher Mistrade-Regeln in Zeiten des Hochfrequenzhandels am Beispiel der Eurex Deutschland, WM 2012, S. 1708–1715

Jauernig, Othmar, Kommentar zum BGB, Stürner, Rolf (Hrsg.), 16. Auflage, München 2015

Jehnke, Christian/Blank, Michael, „Cum/Ex Geschäfte" mit inländischer Depotbank auf Verkäuferseite: Vorrang der Haftung vor der Rücknahme der Anrechungsverfügung?, DStR 2017, S. 905–912

Jobst, Stefan, Börslicher und außerbörslicher Derivatehandel mittels zentraler Gegenpartei, ZBB 2010, S. 384–400

Joecks, Wolfgang/Jäger, Markus/Randt, Karsten, Steuerstrafrecht, 8. Auflage, München 2015

Kanzler, Hans-Joachim, Die „Gesetzesbegründung" im Steuerrecht, DStZ 2007, S. 525–533

Kapp, Reinhard, Einfluß nicht erwarteter steuerlicher Folgen auf Schenkungen – Wegfall der Geschäftsgrundlage, BB 1979, S. 1207–1210

Kindermann, Elmar, Börsengeschäfte in zeitlichem Zusammenhang mit Dividendenterminen = „Dividenden-Stripping"?, WM 1994, S. 817–826 und 869–879

Kindl, Johann, Unternehmenskauf und Schuldrechtsmodernisierung, WM 2003, S. 409–415

Kirchhof, Paul (Hrsg.), Einkommensteuergesetz, Kommentar, 16. Auflage, Köln 2017

–, Besteuerungsgewalt und Grundgesetz, Frankfurt am Main 1973

Klein, Franz/Orlopp, Gerd (Begr.), AO, Kommentar, 13. Auflage, München 2016

Klein, Hartmut, Die vertane Chance im sog. „Cum/Ex Verfahren" – Nachschau des Hessischen FG-Urteils vom 12.2.2016 – 4 K 1684/14, BB 2016, S. 2006–2013 und 2200–2208

–, Wirtschaftliches Eigentum bei Aktiengeschäften im Rahmen von „Cum/Ex-Geschäften" im Lichte der Rechtsprechung des I. Senats des BFH, BB 2015, S. 726–735

–, Gewaltenteilung – Umgang der Finanzverwaltung mit der Legislative am Beispiel der Cum-ex-Geschäfte, BB 2013, S. 1054–1057

Knobloch, Alois Paul, Steuerarbitrage um den Ausschüttungstermin von Kapitalgesellschaften, DB 2016, S. 1825–1837

Koch, Jens, Mistrade-Klauseln in der AGB-Inhaltskontrolle, ZBB 2005, S. 265–273

Koenig, Ulrich (Hrsg.), AO, Kommentar, 3. Auflage, München 2014

Kölner Kommentar zum Aktiengesetz, *Zöllner, Wolfgang/Noack, Ulrich* (Hrsg.), 3. Auflage, Köln 2012

Band 1: §§ 1–75 AktG

Kölner Kommentar zum Wertpapierhandelsgesetz, *Hirte, Heribert/Möllers Thomas M.J.* (Hrsg.), 2. Auflage, Köln 2014

Köndgen, Johannes, Preis- und Vergütungsgestaltung im Wertpapierhandel, in: Festschrift für Claus-Wilhelm Canaris, Band II, Heldrich, Andreas/Prölss, Jürgen/Koller, Ingo u.a. (Hrsg.), München 2007, S. 181–207

Köster, Eva, Konkurrenzprobleme im neuen Kaufmängelrecht, JURA 2005, S. 145–150

Kohlmann, Günter (Begr.), Steuerstrafrecht, Kommentar, Loseblattsammlung, 59. Lieferung (Stand: Dezember 2017), Köln

Band I: §§ 369–379 AO

Kolbinger, Kathleen, Das wirtschaftliche Eigentum an Aktien, Dissertation, Frankfurt 2008

Koller, Ingo, Umweltfehler und zugesicherte Sacheigenschaften, NJW 1981, S. 1768–1769

Krause, Martin, Zivilrechtliche Aspekte des Aktienhandels um den Dividendenstichtag unter besonderer Berücksichtigung des Dividendenstrippings, WM 1999, S. 1101–1111

–, Strafrechtliche Aspekte des Dividendenstrippings, wistra 1998, S. 201–208

Krawitz, Norbert, Aktuelle Änderungen der einkommensteuerlichen Behandlung des sog. Dividenden-Stripping, DStZ 1994, S. 881–889

Kröpfl, Stefan, Effizienz in der Abwicklung von Wertpapiergeschäften – Transaktionskosten und Wettbewerb in Europa, Berlin 2003

Krüger, Hartmut/Ludewig, Verena, Leerverkaufsregulierung, WM 2012, S. 1942–1951

Kümpel, Siegfried, Bank- und Kapitalmarktrecht, 3. Auflage, Köln 2004

Kümpel, Siegfried/Hammen, Horst/Ekkenga, Jens, Kapitalmarktrecht, Band I, Loseblattsammlung (Stand: Juni 2017), Berlin

Kümpel, Siegfried/Wittig, Arne, Bank- und Kapitalmarktrecht, 4. Auflage, Köln 2011

Kübler, Friedrich/Assmann, Heinz-Dieter, Gesellschaftsrecht, 6. Auflage, Heidelberg 2006

Kuhlen, Lothar, Vorsätzliche Steuerhinterziehung trotz Unkenntnis der Steuerpflicht?, in: Festschrift für Walter Kargl zum 70. Geburtstag, Albrecht, Peter-Alexis/Kirsch, Stefan/Neumann, Ulrich/Sinner, Stefan (Hrsg.), Berlin 2015, S. 297–308

–, Vorsatz und Irrtum im Steuerstrafrecht, in: Deutsche Steuerjuristische Gesellschaft, Bd. 38, Steuerstrafrecht an der Schnittstelle zum Steuerrecht, Mellinghof, Rudolf (Hrsg.), Köln 2015, S. 117–138

Kunz, Jens H., Ausgewählte Rechtsprobleme des Zentralen Kontrahenten – Unter besonderer Berücksichtigung des Clearing-Systems an der Frankfurter Wertpapierbörse, Dissertation, Frankfurt am Main, Berlin, Bern u.a. 2008

Kußmaul, Heinz, Betriebswirtschaftliche Steuerlehre, 7. Auflage, München 2014

Kußmaul, Heinz/Huwer, Eric/Kloster, Florian, Systematische Einordnung der Cum/Ex-Transaktionen in den Kontext der jüngeren Reformbestrebungen, RdF 2012, S. 314–324

Kußmaul, Heinz/Kloster, Florian, Dividendenstripping erneut im Fokus des Gesetzgebers, DB 2016, S. 849–857

Kyrer, Alfred, Wirtschaftslexikon, 4. Auflage, München, Wien 2001

Landsberg, Gerd, Rechts- oder Sachmängelhaftung des Verkäufers bei versagten Steuerbegünstigungen?, JuS 1982, S. 335–338

Langen, Markus/Eckstein, Daniel, Richter und Banken im Rechtsirrtum vereint, NZG 2010, 1177–1179

Langenbucher, Katja, Aktien- und Kapitalmarktrecht, 4. Auflage, München 2017

Langenbucher, Katja/Bliesener, Dirk H./Spindler, Gerald (Hrsg.), Bankrechts-Kommentar, 2. Auflage, München 2016

Larenz, Karl, Lehrbuch des Schuldrechts, Band I, Allgemeiner Teil, 14. Auflage, München 1987

Lenenbach, Markus, Kapitalmarktrecht und kapitalmarktrelevantes Gesellschaftsrecht, 3. Auflage, Köln 2017

Lerch, Marcus P., Anlageberater als Finanzintermediäre, Dissertation, Tübingen 2015

Lindfeld, Angela, Die Mistrade-Regeln – Voraussetzungen und Rechtsfolgen der Stornierung von Wertpapiergeschäften im börslichen und außerbörslichen Handel, Dissertation, Baden-Baden 2008

Lindheimer, Gerhard, Anm. zu BGH, Urteil v. 23.3.1990 – V ZR 16/89, DNotZ 1991, S. 135–141

Löwe-Krahl, Oliver, Der subjektive Tatbestand des § 370 AO, PStR 2012, S. 66–70

Looschelders, Dirk, Schuldrecht Besonderer Teil, 13. Auflage, München 2018

Lorenz, Stephan/Riehm, Thomas, Lehrbuch zum neuen Schuldrecht, München 2002

Lorenz, Stephan, Schuldrechtsmodernisierungen – Erfahrungen seit dem 1. Januar 2002, in: Karlsruher Forum 2005, Lorenz, Egon (Hrsg.), Karlsruhe 2006, S. 5–138

Loritz, Karl-Georg, Die Realität des Aktientransfers in Zeiten der Dauerglobalurkunde – Sachgerechtes Verständnis des Zivilrechts als Grundlage zu Vermeidung steuerlicher Irrwege, BB 2017, S. 2327–2339 und S. 2394–2403

–, Der Streit um Cum-Ex-Geschäfte – Rückbesinnung auf die Grundlagen, Auslegung des Steuerrechts an den Realitäten und Wahrung rechtsstaatlicher Prinzipien – WM 2017, S. 309–319 und S. 353–361

Maiwald, Manfred, Unrechtskenntnis und Vorsatz im Steuerstrafrecht, Dissertation, Heidelberg 1984

Mansel, Heinz-Peter/Budzikiewicz, Christine, Das neue Verjährungsrecht, Bonn 2002

Mansel, Heinz-Peter, Die Neuregelung des Verjährungsrechts, NJW 2002, S. 89–99

Marsch-Barner, Reinhard/Schäfer, Frank A. (Hrsg.), Handbuch börsennotierte AG, 2. Auflage, Köln 2009

Martens, Klaus-Peter, Rechtsgeschäft und Drittinteressen, AcP 177 (1977), S. 113–188

Matuszewski, Jörn, BFH: cum/ex-Geschäfte – Übergang des wirtschaftlichen Eigentums beim Handel mit Aktien, BB 2014, S. 2726

Mayer, Jörg, Der Rechtsirrtum und seine Folgen im bürgerlichen Recht, Bielefeld 1989

Mayer-Maly, Theo, Error iuris, in: Festschrift für Alfred Verdross, Miehsler, Herbert/Mock, Erhard/Simma, Bruno/Tammelo, Ilmar (Hrsg.), Berlin 1980, S. 147–169

–, Rechtsirrtum und Rechtsunkenntnis als Probleme des Privatrechts, AcP 170 (1970), S. 133–180

Medicus, Dieter/Lorenz, Stephan, Schuldrecht II Besonderer Teil, 17. Auflage, München 2014

Medicus, Dieter/Petersen, Jens, Allgemeiner Teil des BGB, 11. Auflage, Heidelberg 2016

–, Bürgerliches Recht, 25. Auflage, München 2015

Mentz, Alexander/Fröhling, Viviane, Die rechtsgeschäftliche Übertragung von Aktien, NZG 2002, S. 201–210

Mertens, Bernd, Culpa in contrahendo beim zustande gekommenen Kaufvertrag nach der Schuldrechtsreform, AcP 203 (2003), S. 818–854

Meyer, Fritz, Der Verbotsirrtum im Steuerrecht, NStZ 1986, S. 443–446

Milatz, Jürgen/Herbst, Catarina, Die eheliche Lebensgemeinschaft: (k)eine Wirtschaftsgemeinschaft? Lebzeitiger Zugewinnausgleich und Störung der Geschäftsgrundlage als Gestaltungsmittel bei eingetretener Schenkungsteuerpflicht, DStR 2011, S. 706–710

Mittermeier, Martin, Grundlagen und Regulierungsperspektiven von Leerverkäufen, ZBB 2010, S. 139–149

Mock, Sebastian, Das Gesetz zur Vorbeugung gegen missbräuchliche Wertpapier- und Derivategeschäfte, WM 2010, S. 2248–2256

Möllers, Thomas M. J./Christ, Dominique/Harrer, Andreas, Nationale Alleingänge und die europäische Reaktion auf ein Verbot ungedeckter Leerverkäufe, NZG 2010, S. 1167–1170

Müller, Thomas/Schade, Lutz, Das große Missverständnis der Kapitalertragsteuererstattung, BB 2017, S. 1239–1249

Mülbert, Peter O./Sajnovits, Alexander, Das künftige Regime für Leerverkäufe und bestimmte Aspekte von Credit Default Swaps nach der Verordnung (EU) Nr. 236/2012, ZBB 2012, S. 266–285

Müller, Friedrich/Christensen, Ralph, Juristische Methodik, Band I, 11. Auflage, Berlin 2013

Müller, Gerd, Zu den Auswirkungen der Schuldrechtsreform auf die Rügeobliegenheit i.S.d. § 377 HGB, WM 2011, S. 1249–1260

Müller, Michael F.J., Aktuelle Ermittlungsmaßnahmen wegen „cum ex"- Geschäften – oder: Kann man sich auf die Äußerungen des Gesetzgebers denn gar nicht mehr verlassen?, StB 2015, S. 352–355

Münchener Anwalts-Handbuch Aktienrecht, *Schüppen, Matthias/Schaub, Bernhard* (Hrsg.), 2. Auflage, München 2010

Münchener Kommentar zum Aktiengesetz, *Goette, Wulf/Habersack, Mathias/ Kalss, Susanne* (Hrsg.)

Band 1: §§ 1–75, 4. Auflage, München 2016

Münchener Kommentar zum Bürgerlichen Gesetzbuch, *Säcker, Franz Jürgen/ Rixecker, Roland/Oetker, Hartmut/Limperg, Bettina* (Hrsg.)

Band 1: Allgemeiner Teil, §§ 1–240, 7. Auflage, München 2015

Band 1: Allgemeiner Teil, §§ 1–240, 5. Auflage, München 2006 (Altauflage)

Band 2: Schuldrecht – Allgemeiner Teil, §§ 241–432, 7. Auflage, München 2016

Band 3: Besonderes Schuldrecht, §§ 433–610, 7. Auflage, München 2016

Band 6: Schuldrecht Besonderer Teil IV, §§ 705–853 BGB, 7. Auflage, München 2017

Band 11: Internationales Privatrecht I, Europäisches Kollisionsrecht, Einführungsgesetz zum Bürgerlichen Gesetzbuche, 6. Auflage, München 2015

Münchener Kommentar zum Handelsgesetzbuch, *Schmidt, Karsten* (Hrsg.)

Band 5: Handelsgeschäfte, 4. Auflage, München 2018

Band 6: Bankvertragsrecht, 3. Auflage, München 2014

Münchener Kommentar zum Strafgesetzbuch, *Joecks, Wolfgang/Miebach, Klaus* (Hrsg.)

Band 1: §§ 1–37, 3. Auflage, München 2017

Band 7: Nebenstrafrecht II, 2. Auflage, München 2015

Oechsler, Jürgen, Vertragliche Schuldverhältnisse, 2. Auflage, München 2007

Oertmann, Paul, Die Geschäftsgrundlage, Leipzig, Erlangen 1921

Oetker, Hartmut/Maultzsch, Felix, Vertragliche Schuldverhältnisse, 4. Auflage, Berlin, Heidelberg 2013

Otto, Thomas, Die Besteuerung von gewinnausschüttenden Körperschaften und Anteilseignern nach dem Halbeinkünfteverfahren, Dissertation, Bonn 2006

Pahlow, Louis, Grundfragen der Gewährleistung beim Rechtskauf, JA 2006, S. 385–389

Palamdt, Otto (Begr.), BGB, Kommentar, 77. Auflage, München 2018

Park, Tido (Hrsg.), Kapitalmarktstrafrecht, Kommentar, 3. Auflage, Baden-Baden 2013 (Altauflage)

Patzer, Andreas/Nagler, Jürgen, Jahressteuergesetz 2013 – Die Steuerfreiheit von Streubesitzdividenden nach dem EuGH-Urteil vom 20.10.2011, C-284/09, Kommission/Deutschland, IStR 2012, S. 790–798

Pflaum, Ulrich, Zur steuerstraf- und -ordnungswidrigkeitenrechtlichen Relevanz von „Cum-Ex-Geschäften“, StBp 2015, S. 185–196

Plewka, Harald, Die Entwicklung des Steuerrechts im zweiten Halbjahr 2014, NJW 2015, S. 589–595

Podewils, Felix, Steuerrechts-„Exegese“ durch den Staatsanwalt, wistra 2015, S. 257–263

–, Zivilrechtliche Aufarbeitung von cum/ex-Geschäften – das plötzliche Ende einer „frivolen“ Klage, GmbHR 2014, S. R 337–R 338

–, Roma locuta, causa finite? – eine Analyse des BFH Urteils v. 16.4.2014 in Sachen „cum ex“, FR 2014, S. 1064–1069

–, Cum-ex-Geschäfte („Dividendenstripping“) weiterhin im Focus – steuerliche und strafrechtliche Implikation, FR 2013, S. 481–490

–, Neues zum Dividenden-Stripping aus Finanzverwaltung und Rechtsprechung – steuer- und strafrechtliche Risiken am Horizont, FR 2011, S. 69–75

–, Doppelte Steuererstattung durch „Dividenden-Stripping“ – Lukrative Aktiengeschäfte um den Dividendenstichtag, AG 2010, S. 391–397

Podewils, Felix/Hellinger, Axel, Strafrechtliche Risiken für steuerliche Berater, DStZ 2013, S. 662–667

Podewils, Felix/Zink, Tina, Aktiengeschäfte um den Dividendenstichtag – rechtliche und rechtstaatliche Grundsätze versus Abwehr von Steuererstattungen durch „Totschlagargumente", DStZ 2013, S. 177–183

Prütting, Hanns/Wegen, Gerhard/Weinreich, Gerd (Hrsg.), BGB, Kommentar, 11. Auflage, Köln 2016

Prölss, Erich R. (Begr.)/*Martin, Anton,* Versicherungsvertragsgesetz, 30. Auflage, München 2018

Raiser, Thomas/Veil, Rüdiger, Recht der Kapitalgesellschaften, 6. Auflage, München 2015

Ransiek, Andreas, Blankettstraftatbestand und Tatumstandsirrtum, wistra 2014, S. 365–367

Patzner, Andreas/Nagler, Jürgen, Praxisfragen zum Kapitalertragsteuererstattungsverfahren im Zusammenhang mit dem OGAW-IV-Umsetzungsgesetz, IStR 2011, S. 804–806

Rau, Stephan, Cum-Ex-Geschäfte und Leerverkäufe nach dem Urteil des FG Hessen v. 10.3.2017, DStR 2017, S. 1852–1858

–, „Cum/Cum" Geschäfte über Repos- und Wertpapierdarlehen nach dem BMF-Schreiben v. 17.7.2017, FR 2017, 891, FR 2017, S. 1043–1047

–, Zu den Voraussetzungen für den Übergang des wirtschaftlichen Eigentums bei Wertpapierdarlehensgeschäften und anderen OTC-Transaktionen über girosammelverwahrte Aktien, DStR 2015, S. 2048–2054

–, Leerverkäufe über den Dividendenstichtag nach dem BFH-Urteil vom 16.4.2014, FR 2014, 1041: eine Standortsuche, FR 2014, S. 1012–1019

–, Leerverkäufe über den Dividendenstichtag – Probleme vor und nach der Neufassung des Kapitalertragsteuererhebungssystems für inländische, von einer Wertpapiersammelbank verwahrte Aktien, DStR 2013, S. 838–843

–, Leerverkäufe und mehrfache Anrechnung von Kapitalertragsteuer und Solidaritätszuschlag, FR 2011, S. 366–373

–, Wirtschaftliches Eigentum beim Kauf girosammelverwahrter Aktien über den Dividendenstichtag („cum/ex"-Geschäfte), DStR 2011, S. 510–512

–, Leerverkäufe und doppelte Anrechnung von Kapitalertragsteuer, DStZ 2010, S. 1267–1271

–, Zeitpunkt des Übergangs des wirtschaftlichen Eigentums bei girosammelverwahrten Aktien; Kapitalertragsteuer bei Leerverkäufen über den Dividendenstichtag, DStR 2007, S. 1192–1196

–, Zeitpunkt des Übergangs des wirtschaftlichen Eigentums bei girosammelverwahrten Aktien, DStR 2007, S. 1198–1199

Rau, Stephan/Sahl, Ottmar, Nachbetrachtung auf ein denkwürdiges Urteil und Ausblick auf weitere Entwicklungen, BB 2000, S. 1112–1116

Redeker, Philipp, Beschaffenheitsbegriff und Beschaffenheitsvereinbarung beim Kauf, Dissertation, München 2012

Reinicke, Dietrich/Tiedtke, Klaus, Kaufrecht, 8. Auflage, Köln, München 2009

Reinking, Kurt, Die Haftung des Autoverkäufers für Sach- und Rechtsmängel nach neuem Recht, DAR 2002, S. 15–24

Reischl, Klaus, Grundfälle zum neuen Schuldrecht, JuS 2003, S. 1076–1082

Reithmann, Christoph, Anm. zu BGH v. 26.4.1991 – V ZR 165/89, EWiR 1991, S. 655–656

Reitz, Simon, Börsengeschäfte, Übertragung von Wertpapieren und Leistungsstörungen, Dissertation, Frankfurt am Main 2013

Rittner, Fritz, Rechtswissen und Rechtsirrtum im Zivilrecht, in: Festschrift für Fritz von Hippel, Esser, Josef/Thieme, Hans (Hrsg.), Tübingen 1967, S. 391–422

Rollenfitsch, Michael/Maier, Christina, Die Wertpapierbörse zwischen öffentlichem und privatem Recht, in: Wirtschaft – Verwaltung – Recht, Festschrift für Rolf Stober, Kluth, Winfried/Müller, Martin/Peilert, Andreas (Hrsg.), Köln, München 2008, S. 449–466

Roxin, Claus, Strafrecht Allgemeiner Teil, Bd. I, 4. Auflage, München 2006

Rust, Alexander, Anforderungen an eine EG-rechtskonforme Dividendenbesteuerung, DStR 2009, S. 2568–2577

Salzmann, Stephan/Heufelder, Sarah, Ist die weitere Bekämpfung von „Cum/Cum-Geschäften" im grenzüberschreitenden Kontext durch den Gesetzgeber gerechtfertigt?, IStR 2017, S. 125–129

Savigny, Friedrich Karl von, System des heutigen römischen Rechts, Band 3, Berlin 1840, Neudruck: Aalen 1973

Schaub, Renate, Beratungsvertrag und Schachmängelgewährleistung, AcP 202 (2002), S. 757–807

Schack, Heimo, Stillschweigende Gewährleistungsfreistellung aufgrund typischer Interessenlage?, NJW 1983, S. 2806–2808

Schäfer, Frank A./Hamann, Uwe (Hrsg.), Kapitalmarktgesetze, Band 2, Loseblattsammlung (Stand: Januar 2013), 2. Auflage, Stuttgart

Schellhammer, Kurt, Schuldrecht nach Anspruchsgrundlagen, 9. Auflage, Heidelberg, München, Landsberg u.a. 2014

–, Das neue Kaufrecht – Rechtsmängelhaftung, Rechtskauf und Verbrauchsgüterkauf, MDR 2002, S. 485–490

Schimansky, Herbert/Bunte, Herman-Josef/Lwowski, Hans-Jürgen (Hrsg.), Bankrechts-Handbuch

Band I: 5. Auflage, München 2017

Band II: 5. Auflage, München 2017

Schlechtriem, Peter/Schmidt-Kessel, Martin, Schuldrecht Besonderer Teil, 7. Auflage, Tübingen 2017

Schlick, Wolfgang, Die aktuelle Rechtsprechung des III. Zivilsenats des BGH zum Kapitalanlagerecht, Teil I, WM 2015, S. 261–268

–, Die aktuelle Rechtsprechung des III. Zivilsenats des BGH zum Kapitalanlagerecht, WM 2011, S. 154–164

Schlimbach, Friedrich, Leerverkäufe, Dissertation, Tübingen 2015

Schmich, Rolf, Das BFH-Urteil vom 16.4.2014 zu cum/ex Geschäften – eine kurze Zwischenbilanz, GmbHR 2014, S. 1177–1183

Schmid, Hubert, Wirtschaftliches Eigentum an börsennotierten Aktien bei Wertpapierleihgeschäften – Die Entscheidung des BFH vom 16.4.2014 – I R 2/12 zu „Cum/Ex-Geschäften", DStR 2015, S. 801–806

–, Sog. Cum/Ex-Geschäfte: Übergang des wirtschaftlichen Eigentums beim Handel mit Aktien; BFH-Urteil v. 16.4.2014 – I R 2/12, DStR 2015, S. 1624–1627

Schmid, Hubert/Mühlhäuser, Felix, Haftung von Depotbanken in Cum/Ex-Fällen, DStR 2017, S. 2778–2784

Schmidt, Detlef, Die Beschaffenheit der Kaufsache, BB 2005, S. 2763–2767

Schmidt, Karsten/Lutter, Marcus (Hrsg.), Aktiengesetz Kommentar, 3. Auflage, Köln 2015

Band I: §§ 1–149

Schmidt, Ludwig (Begr.)/*Weber-Grellet, Heinrich* (Hrsg.), Einkommensteuergesetz, Kommentar, 36. Auflage, München 2017

Schön, Wolfgang, Cum-Ex-Geschäfte – materiell-rechtliche und verfahrensrechtliche Fragen, RdF 2015, S. 115–131

Schönke, Adolf/Schröder, Horst (Begr.), Strafgesetzbuch Kommentar, 29. Auflage, München 2014

Schollmeyer, Mario, Selbstverantwortung und Geschäftsgrundlage, Dissertation, Tübingen 2014

Schork, Alexander/Groß, Bernd, Bankenstrafrecht, München 2013

Schrader, Paul Tobias, Wissen im Recht, Habilitationsschrift, Tübingen 2017

Schröcker, Stefan, Unternehmenskauf und Anteilskauf nach neuem Schuldrecht, ZGR 2005, S. 63–100

Schulze, Reiner (Hrsg.), Nomos Kommentar Bürgerliches Gesetzbuch, 9. Auflage, Baden-Baden 2016

Schulze, Reiner/Ebers, Martin, Streitfragen im neuen Schuldrecht, JuS 2004, S. 265–272, 366–372 und 462–468

Schuster, Frank Peter, Das Verhältnis von Strafnormen und Bezugsnormen aus anderen Rechtsgebieten, Habilitationsschrift, Berlin 2012

Schwark, Eberhard/Zimmer, Daniel, Kapitalmarktrechts-Kommentar, 4. Auflage, München 2010

Schwarze, Roland, Das Recht der Leistungsstörungen, Berlin 2008

Schwenke, Michael, Cum/Ex-Geschäfte: Übergang des wirtschaftlichen Eigentums beim Handel mit Aktien, jM 2015, S. 83–86

Schwintowski, Hans-Peter (Hrsg.), Bankrecht, 5. Auflage, Köln 2018

Seeliger, Gerhard, Der Begriff des wirtschaftlichen Eigentums im Steuerrecht, Stuttgart 1962

Seer, Roman/Krumm, Marcel, Die Kriminalisierung der Cum-/Ex-Dividende-Geschäfte als Herausforderung für den Rechtsstaat, DStR 2013, S. 1757–1764 und 1814–1818

Seip, Hans-Jürgen/Füllbier, Andree, Kapitalertragsteuer bei Leerverkäufen über den Dividendenstichtag, BB 2007, S. 477–479

Soergel, Theodor (Begr.), Kommentar zum BGB, 13. Auflage, Stuttgart

Band. 2: Allgemeiner Teil 2, §§ 104–240, Stuttgart 1999

Band. 3/2: Schuldrecht 1/2, §§ 243–304, Stuttgart 2014

Band. 5/1a: Schuldrecht, §§ 311, 311a-c, 313, 314, Stuttgart 2014

Band. 11/3: Schuldrecht 9/3, §§ 780–822, Stuttgart 2011

Sontheimer, Jürgen, Steuerhinterziehung bei steuerrechtlichen Streit- und Zweifelsfragen, DStR 2014, S. 357–360

Sorgenfrei, Ulrich, Dividendenstripping und (k)ein Ende?, IStR 2008, S. 326–328

–, Einzelaspekte des Dividendenstripping, FR 2001, S. 291–294

–, Das BFH-Urteil zum „Dividendenstripping", FR 2000, S. 441–443

–, „Bilaterales Dividenden-Stripping" und Kapitalverkehrsfreiheit, IStR 1997, S. 705–711 und 737–741

Spatscheck, Rainer/Spilker, Bettina, Cum-/Ex-Transaktionen im Fokus der Steuerfahndung, DB 2016, S. 2920–2926

Spengel, Christoph, Unzulässige Verrechnungspraxis deutscher Banken bei Cum/Ex-Geschäften, FR 2017, S. 545–553

Spengel, Christoph/Eisgruber, Thomas, Die nicht vorhandene Gesetzeslücke bei Cum/Ex-Geschäften, DStR 2015, S. 785–801

Spilker, Bettina, Rechtsstaatliche Grenzen für die steuerliche und strafrechtliche Würdigung von Cum/Cum- und Cum/Ex-Transaktionen, FR 2017, S. 138–150

Spindler, Gerald/Stilz, Eberhard, Kommentar zum Aktiengesetz, 3. Auflage, München 2015

Band 1: §§ 1–149

Spindler, Gerald, Aufklärungspflichten im Bankrecht nach dem „Zins-Swap-Urteil" des BGH, NJW 2011, S. 1920–1924

Staake, Marco, Das Recht der Aktie, JA 2004, S. 247–254

Staudinger, Julius von (Begr.), Kommentar zum BGB,

Buch 1: Allgemeiner Teil 3, §§ 90–124, §§ 130–133, Berlin 2017

Buch 1: Allgemeiner Teil 4a, §§ 134–138, Berlin 2017

Buch 2: Vertragsschluss, §§ 311, 311a, 312, 312a-i, Berlin 2013 (Altauflage)

Buch 2: Kaufrecht, §§ 433–480, Berlin 2014

Buch 2: Vergleich, Schuldversprechen, Anweisung, Schuldverschreibung, §§ 779–811, Berlin 2015

Stamm, Jürgen, Kehrtwende des BGH bei der Bekämpfung der Schwarzarbeit, NJW 2014, S. 2145–2149

Steber, Tobias, Die Weiterentwicklung der Rechtsprechung zur Enthaftung von Vorstandsmitgliedern bei Einholung von Rechtsrat, DStR 2015, S. 2391–2395

Stern, Klaus, Das Staatsrecht der Bundesrepublik Deutschland, Band II, München 1980

Steuer, Stephan, Haftung für fehlerhafte Anlageberatung – Eine unendliche Geschichte, in: Bankrecht – Schwerpunkt und Perspektiven, Festschrift für Herbert Schimansky, Horn, Norbert/Lwowski, Hans-Jürgen/Nobbe, Gerd (Hrsg.), Köln 1999, S. 793–820

Stöber, Michael, Rechte aus nichtigen Vertragsverhältnissen, Frankfurt a.M. u.a. 2016

–, Die Aktienrechtsnovelle 2016, DStR 2016, S. 611–617

–, Dividendenbesteuerung und Kapitalverkehrsfreiheit, DStZ 2012, S. 155–164

–, Beschaffenheitsgarantien des Verkäufers, Dissertation, Berlin 2006

Stoffels, Markus, AGB-Recht, 3. Auflage, München 2015

Storg, Alexander, Kapitalertragsteuer bei Leerverkäufen, NWB 3/2007, Fach 3, S. 14327–14332

Tappen, Falko, Steuerrechtsänderungen durch das geplante OGAW-IV-Umsetzungsgesetz, DStR 2011, S. 246–252

Tiedemann, Klaus, Wirtschaftsstrafrecht – Einführung und Allgemeiner Teil, 4. Auflage, München 2014

Tiedemann, Thomas, Die Stellung des zentralen Kontrahenten im deutschen und englischen Effektenhandel, Dissertation, Norderstedt 2011

Tipke, Klaus, Die Steuerrechtsordnung, Band III, 2. Auflage, Köln 2012

Tipke, Klaus/Kruse, Heinrich Wilhelm (Begr.), Abgabenordnung, Finanzgerichtsordnung, Kommentar, Loseblattsammlung, 151. Ergänzungslieferung (Stand: März 2018), Köln

Band I: §§ 1–107 AO

Tipke, Klaus/Lang, Joachim, Steuerrecht, 22. Auflage, Köln 2015

Tonner, Martin/Krüger, Thomas, Bankrecht, 2. Auflage, Baden-Baden 2016

Trieble, Volker/Hölzle, Gerrit, Schuldrechtsreform und Unternehmenskaufverträge, BB 2002, S. 521–537

Tyrolt, Jochen/Bingel, Adrian, Short Selling – Neue Vorschriften zur Regulierung von Leerverkäufen, BB 2010, S. 1419–1426

Unfried, Alexander, Besteuerung des Dividenden-Stripping nach der neueren Rechtsprechung des BFH, DStR 2000, S. 993–999

–, Steuerrecht und Dividenden-Stripping, Dissertation, Berlin 1998

Vogel, Klaus, Die Besonderheit des Steuerrechts, DStZ 1977, S. 5–12

Vollmuth, Christian, Kurzkommentar zu OLG Schleswig, Beschl. v. 9.1.2004 – 5 U 130/03, EWiR 2004, S. 835–836

Wabnitz, Heinz-Bernd/Janovsky, Thomas (Hrsg.), Handbuch des Wirtschafts- und Steuerstrafrechts, 4. Auflage, München 2014

Wachter, Thomas, Störungen der Geschäftsgrundlage im Schenkungsteuerrecht, ZEV 2002, S. 176–180

Wagner, Siegfried, Die Neufassung des § 20 Abs. 1 Nr. 1 Satz 4 EStG – Absicht und Wirkung, Der Konzern 2007, S. 127–131

Wagner, Franz W./Wenger, Ekkehard, Dividenden-Stripping im Halbeinkünfteverfahren: Vom Missbrauchstatbestand zum Systembestandteil, BB 2001, S. 386–389

Wedler, Simone, Der Rechtsirrtum im Steuerstrafrecht, NZWiSt 2015, S. 99–102

Wegner, Carsten, Steuerhinterziehung im Zusammenhang mit sog. Cum-Ex-Geschäften, SteuK 2016, S. 48

Weidemann, Jürgen, Cum-Ex-Dividende-Geschäfte (steuer)strafrechtlich betrachtet: Die strafrechtliche Garantiefunktion des Steuertatbestands, BB 2014, S. 2135–2139

–, Der Irrtum über die Steuerrechtslage, in: Strafrecht zwischen System und Telos, Festschrift für Rolf Dietrich Herzberg zum siebzigsten Geburtstag, Putzke, Holm/Hardtung, Bernhard/Hörnle, Tatjana u.a. (Hrsg.), Tübingen 2008, S. 299–307

Weiler, Frank, Culpa in Contrahendo, Anfechtung und Kaufrecht – alte Konkurrenzfragen in neuem Licht, ZGS 2002, S. 249–256

Welzel, Hans, Irrtumsfragen im Steuerstrafrecht, NJW 1953, S. 486–488

Werndt, Josef, Wirtschaftliches Eigentum, Dissertation, Wien 1983

Westermann, Harm Peter, Das neue Kaufrecht einschließlich des Verbrauchsgüterkaufs, JZ 2001, S. 530–542

Westermann, Harry, Einheit und Vielfalt der Wertungen in der Irrtumslehre, JuS 1964, S. 169–177

Wiebe, Andreas, Die elektronische Willenserklärung: kommunikationstheoretische und rechtsdogmatische Grundlagen des elektronischen Geschäftsverkehrs, Habilitationsschrift, Tübingen 2002

Wolf, Manfred/Kaiser, Jochen, Die Mängelhaftung beim Unternehmenskauf nach neuem Recht, DB 2002, S. 411–420

Wolf, Manfred/Neuner, Jörg, Allgemeiner Teil des Bürgerlichen Rechts, 11. Auflage, München 2016

Wulf, Martin, Bedingter Vorsatz im Steuerstrafrecht – Abschied von der „Steueranspruchslehre"?, Stbg 2012, S. 19–23

–, Reichweite steuerlicher Erklärungspflichten bei unklarer Rechtslage, in: Festschrift für Michael Streck zum 70. Geburtstag, Binnewies, Burkhard/Spatscheck, Rainer (Hrsg.), Köln 2011, S. 627–644

Zimmer, Daniel/Beisken, Thomas, Die Regulierung von Leerverkäufen de lege lata und de lege ferenda, WM 2010, S. 485–491

Zimmer, Daniel/Eckhold, Thomas, Das neue Mängelgewährleistungsrecht beim Kauf, JURA 2002, S. 145–154

Zimmermann, Martin, Die Sachmängelgewährleistung beim Rechtskauf, AcP 2013 (2013), S. 652–676

Zimmermann, Reinhard (Hrsg.), Störungen der Willensbildung bei Vertragsschluss, Tübingen 2007

Zitelmann, Ernst, Irrtum und Rechtsgeschäft, Leipzig 1879

Kapitel 1. Einleitung

„Es gilt der Grundsatz, dass sich die Praxis nach dem Recht richten muss und nicht das Recht nach der Praxis."

Zu dieser Aussage sah sich das FG Hessen in seiner Entscheidung vom 10.3.2017 veranlasst.[1] Es befremdet bereits, dass ein deutsches Gericht eine derartige Aussage tätigt. Inhalt der Aussage ist sicherlich nicht die Infragestellung der liberalen Wirtschaftsordnung, sondern vielmehr die Klage über die mangelnde Akzeptanz rechtlicher Normen. Die Forderung nach dem Primat des Rechts wird jedoch durch stets komplexere Entwicklungen in der internationalen Wirtschaftspraxis fortwährend auf die Probe gestellt. Die Vielfalt betroffener Interessen in diversen Einzelfällen ist schwer zu überschauen. Um dem eingangs formulierten Geltungs- und Akzeptanzanspruch des Rechts gerecht zu werden, bedarf es intensiver rechtswissenschaftlicher Bemühungen, um all diesen betroffenen Interessen auf der Grundlage von Recht und Gesetz in befriedigender Weise Rechnung zu tragen.

Diesem Anliegen widmet sich die vorliegende Arbeit in Ansehung der sog. *Cum-/Ex-Geschäfte.* Schwerpunktmäßig geht es hierbei um Geschäfte unterschiedlicher Finanzmarktakteure, bei denen Aktien über den Dividendenstichtag gehandelt wurden. Dabei kam es zur mehrfachen Anrechnung von Kapitalertragsteuer und Solidaritätszuschlag[2], obgleich dem lediglich eine einmalige Erhebung besagter Steuern gegenüberstand.[3] Die hiermit verbundene steuerrechtliche Kontroverse soll durch eine ganzheitliche Betrachtung einer akzeptablen Lösung zugeführt werden. Die oben erwähnte Aussage des FG Hessen fiel schließlich bei der steuerrechtlichen Beurteilung eines solchen Falls. Die Cum-/Ex-Fälle sind daher die wohl aktuellsten, jedenfalls aber spektakulärsten gegenwärtigen Schauplätze, an denen die Akzeptanz des Rechts durchzusetzen ist.[4]

---

1 FG Hessen v. 10.3.2017 – 4 K 977/14, BeckRS 2017, 94604 Rn. 26 und 28.

2 Aus Gründen der Vereinfachung wird der Solidaritätszuschlag im Folgenden vernachlässigt. Der Solidaritätszuschlag ist aufgrund des § 1 Abs. 1 und 2 SolZG als „Ergänzungsabgabe" hier unter der Bezeichnung Kapitalertragsteuer mitumfasst.

3 Statt aller *Desens*, DStZ 2014, 142 (142 ff.); *Rau*, DStR 2013, 838 (838 ff.) sowie ausführlich unten unter § 3 B. und § 4.

4 Siehe dazu den Abschlussbericht des Parlamentarischen Untersuchungsausschusses des Bundestages, BT-Drs. 18/12700.

Schon länger sind steuerliche Auswirkungen auf wirtschaftliche Vorgänge Gegenstand der wissenschaftlichen Diskussion.[5] Dem wohnt das Spannungsfeld staatlicher und wirtschaftlicher Intentionen inne. Zudem sind im Wirtschaftsrecht Verkehrs- und Parteiinteressen zu berücksichtigen. Ein weiterer, in den Cum-/Ex-Fällen maßgeblicher Aspekt ist der verbreitete Irrtum über das Steuerrecht. Allein letzterer hat neben erheblichen steuerrechtlichen auch (steuer) strafrechtliche Implikationen. Hieran schließt sich die grundlegende Frage an, wie steuerliche Rechtsirrtümer zivilrechtlich zu behandeln sind. Die zuvor genannten Interessen geben die grobe Richtung bei der Beantwortung dieser Frage vor. Ziel ist es aber, einen gerechten Ausgleich zu schaffen und auf diese Weise den eingangs formulierten Geltungs- und Akzeptanzanspruch des Rechts zu behaupten. Hierzu wird die herausragende Stellung zivilrechtlicher Institute bei der Interessenregulierung im Hinblick auf die Cum-/Ex-Geschäfte untersucht. Die hierneben bestehenden Problemfelder der Rezeption des steuerlichen Rechtsirrtums im Zivilrecht sowie die Wechselwirkung der modernen Aktienwirtschaft mit dem bürgerlichen Recht sollen ebenfalls beleuchtet werden.

Methodisch wird zunächst der Begriff des steuerlichen Rechtsirrtums geklärt (§ 2). Sodann erfolgt die Darstellung der Funktionsweise der Cum-/Ex-Geschäfte (§ 3) anhand einer umfassenden Untersuchung der Grundlagen. Im Anschluss daran soll die steuerrechtliche Rechtmäßigkeit der Steueranrechnung nach einem Cum-/Ex-Geschäfte behandelt werden (§ 4). Anschließend widmet sich die Arbeit den strafrechtlichen Implikationen und insbesondere der Behandlung des steuerlichen Rechtsirrtums im Strafrecht (§ 5). Den Schwerpunkt der Untersuchung der zivilrechtlichen Folgen steuerlicher Rechtsirrtümer bildet sodann die Behandlung der Leerverkäuferhaftung aufgrund eines Cum-/Ex-Geschäfts (§ 7). Darüber hinaus werden weitere Regressoptionen aufgezeigt, welche lediglich mittelbar mit dem steuerlichen Irrtum im Hinblick auf die Cum-/Ex-Geschäfte in Verbindung stehen (§ 8). Abschließend soll neben der Zusammenfassung der wesentlichen Ergebnisse (§ 9) ein Ausblick (§ 10) auf andere Fälle steuerlicher Rechtsirrtümer unter Berücksichtigung der Eingangsproblematik der Akzeptanz des Rechts in Bezug auf die hier vorgeschlagene zivilrechtliche Lösung solcher Konflikte gegeben werden.

Ziel dieser Arbeit ist es, die Lastenverteilung im Fall der steuerlichen Inanspruchnahme einer Partei bei Vorliegen eines Rechtsirrtums im Hinblick auf

---

5 Vgl. beispielsweise die Betriebswirtschaftliche Steuerlehre; hierzu *Kußmaul*, Betriebswirtschaftliche Steuerlehre, S. 1 ff.; sowie den Überblick bei *Seer*, in: Tipke/Lang, Steuerrecht, § 1 Rn. 20 ff.

einen denkbar komplizierten steuerlichen Sachverhalt in zivilrechtlicher Hinsicht zu beurteilen. In diesem Zusammenhang ist auch fraglich, ob das Bürgerliche Recht hierfür ausreichende Perspektiven bietet. Schließlich fördert ein starker Regress die Akzeptanz des geltenden Rechts, und zwar auch des Steuerrechts. Die Arbeit trägt daher dem Bestreben Rechnung, die Risiken in zivilrechtlicher Hinsicht gerecht zwischen den beteiligten Parteien aufzuteilen und so in die Gesamtlösung einzubeziehen. Anlass hierfür ist, dass das Steuerrecht zwar Aussagen über die Rechtmäßigkeit des Steuereingriffs trifft[6], darüber hinaus aber keine weiteren die beteiligten Parteien betreffenden Gerechtigkeitserwägungen anstellt.[7] Eine Brücke zwischen dem Zivilrecht und dem Steuerrecht vor dem Hintergrund der Einheit der Rechtsordnung zu schlagen, ist Anliegen dieser Untersuchung.

6 Vgl. *Seer*, in: Tipke/Lang, Steuerrecht, § 1 Rn. 27 f.; *Kirchhof*, Besteuerungsgewalt und Grundgesetz, S. 1 ff.; *Stern*, Staatsrecht der Bundesrepublik Deutschland, Bd. II, S. 1052.

7 *Seer*, in: Tipke/Lang, Steuerrecht, § 20 Rn. 60.

Kapitel 2. Der steuerliche Rechtsirrtum

A. Begriff des Rechtsirrtums

Es gibt vielerlei Versuche der Begriffsbestimmung eines Irrtums.[8] Häufig wird der Irrtum definiert als die „falsche Vorstellung“[9] oder als der „Bewusstseinszustand, in dem die wahre Vorstellung eines Gegenstands von einer unwahren verdeckt oder verdrängt wird“.[10] In der juristischen Praxis wird im Allgemeinen unter einem Irrtum das „Abweichen der Vorstellung von der Wirklichkeit“ verstanden.[11] Diese Wirklichkeit umfasst tatsächliche wie rechtliche Wirklichkeiten gleichermaßen.[12] Lediglich die rechtliche Behandlung divergiert zuweilen. Regelmäßig ist neben der objektiv falschen Vorstellung eine subjektive – sichere – Überzeugung von der verstandenen „Wirklichkeit“ zu fordern.[13] Dem Irrtum diametral gegenüber steht das Wissen.[14] Zunächst ist der Irrtum über Tatsachen zu nennen. Unter Tatsachen sind solche Vorgänge der Innen- oder Außenwelt zu verstehen, die dem Beweis zugänglich sind (*error facti*).[15] Daneben stellt das Recht den Maßstab des Irrtums dar, welcher sich auf selbiges bezieht (*error iuris*).[16] Dem Rechtsirrtum liegen „Rechtstatsachen“ in Form von Rechtsunkenntnis oder fehlerhafter Subsumtionen zugrunde, deren Festlegung der judikativen Gewalt obliegt.[17]

---

8 Die genaue Definition des Begriffs obliegt wohl der Philosophie. An dieser Stelle werden deshalb nur einige Ansätze dargestellt, um letztlich mit der wohl gebräuchlichsten Definition fortzufahren.

9 *Zitelman*, Irrtum und Rechtsgeschäft, S. 319 ff., 321.

10 *Savigny*, System III, S. 111.

11 RG v. 22.12.1905 – II 395/05, RGZ 62, 201 (205); *Arnold*, in: Erman, BGB, § 119 Rn. 18; *Mayer*, Der Rechtsirrtum und seine Folgen im bürgerlichen Recht, S. 1; *Perron*, in: Schönke/Schröder, StGB, § 263 Rn. 33; *Fischer*, StGB, § 263 Rn. 53; vgl. *Brox/Walker*, BGB AT, Rn. 407; *Westermann*, JuS 1964, 169 (169).

12 *Mayer*, Der Rechtsirrtum und seine Folgen im bürgerlichen Recht, S. 1; vgl. auch *Mayer-Maly*, AcP 170 (1970), 133 (177); *Rittner*, in: FS Hippel, S. 391 (404) m.w.N.

13 *Hamsch*, Die Behandlung des Irrtums im Steuerrecht, S. 11 und 209.

14 *Schrader*, Wissen im Recht, S. 1 ff., 301 ff.

15 RG v. 21.12.1920 – II 1214/20, RGSt 55, 129 (131); *Hefendehl*, in: MünchKomm-StGB, § 263 Rn. 67; *Fischer*, StGB, § 263 Rn. 6.

16 *Mayer*, Der Rechtsirrtum und seine Folgen im bürgerlichen Recht, S. 21; *Savigny*, System III, S. 114; *Zitelman*, Irrtum und Rechtsgeschäft, S. 200 ff.

17 Vgl. *Roxin*, Strafrecht AT, Bd. I, § 12 B Rn. 101.

Schwieriger ist die Frage nach der Behandlung der jeweiligen Irrtümer zu beantworten. Die Behandlung des Tatsachenirrtums ist tendenziell privilegiert.[18] Dem liegt zugrunde, dass ein Tatsachenirrtum auf einem kognitiven Defizit des Irrenden beruht.[19] Bei einem Rechtsirrtum stehen sich dagegen Interessen gegenüber, welche in Einklang zu bringen sind. Auf der einen Seite ist der Geltungsanspruch des Rechts durchzusetzen, welcher zumindest nicht *per se* der kognitiven Erfassung des Irrenden anheimgestellt werden kann. Auf der anderen Seite ist die Unzumutbarkeit der Kenntnis und richtigen Erfassung aller Rechtsnormen in Stellung zu bringen.[20] Dabei ist im Ergebnis stets im jeweiligen Rechtszusammenhang zu beurteilen, ob der Gesetzgeber diesbezüglich eine Entscheidung getroffen hat oder welche Maßgaben überwiegen.

B. Der steuerliche Rechtsirrtum

Begriffsnotwendig hat der steuerliche Rechtsirrtum den Irrtum über das Steuerrecht zum Gegenstand. Die vorliegende Arbeit beschäftigt sich, wie bereits erwähnt, mit den sog. Cum-/Ex-Geschäften sowie ihrer Behandlung in Rechtswissenschaft, Praxis und Rechtsprechung. Problematisch ist dabei die Behandlung des steuerlichen Rechtsirrtums zunächst in steuerrechtlicher sowie im weiteren Verlauf in strafrechtlicher und insbesondere zivilrechtlicher Hinsicht.[21] Die Untersuchung der sich hieraus ergebenden Abhängigkeiten ist die Methode zur Erreichung des eingangs definierten Ziels der Arbeit, zu einem umfassenden Gerechtigkeitsausgleich auch in komplex gelagerten steuerrechtlichen Fällen beizutragen. Die Implikationen des steuerlichen Rechtsirrtums werden daher in dem jeweiligen Rechtskontext beleuchtet.

18 Vgl. zum Rechtsirrtum im Strafrecht § 17 StGB; dazu *Joecks*, in: MünchKomm-StGB, § 17 Rn. 1; *Roxin*, Strafrecht AT, Bd. I, § 12 B Rn. 98.

19 Vgl. *Roxin*, Strafrecht AT, Bd. I, § 12 II Rn. 95.

20 Vgl. *Mayer-Maly*, AcP 170 (1970), 133 (134); *Rittner*, in: FS Hippel, S. 391 (391 ff.).

21 Siehe allgemein zur strafrechtlichen Behandlung *Seer*, in: Tipke/Lang, Steuerrecht, § 23 Rn. 45; *Weidemann*, in: FS Herzberg, S. 299 (299 ff.); sowie unten unter § 5 und § 7.

Kapitel 3. Funktionsweise der Cum-/Ex-Geschäfte

Zunächst sollen im Folgenden die sog. *Cum-/Ex-Dividenden-Geschäfte* untersucht werden. Dies impliziert die allgemeine Darstellung der Grundlagen und Hintergründe am Kapitalmarkt und im Steuerrecht (A.), die spezielle Betrachtung der Cum-/Ex-Geschäfte (B.) sowie eine konkrete Begriffsbestimmung (C.).

A. Grundlagen

Im Allgemeinen und grundsätzlich handelt es sich bei Cum-/Ex-Geschäften um Geschäfte mit Aktien bzw. Aktienpaketen um den Dividendenstichtag.[22] Unter diese Umschreibung fallen hingegen auch die sog. *Cum-/Cum-Geschäfte*, bei welchen der Anspruch gegen den Emittenten auf Zahlung der Dividende von der Aktie als Stammrecht abgetrennt wird.[23] Oftmals als Synonym verwendet wird daher auch pauschal der Begriff des Dividenden-Strippings (vom englischen Wort „strip", auf Deutsch „abstreifen") für beide Transaktionsgattungen.[24]

Regelmäßig sind die Akteure durch das Bestreben motiviert, steuerliche Vergünstigungen zu erreichen. Diese reichen von der bloßen Vermeidung einer Steuerpflicht im Inland über die Nutzung einer ohne das Dividenden-Stripping versagten Anrechnungsmöglichkeit bis hin zur Erstattung einer nicht abgeführten Kapitalertragsteuer.[25] Für die bezweckte Wirkung kommt eine Vielzahl

---

22 *Brandis*, in: FS Gosch, S. 37; *Bruns*, DStR 2010, 2061; *Spengel/Eisgruber*, DStR 2015, 785 (786).

23 Siehe hierzu *Geerling/Grauke*, DStR 2013, 1711 (1712); *Krawitz*, DStZ 1994, 881 (882); *Unfried*, Steuerrecht und Dividenden-Stripping, S. 14.

24 Statt vieler *Geerling/Grauke*, DStR 2013, 1711 (1712); *Hafner*, Kreditwesen 2016, 650 (650 ff.); *Krause*, WM 1999, 1101 ff.; *Krawitz*, DStZ 1994, 881 (882); *Podewils*, FR 2013, 418; *Ratschow*, in: Blümich, EStG/KStG/GewStG (Stand: August 2015), § 20 EStG Rn. 138; *Spatscheck/Spilker*, DB 2016, 2920 (2920); *Spilker*, FR 2017, 138 (138); interessant auch *Desens*, Das Halbeinkünfteverfahren, S. 77, welcher Dividenden-Stripping weit als „die Umwandlung von steuerpflichtigen Kapitalerträgen in steuerfreie Kursgewinne" definiert.

25 *Bruns*, DStR 2010, 2061; *Gabler*, Bank Lexikon, S. 454; *Geerling/Grauke*, DStR 2013, 1711 (1712); *Kindermann*, WM 1994, 817 (818); *Krumm*, in: Blümich, EStG/KStG/GewStG (Stand: August 2015), § 5 EStG Rn. 512c; siehe hierzu ausführlich unten unter § 4 C. 2.

rechtlicher Gestaltungsmöglichkeiten in Betracht.[26] Gleichwohl müssen die besagten Geschäftsmodelle gewisse Kriterien erfüllen.[27] *Unfried* setzt zum einen Entgeltlichkeit und zum anderen die steuerliche Zurechnung der Dividendenzahlung zum Anteilserwerber voraus. Eine Absprache in Form eines kollusiven Zusammenwirkens sowie Kurzfristigkeit sind dabei nicht zwingend erforderlich.[28] Gleiches gilt für einen späteren Rückerwerb der Aktien.[29]

Diesem Bestreben Rechnung tragend, wird nun ein kurzer Überblick über die kapitalmarktrechtlichen Voraussetzungen sowie die möglichen rechtlichen Gestaltungen gewährt. Im Anschluss erfolgt eine exakte Begriffsbestimmung. Dabei wird eine Abgrenzung von Cum-/Ex-Geschäften zu Cum-/Cum-Geschäften bzw. zum Dividenden-Stripping i.w.S. vorgenommen.

I. Kapitalmarktrechtlicher Hintergrund

1. Aktienhandel

Grundlegend bedarf es zunächst eines Anteilseigners einer börsennotierten Aktiengesellschaft, welcher Aktien kurz vor dem Dividendenstichtag handelt.[30] Aktien sind gem. § 1 Abs. 11 Nr. 1 KWG Finanzinstrumente. Unter Dividendenstichtag ist der Tag zu verstehen, an welchem auf der Hauptversammlung der Gewinnverwendungsbeschluss gefasst wird.[31] Maßgeblich für die Dividendenberechtigung ist folglich die Inhaberschaft der Aktie zum Ablauf dieses Tages. In diesem Zeitpunkt entsteht der Anspruch auf Dividendenzahlung, sofern ein wirksamer Hauptversammlungsbeschluss gem. § 174 i.V.m. § 58 Abs. 3 AktG vorliegt, gegen die Aktiengesellschaft als Emittenten aus §§ 58 Abs. 4, 60 AktG bzw. § 58 Abs. 4 AktG i.V.m. dem Gewinnverwendungsbeschluss.[32] Dogmatisch handelt es sich hierbei um einen eigenständigen schuldrechtlichen Anspruch des jeweiligen berechtigten, zivilrechtlichen Anteilsinhabers gegen die

---

26 Einen Überblick bietet *Unfried,* Steuerrecht und Dividenden-Stripping, S. 22 ff.

27 Siehe hierzu *Unfried*, Steuerrecht und Dividenden-Stripping, S. 10 ff.

28 *Unfried*, Steuerrecht und Dividenden-Stripping, S. 14.

29 Siehe unten unter § 3 B.

30 Statt aller *Desens*, DStZ 2012, 142 (142 ff.); *Loritz*, WM 2017, 309 (311); *Rau*, DStR 2011, 510 (510 ff.); vgl. auch BT-Drs. 18/12700, S. 76 ff. und 321 ff.; vgl. zum Begriff der Aktie *Schlimbach*, Leerverkäufe, S. 94.

31 *Rau*, DStR 2010, 1267; *Waclawik*, in: Hölters, Aktiengesetz, § 58 Rn. 23.

32 *Drygala*, in: KölnKomm-AktG, § 58 Rn. 90; *Ekkenga*, in: Claussen, Bank- und Börsenrecht, § 7 Rn. 23; *Hüffer*, in: Hüffer, AktG, § 58 Rn. 28; *Langenbucher*, Aktien- und Kapitalmarktrecht, § 7 Rn. 32; *Seip/Fülbier*, BB 2007, 477 (479).

Aktiengesellschaft auf den Anteil am Bilanzgewinn.[33] Deshalb steht auch das Abspaltungsverbot des § 8 Abs. 5 AktG einem Handel nicht entgegen.[34] Die Valutierung wird regelmäßig am Tag nach der Hauptversammlung vorgenommen, wobei tags zuvor, am sog. *Record Date*, das Gewinnrecht, der sog. Kupon, vom Stammrecht getrennt wird.[35] Nach Inkrafttreten der Aktienrechtsnovelle 2016[36] tritt die Fälligkeit dieses Anspruchs gem. § 58 Abs. 4 S. 2 AktG n.F. erst am dritten Geschäftstag nach der Hauptversammlung ein. Diese Regelung trat am 1.1.2017 in Kraft und bezweckt die Harmonisierung der Wertpapierabwicklung.[37] Die Auswirkungen auf die hier behandelte Konstellation sind aufgrund des Zeitablaufs nur theoretischer Natur, zumal Abweichungen durch Satzung oder Hauptversammlungsbeschluss denkbar sind.[38]

Die gehaltenen Aktien stellen solche Wertpapiere i.S.d. § 1 Abs. 1 DepotG dar, welche sich in Girosammelverwahrung der Clearstream Banking AG[39] mit Sitz in Frankfurt am Main befinden.[40] Die hier verwahrten Aktien bleiben im Besitz von Clearstream, wobei der Besitz an die jeweilige Depotbank gem. § 868 BGB gemittelt wird.[41] Besitzrechtlich entsteht so gestufter mittelbarer Besitz des Aktieninhabers durch Mittelung der Depotbank gem. §§ 868, 871 BGB an den Inhaber.[42] Der Eigentumserwerb erfolgt dann mittels Umbuchung bei Clearstream, wobei sachenrechtlich gem. § 929 S. 1 BGB übereignet wird. Publizitätsakt ist

---

33 *Fleischer*, in: K. Schmidt/Lutter, AktG, § 58 Rn. 45 f.; vgl. auch *Bayer*, in: MünchKomm-AktG, § 58 Rn. 97 ff.; *Cahn/Senger*, in: Spindler/Stilz, AktG, Bd. 1, § 58 Rn. 94; *Drinhausen*, in: Heidel, NK-Aktienrecht, Kap. 1, § 58 AktG Rn. 39 ff.; *Lenenbach*, Kapitalmarktrecht, Rn. 2.214; *Raiser/Veil*, Recht der Kapitalgesellschaften, § 11 Rn. 12.

34 *Drinhausen*, in: Heidel, NK-Aktienrecht, Kap. 1, § 8 AktG Rn. 20; *Ziemons*, in: K. Schmidt/Lutter, AktG, § 8 Rn. 28.

35 *Fleischer*, in: K. Schmidt/Lutter, AktG, § 58 Rn. 47; *Kußmaul/Huwer/Kloster*, RdF 2012, 314 (316); *Rau*, DStR 2010, 1267.

36 Gesetz zur Änderung des Aktiengesetzes v. 22.12.2015, BGBl. I 2015, S. 2565, in Kraft getreten am 1.1.2017.

37 *Koch*, in: Hüffer/Koch, Aktiengesetz, § 58 Rn. 28; RegBegr. BT-Drs. 18/4349, S. 19; vgl. auch schon zur Aktienrechtsnovelle 2014 *Fleischer*, in: K. Schmidt/Lutter, AktG, § 58 Rn. 5a.

38 *Koch*, in: Hüffer/Koch, Aktiengesetz, § 58 Rn. 28; *Stöber*, DStR 2016, 611 (615).

39 Im Folgenden: Clearstream.

40 *Einsele*, in: MünchKomm-HGB, Depotgeschäft, Rn. 97 ff.; *Englisch*, FR 2010, 1023 (1024 f.); *Rau*, BB 2000, 2338; *Scherer*, in: E/B/J/S, HGB, Bd. 2, DepotG, 3, 5 VI Rn. 409 und 447; *Staake*, JA 2004, 247 (253).

41 *Will*, in: Kümpel/Wittig, Bank- und Kapitalmarktrecht, Rn. 18.101 ff.

42 *Ekkenga*, in: Claussen, Bank- und Börsenrecht, § 7 Rn. 153; *Englisch*, FR 2010, 1023 (1024).

hierbei die Anweisung des Veräußerers, ein neues (gestuftes) Besitzmittlungsverhältnis mit dem Erwerber zu begründen.[43] Gebucht wird lediglich der Saldo am Gesamtdepot der girosammelverwahrten Aktien.[44] Dadurch wird ein Miteigentumsbruchteil gem. §§ 741, 1008 BGB i.V.m. § 6 Abs. 1 DepotG an dem gesamtverwahrten Aktienbestand erworben.[45]

Der Eigentumserwerb des Erwerbers an den besagten Aktien durch das Verfügungs- oder *Ausführungsgeschäft* findet beim börslichen Handel erst zwei Tage nach dem Verkauf bzw. dem Verpflichtungsgeschäft (*Geschäftsabschluss*) mittels Umbuchung statt.[46] Dies ergibt sich aus § 4 Abs. 1 Hs. 1 der Bedingungen für Geschäfte an der Frankfurter Wertpapierbörse.[47] Diese sog. *Börsenusancen* liegen dabei als allgemeine Handelsbedingungen speziell dem börslichen Handel zugrunde.[48] Hiervon zu unterscheiden ist der außerbörsliche Handel, der sog.

43 *Gätsch*, in: Marsch-Barner/Schäfer, Handbuch börsennotierte AG, § 5 Rn. 81; *Horn*, WM Sonderbeil. Nr. 2/2002, S. 8 f., 11; *Kußmaul/Huwer/Kloster*, RdF 2012, 314 (315); *Reitz*, Börsengeschäfte, Übertragung von Wertpapieren und Leistungsstörungen, S. 218 ff.; *Seip/Fülbier*, BB 2007, 477; *Sorgenfrei*, FR 2001, 291 (291 f.); *Will*, in: Kümpel/Wittig, Bank- und Kapitalmarktrecht, Rn. 18.101 ff.; kritisch dagegen *Canaris*, Bankvertragsrecht (2. Aufl.), Rn. 2125 und 2133; *Einsele*, Bank- und Kapitalmarktrecht, § 9 Rn. 28 ff.; *dies*., in: MünchKomm-HGB, Depotgeschäft, Rn. 79 ff. und 90 f.; *dies*., WM 2001, 7 (11), welche allesamt gestuften mittelbaren Besitz mangels eines Herausgabeanspruchs ablehnen; kritisch auch *Loritz*, BB 2017, 2327 (2329 ff.); vgl. insgesamt zum Streit *Mentz/Fröhling*, NZG 2002, 201 (208 ff.).

44 *Staake*, JA 2004, 247 (251 und 253); *Will*, in: Kümpel/Wittig, Bank- und Kapitalmarktrecht, Rn. 18.111.

45 *Anzinger*, RdF 2012, 394 (398); m.w.N. *Berger/Matuszewski*, BB 2011, 3097; *Mentz/Fröhling*, NZG 2002, 201 (205).

46 § 24 Abs. 2 DepotG; siehe auch *Einsele*, in: MünchKomm-HGB, Depotgeschäft, Rn. 97 und 108; *Podewils*, AG 2010, 391 (392); *Rau*, DStR 2007, 1192 (1193); *Seiffert*, in: Kümpel/Wittig, Bank- und Kapitalmarktrecht, Rn. 4.353.

47 In Betracht kommen hier auch andere deutsche Handelsplätze, jedoch konzentriert sich die vorliegende Arbeit auf die Besonderheiten der FWB. Die Divergenzen der unterschiedlichen Regelwerke im Hinblick auf den hier ausschließlich relevanten Aktienhandel sind minimal. Sollten gleichwohl Abweichungen existieren, wird an den entsprechenden Stellen dieser Arbeit auf sie hingewiesen. Eine neben der örtlichen Perspektive bestehende Problematik stellt die temporäre Dimension dar. Dabei beziehen sich die Ausführungen regelmäßig auf die Rechtslage bis 2012 sowie partiell auf die Gegenwart.

48 Zur Rechtsnatur der Börsenusancen siehe unten unter § 6.

Over the Counter-Trade.[49] Bei diesem direkten Handel zwischen den Parteien sind Abweichungen von der besagten Erfüllungszeitfolge möglich, sodass sowohl kürzere als auch längere Erfüllungszeiträume vereinbart werden können.[50] Denkbar ist neben dem reinen OTC-Handel auch eine außerbörslich vereinbarte, aber börslich abgewickelte Transaktion.[51] Unabhängig davon, ob tatsächlich ein OTC-Trade vorliegt, kommt es für die Folgebehandlung darauf an, ob die entsprechenden Börsenusancen Geltung für die jeweilige Transaktion entfalten.[52]

2. *Dividendenregulierung*

In Ansehung des Verkaufs dividendenberechtigter Aktien ist außerdem hervorzuheben, dass Clearstream einen Mechanismus bereithält, um Dividendenzahlung zu regulieren und über den Handelszeitraum zuzuweisen. Diese sog. *Dividendenregulierung*[53] (oder auch *Market-Claims-Prozess*[54]) stellt einen Ausgleich dar, dessen Notwendigkeit sich aus der verzögerten Aktienumbuchung ergibt. Die „Originaldividende" wird dazu der Depotbank des zivilrechtlichen Eigentümers gutgeschrieben. Der Ausgleich erfolgt im Weiteren zwischen Verkäufer und Käufer des Anteils bzw. zwischen den jeweiligen Depotbanken der Parteien, und zwar unabhängig davon, ob der Verkäufer auch Inhaber der Aktie

---

49 Im Folgenden OTC-Handel abgekürzt; zu Deutsch auch Freiverkehrs-, oder Direkthandel; vgl. auch *Clauss*, Anfechtungsrechte bei Wertpapiergeschäften zu nicht marktgerechten Preisen (Mistrades), S. 9 ff.; *Seiffert*, in: Kümpel/Wittig, Bank- und Kapitalmarktrecht, Rn. 4.351 f.

50 *Berger/Matuszewski*, BB 2011, 3097 (3097); *Desens*, DStZ 2012, 142 (143); *Englisch*, FR 2010, 1023 (1028); *Rau*, FR 2011, 366 (367 f.); *ders.*, FR 2014, 1012 (1012); siehe auch für die jeweiligen Jahre das „Kundenhandbuch der Clearstream Banking AG", S. 6–3 (Stand: März 2018) (im Internet abrufbar unter: http://www.clearstream.com/clearstream-en/keydocuments--1-/csd--1-/customer-handbook/cbf-kundenhandbuch/12100, letzter Aufruf: 26.04.2018).

51 Vgl. *Rau*, DStR 2007, 1192 (1193).

52 Siehe hierzu unten unter § 6.

53 Auch „manufactured dividend", also künstliche Dividende; *Hartrott*, in: Herrmann/Heuer/Raupach, EStG/KStG (Stand: September 2013), § 44 EStG Rn. 20; *Storg*, NWB 2007, Fach 3, 14327 (14329): „künstliche Dividendenzahlung".

54 Kundenhandbuch der Clearstream Banking AG S. 4–1 (v. Februar 2012); bzw. aktuell: S. 6–3 (Stand: März 2018) (im Internet abrufbar unter: http://www.clearstream.com/clearstream-en/keydocuments--1-/csd--1-/customer-handbook/cbf-kundenhandbuch/12100, letzter Aufruf: 26.04.2018).

ist.[55] Dogmatisch wird diese Regulierung überwiegend als Schadensersatz eingeordnet.[56] Lediglich vereinzelt wird ein Erfüllungsanspruch behauptet.[57] Begründet wird dies damit, dass der Verkäufer nur verpflichtet sei, einen Geldbetrag zu zahlen.[58] Dies ist indes nicht sachgerecht. Der Kaufgegenstand ist schließlich die Aktie und nicht die – zumal nur wirtschaftliche – Dividende. Wird die Aktie inklusive der Dividende gehandelt, dann schließt dies die Dividendenberechtigung unabhängig vom konkreten Stadium (Anspruch auf Herbeiführung eines Hauptversammlungsbeschlusses[59] vor Kupontrennung bzw. Anspruch auf die schuldrechtliche Dividendenzahlung[60]) mit ein.[61]

Technisch erfolgt die Regulierung durch einen beim Verkäufer der Aktie gesetzten Sperrvermerk, sodass dieser die Netto-Dividende nicht ausbezahlt bekommt.[62] Für den Fall, dass der Inhaber die Aktie über den Dividendenstichtag veräußert hat, stellt sich die Regulation auch als solche dar. Er selbst käme aufgrund des Sperrvermerks weder in den Genuss der Dividende noch in Besitz einer Steuerbescheinigung.[63]

Im Hinblick auf etwaige Kaufverträge zwischen den Beteiligten ist festzustellen, dass sowohl Aktien beim Geschäftsabschluss mit („*cum*") Dividendenanspruch als auch solche ohne („*ex*") verkauft werden und wiederum unabhängig hiervon i.R.d. Ausführungsgeschäfts geliefert werden können. Clearstream reguliert somit gleichsam den Schaden bzw. die Wertdifferenz, welche dadurch entsteht, dass zwar Aktien cum Dividende versprochen und auch bezahlt, jedoch lediglich ex Dividende geliefert werden, und zwar unabhängig von der Art des

---

55 *Berger/Matuszewski*, BB 2011, 3097; *Kußmaul/Huwer/Kloster*, RdF 2012, 314 (317); *Rau*, DStR 2007, 1192 (1194); *Wagner*, Der Konzern 2007, 127 (129).

56 So etwa FG Hessen Urt. v. 10.2.2016 – 4 K 1684/14, rkr., EFG 2016, 761 (764) = DStR 2016, 1084 (1088); *Anzinger*, RdF 2012, 394 (396); *Bruns*, DStR 2010, 2061 (2063); *ders.*, DStZ 2011, 676 (678); *Desens*, DStZ 2012, 142 (147); *Hahne*, DStR 2007, 605 (606); *ders.*, AG 2011, 503 (505); *Klein*, BB 2016, 2200 (2203); *Podewils*, FR 2011, 69 (70); *Rau*, DStR 2011, 510 (511); *Storg*, NWB 2007, Fach 3, 14327 (14329); a.A. *Loritz*, BB 2017, 2327 (2332); siehe hierzu ausführlich unten unter § 7 B. IV. 2. b).

57 *Loritz*, WM 2017, 309 (318 f.).

58 *Loritz*, WM 2017, 309 (318 f.).

59 Vgl. *Koch*, in: Hüffer/Koch, Aktiengesetz, § 58 Rn. 26.

60 Siehe hierzu bereits oben unter § 3 A. I. 1.

61 Siehe zum Inhalt der Leistung ausführlich unten unter § 7 B. IV.

62 *Bruns*, DStR 2010, 2061; *Kußmaul/Huwer/Kloster*, RdF 2012, 314 (316); *Seip/Füllbier*, BB 2007, 477.

63 *Kußmaul/Huwer/Kloster*, RdF 2012, 314 (319); *Podewils/Zink*, DStZ 2013, 177 (178); *Rau*, DStR 2007, 1192 (1194); *Storg*, NWB 2007, Fach 3, 14327 (14328).

Verkaufs. Diese Systematik fußt auf dem Gedanken, dass die Dividende dem Käufer – jedenfalls im Verhältnis zum Verkäufer – schuldrechtlich bzw. leistungsstörungsrechtlich zusteht.[64]

3. *Inhaberverkauf*

Die soeben behandelte Konstellation stellt den Grundfall des sog. *Inhaberverkaufs*[65] dar, auf welchen später noch i.R.d. Dividenden-Strippings sowie im Hinblick auf sein Pendant, den Leerverkauf, eingegangen wird. Der Veräußernde ist in den Fällen des Inhaberverkaufs zugleich Inhaber der verkauften Anteile. Die Ausführungen sind entsprechend allgemein gehalten, da den Besonderheiten des Leerverkaufs an späterer Stelle besonders Rechnung getragen wird.[66]

4. *Zentraler Kontrahent*

Zweifelhaft ist weiter, ob die bisherigen Ausführungen aufgrund der Einführung der Zwischenschaltung der Eurex Clearing AG[67] am 27.3.2003 modifiziert werden müssen. Bei der Eurex Clearing handelt es sich um eine zentrale Zwischenstelle (sog. *Central Counter Party* – im Folgenden: CCP), welche die Wertpapierkaufverträge in eigenem Namen und auf eigene Rechnung abschließt. Laut der Legaldefinition des § 1 Abs. 31 KWG i.V.m. Art. 2 Nr. 1 VO (EU) Nr. 6 48/2012[68] ist eine CCP „eine juristische Person, die zwischen die Gegenparteien der auf einem oder mehreren Märkten gehandelten Kontrakte tritt und somit als Käufer für jeden Verkäufer bzw. als Verkäufer für jeden Käufer fungiert“. Eurex Clearing nimmt somit – seit der Einführung der CCP-Funktion im Jahr 2003 – zwischen Veräußerer und Erwerber selbst eine Leerposition ein.[69] Ein direkter Vertragsschluss zwischen den Marktteilnehmern kommt im börslichen Handel daher nicht zustande, sodass zwischen den Handelsteilnehmern allenfalls ein

---

64 So auch *Hahne*, AG 2011, 503 (505); *Storg*, NWB 2007, Fach 3, 14327 (14329); *Podewils*, FR 2011, 69 (70).

65 Vgl. *Storg*, NWB 2007, Fach 3, 14327.

66 Siehe hierzu unten unter § 3 B. I.

67 Im Folgenden: Eurex Clearing.

68 Verordnung (EU) Nr. 648/2012 des Europäischen Parlaments und des Rates v. 4.7.2012 über OTC-Derivate, zentrale Gegenparteien und Transaktionsregister, ABlEU L 201/1 v. 27.7.2012, in Kraft getreten am 16.8.2012.

69 ClearBed v. 27.3.2003, Kap. IV Absch. 1 (1) (abrufbar unter: http://www.eurexclearing.com/blob/114992/12b251d55fbac09d65d9250638a73975/data/cc_history_27032003_de.pdf letzter Aufruf: 26.04.2018); *Habersack/Ehrl*, ZfpW 2015, 312 (315); *Loritz*, WM 2017, 309 (313 f.); *Spengel/Eisgruber*, DStR 2015, 785 (791).

wirtschaftlicher Vertrag gesehen werden kann.[70] Rechtlich kontrahieren die Parteien aber lediglich mit der CCP.[71]

Der Anspruch auf Dividendenkompensationszahlung richtet sich infolgedessen gegen den zentralen Kontrahenten.[72] Dieser Forderung gegen den zentralen Kontrahenten steht der entsprechende Anspruch der CCP gegen den anderen Marktteilnehmer gegenüber, sodass diese i.R.d. *Nettings* gegeneinander mittels Aufrechnung i.S.v. §§ 387, 389 BGB neutralisiert werden.[73] Eine weitere Aufgabe der Eurex Clearing liegt darin, Wertpapiertransaktionen im Verhältnis zwischen dem Zentralverwahrer und den Clearingteilnehmern zu reduzieren, indem sie sachenrechtlich lediglich einen Spitzenausgleich vornimmt und damit Transaktionskosten gespart werden.[74] Daneben sollen Kontrahenten-Ausfallrisiken begrenzt werden.[75]

Praktisch wird dies erreicht, indem die Geschäfte über Eurex Clearing mit ihr im börslichen Verkehr direkt entstehen oder bei OTC-Transaktionen nach Mitteilung per Novation beidseitig auf Eurex übertragen werden.[76] Hinzu kommt, dass Eurex nur eine eingeschränkte Verantwortlichkeit trifft.[77] Im Ergebnis bleibt daher das Grundmuster der Eigentumsübertragung kapitalmarktrechtlich

---

70 *Alfes*, Central Counterparty – Zentraler Kontrahent – Zentrale Gegenpartei, S. 111 ff.; *Reitz*, Börsengeschäfte, Übertragung von Wertpapieren und Leistungsstörungen, S. 49 ff.; *Seiffert*, in: Kümpel/Wittig, Bank- und Kapitalmarktrecht, Rn. 4.366 f.; vgl. aber *Kröpfl*, Effizienz in der Abwicklung von Wertpapiergeschäften – Transaktionskosten und Wettbewerb in Europa, S. 161 f.; vgl. auch § 2 Abs. 2 BedFWB (Stand: 30.11.2015).

71 *Reitz*, Börsengeschäfte, Übertragung von Wertpapieren und Leistungsstörungen, S. 51 f.; *Spengel/Eisgruber*, DStR 2015, 785 (791); siehe hierzu ausführlich unten unter § 6.

72 *Spengel/Eisgruber*, DStR 2015, 785 (792).

73 *Alfes*, Central Counterparty – Zentraler Kontrahent – Zentrale Gegenpartei, S. 195; *Habersack/Ehrl*, ZfpW 2015, 312 (315, 340 ff.); *Loritz*, WM 2017, 309 (314); vgl. auch *Jobst*, ZBB 2010, 384 (384 ff.).

74 *Horn*, WM 2002, Sonderbeilage Nr. 2, S. 7, siehe zu weiteren Zielen ebenda; *Klanten*, in: Schimansky/Bunte/Lwowski, Bankrechtshandbuch, Bd. II, § 72 Rn. 106 f.

75 *Klanten*, in: Schimansky/Bunte/Lwowski, Bankrechtshandbuch, Bd. II, § 72 Rn. 106; *Klein*, BB 2016, 2200 (2200).

76 ClearBed (Stand: 11.1.2016) Kap. 1 Absch. 1 Ziff. 1.2. Abs. (4); Kap. I Abschn. 1 Ziff. 2.2. Abs. (1) lit. (a) und Abs. (2); vgl. auch ClearBed (Stand: 30.7.2009) Kap. 1 Absch. 1 Ziff. 1.2.1; siehe hierzu ausführlich unten unter § 6 A III.

77 ClearBed (Stand: 11.1.2016) Kap. 1 Absch. 1 Ziff. 2.2. Abs. (6) lit. (a) – (d); vgl. auch ClearBed (Stand: 30.7.2009) Kap. 1 Absch. 1 Ziff. 1.2.1. (6); sowie ausführlich unten unter § 6.

unverändert.[78] Ob sich hieraus Besonderheiten auf der zivilrechtlichen Haftungsebene ergeben, wird unten geprüft.[79]

5. *Virtueller Aktienhandel*

Eine weitere Facette des modernen Aktienhandels stellt der elektronische Handel über Internetbörsen wie Xetra dar. Hierbei handelt es sich um ein vollelektronisches Handelssystem, welches im Vergleich zum Kassamarkt Erweiterungen insbesondere hinsichtlich der Möglichkeiten entsprechender Einzelabschlüsse bereithält.[80] Im Übrigen werden hier Angebot und Annahme über die Konstruktion der „Willenserklärung für den, den es angeht" – *ad incertas personas* – zu einem sog. *Match* zusammengeführt.[81] Ob sich hieraus im Hinblick auf die Cum-/Ex-Transaktionen Besonderheiten ergeben, wird ebenfalls weiter unten behandelt werden.[82]

II. Steuerrechtlicher Hintergrund

Veranlasst werden die Transaktionen um den Dividendenstichtag in der Regel aus steuerlichen Gründen. Deshalb soll zunächst ein allgemeiner Überblick über das hier relevante Steuerrecht gewährt werden. Eine steuerrechtliche Beurteilung der Cum-/Ex-Geschäfte erfolgt an späterer Stelle anhand der Genese des

---

78 *Englisch*, FR 2010, 1023 (1025); *Horn*, WM 2002, Sonderbeilage Nr. 2, S. 4 und 18 f.; *Seiffert*, in: Kümpel/Wittig, Bank- und Kapitalmarktrecht, Rn. 4.370; kritisch dagegen *Habersack/Ehrl*, ZfpW 2015, 312 (340 ff.); ebenfalls kritisch in steuerrechtlicher Hinsicht äußern sich *Spengel/Eisgruber*, DStR 2015, 785 (791 f.): Aufgrund der Leerposition der CCP ab März 2003 komme es seither auch in den Fällen des Dividenden-Strippings erst mit Lieferung der Aktien zum Übergang wirtschaftlichen Eigentums. Diese Bedenken sind zwar berechtigt, aber im Hinblick auf die Beurteilung der Cum-/Ex-Geschäfte ohne Auswirkung.

79 Siehe unten unter § 7 B IV. 7.

80 Vgl. *Groß*, Kapitalmarktrecht, § 2 BörsG Rn. 12 unten; *ders.*, in: E/B/J/S, HGB, Bd. 2, IX Rn. 54; *Seiffert*, in: Kümpel/Wittig, Bank- und Kapitalmarktrecht, Rn. 4.293.

81 *Alfes*, Central Counterparty – Zentraler Kontrahent – Zentrale Gegenpartei, S. 111 ff.; vgl. allgemein hierzu *Seiffert*, in: Kümpel/Wittig, Bank- und Kapitalmarktrecht, Rn. 4.293; siehe ausführlich unten unter § 6.

82 Siehe unten unter § 6.

Dividendensteuerrechts.[83] Im Zentrum der Gestaltungen steht die Erstattung von Kapitalertragsteuerabzügen.[84]

1. *Kapitalertragsteuerabzug*

Die Kapitalertragsteuer, eine Erhebungsform der Einkommensteuer, ist grundsätzlich als Quellensteuer konzipiert, d.h. gem. § 44 Abs. 1 S. 3 EStG vom Schuldner der Kapitalerträge an der Quelle für Rechnung des Gläubigers einzubehalten und innerhalb der Frist des § 44 Abs. 1 S. 5 EStG an das zuständige Finanzamt abzuführen.[85] Hier relevante steuerbare Einkünfte aus Kapitalvermögen sind gem. § 20 Abs. 1 Nr. 1 S. 1 EStG insbesondere Gewinnanteile, Ausbeuten und sonstige Bezüge aus Aktien. Daneben stellen Veräußerungsgewinne weitere Einkünfte aus Kapitalvermögen nach § 20 Abs. 2 S. 1 Nr. 1 EStG dar.[86] Dividenden, die von einer gebietsansässigen Aktiengesellschaft gezahlt werden, unterliegen gem. § 43 Abs. 1 S. 1 i.V.m. § 20 Abs. 1 Nr. 1, §§ 43a Abs. 1 S. 1 Nr. 1, 44 Abs. 1 S. 3 EStG (ggf. i.V.m. § 31 Abs. 1 KStG) dem Kapitalertragsteuerabzug zulasten des Anteilsinhabers.[87] Zu beachten ist weiterhin, dass gem. § 36 Abs. 2 Nr. 2 EStG grundsätzlich die Möglichkeit zur Anrechnung bzw. Erstattung der selbst oder von einem Dritten in Vorauszahlung geleisteten Einkommensteuer besteht.[88]

2. *Doppelbelastung*

Der Dividendenbesteuerung ist jedoch das grundlegende Problem der wirtschaftlichen Mehrfachbelastung in die Wiege gelegt. Zunächst fällt gem. § 1 Abs. 1 KStG

---

83 Siehe dazu unten § 4.

84 Vgl. zum Dividenden-Stripping i.w.S. statt aller *Rau*, BB 2004, 1600 (1600 f.); *Salzmann/Heufelder*, IStR 2017, 125 (126); *Sorgenfrei*, IStR 2008, 326 (326 f.); *Unfried*, DStR 2000, 993; sowie exemplarisch zu Cum-/Ex-Geschäften statt aller *Berger/Matuszewski*, BB 2011, 3097 (3097 ff.); *Rau*, DStR 2010, 1267; vgl. auch *Ettlich*, in: Blümich, EStG/KStG/GewStG (Stand: September 2016), § 36 EStG Rn. 120 f.

85 *Birk/Desens/Tappe*, Steuerrecht, Rn. 72 und 652; *Knaupp*, in: Kirchhof, EStG, § 44 Rn. 3 und 8; *Lindberg*, in: Blümich, EStG/KStG/GewStG (Stand: September 2016), § 43 EStG Rn. 9; *ders.*, a.a.O., § 44 Rn. 3; *Schön*, RdF 2015, 115 (124 unten); *Weidemann*, BB 2014, 2135 (2136); siehe zum Zahlstellenprinzip auch unten unter § 4 A.

86 *Hey*, in: Tipke/Lang, Steuerrecht, § 8 Rn. 495 und 497; *Ratschow*, in: Blümich, EStG/KStG/GewStG (Stand: August 2015), § 20 EStG Rn. 350; *von Beckerath*, in: Kirchhof, EStG, § 20 Rn. 118.

87 Vgl. *Gosch*, in: Gosch, KStG, § 31 Rn. 1; *Stöber*, DStZ 2012, 155 (157).

88 *Ettlich*, in: Blümich, EStG/KStG/GewStG (Stand: September 2016), § 36 EStG Rn. 104; *Gosch*, in: Kirchhof, EStG, § 36 Rn. 6; *Loschelder*, in: Schmidt, EStG, § 36 Rn. 5.

Körperschaftsteuer auf Ebene der Kapitalgesellschaft an. Würden nun zudem die Gewinnausschüttungen der Gesellschaft bei den Gesellschaftern besteuert, käme es zu einer wirtschaftlichen Doppelsteuerbelastung, welche bei einer erneuten Körperschaftbesteuerung zu einer Mehrfachbelastung führt. Die originären Gewinne würden jeweils mittels Ausschüttungen über unterschiedliche Steuersubjekte durchgereicht und auf jeder Ebene besteuert.[89]

3. *Dividendenbesteuerungssystem*

Diesem Problem begegnete der Gesetzgeber i.R.d. Einkommensteuer zum 1.1.2001 mit der Einführung des sog. Halb- bzw. später Teileinkünfteverfahrens[90], welches lediglich eine anteilige Dividendensteuerpflicht für solche Dividenden vorsieht, die von natürlichen Personen vereinnahmt wurden (§ 3 Nr. 40 S. 1 EStG).[91] Seit dem 1.1.2009[92] ist zudem eine Differenzierung nach im Betriebs- und im Privatvermögen gehaltenen Anteilen erforderlich, von denen die anteilige Steuerbefreiung lediglich Erstere erfasst.[93]

Im Rahmen der Körperschaftssteuer schuf der Gesetzgeber eine gänzliche Steuerfreiheit (§ 8b Abs. 1 S. 1 KStG).[94] Seit 2004 gilt die Befreiung gem. § 8b

---

89 *Birk/Desens/Tappe*, Steuerrecht, Rn. 1203, 1235; *Desens*, Das Halbeinkünfteverfahren, S. 5 und insbesondere 7 ff., 21.; *ders.*, DStR-Beihefter zu Heft 4/2013, 13 (14); *Englisch*, Dividendenbesteuerung, S. 52; *Kübler/Assmann*, Gesellschaftsrecht, S. 326 f.; *Levedag*, in: Schmidt, EStG, § 3 Rn. 135; *Rengers*, in: Blümich, EStG/KStG/GewStG (Stand: April 2017), § 8b KStG Rn. 1; *von Beckerath*, in: Kirchhof, EStG, § 3 Rn. 95; siehe auch *Hey*, in: Tipke/Lang, Steuerrecht, § 11 Rn. 1 und 6 ff.; BT-Drs. 14/2683, S. 120.

90 Die Einführung des Halbeinkünfteverfahrens erfolgte durch das Gesetz zur Senkung der Steuersätze und zur Reform der Unternehmensbesteuerung (Steuersenkungsgesetz – StSenkG) v. 23.10.2000, BGBl. I 2000, S. 1433 ff., in Kraft getreten am 1.1.2001; zum bis zum 1.1.2001 geltenden Anrechnungsverfahren siehe den Kurzüberblick bei *Desens*, Das Halbeinkünfteverfahren, S. 59 ff. Der spätere Wandel vom Halb- zum Teileinkünfteverfahren vollzog sich durch das UntStRefG, Unternehmenssteuerreformgesetz 2008 v. 14.8.2007, BGBl. I 2007, S. 1912 ff., in Kraft getreten am 18.8.2007.

91 *Birk/Desens/Tappe*, Steuerrecht, Rn. 1204; *von Beckerath*, in: Kirchhof, EStG, § 3 Rn. 95.

92 Diese erst später in Kraft getretene Neuerung erfolgte ebenfalls durch das UntStRefG 2008 v. 14.8.2007, BGBl. I 2007, S. 1912 ff.; *von Beckerath*, in: Kirchhof, EStG, § 3 Rn. 98.

93 *Birk/Desens/Tappe*, Steuerrecht, Rn. 1204; *Hey*, in: Tipke/Lang, Steuerrecht, § 11 Rn. 12; *Levedag*, in: Schmidt, EStG, § 3 Rn. 135.

94 *Birk/Desens/Tappe*, Steuerrecht, Rn. 1204 und 1235; *Hey*, in: Tipke/Lang, Steuerrecht, § 11 Rn. 13; *Englisch*, Dividendenbesteuerung, S. 51; *Frotscher*, INF 2003, 457; *Gosch*, in: Gosch, KStG, § 8b Rn. 61; *Salzmann/Heufelder*, IStR 2017, 125 (126); *Stöber*, DStZ 2012, 155 (157).

Abs. 5 KStG zu 95 % bei einem pauschalen Betriebsausgabenabzug i.H.v. fünf Prozent.[95] Gem. § 43 Abs. 1 S. 3 EStG bleibt diese Steuerbefreiung beim Steuerabzug aber unbeachtet.[96] Hieraus resultiert über § 31 Abs. 1 S. 1 KStG i.V.m. § 36 Abs. 2 Nr. 2 EStG eine Verlagerung der zuvor geschilderten Problematik auf die Anrechnungsebene. Hier ist nunmehr nach beschränkter und unbeschränkter Steuerpflicht zu differenzieren.

Bei einer in Deutschland ansässigen Empfängergesellschaft als unbeschränkt steuerpflichtiger Körperschaft i.S.v. § 1 KStG fließt die Dividende, wie gesagt, grundsätzlich gem. § 8b Abs. 1 S. 1 KStG nicht in die Bemessungsgrundlage ein.[97] Eine Besteuerung besagter Einkünfte findet damit grundsätzlich nicht statt, wohingegen gem. § 8b Abs. 5 KStG (a.F.) lediglich 5 % als nicht abziehbare Betriebsausgaben steuerpflichtig sind.[98] Die zuvor durch den Schuldner der Erträge abgeführte Kapitalertragsteuer wird sodann im Veranlagungsverfahren der deutschen Gesellschaft gem. § 36 Abs. 2 Nr. 2 EStG i.V.m. § 31 Abs. 1 S. 1 KStG auf die Körperschaftsteuerschuld angerechnet.[99] Solche Dividenden, die an eine im Ausland ansässige Körperschaft gezahlt werden, sind dagegen gem. § 2 Nr. 1 KStG, § 49 Abs. 1 Nr. 5 lit. a) EStG beschränkt steuerpflichtige inländische Einkünfte.[100] Wegen § 32 Abs. 1 Nr. 2 KStG findet grundsätzlich keine Anrechnung statt, sodass die zulasten der beschränkt körperschaftsteuerpflichtigen ausländischen Körperschaft (§ 2 Nr. 1 KStG) abgeführte Kapitalertragsteuer als

---

95 *Birk/Desens/Tappe*, Steuerrecht, Rn. 1204; *Englisch*, Dividendenbesteuerung, S. 53 f.; *Hey*, in: Tipke/Lang, Steuerrecht, § 11 Rn. 13; *Intemann*, BB 2013, 1239 (1239); *Stöber*, DStZ 2012, 155 (157).

96 *Birk/Desens/Tappe*, Steuerrecht, Rn. 1235; *Englisch*, Dividendenbesteuerung, S. 57; *Frotscher*, INF 2003, 457 (458); *Gosch*, in: Gosch, KStG, § 8b Rn. 61; *Salzmann/Heufelder*, IStR 2017, 125 (126).

97 *Birk/Desens/Tappe*, Steuerrecht, Rn. 1235; *Englisch*, Dividendenbesteuerung, S. 51; *Gosch*, in: Gosch, KStG, § 8b Rn. 61; *Stöber*, DStZ 2012, 155 (157); siehe bereits vorstehend.

98 Dies ergab nach einer Rechnung mit 15 % Körperschaftsteuersatz eine Körperschaftssteuer von 0,75 % (5 % von 15 %) der Brutto-Dividende (zzgl. 5, 5 % Solidaritätszuschlag, käme man auf eine Steuerbelastung von 0,79 %); *Stöber*, DStZ 2012, 155 (157); *Rust*, DStR 2009, 2568 (2572); vgl. auch *Desens*, Das Halbeinkünfteverfahren, S. 204 ff.; sowie *Gosch*, in: Gosch, KStG, § 8b Rn. 450 f.

99 *Geerling/Grauke*, DStR 2013, 1711 (1713); *Oellerich*, in: Blümich, EStG/KStG/GewStG (Stand: August 2017), § 31 KStG Rn. 21.

100 *Rengers*, in: Blümich, EStG/KStG/GewStG (Stand: März 2016), § 2 KStG Rn. 68.

Abgeltungsteuer *definitiv* wirkt bzw. die Steuerbefreiung wirkungslos bleibt.[101] Eine Erstattung von zwei Fünfteln der einbehaltenen Steuer erfolgt, ohne Anknüpfung an weitere Voraussetzungen, gem. § 44a Abs. 9 S. 1 EStG.[102]

Diese Unterscheidung bei der abgeltenden Wirkung des Kapitalertragsteuerabzugs in grenzüberschreitenden Sachverhalten wurde bereits frühzeitig als unvereinbar mit der europarechtlich damals von Art. 56 EG garantierten Kapitalverkehrsfreiheit erachtet.[103] Entsprechende Bedenken wurden von der nationalen Rechtsprechung indes zunächst nicht geteilt.[104] Der EuGH entschied im Zuge dessen auf einen europarechtswidrigen Verstoß gegen die mittlerweile durch Art. 63 AEUV gewährte Kapitalverkehrsfreiheit.[105] Dieser Beanstandung half der deutsche Gesetzgeber mit der Einführung von § 8b Abs. 4 KStG ab[106], wonach Bezüge aus Streubesitzdividenden bei der Ermittlung der Einkünfte zu berücksichtigen sind und eben nicht mehr der Steuerbefreiung aus § 8b Abs. 1 S. 1 KStG anheimfallen, sodass nunmehr auch inländische Marktteilnehmer vergleichbar besteuert werden.[107]

Mittlerweile besteht folglich die wirtschaftliche Doppelbelastungsproblematik bei der Streubesitzdividendenbesteuerung im Körperschaftsteuerrecht aufgrund von § 8b Abs. 4 KStG unvermindert fort.[108] Maßgeblich ist hier allerdings schwerpunktmäßig die Rechtslage bis zum 28.3.2013.

---

101 *Desens,* Das Halbeinkünfteverfahren, S. 206; *ders.,* IStR 2003, 613 (620); *Frotscher,* INF 2003, 457 (458); *Gosch,* in: Gosch, KStG, § 8b Rn. 62; *Intemann,* BB 2013, 1239; *Salzmann/Heufelder,* IStR 2017, 125 (126).

102 Dies ergibt bei einem Kapitalertragsteuersatz von 25 % eine verbleibende Belastung von 15 % Kapitalertragsteuer.

103 *Dautzenberg,* BB 2001, 2137 (2142); *Desens,* Das Halbeinkünfteverfahren, S. 210; *ders.,* IStR 2003, 613 (621); *Frotscher,* INF 2003, 457 (458); sowie später *Haisch/Hüniken,* BB 2016, 345; *Stöber,* DStZ 2012, 155 (160); vgl. auch *Rust,* DStR 2009, 2568 (2574); vgl. allgemein zur Kapitalverkehrsfreiheit *Kluth,* in: Calliess/Ruffert, EUV/AEUV, Art. 63 Rn. 1 ff.

104 Zuletzt BFH v. 22.4.2009 – I R 53/07, BFHE 224, 556 = DStR 2009, 1469.

105 EuGH v. 20.10.2011, C-284/09, Europäische Kommission/Bundesrepublik Deutschland, DStR 2011, 2038.

106 Gesetz zur Umsetzung des EuGH-Urteils vom 20. Oktober 2011 in der Rechtssache C-284/09 v. 21.3.2013, BGBl. I 2013, S. 561 ff., in Kraft getreten am 29.3.2013.

107 *Birk/Desens/Tappe,* Steuerrecht, Rn. 1237; *Gosch,* in: Gosch, KStG, §8b Rn. 287; *Intemann,* BB 2013, 1239; *Rengers,* in: Blümich, EStG/KStG/GewStG (Stand: Mai 2016), § 8b KStG Rn. 116; *Salzmann/Heufelder,* IStR 2017, 125 (127).

108 *Birk/Desens/Tappe,* Steuerrecht, Rn. 1237; *Desens,* DStR-Beihefter zu Heft 4/2013, 13 (15 und 24); *Patzer/Nagler,* IStR 2012, 790 (796); *Rengers,* in: Blümich, EStG/KStG/

4. *Zwischenfazit*

Die Notwendigkeit der Lösung der Grundproblematik doppelter wirtschaftlicher Belastung durch eine Ungleichbehandlung unterschiedlicher Teilnehmer an demselben zunehmend vernetzten Markt veranlasst die Akteure freilich zu Umgehungsbemühungen.[109] In diesem Zusammenhang ist die reaktive Gesetzgebung zu sehen, die jedoch lediglich die Folgen und weniger die Ursachen bekämpft.[110] Wie später gezeigt wird, kommt es für die Bewertung der Aktiengeschäfte um den Dividendenstichtag durch die Rechtsprechung und die Wissenschaft elementar auf die soeben dargestellten Grundlagen der Dividendenbesteuerung und die vermeintlichen Lösungen der in ihr angelegten Konflikte durch den Gesetzgeber an.[111]

III. Gestaltungsmöglichkeiten des Dividenden-Strippings

Diese – zur Umgehung veranlassenden – steuerrechtlichen Unterschiede provozieren eine ökonomisch nachvollziehbare Marktreaktion, nämlich die diametrale gewinnbringende Ausnutzung besagter Marktunterschiede. Alleinstellungsmerkmal dieser Marktpraxis ist die Verschiebung von Aktien – Aktienhandel um den Dividendenstichtag[112] – mit der Absicht, wirtschaftlich in den Genuss einer steuergünstigen Anrechnungsposition des Handelspartners zu gelangen bzw. eine solche bereitzustellen. Diese Zielsetzung hat eine Vielzahl unterschiedlichster Gestaltungen im weiteren Sinne hervorgebracht. Inhaltlich geht es um die Trennung der Dividende von dem Stammrecht bzw. der Aktie. Über jene Trennung soll nun ein kurzer Überblick gewährt werden.

GewStG (Stand: Mai 2016), § 8b KStG Rn. 116; vgl. auch *Knobloch,* DB 2016, 1825 (1826); *Salzmann/Heufelder*, IStR 2017, 125 (129).

109 So auch *Desens,* FR 2014, 265 (266 f.); *Krawitz,* DStR 1994, 881; *Rau/Sahl,* BB 2000, 1112; vgl. auch *Knobloch,* DB 2016, 1825 (1825 ff.).

110 So auch *Kußmaul/Kloster*, DB 2016, 849 (856).

111 Vgl. BFH v. 15.12.1999 – I R 29/97, BStBl. II 2000, 527 (529 f.) = DStR 2000, 462; BFH v. 20.11.2007, I R 85/05, BStBl. II 2013, 287 = DStRE 2009, 76; vgl. auch die Literatur zum Dividenden-Stripping *Rau,* BB 2004, 1600 (1602); *Rau/Sahl,* BB 2000, 1112; *ders.*, BB 2000, 2338; *Sorgenfrei,* FR 2000, 441; *Unfried,* DStR 2000, 993 (996 f.); *ders.*, Steuerrecht und Dividenden-Stripping, S. 32 ff. und 131 ff.; siehe zudem unten unter § 4 C. I.; vgl. zur Möglichkeit der Cum-/Cum-Arbitrage nach 2011 *Fiand,* NWB 2016, 344 (349); *Klein,* BB 2016, 2200 (2204).

112 Siehe bereits einleitend oben unter § 3 I. 1.

1. *Isolierte Veräußerung des Gewinnanspruchs*

In Betracht kommt zunächst die isolierte Übertragung des Anspruchs auf Dividendenzahlung. Grundsätzlich ist das möglich, sofern der Anspruch bestimmbar ist.[113] Dies soll dann der Fall sein, wenn er feststeht und vom Stammrecht abtrennbar ist. Ansonsten läge nur der Anspruch auf Herbeiführung des Gewinnverteilungsbeschluss vor.[114] Zu einer angestrebten steuerlichen Begünstigung der Beteiligten führt dieses Geschäft jedoch nicht.[115]

2. *Explizite Veräußerungsgeschäfte*

Im Fall der expliziten Veräußerung der Aktie erzielt ein nicht anrechnungsberechtigter Anteilsinhaber die Brutto-Dividende über den Kaufpreis, wobei regelmäßig bereits im Vorhinein Rückabwicklungsgeschäfte abgeschlossen werden, welche dem nicht Anrechnungsberechtigten nach der Dividendenausschüttung wieder die Anteilsinhaberschaft verschaffen sollen.[116] Transaktionsobjekt ist auch hier die Aktie bzw. ein Aktienpaket. Dabei handelt es sich um den klassischen Fall des Inhaberverkaufs.[117] Der Käufer und spätere zivilrechtliche Anteilsinhaber macht nunmehr die Kapitalertragsteueranrechnung geltend.[118] Diese expliziten entgeltlichen Veräußerungsgeschäfte stellen das Kernmodul des Dividenden-Strippings dar.

3. *Sonstige Konstruktionen/Gestaltungen*

Sonderfälle des Dividenden-Strippings lassen sich auch durch andere Gestaltungsformen konstruieren. Essentiell sind letztlich, wie auch im Grundfall der expliziten Veräußerung, die Übertragung auf einen anrechnungsberechtigten „Erwerber"

---

113 *Unfried,* Steuerrecht und Dividenden-Stripping, S. 23.

114 *Krause,* WM 1999, 1101 (1104).

115 *Unfried,* Steuerrecht und Dividenden-Stripping, S. 27; sowie *ders.*, a.a.O., S. 22 zur isolierten Veräußerung des Anspruchs auf Dividendenzahlung aus § 58 Abs. 4 AktG i.V.m. dem Gewinnverwendungsbeschluss.

116 *Salzmann/Heufelder,* IStR 2017, 125 (127); *Sorgenfrei,* IStR 2008, 326; *Unfried,* Steuerrecht und Dividenden-Stripping, S. 27 f.; vgl. auch *Rau,* BB 2004, 1600 (1600 ff.); sowie den Sachverhalt, der dem Beschluss des BFH v. 20.11.2007 – I R 85/05, IStR 2009, 101 zugrunde lag.

117 Siehe oben unter § 3 A. I.

118 BFH v. 15.12.1999 – I R 29/97, BStBl. II 2000, 527 (532) = BFHE 190, 446 = IStR 2000, 176; BFH v. 20.11.2007 – I R 102/05, IStR 2008, 336; sowie BFH v. 20.11.2007 – I R 85/05, IStR 2009, 101; siehe hierzu ausführlich oben unter § 3 A. II.

sowie die Entgeltlichkeit dieser Übertragung, um etwaige Steuervorteile liquidieren zu können.[119]

a) *Wertpapierleihe*

Bei einem Wertpapierleihgeschäft (auch Wertpapierdarlehen oder engl. *Securities Lending* genannt) handelt es sich dem Grunde nach um ein Sachdarlehen i.S.d. § 607 Abs. 1 BGB, wobei Wertpapiere gleicher Gattung, d.h. mit gleicher Wertpapierkennnummer (ISIN), zurückzugewähren sind.[120] Sicherheitsleistungen werden regelmäßig in Form von Geld oder Wertpapieren erbracht.[121] Für die Wertpapierleihe existieren standardisierte Rahmenverträge.[122]

b) *Pensionsgeschäfte*

Ein Wertpapierpensionsgeschäft ist laut § 340b Abs. 1 HGB eine Vereinbarung, bei der sich die Parteien darüber einig sind, ein Wertpapier zu einem festgelegten Preis auf den Pensionsnehmer zu übertragen und in Zukunft zu einem ebenfalls festgesetzten Preis auf den Pensionsgeber zurückzuübertragen, sog. *Repos* (engl. *Repurchase Agreements*).[123] Der Sache nach liegen hier zwei explizite Veräußerungsgeschäfte vor bzw. genauer: zwei Kaufverträge (ein Kassa- und ein Terminkontrakt), die bereits frühzeitig vereinbart werden.[124]

c) *Optionsgeschäft*

Eine weitere Variante des Dividenden-Strippings i.w.S. wird über Options-Geschäfte gestaltet. Diese existieren neben dem eigentlichen Aktiengeschäft,

---

119 *Bippus*, RIW 1994, 945 (952); *Unfried*, Steuerrecht und Dividenden-Stripping, S. 90; vgl. auch *Rau*, FR 2017, 1043 ff.

120 *Demuth*, DStR 2013, 1116 (1117); *Oulds*, in: Kümpel/Wittig, Bank- und Kapitalmarktrecht, Rn. 14.104; *Rau*, DStR 2015, 2048 (2049); *Unfried*, Steuerrecht und Dividenden-Stripping, S. 72.

121 *Rau*, DStR 2015, 2048 (2049).

122 „Global Master Securities Lending Agreement" vom Bundesverband Deutscher Banken oder der „International Securities Lending Association"; vgl. auch *Rau*, DStR 2015, 2048 (2049).

123 *Merkt*, in: Baumbach/Hopt, HGB, § 340b Rn. 1–7; *Oulds*, in: Kümpel/Wittig, Bank- und Kapitalmarktrecht, Rn. 14.105; *Rau*, BB 2004, 1600; *ders.*, BB 2000, 2338; *Unfried*, Steuerrecht und Dividende-Stripping, S. 90.

124 *Oulds*, in: Kümpel/Wittig, Bank- und Kapitalmarktrecht, Rn. 14.105; *Rau*, BB 2004, 1600 (1601); vgl. zum expliziten Veräußerungsgeschäft bereits vorstehend unter § 3 A. III. 2.

werden dem Kontrahenten also separat verkauft.[125] Sie stellen Absprachen dar, bei denen bis zum Fälligkeitstag jederzeit die Möglichkeit besteht, Aktien zu einem im Voraus (fest) vereinbarten sog. Basispreis zu fordern oder zu liefern.[126] Die Option (= Möglichkeit) des Verkaufs wird *Put-Option* und die Kaufoption *Call-Option* genannt. Auch eine steuerrechtliche Analyse führt zu dem Ergebnis, dass in dieser Konstellation der nicht Anrechnungsberechtigte die Dividende mittelbar und wirtschaftlich steuerneutral vereinnahmt.[127] Eine Gewinnbeteiligung des Kontrahenten ist über die Optionsgebühr sowie die Preisdifferenz bei einer Kombination von Optionserwerb und Verkaufsgeschäft denkbar.[128]

d) Swapgeschäfte

Bei einem Swapgeschäft wird regelmäßig ein Ausgleich zweier gegenläufiger Positionen in Bezug auf eine Basisbegebenheit vorgenommen.[129] Zur entgeltlichen Übertragung kommt es nicht. Gleichwohl kann mittels eines Swapgeschäfts eine Weiterreichung der vereinnahmten Steuerrückzahlung erfolgen, welche einer anderen Besteuerung als die Dividende unterliegt.[130]

e) Hedge-Geschäft

Die Absicherung etwaiger Kursschwankungen einzelner Kassageschäfte lässt sich ferner über ein Hedge-Geschäft erreichen.[131] Gemeint sind damit Kombinationen zweier gegenläufiger Geschäfte.[132] In wirtschaftlicher Hinsicht neutralisieren sich so Kursschwankungen oder andere Risiken am Kassamarkt.[133] Dabei handelt es

---

125 *Krawitz,* DStR 1994, 881 (883).

126 *Binder,* in: Langenbucher/Bliesener/Spindler, Bankrecht, Kap. 37 Rn. 15; *Einsele,* Bank- und Kapitalmarktrecht, § 8 Rn. 86; *Oulds,* in: Kümpel/Wittig, Bank- und Kapitalmarktrecht, Rn. 14.45; siehe auch *Unfried,* Steuerrecht und Dividenden-Stripping, S. 44.

127 *Unfried,* Steuerrecht und Dividenden-Stripping, S. 51.

128 *Krawitz,* DStR 1994, 881 (885).

129 *Bippus,* RIW 1994, 945 (951); *Unfried,* Steuerrecht und Dividenden-Stripping, S. 85 ff.; vgl. auch *Binder,* in: Langenbucher/Bliesener/Spindler, Bankrecht, Kap. 37 Rn. 28; *Rudolf,* in: Kümpel/Wittig, Bank- und Kapitalmarktrecht, Rn. 19.123.

130 *Unfried,* Steuerrecht und Dividenden-Stripping, S. 87.

131 *Unfried,* Steuerrecht und Dividenden-Stripping, S. 59.

132 *Bippus,* RIW 1994, 945 (951).

133 *Binder,* in: Langenbucher/Bliesener/Spindler, Bankrecht, Kap. 37 Rn. 19; *Müller,* in: Derleder/Knops/Bamberger, Handbuch zum deutschen und europäischen Bankrecht, § 54 Rn. 1; *Seiffert,* in: Kümpel/Wittig, Bank- und Kapitalmarktrecht, Rn. 4.355; *Unfried,* Steuerrecht und Dividenden-Stripping, S. 60.

sich lediglich um schuldrechtliche Geschäfte, nicht aber um tatsächliche Veräußerungsgeschäfte. Der Hedgebegriff beschreibt nur ein Absicherungsgeschäft, das für sich genommen kein Dividenden-Stripping ermöglicht, sondern ein solches Grundgeschäft flankiert.[134]

4. *Zwischenfazit*

Die erörterten Gestaltungen dienen dem offensichtlichen Hauptziel, die Verlagerung der Anrechnungsberechtigung zu erreichen. Die Auswahl der jeweiligen Gestaltung bedient jedoch auch andere Interessenzweige. Insbesondere werden durch einzelne Vereinbarungen unterschiedliche Grade an Absicherung vor zwischenzeitlichen Kursverlusten angestrebt. Die Parteien erreichen somit, dass der steuerliche Effekt isoliert, ergo von äußeren Markteinflüssen unabhängig gemacht wird.[135] Wie dargestellt, dienen die Gestaltungen dazu, die verlagerte Anrechnungsberechtigung wirtschaftlich zu liquidieren und dem nicht Anrechnungsberechtigten zurückzugewähren. Die übrigen Geschäftsarten setzen keine entgeltliche Übertragung von Aktien voraus. Sie dienen vielmehr weiteren Sekundärgestaltungen, welche im Hinblick auf die aus ihnen gewonnenen Erträge eine pure steuerliche Gewinnperspektive bieten können.

Ein Perspektivwechsel in die Sicht des Steueranrechnenden/Erwerbers zeigt die Gewinnmöglichkeit, welche lediglich auf der steuerrechtlichen Position basiert. Vergleichbare Gestaltungen finden sich, wie später gezeigt wird, auch bei den Cum-/Ex-Geschäften wieder. Kernbestandteil und -voraussetzung ist bei beiden Transaktionsformen ein *Veräußerungsgeschäft*. Die Veräußerung der Aktie erfolgt hier jedoch notwendigerweise vereinbarungsgemäß mit Dividendenanspruch – *cum/cum*.

IV. Wirtschaftliches Eigentum an girosammelverwahrten Aktien

Die unumstrittene Voraussetzung für die Anrechnung der erhobenen Kapitalertragsteuer ist, dass demjenigen, welcher die Steueranrechnung begehrt, der Steuerabzug auf die Einkünfte nach § 20 Abs. 1 Nr. 1 EStG zuzurechnen ist. Schwerpunkt der Rechtsfrage, ob das Dividenden-Stripping steuerrechtlich anzuerkennen ist, ist mithin die maßgebliche Position des wirtschaftlichen Eigentums im Steuerrecht. Daher soll grundsätzlich ein insofern konsensualer Grundstein für die Bestimmung wirtschaftlichen Eigentums an girosammelverwahrten Aktien gelegt

---

134 Vgl. *Binder*, in: Langenbucher/Bliesener/Spindler, Bankrecht, Kap. 37 Rn. 19.

135 So auch *Krawitz*, DStR 1994, 881 (883); siehe auch zu dem Begriff der Steuerarbitrage unten unter § 3 B. V. 1. b).

werden, welcher auch bei der Beurteilung der Cum-/Ex-Geschäfte eine elementare Rolle spielt.[136]

1. *Wirtschaftliches Eigentum*

Wirtschaftsgüter sind gem. § 39 Abs. 1 AO dem Eigentümer zuzurechnen. Abweichend hiervon sind sie aber dann gem. § 39 Abs. 2 Nr. 1 S. 2 AO einem anderen zuzurechnen, wenn dieser andere die tatsächliche Herrschaft über das Wirtschaftsgut in der Weise ausübt, dass er den Eigentümer, im Regelfall für die gewöhnliche Nutzungsdauer, von der Einwirkung auf das Wirtschaftsgut ausschließen kann. Maßgeblich ist somit zunächst die tatsächliche Herrschaft und – darauf aufbauend – die sich aus ihr ergebende Ausschlussmacht gegenüber dem Eigentümer.

Hierzu gilt im Allgemeinen laut ständiger Rechtsprechung des BFH zum Beteiligungskauf, dass der Verkäufer dem Käufer die Sache zum Eigenbesitz überlassen muss und dieser Gefahren, Lasten und Nutzen der Sache tragen muss.[137] Spezifiziert für Beteiligungen an Kapitalgesellschaften fordert der BFH, dass der Käufer aufgrund des bürgerlichen Rechtsgeschäfts bereits eine rechtlich geschützte Position erworben hat, die ihm gegen seinen Willen nicht mehr entzogen werden kann. Zudem müssten die mit dem Anteil verbundenen Rechte sowie Risiken einer Wertminderung und Chancen einer Wertsteigerung – insbesondere Kursrisiken und -chancen – auf ihn übergegangen sein, wobei es bei girosammelverwahrten Aktien nicht auf den Übergang des Stimmrechts ankommt.[138] Maßgeblich ist stets eine Gesamtschau der Verhältnisse.[139]

---

136 Siehe unten unter § 4 C. I. 1.

137 BFH v. 25.1.1996 – IV R 114/94, BStBl. II 1997, 382 = DStR 1996, 916; BFH v. 18.12.2001 – VIII R 5/00, DStRE 2002, 687 (689); vgl. auch *Anzinger*, RdF 2012, 394 (399); *Florstedt*, FR 2016, 641 (643); *Koenig*, in: Koenig, AO, § 39 Rn. 15; *Ratschow*, in: Klein, AO, § 39 Rn. 48.

138 BFH v. 15.12.1999 – I R 29/97, BStBl. II 2000, 527 (530) = BFHE 190, 446 (452) = DStR 2000, 462 (463); BFH v. 11.7.2006 – VIII R 32/04, BStBl. II 2007, 296 (298); BFH v. 4.7.2007 – VIII R 68/05, BStBl. II 2008 937 (938 f.); BFH v. 9.10.2008 – IX R 73/06, BStBl. II 2009, 140 f. = DStRE 2009, 313 f.; siehe auch *Englisch*, FR 2010, 1023 (1026); *Koenig*, in: Koenig, AO, § 39 Rn. 26; *Ratschow*, in: Klein, AO, § 39 Rn. 48.

139 BFH v. 15.12.1999 – I R 29/97, BStBl. II 2000, 527 (530) = BFHE 190, 446 (452) = DStR 2000, 462 (463); BFH v. 9.10.2008 – IX R 73/06, BStBl. II 2009, 140 (141) = BFHE 223, 145 (147) = DStRE 2009, 313 (314); BFH v. 5.10.2011 – IX R 57/10, BStBl. II 2012, 318 = BFHE 235, 376 = DStRE 2012, 666; *Hennrichs*, in: Tipke/Lang, Steuerrecht, § 9 Rn. 146; *Koenig*, in: Koenig, AO, § 39 Rn. 14; *Ratschow*, in: Klein,

Erst unter diesen Voraussetzungen soll eine Zurechnung des jeweiligen Wirtschaftsguts *Aktie* gem. § 39 Abs. 2 Nr. 1 S. 1 AO vorgenommen werden. Zweifelhaft ist, ob und wenn ja, wie sich diese Feststellungen auf das Dividenden-Stripping und Leerverkaufsfälle anwenden lassen.

2. *Rechtsprechung zum Dividenden-Stripping*

Im Folgenden soll deshalb untersucht werden, wie die Praxis des Dividenden-Strippings von den Finanzgerichten beurteilt wurde. Da viele Verfechter der steuerrechtlichen Zulässigkeit von Cum-/Ex-Geschäften (Legalitätsthese) auf die zum Dividenden-Stripping ergangene Rechtsprechung[140] verweisen[141], ist eine ausführliche Erörterung der zwei Grundsatzentscheidungen auf diesem Gebiet angezeigt.

a) BFH v. 15.12.1999

In dem der BFH-Entscheidung vom 15.12.1999 [142] zugrunde liegenden Sachverhalt ging es um eine GmbH, welche dividendenberechtigte Aktien vor dem Dividendenstichtag von dem Anteilsinhaber kaufte und nach besagtem Stichtag an selbigen wieder veräußerte sowie am gleichen Tag des Kaufs nicht dividendenberechtigte – junge – Aktien an den Verkäufer verkaufte. Beauftragt wurde die Klägerin dabei von im Ausland ansässigen Kunden. Aufgrund der nunmehr bei der Klägerin angefallenen Steuerbelastung einerseits und der jeweiligen antizipierten Weitergabe der Steueranrechnung über den Kaufpreis andererseits stellte sich das Geschäft zunächst als wirtschaftlich nachteilig dar. Das Finanzamt versagte daraufhin die von der Klägerin begehrte Anrechnung der Kapitalertragsteuer mit der Begründung, dass bei der Konstellation ein unter § 42 AO 1977 fallendes Dividenden-Stripping vorliege.

Der BFH wandte sich bei der Beurteilung dieser Sachlage gegen die Ansicht der Vorinstanz,[143] die Klägerin habe zwar zivilrechtliches, nicht aber wirtschaftliches

---

AO, § 39 Rn. 15; vgl. auch BFH v. 16.4.2014 – I R 2/12, BFHE 246, 15 = DStR 2014, 2012.

140 BFH v. 15.12.1999 – I R 29/97, BStBl. II 2000, 527 = BFHE 190, 446 = DStR 2000, 462 und BFH v. 20.11.2007 – I R 85/05, BStBl. II 2013, 287 = DStRE 2009, 76; sowie BFH v. 20.11.2007 – I R 102/05, IStR 2008, 336 im Zusammenhang mit Wertpapierpension und Wertpapierleihe.

141 Siehe unten unter § 4 C. I. 1. a) aa).

142 BFH v. 15.12.1999 – I R 29/97, BStBl. II 2000, 527 f. = BFHE 190, 446 f. = DStR 2000, 462 f., hier vereinfacht dargestellt.

143 FG Hessen v. 2.12.1996 – 4 K 3180/94, EFG 1997, 825.

Eigentum an den Aktien erlangt. Die Klägerin hätte vielmehr die Kurschancen und -risiken zu tragen. Auch Gewinnansprüche konnten in Ansehung der Börsenusancen nicht mehr entzogen werden.[144] Weiterhin sei von einem Besitzübergang in nicht mehr entziehbarer Weise auszugehen, da trotz Rückübertragungsvereinbarung die Möglichkeit bestand, die Aktien im Eigenbestand zu halten und beliebig über sie zu verfügen.[145] Ebenso seien Kurs-, Pfändungs- und Insolvenz- bzw. Konkursrisiken zu tragen.[146] Somit lagen keine Gründe dafür vor, die Lage des wirtschaftlichen Eigentümers abweichend von der des zivilrechtlichen zu beurteilen.[147]

Die weiteren Entscheidungsgründe, die das Recht der Klägerin auf eine Steueranrechnung trugen, betrafen die Vorschriften des § 50c Abs. 1–7 EStG 1987–1990, welche wegen § 50c Abs. 8 S. 2 EStG 1987–1990 bei börslich abgewickelten Transaktionen nicht anwendbar waren.[148] Aus der grundsätzlichen Anwendbarkeit folgerte das Gericht gleichwohl eine Sperrwirkung im Hinblick auf den Tatbestand und die Rechtsfolgen des § 42 AO 1977.[149]

b) BFH v. 20.11.2007

Die andere zuvor erwähnte Entscheidung ist ein bestätigender Beschluss des BFH.[150] Dieser hatte ebenfalls teilweise den Erwerb alter bei gleichzeitigem Verkauf junger Aktien über den Dividendenstichtag zum Gegenstand. Auch in diesem Fall wurde ein überwiegender Teil der Transaktionen von im Ausland ansässigen Kontrahenten in Auftrag gegeben. Darüber hinaus lag bei isolierter Betrachtung der Kauftransaktion ein Veräußerungsverlust vor. Insoweit ergaben sich keine wesentlichen Abweichungen zu der vorstehend geschilderten

144 BFH v. 15.12.1999 – I R 29/97, BStBl. II 2000, 527 (529) = BFHE 190, 446 (452) = DStR 2000, 462 (463).

145 BFH v. 15.12.1999 – I R 29/97, BStBl. II 2000, 527 (530) = BFHE 190, 446 (454) = DStR 2000, 462 (464).

146 BFH v. 15.12.1999 – I R 29/97, BStBl. II 2000, 527 (530) = BFHE 190, 446 (454) = DStR 2000, 462 (464).

147 BFH v. 15.12.1999 – I R 29/97, BStBl. II 2000, 527 (530) = BFHE 190, 446 (454) = DStR 2000, 462 (464).

148 BFH v. 15.12.1999 – I R 29/97, BStBl. II 2000, 527 (531) = BFHE 190, 446 (455) = DStR 2000, 462 (465).

149 BFH v. 15.12.1999 – I R 29/97, BStBl. II 2000, 527 (532) = BFHE 190, 446 (457) = DStR 2000, 462 (465).

150 BFH v. 20.11.2007 – I R 85/05, BStBl. II 2013, 287 = DStRE 2009, 76, stark vereinfacht; dazu *Kern/Derlien*, BB 2013, 1943 (1944).

Entscheidung des BFH aus dem Jahr 1999.[151] Auch im Hinblick auf die Börsenklausel und die Unanwendbarkeit des § 42 AO entschied der BFH im vorliegenden Fall unter Verweis auf seine vorherige Rechtsprechung gleichsinnig.[152]

c) *Kritik*

Die Rechtsprechung des BFH zur steuerrechtlichen Legalität des Dividenden-Strippings erhielt zwar überwiegend Zuspruch[153], erfuhr jedoch vereinzelt auch Kritik.[154] Vorgebracht werden beispielsweise der fehlende Besitz und die Unmöglichkeit der Ausübung von Gesellschafterrechten.[155] Der BFH behandle die Übertragungsansprüche wie das Vollrecht.[156] Dies sei auch im Hinblick auf die Möglichkeit etwaiger Leerverkäufe[157] am Markt nicht sachgerecht.[158] Die Konsequenz dieser Kritik wäre, dass das wirtschaftliche Eigentum erst mit Umbuchung in das Wertpapierdepot überginge.

Dem ist freilich mit Blick auf die Leerverkäufe etwas abzugewinnen. Liegt der Fall aber – wie hier beim Inhaberverkauf – anders, konterkariert die Argumentation das Ausnahme-Regel-Verhältnis zwischen Inhaber- und Leerverkäufen. Die wirtschaftliche Position des Erwerbers ist beim Inhaberverkauf hinreichend gestärkt, sodass die gesetzlichen Anforderungen in seiner Person erfüllt sind. Außerdem lägen die – laut BFH maßgeblichen – Risiken beim Veräußerer der Aktien.[159] Dies kann mit Blick auf das Kassageschäft jedoch nicht überzeugen. Schließlich ist für den Anrechnenden das Erwerbsgeschäft ein Kassa- und lediglich das Rückübertragungsgeschäft ein Termingeschäft.

Abschließend ist noch ein kurzer rechtspolitischer Bezug zu wagen. Zum einen richten sich mittlerweile Bestrebungen[160] darauf, entsprechende missbräuchliche

---

151 So auch das erkennende Gericht BFH v. 20.11.2007 – I R 85/05, BStBl. II 2013, 287 (288) = DStRE 2009, 76 (77).

152 BFH v. 20.11.2007 – I R 85/05, BStBl. II 2013, 287 = DStRE 2009, 76.

153 *Sorgenfrei*, FR 2000, 441 (441 f.); vgl. für Pensionsgeschäfte *Rau*, BB 2000, 2338 (2341).

154 *Kolbinger*, Das wirtschaftliche Eigentum an Aktien, S. 171; *Rau/Sahl*, BB 2000, 1112; vgl. auch *Anzinger*, RdF 2012, 394.

155 *Rau/Sahl*, BB 2000, 1112 (1114 f.).

156 *Rau/Sahl*, BB 2000, 1112 (1114).

157 Siehe zu der Behandlung von Leerverläufen unten unter § 3 B. I.

158 *Rau/Sahl*, BB 2000, 1112 (1114, 1116).

159 *Rau/Sahl*, BB 2000, 1112 (1115).

160 Referentenentwurf des Bundesministeriums der Finanzen für ein Gesetz zur Reform der Investmentbesteuerung v. 16.12.2015, S. 1 und speziell zu Cum-/Ex-Geschäften S. 51; vgl. auch *Hafner*, Kreditwesen 2016, 32.

Gestaltungen zu vermeiden. Zum anderen ist fraglich, ob § 42 AO, welcher nun nicht mehr durch § 50c EStG a.F. gesperrt ist, Anwendung auf derartige Gestaltungen findet. Hervorzuheben ist nunmehr auch die Regelung des § 36a EStG[161], welche Beschränkungen der Anrechenbarkeit der Kapitalertragsteuer vorsieht.[162] Zu beachten ist jedoch stets, wie bereits zuvor angeklungen, dass es sich bei dem Dividenden-Stripping um die systemkonforme Kehrseite der Dividendensteuerpflicht handeln kann.[163]

d) Stellungnahme

Die Hauptargumente, die für die Ansicht des BFH sprechen, sind zum einen die europarechtskonforme Auslegung, welche nicht zuletzt auf Ungleichbehandlung beruhende Nachteile europäischer Marktteilnehmer verhindert, und zum anderen die dogmatisch saubere Anwendung von § 39 Abs. 1 AO. Demnach ist auf den zivilrechtlichen Eigentümer abzustellen und eine Abweichung nur nach § 39 Abs. 2 S. 1 AO zulässig. Wie oben ausgeführt, liegen aber die Voraussetzungen hierfür beim Inhaberverkauf nicht vor.

Als weiterer Maßstab ist der Rechtsprechung zum Dividenden-Stripping zu entnehmen, dass nach den einschlägigen Börsenusancen und den üblichen Abläufen die mit den Anteilen verbundenen Gewinnansprüche nicht mehr entziehbar sein dürfen. Dies soll regelmäßig bereits im Zeitpunkt des Kaufvertragsschlusses anzunehmen sein, jedenfalls aber dann, wenn der Veräußerer Inhaber der Aktien ist.[164]

Vor diesem Hintergrund vermögen die kritischen Stimmen nicht zu überzeugen. Insbesondere reicht das Störgefühl im Hinblick auf die Steuerarbitrage nicht aus, § 39 Abs. 2 AO hier einschränkend auszulegen. Letztlich handelt es sich beim Dividenden-Stripping daher um ein mehr oder weniger unvermeidbares Problem globalisierter Wirtschaftsräume mit unterschiedlichen Steuerrechtsordnungen.

---

161 Gesetz zur Reform der Investmentbesteuerung (Investmentsteuerreformgesetz – InvStRefG) v. 19.7.2016, BGBl. I 2016, S. 1730 ff., in Kraft getreten am 27.7.2016.

162 Vgl. hierzu auch *Knobloch,* DB 2016, 1825 (1835 f.).

163 *Haisch*, RdF 2016, 85; unter Verweis auf BFH v. 20.11.2007 – I R 85/05, BFHE 223, 414 = DStRE 2009, 76; vgl. hierzu auch *Knobloch,* DB 2016, 1825 (1835 f.).

164 BFH v. 15.12.1999 – I R 29/97, BStBl. II 2000, 527 (529 f.) = DStR 2000, 462 (463); später bekräftigt in BFH v. 20.11.2007 – I R 85/05, FR 2009, 482; *Ratschow,* in: Klein, AO, § 39 Rn. 51; *Sorgenfrei*, FR 2001, 291 (294); dagegen *Krumm*, in: Blümich, EStG/KStG/GewStG (Stand: August 2015), § 5 Rn. 512b und 512c EStG; *Rau,* BB 2004, 1600 (1600 ff.); *Rau/Sahl*, BB 2000, 1112 (1114 f.); *Weber-Grellet*, in: Schmidt, EStG, § 5 Rn. 153.

3. *Zwischenfazit*

Zusammenfassend kann festgestellt werden, dass der BFH das Dividenden-Stripping als rechtlich zulässig erachtet hat. Massive Kritik ist dieser Sichtweise nicht entgegengebracht worden. Vielmehr erhält der BFH Zuspruch. Im Hinblick auf den oben dargestellten Sinn und Zweck der Anrechnungsmöglichkeit, nämlich Doppelbelastung zu vermeiden, wird festgestellt, dass dieser Zweck erst durch das Dividenden-Stripping erreicht werde.[165] Demnach ist der Erwerber hier anrechnungsberechtigt. Wie bereits oben dargestellt, kann die Kritik mit gewichtigen Argumenten zurückgewiesen werden.

V. Fazit

Den hier dargestellten Konstellationen ist gemein, dass das Dividenden-Stripping vorwiegend genutzt wird, um einen nicht anrechnungsberechtigten Anteilseigner mittels Zwischenschaltung eines anrechnungsberechtigten Anteilserwerbers in die Position zu bringen, an einer etwaigen Steuervergünstigung mittelbar partizipieren zu können.[166] Voraussetzung hierfür ist die verpflichtungskonforme Übertragung der Aktien *cum* Dividende auf den Erwerber.[167] Unabhängig von der Frage, ob in diesen Fällen eine Steuervermeidung oder Steuerhinterziehung vorliegt,[168] beschäftigt sich die vorliegende Arbeit mit der konkreten Problematik der *mehrfachen* Anrechnung der Kapitalertragsteuer im Wege der Cum-/Ex-Geschäfte mittels Leerverkaufs. Zur Erreichung dieses Zwecks sind Cum-/Cum-Konstruktionen nicht geeignet. Eine vermeintliche oder gar tatsächliche Vervielfältigung ist weder möglich noch wird dies durch solche Geschäfte angestrebt. Intendiert ist nur die Verlagerung der Berechtigung, allerdings nicht ihre Duplikation oder Multiplikation.

Ein mit dieser Handlungsstrategie verbundenes Problem ist das der Kurssicherung. Schließlich will der nicht anrechnungsberechtigte Anteilsinhaber zwar die steuerrechtliche Behandlung seiner Anlage optimieren, jedoch soll die Anlage nicht liquidiert werden. Vorgreifend kann überdies bereits festgestellt werden,

---

165 *Kern/Derlien*, BB 2013, 1943 (1944).

166 *Krawitz*, DStR 1994, 881 (882); *Kußmaul/Kloster*, DB 2016, 849; *Unfried*, Steuerrecht und Dividenden-Stripping, S. 90, 273.

167 Der insbesondere in der neueren Literatur gebrauchte Begriff der Cum-/Cum-Geschäfte ist daher Synonym für das Dividenden-Stripping; vgl. beispielsweise *Fiand*, NWB 2016, 344.

168 Vgl. exemplarisch *Desens*, DStZ 2014, 142; *Rau*, DStR 2013, 838.

dass sich der klassische Fall des expliziten Veräußerungsgeschäfts als sog. *Inhaberverkauf* darstellt, auf welchen nachstehend noch Bezug genommen wird.

B. Cum-Ex-Transaktionen

Darzustellen bleiben somit jene Konstellationen, in denen die Möglichkeit der *mehrmaligen* Erstattung der Kapitalertragsteuer erreicht werden kann. Der Möglichkeit einer mehrfachen Anrechnung der Kapitalertragsteuer liegt im schlichten Grundfall regelmäßig ein Aktien-Leerverkauf über den Dividendenstichtag zugrunde. Darüber hinaus werden in der Praxis oftmals weitere vertragliche Gestaltungen verfolgt, um entweder das Grundmodell des Leerverkaufs zu verschleiern oder individuell vereinbarte wirtschaftliche Ergebnisse zu erzielen.[169] Nach Herausarbeitung der hierzu dienlichen Konstellation (I.) soll schwerpunktmäßig auf Leerverkaufsverbote (III.) sowie Motive (V.) der beteiligten Parteien eingegangen werden.

I. Aktien-Leerverkauf

Bei der Untersuchung der Cum-/Ex-Geschäfte ist zunächst danach zu differenzieren, ob der Verkäufer die Aktie leer oder als Inhaber (weiter-)verkauft hat.[170] In Abgrenzung zu den Folgen des Leerverkaufs ist der einfache Inhaberverkauf kurz zu umreißen. Hierbei verkauft der Inhaber einer Aktie diese um den Dividendenstichtag. Die Regulierung bei Clearstream führt dazu, dass der Erwerber die Netto-Dividende erhält und eine an ihn ausgestellte Steuerbescheinigung zur Steueranrechnung berechtigt. Der Inhaberverkäufer erhält dagegen aufgrund des *korrekt* gesetzten Sperrvermerks weder die Dividende noch eine Anrechnungsbescheinigung.[171]

---

169 Vgl. beispielsweise den der Entscheidung BFH v. 16.4.2014 – I R 2/12 (Vorinstanz: FG Hamburg v. 24.11.2011 – 6 K 22/10), BFHE 246, 15 = DStR 2014, 2012 zugrundeliegende Sachverhalt; siehe auch unten unter § 3 B. V. 1. c); sowie zu den Sicherungsgeschäften beim Dividenden-Stripping oben unter § 3 A. III. 3.

170 Vgl. hierzu die den einschlägigen Entscheidungen zugrundeliegenden Sachverhalte: BFH v. 16.4.2014 – I R 2/12, BFHE 246, 15 = DStR 2014, 2012; FG Hessen v. 10.2.2016 – 4 K 1684/14, EFG 2016, 761 = DStR 2016, 1084; FG Düsseldorf v. 12.12.2016 – 6 K 1544/11 K AO, BeckRS 2017, 94377; sowie statt vieler *Desens*, DStZ 2012, 142 (143); *Podewils*, FR 2011, 69 (70).

171 *Desens*, DStZ 2012, 142 (144); *Podewils*, FR 2011, 69 (70); *ders.*, AG 2010, 391 (393); *Schön*, RdF 2015, 115 (116).

Für die vorliegende Untersuchung ist indes der erste Fall, d.h. der Leerverkauf, relevant.[172] Ein solcher Fall stellt einen normalen Kaufvertrag i.S.d. § 433 BGB dar,[173] bei dem der Leerverkäufer ein Kaufobjekt verkauft, welches er (noch) nicht hat bzw. welches er seinerseits erst erwerben muss, um die Kaufvertragsverpflichtung erfüllen zu können.[174] Zeitlich ist der Leerverkauf beim Cum-/Ex-Geschäft dem Dividendenstichtag daher vorgelagert. Dementsprechend werden der Kaufpreis und die Lieferung der Aktie *cum* Dividende vereinbart. Erst nach dem Dividendenstichtag beschafft sich der Leerverkäufer im Wege des OTC-Handels von einem Marktteilnehmer die Aktien ex Dividende für gleichwertiges „ex"-Entgelt.[175] Die Originaldividende ist jedoch bereits dem Anteilsinhaber zugeflossen. Da dieser die Aktie zum Zeitpunkt des Hauptversammlungsbeschlusses noch nicht verkauft hatte, war auch kein Sperrvermerk eingetragen worden. Die an den Anteilsinhaber gezahlte Dividende setzt sich aus der Netto-Dividende und der Steuererstattungsbescheinigung zusammen. Im Ergebnis wird so vom anrechnungsberechtigten Anteilsinhaber die Brutto-Dividende erzielt.

Hierneben wird der Leerkäufer nach dem Dividendenstichtag direkt, jedoch auf den ersten Blick vertragswidrig *ex* – also ohne – Dividende beliefert. Hinzu kommt aber die Dividendenkompensationszahlung des Leerverkäufers an die Depotbank des Leerkäufers im Zuge der Dividendenregulierung bei Clearstream. Die Ausgleichszahlung erfolgt hierbei nur in Höhe der Netto-Dividende.[176] Hinsichtlich des zur Brutto-Dividende fehlenden Betrags verweist der Leerverkäufer den Käufer auf jene – durch dessen Depotbank ausgestellte (insgesamt zweite) – Steuerbescheinigung bzw. auf die Erstattung der Kapitalertragsteuer.[177]

---

172 *Desens*, DStZ 2012, 142 (155); vgl. auch *Lammers*, in: Herrmann/Heuer/Raupach, EStG/KStG (Stand: Januar 2017), § 36 EStG Rn. 40; zur steuerrechtlichen Behandlung siehe eingehend unten unter § 4.

173 So auch *Schlimbach*, Leerverkäufe, S. 24 f.; vgl. zur früheren a.A. (Einordnung als Termingeschäft) *Jung*, in: Fuchs, WpHG, Altauflage 2009, Vor §§ 37e und 37g Rn. 46; *Kümpel*, Bank- und Kapitalmarktrecht, Altauflage 2004, Rn. 15.162 ff., 15.166; a.A. *Schwark*, in: Schwark/Zimmer, Kapitalmarktrechts-Kommentar, § 20a WpHG Rn. 8; vgl. allgemein hierzu *Schäfer*, in: Assmann/Schütze, Handbuch des Kapitalanlagerechts, § 21 Rn. 1 ff.; siehe auch unten unter § 7 B. I.

174 *Rau*, FR 2011, 366; *Schlimbach*, Leerverkäufe, S. 8; *Tyrolt/Bingel*, BB 2010, 1419; *Weick-Ludewig*, in: Fuchs, WpHG, § 30h Rn. 32 f.; *Zimmer/Beisken*, WM 2010, 485; siehe auch Art. 2 Abs. 1 lit. b) EU-LVVO.

175 Siehe zu diesem Beispiel *Desens*, DStZ 2012, 142 (144); *Spengel/Eisgruber*, DStR 2015, 785 (786).

176 *Bruns*, DStR 2010, 2061; *Rau*, DStR 2007, 1192 (1194); *Storg*, NWB 2007, Fach 3, 14327.

177 *Spengel/Eisgruber*, DStR 2015, 785 (786); vgl. *Jehke/Blank*, DStR 2017, 905 (906).

In dieser Grundkonstellation ergibt sich das folgende wirtschaftliche Gesamtergebnis: Der ursprüngliche Anteilseigner verfügt über die Netto-Dividende und den Kapitalertragsteuer-Erstattungsanspruch gegen das Finanzamt. Zusammen mit dem Kaufpreis *ex* Dividende ist der Wert der Aktie vollständig liquidiert. In Summe steht er damit bei *plus/minus* Null.

Der Leerkäufer dagegen zahlt den Kaufpreis zwar *cum* Dividende und bekommt die Aktie nur *ex* Dividendenanspruch geliefert. Gleichwohl stünde er mit der Dividendenausgleichszahlung in Netto-Höhe und dem Kapitalertragsteuer-Erstattungsanspruch äquivalent zur Gegenleistung für die Aktie, nämlich dem *cum*-Kaufpreis. Diese wirtschaftliche Position des Leerkäufers hängt indes einzig davon ab, wie werthaltig die erlangte (insgesamt zweite) Steuerbescheinigung tatsächlich ist.

Der Leerverkäufer schließlich streicht den vollen *cum*-Kaufpreis für eine lediglich *ex* Dividende gelieferte Aktie ein. Abzüglich der bloß *netto* geleisteten Dividendenausgleichszahlung ist er immer noch in Höhe des Kapitalertragsteuer-Anrechnungsanspruchs bzw. in Höhe der Kapitalertragsteuer selbst bereichert. Theoretisch sind wirtschaftlich bei börslichen Transaktionen noch die Handelsspesen[178] zu nennen, jedoch bei praktischer Betrachtung in den Hintergrund zu rücken. Schließlich ist aufgrund der vermeintlich geringen Gewinnspanne ein großes Gesamtvolumen erforderlich. Bei hinreichend großen Aktienpaketen verlieren die Handelsspesen daher an Relevanz. Ein überdies erwähnenswerter Aspekt ist die Möglichkeit, durch mehrfache hintereinander geschaltete Leerverkäufe eine Leerverkaufskette zu errichten, sodass die beschriebene steuerliche Wirkung theoretisch in jedem Glied eintritt.[179]

Diese Darstellung wirft die Frage nach dem Erfolg der doppelten steuerrechtlichen Anrechnung der lediglich einmalig abgeführten Kapitalertragsteuer auf. Diese Frage soll nachstehend beantwortet werden.[180] Zunächst ist festzustellen, dass zumindest im Idealfall, nämlich dem der steuerrechtlichen Anerkennung der Transaktion, der Fiskus den Reingewinn des Leerverkäufers in voller Höhe mittelbar finanziert.[181] Im Folgenden soll zunächst das kapitalmarktrechtliche und wirtschaftliche Umfeld beleuchtet werden, um nachfolgend eine präzise

---

178 Vgl. *Desens,* FR 2014, 265 (269); *Loritz,* WM 2017, 309 (312); *Spengel/Eisgruber*, DStR 2015, 785 (786).

179 Vgl. der zugrunde liegende Sachverhalt bei FG Hessen v. 10.3.2017 – 4 K 977/14, BeckRS 2017, 94604 (Rn. 26 und 28); *Rau,* DStR 2013, 838 (842).

180 Siehe hierzu unten unter § 4.

181 *Storg*, NWB 2007, Fach 3, 14327 (14331).

steuerrechtliche und anschließend zivilrechtliche Würdigung der Cum-/Ex-Geschäfte vornehmen zu können.

II. Sogenannte Fails

Abgewandelte Erscheinungsform der soeben beschriebenen Leerverkäufe sind die sog. *Fails*. Auch hier wird eine Aktie vor dem Dividendenstichtag verkauft, jedoch mit genügend Vorlaufzeit, d.h. regelmäßig mindestens drei Tage vorher. Vereinbart wird die Lieferung vor dem Dividendenstichtag und damit *cum* Dividende. Gleichwohl kommt es zu einer Leistungsverzögerung um einen oder mehrere Tage und infolgedessen zu einer Lieferung der Aktie nach dem Hauptversammlungstag *ex* Dividende.[182] Denkbar ist auch die Konstellation, dass der Leerverkäufer selbst zwar ein Deckungsgeschäft vorgenommen hat, sich das Ausführungsgeschäft aber verzögert.[183]

Folglich entsteht so dasselbe Ergebnis wie bei den Cum-/Ex-Leerverkaufsfällen. Dadurch dürfte, sofern das „*Failen*" vom Lieferanten anfänglich beabsichtigt[184] war, ein zusätzlicher Umstand geschaffen sein, um dem Erwerber den Leerverkauf und die mit ihm verbundenen Risiken zu verbergen. Auf diese Weise konnten schließlich auch gutgläubige Investoren, welche versuchten, Cum-/Ex-Geschäfte zu meiden, zum Geschäftsabschluss bewegt werden. Die Kenntnis dieses Umstands ist in der späteren Bewertung jedenfalls zu berücksichtigen.[185]

Erwähnenswert ist ferner, dass der Umstand eines *Fails* von der Steuerverwaltung als Indiz für einen Leerverkauf gewertet wurde.[186] Ob diese Indizwirkung tragfähig ist, ist umstritten. Jedoch scheint dies eher eine technische als eine steuerrechtliche Frage zu sein, welche sich aus den strukturellen Unsicherheiten bei der Sachverhaltsfeststellung ergibt.[187] *Desens* meint, OTC-Geschäfte und Lieferverzögerungen seien zwar notwendige Bedingungen für die Indizwirkung hinsichtlich eines Leerverkaufs, aber keine hinreichenden.[188] Wie später jedoch

---

182 Vgl. die Fälle, die FG Hessen v. 8.10.2012 – 4 V 1661/11, DStR 2012, 2381 sowie FG Hessen v. 10.2.2016 – 4 K 1684/14, rkr., DStR 2016, 1084 zugrunde lagen; vgl. hierzu auch *Klein*, BB 2013, 1054 (1056); *Rau*, DStR 2007, 1192 (1194).

183 *Rau*, DStR 2007, 1192 (1194).

184 Zum Problemkreis der unbeabsichtigten Fails siehe unten unter § 3 B. V. 3.

185 Siehe auch unten i.R.d. Erwerbermotivation unter § 3 B. V. 1. a).

186 FG Hessen v. 8.10.2012 – 4 V 1661/11, DStR 2012, 2381 (Rn. 6); vgl. auch *Desens*, DStR 2012, 2473 (2474); *Geerling/Grauke*, DStR 2013, 1711 (1712); *Haritz/Werneburg*, NWB 2015, 657 (659); *Klein*, BB 2013, 1054 (1055 f.).

187 *Desens*, DStR 2012, 2473 (2474).

188 *Desens*, DStR 2012, 2473 (2474).

ausgeführt wird, obliegt es in der Anrechnungssituation gerade dem Steuerpflichtigen, ausreichend Beweis zu erbringen.

Im Ergebnis ist festzuhalten, dass sich *Fails* zusätzlich eignen, um Cum-/Ex-Transaktionen modifiziert abzuschließen. Wie dieser Umstand zivilrechtlich zu bewerten ist, wird unten geklärt.

III. Regulierung von Leerverkäufen

1. Allgemeines

Fraglich ist, ob die fortwährende Regulierung von Leerverkäufen am Kapitalmarkt, insbesondere im Zuge der Finanzkrise 2008, Auswirkungen auf die rechtlichen Grundlagen der Leerverkäufe hat. So erließ die BaFin ab dem 19.9.2008 einige Allgemeinverfügungen, welche Verbote von Leerverkäufen bestimmter Aktien und ihre Verlängerung zum Inhalt hatten.[189] Den Hintergrund bildete die Gefahr eines Zusammenbruchs großer Finanzunternehmen.[190] Später erließ der Gesetzgeber in § 30h WpHG a.F. ein vom 27.7.2010 bis zum 16.11.2012 geltendes Verbot von ungedeckten Leerverkäufen von zum inländischen Börsenhandel zugelassenen Aktien.[191] Schließlich wurden die Bestimmungen durch das EU-Leerverkaufs-Ausführungsgesetz[192] vom 6.11.2012 mit Wirkung zum 16.11.2012 aufgehoben[193] bzw. durch die EU-Leerverkaufsverordnung[194] zum 1.11.2012 abgelöst.

189 *Ludewig,* in: Heidel, NK-Aktienrecht, Kap. 13 WpHG Vor §§ 30h bis 30j Rn. 2 ff.; *Krüger/Ludewig,* WM 2012, 1942; *Tyrolt/Bingel,* BB 2010, 1419 (1420 f.); vgl. auch *Schäfer,* in: Assmann/Schütze, Handbuch des Kapitalanlagerechts, § 21 Rn. 9 ff.; *Weick-Ludewig,* in: Fuchs, WpHG, § 30h Rn. 6.

190 *Mülbert,* in: Assmann/Schneider, WpHG, § 30h Rn. 3; BT-Drs. 17/1952, S. 7, 9.

191 Eingefügt durch das Gesetz zur Vorbeugung gegen missbräuchliche Wertpapier- und Derivategeschäfte, WpMiVoG v. 21.7.2010, BGBl. I 2010, S. 945 ff., in Kraft getreten am 27.7.2010.

192 Gesetz zur Ausführung der Verordnung (EU) Nr. 236/2012 des Europäischen Parlaments und des Rates vom 14.3.2012 über Leerverkäufe und bestimmte Aspekte von Credit Default Swaps (EU-Leerverkaufs-Ausführungsgesetz) v. 6.11.2012, BGBl. I 2012, S. 2286 ff., in Kraft getreten am 16.11.2012.

193 *Weick-Ludewig,* in: Fuchs, WpHG, § 30h Rn. 11; *Sorgenfrei,* in: Park, Kapitalmarktstrafrecht, WpHG § 39 Abs. 2 Nr. 14a, 14b Rn. 8 ff.

194 VO 236/2012 des Europäischen Parlaments und des Rates (EU) Nr. 263/2012 über Leerverkäufe und bestimmte Aspekte von Credit Default Swaps, ABlEU L 86/1 v. 14.3.2012, in Kraft getreten am 25.3.2012, Geltung ab 1.11.2012.

Leerverkäufen kommt *per se* eine positive Wirkung für den gesamten Kapitalmarkt zu.[195] Der Grund liegt darin, dass ein Marktteilnehmer durch einen Aktienleerverkauf eine sog. *short position* eingehen kann, also die Möglichkeit hat, auf fallende Kurse der Aktie zu spekulieren.[196] Dazu vereinbart er im Leergeschäft einen Kaufpreis in der Hoffnung, sich die verkaufte Aktie an einem späteren Zeitpunkt zu einem geringeren Preis beschaffen zu können. Der geringe Preis ergibt sich dann nicht aus der abgetrennten Dividendenberechtigung, sondern aus dem gefallenen Aktienkurs.

2. *Aufsichtsrechtliche Legalität der Cum-/Ex-Leerverkäufe*

a) Ungedeckter Leerverkauf

Ob in der hier beschriebenen Konstellation des Cum-/Ex-Leerverkaufs tatbestandlich eine Verwirklichung des Verbots zu sehen war, bedarf einer intensiven Untersuchung. Tatbestandlich müsste gem. § 30h Abs. 1 Nr. 1 WpHG a.F. ein ungedeckter Leerverkauf von zum inländischen Börsenhandel zugelassenen Aktien vorgelegen haben. Ungedeckt war ein Leerverkauf nach der Legaldefinition des § 30h Abs. 1 S. 4 WpHG a.F. dann, wenn keine Leihvereinbarung oder kein unbedingt durchsetzbarer Anspruch auf Lieferung der Aktien bestand. Voraussetzung ist demnach ein Dritter, welcher das Kaufobjekt zur Verfügung stellt.[197]

Klein bejaht die Deckung, indem er zum einen anführt, dass eine debitorische oder negative Lagerposition bei Eurex in Ansehung der Grundsätze der doppelten Buchführung unzulässig sei und dass zum anderen die Existenz der CCP einen ungedeckten Leerverkauf unmöglich mache.[198] Schließlich seien alle Mitglieder verpflichtet, Geschäfte per Novation an die CCP abzutreten, sodass diese stets vertraglich eingedeckt sei.[199] Dies ist im Hinblick auf die CCP sowie

---

195 *Findeisen/Tönningsen*, WM 2011, 1405; *Mittermeier*, ZBB 2010, 139 (140 f.); *Möllers/Christ/Harrer*, NZG 2010, 1167; *Schlimbach*, Leerverkäufe, S. 16 f.; *Mock*, WM 2010, 2248 (2249) m.w.N.

196 *Findeisen/Tönningsen*, WM 2011, 1405; *Ludewig*, in: Heidel, NK-Aktienrecht, Kap. 13 § 30h WpHG Rn. 1; *Mittermeier*, ZBB 2010, 139 (140); *Tyrolt/Bingel*, BB 2010, 1419; *Zimmer/Beisken*, WM 2010, 485 (486); vgl. auch *Mülbert*, in: Assmann/Schneider, WpHG, § 30 h Rn. 5.

197 *Mülbert*, in: Assmann/Schneider, WpHG, §30h Rn. 11; *Schlimbach*, Leerverkäufe, S. 12; vgl. auch *Mittermeier*, ZBB 2010, 139 (141.).

198 *Klein*, BB 2016, 2200 (2202).

199 *Klein*, BB 2016, 2200 (2203).

die jeweiligen zwischengeschalteten Stellen[200] richtig. Zwar geht Eurex eine Leerposition ein, jedoch ist diese gedeckt.

Dem ist jedoch gegenüberzustellen, dass der Pauschalverweis, ein ungedeckter Leerverkauf sei bei der Einbindung einer CCP unmöglich, die CCP-Funktion an sich überstrapaziert. Zwar besteht grundsätzlich, wie oben angedeutet, die Möglichkeit, eine fehlende Deckung von Geschäften durch die Einschaltung eines zentralen Kontrahenten abzufedern.[201] Dies führt aber nicht dazu, dass ein ursprünglicher Verkauf nachträglich Deckung erfährt, nur weil die abstrakte Option der Eindeckung bei Eurex besteht. Diese ändert schließlich nichts an dem konkreten und verbotsgegenständlichen Deckungserfordernis.[202] Deutlich wird dies, wenn mehr Aktien verkauft werden, als überhaupt am Markt erhältlich sind oder gar existieren, wie beim sog. *Überverkauf*.[203]

Überdies besteht theoretisch die Möglichkeit, dass die Parteien weiterhin an der abstrakten Geltung ihres Direktvertrags festhalten.[204] Entscheiden sie sich dagegen, richtet sich der novellierte Anspruch der CCP gegen den Leerverkäufer, welcher die Aktien nicht verschaffen kann. Wenn die CCP gegen den eigentlichen Leerverkäufer dann aber auf Regress und Schadensersatzansprüche[205] verwiesen wird, ist die Voraussetzung einer Leihvereinbarung oder eines unbedingt durchsetzbaren Anspruchs auf Lieferung der Aktien selbst – und nicht lediglich auf Ersatz – nicht erfüllt und damit eine pauschale Deckung bei Transaktionen über die CCP widerlegt. Eine andere Interpretation würde überdies aufgrund der weiten Verbreitung der CCP den Anwendungsbereich des Leerverkaufsverbots aushöhlen und auf diese Weise seinem Sinn widersprechen. Der hier vertretene Begriff der fehlenden Deckung ist auch durch den Wortlaut des Verbots gedeckt. Voraussetzung ist demnach das „*Bestehen*" („[…] keinen schuldrechtlich oder sachenrechtlich unbedingt durchsetzbaren *Anspruch* […] *hat*", vgl. § 30h Abs. 1 S. 4 Nr. 2 WpHG a.F.) eines

---

200 Siehe hierzu unten unter § 6 A. II 2. b) zum Verhältnis der Clearing-Mitglieder und Nicht-Clearing-Mitglieder.

201 Siehe oben unter § 3 A. I. 4.

202 Vgl. hierzu auch *Reitz*, Börsengeschäfte, Übertragung von Wertpapieren und Leistungsstörungen, S. 261 ff.; *Schlimbach*, Leerverkäufe, S. 13.

203 Vgl. zu dieser Marktsituation die Ausführungen bei *Mittermeier*, ZBB 2010, 140 (142, Fn. 30); *Mülbert*, in: Assmann/Schneider, WpHG, § 30h Rn. 2; BT-Drs. 17/1952, S. 7, 9.

204 Vgl. Clearing-Bedingungen der Eurex Clearing AG (Stand: 11.1.2016) Kap. 1 Absch. 1 Ziff. 2.2. Abs. (2) a.E.; siehe hierzu noch ausführlich unten unter § 6 A. III. 2. und 3.

205 Vgl. Clearing-Bedingungen der Eurex Clearing AG (Stand: 11.1.2016) Kap. 1 Absch. 1 Ziff. 4.4.

Deckungsgeschäfts. Maßgeblicher Zeitpunkt ist nicht der des Vertragsschlusses, sondern nach S. 4 das Ende des Geschäftstages.[206]

In diesem Zusammenhang wird noch eine weitere Unzulänglichkeit der Argumentation *Kleins* deutlich. Bei der Frage, ob die Verbotsnorm des § 30h WpHG a.F. durch Leerverkaufstransaktionen verwirklicht wurde bzw. ob eine Deckung vorliegt, ist nicht auf die CCP abzustellen, sondern auf den eigentlichen Verkäufer. Dies ergibt sich bereits logisch aus der wirtschaftsneutralen Position der CCP und der personellen Autonomie von CCP und Marktteilnehmer.

Angewendet auf den konkreten Fall der Cum-/Ex-Leerverkäufe, ist ein deckender Anspruch gegen einen Dritten auf Lieferung der Aktien nicht anzunehmen. Läge ein solcher vor, wäre die Dividendenregulierung bereits im Verhältnis zwischen Inhaber und Leerverkäufer vorgenommen und dadurch die steuerliche Wirkung vereitelt worden. Letztlich ist festzuhalten, dass im börslichen Cum-/Ex-Handel ein Tatbestandverstoß gegen das Leerverkaufsverbot nahelag.

b) Tatbestandsausnahmen

Des Weiteren ist fraglich, ob womöglich Tatbestandsausnahmen des § 30h Abs. 2 WpHG a.F. einschlägig sind, sodass eine Verbotsverwirklichung im Ergebnis ausscheidet. Von dem Verbot ungedeckter Leerverkäufe ausgenommen sind demnach Geschäfte, welche Wertpapierdienstleistungsunternehmen oder vergleichbare Unternehmen mit Sitz im Ausland vornehmen, soweit sie im Wege des Eigenhandels Aktien oder Schuldtitel handeln sowie regelmäßig und dauerhaft anbieten, diese zu selbst gestellten Preisen zu kaufen oder zu verkaufen (S. 1 Nr. 1), oder regelmäßig und dauerhaft Kundenaufträge erfüllen (S. 1 Nr. 2) und die hieraus entstehenden Positionen absichern, wofür jeweils die Leerverkäufe erforderlich sein müssen.[207] Personell in Betracht kommen hier nur die sog. Liquiditätsspender (Nr. 1).[208] Die Erforderlichkeit der ungedeckten Leerverkäufe ist jeweils im Hinblick auf die konkrete Transaktion zu prüfen.[209] Insofern kann auch hier keine großflächige Beurteilung erfolgen.

Weiterhin sind Geschäfte ausgenommen, welche Handelsteilnehmer zur Erfüllung eines zu einem festen oder bestimmbaren Preis abgeschlossenen Geschäfts in Finanzinstrumenten mit einem Kunden (Festpreisgeschäft)

---

206 *Mülbert*, in: Assmann/Schneider, WpHG, § 30h Rn. 14; vgl. auch *Schlimbach*, Leerverkäufe, S. 126 im Hinblick auf die LVVO.

207 *Mülbert*, in: Assmann/Schneider, WpHG, §30h Rn. 35.

208 *Mülbert*, in: Assmann/Schneider, WpHG, §30h Rn. 27; Begr. Fraktionsentwurf, BT-Drs. 17/1952, S. 9.

209 *Mülbert*, in: Assmann/Schneider, WpHG, §30h Rn. 29.

vereinbaren (S. 2).[210] Ein solcher Selbsteintritt der Bank in das von dem Kunden gewünschten Geschäft ist gegenüber dem Kommissionsgeschäft mittlerweile wohl die Ausnahme.[211] Die Praxis der bekannt gewordenen Cum-/Ex-Strukturen enthält zudem keine Hinweise auf unmittelbar privates Engagement. Aufgrund der notwendigerweise großen Handelsvolumina ist ebenfalls eher auf institutionalisierte Akteure zu schließen.[212]

Im Rahmen der Rechtsfolgen sind die Konsequenzen nach § 39 Abs. 2 Nr. 14a, 14b WpHG a.F. zu nennen, welche sich auf die Bußgelderhebung beschränkten.[213] Eine entsprechende Sanktionierung etwaiger verbotswidriger Cum-/Ex-Leerverkaufsgeschäfte wird gleichwohl praktisch an der an der Verjährung scheitern. Auf eine möglicherweise auch zivilrechtliche Fernwirkung dieses Verbots wird weiter unten eingegangen.[214]

3. *Fazit*

Das dargestellte Leerverkaufsverbot eignet sich im Ergebnis wegen seiner jeweiligen Einschränkungen – i.R.d. Tatbestandausnahmen – nicht, um die Cum-/Ex-Transaktionen flächendeckend zu erfassen. Dies ist mit Blick auf den verfolgten Schutzzweck auch nicht avisiert. Schließlich wurden auch Leerverkäufe kleinerer Aktienpakete getätigt. Ein pauschaler Verstoß gegen das Leerverkaufsverbot des § 30h WpHG a.F. kann somit nicht behauptet werden. Die Cum/-Ex-Praxis zeigte sich in jedem Fall und ohnehin unbeeindruckt von dem Verbot.

Im Hinblick auf die zu bestimmende Vertragstypologie kann bereits jetzt festgehalten werden, dass die explizite aufsichtsrechtliche Befassung mit den Leerverkäufen eine Typisierung als anderes Finanzinstrument verhindert.[215]

---

210 Vgl. *Einsele*, Bank- und Kapitalmarktrecht, § 8 Rn. 6; Nr. 1 Abs. 3 Sonderbedingungen für Wertpapiergeschäfte der Banken.

211 Vgl. *Einsele*, Bank- und Kapitalmarktrecht, § 8 Rn. 6.

212 Vgl. zur Möglichkeit der Investitionen durch vermögende Privatpersonen unten unter § 8 A.

213 *Schäfer*, in: Assmann/Schütze, Handbuch des Kapitalanlagerechts, § 21 Rn. 22; *Sorgenfrei*, in: Park, Kapitalmarktstrafrecht, WpHG § 39 Abs. 2 Nr. 14a, 14b Rn. 8; vgl. auch *Buck-Heeb*, Kapitalmarktrecht, Rn. 754.

214 Siehe unten unter § 7 B. II. 1. a) und § 7 E. I. 3.

215 Siehe bereits vorstehend unter § 3 B. III.; vgl. zur früheren Einordnung als Termingeschäft *Kümpel*, Bank- und Kapitalmarktrecht, Altauflage 2004, Rn. 15.162 ff., 15.166; *Jung*, in: Fuchs, WpHG, Altauflage 2009, Vor §§ 37e und 37g Rn. 46; a.A. *Schwark*, in: Schwark/Zimmer, Kapitalmarktrechts-Kommentar, § 20a WpHG Rn. 8; vgl. auch *Schäfer*, in: Assmann/Schütze, Handbuch des Kapitalanlagerechts, § 21 Rn. 1 ff.;

IV. Begleitgeschäfte

Wie die Praxis gezeigt hat, wurden neben etwaigen Leerverkäufen oftmals zusätzliche Geschäfte abgeschlossen.[216] Hierbei handelt es sich um eine Auswahl verschiedener möglicher Vereinbarungen, welche sowohl einzeln als auch kumuliert denkbar sind.[217] Ihrer Begutachtung sind die nachfolgenden Ausführungen gewidmet.

1. *Gestaltungsmöglichkeiten*

In Rede stehen dabei zunächst Fremdfinanzierungen, sog. *Loan Agreements* (Kreditverträge i.S.v. § 488 BGB), die regelmäßig mit Verkäufern vereinbart wurden. Wirtschaftlich wurden die Käufer somit erst in die Lage versetzt, die geplanten Aktienpakete über den Dividendenstichtag erwerben zu können. Hinzu kamen sog. *Security Deeds*, also Sicherungsvereinbarungen.

Ferner sind Wertpapierleihverträge geschlossen worden. Hierzu existieren Rahmenverträge, sog. *Global Master Securities Lending Agreements* (WpL-Rahmenverträge). Wie bereits oben ausgeführt, stellen diese Sachdarlehensverträge i.S.d. § 607 Abs. 1 BGB dar, sodass der Darlehensnehmer lediglich verpflichtet ist, Wertpapiere gleicher Art, d.h. namentlich mit gleicher ISIN, und Menge zurückzugewähren.[218] Der Entleiher war auch hier regelmäßig der Initiator bzw. der Veräußerer der Aktien.

Darüber hinaus besteht die Möglichkeit, (*Total-Return-*)*Swapgeschäfte* mittels eines sog. *ISDA 2002 Master Agreement*[219] – ebenfalls ein Rahmenvertrag der Internationalen Vereinigung von Swap- und Devisenhändlern für Swap-Rahmenvertraggeschäfte – abzuschließen. Inhalt der Swap-Vereinbarung waren hier die Kurswertrisiken an den erworbenen Aktien. Zusätzlich zum *ISDA Master Agreement* sind ergänzende und konkretisierende Einzelabreden, wie ggf. eine sog. *ISDA Schedule to the 2002 Master Agreement*, also Ablaufpläne, oder ein sog. *Credit Support Annex to the ISDA Master Agreement*, d.h. Kreditsicherungsanhänge, denkbar. Möglich sind auch andere über Eurex erhältliche

---

Schlimbach, Leerverkäufe, S. 24 f.; siehe zur Vertragstypologie im Zivilrecht unten unter § 7 B. I.

216 Vgl. den Fall, welcher der Entscheidung BFH v. 16.4.2014 – I R 2/12, BFHE 246, 15 = DStR 2014, 2012, zugrunde lag; vgl. auch *Loritz*, WM 2017, 309 (313).

217 BFH v. 16.4.2014 – I R 2/12, BFHE 246, 15 = DStR 2014, 2012 (Rn. 3 ff.).

218 Siehe oben § 3 A. III. 3. a); *Oulds*, in: Kümpel/Wittig, Bank- und Kapitalmarktrecht, Rn. 14.104; *Schön*, RdF 2015, 115 (129).

219 *Schön*, RdF 2015, 115 (116 und 129).

Produkte, um eine *Short Position* einzunehmen. Zu nennen sind beispielsweise der Verkauf eines sog. *Stock Single Futures* – ein unbedingtes börsliches Termingeschäft zu festen Konditionen, u.U. als Glattstellungsfuture – oder auch das Einnehmen einer kombinierten Aktienoption.[220]

Abschließend sind noch sog. *Credit Support Annexes to the ISDA Master Agreement* (Kreditsicherungsanhänge) und *Set-Off Deeds* (Verrechnungsurkunden) zu nennen, welche die gegenseitigen Zahlungsströme besichern und abwickeln sollen. Auch sog. *Custody Agreements* (Verwahrungsverträge) über die kaufgegenständlichen Aktien wurden in dem eingangs erwähnten Fall vereinbart.[221]

2. *Wirkung der Begleitgeschäfte*

Die Wirkung dieser Geschäfte ist weder geeignet noch darauf ausgerichtet, eine doppelte oder mehrfache Erstattung von einfach abgeführter Kapitalertragsteuer zu erzielen. Vielmehr dienen sie dazu, die bei großen Aktienpaketen äußerst spekulative Aktieninhaberschaft zu besichern. Der Erwerber der Aktien sollte keinerlei Risiken tragen, welche sich naturgemäß aus der Anteilsinhaberschaft ergeben. Hierneben ist über die jeweiligen Konditionen der Geschäfte eine Gewinnbeteiligung denkbar.[222]

Im Ergebnis weist die Vielseitigkeit der denkbaren Begleitgeschäfte genau wie ihre Summe auf die Beteiligung von Banken hin.[223] Darüber hinaus ist anzumerken, dass eine hohe Anzahl entsprechender Begleitgeschäfte als Indiz für Cum-/Ex-Geschäfte herangezogen werden kann. Wirtschaftlich werden bis auf den steuerrechtlichen Gewinn schließlich alle theoretisch möglichen Effekte ausgeschaltet. Abschließend kann das pauschale Vorbringen der Anonymität von Aktientransaktionen mit den hiesigen Erwägungen bereits jetzt widerlegt werden, da sich derartige Begleitgeschäfte großen Umfangs nicht anonym abschließen lassen. An den eigentlichen Cum-/Ex-Leerverkäufen ändern diese sog. „Rundum-Sorglos-Pakete" [224] nichts.

---

220 *Desens*, FR 2014, 265 (268); *Derlien/Kern*, BB 2013, 1943 (1943 und 1946); *Rau*, DStR 2010, 1267 (1269); vgl. auch *Loritz*, WM 2017, 309 (313).

221 BFH v. 16.4.2014 – I R 2/12, BFHE 246, 15 = DStR 2014, 2012 (Rn. 10).

222 *Spengel/Eisgruber*, DStR 2015, 785 (796).

223 So auch *Pflaum*, StBp 2015, 185 (186); vgl. auch *Spengel/Eisgruber*, DStR 2015, 785 (796).

224 Vgl. zum Begriff des „Rundum-Sorglos-Pakets" beispielsweise *Desens* in seiner Stellungnahme zur Sachverständigenanhörung des 4. Untersuchungsausschusses der 18. Wahlperiode, Ausschuss-Drs. 18(30)99, S. 61.

V. Motivationslagen

Nach dieser Darstellung stellt sich die Frage nach den Motivationen der Parteien. Auf den ersten Blick leuchtet lediglich der Nutzen des Leerverkäufers ein, welcher unabhängig von der Anerkennung der Steueranrechnung selbige wirtschaftlich mittelbar durch den Kaufpreis vereinnahmt. Neben allgemeinen, beispielsweise bilanzpolitischen, Gründen soll nachfolgend die besondere Motivationslage in den Cum-/Ex-Fällen untersucht werden.[225]

1. Motivation des Käufers

Fraglich ist in erster Linie die Motivation des Käufers. Auch im besten Fall, nämlich dem der Anrechnung der nicht ein zweites Mal abgeführten Kapitalertragsteuer, ergibt sich für den Leerkäufer nach dem Gesagten lediglich ein Nullsummenspiel.

a) Fehlende Erkennbarkeit

Zunächst ist anzuführen, dass der Käufer grundsätzlich nicht erkennen kann, ob es sich um einen Leerverkauf oder um einen Inhaberverkauf handelt.[226] Desgleichen ist nicht ersichtlich, ob die Originaldividende oder die Regulationszahlung valutiert wird.[227] Im Fall des Inhaberverkaufs bestünde, wie dargestellt, kein wirtschaftliches Risiko.[228] Der Grund liegt in dem Dividendenausgleich bei Clearstream, welcher sich nach außen so darstellt wie beim Inhaberverkauf. Aufgrund des bloßen Umbuchungsvorgangs mit Zwischenschaltung der Depotbanken ist nicht einmal für Clearstream ersichtlich, von wem die Aktien erworben werden,[229] geschweige denn, ob der Verkauf gedeckt ist.[230]

Freilich lässt sich hieraus keine Motivation im eigentlichen Sinne ableiten. Gleichwohl sind Fälle denkbar, bei denen der Erwerber beabsichtigt, vor dem Dividendenstichtag dividendenberechtigte Aktien eines DAX-Unternehmens zu erwerben. Wirtschaftlich gesehen würde es sich dann um ein sinnvolles Investment

---

225 Vgl. zum Dividenden-Stripping *Kindermann,* WM 1994, 869 (872); *Krause,* wistra 1998, 201 (207).

226 *Desens,* DStZ 2012, 142 (146 f.); *Kern/Derlien,* BB 2013, 1943 (1943 und 1945); BR-Drs. 622/06, S. 79.

227 *Desens,* FR 2014, 265; *ders.,* DStZ 2014, 154 (164 f.); *Seer/Krumm,* DStR 2013, 1756 (1759).

228 Siehe oben unter § 3 A. I 3.

229 *Derlien/Kern,* BB 2013, 1943 (1943 und 1945); *Berger/Matuszewski,* BB 2011, 3097 (3098).

230 Vgl. die Ausführungen oben unter § 3 A. I. 2.

handeln, wenn der Kurs zügig steigt und An- und Verkaufsspesen sich amortisiert haben. In dieses Umfeld lässt sich auch die Investmentstrategie der Dividendenrendite einordnen. Aber auch langfristige Anlagebestrebungen sind durchaus denkbar. Die Frage, ob und wenn ja, in welchem Umfang dem Käufer eine Leerverkaufskonstellation gleichwohl einleuchten musste, wird unten geklärt.[231] Festzuhalten ist einzig, dass Fälle denkbar sind, in denen der Käufer nichts von dem Leerverkauf wusste.

b) Arbitrage

Ein weiterer Beweggrund wird häufig in dem Streben nach der sog. *Arbitrage* oder *Steuerarbitrage*[232] gesehen. Im Folgenden ist daher zunächst der Begriff der Arbitrage zu klären und sodann auf die Cum-/Ex-Leerverkäufe anzuwenden. Arbitrage meint allgemein das Ausnutzen von Kurs-, Zins- oder Preisunterschieden eines bestimmten Zeitpunkts an verschiedenen Orten zum Zwecke der Gewinnmitnahme.[233] Bezogen auf die *Steuerarbitrage* erwachsen diese Unterschiede aus den heterogenen Steuersystemen.[234] Zuweilen charakteristisch für die Arbitrage ist die Risikolosigkeit, die sich aus dem schlichten Marktumfeld ergibt.[235] Dabei ist im Hinblick auf die Cum-/Ex-Geschäfte zu unterscheiden.

aa) Keine Cum-/Ex-Arbitrage

Auf der einen Seite kommt die reine *Risikofreiheit* beim Leerkäufer in Betracht. Im Fokus steht hier das einzelne, konkrete Cum-/Ex-Geschäft, welches mittels etwaiger Begleitgeschäfte eine risikolose Gewinnperspektive bereithält, sofern die Anrechnungsmöglichkeit steuerrechtlich anerkannt wird.[236] In der Praxis sind Fälle bekannt geworden, in denen der Leerkäufer Kurschancen und -risiken nicht zu tragen hatte, womit, wie dargelegt, eine gänzliche Isolation des Steuervorteils von

231 Siehe unten unter § 7 B. II. 4. c) cc).

232 Vgl. auch *Desens*, FR 2014, 265 (267 f.); *Kern/Derlien*, BB 2013, 1943; *Klein*, BB 2016, 2200 (2205).

233 *Binder*, in: Langenbucher/Bliesener/Spindler, Bankrecht, Kap. 37 Rn. 21; *Hartmann-Wendels/Pfingsten/Weber*, Bankbetriebslehre, S. 277; *Knobloch*, DB 2016, 1825 (1828) m.w.N.; vgl. http://wirtschaftslexikon.gabler.de/Definition/arbitrage.html#definition (letzter Aufruf: 26.04.2018).

234 *Knobloch*, DB 2016, 1825 (1828 ff.).

235 *Burda/Wyplosz*, Macroeconnomics, S. 350; *Knobloch*, DB 2016, 1825 (1828); *Kyrer*, Wirtschaftslexikon, S. 32.

236 *Desens*, FR 2014, 265 (267); siehe zu den Begleitgeschäften bereits ausführlich oben unter § 3 B. IV.

anderen wirtschaftlichen Faktoren avisiert wurde.[237] Dieses Interesse erschöpft sich in der Risikolosigkeit des vermeintlichen, d.h. seinerseits zweifelsohne riskanten, Gewinns. Schließlich hängt der Erfolg der Cum-/Ex-Transaktion maßgeblich von ihrer steuerrechtlichen Anerkennung ab.[238] Die Formel der Risikolosigkeit erfasst daher im Falle der Cum-/Ex-Geschäfte nur einen Teil des tatsächlichen Risikos. Wendet man zudem die Maßgabe der Ausnutzung unterschiedlicher Marktumfelder auf die Cum-/Ex-Geschäfte an, so wird deutlich, dass es einer unterschiedlichen Marktsituation, anders als bei den Cum-/Cum-Geschäften, nicht bedarf.[239] Die zum vermeintlichen Gewinn führenden Gestaltungen hängen bei den Cum-/Ex-Geschäften weniger vom Marktumfeld als vielmehr von der Gestaltung des individuellen Geschäfts (Leerverkauf bzw. nach 2006 Abwicklung über ausländische Depotbank) ab.[240] Es handelt sich hierbei nicht um die klassische Steuerarbitrage. Daraus ergibt sich, dass eine Cum-/Ex-Arbitrage im eigentlichen ökonomischen Sinn nicht existiert.[241]

bb) Steuermarktarbitrage

Auf der anderen Seite sind die gesamtwirtschaftlichen Auswirkungen des Dividenden-Strippings zu berücksichtigen. So lassen sich wirtschaftliche Vorteile erzielen, indem Aktien vor dem Dividendenstichtag gekauft und gleichzeitig *Futures* abgeschlossen werden. Deren vereinbarter zukünftiger Kaufpreis ist geringfügig höher als der Aktienwert abzüglich der Dividende. Grund dieser Marktirregularität ist die Heterogenität der Marktteilnehmer, namentlich die Teilnahme ausländischer Investoren am Markt, welche ihre Aktieninvestments zurückerwerben wollen und einen Teil des Steuervorteils an den Future-Verkäufer weitergeben.[242] Diesem Effekt liegt die Kehrseite des eingangs geschilderten Dividenden-Strippings zugrunde.[243] Das Ausnutzen dieses Umstands wird von *Derlien/Kern* als Nutzung einer „Marktsituation" bewertet. Subsumiert unter

237 Vgl. den Sachverhalt, der dem BFH v. 16.4.2014 – I R 2/12, BFHE 246, 15 = DStR 2014, 2012 (Rn. 3 ff.); sowie jener, welcher dem OLG Köln in dem Amtshaftungsverfahren vorlag, OLG Köln v. 11.12.2014 – 7 U 23/14, BeckRS 2015, 05658; vgl. auch *Kern/Derlien*, BB 2013, 1943 (1948); *Rau*, DStR 2015, 2048 (2053); *Schön*, RdF 2015, 115 (130); siehe oben unter § 3 B. IV.

238 Vgl. hierzu unten unter § 4.

239 Siehe oben unter § 3 A. II.

240 Siehe auch hierzu ausführlich unten unter § 4.

241 A.A. *Desens*, FR 2014, 265 (267 f.); *Klein*, BB 2016, 2200 (2205).

242 *Derlien/Kern*, BB 2013, 1943 (1944); *Desens*, FR 2014, 265 (270).

243 Siehe oben unter § 3 A. III.

den eingangs geschilderten Begriff der *Steuerarbitrage* ließe sich dieses Vorgehen wohl als eine solche bezeichnen. In dieser Konstellation kommt es zwar nicht auf einen Leerverkauf an, jedoch ändert er auch nichts an der Arbitrage-Strategie des Käufers.[244] Deutlich wird indes die Motivation des (anrechnungsberechtigten) Leerkäufers, sich kurz vor dem Dividendenstichtag mit Aktien einzudecken.

cc) Fazit

Diese Entwicklungen haben gezeigt, dass Investoren oftmals versuchen, mit Kapitaleinsatz steuerliche Gewinne zu erzielen.[245] Aus betriebswirtschaftlicher Sicht lassen sich die Cum-/Ex-Geschäfte wohl am besten als Weiterentwicklung zur sog. *Steuerneutralität* einordnen. In der ökonomischen Steuerwissenschaft ist die Steuerneutralität eines Investments das Ziel einer bestimmten Unternehmung oder Transaktion. Dies ergibt sich aus der wirtschaftlichen Erheblichkeit steuerlicher Auswirkungen, welche von der betriebswirtschaftlichen Steuerlehre untersucht werden.[246] In Weiterentwicklung dieser Grundsätze laden Cum-/Ex-Leerverkaufsgeschäfte dazu ein, Transaktionen durchzuführen oder sich an solchen zu beteiligen, um ein *positives* steuerliches Ergebnis zu erhalten, während der wirtschaftliche Inhalt der Transaktion neutralisiert wird. Das Geschäft ist somit weder steuerlich negativ noch steuerneutral, sondern steuerpositiv (mehrmalige Steueranrechnung trotz einmaliger Erhebung). Diese Feststellung bedeutet letztlich die Kehrseite des dargestellten Befunds, dass eine Cum-/Ex-Arbitrage nicht existiert.

Im Ergebnis ist zunächst jedoch grundsätzlich festzuhalten, dass sich Motivationen neben der vermeintlichen Risikolosigkeit der Cum-/Ex-Geschäfte auch aus jenen Arbitrageeffekten ergeben können, die mit dem Dividenden-Stripping korrelieren. Lediglich das erstgenannte Motiv setzt indes gesteigerte subjektive Indikationen beim Aktienkäufer voraus, obgleich es sich, wie dargelegt, nicht mehr um Arbitrage handelt. Dabei geht es um Gewinnstrategien, welche strenggenommen auch über die Steuerneutralität im Sinne der betriebswirtschaftlichen Steuerlehre hinausgehen, wobei es sich hier nicht um steuergünstige, sondern aggressive steuerpositive und damit exzessive Investmentmodelle handelt.[247] Der

---

244 *Derlien/Kern*, BB 2013, 1943 (1945); *Klein*, BB 2015, 726 (734); *Rau*, DStR 2010, 1267 (1269).

245 Vgl. beispielsweise *Kern/Derlien*, BB 2013, 1943.

246 M.w.N. *Seer*, in: Tipke/Lang, Steuerrecht, § 1 Rn. 20 f.; siehe auch bereits oben unter § 3 A. II.

247 Vgl. *Spengel*, FR 2017, 545 (546); vgl. zur betriebswirtschaftlichen Steuerlehre eingangs oben unter § 1; sowie m.w.N. *Seer*, in: Tipke/Lang, Steuerrecht, § 1 Rn. 20.

Markt reagiert nicht aus steuerlichen Gründen, sondern *agiert* aus steuerlichen Gründen.

c) Gewinnsplitting

Die „Cum-/Ex-Arbitrage" beschreibt ein weiteres, ökonomisch neben die eigentliche oder echte Arbitrage tretendes Motiv für den Leerkäufer. Dieses liegt darin, dass der im Idealfall staatlich mittelbar finanzierte Gewinn beim Leerverkäufer zwischen Leerkäufer und Leerverkäufer aufgeteilt wird. Regelmäßig lassen sich hier mittels kollusiver Absprachen oder Preisgestaltungen lukrative Gewinnmodelle entwickeln.

Beispielsweise besteht die Möglichkeit, im Wege eines Rückverkaufs über dem Kurswert der Aktie den Gewinn beim Leerverkäufer aufzuteilen.[248] Zudem werden, wie das FG Hessen unlängst festgestellt hat, prozentuale Einpreisungen der Dividende zugunsten des Erwerbers gewählt.[249] Während bei einem Cum-/Cum-Geschäft üblicherweise eine Einpreisung von mindestens 98 % vorgenommen wird, deuten Werte ab 97 % oder weniger auf ein Cum-/Ex-Geschäft hin. Darüber hinaus sind in der Praxis Werte von bis zu 77 % aufgetreten.[250] Ein ähnliches Ergebnis ließe sich über ein Future erreichen.[251] Zudem können auch günstige Konditionen bei anderen (Begleit-)Geschäften gewählt werden, um ein kollusives Zusammenwirken im eigentlichen Cum-/Ex-Leerverkauf zu verschleiern. Die Diskrepanz der eingepreisten Werte bei Cum-/Ex- im Vergleich zu Cum-/Cum-Geschäften ergibt sich aus der Höhe des möglichen Gesamtgewinns.[252]

Im Ergebnis gilt für diesen Beweggrund, dass ein kollusives Zusammenwirken der Parteien naheliegt, gleichwohl aber nicht zwingend ist. Zwar wäre ein *Splitting* des Gewinns bei fehlender Absprache nicht nachvollziehbar, eine gewisse Einpreisung des Leerverkäufergewinns, um den Käufer zum Geschäftsabschluss

---

248 Siehe hierzu *Spengel/Eisgruber,* DStR 2015, 785 (798); siehe auch den Sachverhalt, welcher FG Hessen v. 10.2.2016 – 4 K 1684/14, EFG 2016, 761 = DStR 2016, 1084 zugrunde lag; auch schon zum Dividenden-Stripping *Krawitz,* DStR 1994, 881 (885).

249 FG Hessen v. 10.2.2016 – 4 K 1684/14, EFG 2016, 761 = DStR 2016, 1084 (1086 unten sowie 1087).

250 Zur Erläuterung sei angemerkt, dass der Leerverkäufer bei einem Wert von 75 % bei einem Kapitalertragsteuersatz von 25 % vollständig auf seinen Gewinn verzichtet.

251 Vgl. *Desens,* FR 2014, 265 (269), der das Glattstellungsfuture auch im Leerverkauf als Arbitrage-Instrument sieht, jedoch auch keine klare Trennung zwischen Gewinnen und Arbitragen vornimmt; im Ansatz ähnlich wie hier dann aber a.a.O., 265 (270).

252 Siehe hierzu oben unter § 3 B. V 1 b) aa).

zu bewegen, aber denkbar. Freilich stellt sich die Anschlussfrage, ab welcher Beteiligungshöhe sich Auswirkungen auf den subjektiven Horizont des Käufers annehmen lassen. Welche Folgen hieraus im Einzelnen erwachsen, soll erst weiter unten geklärt werden. Auch die Finanzverwaltung ging regelmäßig von Absprachen aus.[253] M.E. ist der hierdurch entstehende Gewinn bei Cum-/Ex-Geschäften begrifflich von der schlichten Steuerarbitrage zu trennen.

2. *Motivation des Anteilsinhabers*

Ebenso lässt sich fragen, worin für den Anteilseigner die Motivation liegt, seine Aktie am Tag nach der Dividendenzahlung im Wege des OTC-Handels zu verkaufen. Neben dem allgemeinen wirtschaftlichen Motiv kurzfristiger Liquiditätsherstellung ist festzustellen, dass der Anteilseigner erst recht nicht erfährt, ob zuvor ein Leerverkauf stattgefunden hat. Für eine etwaige Gewinnbeteiligung gilt das bereits Gesagte. Freilich ist nicht einleuchtend, warum der Leerverkäufer gewillt sein sollte, seinen Transaktionsgewinn mit jemandem zu teilen, der nichts von selbigem weiß. Dennoch sind Gewinnabsprachen und spätere Rückveräußerungen der Aktien theoretisch möglich, obgleich unwahrscheinlich.[254] Im Übrigen ist auf das bereits zuvor erwähnte Marktumfeld[255] hinzuweisen, aus dem sich günstige Marktpreise für junge Aktien kurz nach dem Dividendenstichtag ergeben, welche insbesondere auch dividendenorientierte Anleger dazu veranlassen könnte, ihre Anlagen zu verkaufen.

3. *Redlichkeit des Leerverkäufers*

Die Gewinnmotivation des Leerverkäufers ist bei den klassischen Cum-/Ex-Dividenden-Leerverkäufen evident. Die Möglichkeit des Gewinns tritt neben die bereits kehrseitig in Ansehung der Erwerbermotivation dargestellten sog. „*Cum-/Ex-Arbitrage*".[256] Wirtschaftlich maßgeblich ist letztlich der Preis der Begleitgeschäfte.[257]

In diesem Kontext stellt sich die Frage, ob theoretisch eine Konstellation denkbar ist, in der auch der Leerverkäufer redlich bzw. gutgläubig ist, also nicht versucht, sich bewusst einen Vorteil zulasten des Käufers in Höhe der

---

253 BMF v. 5.5.2009 - IV C 1 - S 2252/0910003, BStBl. I 2009, 631; mit Ergänzungen BMF v. 21.9.2010 - IV C 1 - S 2225/09/10003; 004, DStR 2010, 2082.

254 Vgl. *Spengel/Eisgruber*, DStR 2015, 785 (796).

255 Siehe hierzu oben unter § 3 A. II.

256 Siehe hierzu oben unter § 3 B. V. 1. b) aa); vgl. auch *Desens*, FR 2014, 265 (268 f.).

257 *Desens*, FR 2014, 265 (268).

Kapitalertragsteuer zu verschaffen. Zur Beantwortung dieser Frage ist zunächst auf den bereits geschilderten Nutzen von Leerverkäufen als *Short Position* am Finanzmarkt zu verweisen.[258] Die bevorstehende Hauptversammlung ändert an dieser Investmentstrategie zunächst einmal nichts. Auch dürfte der bloße Umstand, dass die Aktie dann ohne Dividende erworben wird, nicht zwingend zu einem arglistigen Verhalten des Leerverkäufers führen. Schließlich ist gerade für solche Zwecke eine Regulierung vorgesehen. In Anbetracht dessen ist zumindest eine „fahrlässige Täuschung" durch den Leerverkäufer denkbar. Die Frage, ob der bevorstehende Dividendenstichtag ein arglistiges Verhalten des Leerverkäufers pauschal begründen kann, ist zweifelhaft und wird im Detail nachfolgend behandelt.[259]

Eine weitere Konstellation, in welcher der Verkäufer gutgläubig ist, liegt vor, wenn ein *Fail* unbeabsichtigt eintritt.[260] Dem Leerverkäufer gelingt es dann nicht, sich rechtzeitig mit den verkauften Wertpapieren einzudecken. Dieses Dilemma scheint jedenfalls bei großen Häusern mit einer Vielzahl von Abteilungen unterschiedlicher Zuständigkeiten nicht allzu fernliegend.[261]

Im Ergebnis sind damit zumindest theoretisch Fälle denkbar, in denen der Leerverkäufer jedenfalls gutgläubig im Hinblick auf die Folgen eines Leerverkaufs ist. Ob der Leerverkauf *per se* zivilrechtlich vorwerfbar ist, wird erst an späterer Stelle behandelt.

VI. Fazit

Die Grundkonstellation wird durch eine Vielzahl unterschiedlicher, in der Regel wirtschaftlicher Motive unterfüttert. Vereinzelt wird festgestellt, wenn die (mehrmalige) Anrechnung scheitere, stelle sich das Geschäft insgesamt als wirtschaftlich nachteilig für alle Beteiligten dar.[262] Grund dafür seien die Transaktionskosten und -gebühren. Diese Behauptung ist im Hinblick auf alle Parteien zweifelhaft. Die zweite Steuererstattung hat der Leerverkäufer bereits durch den *cum*-Kaufpreis des Leerkäufers vereinnahmt. Die Aussage ist daher auf Fälle des

258 Siehe oben unter § 3 B. III. zur Regulierung von Leerverkäufen.

259 Siehe hierzu ausführlich unten unter § 7.

260 Vgl. zu dieser Variante eingehend *Florstedt*, NZG 2017, 601 (603), der hierin plausibel die Entwicklung der ersten Cum-/Ex-Geschäfte aus insoweit missglückten Cum-/Cum-Geschäften vermutet.

261 Vgl. BT-Drs. 16/2712, S. 48.

262 *Spengel/Eisgruber*, DStR 2015, 785 (786).

Gewinnsplittings zu begrenzen, da dieses bei versagter Anrechnung zum Verlustsplitting wird.

Diese wirtschaftliche und zunächst wertungsfreie Darstellung ist der abschließenden Beurteilung der Cum-/Ex-Geschäfte zugrunde zu legen. Eine kritische Würdigung i.R.d. zivilrechtlichen Folgen wird, wie bereits erwähnt, an späterer Stelle vorgenommen.[263] Abschließend bleibt festzuhalten, dass sich eine Differenzierung anhand des subjektiven Horizonts der Parteien bereits aus der Grundstruktur der Transaktionen abzeichnet.

C. Ergebnis und abschließende Begriffsbestimmung

Im Ergebnis ist zur Funktionsweise der Cum-/Ex-Geschäfte zusammenfassend festzuhalten, dass eine Vielzahl möglicher Konstellationen und Gestaltungsmöglichkeiten in Betracht kommen, um Aktien über den Dividendenstichtag in steuerlich vorteilhafter Weise zu handeln. Relevant für die hier aufgeworfene Fragestellung ist jedoch nur der dargestellte Grundfall des Leerverkaufs über den Dividendenstichtag. Zweck weiterer Gestaltungen in diesem Zusammenhang ist die Isolierung steuerwirtschaftlicher Vorteile.[264]

Der Klarheit halber sollen im Folgenden begriffliche Unterscheidungen vorgenommen werden. Als Oberbegriff für solche Geschäfte, welche den Dividendenanspruch vom Stammrecht trennen, wird hier der Begriff des Cum-/Cum-Geschäfts oder des Dividenden-Strippings verwendet. Die geschilderte Konstellation der Cum-/Ex-Geschäfte, in welcher eine mehrmalige Anrechnung einmalig abgeführter Kapitalertragsteuer bezweckt wird, lässt sich dagegen nicht unter diesen Begriff fassen. Der Spiegelstrich beschreibt die Diskrepanz zwischen vertraglicher Verpflichtung und tatsächlicher Leistung des Verkäufers, d.h. die Aktie *cum* Dividende versprochen, aber *ex* Dividende geliefert zu haben. Er bezieht sich folglich stets auf *eine* Transaktion, und zwar inklusive Verpflichtungs- und Ausführungsgeschäft. Nicht gemeint sind dagegen das Übertragungs- und das Rückübertragungsgeschäft.[265]

Damit wird bereits inhaltlich keine Dividende abgestreift, sondern vielmehr der Versuch unternommen, eine wirtschaftliche Vervielfältigung der Dividende

263 Siehe unten unter § 7.

264 Siehe zur rechtlichen Rechtfertigung unten unter § 4.

265 So auch *Loritz*, WM 2017, 309 (315), welcher an anderer Stelle nicht trennscharf differenziert *ders*., BB 2017, 2327 (2333 ff.); *Salzmann/Heufelder*, IStR 2017, 125 (125 f.); vgl. auch *Bippus*, RIW 1994, 945 (949 f.).

zu erreichen.[266] Der Anteilsinhaber bekommt schließlich die Originaldividende ausbezahlt. Begrifflich ist daher schon keine Trennung von Stammrecht und Aktie vorgesehen, sodass Cum-/Ex-Geschäfte keine Fälle des Dividenden-Strippings darstellen. Darüber hinaus enthält die Bezeichnung *Cum-/Ex-* keinerlei Informationen über die Art des Verkaufs, da sich die Begriffe auf die Dividende und nicht auf steuerrechtliche Folgen beziehen. Auch der Inhaber einer Aktie kann diese *cum* versprechen, aber lediglich *ex* Dividende liefern. Der gewünschte steuerliche Erfolg bleibt dann freilich aus.[267] Am präzisesten ist demzufolge die Bezeichnung „Cum-/Ex-Leerverkaufsgeschäft".[268] Bei den Cum-/Cum-Geschäften erfolgt dagegen im Kerngeschäft eine vereinbarungsgemäße Lieferung. Letztlich kann festgehalten werden, dass den in der Praxis gewählten, zumeist verschachtelten Konstellationen ein solcher Cum-/Ex-Leerverkauf zugrunde liegen muss.[269]

---

266 So im Ergebnis auch *Kußmaul/Huwer/Kloster*, RdF 2012, 314; *Salzmann/Heufelder*, IStR 2017, 125; vgl. auch die eine differenzierte Anwendung der Rechtsprechung zum Dividenden-Stripping vertretenden Stimmen in der Literatur; statt vieler *Spengel/Eisgruber*, DStR 2015, 785 (788 ff.).

267 Siehe oben unter § 3 A. I. 3 und II.

268 Auf das Charakteristikum „über den Dividendenstichtag", welches ebenfalls für die Struktur der Cum-/Ex-Leerverkäufe wichtig ist, kann aus praktischen Gründen verzichtet werden, weil sich die Diskrepanz zwischen Versprechen *cum* und Lieferung *ex* gerade aus dem Umstand des Dividendenstichtags ergibt; vgl. *Loritz*, WM 2017, 309 (315).

269 Aus Gründen der Vereinfachung ist darauf hinzuweisen, dass in der anschließenden steuerrechtlichen Behandlung der Cum-/Ex-Leerverkauf gemeint ist. Das Pendent hierzu ist der Cum-/Ex-Inhaberverkauf.

Kapitel 4. Steuerrechtliche Behandlung der Cum-/Ex-Leerverkaufsgeschäfte

Nachfolgend wird die steuerrechtliche Legalität der Cum-/Ex-Leerverkaufsgeschäfte untersucht. Dazu sind aufgrund des anhaltenden Reaktionismus des Gesetzgebers zunächst die unterschiedlichen Rechtslagen (A.) historisch-chronologisch darzulegen. Sodann werden die Lösungen der Steuerverwaltung kurz angesprochen (B.). Der Schwerpunkt dieses Kapitels liegt schließlich in der Untersuchung der Legalität der Cum-/Ex-Geschäfte, welche durch eine qualifizierte Rechtsanwendung zu bestimmen ist (C.). Abschließend soll der Einfluss des steuerlichen Rechtsirrtums auf die Steuerrechtsanwendung analysiert werden (D.).

A. Genese der Rechtslage

I. Rechtslage vor dem 19.12.2006

Zunächst ist die Steuerrechtslage vor dem 19.12.2006 kurz zu schildern.[270] Wie oben bereits angesprochen, war die beschlossene Brutto-Dividende zu versteuern. Die Kapitalertragsteuer war gem. § 43 Abs. 1 Nr. 1 i.V.m. § 43a Abs. 1 Nr. 1 und § 44 Abs. 1 S. 5 EStG a.F. durch den Emittenten, hier die jeweilige AG, einzubehalten und an das für die entsprechende AG zuständige Betriebsstätten-Finanzamt abzuführen. Die Dividende wurde an den Aktionär folglich bereits abzüglich der damals 20 %[271] Kapitalertragsteuer ausgezahlt. Der Anteilseigner kam also vorerst nur in den Genuss der Netto-Dividende.

Im Rahmen der §§ 36 Abs. 2 Nr. 3, 20 Abs. 1 Nr. 1 und 2a EStG i.V.m. § 39 AO bestand die Möglichkeit, die Kapitalertragsteuer auf die Dividende bei der Einkommensteuer anzurechnen. Genereller Sinn und Zweck dieses Kapitalertragsteuer-Erstattungssystems ist die Vermeidung der bereits eingangs geschilderten

270 Rechtslage geändert durch Jahressteuergesetz 2007 (JStG 2007) v. 13.12.2006, BGBl. 2006 I, S. 2878 ff., siehe auch BT-Drs. 18/12700, S. 76 ff.; in Kraft getreten am 19.12.2006; siehe hierzu sogleich unter § 4 A. III.

271 Gem. § 43a Abs. 1 Nr. 1 EStG a.F. wurde zuletzt 2008 die Kapitalertragsteuer mit 20 % bemessen. Heute gilt gem. § 43a Abs. 1 S. 1 Nr. 1 i.V.m. § 43 Abs. 1 S. 1 Nr. 1a EStG für Kapitalerträge aus Aktien ein Satz von 25 %.

Doppelbesteuerung.[272] Die hierzu erforderliche Steuerbescheinigung stellte allerdings die Depotbank des Aktienkäufers aus und damit ein Institut, welches den Steuerabzug nicht selbst vorgenommen hatte. Hinsichtlich der Anwendbarkeit des § 20 Abs. 1 Nr. 1 S. 1 EStG auf Dividendenausgleichszahlungen besteht Uneinigkeit.[273]

II. Exkurs: Börsenklausel § 50c EStG a.F.

Der Problematik des Dividenden-Strippings begegnete der Gesetzgeber zunächst mit dem Standortsicherungsgesetz[274] und dem Steuerbereinigungsgesetz[275]. Eingefügt wurden hiermit die §§ 50c Abs. 10 und 36 Abs. 2 Nr. 3 S. 4 lit. g) EStG a.F.[276] als Sonderfälle des Gestaltungsmissbrauchs i.S.d. § 42 AO.[277] Die Strenge dieser Regeln warf jedoch verfassungsrechtliche Bedenken auf. Kritisiert wurden insbesondere die Beweislast- und Glaubhaftmachungspflichten. Anstoß wurde außerdem an den negativen börslichen und damit marktwirtschaftlichen Folgen genommen. Zudem wurde der Novellierung Widersprüchlichkeit und Unklarheit[278] vorgeworfen und frühzeitig das Verdikt der Europarechtswidrigkeit[279] auferlegt. Letztlich verlor § 50c EStG zum 1.1.2001[280] mit der

272 *Von Beckerath*, in: Kirchhof, EStG, § 20 Rn. 45; *Kindermann*, WM 1994, 817 (818); *Krause*, WM 1999, 1101; *Otto*, Die Besteuerung von gewinnausschüttenden Körperschaften und Anteilseignern nach dem Halbeinkünfteverfahren, S. 9; siehe oben unter § 3 A. II.

273 Siehe hierzu unten unter § 3 C.

274 Gesetz zur Verbesserung der steuerlichen Bedingungen zur Sicherung des Wirtschaftsstandorts Deutschland im Europäischen Binnenmarkt (Standortsicherungsgesetz – StandOG) v. 13.9.1993, BGBl. 1993 I, S. 1569 ff., in Kraft getreten am 18.9.1993.

275 Gesetz zur Bekämpfung des Missbrauchs und zur Bereinigung des Steuerrechts (Mißbrauchsbekämpfungs- und Steuerbereinigungsgesetz – StMBG) v. 21.12.1993, BGBl. 1993 I, S. 2310 ff., in Kraft getreten 30.12.1993.

276 *Kindermann*, WM 1994, 817 (818).

277 *Unfried*, Steuerrecht und Dividenden-Stripping, S. 90.

278 Siehe hierzu *Kindermann*, WM 1994, 869 (878).

279 *Sorgenfrei*, FR 2001, 291 (294); *ders.*, IStR 1997, 705 und 737 (741); vgl. auch *Krause*, wistra 1998, 201 (203 ff.).

280 Gesetz zur Senkung der Steuersätze und zur Reform der Unternehmensbesteuerung (Steuersenkungsgesetz – StSenkG) v. 23.10.2000, BGBl. I 2000, S. 1433 ff., in Kraft getreten am 1.1.2001.

Abschaffung des Anrechnungsverfahrens seine Geltung.[281] Auf die Cum-/Ex-Transaktionen dürfte sich die Regelung nicht auswirken, auch wenn der BFH § 50c Abs. 8 S. 2 EStG a.F. im Hinblick auf § 42 AO eine Sperrwirkung zubilligte.[282]

III. Rechtslage vom 19.12.2006 bis zum 31.12.2011

In Reaktion auf die nunmehr bekannt gewordene Praxis der Cum-/Ex-Leerverkäufe und die mit ihr verbundene mehrmalige Anrechnung einmalig abgeführter Kapitalertragsteuer versuchte der Gesetzgeber eben diese Praxis zu unterbinden.[283]

Die Systematik der Kapitalertragsteuer wurde zum Jahr 2007 durch das Jahressteuergesetz 2007[284] neu geregelt. Das JStG 2007 führte u.a. § 20 Abs. 1 Nr. 1 S. 4 EStG zusammen mit § 44 Abs. 1 S. 3 Var. 3, S. 5 EStG a.F. ein, wodurch bis Ende 2011 in den Fällen des § 20 Abs. 1 Nr. 1 S. 4 EStG eine Entrichtungspflicht der Kapitalertragsteuer bei der Depotbank des Verkäufers bzw. dem den Verkaufsauftrag ausführenden inländischen Kredit- oder Finanzdienstleistungsinstitut normierte.[285] Als Einkünfte aus Kapitalvermögen erfasst werden sollten nun gem. § 20 Abs. 1 Nr. 1 S. 4 EStG auch Dividendenkompensationszahlungen.[286] Die Erteilung der Steuerbescheinigung oblag jedoch gem. § 45a Abs. 3 EStG der Depotbank des Aktienkäufers.[287] Eine rechtliche Verknüpfung zwischen Steuerabzug und Ausstellung der Bescheinigung bestand demnach nicht.[288]

Der Einbehalt der Kapitalertragsteuer ging jedoch tatbestandlich ins Leere, soweit die betreffenden Geschäfte ohne Intermediär (hier: Depotbanken) oder über einen ausländischen Intermediär abgewickelt wurden.[289] Grund hierfür war,

---

281 Entwurf eines Gesetzes zur Senkung der Steuersätze und zur Reform der Unternehmensbesteuerung (Steuersenkungsgesetz – StSenkG), BT-Drs. 14/2683, S. 118, 119.

282 Siehe hierzu bereits oben unter § 3 A. IV.

283 BT-Drs. 16/2712, S. 47; *Jehke/Blank*, DStR 2017, 905 (906); *Loritz*, WM 2017, 309 (316); *Podewils/Zink*, DStZ 2013, 177 (181).

284 Jahressteuergesetz 2007 (JStG 2007) v. 13.12.2006, BGBl. 2006 I, S. 2878 ff., in Kraft getreten am 19.12.2006.

285 *Seip/Füllbier*, BB 2007, 477 (477 und 479); *Berger/Matuszewski*, BB 2011, 3097 (3098); *Hahne*, DStR 2007, 605 (607).

286 *Von Beckerath*, in: Kirchhof, EStG, § 20 Rn. 54 f.; *Wagner*, Der Konzern 2007, 127.

287 *Knaupp*, in: Kirchhof, EStG, § 45a Rn. 3; *Wagner*, Der Konzern 2007, 127 (128); BT-Drs. 16/2712, S. 59; BR-Drs. 622/06, S. 99.

288 *Berger/Matuszewski*, BB 2011, 3097 (3098).

289 *Berger/Matuszewski*, BB 2011, 3097 (3098); *Bruns*, DStR 2010, 2061; *Kußmaul/Huwer/Kloster*, RdF 2012, 314 (321); *Podewils/Zink*, DStZ 2013, 177 (179); *Rau*, DStZ

dass Depots ausländischer Finanzdienstleister nicht dem § 44 Abs. 1 EStG unterfielen.[290] Letztlich konnten die Neuerungen die vermeintliche Gesetzeslücke nur unzulänglich schließen.[291] Die Gefahr einer doppelten Anrechnung bestand weiter fort.

Zudem verursachte die neu geschaffene Rechtslage ein weiteres Problem. Gem. § 43 Abs. 1 S. 1 Nr. 7 lit. b) EStG war für die Steuerentrichtung in den Fällen des § 20 Abs. 1 Nr. 1 S. 4 EStG „das für den Verkäufer der Aktien den Verkaufsauftrag ausführende inländische Kreditinstitut oder Finanzdienstleistungsinstitut" zuständig. Hieraus wurde zuweilen geschlossen, dass nur Kommissionsgeschäfte umfasst seien.[292] So ergab es sich, dass Cum-/Ex-Geschäfte auch nach dem 19.12.2006 in *execution-only*-Fällen rein national möglich waren.[293]

IV. Rechtslage ab dem 1.1.2012

Die bisherige Praxis der Leerverkäufe von Aktien um den Dividendenstichtag wurde letztlich durch das OGAW-IV-Umsetzungsgesetz[294] zum 1.1.2012 beendet. Im Folgenden werden daher kurz die Mechanismen dargestellt, welche die Möglichkeit einer mehrfachen Erstattung der Kapitalertragsteuer verhindern.

Gem. § 43 Abs. 1 S. 1 Nr. 1a EStG ist die Abzugsverpflichtung auf Dividenden inländischer sammel- und streifbandverwahrter Aktien (§§ 5 und 2 DepotG) auf das jeweilige depotführende Institut verlagert worden.[295] Statt des Schuldnerprinzips

---

2011, 510 (511); vgl. auch zur Möglichkeit der Cum-/Ex-Geschäfte über eine inländische Depotbank nach 2007 *Jehke/Blank*, DStR 2017, 905 (907 ff.), dazu sogleich.

290 *Hey*, in: Tipke/Lang, Steuerrecht, § 8 Rn. 502.

291 So auch *Seer/Krumm*, DStR 2013, 1757 (1758 und 1761); *Storg*, NWB 2007, Fach 3, 14327 (14332).

292 *Jehke/Blank*, DStR 2017, 905 (907); siehe zur zivilrechtlichen Geschäftsstruktur ausführlich unten unter § 6.

293 Vgl. beispielsweise den Fall der FG Hessen v. 10.2.2016 – 4 K 1684/14, rkr., EFG 2016, 761 = DStR 2016, 1084 zugrunde lag; *Jehke/Blank*, DStR 2017, 905; *Rau*, DStR 2017, 1852 (1854); *Spengel*, FR 2017, 545; dazu auch BT-Drs. 18/12700, S. 332; *Habammer*, DStR 2017, 1958; siehe zu der sich hieraus ergebenden rechtlichen Bewertung der sog. Inlandsfälle nach 2007 unten unter § 4 C. I. 2.

294 Gesetz zur Umsetzung der Richtlinie 2009/65/EG zur Koordinierung der Rechts- und Verwaltungsvorschriften betreffend bestimmte Organismen für gemeinsame Anlagen in Wertpapiere (OGAW-IV-Umsetzungsgesetz – OGAW-IV-UmsG) v. 22.7.2011, BGBl. 2011 I, S. 1126 ff., in Kraft getreten am 26.7.2011.

295 *Knaupp*, in: Kirchhof, EStG, § 43 Rn. 7; *Tappen*, DStR 2011, 246 (247 f.); *Patzner/Nagler*, IStR 2011, 804.

gilt nunmehr das Zahlstellenprinzip.[296] Über § 44 Abs. 1a EStG wird vermieden, dass es über die bloße Einschaltung einer ausländischen Depotbank zu einer mehrfachen Anrechnung der Kapitalertragsteuer kommt.[297] Die Steuerbescheinigung wird außerdem von der Stelle ausgestellt, welche auch die Kapitalertragsteuer zu entrichten hat.[298]

Die Cum-/Ex-Leerverkaufsgeschäfte wurden mit dieser Neuerung endgültig und jedenfalls für den Fiskus effektiv entschärft. Unabhängig von der rechtlichen Bewertung der Altfälle herrscht über diese Feststellung absolute Einigkeit.[299] Eine mehrfache Erstattung einfach abgeführter Kapitalertragsteuer kommt nach der derzeitigen Rechtslage nicht in Betracht.

B. Reaktionen der Finanzverwaltung

Aufgrund der Tatsache, dass die Gesetzesänderung durch das JStG 2007 der Praxis der Cum-/Ex-Geschäfte keinen Einhalt gebot, sah sich die Finanzverwaltung mittels BMF-Schreiben zum Gegensteuern veranlasst. Hierbei handelt es sich mangels Außenwirkung um verwaltungsinterne Maßnahmen, welche die Normanwendung oder die Übertragung höchstrichterlicher Entscheidungen betreffen. Die Wirkung und Zulässigkeit entsprechender Schreiben ist im Einzelnen umstritten.[300]

I. BMF-Schreiben v. 5.5.2009 und Folgeschreiben

Die beschriebene Rechtslage, die daraus resultierende Finanzpraxis und die offensichtliche Unklarheit hinsichtlich der Interpretation und Auslegung der vorhandenen Normen veranlassten die Finanzverwaltung erstmals am 5.5.2009 zur Reaktion.[301]

---

296 *Anzinger*, RdF 2012, 394 (397); *Brandis*, in: FS Gosch, S. 37 (38); *Hahne*, AG 2011, 503 (505 f.); *Kußmaul/Huwer/Kloster*, RdF 2012, 314 (322); vgl. auch *Patzner/Nagler*, IStR 2011, 804.

297 *Hartrott*, in: Herrmann/Heuer/Raupach, EStG/KStG (Stand: September 2013), § 44 Abs. 1a EStG Rn. 20; *Knaupp*, in: Kirchhof, EStG, § 44 Rn. 5.

298 *Desens*, DStZ 2012, 142 (155); *Hahne*, AG 2011, 503 (507); *Jehke/Blank*, DStR 2017, 905 (907).

299 *Hahne*, AG 2011, 503 (507); *Jehke/Blank*, DStR 2017, 905; *Plewka*, NJW 2015, 589 (590); *Ratschow*, in: Blümich, EStG/KStG/GewStG (Stand: August 2015), § 20 EStG Rn. 139.

300 Vgl. *Birk/Desens/Tappe*, Steuerrecht, Rn. 65.

301 BMF v. 5.5.2009 – IV C 1 – S 2252/09/10003 – DOK 2009/0288260, BStBl. I 2009, 631 = DStR 2009, 1149; vgl. auch BT-Drs. 18/12700, S. 356.

Als Maßnahme sah die Finanzverwaltung vor, mehr Informationen über getätigte Aktiengeschäfte zu verlangen. Im Besonderen sollte eine sog. Berufsträgerbescheinigung vorgelegt werden, welche nach vorangegangener Prüfung eines zur geschäftsmäßigen Hilfeleistung befugten Berufsträgers i.S.v. §§ 3, 3a StBerG oder einer behördlich anerkannten Wirtschaftsprüfungsstelle eine gewisse Unbedenklichkeit eines Geschäfts bescheinigen sollte.[302] Bescheinigt werden sollte, dass der Prüfer im Rahmen seines Einblicks keine Anhaltspunkte für Absprachen oder Leerverkäufe, bei denen § 44 Abs. 1 S. 3 i.V.m. § 20 Abs. 1 Nr. 1 S. 4 EStG nicht angewendet wurden, finden konnte.[303]

Schließlich erfolgte in einem weiteren Schreiben[304] die Aufhebung der zuvor genannten Schreiben zum 1.1.2012, jedoch lediglich für die Zukunft. Hintergrund war die legislative Abhilfe durch das OGAW-IV-Umsetzungsgesetz.[305]

II. BMF-Schreiben v. 24.6.2015

Abschließend ist ein weiteres Schreiben des BMF[306] im Hinblick auf die Unterscheidung von OTC- und börslichen Geschäften zu nennen. Hiermit reagierte die Finanzverwaltung auf das Urteil des BFH vom 16.4.2014.[307]

Zunächst nimmt das BMF ausführlich Stellung zum Übergang wirtschaftlichen Eigentums bei OTC-Geschäften im Zeitpunkt des Kaufvertragsabschlusses. Entgegen der BFH-Rechtsprechung zum Dividenden-Stripping wird der

---

302 BMF v. 5.5.2009 - IV C 1 - S 2252/09/10003 - DOK 2009/0288260, BStBl. I 2009, 631 (631 f.) = DStR 2009, 1149; vgl. auch *Kußmaul/Huwer/Kloster*, RdF 2012, 314 (321); *Podewils*, FR 2011, 69 (71).

303 BMF v. 5.5.2009 - IV C 1 - S 2252/09/10003 - DOK 2009/0288260, BStBl. I 2009, 631 (631 f.) = DStR 2009, 1149; vgl. zur Kritik an dieser Maßnahme unten unter § 4 C. III. 1.; eine Ergänzung dieses Schreibens erfolgte am 21.9.2010 (BMF v. 21.9.2010 - IV C 1 - S 2252/09/10003:004 - DOK 2010/0730678, DStR 2010, 2082).; zudem erweiterte das BMF den Anwendungsbereich seines vorherigen Schreibens insbesondere im Investmentsteuerrecht (BMF v. 21.9.2010 - IV C 1 - S 2252/09/10003:004 - DOK 2010/0730678, DStR 2010, 2082 (2083)); vgl. hierzu *Podewils,* FR 2011, 69 (71); ein weiteres einschlägiges Schreiben erging am 3.3.2011 (BMF v. 3.3.2011 - IV C 1 - S 2252/09/10003 :005 - DOK 2011/0010699, DStR 2011, 477).

304 BMF v. 29.11.2011 - IV C 1 - S 2252/09/10003 :006, BStBl. I 2011, 1112 = DStR 2012, 802.

305 Siehe dazu bereits vorstehend oben unter § 4 A. IV.

306 BMF v. 24.6.2015 - IV C 1 - S2252/13/10005 :003 - DOK 2015/0489684, DStR 2015, 1624.

307 BFH v. 16.4.2014 - I R 2/12, BFHE 246, 15 = DStR 2014, 2012.

Übergang wirtschaftlichen Eigentums indes verneint.[308] Sodann wird die Möglichkeit der Übertragung wirtschaftlichen Eigentums, jedenfalls bei Leerverkäufen, abgelehnt. Der maßgebliche Grund hierfür sei die starke Position des echten Anteilsinhabers.[309] Die Finanzverwaltung bezieht hiermit eine klare Rechtsposition in den Cum-/Ex-Fällen.

Angesichts der hitzigen Debatte zu diesem Thema verwundern kritische Anmerkungen zu diesem Schreiben nicht. Im Mittelpunkt stehen in diesem Zusammenhang die vermeintlich anderen Abläufe bei der Börse und dem Clearing, wo der Kaufvertragsabschluss maßgeblich sei.[310] Diese rechtliche Frage wird an späterer Stelle behandelt.[311]

C. Rechtsanwendung

An die Schilderung der steuerlichen Rechtslage soll sich nun die der Rechtsanwendung anschließen. Diesbezüglich ist eine Vielzahl von Streitpunkten und Uneinigkeiten zu konstatieren. Die Diskussion zielt hier speziell auf die Cum-/Ex-Leerverkaufsgeschäfte ab.

Kernstreitpunkte sind die Möglichkeit der Anrechnung der Kapitalertragsteuer auf die Einkommen- bzw. über § 31 Abs. 1 KStG auf die Körperschaftsteuer und somit die Voraussetzungen des § 36 Abs. 2 Nr. 2 EStG.[312] Der Streit lässt sich anhand der Tatbestandsvoraussetzungen in mehrere Teilfragen untergliedern. Fraglich ist also letztlich, ob die Tatbestandsvoraussetzungen beim Leerkäufer der Aktie vorliegen. Diese festgestellte Unklarheit bezieht sich auf den Zeitraum bis zum 1.1.2012, wobei ab dem 19.12.2006 grundsätzlich die Maßgabe gilt, dass auf Verkäuferseite eine ausländische Depotbank eingeschaltet sein muss.[313] Insofern wird auch eine Differenzierung anhand der zeitlichen Perspektive vorgenommen.

Die folgende Darstellung versteht sich als Anatomie eines Rechtsirrtums. Hierzu wird von der üblichen Diskursdarstellung in den Rechtswissenschaften abgewichen, indem zunächst die Stimmen der Literatur und die dort, teilweise schon seit längerem, vertretenen Interpretationen höchstrichterlicher Entscheidungen

---

308 BMF v. 24.6.2015 - IV C 1 - S2252/13/10005 :003 - DOK 2015/0489684, DStR 2015, 1624 (1625).

309 BMF v. 24.6.2015 - IV C 1 - S2252/13/10005 :003 - DOK 2015/0489684, DStR 2015, 1624 (1626).

310 *Schmid*, DStR 2015, 1624 (1627); vgl. auch *Müller*, StB 2015, 352.

311 Vgl. insbesondere § 4 C. III. 1.

312 Vgl. *Spengel/Eisgruber*, DStR 2015, 785 (787).

313 Siehe oben unter § 4 A. III.

erörtert werden. Erst in der jüngeren Rechtsprechung klärten sich die hier aufgeworfenen Fragen zumindest in Teilen. Dieser Chronologie folgend, soll die Rechtsprechung zu den Cum-/Ex-Geschäften ausnahmsweise im Anschluss diskutiert werden. Diese Herangehensweise ist der Fülle der zu den Cum-/Ex-Geschäften erschienenen Literatur und Begutachtungen zu verdanken.

I. Einkünfte aus Kapitalvermögen

Maßgeblich ist zu Beginn der Anrechnungsprüfung die Frage, ob Einkommensteuer auf Einkünfte erhoben wurde.[314] Der Leerkäufer müsste Einkünfte, die bei der Veranlagung erfasst werden, oder Bezüge erzielen, die nach § 3 Nr. 40 EStG oder nach § 8b Abs. 1 KStG außer Ansatz bleiben.[315] Zunächst ist daher anhand des Tatbestands des § 20 EStG festzustellen, um welche Art von Einkünften es sich hier handelt bzw. ob entsprechende Zahlungen dem Aktienerwerber als Einkünfte aus Kapitalvermögen zuzurechnen sind. In Betracht kommt zum einen die Dividendenzahlung, welche dem Anteilseigner zufließt (sog. Originaldividende), und zum anderen die Dividendenregulationszahlung.

Aus diesem Grund erscheint es einleuchtend, die Originaldividende im Sinne eines Gewinnanteils gem. § 20 Abs. 1 Nr. 1 S. 1 Var. 1 EStG als Einkünfte zu qualifizieren. Zudem kommt auch die Subsumtion der Dividendenregulationszahlung unter das Merkmal der sonstigen Bezüge aus Aktien i.S.d. § 20 Abs. 1 Nr. 1 S. 1 Var. 3 EStG und damit ebenfalls als Einkünfte in Betracht. Voraussetzung dafür wäre jedoch, dass der Erwerber der Aktie gem. § 20 Abs. 5 EStG (bzw. Abs. 2a a.F.) i.V.m. § 39 AO als ihr wirtschaftlicher Eigentümer und damit als Anteilseigner qualifiziert werden kann, sodass ihm besagte Einkünfte zugerechnet werden können. Der zivilrechtliche Anteilsinhaber erzielt jedenfalls Einkünfte i.S.d. § 20 Abs. 1 Nr. 1 S. 1 EStG i.V.m. § 39 Abs. 1 AO, indem er die Originaldividende vereinnahmt.

Die Bearbeitung dieser Fragestellung entfaltet hauptsächlich Relevanz für Fallgruppen vor dem 19.12.2006.[316] Wie bereits oben geschildert, wurde infolge des JStG 2007 § 20 Abs. 1 Nr. 1 S. 4 EStG eingefügt. Die Frage nach dem wirtschaftlichen Eigentum bei Cum-/Ex-Geschäften i.R.d. § 20 Abs. 1 Nr. 1 S. 1 EStG ist daher lediglich dogmatisch relevant, da dem „neuen" Satz 4 dann lediglich

---

314 Vgl. *Englisch*, FR 2010, 1023; *Gosch*, in: Kirchhof, EStG, § 36 Rn. 7 f.; *Schön*, RdF 2015, 115 (118).

315 *Spengel/Eisgruber*, DStR 2015, 785 (787).

316 *Desens*, DStR 2014, 2317 (2320); *ders.*, DStZ 2012, 142 (146); insoweit wohl auch FG Hessen v. 8.10.2012 – 4 V 1661/11, DStR 2012, 2381.

eine deklaratorische Wirkung zukäme. Die Einkünfte aus der Dividendenkompensationszahlung würden ja bereits vom Satz 1 umfasst. In diesem Verhältnis könnte der Satz 4 entweder als lex specialis oder aufgrund von Ausschließlichkeit anwendbar sein.[317] Einzuordnen ist dabei auch die Rechtsprechung des BFH zur neuen Rechtslage. Diese wird teilweise so interpretiert, dass es i.R.d. § 20 Abs. 1 Nr. 1 S. 4 EStG nach wie vor auf die Frage des wirtschaftlichen Eigentums, nur eben zu einem anderen Zeitpunkt, ankomme.[318]

Zunächst soll daher der Diskurs geführt werden, unter welche Tatbestandsalternative des § 20 Abs. 1 Nr. 1 EStG die Dividendenregulationszahlung an den (Leer-)Käufer zu fassen ist. Die Fragestellung lässt sich wie folgt zusammenfassen: Der zivilrechtliche/tatsächliche Anteilsinhaber (§ 39 Abs. 1 AO) erzielt jedenfalls Kapitaleinkünfte aus Aktien gem. § 20 Abs. 1 Nr. 1 S. 1 Var. 1 EStG, die ihn, das Vorliegen der übrigen Voraussetzungen unterstellt, zur Anrechnung berechtigen. Fraglich ist, ob *daneben* auch der Erwerber über § 20 Abs. 5 EStG Einkünfte erzielt. Bereits daraus ergibt sich die weitere Frage, ob § 20 Abs. 5 EStG mehrere Anteilsinhaber nebeneinander zulässt. Hierüber lässt sich auch das Verhältnis zu § 20 Abs. 1 Nr. 1 S. 4 EStG auflösen.

1. Wirtschaftliches Eigentum

Streitig ist infolge dessen, ob diese Einkünfte dem Leerkäufer zuzurechnen sind. Gem. § 20 Abs. 5 (bzw. Abs. 2a a.F.) EStG erzielt der Anteilseigner, welcher nach § 39 AO zu bestimmen ist, Einkünfte aus Kapitalvermögen. Gem. § 39 Abs. 2 Nr. 1 S. 1 AO kommt es in diesem Zusammenhang auf das wirtschaftliche Eigentum, hier des Leerkäufers, an. Zur Beantwortung dieser Fragestellung werden in der Rechtsprechung und der Literatur unterschiedliche Ansätze vertreten.

a) Literatur

aa) Bejahende Sichtweise (Legalitätsthese)

Ein verbreiteter Ansatz in der Literatur plädiert dafür, dass das wirtschaftliche Eigentum des Aktienleerkäufers an den Aktien bereits im Zeitpunkt des Kaufvertragsschlusses vorliege, und zwar unabhängig von der Art des Handels (börslich oder OTC).[319]

---

317 Siehe hierzu *Desens,* DStZ 2012, 142 (146).

318 *Desens,* DStR 2014, 2317 (2321).

319 *Berger/Matuszewski,* BB 2011, 3097 (3099); *Blumer/Elicker,* BB 2012, 3187; *Derlien/Kern,* BB 2013, 1943; *Desens,* DStZ 2012, 142 (142 ff. und 148); *ders.,* DStZ 2012, 246 (249); *ders.,* DStR 2012, 2473; *ders.,* DStZ 2014, 154; *ders.,* DStR 2014, 2317;

Hergeleitet wird diese Ansicht unter anderem aus den beiden bereits erwähnten zum Dividenden-Stripping ergangenen Entscheidungen des BFH vom 15.12.1999 und vom 20.11.2007.[320] Aus diesen Entscheidungen wird geschlussfolgert, dass der BFH die Anforderungen an den Erwerb wirtschaftlichen Eigentums in Ansehung der schuldrechtlichen Absicherung i.R.d. Dividendenkompensation gesenkt habe.[321] Die Kriterien des BFH seien demnach auch in der hier behandelten Leerverkaufskonstellation einschlägig. Die schuldrechtliche Beziehung habe eine herausragende Bedeutung, wobei elementar auf das Gewollte und Erwartete Rücksicht zu nehmen sei.[322] Es komme mithin darauf an, wer die wesentlichen Kurschancen und -risiken trage sowie zum Gewinnbezug berechtigt sei. Dies sei aufgrund der Dividendenregulationszahlung und der Einbeziehung der allgemeinen Börsenbedingungen beim Erwerber auch im Leerverkaufsfall gewährleistet.[323] Zudem sei durch das Wertpapierleihsystem[324] bei Clearstream und der dort im Fall verspäteter Lieferungen vorgesehenen Zwangsregulierung[325] eine rechtlich

---

Demuth, DStR 2013, 1116; *Englisch*, FR 2010, 1023; *ders.*, RdF 2012, 425 (426); *Hahne*, DStR 2007, 605 (609 f.); *ders.*, DStR 2007, 1196; *ders.*, AG 2011, 503 (505); *Haritz/Werneburg*, NWB 2015, 657 (659); *Klein*, BB 2016, 2006 (2008) und 2200 (2203); *ders.*, BB 2013, 1054; *ders.*, BB 2015, 726 (727); *Kußmaul/Huwer/Kloster*, RdF 2012, 314 (315 f.); *Loritz*, BB 2017, 2394 (2395 ff.); *Müller*, StB 2015, 352; *Müller/Schade*, BB 2017, 1239 (1240 ff.); *Podewils*, FR 2013, 481; *ders.*, FR 2014, 1064 (1065); *Podewils/Zink*, DStZ 2013, 177 (181); *Storg*, NWB 2007, Fach 3, 14327 (14330); vgl. auch *Seer/Krumm*, DStR 2013, 1756 (1760 f.), die zwar keine inhaltliche Stellung beziehen wollen, gleichwohl aber einen Diskussionsbeitrag leisten, indem in ihrer Aufbereitung der Legalitätsthese eine gewisse Vertretbarkeit zugesprochen wird; die Rechtsprechung des BFH zumindest kritisierend auch *Schmid*, DStR 2015, 801 (805); vgl. auch *Ettlich*, in: Blümich, EStG/KStG/GewStG (Stand: September 2016), § 36 EStG Rn. 121; *Podewils*, AG 2010, 391 (393).

320 BFH v. 15.12.1999 – I R 29/97, BStBl. II 2000, 527 = BFHE 190, 446 = DStR 2000, 462; BFH v. 20.11.2007 – I R 85/05, BStBl. II 2013, 287 = DStRE 2009, 76; siehe hierzu bereits oben unter § 3 A. IV. 2.

321 *Desens*, DStR 2012, 2473 (2474); *Englisch*, FR 2010, 1023 (1026); *Klein*, BB 2015, 726 (731); *Kußmaul/Huwer/Kloster*, RdF 2012, 314 (315).

322 *Berger/Matuszewski*, BB 2011, 3097 (3102).

323 *Klein*, BB 2015, 726 (731); *Kern/Derlien*, BB 2013, 1943; *Loritz*, WM 2017, 309 (313); *Müller*, StB 2015, 352; *Seer/Krumm*, DStR 2013, 1756 (1760).

324 Vgl. ClearBed Eurex (Stand: 11.1.2016) Kap. 1 Absch. 1 Ziff. 4.4.

325 Siehe hierzu §§ 5 ff. BedFWB (Stand: 21.11.2016) bzw. §§ 8 ff. BedFWB (Stand: 15.8.2008); *Claussen*, Bank- und Börsenrecht, § 6 Rn. 271; *Fleckner*, WM 2009, 2064 (2068 f.).

hinreichend gesicherte Erwerbsposition vorhanden.[326] Weiterhin spreche die Möglichkeit eines kurzfristigen, möglicherweise erheblichen Kursgewinns beim baldigen Verkauf der Aktie nach dem Dividendenstichtag für wirtschaftliches Eigentum auch bei einem Leerverkauf.[327]

Eine neuere BFH Entscheidung[328] wird dahingehend interpretiert, dass grundsätzlich auch bei Leerverkäufen durch den Kaufvertragsschluss wirtschaftliches Eigentum an den Aktien übergehe.[329] In der Sache ging es um ein von einem Kreditinstitut modellhaft initiiertes und durch den Veräußerer fremdfinanziertes Aktienleerverkaufsgeschäft, bei dem zusätzlich eine gegenläufige Wertpapierleihe und ein (Total-Return-)Swapgeschäft vereinbart wurden. Durch einen solchen Swap wird das Marktpreisrisiko auf den Veräußerer zurückverlagert. Der BFH entschied hier im Hinblick auf das maßgebliche Gesamtvertragskonzept, dass die Frage nach dem wirtschaftlichen Eigentum …

> „[…] *unter den Gegebenheiten des Streitfalls – und damit, überblickt man die einschlägigen Beiträge in der allgemeinen wie fachlichen Presse, wohl zugleich der weithin üblichen Gestaltungspraxis bei sog. cum/ex-Geschäften – im Einzelnen unbeantwortet bleiben* [kann]. *Denn dem jeweiligen Wertpapiergeschäft liegt hier unabhängig davon, ob ein Inhaberverkauf oder ein sog. Leerverkauf vorliegt, ein von der B initiiertes und modellhaft aufgelegtes Gesamtvertragskonzept zugrunde, das dem Erwerb von wirtschaftlichem Eigentum durch die Klägerin vor dem Dividendenstichtag – mit Blick auf § 20 Abs. 1 Nr. 1 S. 1 EStG 2002 n. F. – oder zu einem späteren Zeitpunkt – mit Blick auf § 20 Abs. 1 Nr. 1 S. 1 i. V. m. S. 4 EStG 2002 n. F. – von vornherein entgegensteht.*“[330]

Argumentativ wird dennoch von Vertretern der Legalitätsthese angeführt, dass die Begründung an das vertragliche Gesamtkonzept und eben nicht an die Tatsache des Leerverkaufs anknüpfe. Diese solle daher auch nicht herangezogen werden, um von den BFH-Grundsätzen zum Dividenden-Stripping abzuweichen.[331] Wieder andere meinen, der BFH habe den Umstand verkannt, dass die Absicherung moderner *Trades* üblich sei.[332]

---

326 *Englisch,* FR 2010, 1023 (1028); *Podewils,* AG 2010, 391 (393).

327 *Englisch,* FR 2010, 1023 (1028); *Loritz,* WM 2017, 309 (313); siehe hierzu bereits oben unter § 3 B. V. b) bb).

328 BFH v. 16.4.2014 – I R 2/12, BFHE 246, 15 = DStR 2014, 2012.

329 *Haritz/Werneburg,* NWB 2015, 657 (661); *Klein,* BB 2016, 2200 (2203); vgl. beispielsweise auch *Matuszewski,* BB 2014, 2726; *Müller,* StB 2015, 352 (355); *Podewils,* FR 2014, 1064 (1068); teilweise auch *Schmid,* DStR 2015, 801 (805).

330 BFH v. 16.4.2014 – I R 2/12, BFHE 246, 15 = DStR 2014, 2012 (Rn. 32).

331 *Haritz/Werneburg,* NWB 2015, 657 (661); kritisch auch *Schön,* RdF 2015, 115 (115 und 120).

332 *Loritz,* WM 2017, 309 (311 ff.); *ders.,* BB 2017, 2394 (2396).

Ferner wird in diesem Zusammenhang herausgestellt, dass es auf den regelmäßigen bzw. üblichen Ablauf entsprechender Geschäfte ankomme. Dies führt zu der Annahme, dass selbst bei den sog. *Fails*[333] wirtschaftliches Eigentum übergehe. Hierbei handele es sich schließlich um einen atypischen Geschehensablauf, welcher bei der Beurteilung außer Ansatz bleiben solle.[334] Diese Einschätzung wird zum einen darauf gestützt, dass bei automatisierten Handelsplattformen wie Xetra oder Eurex ein manipulationssicherer Ablauf in Gang gesetzt werde, und zum anderen darauf, dass die Zwischenschaltung der CCP aufgrund der Garantiefunktion und der strafbewährten Sanktionierung die Wahrscheinlichkeit von Spätlieferungen senke.[335]

Ein weiteres Argument sei überdies in dem Wortlaut der Vorschrift des § 20 Abs. 1 Nr. 1 S. 4 EStG zu finden, welcher an den Erwerb von *„Aktien mit Dividendenanspruch"* anknüpfe. Diesbezüglich wird von den Befürwortern der Legalitätsthese vorgebracht, die Dividendenkompensationsleistung sei zwar zivilrechtlich als Schadensersatzanspruch[336] zu klassifizieren, aber unter gem. § 39 AO steuerrechtlich maßgeblicher wirtschaftlicher Betrachtung als wesensgleiches Surrogat anzusehen.[337]

Der Legalitätsansatz wird weiter mit dem Argument bekräftigt, der Gesetzgeber sei in der Gesetzesbegründung[338] zum JStG 2007 offenbar selbst von der Möglichkeit wirtschaftlichen Eigentums beim Erwerber ausgegangen, und zwar auch in Leerverkaufsfällen.[339] Die Gesetzesbegründung enthält jedenfalls Ausführungen dazu, dass dem Leerkäufer die Aktien zuzurechnen seien, weshalb die Neuregelungen die Erträge aus den Kompensationszahlungen erfassen sollen.[340]

---

333 Siehe oben unter § 3 B. II.

334 *Klein,* BB 2016, 2200 (2203).

335 *Klein,* BB 2016, 2200 (2204).

336 Siehe hierzu bereits oben unter § 3 A. I. 2.

337 *Klein,* BB 2016, 2206 (2211) und 2200 (2204); *Müller/Schade,* BB 2017, 1239 (1240 f.); so auch *Desens* in seiner schriftlichen Stellungnahme vor dem Untersuchungsausschuss, BT 4. Untersuchungsausschuss der 18. Wahlperiode, Ausschuss-Drucksache 18(30)99, S. 47; vgl. auch *Loritz,* BB 2017, 2394 (2395 f.).

338 BR-Drs. v. 1.9.2006, 622/06, S. 77 bzw. 78, 3. Abs. a.E; BT-Drs. v. 25.9.2006, 16/2712, S. 47 bzw. 48.

339 *Berger/Matuszewski,* BB 2011, 3097 (3101); *Englisch,* FR 2010, 1023 (1027); *Hahne,* DStR 2007, 605 (608); *ders.,* DStR 2007, 1196 (1197); *Haritz/Werneburg,* NWB 2015, 657 (660); *Klein,* BB 2015, 726 (731); *Müller,* StB 2015, 352; *Müller/Schade,* BB 2017, 1239.

340 „Am 29. Juni sind aber auch Kunde Y [Leerkäufer] die erworbenen Aktien steuerlich zuzurechnen, d. h., er erhält ebenfalls eine Netto-Dividende und den Kapitalertragsteuer-Anrechnungsanspruch", BT-Drs., 16/2712, S. 48.

Darüber hinaus wird auf die fehlende Erkennbarkeit von Leerverkäufen für den Käufer (s.o.), dessen Depotbank und sogar Clearstream verwiesen.[341] Hieraus sei die Schutzwürdigkeit des Käufers abzuleiten.[342] Mit dieser behaupteten Schutzbedürftigkeit geht letztlich auch der Vortrag einher, dass sowohl der Leerkäufer als auch der Anteilsinhaber wirtschaftlich lediglich die Netto-Dividende erziele. An die fehlende Erkennbarkeit schließt sich auch der Gedanke *Desens'* an, welcher in eben dieser Tatsache ein strukturelles Vollzugsdefizit sieht.[343] Demnach gebietet Art. 3 Abs. 1 GG bei der Auslegung einer Norm ihre praktische Realisierbarkeit, um eine gleichmäßige Besteuerung zu gewährleisten.[344] Dies bedeutet im vorliegenden Fall aufgrund der fehlenden Erkennbarkeit, dass im Ergebnis wirtschaftliches Eigentum tendenziell anzunehmen wäre.

Diese Ansicht wird mit einer Vielzahl weiterer Argumente untermauert. Beispielsweise wird der Zusammenhang mit der handelsrechtlichen Rechnungslegung über § 246 Abs. 1 S. 2 Hs. 2 HGB angeführt.[345] Auch diese Vorschrift knüpft an die Stellung des wirtschaftlichen Eigentümers an. Hinsichtlich des zweifellos beim Stammrecht verbleibenden Stimmrechts wird argumentiert, dass dieses wirtschaftlich gegenüber den anderen Kriterien weniger bedeutend sei, zumal es sich bei den hier in Rede stehenden Geschäften um relativ kurzfristige handelt.[346] Dies leuchtet gerade vor dem Hintergrund ein, dass das Stimmrecht aus einer rein gesellschaftsrechtlichen Position erwächst. Des Weiteren differenziere auch Clearstream bei der Abwicklung der unterschiedlichen Geschäftsarten nicht.[347]

---

341 Siehe oben unter § 3 B. V. 1. a).

342 *Berger/Matuszewski,* BB 2011, 3097 (3101); *Blumer/Elicker,* BB 2012, 3187 (3188); *Derlien/Kern,* BB 2013, 1943; *Desens,* DStZ 2012, 142 (147); *ders.,* DStZ 2012, 246 (247); *ders.,* DStR 2012, 2473 unter Verweis auf ein Gutachten der Clearstream Banking AG in FG Berlin-Brandenburg v. 8.12.2009 – 15 K 6030/06 B, juris, Rn. 42; *Englisch,* FR 2010, 1023 (1031); *Müller/Schade,* BB 2017, 1239 (1244 f.); m.w.N. *Seer/Krumm,* DStR 2013, 1756 (1760 und 1762).

343 *Desens,* DStZ 2012, 142 (147 f.); *ders.,* DStZ 2012, 246 (247); dem folgend *Müller/Schade,* BB 2017, 1239 (1244 f.).

344 BVerfG v. 27.6.1991 – 2 BvR 1493/89, BStBl. II 1991, 654 = BVerfGE 84, 239 = DStR 1991, 971; *Hey,* in: Tipke/Lang, Steuerrecht, § 3 Rn. 113.

345 *Englisch,* FR 2010, 1023 (1027).

346 *Englisch,* FR 2010, 1023 (1027 und 1029); *Berger/Matuszewski,* BB 2011, 3097 (3100).

347 *Englisch,* FR 2010, 1023 (1030).

Gegen den vereinzelt vertretenen Ansatz[348], die außerbörsliche Möglichkeit zur Vereinbarung einer taggleichen Belieferung sei geeignet, wirtschaftliches Eigentum in dieser Konstellation zu verhindern, wird hervorgebracht, dass sich eine solche Differenzierung nach der Handelsform als grundlose steuerliche Sanktion einer der gebräuchlichsten Handelsmechanismen darstelle.[349] Sie können daher nicht als nachteilig oder gar mangelbehaftet gelten, wobei die Abwicklung derartiger Trades mittelbar börslich über Broker oder von Clearstream selbst ermöglicht werden kann. Die quasi-börsliche Abwicklung außerbörslicher Geschäfte ergebe sich regelmäßig aus dem Willen der Parteien und der gleichwertigen „*Marktplatzfunktion*".[350] Eine abweichende Behandlung der OTC-Geschäfte sei damit dennoch nicht gerechtfertigt.

Daher wird auch für den OTC Handel vertreten, dass die Anforderungen des BFH aufgrund des Übergangs der Kursrisiken und -chancen bei Cum-/Ex-Leerverkäufen erfüllt seien.[351] Schließlich sei der Erwerber frei in seiner Verfügungsmacht, gleichzeitig aber Pfändungsrisiken ausgesetzt. Eine mit dem tatsächlichen Eigentum *vergleichbare* und *letztlich unentziehbare Position* sei damit begründet. Auch sei das Risiko, dass nicht erfüllt werde, aufgrund des Wertpapierabwicklungssystems bei Clearstream letztlich nur ein theoretisches Risiko.[352] Auch für die Gleichstellung des OTC-Handels mit dem börslichen werden die Gesetzesmaterialien[353], welche hier ebenfalls nicht unterscheiden, herangezogen.[354] Ferner wird darauf verwiesen, der BFH habe bereits entschieden, dass die von ihm aufgestellten Grundsätze auch in Fällen der OTC-Trades gelten. Diese These fußt auf einer älteren Entscheidung[355] des BFH zum Dividenden-Stripping, wo „*außerbörsliche Rückverkaufsindividualvereinbarun gen*" getroffen wurden.[356] Eine Differenzierung nach der Art des Geschäfts sei demnach abzulehnen.

---

348 Vgl. u.a. *Rau* DStR 2010, 1267 (1270); siehe unten unter § 4 C. I. 1. a) bb).

349 *Berger/Matuszewski*, BB 2011, 3097 (3099 ff.); *Englisch*, FR 2010, 1023 (1028); *Loritz*, WM 2017, 309 (313).

350 *Englisch*, FR 2010, 1023 (1029); *Podewils*, FR 2014, 1064 (1067).

351 *Berger/Matuszewski*, BB 2011, 3097 (3099); *Hahne*, DStR 2007, 1196 (1197); *Haritz/Werneburg*, NWB 2015, 657 (660); *Klein*, BB 2013, 1054; *Klein*, BB 2016, 2200 (2202); *Schmid*, DStR 2015, 801 (805); *Plewka*, NJW 2015, 589 (590).

352 *Berger/Matuszewski*, BB 2011, 3097 (3099); *Englisch*, FR 2010, 1023 (1028).

353 BT-Drs. 16/2712, S. 48; BR-Drs. 622/06, S. 77.

354 *Derlien/Kern*, BB 2013, 1943 (1944); *Desens*, DStZ 2012, 142 (150).

355 BFH v. 15.12.1999 – I R 29/97, BStBl. II 2000, 527 (527 ff.) = BFHE 190, 446 (446 ff.)= DStR 2000, 462 (462 ff.).

356 Siehe hierzu *Englisch*, FR 2010, 1023 (1030) m.w.N.

Ein weiteres Argument wird aus der Existenz des § 18 Abs. 21 InvStG a.F.[357] geschlussfolgert. Dieser sei überflüssig, wenn das wirtschaftliche Eigentum bei leerverkauften Aktien bereits nach den bis zum 1.1.2012 geltenden Vorschriften gehemmt wäre.[358]

Einen differenzierten Ansatz i.R.d. Legalitätsthese vertritt *Desens*, welcher nicht von einer Verdopplung des wirtschaftlichen Eigentums i.S.d. § 39 AO ausgeht, sondern bereits eine doppelte Tatbestandverwirklichung des § 20 Abs. 1 Nr. 1 S. 1 EStG und damit schon zwei Wirtschaftsgüter annimmt, nämlich die Originaldividende als Dividende (Var. 1) und die Kompensationszahlung als sonstige Bezüge (Var. 3).[359]

Im Ergebnis wird der Legalitätsthese zufolge sowohl in den Fällen des außerbörslichen OTC-Handels als auch des börslichen Handels beim Leerkauf von Aktien der Erwerb wirtschaftlichen Eigentums beim Erwerber bejaht und neben dem zivilrechtlichen Eigentümer der Anteile anerkannt. Gestützt wird dies auf die Besonderheiten der Abwicklung derartiger Leerverkäufe.[360] Das hat zur Folge, dass nach dieser Ansicht der vom Leerverkäufer Erwerbende bereits im Zeitpunkt des Vertragsschlusses wirtschaftlicher Eigentümer der jeweiligen Aktien ist. Er erzielt demnach als Anteilsinhaber (neben dem zivilrechtlichen Eigentümer) Einkünfte aus Kapitalvermögen. Die erste Voraussetzung von § 36 Abs. 2 Nr. 2 EStG läge mithin in der Person des Leererwerbers vor.

bb) Differenzierende Betrachtung (Illegalitätsthese)

Diese Sichtweise stößt sowohl in Teilen der Literatur als auch in der neueren Rechtsprechung auf vehementen Widerspruch (Illegalitätsthese).[361] Gefordert

---

357 Nunmehr § 21 Abs. 21 InvStG.

358 *Müller*, StB 2015, 352 (354); *Müller/Schade*, BB 2017, 1239 (1241).

359 *Desens*, DStZ 2012, 142 (144); *ders.*, DStZ 2012, 246 (247).

360 *Englisch*, FR 2012, 1023 (1031); *Klein*, BB 2015, 726 (731); *Müller*, StB 2015, 352; *Podewils*, FR 2013, 481 (482); *Podewils/Zink*, DStZ 2013, 177 (178); *Podewils*, AG 2010, 391 (393); a.A. *Desens*, DStZ 2012, 246 (247).

361 *Anzinger*, RdF 2012, 394 (394 ff.); *Brandis*, in: FS Gosch, S. 37 (41 f.); *Bruns*, DStZ 2012, 333 (333 ff.); *ders.*, DStZ 2011, 676 (679); *ders.*, DStR 2010, 2061 (2062 f.), auch nicht bei Inhaber-OTC-Geschäften; *Florstedt*, FR 2016, 641; *Fiand*, NWB 2016, 344 (347 f.); *Kolbinger*, Das wirtschaftliche Eigentum an Aktien, S. 142 f., S. 165; *Krumm*, in: Blümich, EStG/KStG/GewStG (Stand: August 2015), § 5 EStG Rn. 512c; *Pflaum*, StBp 2015, 185 (189); *Rau*, DStR 2017, 1852 (1853); *ders.*, FR 2014, 1012; *ders.*, DStR 2013, 838 (841); *ders.*, DStR 2011, 510; *ders.*, FR 2011, 366 (372); *ders.*, DStR 2010, 1267 (1271); *ders.*, DStR 2007, 1192 (1192 f. und 1195); *ders.*, DStR 2007, 1198 (1199); *Schön*, RdF 2015, 115 (120); *Spengel/Eisgruber*, DStR

wird sowohl eine Differenzierung nach Leer- oder Inhaberverkauf als auch eine Unterscheidung zwischen OTC-Trades und börslichen Geschäften.

So wird hinsichtlich des zuvor zur Begründung des unbedingten wirtschaftlichen Eigentums herangezogenen Urteils des BFH v. 15.12.1999 auf den dort entschiedenen Einzelfall verwiesen. Dabei handelte es sich um einen herkömmlichen Wertpapierinhaberverkauf (Dividenden-Stripping bzw. Cum-/Cum-Geschäft[362]), nicht jedoch um einen Leerverkauf.[363] Insoweit ist auch die BFH-Entscheidung v. 16.4.2014 zu relativieren. Die Frage nach dem wirtschaftlichen Eigentum war hier aufgrund der vertraglichen Gesamtgestaltung von vornherein ausdrücklich nicht entscheidungserheblich.[364] Wie bereits oben herausgearbeitet, behandeln die BFH-Entscheidungen aus 1999 und 2007 die Konstellation der Cum-/Cum-Geschäfte.

Ferner sei auch inhaltlich die Position der BFH-Entscheidungen nicht übertragbar. Schließlich werde, wie oben einführend erwähnt[365], auf den üblichen Ablauf der Vereinbarungen beim Erwerb des zivilrechtlichen Eigentums an den gehandelten Aktien abgestellt. Im Rahmen der Gesamtbetrachtung sei erforderlich, dass zumindest eine potenzielle Rechtsmacht bestehe, um den Vertrag auch ggf. sofort zu erfüllen. Eine solche Rechtsmacht habe der Leerverkäufer aber nicht.[366] Hinsichtlich der Börsenusancen, welche zur Begründung der anderen Ansicht herangezogen werden, wird angeführt, sie seien als bloße Parteivereinbarungen im Hinblick auf das Gesetz, d.h. § 39 AO, nachrangig.[367]

Ein weiteres Argument gegen die Gleichbehandlung der Cum-/Ex-Leerverkaufsgeschäfte mit denen des Dividenden-Strippings ist der fehlende Wertungshintergrund.[368] Ein bei Cum-/Cum-Geschäften oftmals europarechtswidriger

---

2015, 785 (789 ff.); *Spengel*, FR 2017, 545 (547); vgl. auch die inzwischen geänderte Auffassung von *Podewils*, FR 2011, 69 (74); siehe zur aktuellen Rechtsprechung unten unter § 4 C. I. 1. a) aa).

362 Siehe zur begrifflichen Unterscheidung bereits oben unter § 3 C.

363 *Bruns*, DStR 2010, 2061 (2062); *ders.*, DStZ 2011, 676 (679 und 682); *Spengel/Eisgruber*, DStR 2015, 785 (789); *Florstedt*, FR 2016, 641 (644).

364 BFH v. 16.4.2014 – I R 2/12, BFHE 246, 15 = DStR 2014, 2012 (Rn. 32); *Brandis*, in: FS Gosch, S. 37 (44); *Krumm*, in: Blümich, EStG/KStG/GewStG (Stand: August 2015), § 5 EStG Rn. 512c; *Rau*, DStR 2015, 2048 (2050 und 2052); *Schwenke*, jM 2015, 83 (86); *Schön*, RdF 2015, 115 (130); *Spengel/Eisgruber*, DStR 2015, 785 (790).

365 Siehe oben unter § 3 A. IV. 2.

366 *Brandis*, in: FS Gosch, S. 37 (44).

367 *Bruns*, DStZ 2011, 676 (682); vgl. auch *Rau*, DStR 2017, 1852 (1854).

368 So auch *Florstedt*, FR 2016, 641 (644).

und daher auszugleichender Wertungswiderspruch[369] liege den Cum-/Ex-Leerverkäufen nicht zugrunde.

Argumentiert wird zudem mit den Konsequenzen der Legalitätsthese. Würde man den wirtschaftlichen Eigentumserwerb des Leerkäufers mit Kaufvertragsschluss zulassen, wäre dies mittels zwischengeschalteter OTC-Geschäften vielfach möglich.[370] Dieser zunächst ergebnisorientierte Ansatz gewinnt jedoch im Hinblick auf den Wortlaut und die Systematik von § 39 AO an Gewicht. Dem Wortlaut des § 39 Abs. 2 Nr. 1 AO zufolge müsste der Eigentümer (Abs. 1) aus seiner Position verdrängt werden.[371] Deshalb kenne § 39 AO schon keine Vervielfältigung, sondern lediglich die Zuordnung *eines* bestimmten Wirtschaftsguts zu mehreren möglichen Personen.[372] Ein eigener Eigentumstatbestand würde nicht begründet. Dies ergebe sich für die hier behandelte Konstellation bereits daraus, dass, sobald das wirtschaftliche Eigentum gem. § 39 Abs. 1 AO beim zivilrechtlichen Eigentümer liege, eine Zurechnung nach Abs. 2 der Vorschrift nicht vorzunehmen sei.[373] Daran ändere auch die Einführung des § 20 Abs. 1 Nr. 1 S. 4 EStG nichts. Dieser Tatbestand liege unproblematisch beim Leerkäufer vor.[374] Demnach ist schon beim Leerverkäufer kein (weder zivilrechtliches, noch wirtschaftliches) Eigentum vorhanden, welches auf den Erwerber übergehen könne.[375]

Dogmatisch überzeugend führt *Anzinger* aus, der Wortlaut des § 39 AO spreche lediglich von einem Eigentümer („ein anderer als der Eigentümer", „Herrschaft", oder „*den Eigentümer* […] *ausschließen*") im Hinblick auf die Aktie.[376] Der Systematik der Norm ist zudem ein *Regel-Ausnahme-Verhältnis* zwischen Abs. 1 (Regel) und Abs. 2 der Norm (Ausnahme) zu entnehmen.[377] Dies belege auch die Gesetzeshistorie zu § 39 AO, wonach die Leasing-Rechtsprechung des BFH umgesetzt

---

369 Vgl. EuGH v. 20.10.2011 – C-284/09, DStR 2011, 2038; *Haisch/Hüniken*, BB 2016, 345; *Klein*, BB 2015, 726 (733); *Weber-Grellet*, DStR 2013, 1412 (1415); siehe oben unter § 3 A. II.

370 *Rau*, DStR 2011, 510; *ders.*, DStR 2010, 1267 (1270); *ders.*, FR 2011, 366 (372); *Bruns*, DStZ 2011, 676 (679).

371 *Spengel/Eisgruber*, DStR 2015, 785 (787).

372 *Anzinger*, RdF 2012, 394 (402); *Bruns*, DStZ 2011, 676 (680); *Pflaum*, StBp 2015, 185 (189); *Rau*, DStR 2010, 1267 (1271); siehe auch *Lang*, in: *Tipke/Lang*, Steuerrecht, § 5 Rn. 110 f.

373 *Bruns*, DStZ 2011, 676 (680); *Schön*, RdF 2015, 115 (121) „wechselseitig exklusiv".

374 *Bruns*, DStZ 2012, 333 (334).

375 *Schön*, RdF 2015, 115 (121).

376 *Anzinger*, RdF 2012, 394 (400); vgl. auch *Spengel*, FR 2017, 545 (547).

377 *Anzinger*, RdF 2012, 394 (400 f.).

werden solle, welche wiederum auf der sog. *Seeliger-Formel* basiere.[378] Dieser ist zu entnehmen, dass bei der Bestimmung des wirtschaftlichen Eigentums darauf abzustellen ist, welche Person in der Lage ist, andere Personen von der Nutzung des jeweiligen Wirtschaftsguts auszuschließen.[379] Auch der Sinn und Zweck der Vorschrift sei es, die für das Steuerrecht teleologisch maßgebliche Leistungsfähigkeit konkret zuzuweisen.[380] Hieraus folge, dass sich die Position des wirtschaftlichen Eigentums nicht verdoppelt. Angewendet auf das Leerverkaufsgeschäft bei girosammelverwahrten Aktien stellt *Anzinger* fest, dass die entsprechenden Ausschlussbefugnisse des Erwerbers gegen den faktischen Anteilsinhaber nicht bestehen würden. Auch bei insolvenz- und zwangsvollstreckungsrechtlichen Sachlagen kämen dem Erwerber in Bezug auf die Aktien keinerlei Rechte zu.[381]

Ähnlich argumentiert auch *Brandis*, welcher auf die *bipolare* Betrachtung der Eigentumsfrage hinweist.[382] Demnach steht die Zurechnung wirtschaftlichen Eigentums nach § 39 Abs. 2 AO in einem Exklusivitätsverhältnis zu der Position des rechtlichen Eigentümers.[383] Hierhinter verbirgt sich der Gedanke, dass Rechtspositionen und Aussichten beim Erwerber nur dann ausreichen, um das wirtschaftliche Eigentum zu begründen, wenn sie auf der anderen Seite dem rechtlichen Eigentümer entzogen werden.[384] Dies ist bei den Cum-/Ex-Geschäften, wie dargestellt, indes nicht der Fall. Der Anteilsinhaber ist in seiner Rechtsstellung in keiner Weise beeinträchtigt. Der der Erwerbsaussicht des Erwerbers spiegelbildlich gegenüberstehende Begriff ist somit die Verlustaussicht beim Anteilsinhaber.[385]

Weiterhin wird auf den fehlenden Besitz und die bloße schuldrechtliche Berechtigung des Erwerbers hingewiesen. Der Leerkäufer erwerbe konkret kein Wirtschaftsgut, sondern lediglich einen Schadensersatzanspruch.[386] Der Maßstab des BFH, dass Gewinnansprüche nicht (mehr) entzogen werden dürften,

---

378 BFH v. 26.1.1970 – IV R 144/66, BStBl. I 1970, 264 = BFHE 97, 466 = NJW 1970, 1148; BT-Drs. 7/4292, S. 19; *Anzinger*, RdF 2012, 394 (400).

379 *Seeliger*, Der Begriff des wirtschaftlichen Eigentums im Steuerrecht, S. 41; vgl. auch *Werndt*, Wirtschaftliches Eigentum, S. 163 ff.

380 *Anzinger*, RdF 2012, 394 (400).

381 *Anzinger*, RdF 2012, 394 (402).

382 *Brandis*, in: FS Gosch, S. 37 (44); siehe auch *Fischer*, in: Hübschmann/Hepp/Spitaler, AO/FGO (Stand: März 2013), § 39 AO Rn. 82; *Koenig*, in: Koenig, AO, § 39 Rn. 16; *Rau*, DStR 2017, 1852 (1854).

383 *Florstedt*, FR 2016, 641 (645).

384 *Florstedt*, FR 2016, 641 (648, 651).

385 *Florstedt*, FR 2016, 641 (648, 651); siehe auch bereits oben *Anzinger*, RdF 2012, 394.

386 *Rau*, DStR 2011, 510 (511); *Krause*, WM 1999, 1101 (1103); *Pflaum*, StBp 2015, 185 (189).

greife daher hier nicht. Der Leerkäufer habe nie einen Gewinnanspruch gehabt, sondern eben nur besagten Kompensationsanspruch. Was man nicht habe, das könne einem aber auch nicht entzogen werden.[387] Auch die fehlenden Gesellschafterrechte (Stimmrecht, Recht auf Teilnahme an der Hauptversammlung) bestünden beim Leerkäufer nicht, sodass von einem frühzeitigen Erwerb des wirtschaftlichen Eigentums im Zeitpunkt des Kaufvertragsabschlusses nicht auszugehen sei.[388] Außerdem sei der zivilrechtliche Eigentümer in keiner Weise in seiner Berechtigung gehemmt. Der Kaufvertrag schütze weder vor Zwischenverfügungen noch Belastungen der Aktie.[389] Die Dividendenkompensationszahlung könne aufgrund des Schadensersatz- statt des gesellschaftsrechtlichen Charakters auch nicht unter die „sonstigen Bezüge" i.S.d. § 20 Abs. 1 Nr. 1 S. 1 EStG subsumiert werden.[390]

Gegen das Argument der fehlenden Erkennbarkeit von Leerverkäufen wird ins Feld geführt, dass Clearstream aufgrund spezieller Kennzahlen sehr wohl die einzelnen Trades nachvollziehen könne. Auch sei der Unterschied zwischen OTC-Trade und Börsengeschäft daran festzumachen, dass Clearstream über letztere am Ende des Handelstags informiert werde.[391] Andere Vertreter der Illegalitätsthese erkennen zwar an, dass ohne weiteres eine Erkennbarkeit nicht vorliegt, diese aber durch technische Möglichkeiten erreicht werden könne. Solange hier nicht entsprechende Kapazitäten genutzt würden, sei der „Kreditwirtschaft" „bewusst gewählte Intransparenz" vorzuwerfen.[392] Darüber hinaus komme ein gutgläubiger Erwerb des wirtschaftlichen Eigentums nicht in Betracht.[393]

Die nur vereinzelt vertretene Differenzierung von börslichen und OTC-Geschäften[394] wird dadurch gerechtfertigt, dass im außerbörslichen Handel andere Bestimmungen, insbesondere andere Erfüllungszeiträume, gelten, sodass OTC-Geschäfte eine gänzlich abweichende Qualität aufwiesen.[395] Die

---

387 *Spengel/Eisgruber*, DStR 2015, 785 (789).

388 *Rau/Sahl*, BB 2000, 112; *Rau*, DStR 2007, 1192 (1194); *Schön*, RdF 2015, 115 (120).

389 *Schön*, RdF 2015, 115 (120).

390 *Bruns*, DStZ 2012, 333 (334); *Weber-Grellet*, in: Schmidt, EStG, § 20 Rn. 32.

391 *Rau*, DStR 2011, 510 (511).

392 *Bruns*, DStZ 2012, 333 (334); *ders.*, DStZ 2011, 676 (683); *ders.*, DStZ 2012, 333 (338).

393 *Schön*, RdF 2015, 115 (121).

394 *Bruns*, DStR 2010, 2061 (2063); *Rau*, FR 2014, 1012 (1018); *ders.*, DStR 2013, 838; *ders.*, FR 2011, 366 (372); *ders.*, DStR 2011, 510; *ders.*, DStR 2007, 1192 (1195); *ders.*, DStR 2007, 1198 (1199); vgl. aber *Rau*, DStR 2017, 1852 (1853); *Schön*, RdF 2015, 115 (120); *Spengel/Eisgruber*, DStR 2015, 785 (791); siehe auch BMF v. 24.6.2015 – IV C 1 – S2252/13/10005 :003, DStR 2015, 1624 (1625).

395 *Rau*, DStR 2010, 1267 (1270).

OTC-Geschäfte seien schon in Ansehung der Erwerbersicherheiten restriktiver gestaltet als im Privatkundengeschäft.[396]

Von *Bruns* wird zudem das Argument angeführt, mehrfaches wirtschaftliches Eigentum sei schon wegen der Missbrauchsgefahr abzulehnen. Er verweist hierbei auf Fälle des sog. *Cross-Border-Leasings,* wo durch die mehrfache Eigentümerstellung in wirtschaftlicher Hinsicht eine mehrfache Steueranrechnungsmöglichkeit geschaffen wurde.[397] Dabei sei evident, dass nicht beide „Eigentümer" auch zu Steueranrechnung berechtig sein könnten.

Diskutiert wird zuweilen auch die Frage, ob sich aus der Existenz von § 20 Abs. 1 Nr. 1 S. 4 EStG ab dem 19.12.2006 mehrfaches wirtschaftliches Eigentum ableiten lässt. Gegen diese Annahme spricht bereits der Wortlaut der Vorschrift, welcher eine *andere* Person als den Anteilsinhaber erfasst. Der Leerkäufer wird somit gerade nicht als wirtschaftlicher Eigentümer des Anteils gesehen.[398] Auch wird in systematischer Hinsicht das Bedürfnis einer widerspruchsfreien Rechtsordnung aufgegriffen. Schließlich handele es sich bei § 20 Abs. 1 Nr. 1 S. 4, Abs. 5 i.V.m. § 39 AO um eine nicht modifizierende Verweisung.[399] Der historischen Auslegung seien keine stichhaltigen Anhaltspunkte zu entnehmen. Zwar sei die Gesetzesbegründung[400] zum JStG 2007 im Detail missglückt, der allgemeine Wille des Gesetzgebers jedoch auch nicht so zu deuten, dass mehrfaches wirtschaftliches Eigentum nebeneinander gewollt sei.[401] Diese methodischen Erörterungen werden mit der Deutung des Telos abgeschlossen. Der Sinn und Zweck der Vorschrift sei zweifelsfrei die Vermeidung weiterer nicht gerechtfertigter steuerlicher Vorteile. Wie oben dargestellt, würde diese Zwecksetzung jedoch durch eine andere Sichtweise konterkariert.[402] Der Gesetzesbegründung sind durchaus widersprüchliche und damit ambivalente Schlüsse entnehmbar.[403]

Wenn von den Vertretern der Legalitätsthese die Gesetzesbegründung als Argument für die Zulässigkeit mehrfachen wirtschaftlichen Eigentums herangezogen wird, sei zu erwidern, dass es sich hierbei nur um eine (unverbindliche)

---

396 *Schön*, RdF 2015, 115 (120).

397 *Bruns,* DStZ 2011, 676 (679).

398 *Bruns,* DStZ 2011, 676 (680); *ders.,* DStZ 2012, 333 (334); *Rau,* DStR 2013, 838 (841); *Schön*, RdF 2015, 115 (123); vgl. auch *Schmid,* DStR 2015, 801 (805).

399 *Bruns,* DStZ 2011, 676 (681).

400 BT-Drs. 16/2712, S. 47; BR-Drs. 622/06, S. 77 bzw. 78.

401 *Bruns,* DStZ 2011, 676 (681); vgl. auch *Spengel/Eisgruber*, DStR 2015, 785 (786 und 791).

402 *Bruns,* DStZ 2011, 676 (682); *Rau,* DStR 2017, 1852 (1858).

403 *Florstedt,* FR 2016, 641 (650); *Rau,* DStR 2017, 1852 (1858).

Rechtsauffassung des Gesetzgebers handele.[404] Entscheidend sei hingegen, was tatsächlich geregelt, nämlich Gesetz geworden ist. Dieser Umstand sei auch bei dem Rangverhältnis der verschiedenen Auslegungsmethoden zueinander zu berücksichtigen.[405]

Gegen das Argument der Schutzwürdigkeit werden unterschiedliche Bedenken in jeweils verschiedenen Stadien dieses Streits vorgebracht. So wird dem Leerkäufer durch die Vertreter der Illegalitätsthese regelmäßig jegliche Schutzwürdigkeit abgesprochen. Dieser wisse in aller Regel, worauf er sich einlasse, zumal er meist fachlich beraten sei. Außerdem wird zuweilen pauschal auf die zivilrechtliche Regresshaftung verwiesen.[406] Auch sei kein Vertrauensschutz vorhanden, da es hierfür schlicht keinen Anknüpfungspunkt gebe.[407]

Gegen das Argument, der Gesetzgeber sei den Cum-/Ex-Transaktionen nur „halbherzig" entgegengetreten und habe sie somit zumindest teilweise gebilligt, wird angeführt, dass der hohe Aufwand der Verschleierung[408] derart komplexer Transaktionsstrukturen dieser Unterstellung entgegenstehe. Hierzu sei erforderlich gewesen, dass der Staat seinen und in diesem Fall auch ausländischen Bürgern eine erhebliche kriminelle Energie unterstellt haben müsste. Eine solche Unterstellung sei aber nicht mit dem Vorgehen eines demokratischen Rechtsstaats vereinbar.[409]

Nach diesem Ansatz der Illegalitätsthese scheitert die Zurechnung der Einkünfte nach § 20 Abs. 1 Nr. 1 S. 1, Abs. 5 EStG. Der Erwerber bezieht aus den – ihm leer verkauften – Aktien vor dem Ausführungsgeschäft keine Einkünfte aus Kapitalvermögen. Mit diesem Ansatz geht regelmäßig auch die Ablehnung einer mehrfachen Zuordnung von Wirtschaftsgütern einher.[410] Die verbleibende

---

404 *Schön*, RdF 2015, 115 (122), vgl. auch *Florstedt*, NZG 2017, 601 (605).

405 BVerfG v. 9.11.1988 – 1 BvR 243/86, BStBl. II 1989, 938 (943) = BVerfGE 79, 106 (121) = NJW 1989, 1599; *Bruns*, DStZ 2011, 676 (682); *Schön*, RdF 2015, 115 (122); *Pflaum*, StBp 2015, 185 (189).

406 *Bruns*, DStZ 2012, 333 (340); *ders.*, DStZ 2011, 676 (684); *ders.*, DStR 2010, 2061 (2065); auch das FG Hessen v. 10.2.2016 – 4 K 1684/14, rkr., EFG 2016, 761 (768) = DStR 2016, 1084 (1093).

407 *Florstedt*, FR 2016, 641 (651).

408 Siehe hierzu den Sachverhalt, welcher BFH v. 16.4.2014 – I R 2/12, BFHE 246, 15 = DStR 2014, 2012 zugrunde lag.

409 *Rau*, FR 2014, 1012 (1017).

410 Vgl. auch *Koenig*, in: Koenig, AO, § 39 Rn. 9; *Krumm*, in: Blümich, EStG/KStG/GewStG (Stand: August 2015), § 5 EStG Rn. 512c; *Ratschow*, in: Klein, AO, § 39 Rn. 10; *Rau*, DStR 2011, 510.

Möglichkeit der Kapitaleinkünfte aus § 20 Abs. 1 Nr. 1 S. 4 EStG wird nachstehend behandelt.[411]

b) Neuere Rechtsprechung

Die aufgeworfene Frage, ob der Leerkäufer in Fällen des OTC-Handels wirtschaftlicher Eigentümer der Aktie im Zeitpunkt des Kaufvertragsabschlusses wird, ist erst in jüngster Rechtsprechung tatsächlich entschieden worden. Einzugehen ist in diesem Zusammenhang auf die Entscheidung des FG Hessen, welches auch zu den übrigen Streitpunkten i.R.d. § 36 Abs. 2 Nr. 2 EStG Stellung bezieht.[412]

Dieser Entscheidung lag ein Fall zugrunde, in welchem die Klägerin, eine empfangsbevollmächtigte Gesellschafterin einer atypischen stillen Gesellschaft, die Feststellung der Anrechnung von Kapitalertragsteuer gem. § 36 Abs. 2 Nr. 2 EStG i.V.m. § 31 Abs. 1 KStG begehrte. Die Klägerin tätigte im Streitjahr 2010 neben Cum-/Cum-Geschäften auch einige, obgleich vorstandsbeschlusswidrige, Cum-/Ex-Geschäfte ausschließlich OTC über verschiedene Vertriebswege. Hierbei wurde oftmals vertragswidrig später als vereinbart geliefert. Dem zugrunde lagen drei Hauptkonstellationen. Auch wenn sich die rechtliche Bewertung des FG kaum unterscheidet, soll doch auch im Hinblick auf die zivilrechtlichen Folgen eine kurze Darstellung erfolgen.

Die Klägerin kaufte Aktien von einer inländischen Bank AG, welche ihrerseits die Aktien erst nach Vertragsschluss und Hauptversammlungstag von ausländischen Verkäufern erwarb. Unstreitig wurde von der Depotbank der Verkäuferin keine Kapitalertragsteuer abgeführt. Hinzu kam der Erwerb einiger DAX-Aktien von in London ansässigen Brokerhäusern. Ob diese Institutionen die an die Klägerin verkauften Aktien überhaupt im Bestand hatten, war ebenso unklar wie die Frage, ob Kapitalertragsteuer in diesem Fall abgeführt wurde. Abschließend wurden Geschäfte über den elektronischen Handelsplatz der Frankfurter Wertpapierbörse (XETRA) getätigt. Die Abwicklung erfolgte hier über die Eurex Clearing AG. Vereinbart wurde zwar die Lieferung der Aktien vor dem Dividendenstichtag, gleichwohl kam es aber zu Lieferverzögerungen und damit zur Lieferung nach dem Hauptversammlungstag, ergo *ex* Dividende.[413]

---

411 Siehe hierzu unten unter § 4 C. I. 2.

412 FG Hessen v. 10.2.2016 – 4 K 1684/14, rkr., EFG 2016, 761 = DStR 2016, 1084, hier stark vereinfacht dargestellt.

413 FG Hessen v. 10.2.2016 – 4 K 1684/14, EFG 2016, 761 (762) = DStR 2016, 1084 (1085); siehe hierzu auch *Amann*, DB 2016, 1463.

Alle Transaktionen wurden mit Derivategeschäften gegen Kursveränderungen abgesichert.

Konkrete Absprachen konnten ferner nicht festgestellt werden. Gleichwohl wurden auffällige Einpreisungen der Dividende festgestellt. Es kam aufgrund der Belieferung nach dem Dividendenstichtag auch zu der oben beschriebenen Regulierung der Dividendenzahlung zwischen Klägerin und Verkäuferbank bei Clearstream.[414]

Das FG Hessen sah in dieser Konstellation von der Übertragung der BFH Rechtsprechung zum Dividenden-Stripping auf die nunmehr entscheidungsgegenständlichen OTC-Trades ab. Aufgrund einer fehlenden Beziehung zwischen Leerkäufer und zivilrechtlichem Anteilseigner bestehe auch keine Möglichkeit, diesen aus seiner Position zu verdrängen. Demnach wird insbesondere dem Wortlautargument Rechnung getragen.[415] Die Konsequenzen der Mehr- bzw. Vielfachanrechnung sowie die Dogmatik des Ausgleichanspruchs, welcher kein Gewinn-, sondern ein Schadensersatzanspruch sei, werden ebenfalls angeführt. Auf den eigentlichen Gewinnanspruch, nämlich die Originaldividende, könne der Erwerber ja gerade nicht zugreifen.[416] Zudem wird der fehlende Besitz des Erwerbers betont.[417] Der Leerverkäufer habe mangels entsprechender Wertpapiere keinen Besitzmittlungsanspruch gegen Clearstream. Für den Erwerber ergebe sich insofern nichts anderes.

Letztlich stellt das FG Hessen fest, dass die vom Emittenten erhobene Kapitalertragsteuer dem Leerkäufer mangels Stellung als Anteilseigner nicht zugerechnet werden kann.[418] Mithin schließt sich das FG Hessen bei der Frage nach dem wirtschaftlichen Eigentum des Erwerbers der Illegalitätsthese an. Dem sind nunmehr weitere finanzgerichtliche Entscheidungen gefolgt.[419]

---

414 Vgl. hierzu ausführlich oben unter § 3 A. I. 2.

415 FG Hessen v. 10.2.2016 – 4 K 1684/14, EFG 2016, 761 (764) = DStR 2016, 1084 (1088).

416 FG Hessen v. 10.2.2016 – 4 K 1684/14, EFG 2016, 761 (764) = DStR 2016, 1084 (1089).

417 FG Hessen v. 10.2.2016 – 4 K 1684/14, EFG 2016, 761 (764) = DStR 2016, 1084 (1089).

418 FG Hessen v. 10.2.2016 – 4 K 1684/14, EFG 2016, 761 (764 f.) = DStR 2016, 1084 (1090).

419 FG Düsseldorf v. 12.12.2016 – 6 K 1544/11 K AO, BeckRS 2017, 94377 (Rn. 67 ff.); FG Hessen v. 10.3.2017 – 4 K 977/14 (Rn. 26 und 28), BeckRS 2017, 94604.

c) Stellungnahme

Abschließend sind die dargelegten Argumente noch einmal stellungnehmend zu würdigen. Zunächst soll dazu die Argumentation in Bezug auf die Gesetzesbegründung relativiert werden. Zwar lassen die Drucksachen unzweifelhaft einige Anhaltspunkte erkennen, welche die für die Vervielfältigung des wirtschaftlichen Eigentums eintretende Auffassung stützen. Zwingend ist der Schluss der Illegalitätsthese dennoch nicht. Der Gesetzgeber beabsichtigte mit der Konstruktion – zugegeben höchst unsauber – eine mehrmalige Anrechnung einmalig abgeführter Steuer zu unterbinden. Gemeint ist damit, dass durch die Neuerungen im JStG 2007 der Regulierungsempfänger der Steuerpflicht unterworfen werden sollte. Die Gesetzesbegründung lässt sich als Reaktion auf die betriebene Cum-/Ex-Praxis verstehen. Hätte der Gesetzgeber die besagten Geschäfte billigen wollen, wäre er weiter untätig geblieben. Die Problematik der Cum-/Ex-Geschäfte soll in den Gesetzesmaterialien dargelegt werden, um die Änderungen des JStG 2007 zu begründen. Eine ausdrückliche rechtliche Stellungnahme ist den Materialien aber nicht entnehmbar.

Es kommt folglich vielmehr auf die Legislation des JStG 2007 *per se* an.[420] Schließlich ist den Gesetzesänderungen selbst der unzweifelhafte Wille des Gesetzgebers zu entnehmen, die negativen Folgen der Cum-/Ex-Geschäfte zukünftig verhindern zu wollen.[421] Die Einfügung der § 20 Abs. 1 Nr. 1 S. 4 und § 44 Abs. 1 S. 3 Var. 3 EStG sprechen ausdrücklich gegen die Legalitätsthese.[422] Unter Verweis auf die Begründung nun anzunehmen, der Gesetzgeber wolle die Abwicklung nur in das Ausland verlagern, ist schlicht und einfach absurd. Der defizitäre Lösungsansatz des JStG 2007 schien wohl deshalb vorzugswürdig, da er einen leichteren Eingriff darstellt als die eigentlich erforderliche Umstellung auf das Zahlstellenprinzip.[423] Die ausländischen Zahlstellen konnten aufgrund des Territorialitätsprinzips freilich nicht zur Erhebung nationaler Kapitalertragsteuern herangezogen werden.

Überdies ist festzustellen, dass selbst dann, wenn die Gesetzesbegründung klare Aussagen zu dem wirtschaftlichen Eigentum beim Leerkäufer enthielte,

420 Vgl. BVerfG v. 16.12.1981 – 1 BvR 898/79, BVerfGE 59, 128 (153) = NJW 1983, 103 (104 f.); *Canaris*, in: FS Medicus, S. 25 (47); vgl. auch *Florstedt*, NZG 2017, 601 (605).

421 Vgl. BT-Drs. 17/13638, S. 11; sowie *Kanzler*, DStZ 2007, 525 (530).

422 Ähnlich auch *Schön*, RdF 2015, 115 (122), der zutreffend konstatiert, dass an den relevanten Normen § 20 Abs. 1 Nr. 1 S. 1, Abs. 2a bzw. Abs. 5 EStG und § 39 Abs. 2 Nr. 1 AO „nicht ein Komma" verändert wurde.

423 Vgl. auch BT-Drs. 18/12700, S. 338 ff.

diese nicht bindend wären.[424] Grundlage juristischer Bewertung ist im Hinblick auf den Grundsatz der Gewaltenteilung das Gesetz selbst und nicht seine Begründung durch den Normgeber. Letztere stellt lediglich eine unverbindliche Rechtsauffassung des jeweiligen Organs dar.[425] Folglich liegt hier ein bloßes *obiter dictum* vor. Selbst wenn der Gesetzgeber gewollt hätte, hätte er keine juristisch verbindliche Wertung zu der Behandlung der Cum-/Ex-Transaktionen auf Grundlage des jeweiligen Rechts vornehmen können. Die Argumente, die Gesetzesänderungen und ihre Begründung würden die Legalitätsthese stützen, sind somit entkräftet. Im Hinblick auf das Gesagte einen irgendwie gearteten Vertrauensschutz aus der Gesetzesbegründung herzuleiten, kann angesichts der tatsächlichen Rechtsänderungen ebenfalls nicht überzeugen.

Im Hinblick auf die herangezogenen Urteile des BFH ist anzumerken, dass diese, wie bereits aus den hiesigen Darstellungen ersichtlich, andere Fälle behandeln.[426] Eine undifferenzierte Übernahme der höchstrichterlichen Aussagen zu Cum-/Cum-Geschäften auf die Cum-/Ex-Geschäfte ist zu vermeiden. Zwar wird man allgemein die höchstrichterliche Rechtsprechung in der Beratungspraxis als maßgeblich konstatieren können, jedoch bedarf es auch einer ebenso gründlichen Prüfung, ob die vermeintlich treffenden Entscheidungen tatsächlich einschlägig sind.

Auch inhaltlich muss dem argumentativen Rückgriff der Legalitätsthese auf die Rechtsprechung des BFH zum Dividenden-Stripping widersprochen werden. Wie oben bereits dargestellt[427], lag diesen Entscheidungen nicht nur ein anderer Sachverhalt zugrunde, sondern auch eine andere Rechtsfrage. Anders als bei den Cum-/Ex-Geschäften ging es nicht um den Erwerb des wirtschaftlichen Eigentums, sondern um den Verlust des wirtschaftlichen Eigentums beim Erwerber durch den Verkauf junger Aktien.[428] Zwar handelt es sich um ein spiegelbildliches Gegenseitigkeitsverhältnis, welches aber bei anderer Sachlage (Leerverkauf) einer erneuten Analyse bedarf. Umso widersprüchlicher ist, dass nun Vertreter der Legalitätsthese unter Berufung auf die zuvor besprochene BFH-Rechtsprechung eine

---

424 Vgl. auch *Kanzler*, DStZ 2007, 525 (532).

425 BVerfG v. 9.11.1988 – 1 BvR 243/86, BVerfGE 79, 106 (121) = NJW 1989, 1599; so auch *Brandis*, in: FS Gosch, S. 37 (43); *Fleischer*, Mysterium „Gesetzesmaterialien“, S. 1 und 19; *Florstedt,* FR 2016, 641 (650); *Müller/Christensen*, Juristische Methodik, Bd. I, Rn. 441; *Pflaum*, StBp 2015, 185 (189).

426 Siehe hierzu oben die Darstellungen zum Dividenden-Stripping § 3 A. II. bis IV.

427 Siehe oben unter § 3 A. IV. 2.

428 BFH v. 15.12.1999 – I R 29/97, BStBl. II 2000, 527 (529 f.) = DStR 2000, 462 (463); vgl. *Rau*, BB 2000, 2338 (2339).

Divergenz zwischen dem zivilrechtlichen und wirtschaftlichen Eigentümer bei Cum-/Ex-Leerverkäufen herleiten wollen.[429]

Soweit sich die Annahme wirtschaftlichen Eigentums auch im Falle des Leerkaufs auf das bloße Vorhandensein eines Regulierungsanspruchs stützt, so ist dies dann problematisch, wenn eben diese Zahlung dogmatisch als Schadensersatzanspruch eingeordnet wird. Schließlich führt ein schlichter Verkauf einer Sache nicht schon wegen potenziell bestehender Ansprüche aus § 437 BGB dazu, dass der Käufer wirtschaftlicher Eigentümer der Kaufsache wird. Nicht ersichtlich ist, wieso eine unterschiedliche Behandlung zweier potenzieller Ansprüche erforderlich sein soll. Wird darüber hinaus auf die Schutzmechanismen bei Eurex verwiesen, so fehlt bereits der Bezug zu dem konkreten Wirtschaftsgut, welches dem tatsächlichen Eigentümer in wirtschaftlicher Weise gem. § 39 Abs. 2 Nr. 1 S. 1 AO zumindest teilweise entzogen werden müsste. Die Übertragung der Rechtsprechung zum Dividenden-Stripping auf Leerverkäufe ist folglich *contra legem*. Auch der Wortlaut des § 20 Abs. 5 S. 1 EStG – *„der Anteilsinhaber"* – legt nahe, dass nur ein Anteilsinhaber vorgesehen ist, welcher nach § 39 AO zu bestimmen ist.[430]

Auch gegen den oben dargestellten Konsens[431], nach welchem der Gewinnanspruch nicht mehr entzogen werden darf, lässt sich einwerfen, dass zwar der wirtschaftliche Netto-Dividendenanspruch durch die Regulierung nicht mehr entzogen werden kann, er aber gleichwohl weniger werthaltig ist als ein Erstattungsanspruch beim Inhaberverkauf. Diese Erwägung ist aufgrund ihres wirtschaftlichen Ansatzes gerade i.R.d. § 39 AO beachtlich, welcher sich nun einmal auf die Aktie als Wirtschaftsgut bezieht.

Das Argument der Schutzbedürftigkeit des Käufers muss ebenfalls relativiert werden. Selbst wenn der Käufer als schutzbedürftig anzusehen ist, was auch nach der hier gewählten Einführung durchaus annehmbar erscheint, muss dennoch festgestellt werden, in welchem Verhältnis er schutzwürdig ist. Die Frage nach der Schutzbedürftigkeit generell ist m.E. eine relative. Daher ist zu fragen, *gegenüber wem* der Erwerber eigentlich schutzwürdig ist. Dies kann jedenfalls für das Verhältnis zum Leerverkäufer angenommen werden, wodurch eine zivilrechtliche Risikoverteilung erforderlich wird. Keine Anhaltspunkte lassen sich dagegen für eine Schutzbedürftigkeit gegenüber dem Fiskus finden.

Eine weitere klärungsbedürftige Frage ist, ob in dieser Hinsicht börsliche und OTC-Geschäfte gleich zu behandeln sind oder ob eine abweichende Beurteilung

---

429 Ähnlich auch *Anzinger*, RdF 2015, 265.

430 So auch *Anzinger*, RdF 2012, 394 (401); *Schön*, RdF 2015, 115 (120 f.).

431 Siehe oben unter § 3 A. IV. 2.

vorzunehmen ist. Letzteres ist weder gerechtfertigt noch erforderlich, eine Differenzierung zwischen Leerverkauf und Inhaberverkauf hingegen schon.[432] Welche Art des Handels vorgenommen wurde, kann keine derart entscheidende Rolle spielen. Der Forderung nach Unterscheidung der Geschäftsart ist daher entgegen zu treten.[433]

Die Notwendigkeit einer einfachen und definitiven Zuordnung eines Wirtschaftsguts nach § 39 AO ergibt sich auch aus dem Gedanken, dass § 39 AO staatliche Befugnisse begrenzt. So soll ein und dasselbe Wirtschaftsgut nicht die Besteuerung zweier Steuersubjekte auslösen. An diesem befugnisbeschränkenden Charakter muss sich im Steuerschuldverhältnis dann aber auch der Steuerpflichtige festhalten lassen. Die Rechtsfolge ist damit die konkrete alternative Zuweisung der wirtschaftlich und damit steuerrechtlich relevanten Position, jedoch nicht ihre Verdopplung.

Gegen den Ansatz *Desens'*, der bereits das Wirtschaftsgut verdoppelt, sodass es einer doppelten Zuweisung der Aktie für den Erfolg des Geschäfts nicht erst bedarf, ist einzuwenden, dass das Gesetz hierfür keinen Anhaltspunkt bietet, sondern im Gegenteil der Verweis auf § 39 AO sowie die Bestimmung wirtschaftlichen Eigentums selbst überflüssig wären.[434]

Jedenfalls liegen Einkünfte auch in der Leerverkaufskonstellation ab dem 19.12.2006 gem. § 20 Abs. 1 Nr. 1 S. 4 EStG vor, soweit es um Dividendenregulationszahlungen geht.[435] Die Argumente gegen eine Vervielfältigung wirtschaftlichen Eigentums überzeugen im Ergebnis. Daraus folgt, dass der Aktienleerkäufer nicht bereits bei Geschäftsabschluss (wirtschaftlicher) Eigentümer der gekauften Aktien wird.

2. Anwendungsbereich des § 20 Abs. 1 Nr. 1 S. 4 EStG

Mit dem durch das JStG 2007 eingeführten § 20 Abs. 1 Nr. 1 S. 4 EStG stellt sich die Frage, ob sich der zuvor behandelte Diskurs über das wirtschaftliche Eigentum bei Cum-/Ex-Leerverkäufen für Fälle ab dem 19.12.2006 überhaupt noch auswirkt.

---

432 Es handelt es sich, soweit ersichtlich, eher um eine Art „überdies"-Argument, da Anknüpfungspunkt für die Nichtanrechnung in jedem Fall die Tatsache des Leerverkaufs ist; vgl. *Schön*, RdF 2015, 115 (121).

433 So auch BFH v. 16.4.2014 – I R 2/12, BFHE 246, 15 = DStR 2014, 2012 (Rn. 31), BB 2014, 2720 m. Anm. *Matuszewski* (2726); FG Hamburg v. 24.11.2011 – 6 K 22/10, EFG 2012, 351 (354); BT-Drs. 16/2712, S. 48 a. E.; sowie mit Blick auf den modernen Aktienhandel *Loritz*, WM 2017, 309 (312).

434 Vgl. *Desens*, DStZ 2012, 246 (247); *ders.*, DStZ 2012, 142 (144).

435 *Desens*, DStZ 2012, 142 (145 f.).

Den Gesetzesmaterialien[436] zufolge sollte durch diese Neuerung die oben beschriebene Dividendenkompensationszahlung erfasst werden.[437] Im Kern geht es daher um den Streit, ob § 20 Abs. 1 Nr. 1 S. 4 EStG eine konstitutive[438] oder nur deklaratorische[439] Wirkung zukommt.

Die Auffassung, welche eine konstitutive Wirkung annimmt, sieht in § 20 Abs. 1 Nr. 1 S. 4 EStG einen neuen Steuertatbestand, d.h. rechtstechnisch wäre ein neuer Kapitalertragsteuereinbehaltungs- und Abführungstatbestand geschaffen worden.[440] Seit dem 19.12.2006 könne nicht mehr streitig sein, dass Dividendenkompensationszahlungen als sonstige Bezüge i.S.d. § 20 Abs. 1 Nr. 1 Alt. 3 EStG zu qualifizieren sind, da dies unmittelbar durch § 20 Abs. 1 Nr. 1 S. 4 EStG angeordnet wird.[441]

Folgt man dagegen der Auffassung, welche regelmäßig unbedingtes wirtschaftliches Eigentum auch bei Leerkäufen im Zeitpunkt des Kaufvertragsschlusses annimmt, stellt sich der § 20 Abs. 1 Nr. 1 S. 4 EStG regelmäßig als überflüssig dar.[442] Die Dividende bzw. die „sonstigen Bezüge" wurden dem wirtschaftlichen Eigentümer ja bereits zugerechnet. Zweifel bestehen dann lediglich noch dahingehend, welches Verhältnis der S. 4 zum S. 1 einnimmt.

Der Illegalitätsthese folgend wird klar, dass der Erwerber nun in Form seines Dividendenregulationsanspruchs Einkünfte nach § 20 Abs. 1 Nr. 1 S. 4 EStG zu verzeichnen hat. Diese werden somit in seiner Person erzielt. Einer Zurechnung wie zuvor über § 20 Abs. 5 EStG i.V.m. § 39 AO bedarf es nicht, da

---

436 BT-Drs. 16/2712, S. 46 ff.

437 *Von Beckerath*, in: Kirchhof, EStG, § 20 Rn. 56; *Intemann*, in: Herrmann/Heuer/Raupach, EStG/KStG (Stand: Februar 2014), § 20 EStG Rn. 111; *Ratschow*, in: Blümich, EStG/KStG/GewStG (Stand: August 2015), § 20 EStG Rn. 138; *Rau*, DStR 2017, 1852 (1854 f.); *Weber-Grellet*, in: Schmidt, EStG, § 20 Rn. 68; siehe auch oben unter § 3 A. I. 2. sowie § 4 A. III.

438 *Bruns*, DStR 2010, 2061 (2063); *ders.*, DStZ 2011, 676 (678); *Intemann*, in: Herrmann/Heuer/Raupach, EStG/KStG (Stand: Februar 2014), § 20 EStG Rn. 110 und 113; *Rau*, DStR 2007, 1192; *ders.*, DStR 2010, 1267 (1268); *ders.*, DStR 2011, 510 (511); *Seip/Fülbier*, BB 2007, 477 (479); *Storg*, NWB 2007, Fach 3, 14327 (14332); vgl. auch *Spengel/Eisgruber*, DStR 2015, 785 (787).

439 *Berger/Matuszewski*, BB 2011, 3097 (3102); *Desens*, DStZ 2012, 142 (148); *ders.*, DStZ 2012, 246 (248 f.); *Hahne*, DStR 2007, 1196 (1197); *ders.*, DStR 2007, 605 (610); vgl. auch *Müller/Schade*, BB 2017, 1239 (1242).

440 *Schön*, RdF 2015, 115 (123); *Seer/Krumm*, DStR 2013, 1756 (1761).

441 *Desens*, DStZ 2012, 142 (146); vgl. auch *Spengel/Eisgruber*, DStR 2015, 785 (792).

442 Vgl. *Berger/Matuszewski*, BB 2011, 3097 (3101); *Desens*, DStZ 2012, 142 (145 f.); *Hahne*, DStR 2007, 605 (610).

§ 20 Abs. 1 Nr. 1 S. 4 EStG Einkünfte einer vom Anteilsinhaber *verschiedenen* Person erfasst. Folglich hinge die weitere Behandlung im Wesentlichen von der Frage ab, ob von diesen Einkünften Steuern einbehalten bzw. erhoben wurden und ob darüber hinaus der Anrechnungsausschlussgrund, nämlich die Nichtvorlage der Steuerbescheinigung, greift.[443]

Die Bestimmung des Anwendungsbereichs von § 20 Abs. 1 Nr. 1 S. 4 EStG erfolgt nach den zuvor dargestellten Thesen konsequent entweder deklaratorisch (Legalitätsthese) oder konstitutiv (Illegalitätsthese). Wie von *Hahne* richtig herausgearbeitet wurde, besteht spätestens ab Ende 2006 die Problematik, dass Dividendenkompensation und Dividende trotz Steuerpflicht nicht unterschieden werden können.[444] Dies ist jedoch weniger ein Hinweis auf die dogmatische Konstitution des „neuen" Satz 4 als vielmehr der Grund für die nunmehr weiter erschwerte Erkennbarkeit der Cum-/Ex-Geschäfte. Dies wiederum ändert nichts an der Steuerbarkeit, sondern zeigt lediglich die Relevanz eines zivilrechtlichen Ausgleichs auf. Zu konstatieren ist ferner, dass nach der Rechtsprechung des BFH ein modellhaft aufgelegtes Vertragskonzept auch Einkünften aus § 20 Abs. 1 Nr. 1 S. 4 EStG entgegensteht.[445] Im Übrigen sind Dividendenkompensationszahlungen unabhängig von den ihnen zugrundeliegenden Verkaufssituationen seit dem 19.12.2006 steuerbar.

3. *Fazit*

In Würdigung des Gesagten ist bereits zweierlei festzustellen. Zunächst stellt sich die Auffassung, die wirtschaftliches Eigentum beim Leerkäufer bereits frühzeitig mit dem Verpflichtungsgeschäft anerkennt, als rechtsirrig dar. Diese Fehleinschätzung fußt auf unterschiedlichen Gründen. Zum einen wurden höchstrichterliche Entscheidungen undifferenziert und verfrüht zu einer Thematik herangezogen, die nicht entscheidungsgegenständlich war. Zum anderen ist diese irrige Einschätzung jedoch nicht zuletzt auch auf die über viele Jahre komplizierte, unklare und unsaubere Rechtslage zurückzuführen, was sich insbesondere in strafrechtlicher Hinsicht auswirken dürfte.

Darüber hinaus sei angemerkt, dass, wie *Schön* bereits andeutet, die Frage nach dem wirtschaftlichen Eigentum schon dann dahinstehen kann, wenn ein

---

443 Vgl. *Spengel/Eisgruber*, DStR 2015, 785 (792).

444 *Hahne*, DStR 2007, 1196 (1197 ff.).

445 BFH v. 16.4.2014 – I R 2/12, BFHE 246, 15 = DStR 2014, 2012 (Rn. 32); vgl. auch *Spengel/Eisgruber*, DStR 2015, 785 (792).

Gesamtkonzept vorliegt, welches mit dem in der BFH-Entscheidung[446] vom 16.4.2014 behandelten Konzept vergleichbar ist. Hier ist die Anrechnung der nicht abgeführten Kapitalertragsteuer höchstrichterlich bereits zutreffend verneint worden.[447]

Letztlich ist somit im Ergebnis unerheblich, ob dem Leerkäufer die zulasten des Anteilsinhabers einbehaltene Kapitalertragsteuer zuzurechnen ist oder ob dem Erwerber sonstige Einkünfte zuzusprechen sind. Im Hinblick auf das Wirtschaftsgut Aktie ist der Erwerber beim Cum-/Ex-Geschäft im Zeitpunkt des Geschäftsabschlusses (Verpflichtungsgeschäft) nicht wirtschaftlicher Eigentümer geworden, sodass er auch keine Einkünfte erzielt. Die Einführung des § 20 Abs. 1 Nr. 1 S. 4 EStG führt demnach erstmalig zu einer entsprechenden Steuerpflicht auf die Dividendenregulationszahlungen des Leerverkäufers. Maßgeblich für die Rechtmäßigkeit der Anrechnung sind demnach die übrigen Voraussetzungen des § 36 Abs. 2 Nr. 2 EStG.

II. Erhebungserfordernis

Voraussetzung der Anrechnungsberechtigung ist gem. § 36 Abs. 2 Nr. 2 EStG weiter eine durch Steuerabzug *erhobene* Einkommensteuer.[448] Hinsichtlich der Erfüllung des Tatbestandsmerkmals bei Cum-/Ex-Leerverkäufen gibt es ebenfalls unterschiedliche Ansätze. Vereinzelt wird sogar ein akzessorietätsähnlicher Bezug zu der dritten Voraussetzung, Vorlage der Steuerbescheinigung i.S.v. § 45a Abs. 2 und 3 EStG, geknüpft.[449] Tatsächlich hängt die hier diskutierte Frage eng mit der anschließenden Frage der Beweisbarkeit zusammen. Dennoch soll versucht werden, sich der Thematik zunächst grundlegend materiell zu nähern. In diesem Kontext ist bedeutend, dass im Falle der Kapitalertragsteuer nicht der Steuerpflichtige (Anteilsinhaber) selbst die Steuer abzuführen hat, sondern, wie oben bereits erwähnt, der Emittent, d.h. die AG als Schuldnerin der Kapitalerträge (hier der Dividende), bzw. ab dem 19.12.2006 die Depotbank des Aktienverkäufers.[450]

---

446 BFH v. 16.4.2014 - I R 2/12, BFHE 246, 15 = DStR 2014, 2012.

447 *Schön*, RdF 2015, 115 (131).

448 Vgl. *Ettlich*, in: Blümich, EStG/KStG/GewStG (Stand: September 2016), § 36 EStG Rn. 113; *Spengel/Eisgruber*, DStR 2015, 785 (792).

449 *Berger/Matuszewski*, BB 2011, 3097 (3103), das Tatbestandsmerkmal der Erhebung „sei keine isoliert zu prüfende Anrechnungsvoraussetzung"; siehe hierzu eingehend unten unter § 4 C. III. 2. a).

450 Siehe oben unter § 3 A. II. 1.

Fraglich ist somit, welche Anforderungen an die Kapitalertragsteuererhebung zu stellen sind bzw. ob eine tatsächliche Erhebung in der Person des Erwerbers erforderlich ist.

1. Literatur

a) Auf eine tatsächliche Erhebung verzichtende Ansicht (Legalitätsthese)

Ein Großteil der Literatur relativiert das Erfordernis der „erhobenen Einkommensteuer".[451] Gegen die Notwendigkeit einer tatsächlichen Erhebung und Abführung der Kapitalertragsteuer wird die zuvor beschriebene Stellung der erhebenden Stelle (Emittent bzw. Depotbank) als Verwaltungshelfer angeführt. Daher entspreche es auch der höchstrichterlichen Rechtsprechung des BFH[452], dass der Steuerpflichtige sich das Verschulden eines Gehilfen des Staates nicht zurechnen zu lassen braucht.[453] Dies gelte auch dann, wenn die Depotbank selbst gerade keine Steuer erhoben hat, sondern der Steuerpflichtige durch die Netto-Dividendenausgleichszahlung schon faktisch belastet sei.[454] Hieraus erwachse die Notwendigkeit, die Steuererhebung beim Anteilsinhaber zugunsten des Erwerbers zuzurechnen.

Vereinzelt wird sogar argumentiert, dass die Gefahr von Steuerausfällen dem alten System „immanent" gewesen sei.[455] Schließlich sei selbst die Rückforderung der Steuerbescheinigung durch die jeweilige Bank unbeachtlich, sofern die Bescheinigung einmal vorgelegt wurde. Dies sei durch Rechtssicherheit und Verfahrensökonomie geboten.[456] Auch die Gleichstellung der Dividende und Dividendenkompensationszahlung in § 45a Abs. 3 S. 2 EStG a.F. wird

451 *Berger/Matuszewski*, BB 2011, 3097 (3103); *Blumers/Elicker*, BB 2012, 3187 (3188); *Derlien/Kern*, BB 2013, 1943 (1948); *Desens*, DStZ 2012, 246 (251); *ders.*, DStR 2012, 2473 (2474); *ders.*, DStZ 2014, 154 (156); *Ettlich*, in: Blümich, EStG/KStG/GewStG (Stand: August 2015), § 36 EStG Rn. 121, der gleichwohl eine Anrechnung verneint, siehe ebenda Rn. 114; *Haritz/Werneburg*, NWB 2015, 657 (662); *Klein*, BB 2013, 1054 (1056); *ders.*, BB 2015, 726 (732), wobei große Teile seines Beitrags im Originalwortlaut seinem Aufsatz aus 2013 entnommen sind; *Loritz*, BB 2017, 2394 (2398); *Müller/Schade*, BB 2017, 1239 (1244); *Podewils/Zink*, DStZ 2013, 177 (180 f.); *Seer/Krumm*, DStR 2013, 1756 (1763).

452 BFH v. 23.4.1996 - VIII R 30/93, BFHE 181, 7 = DStR 1996, 1526.

453 *Desens*, DStR 2012, 2473 (2474 f.); *ders.*, DStZ 2014, 154 (156); *Haritz/Werneburg*, NWB 2015, 657 (662).

454 *Desens*, DStR 2012, 2473 (2475).

455 *Podewils/Zink*, DStZ 2013, 177 (180); vgl. auch *Müller/Schade*, BB 2017, 1239 (1246).

456 *Desens*, DStZ 2014, 154 (158).

argumentativ herangezogen, um auf eine tatsächliche Erhebung der Steuer beim Anteilserwerber zu verzichten.[457] Demnach war die Steuerbescheinigung durch die Kredit- oder Finanzdienstleistungsinstitute auch für die Fälle des § 20 Abs. 1 Nr. 1 S. 4 EStG zu erteilen, wobei insoweit der Emittent der Aktien als Schuldner der Kapitalerträge galt. Sobald § 44 Abs. 5 S. 2 EStG erfüllt ist, sei von einer Sperrwirkung auszugehen.[458] Diese wertungsbasierten Voraussetzungen würden unterlaufen, ließe man das strenge Erhebungserfordernis zu.[459]

Ein weiteres Argument wird aus § 45a Abs. 3 S. 2 Hs. 2 EStG abgeleitet.[460] Demnach wird der Emittent in den Fällen des § 20 Abs. 1 Nr. 1 S. 4 EStG als Schuldner der Kapitalerträge fingiert. Daraus wird gefolgert, dass es allein auf den Steuerabzug der ausschüttenden Gesellschaft ankomme. Dies ergebe sich aus dem Sinn und Zweck der Vorschrift, welcher darin liegt, aufgrund der fehlenden Erkennbarkeit der Kompensationszahlungen das Haftungsrisiko aus § 45a Abs. 7 EStG zu minimieren.[461]

Zudem bestehe Unklarheit dahingehend, dass ja schließlich zwei Bescheinigungen in der Welt seien, welche sich tatsächlich und wertungsgemäß nicht unterscheiden. Insofern genüge die Erhebung beim Emittenten.[462] Schließlich sei nicht erkennbar, ob Steuern erhoben wurden, sodass der Erwerber schutzwürdig sei[463]. Wirtschaftlich handelt es sich hierbei freilich um die Ablehnung des Erfordernisses einer erstattungsfähigen Kapitalertragsteuererhebung. Teilweise wird auch in Anknüpfung an die Stellung des Erwerbers als wirtschaftlicher Eigentümer dahingehend argumentiert, dass dieser in steuerrechtlicher Hinsicht dem zivilrechtlichen gleichgestellt sei.[464]

Auch das gesetzliche System wird von einigen Vertretern der Legalitätsthese angeführt, um die hiesige Ansicht zu untermauern. *Desens* vertritt die Auffassung, dass die Nichtabführung der Kapitalertragsteuer nach dem gesetzlichen System nicht zu einem Erlöschen des Anrechnungsanspruchs führe, sondern allenfalls zu einer Inanspruchnahme des Steuerpflichtigen aus seiner Kapitalertragsteuerschuld.[465]

---

457 *Desens,* DStZ 2014, 154 (157).

458 *Podewils/Zink,* DStZ 2013, 177 (181); vgl. auch *Müller/Schade,* BB 2017, 1239 (1247).

459 *Desens,* DStZ 2012, 246 (251).

460 *Desens,* DStR 2012, 2473 (1476); *ders.,* DStZ 2014, 154 (158); *Englisch,* RdF 2012, 425 (426); *Müller/Schade,* BB 2017, 1239 (1246).

461 *Desens,* DStZ 2014, 154 (159); *ders.,* DStR 2012, 2473 (2476).

462 *Podewils/Zink,* DStZ 2013, 177 (180); *Seer/Krumm,* DStR 2013, 1756 (1763).

463 *Blumers/Elicker,* BB 2012, 3187 (3188); vgl. auch *Loritz,* BB 2017, 2394 (2399 f.).

464 *Seer/Krumm,* DStR 2013, 1756 (1762).

465 *Desens,* DStZ 2012, 142 (152 f.); *ders.,* DStZ 2012, 246 (251).

Erwähnenswert ist auch der Ansatz *Ettlichs*, welcher unter Rückgriff auf die Wertung des § 44 Abs. 5 S. 2 Nr. 2 EStG eine Anrechnung versagen will, wenn der Steuerpflichtige als Gläubiger der Kapitalerträge wusste, dass keine Steuer abgeführt wurde.[466]

Nach der Legalitätsthese genügt die Erhebung der Kapitalertragsteuer beim zivilrechtlichen Anteilsinhaber, um auch im Falle des Cum-/Ex-Leerverkaufs einen Anrechnungsanspruch des Erwerbers zu begründen. Anders ausgedrückt verzichten die Vertreter der Legalitätsthese auf eine Erhebung der Kapitalertragsteuer beim Leerkäufer.

b) Auf eine tatsächliche Erhebung bestehende Ansicht (Illegalitätsthese)

Der zuvor geschilderten Legalitätsthese in Bezug auf die tatsächliche Steuerabführung hält die Illegalitätsthese das Erfordernis einer tatsächlichen Erhebung von Kapitalertragsteuer beim Aktienleererwerber entgegen.[467]

Argumentativ ist hier bereits der klare Wortlaut des § 36 Abs. 2 Nr. 2 EStG anzuführen, welcher zweifelsohne eine „*erhobene* Einkommensteuer" fordert.[468] Maßgeblich ist die Erhebung zulasten des Erwerbers, sodass eine Erhebung zulasten des Anteilsinhabers sich schon wegen der falschen Grundlage, nämlich Dividende statt Schadensersatz in Form der Kompensationszahlung, hier nicht zurechnen lässt. Insofern sei der Empfang der Netto-Kompensation unerheblich.[469] Daneben lässt sich das ebenfalls offensichtliche, wohl eher praktisch geprägte Argument anführen, eine Anrechnung setze zunächst eine Erhebung voraus.[470] Dieses logische *Evidenzargument* bringt die wirtschaftspolitische Kritik an den Cum-/Ex-Geschäften auf den Punkt.

Der Argumentation, dem Steuerpflichtigen dürfe nicht das Verschulden des Verwaltungshelfers zugerechnet werden, verfängt nach dieser Ansicht nicht. Hier sei begrifflich und inhaltlich zwischen der Einbehaltung und der Abführung zu unterscheiden. Dies belegt auch eine Analyse der zur Begründung angeführten

---

466 *Ettlich*, in: Blümich, EStG/KStG/GewStG (Stand: September 2016), § 36 EStG Rn. 121 und 114.

467 *Amann*, DB 2016, 1463; *Bruns*, DStZ 2012, 333 (335 ff.); *Rau*, DStZ 2011, 510 (511); *Schön*, RdF 2015, 115 (125 f.); *Spengel/Eisgruber*, DStR 2015, 785 (792 ff.); *Spengel*, FR 2017, 545 (547).

468 *Spengel/Eisgruber*, DStR 2015, 785 (793).

469 *Spengel/Eisgruber*, DStR 2015, 785 (793 f.).

470 *Spengel/Eisgruber*, DStR 2015, 785 (792 f.); vgl. *Loschelder*, in: Schmidt, EStG, § 36 Rn. 5.

BFH-Entscheidung.[471] Schließlich sieht auch der BFH über die Notwendigkeit des Einbehalts nicht hinweg. Lediglich eine im Anschluss daran unterbliebene Abführung müsse sich der Steuerpflichtige nicht zurechnen lassen. Hier steht die erhebende Stelle dem Staat als dessen Verwaltungshelfer näher und ist deshalb seiner Sphäre zuzuordnen. Unterbleibt aber bereits der Einbehalt, kann sich der Steuerpflichtige nicht exkulpieren. Im Gegensatz zu dem anderen Fall habe er schließlich auch keine Steuer eingebüßt.[472]

Gegen das von den Vertretern der Legalitätsthese vorgebrachte Argument, § 44 Abs. 5 S. 2 EStG enthalte eine Sperrwirkung zugunsten des Steuerpflichtigen, bringt *Schön* vor, dass eine Einbehaltungspflicht i.S.d. S. 1 bei ausländischen Finanzinstituten gerade nicht bestehe. Der Steuerpflichtige könne sich eben nur auf Verwaltungsgehilfen verlassen, nicht aber auf Institute, die zwar objektiv den Anschein vermitteln mögen, Verwaltungsgehilfen zu sein, jedoch *de facto* weder solche sind noch sich wie solche verhalten, beispielsweise keine Rechenschaft über die vermeintlich abgeführte Steuer ablegen.[473]

Gegen das Fiktionsargument aus § 45a Abs. 3 S. 2 Hs. 2 EStG spricht der Illegalitätsthese zufolge die Systematik der Norm. Sie ist dem eigentlichen Erhebungstatbestand des § 44 EStG nachgeschaltet und befasst sich lediglich mit der Anmeldung und Bescheinigung.[474] Die Regelungswirkung sei somit auch auf den Bescheinigungszweck und nicht darüber hinaus auf die Erhebung zu beziehen. Etwas Abweichendes sei auch dem Wortlaut nicht zu entnehmen. Auch der Telos, nämlich die Verfahrensökonomie zu fördern, stütze diese These und spreche gegen die Ausweitung der Fiktion auf materielle Voraussetzungen.[475]

Ein weiteres Argument bringt *Amann* vor, welcher behauptet, ein Verbot der mehrfachen Anrechnung einmal einbehaltener Kapitalertragsteuer sei gleichheitsrechtlich im Hinblick auf Art. 3 Abs. 1 GG sogar geboten.[476] Er verweist auf einen vom BVerfG geformten Grundsatz zur Erbschaftsteuer. Demnach sei ein Steuergesetz dann verfassungswidrig, „*wenn es Gestaltungen zulässt, mit denen Steuerentlastungen erzielt werden können, die es nicht bezweckt und die gleichheitsrechtlich*

471 *Bruns*, DStZ 2012, 333 (336) unter Verweis auf BFH v. 23.4.1996 – VIII R 30/93, BFHE 181, 7 = DStR 1996, 1526, siehe hierzu auch bereits vorstehend unter § 4 C. II. 1. b); vgl. auch LG Köln v. 16.7.2015 – 106 Qs 1/15, wistra 2015, 404 (406).

472 *Schön*, RdF 2015, 115 (126); *Spengel/Eisgruber*, DStR 2015, 785 (793).

473 *Schön*, RdF 2015, 115 (127); *Spengel/Eisgruber*, DStR 2015, 785 (793).

474 *Spengel/Eisgruber*, DStR 2015, 785 (794).

475 *Spengel/Eisgruber*, DStR 2015, 785 (794); vgl. auch *Desens*, DStZ 2014, 154 (158).

476 *Amann*, DB 2016, 1463 (1464).

nicht zu rechtfertigen sind.“[477] Seiner Ansicht nach ist dies der Fall, da die Dividendenkompensationszahlung vor dem 19.12.2006 keinen Kapitalertrag dargestellt habe. Daraus lasse sich ableiten, dass die geänderte Rechtslage so zu interpretieren sei, dass die für die Leerverkäufe eingeführte Kapitalertragsteuer nur nach vorheriger Erhebung anrechenbar sei. Ansonsten wäre eine Möglichkeit zur Anrechnung nicht erhobener Steuer für die Konstruktionen, in denen die Leerverkäufe über das Ausland abgewickelt werden, eingeführt worden. Hierfür fehle aber evident ein sachlicher Rechtfertigungsgrund.[478]

Dem Vorbringen, § 45a Abs. 7 EStG widerspreche der Illegalitätsthese aufgrund seiner Sperrwirkung, wird entgegnet, dass materiell schon keine Steuervorteile entstehen. Mangels Tatbestandlichkeit der Haftungsnorm könne sich sodann auch keine Sperrwirkung ergeben, wobei sich schon systematisch ein Rückschluss auf die vorgeschalteten materiellen Anforderungen verbiete.[479]

Der Illegalitätsansatz kommt folglich zu dem Ergebnis, dass auf eine Erhebung der Kapitalertragsteuer beim Erwerber der Aktien selbst nicht verzichtet werden kann.

2. Neuere Rechtsprechung

Auch in der neuen Judikatur zum Erhebungserfordernis im Zusammenhang mit Cum-/Ex-Leerverkaufsgeschäften lassen sich Stellungnahmen finden. Das FG Hessen entschied zu dieser Frage bereits in einem AdV-Beschluss am 8.10.2012[480], dass es zwingende Voraussetzung sei, dass eine anrechenbare Steuer auch tatsächlich erhoben sein müsse. Hieran hält das Gericht weiter fest.[481] Dies sei „*evident*“ bzw. die Möglichkeit der Anrechnung einer nicht erhobenen Steuer „*abwegig*“.[482]

Das Gericht argumentierte, die Anrechnung nicht erhobener Steuer sei genauso abwegig wie die mehrmalige Anrechnung einer lediglich einfach erhobenen Steuer. Dies ergebe sich bereits aus dem Wortlaut und der Systematik von § 36 Abs. 2 Nr. 2 EStG.

---

477 BVerfG v. 17.12.2014 – 1 BvL 21/12, BVerfGE 138, 136 = BStBl. II 2015, 50 = DStR 2015, 31.

478 *Amann*, DB 2016, 1463 (1464).

479 *Schön*, RdF 2015, 115 (127); vgl. auch FG Hessen v. 8.10.2012 – 4 V 1661/11, EFG 2013, 47 (50) = DStR 2012, 2381 (2383).

480 FG Hessen v. 8.10.2012 – 4 V 1661/11, EFG 2013, 47 (50) = DStR 2012, 2381 (2383 f.).

481 FG Hessen v. 10.2.2016 – 4 K 1684/14, EFG 2016, 761 = DStR 2016, 1084; siehe zur Zusammenfassung des entscheidungsgegenständlichen Sachverhalts oben unter § 4 C. I. 1. b).

482 FG Hessen v. 10.2.2016 – 4 K 1684/14, EFG 2016, 761 (765) = DStR 2016, 1084 (1090).

Zwar genüge aufgrund der Stellung der Depotbanken und des Emittenten als Verwaltungshelfer der Einbehalt der Steuer, jedoch sei dieser gerade Voraussetzung für die Erstattung. Auch für die Konstellation der Leerverkäufe hieße dies: Die Depotbanken müssten mehr Geld erhalten (Brutto-Dividende bzw. Dividendenkompensationszahlung), als sie letztlich an den (Leer-)Käufer weitergeben (Netto-Dividende bzw. Dividendenkompensationszahlung).[483]

Außerdem wird für die Substanz der Tatbestandsvoraussetzung ins Feld geführt, der Gesetzgeber habe sich gerade gegen eine Fiktion für die Erhebung der Steuer auf der Grundlage entschieden, dass lediglich eine Netto-Kompensation geleistet wird. Die Risikoverteilung sei nur dann gerechtfertigt, wenn die Depotbanken auch tatsächlich als Verwaltungshelfer tätig würden und nicht bloß den Anschein erweckten.[484]

Im Ergebnis lehnt das FG Hessen in der erwähnten Entscheidung bereits den Tatbestand des § 36 Abs. 2 Nr. 2 EStG mangels Steuererhebung ab und folgt damit inhaltlich auch hier der Illegalitätsthese. Dem schlossen sich nachfolgend weitere finanzgerichtliche Entscheidungen mit insoweit übereinstimmenden Begründungen an.[485]

3. *Stellungnahme*

Wie bereits zuvor herausgearbeitet, besteht die Problematik der Steuererhebung beim Leerkäufer der Aktien. Insbesondere der Wortlaut, aber auch der Sinn und Zweck von § 36 Abs. 2 Nr. 2 EStG sind eindeutig. Dass eine zu erstattende oder wie hier anzurechnende Steuer zuvor einmal erhoben worden sein muss, scheint offensichtlicher Wille des Gesetzgebers und kann ferner ohne weiteres an der Norm festgemacht werden. Abweichungen gegen den Wortlaut der in Rede stehenden Normen bedürfen eines sachlichen Grundes.[486]

Die Haftung des Steuerpflichtigen für das Verschulden eines Verwaltungshelfers, welcher der Sphäre des Fiskus zuzurechnen ist, muss in jedem Fall vermieden werden. Dies wird jedoch dadurch erreicht, dass es insofern nicht auf die tatsächliche Abführung der Steuer ankommt. Auf einen Einbehalt kann indes nicht

483 FG Hessen v. 10.2.2016 – 4 K 1684/14, EFG 2016, 761 (765) = DStR 2016, 1084 (1090).

484 FG Hessen v. 10.2.2016 – 4 K 1684/14, EFG 2016, 761 (765 f.) = DStR 2016, 1084 (1090).

485 FG Düsseldorf v. 12.12.2016 – 6 K 1544/11 K AO, BeckRS 2017, 94377 (Rn. 84 f.); FG Hessen v. 10.3.2017 – 4 K 977/14, BeckRS 2017, 94604 (Rn. 26 und 28).

486 Vgl. auch BVerfG v. 19.6.1973 – 1 BvL 39/69 u. 14/72, BVerfGE 35, 263 (265) = NJW 1973, 1491 (1494).

verzichtet werden.[487] Insofern ist auch das angeführte BFH-Urteil nur äußerst bedingt heranziehbar. Einer Wortlautabweichung ist damit der sachliche Boden entzogen. Bei genauer Betrachtung wird schließlich auch keine Steuer zulasten des Erwerbers einbehalten. Weder dem Cum-/Ex-Einzelfall noch dem Gesamtsystem ist zu entnehmen, dass die ansonsten logische Erhebung bzw. bereits die Einbehaltung zulasten des Leerverkäufers abkömmlich wäre.

Es kann daher nur um die Zurechnung und aufgrund der eindeutigen Zurechnung zum Anteilsinhaber letztlich nur um die Vervielfältigung der einbehaltenen (und abgeführten) Steuer beim Anteilsinhaber gehen. Eine Verdopplung dieses Steuerabzugs in ein anderes Steuerschuldverhältnis hinein ist aber aufgrund mangelnder Legitimation im Gesetz und den systematischen Folgen der Legalitätsthese abzulehnen. Der Wortlaut des § 36 Abs. 2 a.A. und Nr. 2 EStG bezieht sich klar auf die „*Einkommensteuer*". Wieso hier nunmehr der Einbehalt der Einkommensteuer beim Anteilsinhaber maßgeblich sein soll, bleibt fraglich.

Die bei den Cum-/Ex-Geschäften bestehende Belastung beim Käufer (Netto-Dividendenkompensationszahlung) ist vielmehr zivilrechtlicher statt steuerrechtlicher Natur. Die Konstruktion des Verwaltungshelfers kann somit schon sachlich nicht angewendet werden. Ein Ausgleich dieses Konflikts ist auf der Ebene zwischen den Vertragsparteien zu suchen.[488]

Dies wird auch für die Rechtslage ab dem 19.12.2006 deutlich. Gem. § 20 Abs. 1 Nr. 1 S. 4 EStG *gelten* Dividendenkompensationszahlungen als sonstige Bezüge aus Aktien. Diese Fiktion impliziert, dass sie prinzipiell nicht Einkünfte aus Aktien darstellen, sondern, wie bereits ausgeführt, ausnahmsweise einkommensteuerpflichtige Schadensersatzzahlungen.[489] Die Tatsache, dass bei dem Anteilsinhaber Kapitalertragsteuer auf Einkünfte i.S.d. § 20 Abs. 1 Nr. 1 S. 1 Alt. 1 EStG erhoben wurde, ist daher nicht nur aufgrund von personeller Divergenz[490] nicht übertragbar, sondern auch aus materieller.

---

487 So auch der BFH in der diskutierten Entscheidung v. 23.4.1996 – VIII R 30/93, BFHE 181, 7 = DStR 1996, 1526; ebenso *Ettlich*, in: Blümich, EStG/KStG/GewStG (Stand: September 2016), § 36 EStG Rn. 153; *Gosch*, in: Kirchhof, EStG, § 36 Rn. 7a; *Lammers*, in: Herrmann/Heuer/Raupach, EStG/KStG (Stand: Januar 2017), § 36 EStG Rn. 40.

488 Siehe unten unter § 7; vgl. auch *Bruns*, DStR 2010, 2061 (2065); *Spengel/Eisgruber*, DStR 2015, 785 (795); siehe auch FG Hessen v. 10.2.2016 – 4 K 1684/14, rkr., EFG 2016, 761 (768) = DStR 2016, 1084 (1093), das pauschal für die Fälle verspäteter Lieferung auf den zivilrechtlichen Regress verweist.

489 Siehe oben unter § 3 A. I. 2.

490 So bereits vorstehend.

Die verbleibende Zurechnungsmöglichkeit der beim Anteilsinhaber erhobenen Steuern scheitert aus den gleichen Gründen wie die Vervielfältigung wirtschaftlichen Eigentums, nämlich aufgrund fehlender Legitimation im Gesetz. In Würdigung des Gesagten ist die Argumentation für die Notwendigkeit einer tatsächlich *erhobenen* Einkommensteuer beim Erwerber der Aktien mittels eines Leerverkaufs als schlagkräftiger auszumachen. Das Erhebungserfordernis kann somit nicht durch einen anderen Steuereinbehalt unterlaufen werden.

III. Vorlage der Steuerbescheinigung

Eng verknüpft mit der zuvor behandelten Voraussetzung der Erhebung der Kapitalertragsteuer ist das Erfordernis der Vorlage einer Steuerbescheinigung i.S.d. § 36 Abs. 2 Nr. 2 S. 2 EStG bzw. die Frage nach ihrer Beweiskraft. Hintergrund ist, dass der Steuerpflichtige in Ansehung seiner Kapitalertragsteuer-Anrechnungsvoraussetzungen grundsätzlich beweispflichtig ist.[491] Der Umfang der Nachweisfunktion der dazu notwendigen Steuerbescheinigung ist indes umstritten.

1. Abgrenzung und Verhältnis zur sog. Berufsträgerbescheinigung

Bei der Untersuchung des Vorlageerfordernisses der Steuerbescheinigung ergeben sich einige Besonderheiten im Spannungsfeld zu jenen von der Finanzverwaltung geforderten Berufsträgerbescheinigungen.[492] Diese Forderung stieß vielfach auf Kritik. Der Finanzverwaltung fehle bereits die gesetzliche Grundlage, um die Anrechnungsvoraussetzungen zu erhöhen, noch dazu rückwirkend. Daraus folge ein Verstoß gegen den Vorbehalt und Vorrang des Gesetzes.[493] Diese verfassungsrechtlichen Bedenken wurden mit dem Vorwurf der Untauglichkeit

491 FG Hessen v. 8.10.2012 - 4 V 1661/11, EFG 2013, 47 = DStR 2012, 2381 (2382 f.); *Birk/Desens/Tappe*, Steuerrecht, Rn. 480; *Bruns*, DStR 2010, 2061, (2063 f.); *Spengel/Eisgruber*, DStR 2015, 785 (797); vgl. grundlegend BFH v. 5.11.1970 - V R 71/67, BStBl. II 1971, 220 (223 f.) = BFHE 101, 156 (164 ff.) = BeckRS 1970, 22000779; BFH v. 23.5.1989 - X R 17/85, BStBl. II 1989, 879 (881) = BFHE 157, 516 (521) = NJW 1990, 143 (144); BFH v. 25.7.2000 - IX R 93/97, BStBl. II 2001, 9 = BFHE 192, 241 = DStRE 2000, 1227; BFH v. 4.10.2005 - XI B 111/04, BeckRS 2005, 25008989; *Seer*, in: Tipke/Lang, Steuerrecht, § 22 Rn. 191.

492 BMF v. 5.5.2009 - IV C1 - S 2251/09/10003, BStBl. I 2009, 631 = DStR 2009, 1149; siehe oben unter § 4 B. I.

493 *Geerling/Grauke*, DStR 2013, 1711 (1712); *Häuselmann*, DStR 2009, 1996 (1997); *Haritz/Werneburg*, NWB 2015, 657 (662); *Klein*, BB 2013, 1054 (1054 f.); *ders.*, BB 2015, 726 (733); *ders.*, BB 2016, 2200 (2206); *Podewils*, FR 2011, 69 (70 f.); *ders.*, AG 2010, 391 (397); vgl. allgemein *Hey*, in: Tipke/Lang, Steuerrecht, § 3 Rn. 230.

der Maßnahme kombiniert, da letztlich auch für einen Berufsträger nicht feststellbar sei, ob der jeweiligen Transaktion ein Leerverkauf zugrunde lag.[494] Dem Berufsträgerbescheinigungserfordernis wäre demnach mangels Geeignetheit auch die Verhältnismäßigkeit abzusprechen. Darüber hinaus wird in der Erschwerung des grenzübergreifenden Aktienhandels durch die Bescheinigungen die Europarechtswidrigkeit der Maßnahme gesehen.[495] Schließlich würden typischerweise ausländische Verkäufer ausländische Depotbanken nutzen, wobei an inländische Banken und Händler keine zusätzlichen Anforderungen gestellt würden. Hieraus ergebe sich ein Verstoß gegen die in Art. 63 Abs. 1 AEUV verbriefte Kapitalverkehrsfreiheit.

Diesen Bedenken ist die finanzgerichtliche Rechtsprechung[496] ebenso wie das BVerfG[497] nicht gefolgt. Während das BVerfG die Verfassungsbeschwerde nicht zur Entscheidung annahm, argumentiert das FG Hessen, die Berufsträgerbescheinigung stelle nur eine Konkretisierung des Tatbestands dar. Diese Notwendigkeit ergebe sich aus der Tatsache, dass der Steuerbescheinigung allein kein zuverlässiger Beweisinhalt mehr entnommen werden kann. Hinzu kommt, dass auch bei einer fehlenden Berufsträgerbescheinigung der Nachweis über die Steuererhebung geführt werden kann, da die Berufsträgerbescheinigung lediglich einen Anscheinsbeweis begründe.[498]

Schlussendlich ist festzuhalten, dass sich die Frage, ob sich eine möglicherweise rechts- oder gar verfassungs- oder europarechtswidrige Mehrbelastung ergibt, an der Problematik der Vorlage der Steuerbescheinigung orientiert. Schließlich bedeutet die Berufsträgerbescheinigung lediglich eine Konkretisierung der Beweispflicht des Steuerschuldners. Dies ergibt sich aus dem Anscheinsbeweischarakter der Berufsträgerbescheinigung. Mit der Berufsträgerbescheinigung, welche die Finanzverwaltung mit Schreiben vom 5.5.2009 einheitlich fordert, soll ein zusätzlicher Anscheinsbeweis geschaffen werden, welcher neben die Steuerbescheinigung nach § 45a Abs. 3 EStG tritt. Die Belastung durch die Berufsträgerbescheinigung ist überdies nicht allzu hoch, da die Berufsträger lediglich das bescheinigen, was

---

494 *Haritz/Werneburg*, NWB 2015, 657 (662).

495 *Geerling/Grauke,* DStR 2013, 1711 (1712).

496 FG Hessen v. 10.2.2016 – 4 K 1684/14, rkr., EFG 2016, 761 (767) = DStR 2016, 1084 (1092 f.).

497 BVerfG v. 18.2.20132 – BvR 2594/12 – juris, Erledigung am 15.7.2013.

498 FG Hessen v. 10.2.2016 – 4 K 1684/14, rkr., EFG 2016, 761 (767 f.) = DStR 2016, 1084 (1093).

im Rahmen ihrer Einsicht zutage tritt.[499] Insofern spricht einiges dafür, die Möglichkeit der Berufsträgerbescheinigungen aus Gründen der Beweisbarkeit zur Steuerbescheinigung hinzuzuziehen.

2. *Literatur*

a) *Fiktion oder Vollbeweis (Legalitätsthese)*

Teile der Literatur messen der Steuerbescheinigung i.S.d. § 45a Abs. 3 EStG hohe bis maximale Beweiskraft zu.[500] In der Konsequenz wird oft auf die tatsächliche Erhebung der Steuer verzichtet, sobald eine Steuerbescheinigung gem. § 45a Abs. 2 oder Abs. 3 EStG vorgelegt werden kann. Diese Auffassung argumentiert zumeist damit, dass dem Steuerpflichtigen der Beweis einer erhobenen Steuer nur dadurch gelinge, dass er die Steuerbescheinigung vorlegt, sodass ein solcher Beweis auch abschließend mit Vorlage der Bescheinigung erbracht sei.[501]

Zur Begründung wird auch hier höchstrichterliche Rechtsprechung angeführt.[502] Allen angegebenen Entscheidungen ist die Aussage gemein, dass eine Anrechnung der Kapitalertragsteuer nur dann erfolgt, wenn die Steuerbescheinigung vorgelegt wird. Insoweit gibt das Gericht in den unterschiedlichen Fällen jeweils den Wortlaut des Gesetzes wieder.

Zu einer faktischen Fiktionswirkung gelangen diejenigen Vertreter, welche die Erhebung beim Emittenten ausreichen lassen. Demnach genüge die bloße Vorlage der Steuerbescheinigung unabhängig davon, ob von dem Aussteller auch Kapitalertragsteuer abgeführt worden ist. Ausschlaggebender Anknüpfungspunkt für die Beweiswirkung – und damit für die Richtigkeit der Bescheinigung – sei wegen § 45a Abs. 3 S. 2 EStG allein die Einbehaltung beim Emittenten.[503] Diese

---

499 Vgl. BMF v. 5.5.2009 – IV C 1 – S 2252/09/10003 – DOK 2009/0288260, BStBl. I 2009, 631 (631 f.) = DStR 2009, 1149; vgl. auch *Podewils*, FR 2011, 69 (71).

500 *Berger/Matuszewski*, BB 2011, 3097 (3103); *Blumers/Elicker*, BB 2012, 3187 (3188); *Haritz/Werneburg*, NWB 2015, 657 (662); *Klein*, BB 2016, 2200 (2205); *ders.*, BB 2015, 726 (732); *ders.*, BB 2013, 1054 (1057); *Loritz*, BB 2017, 2394 (2400); *Müller/Schade*, BB 2017, 1239 (1248); *Podewils*, FR 2014, 1064 (1067); vgl. auch *Desens*, DStR 2012, 2473 (2476); *ders.*, DStZ 2014, 154 (165); *Loritz*, BB 2017, 2327 (2333 f.).

501 *Klein*, BB 2013, 1054 (1057); *ders.*, BB 2015, 726 (732); *Loritz*, BB 2017, 2394 (2400) *Müller/Schade*, BB 2017, 1239 (1248).

502 BFH v. 29.4.2008 – VIII R 28/07, BStBl. II 2009, 842 = BFHE 220, 332 = DStR 2008, 1377; BFH v. 26.9.1991 – VIII B 41/91, BFHE 165, 287 = DStR 1991, 1523; *Haritz/Werneburg*, NWB 2015, 657 (662); *Müller/Schade*, BB 2017, 1239 (1248).

503 *Desens*, DStR 2012, 2473 (2474 f.); *ders.*, DStZ 2014, 154 (165); *Haritz/Werneburg*, NWB 2015, 657 (662); *Klein*, BB 2016, 2200 (2205); *ders.*, BB 2013, 1054 (1056);

sei auch in den Cum-/Ex-Fällen unstreitig gegeben. Dabei wird offenbar unter Rückgriff auf das wirtschaftliche Eigentum versucht, die tatsächlich abgeführte Kapitalertragsteuer dem Aktienerwerber zuzurechnen. Hieran ändere auch eine spätere Rückforderung der Steuerbescheinigung nichts.[504] Dies sei im Hinblick auf die bereits abgeschlossene Vorlage der Bescheinigung unbeachtlich und ergebe sich sowohl aus der Rechtssicherheit als auch aus dem Prinzip der Verfahrensökonomie.

Ein weiteres Argument finde sich, den Vertretern der Legalitätsthese zufolge, in dem Sinn und Zweck des Bescheinigungsverfahrens *per se*. Demnach sollen die Anforderungen für den Anrechnungsberechtigten im Hinblick auf Massengeschäfte gerade erleichtert werden. Eine Differenzierung im Einzelfall oder gar die Forderung zusätzlicher Nachweise sei hiermit unvereinbar.[505] Zudem wird ein systematischer Ansatz in Anbetracht des § 45a Abs. 6 EStG verfolgt, wonach sowohl der Widerruf als auch die Rückgabe der Bescheinigung einflusslos auf das Merkmal der *Erhebung* der Steuer ist.[506] Daraus wird weiter geschlossen, dass auch unrichtige Bescheinigungen nach einmaliger Vorlage die Voraussetzungen des § 36 Abs. 2 Nr. 2 EStG erfüllen, sodass es in diesem Zusammenhang nicht auf die Richtigkeit der Bescheinigung ankomme.

Argumentativ wird hier zuweilen auch noch einmal auf Wertungen wie die Schutzbedürftigkeit des Steuerpflichtigen aufgrund der fehlenden Erkennbarkeit sowie die Lastenverteilung bei Verwaltungsgehilfen abgestellt.[507] Im Ergebnis genügt für die Legalitätsthese die schlichte Vorlage der Steuerbescheinigung, um den Anrechnungsanspruch nach einem Cum-/Ex-Geschäft zu bejahen.

b) Indizwirkung oder Anscheinsbeweis (Illegalitätsthese)

Die Gegenposition billigt der Steuerbescheinigung indes eine schwächere Beweiswirkung zu.[508] Dem zufolge reicht in Zweifelsfällen die einfache Vorlage einer Steuerbescheinigung nicht aus. Ihr ist vielmehr ein formeller und damit

---

Müller/Schade, BB 2017, 1239 (1248); *Seer/Krumm*, DStR 2013, 1757 (1763); vgl. auch *Desens*, DStZ 2012, 246 (251 f.); *Loritz*, BB 2017, 2394 (2400).

504 *Klein*, BB 2015, 726 (732); *Podewils*, DStZ 2013, 177.

505 *Klein*, BB 2016, 2200 (2206).

506 BFH v. 20.10.2010 – I R 54/09, BFH/NV 2011, 641 (Rn. 34 f.); *Blumers/Elicker*, BB 2012, 3187 (3188); *Klein*, BB 2016, 2200 (2206).

507 Vgl. *Derlien/Kern*, BB 2013, 1943 (1943); *Klein*, BB 2013, 1054 (1056).

508 *Bruns*, DStZ 2012, 333 (337); *Gosch*, in: Kirchhof, EStG, § 36 Rn. 11; *Schön*, RdF 2015, 115 (118, 126); *Spengel/Eisgruber*, DStR 2015, 785 (795); *Spengel*, FR 2017, 545 (547).

kumulativer Charakter im Hinblick auf die übrigen, bereits geschilderten Voraussetzungen zuzusprechen, welche andernfalls obsolet wären.[509]

Gegen die Berufung des Legalitätsansatzes auf die erwähnten höchstrichterlichen Entscheidungen sprechen abermals die dort entschiedenen Einzelfälle.[510] Demnach war in den zugrundeliegenden Sachverhalten das Recht zur Anrechnung ohne Vorlage der Steuerbescheinigungen abgelehnt worden. Dies verwundert nicht angesichts der gesetzlichen Voraussetzungen des § 36 Abs. 2 Nr. 2 EStG. Aussagen zum Beweiswert der Bescheinigung waren den Entscheidungen mithin nicht entnehmbar, zumal in den entscheidungserheblichen Verrechnungszeiträumen der jetzige § 36 Abs. 2 Nr. 2 S. 2 EStG nicht existierte, sodass die Rechtsprechung lediglich einen Gleichlauf der Voraussetzungen schuf.[511]

Auch die Rechtsprechung des BFH und des OLG Köln zu den Cum-/Ex-Fällen ist eindeutig. In den zugrundeliegenden Fällen lagen unstreitige Steuerbescheinigungen vor und trotzdem wurde eine umfassende Beweiswirkung abgelehnt.[512]

Das Argument der Legalitätsthese hinsichtlich der Erstellung der Bescheinigungen in Masseverfahren für eine Vielzahl von Fällen lässt sich infolge der Illegalitätsthese auch ins Gegenteil umkehren, sodass ihr Beweiswert gerade zu relativieren ist.[513] Einzelne Überprüfungen der Steuerbescheinigungen führen nicht zu Rechtsunsicherheit, sondern vielmehr zur Wahrung materieller Steuergerechtigkeit.[514] Auch der Sinn und Zweck der Bescheinigungen sei zu berücksichtigen. Die Bescheinigungen bezwecken den speziellen Nachweis bei einbehaltener Kapitalertragsteuer. Folgt man der Gegenauffassung, würde der Finanzverwaltung aber jede Möglichkeit der Prüfung aufgrund der hohen Beweiswirkung genommen. Dies sei dem Zweck nicht nur undienlich, sondern sogar zuwider.[515]

Differenzierend geht auch *Schön* vor. Es sei genau zu prüfen, worauf sich die Beweiswirkung überhaupt beziehe. Dies sei nicht der Einbehalt selbst, welcher genau einmal erfolgte, sondern das Rechtssubjekt, für dessen Rechnung der

---

509 *Schön*, RdF 2015, 115 (118); *Spengel/Eisgruber*, DStR 2015, 785 (795).

510 *Bruns*, DStZ 2012, 333 (337); vgl. auch *Spengel/Eisgruber*, DStR 2015, 785 (798).

511 So auch *Spengel/Eisgruber*, DStR 2015, 785 (798).

512 *Spengel/Eisgruber*, DStR 2015, 785 (795) unter Verweis auf BFH v. 16.4.2014 – I R 2/12, BFHE 246, 15 = DStR 2014, 2012 und OLG Köln v. 11.12.2014 – 7 U 23/14, BeckRS 2015, 05658 (Rn. 59).

513 *Bruns*, DStZ 2012, 333 (337); vgl. auch *Spengel/Eisgruber*, DStR 2015, 785 (794).

514 *Bruns*, DStZ 2012, 333 (338); vgl. auch *Spengel/Eisgruber*, DStR 2015, 785 (799) unter Verweis auf BFH v. 19.12.2000 – VII R 69/99, BStBl. II 2001, 353 = BFHE 194, 162.

515 *Bruns*, DStZ 2012, 333 (338).

Einbehalt vorgenommen wurde. Geprüft werde ferner nicht, ob ein Bestands- oder Leerverkauf vorliegt. Hierzu könne folglich auch keine Beweisaussage getroffen werden, sodass im Hinblick auf diese zu beweisenden Tatsachen nicht einmal ein Anscheinsbeweis vorliege.[516] *Schön* fährt weiter fort, dass selbst wenn ein Anscheinsbeweis angenommen würde, dieser dann erschüttert sei, wenn Indizien für eine Cum-/Ex-Gestaltung vorlägen.[517] In diesem Zusammenhang werde auch § 90 Abs. 2 AO relevant, zumal der Auslandsbezug sich regelmäßig aufdrängen dürfte. *Spengel/Eisgruber*, die inhaltlich die Schutzbedürftigkeit der Erwerber bezweifeln, argumentieren hingegen, dass keinerlei Anhaltspunkte vorlägen, um auf die inhaltsprüfungslose Ausnahme von einer anerkannten Beweisregel vertrauen zu dürfen.[518]

Im Ergebnis könne es durch den guten Glauben an die Richtigkeit einer Bescheinigung nicht zur Entstehung des materiellen Steuererstattungsanspruchs kommen.[519] Die Usancen des Marktes, welche die Informationsverarbeitung betreffen, dürften nicht als Bewertungsgrundlage dem materiellen Steuerrecht vorgezogen und so zulasten des Fiskus und damit der Allgemeinheit herangezogen werden.[520] Dieser Auffassung folgend, ergäbe sich kein Steuererstattungsanspruch des Anteilserwerbers im Cum-/Ex-Leerverkaufsfall bei alleiniger Vorlage der Steuerbescheinigung. Vielmehr ist der Sachverhalt auch weiteren Beweisen zugänglich. Ob die Voraussetzung eines Anscheinsbeweises gegeben ist oder ob es sich bei der Bescheinigung um ein Indiz handelt, kann letztlich offen bleiben.[521] Der Illegalitätsthese zufolge normiert § 36 Abs. 2 Nr. 2 S. 2 EStG lediglich eine Mindestvoraussetzung zur Beweiserbringung.

3. *Rechtsprechung*

Auch in diesem Zusammenhang ist das Urteil des FG Hessen[522] zu erwähnen. Das Gericht macht deutlich: *„Sofern die zu beweisende Tatsache nicht vorliegt,*

---

516 *Schön*, RdF 2015, 115 (128).

517 *Schön*, RdF 2015, 115 (129).

518 *Spengel/Eisgruber*, DStR 2015, 785 (799).

519 *Schön*, RdF 2015, 115 (127); vgl. auch *Spengel/Eisgruber*, DStR 2015, 785 (798).

520 *Schön*, RdF 2015, 115 (128).

521 Vgl. *Spengel/Eisgruber*, DStR 2015, 785 (799 f.) zum bloßen Indiz.

522 FG Hessen v. 10.2.2016 – 4 K 1684/14, EFG 2016, 761 = DStR 2016, 1084; siehe zum entscheidungsgegenständlichen Sachverhalt oben unter § 4 C. I.1. b); vgl. hierzu auch bereits FG Hessen v. 8.10.2012 – 4 V 1661/11, EFG 2013, 47 = DStR 2012, 2381.

darf demgemäß auch keine Bescheinigung ausgestellt werden.“[523] Die sich daraus ergebende bloße zusätzliche Beweisfunktion sei gerade im Hinblick auf die im Massenverfahren erstellten Steuerbescheinigungen gerechtfertigt. Der einer Steuerbescheinigung innewohnende Anscheinsbeweis kann dabei in Fällen außergewöhnlicher Gestaltungen erschüttert werden, weil dann aufgrund der Praxiserfahrung begründete Zweifel an der tatsächlichen Entrichtung der Kapitalertragsteuer bestehen.[524] Dies lässt sich auch mit der BFH-Entscheidung[525] vom 16.4.2014 begründen. Schließlich verfügte die Klägerin hier zweifelsohne über eine Steuerbescheinigung. Gleichwohl war die Anrechnung im Hinblick auf die modellhaft aufgelegte Gestaltung materiell versagt worden. In Übereinstimmung mit der Illegalitätsthese wird daher eine rechtsbegründende Wirkung der Steuerbescheinigung abgelehnt.[526]

Daraus ergibt sich, dass die neuere Rechtsprechung sich auch hier mit der Illegalitätsthese gegen eine umfassende Beweiswirkung bzw. eine Vollbeweisfunktion der Steuerbescheinigung ausspricht und stattdessen für eine Anscheinsbeweisfunktion plädiert.[527]

4. Stellungnahme

Abschließend ist auch dieser dritte Streitpunkt i.R.d. Cum-/Ex-Leerverkaufsgeschäfte kritisch zu würdigen. Die akzessorische Bindung der Erhebung an die Steuerbescheinigung ist schon in logischer Hinsicht fehlerbehaftet. Zwar ist richtig, dass die Erhebung *de lege lata* nur mittels Vorlage der Steuerbescheinigung nachweisbar ist. Der Schluss hieraus, mit jeder Vorlage einer Bescheinigung sei auch die Erhebung erfolgt bzw. erwiesen, ist aber nicht notwendig zu ziehen. Schließlich handelt es sich hierbei *nicht* um das logische Gegenstück der oben festgestellten gesetzlichen Anforderung an den Beweis, weil die Nichterhebung auch durch *andere* Nachweise oder Tatsachen beweisbar, eine Anrechnung ohne

---

523 FG Hessen v. 10.2.2016 – 4 K 1684/14, EFG 2016, 761 (767) = DStR 2016, 1084 (1092).

524 FG Hessen v. 10.2.2016 – 4 K 1684/14, EFG 2016, 761 (767) = DStR 2016, 1084 (1092).

525 BFH v. 16.4.2014 – I R 2/12, BFHE 246, 15 = DStR 2014, 2012; so auch *Spengel/Eisgruber*, DStR 2015, 785 (795).

526 FG Düsseldorf v. 12.12.2016 – 6 K 1544/11 K AO, BeckRS 2017, 94377 (Rn. 84 f.), unter Verweis auf BFH v. 24.3.1992 – VII R 39/91, BStBl. II 1992, 956 = BFHE 168, 300 = DStR 1994, 97.

527 FG Hessen v. 10.2.2016 – 4 K 1684/14, EFG 2016, 761 (767) = DStR 2016, 1084 (1092); FG Düsseldorf v. 12.12.2016 – 6 K 1544/11 K AO, BeckRS 2017, 94377 (Rn. 86).

Bescheinigung aber nicht möglich ist. Daraus folgt jedoch nicht zwangsweise, dass bei jeder Vorlage eine Anrechnung zu erfolgen hat.[528] Diese logische Erwägung lässt sich ferner durch den Wortlaut des § 36 Abs. 2 Nr. 2 S. 2 EStG untermauern. Hier heißt es:

> *„Die durch Steuerabzug erhobene Einkommensteuer wird* nicht *[Hervorgehoben durch den Verf.] angerechnet, wenn die in § 45a Absatz 2 oder Absatz 3 bezeichnete Bescheinigung* nicht *[Hervorgehoben durch den Verf.] vorgelegt worden ist."*

Diese eindeutige doppelte Verneinung lässt sich nicht für den Schluss absoluter Beweiskraft der Bescheinigung instrumentalisieren, sondern stützt vielmehr die Gegenansicht (Illegalitätsthese). Andernfalls müsste der Satz lauten: „Die durch Steuerabzug erhobene Einkommensteuer wird angerechnet, wenn die in § 45a Absatz 2 oder Absatz 3 bezeichnete Bescheinigung vorgelegt worden ist." Dabei würde nur die doppelte Verneinung entfernt. Ein Grund, um von diesem grammatikalisch zwingenden Schluss abzuweichen, ist nicht ersichtlich.

Soweit in der Literatur die Ansicht vertreten wird, der Steuererhebung komme neben der Vorlage einer Steuerbescheinigung keine gesonderte Bedeutung zu, so ist diese Ansicht ungenau bzw. *contra legem*. Grund hierfür ist neben dem Wortlaut (s.o.) die Systematik und der Sinn und Zweck. Der Gesetzgeber hat die drei dargestellten Anrechnungsvoraussetzungen im § 36 Abs. 2 Nr. 2 EStG kumulativ festgeschrieben. Dass dieses Regelungsregime durchweg logisch und nachvollziehbar ist, wurde bereits ausgeführt. Hätte die Erhebung hingegen nur Relevanz für die Ausstellung der Steuerbescheinigung, wäre sie auch dort, und zwar in § 45a Abs. 2 EStG, geregelt worden. Die anderen Voraussetzungen des § 36 Abs. 2 Nr. 2 wären infolge der Illegalitätsthese dagegen überflüssig.

Ein weiterer Grund, welcher gegen eine fiktionsähnliche Wirkung der Steuerbescheinigungen spricht, liegt darin, dass eine gesetzlich angeordnete faktische Suspension der materiellen Prüfung von Einzelfällen durch die Finanzverwaltung aus der Perspektive der Gewaltenteilung zumindest problematisch wäre. Darauf liefe eine übermäßige Beweisfunktion von in Massenverfahren hergestellten Steuerbescheinigungen aber hinaus. Wenigstens judikativ müsste die materielle Richtigkeit der Bescheinigungen zum Gegenstand einer eingehenden Prüfung erhoben werden können. Wieso der Finanzverwaltung diese Prüfung im Rahmen ihrer Kompetenz verwehrt bleiben soll, leuchtet nicht ein.

Ein weiteres Argument, das für die Illegalitätsthese spricht ist die Existenz des § 36 Abs. 2 Nr. 2 S. 3 EStG. Demnach wird für die Fälle des § 8b Abs. 6 S. 2 KStG, also bei juristischen Personen des Öffentlichen Rechts, auf die ersten beiden

528 So auch OLG Köln v. 11.12.2014 – 7 U 23/14, BeckRS 2015, 05658 (Rn. 59).

materiellen Voraussetzungen verzichtet, sodass hier ausnahmsweise die Vorlage der Steuerbescheinigung genügt.[529] Hieraus kann im Umkehrschluss gefordert werden, dass in allen anderen Fällen eine solche Maximalwirkung der Steuerbescheinigung gerade nicht gewollt ist. Vielmehr lässt sich hieraus ablesen, wie S. 2 der gleichen Nummer formuliert sein müsste, wollte er eine Vollbeweisfunktion begründen.

Im Ergebnis ist auch hier dem Ansatz der Illegalitätsthese zu folgen. Die Legalitätsthese findet weder Andeutung im Gesetz noch in den angeführten höchstrichterlichen Entscheidungen. Die bloße Vorlage der Steuerbescheinigung, losgelöst von der Richtigkeit ihres materiellen Erklärungsinhalts, mittels der Beimessung eines Vollbeweiswerts wird ihrer Stellung als kumulative dritte Voraussetzung neben den beiden bereits behandelten Voraussetzungen des § 36 Abs. 2 Nr. 2 S. 1 EStG nicht gerecht.

IV. Missbräuchliche Gestaltung, § 42 AO

Für den Fall, dass die oben dargestellten Kriterien entgegen der neueren Rechtsprechung und der hier vertretenen Ansicht bejaht würden (Legalitätsthese), müsste geklärt werden, ob es sich bei Cum-/Ex-Geschäften um eine missbräuchliche Gestaltung i.S.d. § 42 AO handelt. Rechtsfolge dessen wäre die steuerrechtliche Unbeachtlichkeit der Gestaltung bzw. die Fiktion eines – den wirtschaftlichen Vorgängen angemessenen – Sachverhalts.[530] Vorab ist anzumerken, dass eine äußerst restriktive Auslegung des § 42 AO angezeigt ist, weshalb grundsätzlich beiderseitige Kenntnis der Gestaltung zu fordern ist.[531] Aufgrund dieser *ultima ratio*-Funktion scheitert die Anwendung von § 42 AO auf die Beurteilung der Cum-/Ex-Trades nach der Illegalitätsthese.[532] Eine auszugleichende steuerlich negative Wirkung wäre bereits nicht gegeben. Der nachfolgenden Untersuchung wird daher die Hypothese der Legalitätstheorie zugrunde gelegt.

---

529 Vgl. *Ettlich*, in: Blümich, EStG/KStG/GewStG (Stand: September 2016), § 36 EStG Rn. 153; *Lammers*, in: Herrmann/Heuer/Raupach, EStG/KStG (Stand: Januar 2017), § 36 EStG Rn. 46.

530 *Desens*, FR 2014, 305; *Drüen*, in: Tipke/Kruse, AO/FGO (Stand: Oktober 2010), § 42 AO Rn. 11; *Ratschow*, in: Klein, AO, § 42 Rn. 85; *Koenig*, in: Koenig, AO, § 42 Rn. 28.

531 BFH v. 28.6.2006 – I R 97/05, DStR 2006, 1938 (1941); *Desens*, FR 2014, 265 (266); *Drüen*, in: Tipke/Kruse, AO/FGO (Stand: Oktober 2010), § 42 AO Rn. 11 ff., vgl. auch *Fischer*, in: Hübschmann/Hepp/Spitaler, AO/FGO (Stand: März 2008), § 42 AO Rn. 37; *Koenig*; in: Koenig, AO, § 42 Rn. 2 f.; *Ratschow*, in: Klein, AO, § 42 Rn. 36.

532 *Desens*, FR 2014, 265; vgl. auch *Ratschow*, in: Klein, AO, § 42 Rn. 36.

Tatbestandlich fordert die Rechtsprechung des BFH eine hinsichtlich des erstrebten wirtschaftlichen Ziels unangemessene Gestaltung, die der Steuerminderung dienen soll und weder durch wirtschaftliche noch sonstwie zu beachtende nichtsteuerliche Gründe zu rechtfertigen ist.[533] Diesen Ansatz hat der Gesetzgeber im Wesentlichen nunmehr in § 42 Abs. 2 AO aufgenommen.[534]

1. Keine einschlägige Rechtsprechung

Von einer höchstrichterlichen Klärung dieser Frage, ob ein Gestaltungsmissbrauch bei Cum-/Ex-Leerverkaufsgeschäften vorliegt, ist ausdrücklich mangels Erforderlichkeit im entschiedenen Einzelfall abgesehen worden.[535] Auch das FG Hessen hat diese Frage in seiner neusten Entscheidung ausdrücklich offen gelassen, gleichwohl aber festgestellt, dass das deutsche Steuerrecht die doppelte Anrechnung lediglich einfach abgeführter Kapitalertragsteuer nicht vorsehe.[536] In der Literatur wird diese Frage unterschiedlich beurteilt.

2. Legalitätsthese

Es verwundert nicht, dass einige Vertreter der Legalitätsthese sich mit unterschiedlichen Argumenten gegen eine missbräuchliche Gestaltung i.S.d. § 42 AO aussprechen.[537] Demnach fehle es bei Cum-/Ex-Leerverkaufstransaktionen bereits an einem „gesetzlich nicht vorgesehenen Vorteil".[538] Andere wollen in der Gesetzesbegründung zum JStG 2007 einen Vertrauenstatbestand erkennen.[539] Ein weiterer Ansatz will § 20 Abs. 1 Nr. 1 S. 4, § 44 Abs. 1 S. 3 (Fall 3) EStG (a.F.)

---

533 St. Rspr. BFH v. 29.11.1982 - GrS 1/81, BStBl. II 1983, 272 (277) = BFHE 137, 433 (444) = FR 1983, 275; BFH v. 3.2.1993 - I B 90/92, BStBl. II 1993, 426 (428) = BFHE 170, 197 (200); BFH v. 26.3.1996 - IX R 51/92, BStBl. II 1996, 443 (444) = DStR 1996, 1278 (1279); BFH v. 21.8.2012 - VIII R 32/09, BStBl. II 2013, 16 (18) = DStR 2012, 2369 (2371) m.w.N.

534 Vgl. *Desens*, FR 2014, 265 (273 f.); *Fischer*, in: Hübschmann/Hepp/Spitaler, AO/FGO (Stand: März 2008), § 42 AO Rn. 63; *Loritz*, BB 2017, 2327 (2334 ff.).

535 BFH v. 16.4.2014 - I R 2/12, BFHE 246, 15 = DStR 2014, 2012 (Rn. 42); vgl. hierzu auch *Knobloch*, DB 2016, 1825 (1835 ff.) in Bezug auf Cum-/Cum-Geschäfte.

536 Hessisches FG v. 10.2.2016 - 4 K 1684/14, EFG 2016, 761 (768) = DStR 2016, 1084 (1094).

537 *Desens*, FR 2014, 305 (313); *Haritz/Werneburg*, NWB 2015, 657 (663); *Seer/Krumm*, DStR 2013, 1757 (1764); *Klein*, BB 2015, 726 (733 f.); *ders.*, BB 2016, 2200 (2207).

538 *Desens*, FR 2014, 305 (313); *Haritz/Werneburg*, NWB 2015, 657 (663); *Seer/Krumm*, DStR 2013, 1757 (1764) m.w.N.

539 *Derlien/Kern*, BB 2013, 1943 (1949); *Haritz/Werneburg*, NWB 2015, 657 (663).

eine Sperrwirkung aufgrund ihrer *lex specialis*-Eigenschaft als Missbrauchsnormen zuerkennen.[540]

Desens knüpft bei seiner Begründung an die Norm des § 42 AO an, und zwar bereits an die Genese der Neufassung, bei welcher der Gesetzgeber die Rechtsprechung des BFH zum Dividenden-Stripping übernahm.[541] Tatbestandlich macht er geltend, die bereits oben dargestellte Motivationslage, einen „Arbitrage-Gewinn" zu erzielen, spreche regelmäßig gegen die Kenntnis der Parteien und für einen wirtschaftlichen Zweck der Transaktionen.[542] Andere Vorteile lägen beispielsweise in der Zeit- und Verfahrensökonomie.[543]

Überzeugender ist wohl ein anderes tatbestandsorientiertes Argument. Demnach setze § 42 AO beiderseitige Kenntnis voraus, welche sich regelmäßig in Form einer Absprache manifestiere und Grundlage der jeweiligen Gestaltung sei.[544] Wie bereits dargestellt, ist die Kenntnis aller Beteiligten für das Gelingen des Cum-/Ex-Geschäfts indes nicht zwingend erforderlich.[545] Teilweise wird gleichwohl vertreten, die Annahme eines Gestaltungsmissbrauchs scheitere in den Fällen, in denen Absprachen der Parteien vorlagen.[546] Grund dafür sei, dass die wirtschaftlichen Interessen der Parteien divergieren.[547]

Desens fährt weiter fort mit der Betrachtung auf Rechtsfolgenseite. Demnach sei die Gestaltung gem. § 42 Abs. 1 S. 3 AO rechtlich den wirtschaftlichen Vorgängen angemessenen zu bewerten. Dies bedeute, dass bei Cum-/Ex-Geschäften der Leerverkauf unschädlich und lediglich das Ex-Dividenden-Deckungsgeschäft durch ein Cum-Deckungsgeschäft zu ersetzen sei, wodurch die steuerrechtliche

540 *Haritz/Werneburg,* NWB 2015, 657 (663); *Podewils,* FR 2013, 481 (484); vgl. auch *Desens,* FR 2014, 305 (310); vgl. allgemein zur Sperrwirkung spezieller Missbrauchsnormen im Hinblick auf § 42 AO bis 2008, BFH v. 15.12.1999 – I R 29/97, BStBl. II 2000, 527 (532) = BFHE 190, 446 = DStR 2000, 462; BFH v. 17.5.2000 – I R 19/98, BStBl. II 2000, 619 = DStRE 2000, 1035 (1036); BFH v. 20.11.2007 – I R 85/05, BStBl. II 2013, 287 = DStRE 2009, 76 (78).

541 *Desens,* FR 2014, 265 (273).

542 *Desens,* FR 2014, 265 (266).

543 *Desens,* FR 2014, 305 (307).

544 *Anzinger,* RdF 2012, 394 (395); *Podewils,* FR 2013, 481 (484) unter Berufung auf BFH v. 18.7.2001 – I R 48/97, BFHE 196, 128 = DStR 2001, 1883; vgl. auch *Drüen,* in: Tipke/Kruse, AO/FGO (Stand: Mai 2010), § 42 AO Rn. 44 ff.

545 Siehe hierzu ausführlich oben unter § 3 B. V.

546 *Desens,* FR 2014, 305 (312); *Klein,* BB 2015, 726 (734); *ders.,* BB 2016, 2200 (2207) unter Berufung auf BFH v. 28.6.2006 – I R 97/05, BFHE 214, 276 (284 f.) = DStR 2006, 1938 (1941).

547 *Klein,* BB 2016, 2200 (2207).

Position des Leerverkäufers unbeeinträchtigt bliebe.[548] Auf Seiten des Erwerbers, so stellt *Desens* weiter fest, sei es wirtschaftlich unerheblich, ob dieser mit einem Leer- oder Inhaberverkäufer kontrahiere, da er auch im Fall des Inhaberverkaufs zur Steueranrechnung berechtigt sei.[549]

Ebenfalls wird i.R.d. Rechtsfolge vorgebracht, dass die Sanktionierung von Transaktionen europäischer Depotbanken durch § 42 AO die durch Art. 56 AEUV geschützte Dienstleistungsfreiheit verletze.[550]

Der Legalitätsthese zufolge scheidet daher die Anwendung des § 42 AO auf die Cum-/Ex-Geschäfte aus.

3. *Illegalitätsthese*

Auf einer entgegengesetzten Position sehen sich einige Vertreter der Illegalitätsthese.[551] Für die Annahme einer missbräuchlichen rechtlichen Gestaltung i.S.d. § 42 AO spricht die Gesamtwertung, welche der Diskussion über die steuerrechtliche Behandlung von Cum-/Ex-Geschäften zugrunde liegt. Eine doppelte Anrechnung einfach abgeführter Steuer könne nicht das richtige Ergebnis sein.[552] So sprach sich auch *Podewils* – nach einer mittlerweile aufgegebenen[553] Ansicht – dann für einen Gestaltungsmissbrauch aus, wenn den Geschäften Absprachen zugrunde lagen.[554]

Einen verwirklichten Gestaltungsmissbrauch i.S.d. § 42 AO in Form eines gesetzlich nicht vorgesehenen Steuervorteils sieht auch *Schön* in Fällen, in denen die Vertragskonstruktion eine gedankliche Einheit darstellt.[555] Die verkehrsüblichen Einzelakte, aus denen sich diese Gestaltung zusammensetzt, seien noch nicht tatbestandlich. Der wirtschaftliche Sinn entsprechender Konstruktionen sei ferner vom Steuerpflichtigen gem. § 42 Abs. 2 S. 2 AO zu beweisen. Die Gestaltung an sich sei ein „klarer Fall der Erzeugung systemwidriger Steuervorteile".[556]

---

548 *Desens*, FR 2014, 305 (309).

549 *Desens*, FR 2014, 305 (312).

550 *Desens*, FR 2014, 305 (311).

551 *Bruns*, DStZ 2011, 676 (679); *Podewils*, AG 2010, 391 (395); *ders.*, FR 2011, 69 (74); *Schön*, RdF 2015, 115 (130).

552 Siehe zu dieser Argumentation bereits oben unter § 4 C. I 1. a) aa).

553 *Podewils*, FR 2013, 481 (484).

554 *Podewils*, AG 2010, 391 (395); *ders.*, FR 2011, 69 (74); ähnlich auch *Bruns*, DStZ 2011, 676 (679).

555 *Schön*, RdF 2015, 115 (130); vgl. allgemein dazu *Drüen*, in: Tipke/Kruse, AO/FGO (Stand: Okt. 2010), § 42 AO Rn. 24; *ders.*, a.a.O. (Stand: Mai 2010), Rn. 47.

556 *Schön*, RdF 2015, 115 (131).

4. *Stellungnahme*

Abschließend ist festzuhalten, dass die pauschale Aussage, infolge der Legalitätsthese entfalle der gesetzlich nicht vorgesehene Steuervorteil gem. § 42 Abs. 2 S. 1 AO und damit der tatbestandliche Missbrauch, allein nicht überzeugt. Methodisch greift § 42 Abs. 1 AO erst dann, wenn ein steuerrechtlich angemessenes Ergebnis durch Auslegung nicht erreicht werden kann.[557] Der vermeintlich gesetzliche Steuervorteil ist schließlich erst Tatbestandsvoraussetzung des Missbrauchs rechtlicher Gestaltungen. Anders formuliert bedeutet dies: Ließe man die Argumentation eines gesetzlich vorgesehenen Steuervorteils im Wortsinn zu, beraubte man § 42 AO seines Anwendungsbereichs. Der Begriff des gesetzlich nicht vorgesehenen Steuervorteils kann sich nicht auf die vermeintliche Rechtslage beziehen. Er stellt vielmehr Anforderungen darüber hinaus, welche in besonderem Maße der Wertung zugänglich sind, um das Steueraufkommen vor missbräuchlichen Konstruktionen zu schützen.

Dem Rechtsfolge-Argument *Desens'* ist entgegenzuhalten, dass diese Deutung der Rechtsfolge das Verhältnis zwischen Veräußerungs- und Beschaffungsgeschäft außer Acht lässt, welches sich lediglich im Erfüllungsgeschäft auswirkt. Der Anwendungsbereich des § 42 AO ist vielmehr auf die gesamte Gestaltung zu beziehen, welche dann auch die Steueranrechnung beim Anteilsinhaber berücksichtigen muss.[558]

Seinem Vorwurf der Europarechtswidrigkeit ist entgegenzuhalten, dass diese eine Benachteiligung voraussetzt.[559] Inländische Depotbanken sind schließlich steuerrechtlich gleichgestellt, zumal die Nachteile aus § 42 AO allenfalls den Erwerber, nicht aber die Depotbanken treffen. Eine Benachteiligung ist daher nicht ersichtlich. Der Gestaltungsmissbrauch i.S.d. § 42 AO sieht neben steuerrechtlichen Folgen keine Repressionen vor, sondern sorgt in Cum-/Ex-Fällen lediglich für eine Gleichschaltung zu Inlandssachverhalten.

Angesichts des Gesagten ist den gesamtsystematischen Bedenken, d.h. der doppelten Anrechnung bei einmaliger Erhebung, hinreichend Rechnung zu tragen. Ebenfalls beachtlich ist die Schutzbedürftigkeit des Leererwerbers.[560] Hieraus aber den Schluss zu ziehen, § 42 AO sei selbst bei Absprachen nicht

557 *Englisch*, in: Tipke/Lang, Steuerrecht, § 5 Rn. 116; *Koenig*, in: Koenig, AO, § 42 Rn. 3; *Ratschow*, in: Klein, AO, § 42 Rn. 36.

558 So im Ergebnis wohl auch *Schön*, RdF 2015, 115 (131).

559 *Kluth*, in: Calliess/Ruffert, EUV/AEUV, Art. 56 AEUV Rn. 51.

560 So auch *Desens*, FR 2014, 265 (266).

anzuwenden, ist indes verfehlt.[561] In den Fällen, in denen der Erwerber arglos war, ist zweifelhaft, ob die subjektiven Anforderungen einer missbräuchlichen Gestaltung erreicht werden. Gleichwohl kann das Interesse der Schutzbedürftigkeit nicht grenzenlos zur Erfolgsbegründung der Cum-/Ex-Transaktion herangezogen werden, sondern sollte vielmehr i.R.d. Zivilrechts restituiert werden.[562] Auch die Diversität der Gewinninteressen vermag nicht zu überzeugen. Schließlich speist sich der Gewinn in Fällen kollusiven Zusammenwirkens aus ein und demselben Anrechnungsinteresse in Höhe der Kapitalertragsteuer.

Überdies ist die Argumentation einer Sperrwirkung durch speziellere Missbrauchsnormen mit dem Wortlaut des § 42 Abs. 1 S. 2 AO seit 2008[563] unvereinbar.[564] Selbst wenn eine spezielle Norm existiert, kommt eine Verdrängung von § 42 AO erst mit der Tatbestandsverwirklichung der Spezialnorm in Betracht. In diesem Zusammenhang ist bereits die Qualität der § 20 Abs. 1 Nr. 1 S. 4 und § 44 Abs. 1 S. 3 (Fall 3) EStG (a.F.) als spezielle Missbrauchsvorschriften anzuzweifeln. Weder der Wortlaut der Normen noch ihr Sinn und Zweck lässt Schlüsse auf eine Regelung etwaiger missbräuchlicher Gestaltungen zu.

Im Ergebnis ist festzuhalten, dass jedenfalls dann, wenn den Cum-/Ex-Geschäften Absprachen zugrunde lagen, eine missbräuchliche Gestaltung i.S.d. § 42 Abs. 1 AO anzunehmen ist. Ob im Hinblick auf die Judikatur des BFH zum „Rundum-Sorglos-Paket" hierfür überhaupt ein Anwendungsbereich verbleibt, wird die Praxis zeigen.[565] Bei den nicht abgesprochenen Trades überwiegt letztlich das eingangs erwähnte Restriktionsgebot bei der Anwendung des § 42 AO. Schließlich ist zum einen die missbräuchliche Gestaltung ohne einen Absprachetatbestand des Steuerpflichtigen undenkbar und zum anderen die theoretische Möglichkeit, mit dem Geschäft eine Arbitrage auf dem Cum-/Cum-Markt zu erzielen, als wirtschaftlich sinnvolle Motivation identifiziert worden.[566]

---

561 So aber *Klein*, BB 2016, 2200 (2207).

562 Siehe unten unter § 7.

563 Jahressteuergesetz 2008 (JStG 2008) v. 20.12.2007, BGBl. I 2007, S. 3150 ff., in Kraft getreten am 1.1.2008.

564 So auch *Koenig*, in: Koenig, AO, § 42 Rn. 15; BT-Drs. 16/6290, S. 81; a.A. *Desens*, FR 2014, 265 (271); *Drüen*, in: Tipke/Kruse, AO/FGO (Stand: Okt. 2010), § 42 AO Rn. 20; *Fischer*, in: Hübschmann/Hepp/Spitaler, AO/FGO (Stand: März 2008), § 42 AO Rn. 61; *Ratschow*, in: Klein, AO, § 42 Rn. 91.

565 Vgl. BFH v. 16.4.2014 – I R 2/12, BFHE 246, 15 = DStR 2014, 2012.

566 Siehe hierzu oben unter § 3 B. IV.

V. Inlandsfall ab dem 19.12.2006

Wie bereits zuvor angesprochen, bedarf es angesichts der praktischen Entwicklung auch der Klärung, inwiefern Cum-/Ex-Fälle auch rein national ab dem 19.12.2006 weiterhin möglich waren.[567] Inhaltlich geht es dabei um die Frage der steuerrechtlichen Bewertung, ob in den Fällen des § 20 Abs. 1 Nr. 1 S. 4 EStG gem. § 43 Abs. 1 S. 1 Nr. 7 lit. b) EStG „*das für den Verkäufer der Aktien den Verkaufsauftrag ausführende inländische Kreditinstitut oder Finanzdienstleistungsinstitut*" die Depotbank des Leerverkäufers auch dann umfasst, wenn sie technisch nicht am Vertragsschluss mitgewirkt hat.[568]

Dafür spricht, dass der Wortlaut der Vorschrift keine klare Aussage hierzu trifft, sodass der Telos des JStG 2007 heranzuziehen ist. Dieser würde nahezu gänzlich unterlaufen, wenn man die Steueranrechnung nach einem Cum-/Ex-Leerverkaufsgeschäft national weiter zuließe.[569] Diese Einschätzung teilt auch das FG Hessen, indem es konstatiert, dass die Depotbank zur Abwicklung des Zahlungsflusses zwischengeschaltet sei.[570]

Dem ist umfänglich zuzustimmen. Der Gesetzgeber wird die Konstellation des Effektengeschäfts schon nicht vor Augen gehabt haben, geschweige denn eine Andersregelung zum Ausführungsgeschäft gewollt haben. Die Ausführungen haben zudem gezeigt, dass das Kernproblem beim Leerverkauf zu verorten ist.

D. Behandlung des steuerlichen Rechtsirrtums

Der steuerliche Rechtsirrtum im Steuerschuldverhältnis ist unbeachtlich. Spezielle Regelungen im Steuerrecht existieren nicht. Zwar wird der Irrtum über die Steuerrechtslage zuweilen argumentativ unter Wertungsgesichtspunkten in der Diskussion um die steuerrechtliche Legalität der Cum-/Ex-Geschäfte eingebracht[571], allerdings überwiegt hier das Geltungsinteresse der steuerrechtlichen Norm. Hierbei geht es nicht zuletzt auch um Gleichheitsgesichtspunkte, die einer Privilegierung des Rechtsirrtums im Steuerschuldverhältnis widersprechen. Der *error,* dem zumindest eine Partei in diesen Fällen unterliegt, ist vielmehr im

---

567 Siehe hierzu oben unter § 4 A. III.

568 Vgl. *Jehke/Blank*, DStR 2017, 905 (907); *Klein*, BB 2013, 1054 (1055); *Podewils*, FR 2011, 69 (70).

569 *Jehke/Blank*, DStR 2017, 905 (908 f.) unter Verweis auf BT-Drs. 16/2712, S. 48.

570 FG Hessen v. 10.2.2016 – 4 K 1684/14, EFG 2016, 761 (764 f.) = DStR 2016, 1084 (1090).

571 Statt aller *Berger/Matuszewski,* BB 2011, 3097 (3101); *Englisch,* FR 2010, 1023 (1027); siehe ausführlich oben unter § 4 C. I. a) aa).

Rechtsverhältnis zwischen den Parteien zu verorten und dort zu behandeln.[572] Eine Berücksichtigung i.R.d. steuerrechtlichen Legalität etwaiger Transaktionen ist demnach schon nicht erforderlich und daher verfehlt.

E. Ergebnis der steuerrechtlichen Legalitätsprüfung

Schlussendlich sind die Ausführungen lediglich in solchen Fällen relevant, in denen nicht, angelehnt an die BFH-Entscheidung vom 16.4.2014, schon ein entsprechendes Gesamtvertragskonzept vorliegt.[573] Hier ist die ergangene Entscheidung des BFH einschlägig und abschließend. Zwar handelt es sich um einen Einzelfall, jedoch wird aufgrund der wirtschaftlichen Zielsetzung, nämlich den Cum-/Ex-Steuergewinn zu isolieren, von einer gewissen Verbreitung in der Praxis auszugehen sein.[574]

In den übrigen Fällen, in denen ein entsprechendes Vertragskonzept nicht vorliegt, müssten die drei Voraussetzungen von § 36 Abs. 2 Nr. 2 EStG kumulativ vorliegen. Wie bereits herausgearbeitet, liegen vor dem 19.12.2006 schon keine zurechenbaren Einkünfte vor. Ab diesem Stichtag sind Dividendenkompensationszahlungen zwar nach § 20 Abs. 1 Nr. 1 S. 4 EStG steuerbare Einkünfte, jedoch ist in der Regel eine Steuererhebung unterblieben. Hierüber hilft auch die Vorlage einer Steuerbescheinigung nicht hinweg (Illegalitätstheorie).[575] Abschließend ist die folglich hypothetische Anwendbarkeit von § 42 AO im Einzelfall davon abhängig zu machen, ob Absprachen vorlagen. Der vorherrschende steuerliche Rechtsirrtum wirkt sich in der Untersuchung der steuerrechtlichen Legalität der Cum-/Ex-Geschäfte nicht aus.

---

572 Siehe unten unter § 7.

573 BFH v. 16.4.2014 – I R 2/12, BFHE 246, 15 = DStR 2014, 2012 (Rn. 32); siehe schon oben unter § 4 C. I. 1. a) bb).

574 Ähnlich *Schön*, RdF 2015, 115 (116 und 131).

575 So auch der insoweit unverbindliche Abschlussbericht des Parlamentarischen Untersuchungsausschusses des Bundestages, BT-Drs. 18/12700, S. 320.

Kapitel 5. Strafrechtliche Betrachtung

Wie bereits eingangs erwähnt, ziehen die Cum-/Ex-Geschäfte auch strafrechtliche Implikationen nach sich.[576] Daher soll nun eine steuerstrafrechtliche Aufarbeitung der Thematik erfolgen. Die Untersuchung eventueller Verstöße gegen die §§ 369 ff. AO sind nicht nur der Vollständigkeit halber geboten, sondern für ein gerechtes und ausgewogenes Ergebnis unerlässlich sowie im Hinblick auf die mögliche Verwirklichung eines Verbotsgesetzes i.S.d. § 134 BGB relevant.[577] Der Schwerpunkt der steuerstrafrechtlichen Relevanz der Cum-/Ex-Geschäfte liegt auf der Prüfung der Strafbarkeit des Leererwerbers (A.) unter besonderer Berücksichtigung des Irrtums über die steuerliche Rechtslage. Lediglich überblicksartig sollen im Anschluss Strafbarkeiten weiterer Akteure umrissen werden (B.).

A. Strafbarkeit des Leerkäufers

I. Struktur von § 370 AO

Einleitend ist der Diskurs über die Struktur des § 370 AO zu erwähnen. Dabei ist zu klären, welche Tatbestandsmerkmale eine Blankettqualität und welche die Qualität normativer Tatbestandsmerkmale aufweisen.[578] Die aus dieser Erörterung gewonnenen Erkenntnisse könnten im Hinblick auf die weitere Behandlung des steuerlichen Rechtsirrtums Beachtung finden.

In weiten Teilen der Literatur und Rechtsprechung wird die uneingeschränkte Blankettqualität des § 370 AO befürwortet.[579] Dem entgegen steht die Einordnung

576 Siehe hierzu beispielsweise LG Köln, Beschl. v. 16.7.2015 – 106 Qs 1/15, wistra 2015, 404; *Pflaum*, in: Wabnitz/Janovsky, Handbuch des Wirtschafts- und Steuerstrafrechts, Kap. 20 Rn. 343 f.; *Podewils*, FR 2011, 69; *ders.*, wistra 2015, 275 (275 ff.); *Wegner*, SteuK 2016, 48.

577 *Armbrüster*, in: MünchKomm-BGB, § 134 Rn. 57; *Sack/Seibl*, in: Staudinger, BGB, § 134 Rn. 287; im Übrigen siehe unten unter § 7 B. II. 1.

578 Vgl. zur Abgrenzung zwischen Blankettnormen und normativen Tatbestandsmerkmalen *Sternberg-Lieben/Schuster*, in: Schönke/Schröder, StGB, § 15 Rn. 103; *Tiedemann*, Wirtschaftsstrafrecht AT, Rn. 198.

579 BGH v. 19.4.2007 – 5 StR 549/06, NStZ 2007, 595; *Allgayer*, in: G/J/W, Wirtschafts- und Steuerstrafrecht, § 369 AO Rn. 20 f.; *Jäger*, in: Klein, AO, § 370 Rn. 5 ff.; vgl. auch BVerfG v. 15.10.1990 – 2 BvR 385/87, NJW 1992, 35.

sämtlicher Tatbestandsmerkmale als normativ[580] sowie entsprechend vermittelnde Abstufungen im Hinblick auf einzelne Tatbestandsmerkmale.[581] Die Normativität ergebe sich daraus, dass das jeweilige Tatbestandsmerkmal Ergebnis einer Subsumtion sei.[582]

Dogmatisch handelt es sich bei den Steuerstrafrechtstatbeständen um ausfüllungsbedürftige Normen, wobei der Normbefehl durch die steuerrechtlichen Vorschriften komplettiert wird. Als sachgerecht muss jedenfalls gelten, das Kriterium der Steuerverkürzung einer normativen Wertung anheimzustellen. Eine Differenzierung anhand der unterschiedlichen Merkmale erscheint daher den Gegebenheiten angemessen.

II. Tatbestand der Steuerhinterziehung

Voraussetzung der Strafbarkeit nach § 370 Abs. 1 Nr. 1 AO ist zunächst das Tätigen unrichtiger oder unvollständiger steuerlich erheblicher Angaben. Als Taterfolg muss eine Steuerverkürzung erzielt oder ein nicht gerechtfertigter Steuervorteil erlangt werden. Eine nähere Umschreibung der Taterfolge wird in § 370 Abs. 4 AO vorgenommen.

Die strafrechtliche Relevanz der Cum-/Ex-Leerverkaufskonstellationen ist stark umstritten.[583] Im Folgenden soll diese Diskussion anhand der problematischen Tatbestandsmerkmale aufgearbeitet werden. Zu beachten ist, dass neben dem im Steuerrecht aufgrund des Eingriffscharakters geltenden Vorbehalt des Gesetzes das *ultima ratio-Prinzip* des Strafrechts zu berücksichtigen ist.

---

580 *Hellmann*, in: Hübschmann/Hepp/Spitaler, AO/FGO (Stand: November 2001), § 370 AO Rn. 44 ff. und 232; *Ransiek*, in: Kohlmann, Steuerstrafrecht (Stand: August 2017), § 370 AO Rn. 27; *Tiedemann*, Wirtschaftsstrafrecht AT, Rn. 198.

581 *Schmitz/Wulf*, in: MünchKomm-StGB, § 370 AO Rn. 13 ff.; *Wulf*, Stbg 2012, 19 (22): einzig das Pflichtwidrigkeitserfordernis des § 370 Abs. 1 Nr. 2 und 3 AO sei Blankettvorschrift; vgl. auch *Kuhlen*, in: DStJG 38 (2015), 117 (124 ff.).

582 *Schmitz/Wulf*, in: MünchKomm-StGB, § 370 AO Rn. 14; *Schuster*, Das Verhältnis von Strafnormen und Bezugsnormen aus anderen Rechtsgebieten, S. 188 f. und 195.

583 Für eine Strafbarkeit beispielsweise *Pflaum*, in: Wabnitz/Janovsky, Handbuch des Wirtschafts- und Steuerstrafrechts, Kap. 20 Rn. 343 f.; nach mittlerweile aufgegebener Auffassung auch *Podewils*, FR 2011, 69 (75); ähnlich auch *Wegner*, SteuK 2016, 48; vgl. auch LG Köln v. 16.7.2015 - 106 Qs 1/15, wistra 2015, 404 zur Bejahung eines Anfangsverdachts; a.A. *Derlien/Kern*, BB 2013, 1943; *Desens*, DStR 2014, 2317 (2320); *Haritz/Werneburg*, NWB 2015, 657; *Matuszewski*, BB 2014, 2736; *Podewils*, wistra 2015, 257 (260 f.); *Seer/Krumm*, DStR 2013, 1757 (1757 ff.) und 1814 (1814 ff.); *Weidemann*, BB 2014, 2135 (2139).

1. *Objektiver Tatbestand*

a) Täterschaft des Leererwerbers

Zuweilen wird bereits die Täterqualität des Cum-/Ex-Leerkäufers in Zweifel gezogen.[584] Zur Begründung wird angeführt, dass keiner der Beteiligten alle Tatbestandsmerkmale selbst verwirkliche.[585] Es werde nur einmal Kapitalertragsteuer abgeführt, wobei eine Zuordnung zu einer der mindestens zwei existierenden Bescheinigungen nicht möglich sei. Folglich komme es im Rahmen einer Gesamtbetrachtung, von der in diesem Argumentationskontext ausgegangen wird, auf eine Zurechnung der Tatbeiträge an. Eine Zurechnung nach § 25 Abs. 2 StGB scheitere aber regelmäßig an der Beweisbarkeit etwaiger Abreden, spätestens aber am fehlenden Deliktszusammenhang der unterschiedlichen Einzelakte.[586] Eine mittelbare Täterschaft komme zum einen wegen des fehlenden Werkzeugcharakters des Tatmittlers und zum anderen aufgrund des Fehlens einer irgendwie gearteten überlegenen Stellung des Steuerpflichtigen gegenüber seinem Geschäftspartner nicht in Betracht. Dies ergebe sich aus den individuellen Handelsinteressen.[587]

Diese Sichtweise ist schon deshalb zweifelhaft, weil irrtümlich und vorschnell von einer Gesamtbetrachtung ausgegangen wird. Eine Zurechnung nach § 25 Abs. 2 StGB ist schließlich nur dann erforderlich, wenn eine Täterschaft nicht bereits nach § 25 Abs. 1 Alt. 1 StGB begründet ist. Als Handlungstäter kommt jeder in Betracht, der tatsächlich in der Lage ist, auf die Festsetzung, Erhebung und Vollstreckung der gesetzlich geschuldeten Steuer zum Nachteil des Steuergläubigers einzuwirken.[588] Dies ist in erster Linie der Aktienerwerber nach einem Cum-/Ex-Leerkauf, obgleich auch die Depotbank, welche die Steuerbescheinigung ausstellt und der Leerverkäufer in Betracht kommen. Daher sollte zunächst analysiert werden, ob nicht bereits in der Person des Anteilserwerbers alle Tatbestandsmerkmale erfüllt sind, sodass die zuweilen propagierte Gesamtbetrachtung zur Zurechnung einzelner Tatumstände möglicherweise unnötig ist. Die Strafbarkeit § 370 Abs. 1 AO knüpft vielmehr an die Tatsachenmitteilung an. Dies lässt sich schon aus der Ähnlichkeit zu der Betrugsstrafbarkeit nach § 263 Abs. 1 StGB herleiten. Die Herrschaft über den Informationsvorgang hat

---

584 *Podewils*, wistra 2015, 257 (262); *ders.*, FR 2013, 481 (485 f.).

585 *Podewils*, FR 2013, 481 (485).

586 *Podewils*, wistra 2015, 257 (262).

587 *Podewils*, wistra 2015, 257 (262); *ders.*, FR 2013, 481 (487).

588 *Jäger*, in: Klein, AO, § 370 Rn. 25; *Joecks*, in: Joecks/Jäger/Randt, Steuerstrafrecht, § 370 AO Rn. 31; *Schmitz/Wulf*, in: MünchKomm-StGB, § 370 Rn. 386.

in erster Linie der Anteilserwerber. Auf ihn als objektiv Tatnächsten ist primär und frei von missleitenden Wertungen abzustellen.[589]

b) Nicht gerechtfertigter Steuervorteil

Der in § 370 Abs. 1 a.E. AO geforderte Taterfolg ist eine Steuerverkürzung oder die Gewährung nicht gerechtfertigter Steuervorteile. Steuern sind gem. § 370 Abs. 4 Hs. 1 AO dann verkürzt, wenn sie nicht, nicht in voller Höhe oder nicht rechtzeitig festgesetzt werden. Ein anderer nicht gerechtfertigter Steuervorteil i.S.d. § 370 Abs. 1 Alt. 2 AO kann jeder nicht gerechtfertigte Vorteil außerhalb des Festsetzungsverfahrens sein, insbesondere im Erhebungs- oder Vollstreckungsverfahren, sofern er steuerlicher Art ist.[590] Vorteile sind dann nicht gerechtfertigt erlangt, wenn sie zu Unrecht gewährt oder belassen wurden (§ 370 Abs. 4 S. 2 AO).

Nachfolgend wird daher untersucht, ob der Leerkäufer nach Betreiben der Steueranrechnung im Anschluss an ein Cum-/Ex-Geschäft einen nicht gerechtfertigten Steuervorteil erwirkt.

aa) Legalitätsthese

Der Taterfolg wird oftmals unter Verweis auf die Argumentation zur steuerrechtlichen Behandlung von Cum-/Ex-Geschäften verneint. So verwundert es nicht, dass viele der Literaturstimmen, die einen Anrechnungsanspruch bejahen, insofern konsequent, auch von der Straflosigkeit des hierzu führenden Verhaltens insgesamt ausgehen.[591] Schließlich trete bereits keine Steuerverkürzung ein bzw. sei der gewährte Steuervorteil gerechtfertigt. Insoweit kann auf das bereits Dargestellte verwiesen werden.[592] Diese reine Legalitätsthese gelangt auch hier, ähnlich wie bereits bei § 42 AO, zur Tatbestandslosigkeit. Freilich entfiele unter dieser Perspektive dann auch die Tathandlung mangels Unrichtigkeit der Steuerbescheinigung.

---

589 So auch *Spengel/Eisgruber*, DStR 2015, 785 (800); siehe zur Strafbarkeit der weiteren Akteure unten unter § 5 B.

590 *Hellmann*, in: Hübschmann/Hepp/Spitaler, AO/FGO (Stand: November 2011), § 370 AO Rn. 172 und 176; *Jäger*, in: Klein, AO, § 370 Rn. 120; *Joecks*, in: Joecks/Jäger/Randt, Steuerstrafrecht, § 370 AO Rn. 125.

591 *Desens*, DStR 2014, 2317 (2320 f.); *Plewka*, NJW 2015, 589 (590); *Podewils*, wistra 2015, 257; *ders.*, FR 2013, 481 (483); *ders.*, FR 2014, 1064 (1068); *Seer/Krumm*, DStR 2013, 1757 (1814 ff.); *Weidemann*, BB 2014, 2135 (2137 ff.).

592 Siehe oben unter § 4 C.

bb) Illegalitätsthese

Der Legalitätsansatz ist jedenfalls in den Fällen verfehlt, in denen der BFH bereits eine Steueranrechnung abgelehnt hat, wenn also aufgrund des Gesamtvertragskonzepts schon nicht vom Übergang wirtschaftlichen Eigentums ausgegangen werden kann.[593] In diesen Fällen ist eine durchgeführte Anrechnung ein nicht gerechtfertigter steuerlicher Vorteil.[594] In den übrigen schlichten Cum-/Ex-Leerverkaufsfällen ohne Absprachen richtet sich die Rechtmäßigkeit nach der zuvor behandelten steuerrechtlichen Zulässigkeit der Cum-/Ex-Transaktionen, welche ebenfalls konsequent mit dem Illegalitätsansatz abgelehnt wurde.[595] Darüber hinaus solle der Grundsatz *in dubio pro reo* nicht anwendbar sein. Dies ergebe sich aus seinem Bezugspunkt, welcher lediglich Tatsachen oder Beweiswürdigung, jedoch nicht Rechtsanwendung erfasse.[596]

cc) Stellungnahme

Nach der hier vertretenen Illegalitätsthese ist in allen behandelten Cum-/Ex-Fällen von einem nicht gerechtfertigten Steuervorteil auszugehen. Dies ergibt sich unmittelbar aus den hinreichend erörterten Steuergesetzen.[597] Dieser objektiv zu beurteilende Umstand ist nicht von der Hand zu weisen. Für Fälle, in denen ein entsprechendes Bewusstsein für Merkmale des objektiven Tatbestands nicht bewiesen werden kann, bietet der subjektive Tatbestand ein hinreichendes Korrektiv. Insoweit konsequent liegt bei Cum-/Ex-Leerverkaufsgeschäften ein tatbestandlicher Erfolg vor.

Die Feststellung der Steuerverkürzung ist mithin durch die Ausführungen zur steuerrechtlichen Legalität hinreichend präjudiziert.[598] Die Anrechnung von Kapitalertragsteuer nach einer Cum-/Ex-Leerverkaufstransaktion stellt einen nicht gerechtfertigten Steuervorteil i.S.d. § 370 Abs. 1 a.E. beim Erwerber der Aktien dar.

---

593 Vgl. BFH v. 16.4.2014 – I R 2/12, BFHE 246, 15 = DStR 2014, 2012 (Rn. 32).

594 *Pflaum*, StBp 2015, 185 (189); *Spengel/Eisgruber*, DStR 2015, 785 (800); siehe oben unter § 4 C. II. 1. a).

595 *Spengel/Eisgruber*, DStR 2015, 785 (800).

596 *Pflaum*, StBp 2015, 185 (190); a.A. *Sontheimer*, DStR 2014, 357 (359).

597 Siehe oben unter § 4 E. Illegalitätstheorie.

598 Vgl. *Spengel/Eisgruber*, DStR 2015, 785 (800); *Wulf*, in: FS Streck, S. 627; vgl. auch zur Strafbarkeit des Dividenden-Strippings *Krause*, wistra 1998, 201 (203).

c) Unrichtige Angaben über steuerlich erhebliche Tatsachen

Ein anderer umstrittener Schwerpunkt der Strafbarkeit liegt darin, dass eine Tathandlung erfüllt sein muss. Dazu müssten steuerlich erhebliche Tatsachen vorliegen, welche unrichtig oder unvollständig angegeben (Nr. 1) oder pflichtwidrig unterlassen (Nr. 2) wurden. Eine Erklärung ist dann unrichtig, wenn sie den wirklichen Verhältnissen widerspricht.[599] Abzustellen ist hier auf die Antragstellung des Leerkäufers zur Steuererstattung. Als Tathandlung des Anteilserwerbers kommt einzig die Erklärung über vorab geleistete Steuer nebst Vorlage der Kapitalertragsteuerbescheinigung in Betracht.

Problematisch ist aber, welcher konkrete Erklärungsinhalt abgegeben wird und wie dieser strafrechtlich zu würdigen ist. Hieraus ist die Frage nach der *Richtigkeit* der jeweiligen Erklärung folgern. Die Muster der Anrechnungserklärung enthalten neben den Mitteilungen über Tatsachen auch einen rechtlich-subsumierenden Teil.

Umstritten ist, wie die Richtigkeit der Rechtsauffassung des Erklärenden in diesem Zusammenhang zu bewerten ist. Höchstrichterlich ist hierzu die Formel maßgeblich, nach welcher der Steuerpflichtige *„alle nach der Rechtsauffassung der Finanzbehörde steuerlich erheblichen Tatsachen zu erklären hat und Sachverhaltselemente, deren rechtliche Relevanz objektiv zweifelhaft ist“*, offenlegen muss.[600] Im objektiven Tatbestand spielt eine möglicherweise abweichende Rechtsauffassung keine Rolle, sodass ein umfassender Tatsachenvortrag zu fordern ist.

aa) Legalitätsthese

Teilweise wird behauptet, dass als Erklärungsinhalt nur die Erklärung der Beantragung selbst in Betracht komme. Eine darüber hinausgehende Erklärungspflicht habe das Gesetz nicht vorgesehen, sodass *allenfalls* nach dem 5.5.2009[601] eine Offenlegungspflicht in Fällen kollusiven Zusammenwirkens angenommen

599 *Flore*, in: Flore/Tsambikakis, Steuerstrafrecht, § 370 AO Rn. 138; *Ransiek*, in: Kohlmann, Steuerstrafrecht (Stand: März 2010), § 370 AO Rn. 246; *Schmitz/Wulf*, in: MünchKomm-StGB, § 370 AO Rn. 224.

600 BGH v. 10.11.1999 – 5 StR 221/99, NStZ 2000, 203; BGH v. 23.2.2000 – 5 StR 570/99, NStZ 2000, 320 (321); *Jäger*, in: Klein, AO, § 370 Rn. 44; *Pflaum*, StBp 2015, 185 (191); *Seer/Krumm*, DStR 2013, 1814 (1816); *Sontheimer*, DStR 2014, 357 (358); vgl. auch BVerfG v. 16.6.2011 – 2 BvR 542/09, NJW 2011, 3778 (3779); *Groß*, in: Schork/Groß, Bankstrafrecht, Rn. 1173; *Seer*, in: Tipke/Lang, Steuerrecht, § 23 Rn. 23.

601 BMF v. 5.5.2009 – IV C 1-S 2252/09/10003, DOK 2009/0288260, BStBl. I 2009, 631 = DStR 2009, 1149.

werden könne.[602] Dies ergebe sich aus der umfassenden Nachweisfunktion der Steuerbescheinigung, welche in der *lex scripta* begründet sei und daher über Art. 103 Abs. 2 GG dazu führe, dass lediglich auf die Wirksamkeit der Bescheinigung abzustellen sei.[603]

Korrelierend zu den bereits dargestellten Ausführungen zur steuerrechtlichen Legalität wird bereits die inhaltliche Richtigkeit der Angaben befürwortet.[604] Folglich wäre die Tathandlung abzulehnen.[605]

bb) Illegalitätsthese

Dies ist nach dem Illegalitätsansatz dann unzutreffend, wenn die die Erklärung umfassendere Aussagen beinhaltet, namentlich die Beantragung der Erstattung der *abgeführten/entrichteten* Kapitalertragsteuer.[606] Wie zuvor bereits dargestellt, kommt es bei dem Beantragenden jedenfalls nicht zur Abführung von Kapitalertragsteuer.[607] Die Einreichung der Steuerbescheinigung beinhalte dann die Erklärung: „*Kapitalertragsteuer wurde gemäß dem Aussageinhalt der Steuerbescheinigung abgeführt*". Hierbei handelt es sich nach der Illegalitätsthese objektiv um eine falsche Aussage.[608] Die Frage, ob einer Erklärung eine vertretbare Rechtsauffassung zugrunde liegt, mache sie nicht richtig, sondern lasse allenfalls den Tatbestandsvorsatz entfallen.[609]

cc) Stellungnahme

Der Illegalitätsthese ist auch hier zu folgen. Den Erklärungsinhalt auf das Motiv der Erklärung zu beschränken und ihren Inhalt außer Acht zu lassen, ist sachfremd. Dies wird umso klarer, wenn man sich vor Augen führt, dass Motivirrtümer regelmäßig unbeachtlich sind. Insoweit, wie aus der Vorlage der Bescheinigung

---

602 *Podewils*, wistra 2015, 257 (260 f.).

603 *Weidemann*, BB 2014, 2135 (2138), der aus dem gleichen Grund eine Steuerverkürzung annimmt a.a.O. (2139).

604 *Spatscheck/Spilker*, DB 2016, 2920 (2923 f.); *Spilker*, FR 2017, 138 (146); siehe hierzu oben unter § 4 C.

605 *Podewils*, wistra 2015, 257 (260 f.); *Weidemann*, BB 2014, 2135 (2139).

606 *Groß*, PStR 2013, 296 (299); *Spengel/Eisgruber*, DStR 2015, 785 (800); siehe auch LG Köln, Beschl. v. 16.7.2015 – 106 Qs 1/15, wistra 2015, 404 (405).

607 Siehe oben § 4 C. II. 3.

608 So *Groß*, in: Schork/Groß, Bankstrafrecht, Rn. 1167; *ders.*, PStR 2013, 296 (299); vgl. auch *Spengel*, FR 2017, 545 (547); unsauber dagegen *Müller*, StB 2015, 352 (355), der die mangelnde Kenntnis vom Leerverkauf i.R.d. Tathandlung aufgreift.

609 So auch *Klein*, in: Jäger, AO, § 370 Rn. 170.

als materielle Voraussetzung der Steueranrechnung auch auf ihre Richtigkeit geschlossen wird, unterliegen auch die hiesigen Vertreter der Legalitätstheorie dem bereits zuvor entlarvten, unvollkommenen Umkehrschluss, aus der Anrechnungsnotwendigkeit der Bescheinigung folge die Berechtigung.[610] Auch strafrechtlich ergibt sich objektiv nichts Abweichendes. Schließlich ist die Anscheinsbeweisfunktion, wie bereits dargestellt, dem Gesetz unmittelbar entnehmenbar. Zwar ist die Staatsanwaltschaft beweispflichtig, maßgeblich ist aber nicht die Frage, ob der Aktienerwerber eine Steuerbescheinigung erhalten hat, sondern ob tatsächlich Kapitalertragsteuern einbehalten wurden.

Überdies lässt auch eine besondere Rechtsauffassung die objektive Unrichtigkeit der Erklärung nicht entfallen, wenn der vorgeschaltete Cum-/Ex-Leerverkauf nicht dargelegt oder erklärt worden ist. Die fehlerhafte Annahme, dass vor dem 19.12.2006 Einkünfte aus Kapitalvermögen erzielt und Quellsteuer darauf erhoben wurde und dass die Steuerbescheinigung notfalls als einzige Anrechnungsvoraussetzung diene, ändert nichts an ihrem Inhalt. Ob dieser Irrtum erkennbar war, ist eine Frage des subjektiven Tatbestands.[611] Letztlich liegt der Erklärungsschwerpunkt maßgeblich auf dem Begehren, erhobene Kapitalertragsteuer anrechnen zu wollen. Mithin ist von der Verwirklichung des Tatbestands des § 370 Abs. 1 Nr. 1 AO auszugehen.[612] Im Ergebnis liegt somit eine objektiv unrichtige Erklärung vor.

Etwas anderes gilt lediglich in dem (hypothetischen) Fall, dass neben dem Anrechnungsbegehren deutlich gemacht wird, dass es sich bei den in Rede stehenden Kapitalerträgen um Dividenden oder Dividendenkompensationszahlungen handelt, auf welche keine oder möglicherweise keine Kapitalertragsteuer gezahlt wurde. Bei einer solchen Sachlage wären die Unrichtigkeit der Erklärung und damit der objektive Tatbestand zu negieren.[613]

Abschließend ist festzuhalten, dass die Frage der steuerlichen Behandlung der Cum-/Ex-Geschäfte zwar umstritten ist, dies allein aber keine Abweichung vom Gebot vollständiger Angaben rechtfertigt.[614] Der Umfang der Kontroverse um die Cum-Ex-Geschäfte, das steuerrechtliche Endergebnis der Legalitätsthese sowie das Gegensteuern der Finanzverwaltung und des Gesetzgebers sind Anlass genug, jenen Sachverhalt, auf welchen sich die Steueranrechnung bezieht, umfangreich

---

610 Siehe oben unter § 4 C. III. 4.

611 Siehe hierzu unten § 5 A. II. 2.

612 So auch *Pflaum*, StBp 2015, 185 (195), der bei Fällen späterer Kenntnis auf § 370 Abs. 1 Nr. 2 AO abstellt, wobei er auf die Berichtigungspflicht des § 153 AO zurückgreift.

613 Vgl. *Wulf*, in: FS Streck, S. 627 (632).

614 A.A. *Wulf*, in: FS Streck, S. 627 (639).

offenzulegen, auch wenn keine Rechtsprechung zu der umstrittenen Rechtsfrage existierte.

d) Zwischenfazit

Der objektive Tatbestand des § 370 Abs. 1 Nr. 1 AO ist bei Stellung des Anrechnungsbegehrens in Bezug auf Kapitalertragsteuer in den allermeisten Fällen zu bejahen, wenn das betreffende Geschäft ein Cum-/Ex-Leerverkaufsgeschäft war.[615]

2. Subjektiver Tatbestand

Zweifelhaft ist, inwiefern der subjektive Tatbestand bejaht werden kann. § 370 Abs. 1 AO fordert vorsätzliches Handeln. Vorsätzlich meint Wissen und Wollen im Hinblick auf die objektive Tatbestandsverwirklichung.[616] Jedenfalls erforderlich ist, dass der Täter den Taterfolg für möglich hält und ihn gleichwohl billigend in Kauf nimmt, d.h. zumindest über *dolus eventualis* verfügt.[617] Bei der nachfolgenden Untersuchung ist daher zunächst kognitiv anhand des jeweiligen subjektiven Horizonts des Täters, also seines Wissens, zu differenzieren. Hinzutreten muss überdies das voluntative Element des billigenden Inkaufnehmens im Hinblick auf den objektiven Tatbestand.

a) Vorüberlegungen zum steuerlichen Rechtsirrtum

Problematisch ist, inwiefern sich die falsche Erklärung auf Tatsachen oder eine abweichende Rechtsauffassung stützt. Dabei geht es um die Frage, inwiefern subjektive Annahmen wie Irrtümer auf Seiten des Erklärenden im subjektiven Tatbestand zu behandeln sind.

Diese Frage wurde früher in ständiger Rechtsprechung[618] durch Anwendung der sog. „*Steueranspruchstheorie*" beurteilt. Demnach musste sich der Vorsatz

---

615 So auch *Spengel*, FR 2017, 545 (547).

616 *Fischer*, StGB, § 15 Rn. 3 f.; *Joecks*, in: Joecks/Jäger/Randt, Steuerstrafrecht, § 369 AO Rn. 49 ff.; *Klein*, in: Jäger, AO, § 370 Rn. 170; *Pflaum*, StBp 2015, 185 (192); *Rolletschke*, in: G/J/W, Wirtschafts- und Steuerstrafrecht, § 370 Rn. 231; *Wulf*, Stbg 2012, 19.

617 BGH v. 8.9.2011 - 1 StR 38/11, NStZ 2012, 160; *Fischer*, StGB, § 15 Rn. 9 f.; *Klein*, in: Jäger, AO, § 370 Rn. 175; *Rolletschke*, in: G/J/W, Wirtschafts- und Steuerstrafrecht, § 370 Rn. 233; *Spatscheck/Spilker*, DB 2016, 2920 (2924).

618 BGH v. 3.6.1954 - 3 StR 302/53, BGHSt 7, 336 (345); BGH v. 13.11.1953 - 5 StR 342/53, BGHSt 5, 90 (92); BGH v. 3.4.1952 - 3 StR 630/51, BGHSt 2, 338 (340) = NJW 1952, 945 (946), in Fortführung von RG v. 22.4.1926 - II 139/26, RGSt 60, 182

der Steuerhinterziehung auch auf den Steueranspruch *per se* beziehen. Folglich entfiele auch bei vermeidbaren Irrtümern über die Steuerrechtslage der Tatbestandsvorsatz, wenn die Unrichtigkeit oder Unvollständigkeit der Angaben auf diesem Irrtum beruhten.[619]

b) Stand der Literatur zum subjektiven Tatbestand bei Cum-/Ex-Geschäften

aa) Contra dolus (Legalitätsthese)

Ein nicht unerheblicher Teil der Literatur, welcher sich hauptsächlich aus Vertretern der Legalitätsthese zusammensetzt, vertritt in Anlehnung an die bereits oben[620] geschilderte Argumentation die These, der Leerkäufer handele in jedem Fall vorsatzlos.[621] Dies ergebe sich aus der Schutzwürdigkeit, welche jedenfalls die Gesetzesmaterialien zum JStG 2007 begründet hätten, sowie aus der bereits erwähnten fehlenden Erkennbarkeit von Leerverkäufen. Hieraus folgen jedenfalls die Vertretbarkeit der oben als Legalitätsthese bezeichneten Auffassung und daraus die Vorsatzlosigkeit.

Aufgrund der Vertretbarkeit der Legalitätsthese bestehe daher auch keine Offenlegungspflicht. Eine Divergenz zur herrschenden Auffassung in Rechtsprechung und Literatur sei nicht festzustellen.[622] Zusätzlich wird darauf verwiesen, dass aufgrund der *ultima ratio*-Funktion des Strafrechts hohe Anforderungen an jene Anhaltspunkte zu stellen seien, welche auf eine abweichende Auffassung der Finanzverwaltung oder eine spätere, von der eigenen Ansicht abweichende Judikatur hindeuten.[623] Vereinzelt wird auch darauf verwiesen, dass die bereits durch die Finanzgerichte entschiedenen Fälle keine Andeutungen in Bezug auf strafrechtliche Aspekte enthalten hätten.[624]

---

(185); RG v. 2.5.1927 – II 21/27, RGSt 61, 259 (262); siehe auch BFH v. 31.7.1996 – XI R 74/95, BFHE 181, 230 (234 f.) = BStBl. II 1997, 157 (160) = DStR 1997, 154 (156); BFH v. 29.4.2008 – VIII R 28/07, BFHE 220, 332 (343) = NJW 2008, 2941 (2944).

619 *Joecks*, in: Joecks/Jäger/Randt, Steuerstrafrecht, § 370 AO Rn. 502; *Kuhlen*, DStJG 38 (2015), 117 (139); kritisch *Jäger*, in: Klein, AO, § 370 Rn. 172 f.; *Meyer*, NStZ 1986, 443; *Pflaum*, StBp 2015, 185 (192 f.); siehe hierzu ausführlich unten unter § 5 A. II. 2. c).

620 Siehe oben unter § 4 C. I. 1. a) aa).

621 *Desens*, DStR 2014, 2317 (2320 und 2323); *Haritz/Werneburg*, NWB 2015, 657 (663); *Seer/Krumm*, DStR 2013, 1814 (1816); *Spatscheck/Spilker*, DB 2016, 2920 (2925).

622 *Matuszewski*, BB 2014, 2726; *Müller*, StB 2015, 352 (355); *Podewils*, FR 2014, 1064 (1068); *Spatscheck/Spilker*, DB 2016, 2920 (2925 f.); *Spilker*, FR 2017, 138 (146).

623 *Seer/Krumm*, DStR 2013, 1814; *Spatscheck/Spilker*, DB 2016, 2920 (2926).

624 *Desens*, DStR 2014, 2317 (2321); *Schmid*, DStR 2015, 801 (805).

Demnach sollen sich die Beteiligten auf die Regierungsbegründung zum JStG 2007 berufen können und seien schutzwürdig. Man ging schließlich davon aus, dass die den Cum-/Ex-Geschäften nachgeschaltete Steueranrechnung rechtmäßig sei.[625] Es liege weder Strafwürdigkeit noch -bedürftigkeit vor.[626]

bb) Pro dolus (Illegalitätsthese)

Hiergegen wird die Ansicht vertreten, dass jedenfalls Eventualvorsatz anzunehmen sei, zumindest aber nicht aufgrund der folgenden Bedenken ausgeschlossen werden könne. Vorgebracht wird, dass sich den Parteien Zweifel hätten aufdrängen müssen. Anlass zu dieser Einschätzung geben die zitierten Entscheidungen, welche losgelöst vom Einzelfall in den Cum-/Ex-Fällen zurate gezogen wurden.[627] Dieses Argument zielt inhaltlich auf das Fundament der Legalitätsthese ab. Ferner seien die maßgeblichen Literaturbeiträge erst nach 2012 erschienen, sodass die Rezeption in der Rechtswissenschaft ebenfalls nicht zu einem Vorsatzausschluss führen könne.[628] Ebenso könne sich aus der Gesetzesbegründung kein Vertrauenstatbestand ergeben, da diese fehlgedeutet wurde. Inhaltlich wird mithin die Argumentation der Illegalitätsthese im Steuerrecht bemüht.[629]

cc) Differenzierende Ansicht

Einen abweichenden Ansatz verfolgt *Pflaum*, welcher die tatsächlichen Begebenheiten der Entwurfsbegründung des JStG 2007 und etwaiger Rechtsgutachten grundsätzlich als Anhaltspunkte ansieht. Die Gesetzesbegründung könne hingegen erst nach ihrer Veröffentlichung (d.h. nicht vor dem 25.09.2006) herangezogen werden.[630] Darüber hinaus sei die Rechtslage ab Ende 2006 ebenfalls nicht ausreichend eindeutig gewesen, wobei Marktteilnehmer gezielt inländische Verkäufer gemieden hätten.[631] Im Hinblick auf etwaige Rechtsgutachten seien die Qualität des Gutachtens sowie die Qualifikation des Gutachters maßgeblich.[632]

---

625 Vgl. *Desens*, DStR 2014, 2317 (2320); *Podewils*, FR 2013, 481 (487); *Spilker*, FR 2017, 138 (146).

626 *Seer/Krumm*, DStR 2013, 1814 (1815); *Spilker*, FR 2017, 138 (148).

627 *Pflaum*, in: Wabnitz/Janovsky, Handbuch des Wirtschafts- und Steuerstrafrechts, Kap. 20 Rn. 343 f.; *Spengel/Eisgruber*, DStR 2015, 785 (781); vgl. auch FG Hessen v. 8.10.2012 – 4 V 1661/11, EFG 2013, 47 (50 f.) = DStR 2012, 2381 (2385).

628 *Spengel/Eisgruber*, DStR 2015, 785 (801).

629 *Spengel/Eisgruber*, DStR 2015, 785 (800 f.).

630 Siehe BT-Drs. 16/2712 vom 25.09.2006.

631 *Pflaum*, StBp 2015, 185 (193) unter Hinweis auf BT-Drs. 17/13683, S. 6 ff.

632 *Pflaum*, StBp 2015, 185 (193 f.).

dd) Stellungnahme

Die extremen Argumente sowohl pro also auch contra einen dolosen Täter vermögen nicht zu überzeugen. Der Argumentation, man habe aufgrund der Regierungsbegründung zum JStG 2007 auf die Zulässigkeit der Cum-/Ex-Geschäfte vertrauen dürfen, ist kaum haltbar. Vor dem 25.09.2006 war diese Begründung schließlich nicht existent.[633] Nach diesem Stichtag – entgegen dem Gesetz selbst – eine Schutzwürdigkeit für die ins Ausland verlagerten Geschäfte anzunehmen, ist Wunschdenken.

Das Argument, die strafrechtliche Relevanz der Geschäfte sei nicht früher zu Tage getreten, ist verfehlt. Abgesehen davon, dass Präjudize dieser Art durch Finanzgerichte oder gar -verwaltung bereits unzulässig sind, richtet sich die Strafbarkeit aufgrund des teilweisen Blankettcharakters nur insoweit nach der Finanzgerichtsbarkeit, als es um steuerrechtliche Legalität der Cum-/Ex-Geschäfte geht.[634] Die Behauptung, eine umfassende Offenlegung sei nicht erforderlich, weil die Legalitätsthese der vermeintlich „herrschenden Meinung" in Rechtsprechung und Schrifttum entspreche, ist nicht überzeugend.[635] Wie bereits dargestellt, existiert keine gerichtliche Entscheidung, welche den Anlass zu Legalitätserwägungen bei Cum-/Ex-Geschäften bietet. Zudem hat sich in der Literatur Kritik formiert. Auch die Position der Finanzverwaltung ist, wenn nicht gar aufgrund der speziellen Sachlage, spätestens seit dem BMF-Schreiben vom 5.5.2009[636] offensichtlich. Die Erwägungen hinsichtlich der fehlenden Erkennbarkeit des Leerverkaufs sind zwar grundsätzlich nachvollziehbar, lassen aber Probleme im Falle der Kenntnis des Leerverkaufs unbeantwortet. Einzig der *ultima ratio*-Gedanke des Strafrechts kann hier untermauert werden.

Den Argumenten der Gegenauffassung fehlt jedoch gleichermaßen die Schlagkraft. Ob und wann sich Zweifel an der steuerrechtlichen Legalität des Anrechnungsbegehrens aufdrängen mussten, ist eine Frage des Einzelfalls, welcher hier lediglich grundsätzlich behandelt werden kann. Am plausibelsten und mit einleuchtenden Ausführungen hinsichtlich der Rechtsgutachten halten die Ausführungen *Pflaums*[637] einer kritischen Würdigung stand. Sie berücksichtigen die

---

633 Siehe BT-Drs. 16/2712 vom 25.09.2006.

634 Siehe hierzu bereits eingangs unter § 5 A. I.

635 Vgl. *Jäger*, in: Klein, AO, § 370 Rn. 180.

636 Vgl. BMF Schreiben v. 5.5.2009 – IV C 1-S 2252/09/10003, DOK 2009/0288260, BStBl. I 2009, 631 = DStR 2009, 1149; siehe oben unter § 4 B. I.

637 *Pflaum*, StBp 2015, 185.

Interessen beider Lager und sollen daher als Grundstein für die hier favorisierte Lösung herangezogen werden.

Stellungnehmend ist also festzuhalten, dass hier eine pauschale Entscheidung nicht getroffen werden kann. Vielmehr ist die Vorsatzfrage eine Einzelfallfrage, welche einer vorherigen Eingrenzung bedarf.

c) Eigene Einordnung

Zur Einordnung des jeweiligen subjektiven Horizonts der Parteien ist eine Differenzierung anhand der unterschiedlichen Vorsatzelemente – namentlich des kognitiven und des voluntativen Elements – geboten. Diese zu erfassen und zu beschreiben ist Gegenstand der nachfolgenden Ausführungen.

aa) Erste Stufe: Irrtum über Tatsachen oder Rechtslage

Zunächst ist auf der ersten Stufe der Lösung nach dem Bezugspunkt der Kenntnis, also dem kognitiven Element, zu fragen. Als Bezugspunkt für einen Irrtum des vermeintlichen Täters kommen zum einen die Steuerrechtslage und zum anderen die tatsächlichen Gegebenheiten in Betracht.[638]

Glaubt der Anteilserwerber beispielsweise, er habe von einem Inhaber erworben oder würde vor dem Dividendenstichtag Inhaber, bzw. kann ihm nicht nachgewiesen werden, dass er von dem Leerverkauf oder einem beabsichtigten *Fail* wusste, geht er infolge dessen von einer abgeführten Kapitalertragsteuer und damit von der Richtigkeit der Steuerbescheinigung aus. Dieser Irrtum führt gem. § 16 Abs. 1 S. 1 StGB zum Vorsatzausschluss.[639] Da eine fahrlässige Steuerhinterziehung nicht strafbar ist, vgl. § 15 StGB, kommt lediglich eine Ordnungswidrigkeit nach den §§ 377 ff. AO in Betracht.

Kennt der Erwerber dagegen die Tatsache des Leerverkaufs oder weiß er von der Absicht des Verkäufers zu *failen*, kommt es darauf an, ob er auch aus diesem Umstand die Richtigkeit seiner Bescheinigung folgern durfte oder an ihr zweifeln musste. Der vermeintliche Täter weiß in diesem Fall folgerichtig auch, dass er im Falle des *Fails* statt der Original-Dividende eine Kompensationszahlung erhält. Hieraus geht ebenfalls folgerichtig die Kenntnis hervor, dass keine Steuer auf eben diese Bezüge erhoben wurde – vor dem 19.12.2006, weil sie nicht steuerpflichtig waren, und ab dem 19.12.2006, weil sie schlicht nicht von der Regulationszahlung abgezogen wurden. Andernfalls wäre es technisch zur Vereinnahmung einer

---

638 Vgl. auch *Kuhlen*, in: FS Kargl, S. 297 (298).

639 Vgl. *Ransiek*, in: Kohlmann, Steuerstrafrecht (Stand: November 2012), § 370 AO Rn. 657.

wirtschaftlichen *Doppel-Netto*-Dividende gekommen, welche praktisch von den Banken nicht veranlasst[640] wurde und – selbst wenn dies geschehen wäre – sicherlich erkannt worden wäre.

Hier besteht Unklarheit über die konkrete Rechtsfrage, ob ein Anteilserwerber nach einem Cum-/Ex-Leerverkauf über den Dividendenstichtag berechtigt ist, Kapitalertragsteuer anzurechnen. Der Erwerber subsumiert falsch, indem er der Legalitätsthese folgend davon ausgeht, eine Anrechnungsberechtigung bestehe aufgrund der Zurechnung der beim Anteilsinhaber erhobenen Kapitalertragsteuer. Die Frage, wie diese Fehlvorstellung zu bewerten ist, beantwortet sich in einem zweiten Schritt.

bb) Zweite Stufe: Behandlung des steuerlichen Rechtsirrtums

Erst auf der zweiten Stufe richtet sich der Fokus daher auf die Frage, wie der steuerliche Rechtsirrtum im subjektiven Tatbestand des § 370 AO zu behandeln ist. Diese Problematik wirkt sich jedoch, wie aufgezeigt, nur dann aus, wenn der Erwerber vom Leerverkauf Notiz genommen hat. Der Schwerpunkt liegt diesbezüglich auf der Berücksichtigung der eingangs erwähnten sog. *Steueranspruchstheorie*, wobei umstritten ist, ob ihr weiterhin zu folgen ist.[641]

(1) Steueranspruchstheorie

Trotz neuerer Kritik wird die Steueranspruchstheorie nach wie vor überwiegend vertreten.[642] Anknüpfungspunkt ist das den Steuerstraftatbeständen immanente Verkürzungselement.[643] Für die Steueranspruchstheorie werden der Wortlaut des § 16 Abs. 1 S. 1 StGB und des § 370 AO angeführt. Demnach ist für

---

640 Vgl. hierzu die obigen Ausführungen i.R.d. Legalitätsthese unter § 4 C. II. 1. a); demnach konnten die Depotbanken nicht erkennen, ob Kapitalertragsteuer abgezogen wurde oder nicht.

641 Der BGH hatte diese Frage zuletzt angesichts der Kritik ausdrücklich offen gelassen, vgl. BGH v. 8.9.2011 – 1 StR 38/11, NStZ 2012, 160 (Rn. 24).

642 *Welzel,* NJW 1953, 486; *Flore*, in: Flore/Tsambikakis, Steuerstrafrecht, § 370 AO Rn. 656 ff.; *Kuhlen,* in: FS Kargl, S. 297 ff. (298 u 301); *ders.,* DStJG 38 (2015), 117 (118); *Ransiek*, in: Kohlmann, Steuerstrafrecht (Stand: November 2012), § 370 AO Rn. 661; *ders.*, wistra 2012, 365; *Rolletschke,* in: G/J/W, Wirtschafts- und Steuerstrafrecht, § 370 AO Rn. 327; *Roxin*, Strafrecht AT, Bd. I, § 12 B Rn. 107; *Schmitz/Wulf*, in: MünchKomm-StGB, § 370 AO Rn. 366; *Weidemann*, in: FS Herzberg, S. 299 (307); *Wulf*, Stbg 2012, 19 (20 ff.); vgl. auch *Bülte*, in: G/J/W, Wirtschafts- und Steuerstrafrecht, § 370 AO Rn. 327; *Wedler*, NZWiSt 2015, 99 (101).

643 Siehe zum Inhalt der Steueranspruchstheorie auch oben unter § 5 A. II. 2. c) bb) (1).

eine Strafbarkeit die Kenntnis von der Steuerverkürzung zu fordern, wobei die Kenntnis der Verkürzung eines unbekannten Steueranspruchs unmöglich sei.[644] Auch im Kernstrafrecht sei anerkannt, dass die Kenntnis der Verletzung fremder Rechtsgüter erforderlich sei.[645]

(2) Kritik

Gegen die Steueranspruchstheorie regt sich zunehmend Kritik.[646] Diese stützt sich darauf, dass die Steueranspruchstheorie nicht danach differenziere, ob die Unkenntnis des Steueranspruchs auf der Unkenntnis tatsächlicher Umstände (Besteuerungsgrundlage) oder auf der Unkenntnis steuerrechtlicher Zusammenhänge (Besteuerungstatbestand, Steuerschuld, Erklärungspflicht) beruhe.[647] Zudem werden auch Wertungserwägungen angeführt, nach denen die Rechtsfolge des § 16 StGB zu starr sei.[648] Abschließend ergebe sich der Verbotsirrtum aus dem Blankettcharakter des § 370 AO.[649]

(3) Stellungnahme

Bloße Wertungserwägungen hinsichtlich einer unliebsamen Rechtsfolge sind generell und *erst recht* zulasten des Täters im Strafrecht zu unterlassen.[650] Der Kritik im Hinblick auf den vermeintlichen Widerspruch zur – zumindest teilweisen – Blanketteigenschaft ist entgegenzusetzen, dass es den Blankettstrafgesetzen immanent ist, sie im jeweiligen Sachzusammenhang anzuwenden.[651] Dies geschieht oft zulasten des Täters. Die täterbegünstigende Lösung der Steueranspruchstheorie kann daher nicht negativ zu Buche schlagen. Vor diesem Hintergrund einer besonderen Sachlage überzeugt auch die Argumentation *Wulfs*, bei den

---

644 *Bülte*, in: G/J/W, Wirtschafts- und Steuerstrafrecht, § 370 AO Rn. 327; *Flore*, in: Flore/Tsambikakis, Steuerstrafrecht, § 370 AO Rn. 656 ff.; *Kuhlen*, in: FS Kargl, S. 297 (298); *ders.*, DStJG 38 (2015), 117 (138); *Ransiek*, in: Kohlmann, Steuerstrafrecht (Stand: November 2012), § 370 AO Rn. 662.

645 *Ransiek*, wistra 2014, 365 (367).

646 *Maiwald*, Unrechtskenntnis und Vorsatz im Steuerstrafrecht, 1984, S. 1 f.; *Jäger*, in: Klein, AO, § 370 Rn. 173; *Meyer*, NStZ 1986, 443; *Pflaum*, StBp 2015, 185 (192 f.).

647 *Allgayer*, in: G/J/W, Wirtschafts- und Steuerstrafrecht, § 369 AO Rn. 26 ff.; *Jäger*, in: Klein, AO, § 370 Rn. 172.

648 Vgl. *Löwe-Krahl*, PStR 2012, 66 (70).

649 *Allgayer*, in: G/J/W, Wirtschafts- und Steuerstrafrecht, § 369 AO Rn. 28; *Jäger*, in: Klein, AO, § 370 Rn. 173; *Seer*, in: Tipke/Lang, Steuerrecht, § 23 Rn. 45 f.; *Tipke*, Die Steuerrechtsordnung, Bd. III, S. 1732.

650 So auch *Kuhlen*, in: FS Kargl, S. 297 (306).

651 *Kuhlen*, DStJG 38 (2015), 117 (127).

Steuernormen handele es sich um normative Tatbestandsmerkmale und nicht um blankettausfüllende Vorschriften; diese Sichtweise kommt im Hinblick auf § 16 StGB zum gleichen tätergünstigen Ergebnis.[652]

Die Steueranspruchstheorie ist damit ohne Rücksicht auf die eingangs behandelte Struktur des § 370 Abs. 1 AO weiterhin zu befürworten. Sie ist auch deshalb konsequent, weil die strafrechtliche Sanktionierung komplexer Rechtsirrtümer im Steuerrecht unsachgerecht und unangemessen ist.[653]

Darüber hinaus kann auch der Vorwurf mangelnder Differenzierung widerlegt werden. Die vorliegenden Cum-/Ex-Geschäfte eignen sich dafür als hervorragendes Beispiel. Wie die hiesigen Ausführungen zeigen, bietet die Steueranspruchstheorie einen isolierten und mithin präzisen Lösungsansatz für steuerliche Rechtsirrtümer.[654]

Lehnt man die Steueranspruchstheorie ab, kommt lediglich im Falle eines (zu seltenen) unvermeidbaren Verbotsirrtums gem. § 17 S. 1 StGB ein Schuldausschluss in Betracht.[655] Folgt man jedoch der Steueranspruchstheorie, stellt sich die Frage, welche Anforderungen an die tatbestandliche Unkenntnis zu stellen sind. Dies ist in erster Linie eine Einzelfallfrage, wobei grundsätzliche Parameter hierzu aufgestellt und ggf. bewertet werden sollen.

(4) Anwendung auf die Cum-/Ex-Fälle

Im Hinblick auf die Cum-/Ex-Geschäfte soll nachfolgend der Versuch unternommen werden, Anhaltspunkte für einen steuerlichen Rechtsirrtum darzustellen und zu bewerten.

In voluntativer Hinsicht sind daher insbesondere Rechtsauskünfte von Rechtsanwälten und Steuerberatern sowie die zahlreichen wissenschaftlichen Beiträge zu der Legalität der Cum-/Ex-Geschäfte zu würdigen.[656] Grundsätzlich kann davon ausgegangen werden, dass qualifizierte Rechtsgutachten nicht zu hinterfragen sind. Entsprechende Nachfragen des Auftraggebers oder weitere Gutachten dürften zudem in den seltensten Fällen einen Erkenntniszugewinn versprechen.

---

652 *Wulf*, Stbg 2012, 19 (20); *Joecks*, in: MünchKomm-StGB, § 16 Rn. 70; vgl. auch *Roxin*, Strafrecht AT, Bd. I, § 12 B Rn. 107.

653 Vgl. auch *Wulf*, Stbg 2012, 19 (20).

654 So auch *Kuhlen*, in: FS Kargl, S. 297 (305); siehe hierzu sogleich zur Anwendung der Steueranspruchstheorie auf die Cum-/Ex-Geschäfte unter (4).

655 Vgl. *Flore*, in: Flore/Tsambikakis, Steuerstrafrecht, § 370 AO Rn. 665; *Wulf*, Stbg 2012, 19 (20); siehe hierzu unten unter § 5 A. III.

656 Vgl. *Pflaum*, StBp 2015, 185 (193 f.); vgl. auch *Groß*, in: Schork/Groß, Bankstrafrecht, Rn. 1168; strenger dagegen *Sontheimer*, DStR 2014, 357 (360).

Ein solcher kann einzig durch die Finanzgerichte geliefert werden. Jedoch ist nicht hinnehmbar, in einem pönalisierten Eingriffsverwaltungsrecht wie dem Steuerrecht aus Angst vor Strafe die Klärung der steuerrechtlichen Rechtsfragen zu vermeiden. Schließlich obliegt es dem Staat, sich im Bereich des Eingriffsrechts zu rechtfertigen.

Auch wenn dem Gesetz in diesem Fall aus logischen Gründen kein Schutzgedanke abgewonnen werden kann, darf nicht unbeachtet bleiben, dass ein Versäumnis bzw. Versagen des Gesetzgebers im Raum steht, rechtzeitig und qualitativ überzeugend tätig geworden zu sein.[657] Die Aufgabe der Wissenschaft besteht hingegen darin, entsprechende Reibungsfelder aufzudecken und zu diskutieren.

Die Legalitätsthese wird hier zwar grundsätzlich abgelehnt, im vorliegenden Kontext ist sie jedoch nicht unvertretbar. Die Gefahr, dass Bestrebungen unternommen werden, um eine mögliche Unsicherheit herbeizukonstruieren, ist – wenn überhaupt – ein Problem der (Ethik der) Wissenschaft.[658]

Das Gesagte wird in diesem Zusammenhang und im Hinblick auf das *ultima ratio-Prinzip* des Strafrechts tendenziell eher ein Vertrauen auf die Legalität als die Inkaufnahme der Illegalität der Cum-/Ex-Geschäfte bedeuten. Ein strafbares Verhalten läge mithin nur dann vor, wenn der Leerkäufer weiß, dass ein Leerverkauf stattgefunden hat, und er darüber hinaus von der Illegalitätsthese überzeugt war bzw. diese billigend in Kauf nahm, was allerdings wohl die Ausnahme darstellen dürfte. Diese Frage bleibt einer einzelfallbezogenen Klärung vorbehalten.

d) Zwischenfazit

Als Fazit ist festzuhalten, dass der vollkommen unbedarfte und unwissende Leerkäufer in jedem Fall vorsatzlos handelt. Er kennt schon die Umstände nicht, die dazu führen, dass der angenommene Anrechnungsanspruch nicht besteht. Er hat keine Informationen darüber, dass die Aktien leer verkauft wurden oder ein *Fail* des Verkäufers beabsichtigt war.

Liegen die Tatsacheninformationen dagegen vor, handelt der einem steuerlichen Rechtsirrtum unterliegende Leerkäufer, vorbehaltlich etwaiger Besonderheiten im Einzelfall, grundsätzlich nicht vorsätzlich. Der hier vertretene Ansatz des Vorsatzausschlusses orientiert sich letztlich an der Steueranspruchstheorie.

Der Vorteil der so gefundenen Lösung liegt zum einen in der Flexibilität im Einzelfall und zum anderen in der Differenzierung anhand des subjektiven Horizonts der Parteien, wobei dem *ultima ratio-Prinzip* des Strafrechts hinreichend

---

657 Siehe hierzu oben unter § 4 A.

658 Vgl. hierzu auch BT-Drs. 18/12700, S. 352 f.

Rechnung getragen wird.[659] Abschließend ist noch darauf hinzuweisen, dass die Beweispflicht, anders als bei der steuerrechtlichen Behandlung von Cum-/Ex-Leerverkaufsgeschäften, bei der Staatsanwaltschaft liegt.

III. Rechtswidrigkeit und Schuld

Während im Hinblick auf die Rechtswidrigkeit keine Probleme vorliegen, besteht i.R.d. Schuld die Möglichkeit, über die Annahme eines unvermeidbaren Verbotsirrtums gem. § 17 S. 1 StGB zum Schuldausschluss zu gelangen.[660] Wurde bereits zuvor die Steueranspruchstheorie befürwortet und dem hier vorgeschlagenen Ansatz i.R.d. subjektiven Tatbestands zur Straflosigkeit gefolgt, kommt es auf die Schuldfrage freilich nicht mehr an. Die Möglichkeit des § 17 S. 2 StGB soll daher nur kurz umrissen werden.

Die Frage der Vermeidbarkeit im Einzelfall wird kontrovers diskutiert.[661] Regelmäßig sind jedoch hohe Anforderungen hieran zu stellen. Erforderlich sind grundsätzlich eine „gehörige Gewissensanspannung" sowie die Einholung von Rechtsrat.[662] Hervorzuhebendes Element ist hier der Unrechtsgedanke.

Hinsichtlich der Gesamtbetrachtung, nach welcher Steuern erstattet werden, die zuvor nicht vereinnahmt wurden, sind hier strenge Voraussetzungen an die Unvermeidbarkeit zu stellen. Maßgeblich wären demzufolge die eingeholten Rechtsgutachten und Rechtsberatungen, wobei hier strengere Anforderungen im Einzelfall zu stellen sind als zuvor i.R.d. Vorsatzes.[663] Auf der anderen Seite erscheint – angesichts einer fehlenden gerichtlichen Klärung der steuerrechtlichen Legalität im Zeitpunkt der Vornahme von Cum-/Ex-Geschäften – eine Unvermeidbarkeit des Rechtsirrtums (Legalitätsthese) durchaus denkbar. Letztlich ist die Problematik anhand des jeweiligen Einzelfalls zu lösen.

Praktische Unterschiede ergeben sich vor allem in der Teilnahmefähigkeit der Tat, wenn vorsätzliches, aber schuldloses Handeln vorliegt. Zudem bestehen

---

659 Ähnlich auch *Groß*, PStR 2013, 296 (299); *Pflaum*, StBp 2015, 185 (193 und 196).

660 So *Podewils*, FR 2013, 481 (487); vgl. auch *Groß*, in: Schork/Groß, Bankstrafrecht, Rn. 1168.

661 *Joecks*, in: MünchKomm-StGB, § 17 Rn. 39 ff.; *Flore*, in: Flore/Tsambikakis, Steuerstrafrecht, § 370 AO Rn. 661 ff.

662 BGH v. 19.12.1952 – 1 StR 2/52, BGHZ 3, 357 = NJW 1953, 351; *Sternberg-Lieben/Schuster*, in: Schönke/Schröder, StGB, § 17 Rn. 13 ff.

663 *Flore*, in: Flore/Tsambikakis, Steuerstrafrecht, § 370 AO Rn. 665; *Pflaum*, StBp 2015, 185 (193 ff.); vgl. auch *Groß*, in: Schork/Groß, Bankstrafrecht, Rn. 1168; *ders.*, PStR 2013, 296 (299); *Rolletschke*, in: G/J/W, Wirtschafts- und Steuerstrafrecht, § 370 Rn. 583 ff.

gem. § 169 Abs. 2 S. 2 und § 235 AO Unterschiede im Hinblick auf Verjährung und Verzinsung der Steuerschuld.

IV. Fazit

Im Ergebnis besteht in aller Regel keine Strafbarkeit des Leerkäufers bei Stellung des Anrechnungsbegehrens nach einem Cum-/Ex-Geschäft. Ein maßgeblicher Unterschied zu dem in § 4 erarbeiteten Ergebnis besteht darin, dass der steuerliche Rechtsirrtum bei der strafrechtlichen Würdigung zu beachten ist. In Betracht kommt dann einzig die Steuerordnungswidrigkeit der leichtfertigen Steuerverkürzung i.S.d. §§ 378, 370 Abs. 1 AO.[664]

Erhebliche praktische Unterschiede zur steuerrechtlichen Behandlung ergeben sich weiter auch daraus, dass die steuerverfahrensrechtlichen Beweis- und Feststellungslastregeln grundsätzlich nur im Fall von materiell-rechtlichen Nachweispflichten Beachtung finden.[665]

Sollte dagegen eine Strafbarkeit angenommen werden, liegt eine Bewertung der Cum-/Ex-Geschäfte als besonders schwerer Fall der Steuerhinterziehung i.S.d. § 370 Abs. 1 Nr. 1, Abs. 3 S. 2 Nr. 1 AO nahe.[666] Dieses Regelbeispiel setzt Steuerverkürzungen oder nicht gerechtfertigte Steuervorteile in großem Ausmaß voraus. Auswirkungen ergäben sich zudem neben der Strafandrohung auch für die Verjährungsregel des § 376 Abs. 1 AO.[667]

B. Verantwortlichkeit weiterer Akteure

Überdies sind im System der Cum-/Ex-Geschäfte Strafbarkeiten anderer Akteure denkbar, wobei an jeweils unterschiedliche Handlungen anzuknüpfen wäre. Als Täter kommen neben dem bereits behandelten Anteilserwerber der Leerverkäufer, die Depotbank des Erwerbers und theoretisch auch die Clearstream AG bzw. genauer gesagt die jeweils verantwortlichen Geschäftsleiter oder sonstigen Mitarbeiter in Betracht. Da es sich hierbei jedoch hinsichtlich des zentralen Untersuchungsgegenstands nur um Randerscheinungen handelt, soll lediglich ein knapper Überblick gewährt werden.

---

664 *Pflaum*, StBp 2015, 185 (195); vgl. auch *Sahan*, in: G/J/W, Wirtschafts- und Steuerstrafrecht, § 378 Rn. 2; *Wulf*, Stbg 2012, 19.

665 Vgl. *Groß*, in: Schork/Groß, Bankstrafrecht, Rn. 1172; *Spengel/Eisgruber*, DStR 2015, 785 (797 f.).

666 *Müller*, StB 2015, 352 (354); *Podewils*, FR 2011, 69 (75).

667 *Jäger*, in: Klein, AO, § 376 Rn. 11; *Joecks*, in: Joecks/Jäger/Randt, Steuerstrafrecht, § 376 AO Rn. 16.

I. Strafbarkeit nach § 370 AO mittels Teilnahme

Im Hinblick auf die Steuerhinterziehungsdelikte der § 370 AO müssten täterschaftsbegründende Angaben gemacht worden sein.[668] Diese hat jedoch einzig der Leerkäufer getätigt. Der Aktienhandel bzw. Leerverkauf steht mit der eigentlichen steuerlichen Wirkung allenfalls in einem mittelbaren Zusammenhang. Zudem dürfte es wohl oftmals an der Tatherrschaft hinsichtlich des Mitteilungsprozesses des Steuerpflichtigen gegenüber der Finanzverwaltung fehlen. Für die anderen Akteure kommt folglich lediglich eine Beteiligung bei Vorliegen der – zuvor untersuchten – Haupttat in Betracht.[669] Bei solchen Fällen dürften verabredete „Rundum-Sorglos-Pakete“ mit Gewinnabsprachen im Fokus stehen.[670]

Eine elementare Beihilfehandlung könnte überdies in der bewussten Ausstellung unrichtiger Steuerbescheinigungen durch die Depotbank liegen.[671] Dies gilt indes dann nicht, wenn lediglich ein Systemfehler vorliegt.[672] Zudem ist im Einzelfall fraglich, inwiefern hier hinsichtlich der erschwerten Erkennbarkeit eines Leerverkaufs Gehilfenvorsatz beweisbar ist. Generell muss das bereits zuvor zum Vorsatz Gesagte gelten, wobei es nach der hier vertretenen Lösung regelmäßig an einer teilnahmefähigen Haupttat fehlen dürfte.[673] Entsprechende Zurückhaltung ist auch bei der Strafbarkeit der Berater geboten.[674]

II. Steuerordnungswidrigkeiten

Im Übrigen kommt die Verwirklichung unterschiedlicher Steuerordnungswidrigkeiten durch die Kreditinstitute oder Finanzdienstleister in Betracht, indem unrichtige Steuerbescheinigungen ausgestellt (Steuergefährdung i.S.d. § 379 AO) oder Abzugsteuern nicht abgeführt worden sind (Gefährdung von Abzugsteuern i.S.d. § 380 AO).[675] In diesem Zusammenhang soll der Einwand,

---

668 Vgl. *Joecks,* in: Joecks/Jäger/Randt, Steuerstrafrecht, § 370 AO Rn. 30.

669 *Spengel/Eisgruber,* DStR 2015, 785 (801); vgl. auch ähnlich zum Dividenden-Stripping *Krause,* wistra 1998, 201 (207 f.).

670 *Groß,* in: Schork/Groß, Bankstrafrecht, Rn. 1171; vgl. auch *Podewils,* FR 2011, 69 (74 f.), der nach mittlerweile aufgegebener Auffassung sogar eine Mittäterschaft des Leerverkäufers bei Absprachen avisiert.

671 *Groß,* in: Schork/Groß, Bankstrafrecht, Rn. 1170.

672 *Groß,* in: Schork/Groß, Bankstrafrecht, Rn. 1169.

673 Siehe bereits oben unter § 5 A. IV.

674 Vgl. hierzu *Podewils/Hellinger,* DStZ 2013, 662 (664 f.); *Podewils,* FR 2011, 69 (75).

675 *Pflaum,* StBp 2015, 185 (195); vgl. auch *Spengel/Eisgruber,* DStR 2015, 785 (795 f.), die bereits die Berechtigung der Depotbanken verneinen, Steuerbescheinigungen auszustellen, wenn bei ausländischen Depotbanken ein Steuerabzug gerade nicht

es bestehe eine Pflicht zur Ausstellung der Steuerbescheinigung, nicht tragen, jedoch ist die Möglichkeit einer Nachprüfung zu berücksichtigen.[676]

III. Fazit

Theoretisch sind mithin weitere Verantwortlichkeiten im Nachgang der Cum-/Ex-Geschäfte denkbar, wobei die bereits zuvor ausführlich behandelten Besonderheiten dieser Transaktionen und das mit dem Strafrecht einhergehende Restriktionsgebot hinreichend zu berücksichtigen sind.

C. Ergebnis der strafrechtlichen Bewertung

Aus der strafrechtlichen Untersuchung resultiert, dass die Cum-/Ex-Geschäfte aufgrund der Erkennbarkeit ihrer tatsächlichen Struktur einerseits und des manifestierten steuerlichen Rechtsirrtums andererseits in aller Regel für die Akteure strafrechtlich irrelevant sind.

Im Vergleich zu den zuvor in § 4 E. gewonnenen Erkenntnissen bedeutet dies eine zu begrüßende Privilegierung des steuerlichen Rechtsirrtums auf strafrechtlicher Ebene. Dieser Umstand ist neben der dargelegten Dogmatik auch dem *ultima ratio-Prinzip des* Strafrechts geschuldet.

---

vorgenommen wird. Die Lösung in Zweifelsfällen sei indes eine Nachforschungspflicht, aber nicht die Ausstellung der Bescheinigung. Resultat sei sodann eine Haftung des ausstellenden Instituts nach § 45a Abs. 7 EStG; vgl. *Anzinger*, RdF 2012, 394 (401).

676 *Pflaum*, StBp 2015, 185 (195); vgl. *Spengel/Eisgruber*, DStR 2015, 785 (769).

Kapitel 6. Zivilrechtliche Geschäftsstruktur

Der zivilrechtlichen Bewertung der Cum-/Ex-Geschäfte ist eine Eingangsuntersuchung der Vertragsstruktur voranzustellen. Dies gebietet die Komplexität der Aktiengeschäfte. Die in Betracht kommenden Ansprüche und Auswirkungen sind danach zu unterscheiden, ob sie sich aus dem Kerngeschäft, d.h. Erwerb der Aktien selbst um den Dividendenstichtag, ergeben oder aus solchen Geschäften, die hierzu lediglich in einem weiteren Bezug stehen (B.). Nur der erste Fall ist die eigentliche Cum-/Ex-Leerverkaufstransaktion (A.), welche vorrangig analysiert werden soll. Die praktisch weit verbreiteten Begleitgeschäfte sind dagegen zunächst auszuklammern.[677] Die sich hieraus im Übrigen ergebenden Auswirkungen sollen an den jeweils problematischen Stellen behandelt werden.

A. Cum-/Ex-Geschäfte

Zunächst ist zu fragen, ob besondere Regelungen im Aktienhandel existieren und welche Rechtsqualität sie haben (I). Im Cum-/Ex-Leerverkaufsgeschäft (Transaktions- oder Ausführungsgeschäft[678]) sind zudem insbesondere die Auswirkungen der Einschaltung einer zentralen Gegenpartei – CCP – zu klären (II und III). Diese wurden bereits zuvor im Hinblick auf den Leerverkauf aus kapitalmarktrechtlicher Sicht untersucht.[679] Hinzu treten jene Unterschiede, die sich aus dem börslichen und außerbörslichen Handel ergeben. Strukturell handelt es sich hier regelmäßig um Eigen- bzw. Nostrogeschäfte der Finanzinstitute oder bei einem Effektengeschäft um das Ausführungsgeschäft.[680]

I. Rechtsnatur und Geltungsgrund der Geschäftsbedingungen

Vorgelagert stellt sich bereits die Frage, welche Rechtsnatur den unterschiedlichen Handelsbedingungen (Bedingungen der Eurex Clearing und der Bedingungen der FWB) zuzuschreiben ist. Diese enthalten sowohl für die Vertragsschlüsse als auch für die Leistungsstörung besondere Regelungen. Die Frage nach der Wirksamkeit und Tatbestandlichkeit einzelner Regelungen soll dagegen erst später, nämlich im

677 Siehe oben unter § 3 B. IV.

678 Vgl. *Einsele*, Bank- und Kapitalmarktrecht, § 8 Rn. 50; *Reitz*, Börsengeschäfte, Übertragung von Wertpapieren und Leistungsstörungen, S. 41.

679 Siehe oben unter § 3 A. I. 4.

680 Siehe zum eigentlichen Effektengeschäft dann unten unter § 6 B.

problematischen Kollisionszusammenhang mit gesetzlichen Vorschriften, untersucht werden.[681]

1. *Börsenusancen*

Die Börsenusancen sind die Regelwerke, welche das Handelsgeschehen an der Börse betreffen und vom Börsenrat erlassen werden.[682] Namentlich handelt es sich hier um die Bedingungen für Geschäfte an der Frankfurter Wertpapierbörse und die Börsenordnung.[683] Die sich hieraus ergebenden Usancen benötigen für ihre Wirksamkeit – mit Blick auf ihre Historie[684] als weit vorkonstitutionelle Rechts- und Handelsbräuche – einen innerparteilichen Geltungsgrund. Zwar wird diesem Gedanken im Zuge der Selbstverwaltung zuweilen hinreichend Rechnung getragen. Hinsichtlich der Rechtsnatur der Börsenbedingungen herrscht jedoch Uneinigkeit. Diese Frage nach der Rechtsnatur der Börsenbedingungen ist aber die Grundlage einer späteren Wirksamkeitsprüfung und daher einer Beantwortung zuzuführen.

a) Öffentlich-rechtlicher Ansatz

Ein naheliegender Erklärungsansatz der börslich erlassenen Regelwerke ist ein öffentlich-rechtlicher, vgl. § 2 Abs. 1 BörsG. Innerhalb dieses Ansatzes, welcher im Ergebnis auf die Festlegung eines objektiven abstrakt-generellen Wirkungskreises der Usancen, d.h. der Börsenbedingungen, hinausläuft, werden abermals unterschiedliche Ansätze vertreten. So werden beispielsweise eine Einordnung als Allgemeinverfügung[685] oder allgemeine Verwaltungsvorschriften[686], eine Rechtsqualität *sui generis*[687] sowie die Einordnung als „sonstige öffentlich-rechtliche Regelung"[688]

---

681 Siehe unten unter § 7 B. II. 4. e) und IV. 7. b).

682 Vgl. auch *Alfes*, Central Counterparty – Zentraler Kontrahent – Zentrale Gegenpartei, S. 86; *Hammen*, WM 2007, 1297.

683 Abrufbar unter: http://www.deutsche-boerse-cash-market.com/dbcm-de/meta/frankfurter-wertpapierboerse-regelwerke (letzter Aufruf: 26.04.2018). Die Bearbeitung orientiert sich exemplarisch in erster Linie an der FWB, siehe schon oben Fn. 47.

684 Siehe *Fleckner*, ZHR 180 (2016), 458 (464 ff.).

685 *Beck*, in: Schwark/Zimmer, Kapitalmarktrechts-Kommentar, § 9 BörsG Rn. 37; vgl. auch *Beck*, WM 1998, 417 (425).

686 *Ronellenfitsch/Maier*, in: FS Stober, S. 449 (462 f.).

687 *Breitkreuz*, Die Ordnung der Börse, S. 135; *Ledermann*, in: Schäfer/Hamann, Kapitalmarktgesetze, § 9 BörsG Rn. 21.

688 VG Frankfurt a.M. v. 25.2.2002 – 9 E 3090/00 (2), nicht rkr., NJOZ 2002, 1916 (1919 f.); *Alfes*, Central Counterparty – Zentraler Kontrahent – Zentrale

erwogen.[689] Gegen die Einordnung als Verwaltungsvorschriften spricht bereits, dass sich die Regeln an die privaten Marktteilnehmer richten, welche außerhalb des Staates stehen. Die Usancen sollen gerade Außenwirkung entfalten. Gegen die Einordnung als sonstige öffentliche Regelung bzw. Rechtsakte *sui generis* spricht, dass eine naheliegende Einordnung als ein bereits existenter Rechtstypus vorrangig ist. Gegen alle starren Klassifizierungsversuche verweist *Fleckner* überzeugend auf die Heterogenität der Regelungen.[690]

Der im Hinblick auf den Wortlaut des § 12 Abs. 2 S. 1 Nr. 1 Var. 2 BörsG seit 2007[691] und den Selbstverwaltungscharakter der Börsen mit Abstand am nächsten liegenden öffentlich-rechtlichen Einordnung der Börsenregeln, welche die Usancen festschreiben, als Satzung[692] werden jedoch gewichtige Bedenken entgegen gebracht.

Die Börsenbedingungen behandeln unstreitig bürgerlich-rechtliche Beziehungen zwischen den Marktteilnehmern. Diese bilden gem. Art. 74 Abs. 1 Nr. 1 GG einen Gegenstand konkurrierender Gesetzgebung, sodass aus dem grundsätzlichen Gebrauch dieser Kompetenz durch den Bund insoweit die Sperrwirkung des Art. 72 Abs. 1 GG folgt. Der abschließende Gebrauch auf dem Gebiet des bürgerlichen Rechts ergibt sich aus Art. 55 EGBGB.[693] Hieraus folgen ein kompetenzrechtlicher Verstoß und damit die Verfassungswidrigkeit der jeweiligen

---

Gegenpartei, S. 87, 100; vgl. für weitere Nachweise *Fleckner*, ZHR 180 (2016), 458 (489, Fn. 155).

689 Zuweilen freilich zur alten Rechtslage des § 9 Abs. 2 BörsG a.F. bis zum 31.10.2007.

690 *Fleckner*, ZHR 180 (2016), 458 (490).

691 Seit dem 1.11.2007 durch Gesetz zur Umsetzung der Richtlinie über Märkte für Finanzinstrumente und der Durchführungsrichtlinie der Kommission (Finanzmarktrichtlinie-Umsetzungsgesetz) v. 16.7.2007, BGBl. 2007 I S. 1330 ff., in Kraft getreten am 20.7.2007.

692 Jedenfalls von einer wirksamen Satzung ausgehend *Beck*, in: Schwark/Zimmer, Kapitalmarktrechts-Kommentar, § 3 BörsG Rn. 3, § 23 BörsG Rn. 8 Fn. 4; *Ekkenga*, in: MünchKomm-HGB, Effektengeschäft, Rn. 79; *Habersack/Ehrl*, ZfpW 2015, 312 (317 f.); *Jaskulla*, WM 2012, 1708 (1711 f.); *Lenenbach*, Kapitalmarktrecht, Rn. 3.76 ff.; *Lindfeld*, Die Mistrade-Regeln, S. 23 f., 26 f., 52, 204; *Reitz*, Börsengeschäfte, Übertragung von Wertpapieren und Leistungsstörungen, S. 64; *Schwark*, in: Schwark/Zimmer, Kapitalmarktrechts-Kommentar, § 12 BörsG Rn. 13, 19, § 16 BörsG Rn. 19, § 22 BörsG Rn. 19; siehe auch BT-Drs. 16/4028, S. 79: „Das erforderliche, nicht abdingbare Regelwerk wird an einer Börse in der Regel durch den satzungsrechtlichen Charakter der im Wege der Selbstverwaltung der Börse erlassenen Bestimmungen erfüllt."

693 *Fleckner*, ZHR 180 (2016), 458 (498); *Hammen*, WM 2007, 1297, (1303); vgl. auch BVerfG v. 26.4.1988 – 2 BvL 13, 14/86, BVerfGE 78, 132 (144 f.) = NJW 1988, 2723.

Börsenbedingungen.[694] Hieran ändert auch der Rang des Börsengesetzes, welches die Satzungsautonomie gewährt, als Bundesrecht nichts, da die Kompetenzordnung des GG nicht durch ein einfaches Gesetz durchbrochen werden kann.

Problematisch ist aber weniger die theoretische Rechtsnatur der Usancen als vielmehr der von ihnen ausgehende Wirkungsanspruch. Schließlich sollte die Rechtsnatur eines Rechtssatzes nicht entgegen dem Gesetzeswortlaut festgelegt werden, nur um seine Wirksamkeit zu erhalten. Auf der anderen Seite ist der historische Ansatz *Fleckners* zu berücksichtigen. Dieser trägt dem Bedürfnis Rechnung, im Kontext der Parteivereinbarung standardisierte Verträge nach festen und sicheren Regeln zu schließen. Die Geltung der Usancen ergibt sich demnach traditionell nicht aus der Oktroyierung aufgrund von staatlichen Befugnissen, sondern daraus, dass sich die Marktteilnehmer über ihre Geltung einig sind. An der Rechtsnatur der kodifizierten Börsenusancen als Satzung und der Nichtigkeit ihrer bürgerlich-rechtlichen Inhalte ändert dies jedoch nichts.[695] Die Frage der Rechtsnatur ist folglich streng genommen von der Frage nach dem Geltungsgrund zu unterscheiden.

Die Börsenbedingungen sind daher rechtsnatürliche Satzungen und, soweit sie bürgerlich-rechtliche Materie regeln, aus eben diesem Grunde nichtig. Im Folgenden geht es daher nunmehr darum, andere parallele Geltungsgründe zu erörtern.

b) Allgemeine Geschäftsbedingungen

Ein weiterer Geltungsgrund könnte sich aus einem Charakter von allgemeinen Geschäftsbedingungen ergeben.[696] Zwar handelt es sich bei den Usancen anerkanntermaßen um vorformulierte Bedingungen der Einzelverträge[697], jedoch wird vorgebracht, dass ein einseitiges *Stellen* der Bedingungen *durch den Verwender*,

---

694 *Clauss*, Anfechtungsrechte bei Wertpapiergeschäften zu nicht marktgerechten Preisen (Mistrades), S. 154–160, 169; *Fleckner*, ZHR 180 (2016), 458 (493); *ders.*, WM 2011, 585 (596); *ders.*, WM 2009, 2064 (2070 f.); *Hammen*, WM 2007, 1297, (1300 bis 1304); *Hellgardt*, AcP 213 (2013), 760 (805).

695 *Fleckner*, ZHR 180 (2016), 458 (519).

696 So *Clauss*, Anfechtungsrechte bei Wertpapiergeschäften zu nicht marktgerechten Preisen (Mistrades), S. 170; *Reitz*, Börsengeschäfte, Übertragung von Wertpapieren und Leistungsstörungen, S. 64.

697 *Clauss*, Anfechtungsrechte bei Wertpapiergeschäften zu nicht marktgerechten Preisen (Mistrades), S. 170; *Fleckner*, ZHR 180 (2016), 458 (503).

wie in § 305 Abs. 1 S. 1 BGB gefordert, nicht vorliege.[698] Die Usancen könnten keiner Partei mehr zugerechnet werden als einer anderen, zumal die CCP ohnehin nur aus abwicklungstechnischen Gründen Vertragspartner werde.[699] Vielmehr ergebe sich die Geltung aus einem gemeinsamen gleichrangigen Konsens der Parteien. Auch eine analoge Anwendung der §§ 305 ff. BGB scheitere schließlich daran, dass die Börsenusancen „*aufgrund ihrer pluralistischen Entstehung und ihrer hohen Akzeptanz ein Paradebeispiel*" für solche Regeln des Unternehmensverkehrs darstellten, die einer Inhaltskontrolle entzogen sein sollten.[700]

Vertreter einer anderen Ansicht bejahen die AGB-Qualität jedoch unter Bezugnahme auf den Clearing-Rahmenvertrag[701] mit dem zentralen Kontrahenten, der Eurex Clearing AG, welche die BedFWB einseitig mittels ihrer eigenen Clearing-Bedingungen stelle.[702] Den Clearing-Mitgliedern wohne keine Verwendereigenschaft inne, weil sie ohnehin durch die Börsenusancen gebunden seien und nichts dafür spreche, dass sie sich gegenüber der CCP erneut binden wollen.[703]

Den zentralen Kontrahenten als Verwender von allgemeinen Geschäftsbedingungen zu qualifizieren, welche vom Börsenrat erlassen werden, vermag nicht zu überzeugen. Die ausführliche historische Einordnung der Börsenusancen durch *Fleckner* spricht gegen ein Verwendergefälle seitens der Eurex Clearing AG gegenüber dem Clearing-Mitglied.[704] Traditionell sollten die Usancen alle Handelsteilnehmer und ihre Geschäfte erfassen. Hieran hat sich nichts geändert. Die CCP ist ebenfalls normaler Handelspartner unter dem Dach der Börse

---

698 *Fleckner*, ZHR 180 (2016), 458 (504 f.); *Fleckner/Vollmuth*, WM 2004, 1263 (1273); *Hammen*, WM 2007, 1297 (1299); *Hellgardt*, AcP 213 (2013), 760 (810); *Schwark*, in: Schwark/Zimmer, Kapitalmarktrechts-Kommentar, § 12 BörsG Rn. 19.

699 *Fleckner*, ZHR 180 (2016), 458 (504); vgl. allgemein *Basedow*, in: MünchKomm-BGB, § 305 Rn. 21.

700 *Fleckner*, ZHR 180 (2016), 458 (505).

701 Kap. V Abschn. 1 Nr. 1 Abs. (6) ClearBed (Stand: 11.1.2016); sowie Clearing-Vereinbarung zwischen Eurex Clearing AG und dem Clearing-Mitglied, Nr. 3, als Muster Anhang I ClearBed (Stand: 11.1.2016).

702 *Alfes*, Central Counterparty - Zentraler Kontrahent - Zentrale Gegenpartei, S. 87 und 91 f.; *Lenenbach*, Kapitalmarktrecht, Rn. 3.76; vgl. auch *Clauss*, Anfechtungsrechte bei Wertpapiergeschäften zu nicht marktgerechten Preisen (Mistrades), S. 171 f., die hierneben mittels einer Einordnung als dynamisches Gewohnheitsrecht einen doppelten Geltungsgrund annimmt, vgl. *Clauss*, a.a.O., S. 172 und 191; siehe zudem unten unter § 6 A. I. 2.

703 *Alfes*, Central Counterparty - Zentraler Kontrahent - Zentrale Gegenpartei, S. 92; *Ronellenfitsch/Maier*, in: FS Stober, S. 449 (462).

704 Vgl. *Fleckner*, ZHR 180 (2016), 458 (462 ff.).

neben den anderen Handelsteilnehmern, sodass die Börsenusancen bereits für das Verhältnis der Clearing-Mitglieder zur CCP gelten sollen. Nun aber einen Handelspartner, nämlich hier die CCP, zum Verwender der Usancen zu erheben, ist weder notwendig noch dogmatisch nachvollziehbar.

Dem ist auch mit Blick auf den Willen des Gesetzgebers bei der Einführung von § 12 Abs. 2 S. 1 Nr. 1 Var. 2 BörsG beizupflichten. Schließlich bestand das Anliegen darin, die standardisierte Rechtssicherheit an den Finanzmärkten auszubauen, indem ein entsprechendes Selbstverwaltungsverfahren kodifiziert wird. Die Gesetzesmaterialien beschreiben die Usancen als geltende Regeln zur *„Zusammenführung von Kauf- und Verkaufsinteressen"*, wobei eine *Verbindlichkeit erforderlich* und eine *individuelle Abdingbarkeit ausgeschlossen* werden soll.[705] Diese Konstruktion soll unmittelbar europäische Vorgaben eines *„nicht diskretionären Regelwerks"* erfüllen.[706] Dem liefe es zuwider, die Geltung der Usancen mittels AGB ihrer Verwendung durch den zentralen Kontrahenten anheimzustellen und somit eben doch eine Einbeziehung durch die Parteien erforderlich zu machen.

Darüber hinaus hat sich der Gesetzgeber ausgerechnet des Mittels der Satzungsermächtigung bedient. Er hat somit den Weg des geringsten staatlichen Einflusses auf den Inhalt der Regeln bei gleichzeitig maximal möglicher Selbstbestimmung durch die Handelsteilnehmer gewählt. Dem widerspräche die Qualifikation der Usancen als AGB, da hierdurch die strenge staatliche Kontrolle des Rechts der allgemeinen Geschäftsbedingungen nach den §§ 305 ff. BGB eröffnet wäre.

Diesen europarechtlichen Hintergründen und der Nutzung des Umsetzungsspielraums durch den Gesetzgeber ist zu entnehmen, dass eine Einordnung der Usancen als AGB weder europarechtlich gefordert noch bei der Richtlinien-Umsetzung beabsichtigt war. Bemerkenswert ist in diesem Zusammenhang auch, dass laut BedFWB wiederum die *„Clearing-Bedingungen der Eurex Clearing AG"*, *‚ergänzend'* gelten.[707] Aus diesem Verweis ist der Schluss zu ziehen, dass die BedFWB eben nicht von ihrer Einbeziehung im Verhältnis zwischen Marktteilnehmer und zentralem Kontrahent abhängig sind.

Die Börsenusancen, welche durch den Börsenrat in Form einer teilnichtigen Satzung erlassen werden, sind folglich keine allgemeinen Geschäftsbedingungen.

---

705 BT-Drs. 16/4028, S. 79.

706 Art. 4 Abs. 1 Nr. 14 RL 2004/39/EG, Richtlinie über Märkte für Finanzdienstleistungen (MiFID) v. 21.4.2004, siehe auch Erwägungsgrund 6 der RL; BT-Drs. 16/4028, S. 1 und 79.

707 § 2 Abs. 2 a.E. BedFWB (Stand: 15.8.2008); § 20 BedFWB (Stand: 30.11.2015).

c) *Gewohnheitsrecht*

Ein vielversprechender Geltungsgrund könnte im Gewohnheitsrecht liegen. Anlass für diese Annahme bietet die lange gewachsene Handelstradition. Hier ist neben der bereits oben erfolgten Differenzierung anhand der einzelnen Klauseln eine Unterscheidung nach der Form des gewohnten Rechts zu beachten.[708] Das BVerfG fordert für eine gewohnheitsrechtliche Geltung grundsätzlich eine „*längere tatsächliche Übung, die eine dauernde und ständige, gleichmäßige und allgemeine ist und von den Beteiligten als verbindliche Rechtsnorm anerkannt wird.*“[709] Hieraus ergibt sich neben der zeitlichen Komponente auch eine anerkennende.

Unter den Vertretern dieser These[710] besteht, soweit ersichtlich, Konsens darüber, dass die Börsenusancen in ihrer Gesamtheit gewohnheitsrechtlich begründet sein können. Schwierigkeiten bestehen lediglich im Hinblick auf jüngere Regelungen, welche des zeitlichen Elements entbehren. Dies ist gerade wegen der vergleichsweise jungen (ca. seit 2009), aber in Bezug auf die Cum-/Ex-Fälle relevanten Mistrade-Rules problematisch.[711]

Clauss macht daher aus der Not eine Tugend, indem sie allen jüngeren Usancen die Geltung als „*dynamisches Gewohnheitsrecht*“ nachsagt.[712] Argumentativ führt sie an, das Gewohnheitsrecht sei „*Vehikel der Anpassung und Rechtsfortbildung*“, wobei sich die längere Übung auch auf das Verfahren gewohnheitsrechtlicher Feststellung beziehen könne.[713]

Fleckner hingegen lehnt die Geltung als Gewohnheitsrecht in solchen Fällen ab, in denen die zeitliche Dimension nicht erfüllt ist.[714] Er behilft sich mit der Konstruktion der Geltung *kraft* Gewohnheitsrechts, welche letztlich darauf fußt, dass der positive Rechtssatz Deskription einer Praxis sei.[715] Das Gewohnheitsrecht

---

708 *Fleckner*, ZHR 180 (2016), 458 (505 f.).

709 BVerfG v. 14.2.1973 – BvR 667/72, BVerfGE 34, 293 (303) = NJW 1973, 696 (698); vgl. auch *Wolf/Neuner*, BGB AT, § 4 Rn. 5.

710 *Clauss*, Anfechtungsrechte bei Wertpapiergeschäften zu nicht marktgerechten Preisen (Mistrades), S. 164; *Fleckner*, ZHR 180 (2016), 458 (506).

711 Siehe zur Historie vergleichbarer älterer Regelungen *Clauss*, Anfechtungsrechte bei Wertpapiergeschäften zu nicht marktgerechten Preisen (Mistrades), S. 164; Andeutungen in §§ 8 Abs. 1, 40 Abs. 1 BedFWB (a.F. vom 1.8.2007); siehe hierzu zudem unten unter § 7 B. II. 4. e) und IV. 7. b).

712 So auch *Clauss*, Anfechtungsrechte bei Wertpapiergeschäften zu nicht marktgerechten Preisen (Mistrades), S. 165 f., 169.

713 *Clauss*, Anfechtungsrechte bei Wertpapiergeschäften zu nicht marktgerechten Preisen (Mistrades), S. 165.

714 *Fleckner*, ZHR 180 (2016), 458 (507), explizit für die Mistrade-Rules.

715 *Fleckner*, ZHR 180 (2016), 458 (513).

solle demnach der Verweis sein, Geschäfte zu den jeweils publizierten Usancen abzuschließen. Das Problem der Eingrenzbarkeit eben dieses Verweises – um eben nicht jede beliebige, noch so sachfremde Erneuerung zu erfassen – löst er, indem er auf den historischen Zweck abstellt, nämlich *die Standardisierung der Rechtsverhältnisse*.[716]

Beiden Ansätzen ist zugute zu halten, dass sie Änderungen in dem Fundament des Gewohnheitsrechts beschreiben und möglich machen. Dies trägt letztlich zur Rechtssicherheit bei. Schließlich sind Änderungen von Rechtssätzen zwingend notwendig. Dies gilt auch für Gewohnheitsrecht.

Dogmatisch überzeugender ist dagegen der Ansatz *Fleckners*, welcher eben nicht jede kurzfristige Änderung *per se* umfasst. Insofern scheint auch das historische Zweckkorrektiv sinnvoll. Hierbei wird insbesondere den Parteiinteressen Rechnung getragen, sodass auch eine individualvertragliche Geltung nicht allzu fernliegend ist. Eine solche bewertet *Fleckner* im modernen elektronischen Handel indes zu Recht als *„fiktiv"*.[717] Die Geltung kraft Gewohnheitsrechts ist weiterhin deshalb die angemessene Lösung, weil sie im Grundsatz dispositiver Natur ist, sodass die Parteien zumindest theoretisch Abweichendes vereinbaren könnten.[718] Die Parteiinteressen – in diesem Fall der Zweck der Usancen und das Bedürfnis, auch Gewohnheitsrecht ändern zu können – wiegen im Ergebnis schwerer als die vom BVerfG vorausgesetzte zeitliche Komponente.

Die Handelsbedingungen an der Börse gelten deshalb, weil alle Handelsteilnehmer von ihrer Geltung, und zwar in der von der Börse festgelegten Form, exklusive der beiden genannten Vorbehalte (historischer Zweck und Parteiinteressen) ausgehen. Die börslichen Handelsbedingungen gelten damit *kraft* Gewohnheitsrechts. Der juristische Streit über ihre Rechtsnatur ändert hieran nichts.[719]

Im Ergebnis wurde folglich durch die Satzungsautonomie nur ein Verfahren zur Verfügung gestellt, in dem die Mitbestimmung der Parteien gesichert wird. Das Ziel bestand darin, die europäische Finanzmarktrichtlinie[720] umzusetzen, ohne den typischen und traditionellen Geltungsgrund der Börsenbedingungen zu ändern. Den Börsenusancen ist deshalb, soweit es sich um eine nichtige Satzung handelt, in verfassungskonformer Auslegung die Geltung kraft Gewohnheitsrechts zuzuschreiben.

---

716 *Fleckner*, ZHR 180 (2016), 458 (514).

717 *Fleckner*, ZHR 180 (2016), 458 (516).

718 *Fleckner*, ZHR 180 (2016), 458 (514 f.).

719 *Fleckner*, ZHR 180 (2016), 458 (512 f.).

720 RL 2004/39/EG, Richtlinie über Märkte für Finanzdienstleistungen (MiFID) v. 21.4.2004, Amtsblatt Nr. L 145, in Kraft getreten am 30.4.2004.

2. *Clearing-Bedingungen*

Im Hinblick auf die Clearing-Bedingungen[721] ergeben sich keine derartigen rechtsdogmatischen Schwierigkeiten. Die privatrechtliche Klassifizierung kann hier nicht bestritten werden. In Betracht kommt daher lediglich eine Geltung als AGB mittels Verwendung durch die Eurex Clearing AG.[722] Das Vertragswerk ist der CCP-Rahmenvertrag, auf diesem fußt die einzelvertragliche Geltung für die jeweilige selbstständige Transaktion. Zwar kann grundsätzlich auch hier eine Diskussion darüber geführt werden, ob die jeweiligen Clearing-Bedingungen dem Gewohnheitsrecht zuzuordnen sind. Hierfür spricht beispielsweise die hohe Standardisierung und ständige Wiederholung der Einbeziehung sowie die Regelung von Handelsabschlüssen. Dagegen spricht aber die erst kürzlich vorgenommene, relativ junge Einführung der zentralen Gegenpartei.[723] Die fehlende zeitliche Komponente kann auch nicht kraft Akzeptanz durch die Parteien begründet werden, weil es sich um eine externe Neuerung handelt, deren Bedingungen in erster Linie dem zentralen Kontrahenten nützen.

Die Clearingbedingungen der CCP sind folglich als Allgemeine Geschäftsbedingungen zu klassifizieren.

3. *Bedingungen außerbörslicher Handelspartner*

Abschließend soll eine kurze Typisierung der im außerbörslichen Handel verwendeten Regelwerke erfolgen. Hierbei ist die Einordnung als AGB i.S.d. § 305 Abs. 1 BGB unstreitig anerkannt.[724] Im klassischen Direkthandel kontrahiert der Kunde mit der Direktbank, welche bei einer außerbörslichen Transaktion an den Marktteilnehmer herantritt. Mit diesem hat der Kunde keinen Kontakt.[725] Die dann im Transaktionsgeschäft zwischen den Marktteilnehmern verwendeten Klauseln stellen sich als AGB dar, sofern sie nicht ernsthaft zur

721 Hier, wie aufgezeigt, die ClearBed der Eurex Clearing AG.

722 *Alfes*, Central Counterparty - Zentraler Kontrahent - Zentrale Gegenpartei, S. 87 und 91 f.; *Clauss*, Anfechtungsrechte bei Wertpapiergeschäften zu nicht marktgerechten Preisen (Mistrades), S. 171 f.; *Habersack/Ehrl*, ZfpW 2015, 312 (318); *Jobst*, ZBB 2010, 384 (387); *Reitz*, Börsengeschäfte, Übertragung von Wertpapieren und Leistungsstörungen, S. 65.

723 Siehe hierzu oben unter § 3 A. I. 4.

724 *Fleckner/Vollmuth*, WM 2004, 1263 (1273); *Fridrich/Seidel*, BKR 2008, 497 (498); *Lange*, in: Schwintowski, Bankrecht, Kap. 20 Rn. 38 ff.

725 Siehe hierzu ausführlich unten unter § 6 B.; vgl. auch *Bergmann*, in: Langenbucher/Bliesener/Spindler, Bankrechtskommentar, Kap. 36 Rn. 150; *Fleckner/Vollmuth*, WM 2004, 1263 (1265); *Lange*, in: Schwintowski, Bankrecht, Kap. 20 Rn. 41.

Disposition gestellt werden und damit einen individualvertraglichen Charakter erhalten.[726]

4. *Fazit*

Im Ergebnis ist festzuhalten, dass bei der Beurteilung der jeweiligen Geschäftsbedingungen zu differenzieren ist. Die hier relevanten bürgerlich-rechtlichen Regeln der Bedingungen für die Geschäfte an der FWB haben die Rechtsnatur einer nichtigen Satzung. Sie entfalten gleichwohl Geltung kraft Gewohnheitsrechts. Jedenfalls sind die Einbeziehung der zentralen Gegenpartei sowie die in den Usancen enthaltenen Bedingungen zum Vertragsschluss wirksamer Vertragsbestandteil geworden. Die Clearingbedingungen und außerbörslich vereinbarte Regelwerke sind dagegen als allgemeine Geschäftsbedingungen i.S.d. § 305 Abs. 1 BGB zu qualifizieren.[727]

II. Börslicher Handel

Für den Vertragsschluss mittels des elektronischen Handelssystems Xetra an der Börse[728] und unter obligatorischer Einbeziehung der Eurex Clearing AG als zentralen Kontrahenten gibt es unterschiedliche Versuche einer Modellbestimmung. Wie oben gezeigt, resultiert die Einbeziehung der CCP aus den – insoweit wirksam einbezogenen – Börsenusancen.[729] Daher ist im Folgenden der Einfluss der jeweiligen Bedingungen der Eurex Clearing AG und der FWB zu untersuchen. Im Einzelnen streitig ist insbesondere der Vertragsschluss an sich, d.h. insbesondere der Zugang der Order und die Annahmeerklärung der CCP. Hier ist danach zu differenzieren, ob der Vertragsschluss unmittelbar zwischen Clearing-Mitglied und CCP (1.) oder mittelbar zwischen Nicht-Clearing-Mitglied und Clearing-Mitglied (2.) zustande kommt.

---

726 *Lange*, in: Schwintowski, Bankrecht, Kap. 20 Rn. 40.

727 Siehe zu den sich aus den Geschäftsbedingungen ergebenden Mistrade-Rules unten unter § 7 B. II. 4. e) und IV. 7. b).

728 Vgl. zum Börsenbegriff § 2 Abs. 1 BörsG sowie die Ausführungen bei *Clauss*, Anfechtungsrechte bei Wertpapiergeschäften zu nicht marktgerechten Preisen (Mistrades), S. 10 ff.; *Lenenbach*, Kapitalmarktrecht, Rn. 4.70.

729 §§ 13 Abs. 1, 14 Abs. 3 BörsOFWB (Stand: 18.3.2016); § 2 Abs. 2 BedFWB (Stand: 21.11.2016); vgl. bis 2012: §§ 13 Abs. 1, 14 Abs. 3 BörsOFWB (von 15.4.2009) sowie § 2 Abs. 2 BedFWB (Stand: 15.8.2008).

1. *Verträge im unmittelbaren Clearing*

Für das erste Verhältnis wird vereinzelt von einer Novationskonstellation ausgegangen und damit in faktischer Hinsicht von einem zuvor zwischen den dezentralen Parteien (sog. *Geschäftsparteien*) geschlossenem Vertrag.[730] Dabei ist die Novationslösung im börslichen Handel abzulehnen. Der Vertrag kommt vielmehr sofort und unmittelbar mit dem zentralen Kontrahenten zustande. Ein vorgelagerter bilateraler Vertrag und die für eine Novation im Anschluss erforderlichen Willenserklärungen stellen einen lebensfernen und damit fiktiven Sachverhalt dar.[731] Der Vertragsschluss selbst ist im Einzelnen umstritten.

a) Angebot

Die Eingabe der Order ist als Willenserklärung zu werten, welche in Richtung der CCP abgegeben wird, um mit dieser den jeweiligen Vertrag abzuschließen.[732] Hieran ändert auch die Abänderungs- und Löschungsbefugnis der Clearing-Mitglieder nach Eingabe der Order nichts, worin vielmehr ein Widerrufsvorbehalt zu sehen ist.[733]

Problematisch ist in diesem Zusammenhang der Zugang des Angebots bei der CCP. Überwiegend wird vertreten, es handele sich dabei um eine einseitige Willensbekundung, die mangels Dialogsituation zu einem Zugang unter Abwesenden gem. § 130 Abs. 1 S. 1 BGB führe.[734] Erforderlich wäre somit nur ihr Eindringen in den Machtbereich und die Möglichkeit der Kenntniserlangung der CCP.[735]

---

730 *Kröpfl*, Effizienz in der Abwicklung von Wertpapiergeschäften - Transaktionskosten und Wettbewerb in Europa, S. 161 f.

731 So auch *Habersack/Ehrl*, ZfpW 2015, 312 (319); vgl. auch *Reitz*, Börsengeschäfte, Übertragung von Wertpapieren und Leistungsstörungen, S. 68 ff.

732 *Habersack/Ehrl*, ZfpW 2015, 312 (319 ff.); *Reitz*, Börsengeschäfte, Übertragung von Wertpapieren und Leistungsstörungen, S. 74 f., 85; vgl. auch *Alfes*, Central Counterparty - Zentraler Kontrahent - Zentrale Gegenpartei, S. 105 f.; a.A. *Rinker*, Vertragsschluss im börslichen elektronischen Handelssystem, S. 144 f.

733 *Habersack/Ehrl*, ZfpW 2015, 312 (320).

734 *Alfes*, Central Counterparty - Zentraler Kontrahent - Zentrale Gegenpartei, S. 106; *Jobst*, ZBB 2010, 384 (391); *Tiedemann*, Die Stellung des zentralen Kontrahenten im deutschen und englischen Effektenhandel, S. 72; *Habersack/Ehrl*, ZfpW 2015, 312 (321); a.A. *Rinker*, Vertragsschluss im börslichen elektronischen Handelssystem, S. 113.

735 Vgl. BGH v. 26.11.1997 - VIII ZR 22/97, BGHZ 137, 205 (208) = NJW 1998, 976 (977); BGH v. 21.1.2004 - XII ZR 214/00, NJW 2004, 1320 (1321); BGH v. 21.6.2011 - II ZB 15/10, NJW-RR 2011, 1184 (Rn. 15 ff.); *Einsele*, in: MünchKomm-BGB, § 130

Dieses Erfordernis wird teilweise mittels eines Rückgriffs auf eine Passivvertretung i.S.d. § 164 Abs. 3 BGB des anderen Clearing-Mitglieds für den zentralen Kontrahenten als erfüllt angesehen.[736] Dem werden jedoch die fehlende Vollmacht des anderen Clearing-Mitglieds sowie die fehlende Bestimmtheit bei der Einsichtnahme im Orderbuch entgegengehalten.[737] Daran ändere auch die Zugangskonstruktion über das elektronische Handelssystem Xetra (als Kommunikationsmittel) nichts, da die Geschäftsbestätigung mit den transaktionsrelevanten Daten der CCP erst nach dem Zustandekommen des Vertrags übermittelt werden.[738] Den ersten beiden Einwänden lässt sich das Bestehen einer Duldungsvollmacht einerseits sowie die Absicht der Parteien, Matches über Order *„soweit sie sich decken"* zu erzielen, andererseits entgegensetzen.

Ein anderer, gegenüber diesen Bedenken erhabener Ansatz geht auf *Reitz* zurück, wonach der Börsenträger als Passivstellvertreter des zentralen Kontrahenten fungieren soll.[739] Zweifelhaft ist mit Blick auf das sog. *Antizipationsmodell*[740], inwieweit die zeitlichen Bedenken überhaupt durchschlagen. Schließlich ist die zeitliche Unbeständigkeit der Antizipationslösung immanent. Wenn antizipiert angenommen wird, kommt der Vertrag gerade dann zustande, wenn das Angebot zugeht. Dies geschieht – anders als bei der Botenschaft – bei der Passivstellvertretung just in dem Moment, in welchem dem Passivstellvertreter die Erklärung zugeht.[741]

Gleichwohl richtet sich die hier formulierte Kritik nicht gegen den zweitgenannten Ansatz *per se*, sondern dagegen, dass sich sein Vorzug gegenüber dem erstgenannten nicht aus den vorgebrachten Argumenten ergibt. Gleichwohl

---

Rn. 16; *Medicus*, BGB AT, Rn. 274; *Wolf/Neuner*, BGB AT, § 33 Rn. 12; *Mansel*, in: Jauernig, BGB, § 130 Rn. 4; *Ellenberger*, in: Palandt, BGB, § 130 Rn. 5.

736 *Alfes*, Central Counterparty – Zentraler Kontrahent – Zentrale Gegenpartei, S. 105 ff.; vgl. *Habersack/Ehrl*, ZfpW 2015, 312 (323 ff.).

737 *Habersack/Ehrl*, ZfpW 2015, 312 (322); *Reitz*, Börsengeschäfte, Übertragung von Wertpapieren und Leistungsstörungen, S. 75 ff.

738 *Habersack/Ehrl*, ZfpW 2015, 312 (323); a.A. *Kunz*, Ausgewählte Rechtsprobleme des Zentralen Kontrahenten – Unter besonderer Berücksichtigung des Clearing-Systems an der Frankfurter Wertpapierbörse, S. 326 f.; *Tiedemann*, Die Stellung des zentralen Kontrahenten im deutschen und englischen Effektenhandel, S. 76, 83 f.

739 *Reitz*, Börsengeschäfte, Übertragung von Wertpapieren und Leistungsstörungen, S. 78 ff.; *Habersack/Ehrl*, ZfpW 2015, 312 (324).

740 Siehe dazu sogleich unten unter 2.

741 Vgl. *Schubert*, in: MünchKomm-BGB, § 164 Rn. 244.

verdient der Ansatz von *Reitz* den Vorzug, da es weniger konstruktiv ist, den Börsenträger als Passivvertreter einzusetzen als den Geschäftsgegner.[742]

b) Annahme

Ebenfalls streitig ist die Geschäftsannahme. Zum Teil wird hierzu die aktive Stellvertretung i.S.d. § 164 Abs. 1 BGB des zentralen Kontrahenten befürwortet.[743] *Reitz* will dabei auf eine gestattete Selbstkontrahierung abstellen.[744] Dieser Ansatz ist deshalb nicht gangbar, weil die ohnehin schon vage Konstruktion der Vollmachtserteilung mit der Befreiung vom Verbot des Insichgeschäfts nach § 181 BGB überfrachtet wird.[745]

Dem gegenüber stehen Ansätze, die ein aktives oder konkludentes Eingreifen des zentralen Kontrahenten ins Handelsgeschehen befürworten.[746] Anders als zuvor vermag in diesem Zusammenhang das zeitliche Argument zu überzeugen. Wenn der zentrale Kontrahent die Geschäftsdaten erst nach dem *Matching* erlangt, kann er seine konsensuale Aufgabe als zentrale Gegenpartei beider Parteien nicht mehr wahrnehmen.[747]

Vorzugswürdig ist demnach das von *Alfes* vertretene sog. *Antizipationsmodell*, wonach die Annahme der CCP (weit) vor dem Angebotszugang mit Abschluss der Clearing-Vereinbarung antizipiert und mit der aufschiebenden Bedingung des *Matchings* (§ 158 Abs. 1 BGB) erklärt wird.[748] Dieses Antizipationsmodell entspricht dem mutmaßlichen Parteiwillen, wobei die Bedingung garantiert, dass jedem CCP-Vertrag ein Deckungsgeschäft gegenübersteht und Risiken vermieden

---

742 Vgl. auch *Reitz*, Börsengeschäfte, Übertragung von Wertpapieren und Leistungsstörungen, S. 84.

743 *Reitz*, Börsengeschäfte, Übertragung von Wertpapieren und Leistungsstörungen, S. 96; *Rinker*, Vertragsschluss im börslichen elektronischen Handelssystem, S. 104 ff. und 143 ff.

744 *Reitz*, Börsengeschäfte, Übertragung von Wertpapieren und Leistungsstörungen, S. 96 ff., 106 f.

745 So auch *Habersack/Ehrl*, ZfpW 2015, 312 (326).

746 *Kunz*, Ausgewählte Rechtsprobleme des Zentralen Kontrahenten – Unter besonderer Berücksichtigung des Clearing-Systems an der Frankfurter Wertpapierbörse, S. 326 ff.; *Tiedemann*, Die Stellung des zentralen Kontrahenten im deutschen und englischen Effektenhandel, S. 85 ff.

747 *Habersack/Ehrl*, ZfpW 2015, 312 (327 f.).

748 *Alfes*, Central Counterparty – Zentraler Kontrahent – Zentrale Gegenpartei, S. 106, 137, 194; *Habersack/Ehrl*, ZfpW 2015, 312 (319, 328 f.); vgl. auch *Jobst*, ZBB 2010, 384 (391); *Reitz*, Börsengeschäfte, Übertragung von Wertpapieren und Leistungsstörungen, S. 85 ff.

werden.[749] Der Ansatz der bedingten und antizipierten Annahme des zentralen Kontrahenten ist somit das vorzugswürdige Modell.

2. *Verträge im mittelbaren Clearing*

In Erweiterung der oben behandelten Fragestellung ist nun kurz zu umreißen, wie die Verträge zwischen *Clearing-Mitgliedern* und *Nicht-Clearing-Mitgliedern* zustande kommen, um letztere in das Clearing einzubeziehen.[750] Hervorzuheben ist, dass ein weiterer juristischer Vertrag diesmal zwischen Clearing-Mitglied und Nicht-Clearing-Mitglied obligatorisch ist.

a) Vertrag zwischen Nicht-Clearing-Mitglied und Clearing-Mitglied

Auch hier stellt sich daher zunächst die Frage nach dem wirksamen Zugang der Erklärung des Nicht-Clearing-Mitglieds an das zwischengeschaltete Clearing-Mitglied. In diesem Zusammenhang werden die bereits zuvor herangezogenen Ansätze vertreten[751], wobei die gleiche und insoweit konsequente Konstruktion des Angebotszugangs über die Annahmevertretung des Börsenträgers hier aber das Clearing-Mitglied überzeugt.[752]

Eine ähnliche Synergie besteht bei der Annahmeerklärung des zentralen Kontrahenten. Die zuvor festgestellte Passivität liegt nunmehr auch beim Clearing-Mitglied vor.[753] Hieraus folgt, dass, ähnlich wie oben, der Vereinbarung zwischen Clearing- und Nicht-Clearing-Mitglied, die antizipierte Annahmeerklärung risikolos und aufschiebend bedingt durch ein Matching zu entnehmen ist.[754]

---

749 *Alfes*, Central Counterparty – Zentraler Kontrahent – Zentrale Gegenpartei, S. 113 ff.; vgl. auch *Habersack/Ehrl*, ZfpW 2015, 312 (328); siehe auch bereits zur Frage der Deckung bei CCP-Transaktionen oben unter § 3 B. III. 2. und 3.

750 Vgl. *Habersack/Ehrl*, ZfpW 2015, 312 (329 ff.).

751 *Alfes*, Central Counterparty – Zentraler Kontrahent – Zentrale Gegenpartei, S. 144; *Kunz*, Ausgewählte Rechtsprobleme des Zentralen Kontrahenten – Unter besonderer Berücksichtigung des Clearing-Systems an der Frankfurter Wertpapierbörse, S. 329.

752 *Habersack/Ehrl*, ZfpW 2015, 312 (330); vgl. auch *Reitz*, Börsengeschäfte, Übertragung von Wertpapieren und Leistungsstörungen, S. 92 ff.

753 Vgl. oben unter § 6 A. II 1. a); *Alfes*, Central Counterparty – Zentraler Kontrahent – Zentrale Gegenpartei, S. 144; *Habersack/Ehrl*, ZfpW 2015, 312 (331).

754 *Alfes*, Central Counterparty – Zentraler Kontrahent – Zentrale Gegenpartei, S. 144; *Habersack/Ehrl*, ZfpW 2015, 312 (331 f.); siehe zur sachlichen Konstruktion oben unter § 6 A. II 1. b).

b) *Vertragsschluss zwischen Clearing-Mitglied und CCP*

Abschließend ist auch in dieser Konstellation zu thematisieren, wie der Vertrag zwischen dem jeweiligen Clearing-Mitglied zur CCP zustande kommt, wenn ein Nicht-Clearing-Mitglied involviert ist. Problematisch ist dabei, dass anders als in der zuvor besprochenen Konstellation beide Kontrahenten passiv bleiben.[755] Überwiegend vertreten wird daher der Ansatz, eine Aktivstellvertretung gem. § 164 Abs. 1 BGB zu konstruieren, indem das Nicht-Clearing-Mitglied neben seinem Vertragsangebot auch das des Clearing-Mitglieds erklärt. Die Vollmacht soll sich aus dem Kontrakt zwischen Mitglied und Nicht-Mitglied ergeben und durch Ausübung dem Börsenträger als Passivvertreter zugehen.[756] Hinsichtlich der Annahmeerklärung gilt das bereits zuvor Gesagte, wonach die aufschiebend bedingte Annahme antizipiert in der Clearingvereinbarung erklärt wird.[757]

3. *Fazit*

Im Ergebnis kommen tatsächlich (nur) zwei Verträge zustande. Der wirtschaftliche Leerverkäufer kontrahiert mittels des elektronischen Handelssystems Xetra direkt mit der CCP, die wiederum mit dem Käufer kontrahiert.[758] Bei der Einbeziehung von Nicht-Clearing-Mitgliedern setzt sich dieser Befund entsprechend fort, sodass unter Zwischenschaltung einer CCP eine Vertragskette mit jeweils simultanen Gliedern entsteht. Lediglich in den Endpositionen, d.h. bei den wirtschaftlichen Vertragsparteien, besteht die Möglichkeit einer wirtschaftlichen Differenz von Anspruch und Verbindlichkeit. Die Clearing-Mitglieder werden dabei ebenfalls zur zentralen Gegenpartei.

Die hier vertretenen Positionen zur Beschreibung der vertraglichen Verhältnisse sind aufgrund der technischen Begebenheiten im Hinblick auf den geschlossenen

---

755 Vgl. *Habersack/Ehrl*, ZfpW 2015, 312 (332).

756 *Alfes*, Central Counterparty – Zentraler Kontrahent – Zentrale Gegenpartei, S. 144 ff.; *Habersack/Ehrl*, ZfpW 2015, 312 (332); vgl. *Reitz*, Börsengeschäfte, Übertragung von Wertpapieren und Leistungsstörungen, S. 102 ff.

757 *Alfes*, Central Counterparty – Zentraler Kontrahent – Zentrale Gegenpartei, S. 147; *Habersack/Ehrl*, ZfpW 2015, 312 (333); siehe oben unter § 6 A. II. 1. b); a.A. *Reitz*, Börsengeschäfte, Übertragung von Wertpapieren und Leistungsstörungen, S. 102 ff.

758 Diese rechtliche Konkretisierung der Vertragsverhältnisse wird im Folgenden lediglich an den relevanten Stellen aufgegriffen. Die CCP ist rechtlich Käufer und Verkäufer der Aktie und wird entsprechend als solcher behandelt. Evident ist, dass vorbehaltlich etwaiger Besonderheiten das Gesagte spiegelbildlich auch für den anderen Kontrakt der CCP gilt; so auch *Klein*, BB 2016, 2200; *Spengel/Eisgruber*, DStR 2015, 785 (791).

Händlerkreis und die Parteiinteressen vorzugswürdig. Eine Vertiefung dieser vertragstheoretischen Diskurse ist für den hier avisierten Zweck der Untersuchung von Leistungsstörungsrechten in Bezug auf Cum-/Ex-Geschäfte nicht geboten.

III. OTC-Handel

1. Struktur und Clearing

Vertragstechnisch kommt der Vertrag beim außerbörslichen Handel elektronisch[759] via E-Mail oder telefonisch klassisch zwischen den Handelsparteien zustande.[760] Die erste Erklärung beim elektronischen Vertragsschluss (u.U. mittels Direktbank) ist als *inventatio ad offerendum* zu qualifizieren, da sie einer Vielzahl von potenziellen Geschäftsgegnern zugänglich ist und nicht davon auszugehen ist, dass in Höhe einer unbestimmten Menge an Wertpapieren eingestanden werden soll.[761] Auch die Abgabe der *Angebotsofferte* kann mittelbar über die Direktbank erfolgen.[762]

Für den außerbörslichen Aktienhandel gilt ebenfalls die Einführung des zentralen Kontrahenten, wenn dieser mittels Xetra durch ein an der FWB tätiges Finanzdienstleistungsunternehmen oder ein Kreditinstitut in Anspruch genommen wird.[763] Eine CCP-Abwicklungspflicht der jeweiligen OTC-Aktien-Transaktionen ist bis 2012 und auch danach nicht auszumachen.[764] Die Marktteilnehmer

759 Xetra Best als systematisches Internalisierungssystem der Deutschen Börse AG; siehe hierzu *Hammen*, WM 2002, 2129 (2132); *Seiffert*, in: Kümpel/Wittig, Kapitalmarktrecht, Rn. 4.2.

760 Vgl. *Habersack/Ehrl*, ZfpW 2015, 312 (333); zur Konstellation des Kommissionsgeschäfts siehe unten unter § 6 B.

761 *Clauss*, Anfechtungsrechte bei Wertpapiergeschäften zu nicht marktgerechten Preisen (Mistrades), S. 49; *Fleckner/Vollmuth*, WM 2004, 1263 (1267); *Fridrich/Seidel*, BKR 2008, 497; *Lindfeld*, Die Mistrade-Regeln, S. 111.

762 *Clauss*, Anfechtungsrechte bei Wertpapiergeschäften zu nicht marktgerechten Preisen (Mistrades), S. 50; *Fleckner/Vollmuth*, WM 2004, 1263 (1267); vgl. *Köndgen*, in: FS Canaris, Bd. II, S. 183 (185 f.).

763 Ziff. 1.10.1. BedClearing v. 1.12.2004 (abrufbar unter: http://www.eurexclearing.com/blob/114468/31eb1e252f44a57cac31abbf84469bd5/data/cc_history_01122004_de.pdf) (letzter Aufruf: 26.04.2018); Kap. V, Absch. 1, Ziff. 1.3 BedClearing v. 11.1.2016; vgl. auch *Einsele*, Bank- und Kapitalmarktrecht, § 8 Rn. 10; *Habersack/Ehrl*, ZfpW 2015, 312 (333 f.).

764 Etwas anderes gilt für die OTC-Derivate, welche anlässlich der Finanzkrise einer grundsätzlichen CCP-Pflicht unterworfen wurden. Vgl. VO (EU) Nr. 648/2012 des europäischen Parlaments und des Rates über OTC-Derivate, zentrale Gegenparteien

haben gleichwohl die Möglichkeit einer geclearten Transaktion.[765] Letztlich steht im OTC-Handel das Bedürfnis im Vordergrund, Risikosphären privatautonom zu regeln.[766]

2. *Novation*

Aufgrund des bilateralen Vertrags und des dezentralen Handels ist beim OTC-Clearing von einer Novationslösung im Anschluss an den direkten Vertrag auszugehen.[767] Bei der Novation handelt es sich um die Ersetzung des alten Schuldverhältnisses und damit um seine Beendigung durch die Neubegründung eines neuen anderen Schuldverhältnisses.[768] Zu klären ist zunächst, ob angesichts der Parteiinteressen eine Novation angemessen erscheint bzw. ihre rechtstheoretischen Voraussetzungen erfüllt sind. Während die kausale Novation von dem Bestehen des alten Schuldverhältnisses abhängt, ist die abstrakte Novation hiervon unabhängig.[769]

Die Novation im OTC-Handel soll sich nach vorwiegend vertretener Auffassung im Falle des Clearings als abstrakte darstellen.[770] Auch der Wortlaut der ClearBed Eurex nennt die abstrakte Novation ausdrücklich.[771] Gleich an mehreren Stellen wird die Unabhängigkeit von der Wirksamkeit des ursprünglichen OTC-Geschäfts betont.[772]

---

und Transaktionsregister v. 4.7.2012, ABlEU L 201/1 v. 27.7.2012, in Kraft getreten am 16.8.2012, Art. 4 sowie Erwägungsgrund 13 ff.

765 Nr. 1 Abs. 2 Sonderbedingungen für Wertpapiergeschäfte (Stand: April 2013); *Beule*, in: Hellner/Steuer, BuB, Rn. 7/36; *Habersack/Ehrl*, ZfpW 2015, 312 (333); *Loritz*, WM 2017, 309 (313).

766 *Habersack/Ehrl*, ZfpW 2015, 312 (334); vgl. *Köhler/Büscher*, in: Schwintowski, Bankrecht, Kap. 22 Rn. 9 zu Derivaten.

767 Vgl. *Seiffert*, in: Kümpel/Wittig, Kapitalmarktrecht, Rn. 4.5.

768 *Brox/Walker*, Allgemeines Schuldrecht, § 17 Rn. 4; *Emmerich*, in: MünchKomm-BGB, § 311 Rn. 15; *Fikentscher/Heinemann*, Schuldrecht, § 40 Rn. 346 ff.; *Gehrlein*, in: BeckOK-BGB (Stand: November 2017), § 311 Rn. 36; *Gröschler*, in: Soergel, BGB, § 311 Rn. 52.

769 *Brox/Walker*, Allgemeines Schuldrecht, § 17 Rn. 4; *Emmerich*, in: MünchKomm-BGB, § 311 Rn. 15; *Gehrlein*, in: BeckOK-BGB (Stand: November 2017), § 311 Rn. 36.

770 *Habersack/Ehrl*, ZfpW 2015, 312 (334); vgl. auch *Jobst*, ZBB 2010, 384 (393 ff.).

771 Kap. I, Absch. 1, Ziff. 1.2.2. Abs. 2 ClearBed (Stand: 11.1.2016).

772 Kap. I, Absch. 1, Ziff. 1.2.2. Abs. 2 ClearBed (Stand: 11.1.2016); Kap. IV Absch. 3 Ziff. 3.2.1. Abs. 1 zu GC Pooling Repo-Transaktionen; sowie Kap. IX Absch. 1 Ziff. 1.2.1 Abs. 1 zu ursprünglichen Wertpapierdarlehensgeschäften; vgl. aber Kap. II, Absch. 2 Ziff. 2.21.1 zum Clearing von Zins-Swap Future Kontrakten.

Bei der abstrakten Novation handelt es sich um ein abstraktes Schuldversprechen i.S.d. §§ 780, 781, 311 Abs. 1 BGB, wobei die Schriftform nach § 350 HGB entbehrlich ist.[773] Aufgrund der weitreichenden Folgen ergeben sich hieraus gleichwohl hohe Hürden, weshalb der Wille der Parteien deutlich zu Tage treten muss.[774] Vertragskonstruktiv enthält die Eingabe des bilateralen Geschäfts beidseitig die Willensbekundung, die CCP abstrakt-novativ einzubeziehen. Xetra besorgt dabei den Zugang, wobei die Annahmeerklärung des zentralen Kontrahenten abermals in der antizipierten Clearingvereinbarung zu finden ist.[775] Selbiges soll bei der Beteiligung von Nicht-Clearing-Mitgliedern gelten, sodass wiederum von entsprechenden Zwischenstufen auszugehen ist.[776] Überwiegend wird vertreten, dass die hohen Anforderungen der abstrakten Novation an die Willensbekundung beim nachträglichen Clearing vorlägen.[777]

Die Darstellungen überzeugen letztlich. Die abstrakte Novation ist in diesem Fall systematisch auch deshalb vorzuziehen, weil bei der Einbeziehung von Nicht-Clearing-Mitgliedern maximale Sicherheit für das – in dieser Konstellation ebenfalls *zentrale* – Clearing-Mitglied gewährt ist.[778] Hinzu kommt, dass die ClearBed im allgemeinen Teil vorsehen, dass die Parteien im Hinblick auf die Beendigung der ursprünglichen OTC-Transaktion abweichende Absprachen

---

773 *Habersack/Ehrl*, ZfpW 2015, 312 (335); *Marburger*, in: Staudinger, BGB, § 780 Rn. 12; vgl. auch *Fikentscher/Heinemann*, Schuldrecht, § 40 Rn. 347; *Löwisch/Feldmann*, in: Staudinger, BGB, § 311 Rn. 91; *Stadler*, in: Jauernig, BGB, Anm. zu den §§ 780, 781 Rn. 8.

774 BGH v. 14.11.1985 – III ZR 80/84, NJW 1986, 1490; *Brox/Walker*, Allgemeines Schuldrecht, § 17 Rn. 5; *Emmerich*, in: MünchKomm-BGB, § 311 Rn. 15 f.; *Gehrlein*, in: BeckOK-BGB (Stand: November 2017), § 311 Rn. 36; *Gröschler*, in: Soergel, BGB, § 311 Rn. 53; *Habersack/Ehrl*, ZfpW 2015, 312 (335); *Habersack*, in: MünchKomm-BGB, § 780 Rn. 17 ff.; *Löwisch/Feldmann*, in: Staudinger, BGB, § 311 Rn. 89; vgl. auch RG v. 21.11.1927 – VI 71/27, RGZ 119, 21.

775 *Habersack/Ehrl*, ZfpW 2015, 312 (335); *Jobst*, ZBB 2010, 384 (394); *Tiedemann*, Die Stellung des zentralen Kontrahenten im deutschen und englischen Effektenhandel, S. 89 f.; insoweit kann technisch auch auf die vorherigen Ausführungen verwiesen werden unter § 6 A. II. 1. und 2.

776 Vgl. *Habersack/Ehrl*, ZfpW 2015, 312 (334 f.); Kap. I, Absch. 1, Ziff. 1.2.2. Abs. 2 i.V.m. Kap. V, Absch. 1, Ziff. 1.3 ClearBed (Stand: 11.1.2016).

777 *Habersack/Ehrl*, ZfpW 2015, 312 (334 f.); vgl. auch *Jobst*, ZBB 2010, 384 (393 f.).

778 Vgl. bereits oben zur Einbeziehung von Nicht-Clearing-Mitgliedern unter § 6 A. 2. b).

treffen können.[779] Insofern ist auch mit Blick auf die Parteiinteressen eine abstrakte Novation anzunehmen.

3. *Auswirkungen*

Angesichts der Weite der Folgen einer abstrakten Novation sind ihre Auswirkungen auf die Aktiengeschäfte zu untersuchen. Fraglich ist insbesondere, inwiefern die festgestellte abstrakte Novation Auswirkungen auf Sekundär- oder Gestaltungsrechte sowie Wirksamkeitsmängel im Ursprungsvertrag nach sich zieht bzw. inwiefern sie sich in dem jeweiligen Schuldversprechen fortsetzen.

Hinsichtlich des Ursprungsvertrags ist bereits angedeutet worden, dass die Rechtsfolge der Novation (Schuldersetzung) seine Beendigung bedeutet. Gleichwohl besteht die Möglichkeit der Parteien, das ursprüngliche Schuldverhältnis beizubehalten.

Schwieriger dagegen ist die Frage zu beantworten, wie das abstrakte Schuldverhältnis ausgestaltet ist, d.h. inwieweit sich Umstände des alten Schuldverhältnisses fortsetzen. Grundsätzlich sollen Einwendungen und Einreden infolge der Aufhebung des alten Schuldverhältnisses dem neuen Schuldverhältnis nicht entgegengesetzt werden.[780] Hinzu kommt, dass das aus einer abstrakten Novation entstandene Schuldverhältnis auch unabhängig von der Wirksamkeit des alten Verhältnisses besteht.[781] Hinsichtlich der Hauptleistungspflichten soll es zu einer „*Änderung der Identität des Schuldverhältnisses*" kommen,[782] sodass sich die Frage aufdrängt, inwiefern auch die Pflicht des § 433 Abs. 1 S. 2 BGB hiervon erfasst ist.

Es erscheint konsequent und mit dem Wortlaut des § 780 S. 1 BGB kompatibel, das Versprechen der CCP, die Aktien zu liefern, dahingehend auszulegen, dass die Pflicht zur mangelfreien Leistung mitumfasst ist.[783] Systematisch dagegen ist die sich aus § 780 S. 1 BGB ergebende Leistungspflicht gerade nicht an

---

779 Kap. I, Absch. 1, Ziff. 1.2.2. Abs. 2 unten, Abs. 5 lit. (c) ClearBed (Stand: 11.1.2016).

780 *Fikentscher/Heinemann*, Schuldrecht, § 40 Rn. 347 und § 98 Rn. 1374; *Gehrlein*, in: BeckOK-BGB (Stand: November 2017), § 311 Rn. 36; *Löwisch/Feldmann*, in: Staudinger, BGB, § 311 Rn. 86 ff.; RG v. 12.11.1931 – VI 246/31, RGZ 134, 153 (155 f.).

781 *Emmerich*, in: MünchKomm-BGB, § 311 Rn. 15; *Gehrlein*, in: BeckOK-BGB (Stand: November 2017), § 311 Rn. 36; *Löwisch/Feldmann*, in: Staudinger, BGB, § 311 Rn. 88; vgl. auch BGH v. 25.9.1958 – VII ZR 85/57, NJW 1958, 2111.

782 *Emmerich*, in: MünchKomm-BGB, § 311 Rn. 16; vgl. auch *Gehrlein*, in: BeckOK-BGB (Stand: November 2017), § 311 Rn. 36.

783 Vgl. *Habersack*, in: MünchKomm-BGB, § 780 Rn. 14; vgl. auch RG v. 3.3.1924 – IV 386/23, RGZ 108, 105 (107); sowie *Marburger*, in: Staudinger, BGB, § 780 Rn. 2.

die Pflichten aus §§ 434 ff. BGB geknüpft. Andererseits kann eine Pflichtenübertragung auch im Interesse der Parteien liegen.[784] In Frage käme mithin allenfalls eine analoge Anwendung der Gewährleistungsvorschriften.

Entscheidend ist damit die Auslegung der Parteiinteressen im Hinblick auf das abstrakte Schuldversprechen selbst. Zwar spricht gegen eine Analogie, dass anders als im gegenseitigen Vertrag gerade keine Leistungsäquivalenz in Form eines Synallagmas besteht, in welcher der Kaufpreis der mangelfreien Leistung gegenüber steht.[785] Auf der anderen Seite stehen sich dennoch typischerweise die Pflichten aus den abstrakten Schuldverhältnissen gegenüber. Zudem ist nicht ersichtlich, dass neben der Eliminierung der vertraglichen Wirksamkeitsbedenken auch auf die Gewährleistungsrechte verzichtet werden soll. Ebenso spricht die Gleichbehandlung mit dem Börsenhandel für eine analoge Anwendung des Gewährleistungsrechts. Die *Mistrade-Rules*[786] lassen sich dafür anführen, dass die CCP nicht für etwaige Mängel einstehen wollte, zumal es sich um die gleichen Klauseln handelt, die auch im börslichen Handel gelten. Indes ließe sich gerade im Umkehrschluss der Mistrade-Rules davon ausgehen, dass Gewährleistungsrechte in dem dort nicht genannten Umfang bestehen, vor allem da die CCP wirtschaftlich aufgrund der spiegelbildlichen Regressoption gegen die andere Geschäftspartei nicht beeinträchtigt wird. Zwar besteht die Option der Perpetuierung des Ursprungsvertrags.[787] Inwiefern hieraus aber bereits die rechtstheoretische Möglichkeit der kaufrechtlichen Gewährleistung verhindert wird, ist zweifelhaft, zumal wohl keine der Parteien die Gefahr einer kaufrechtlichen Gewährleistung bedacht hat. Insoweit, als sie zumindest dem Grunde nach bedacht worden ist, ist – wie der Schadensersatz mittels Dividendenkompensationszahlung belegt – eher davon auszugehen, dass die CCP entsprechend belastet werden soll.[788]

In der Konsequenz dessen ist grundsätzlich von einer analogen kaufrechtlichen Gewährleistungspflicht der CCP in geclearten OTC-Transaktionen auszugehen. Dies erscheint sachgerechter, als bereits rechtstheoretisch die Gewährleistungsrechte zu versagen, obwohl dies bei § 780 BGB dogmatisch nicht

784 *Fikentscher/Heinemann*, Schuldrecht, § 98 Rn. 1374.

785 Vgl. *Habersack*, in: MünchKomm-BGB, § 780 Rn. 14; *Marburger*, in: Staudinger, BGB, § 780 Rn. 3.

786 Kap. I Abschn. 1 Ziff. 1.2.2. Abs. (6) lit. (a) ClearBedEurex (Stand: 11.1.2016); siehe hierzu noch ausführlich unten unter § 7 B. II. 4. e) und IV. 7. b).

787 Siehe bereits vorstehend.

788 Siehe hierzu ausführlich oben unter § 3 A. I. 2. sowie im Hinblick auf den Ausschluss der Gewährleistungsrechte unten unter § 7 B. IV. 7. b).

zwingend ist. Gleichwohl kann der ursprüngliche Geschäftsgegner im Einzelfall entsprechend verantwortlich sein.

Daraus folgt ferner die grundsätzliche Unanwendbarkeit des § 313 BGB im Hinblick auf Mängel der Kaufsache.[789] Eine etwaige Nichtigkeit des Ursprungsvertrags wird durch die abstrakte Clearing-Novation überwunden.[790] Auch eine etwaige Verantwortung aus c.i.c. trifft die CCP nicht, da neben dem Vorrang des Leistungsstörungsrechts der Geschäftsgegner nicht Erfüllungsgehilfe des zentralen Kontrahenten ist und daher der CCP keine Pflichtverletzung zugerechnet werden kann.[791] Dies ist auch sachgerecht, da in schwerwiegenden Fällen auch nach Aufhebung des Ursprungsvertrags eine Direkthaftung des ursprünglichen Vertragspartners (Geschäftsgegners) nach §§ 280 Abs. 1, 241 Abs. 2 i.V.m. § 311 Abs. 2 BGB bestehen dürfte.[792]

4. *Fazit*

Im Ergebnis kann festgehalten werden, dass bei Einschaltung einer CCP diese auch leistungsstörungsrechtlich Partei des jeweiligen Marktteilnehmers sein kann.[793] Wie bereits angedeutet, sind im Einzelfall die sich aus den jeweiligen Bedingungen ergebenden Besonderheiten zu würdigen. Die bloße Novation bei OTC-Transaktionen steht diesem Ergebnis indes nicht entgegen.

---

789 Vgl. allgemein zum Verhältnis des § 313 zum Kaufgewährleistungsrecht BGH v. 16.3.1973 – V ZR 118/71, BGHZ 60, 319 (320) = NJW 1973, 1234; BGH v. 7.2.1992 – V ZR 246/90, BGHZ 117, 159 (161) = NJW 1992, 1384 (1385); *Faust,* in: BeckOK-BGB (Stand: März 2018), § 453 Rn. 31; *Finkenauer*, in: MünchKomm-BGB, § 313 Rn. 166; *Grüneberg*, in: Palandt, BGB, § 313 Rn. 12; vgl. auch schon *Oertmann*, Geschäftsgrundlage, S. 31, 33, 132; sowie unten unter § 7 B. VI. 1. a).

790 *Emmerich*, in: MünchKomm-BGB, § 311 Rn. 15; *Fikentscher/Heinemann*, Schuldrecht, § 40 Rn. 346 ff.; *Gehrlein*, in: BeckOK-BGB (Stand: November 2017), § 311 Rn. 36; *Gröschler*, in: Soergel, BGB, § 311 Rn. 52.

791 Vgl. BGH v. 27.3.2009 – V ZR 30/08, BGHZ 180, 208 (214) = NJW 2009, 2120 (2122); *Gehrlein*, in: BeckOK-BGB (Stand: November 2017), § 311 Rn. 43 und 79; *Brox/Walker*, Allgemeines Schuldrecht, § 25 Rn. 18; *Köster*, JURA 2005, 145 (147 und 150); *Mansel*, NJW 2002, 89 (99); *Redeker*, Beschaffenheitsbegriff und Beschaffenheitsvereinbarung beim Kauf, S. 3; *Schaub*, AcP 202 (2002), 757 (782 f. und 806); *Schröcker*, ZGR 2005, 63 (88 f.); *Schulze/Ebers*, JuS 2004, 462 (463); § 7 C. I. 1. c).

792 Vgl. *Emmerich*, in: MünchKomm-BGB, § 311 Rn. 50; *Stöber,* Rechte aus nichtigen Vertragsverhältnissen, S. 22.

793 *Habersack/Ehrl*, ZfpW 2015, 312 (314).

B. Sekundärgeschäfte

Neben den zuvor behandelten Transaktionsgeschäften, welche die Lieferung einer Aktie gegen die Zahlung des vereinbarten Kaufpreises beinhalten, können weitere Neben- oder Beschaffungsgeschäfte bestehen. In Betracht kommt eine Vielzahl an möglichen Konstellationen wie beispielsweise die Einschaltung eines Maklers, Handelsvertreters oder Kommissionärs.[794] Dem Wertpapiererwerb über eine Bank liegt entweder ein Kommissionsverhältnis (§§ 383 ff. HGB; Nr. 1, 3–9 der Sonderbedingungen für Wertpapiergeschäfte) oder ein Kaufvertrag im Wege des Eigenhandels (§§ 433 ff. BGB; Nr. 1 Abs. 1 und 3 Sonderbedingungen für Wertpapiergeschäfte) zugrunde.[795] Im letztgenannten Fall ist jedoch von zwei eigenständigen Kaufgeschäften auszugehen. Wie bereits zuvor erwähnt, liegt regelmäßig ein Effektenkommissionsgeschäft i.S.v. § 383 Abs. 1 HGB vor.[796]

Bei diesen Geschäften kontrahieren die jeweiligen Depotbanken gemäß ihrer Order im eigenen Namen miteinander oder entsprechend mit dem zentralen Kontrahenten.[797] Die sich aus dem Kommissionsverhältnis ergebenden Rechte sind dem Kreis der Sekundärpflichten zuzuordnen, obwohl bei Geschäften im eigenen Namen, aber auf fremde Rechnung regelmäßig auch weitere Verhaftungen, d.h. insbesondere Beratungspflichten, zu diskutieren sind.[798] Diesen Konstellationen gemein ist, dass es sich um bloße Kontrahierungsalternativen handelt, welche den Kaufvertrag als solchen im Kern unberührt lassen und daher mit der eigentlichen Problemfrage des steuerlichen Rechtsirrtums bei Cum-/Ex-Geschäften nur mittelbar zusammenhängen. Die Rechte der Parteien, die sich auf den Kaufvertrag beziehen, beeinflussen dieses periphere Verhältnis nur mittelbar.[799] Die Konstellation des Effektenhandels dürfte sich in den Cum-/Ex-Fällen regelmäßig auf einen vermögenden privaten Kundenkreis beschränken. Diese Geschäfte werden im Anschluss an die eigentliche Cum-/Ex-Untersuchung

794 *Einsele,* Bank- und Kapitalmarktrecht, § 8 Rn. 6 ff.; *Lenenbach*, Kapitalmarktrecht, Rn. 4.1 ff.; vgl. auch BGH v. 25.6.2002 – XI ZR 239/01, WM 2002, 1687; *Fleckner*, WM 2011, 585 (588); *Lange*, in: Schwintowski, Bankrecht, Kap. 20 Rn. 39 ff.

795 *Einsele*, Bank- und Kapitalmarktrecht, § 8 Rn. 4; *Fleckner/Vollmuth*, WM 2004, 1263 (1266); *Schlimbach*, Leerverkäufe, S. 26.

796 Siehe oben unter § 6 A.; BGH v. 25.6.2002 – XI ZR 239/01, WM 2002, 1687; *Fleckner*, WM 2011, 585 (588); *Lange*, in: Schwintowski, Bankrecht, Kap. 20 Rn. 44 f.

797 *Anzinger*, RdF 2012, 394 (398); *Horn,* WM 2002, Sonderbeilage Nr. 2 zu Heft 20/2002, S. 3 f.; *Will,* in: Kümpel/Wittig, Bank- und Kapitalmarktrecht, Rn. 18.202.

798 Siehe hierzu unten zur Haftung der Finanzintermediäre § 8 A.

799 So auch *Krause*, WM 1999, 1101 (1107).

Eingang in diese Arbeit finden, indem entsprechende Regressoptionen diskutiert werden.[800]

C. Fazit

Aus dem Gesagten wird deutlich, in welchen Verhältnissen die Legalität der Cum-/Ex-Geschäfte relevant wird. Hieraus ergibt sich die dogmatische Trennung i.R.d. Untersuchung. Schließlich ist bei den Cum-/Ex-Transaktionen grundsätzlich ein Kaufvertrag vorzufinden, welcher auf seine Wirksamkeit und Gewährleistungsrechte untersucht werden kann.[801] Bereits vorab ist hier darauf hinzuweisen, dass die besondere Kerngeschäftsstruktur (Geschäftsabwicklung an der Börse und mittels CCP) möglicherweise besondere Abweichungen vom gesetzlichen Pflichtenprogramm bereithält.[802] Hierzu sind insbesondere die Clearing-Bedingungen der Eurex AG und die Bedingungen für die FWB zu beachten.

Auf der effektengeschäftlichen Ebene zwischen Bank und Kunden ist möglicherweise auf die Banken-AGB Bezug zu nehmen, um die allenfalls beiläufigen Auswirkungen in diesem Gebiet umfassend zu untersuchen.

800 Siehe hierzu unten zur Haftung der Finanzintermediäre § 8 A.

801 So auch *Krause*, WM 1991, 1101 (1107); vgl. auch *Fleckner/Vollmuth*, WM 2004, 1263 (1267) zu den sog. Mistrades.

802 Vgl. auch *Habersack/Ehrl*, ZfpW 2015, 312 (336); *Schwarze*, Das Recht der Leistungsstörungen, § 2 Rn. 8.

Kapitel 7. Zivilrechtliche Haftung des Leerverkäufers

Der gerechte Lastenausgleich der Parteien richtet sich nach der zivilrechtlichen Haftung des Leerverkäufers. Steuerrechtlich finden die Cum-/Ex-Geschäfte, wie bereits festgestellt, keine Anerkennung (Illegalitätsthese).[803] Hiervon unabhängig verzeichnet der Leerverkäufer einen Gewinn mittelbar über den Brutto-Kaufpreis.[804] Der Lösungsmaßstab muss daher das Zivilrecht sein. Zu betrachten ist das Transaktionsrecht, welches in Einklang mit dem Kapitalmarktrecht zu bringen ist.[805] Deshalb soll nachfolgend anhand zivilrechtlicher Institute die Frage geklärt werden, wer in welchem Umfang das Risiko des steuerlichen Rechtsirrtums in Bezug auf die Cum-/Ex-Geschäfte abschließend zu tragen hat.[806]

In Betracht kommen unterschiedliche Anspruchsregime und Verantwortliche. Primär gegenständlich ist zunächst der Leerverkauf per se, welcher zwischen Finanzinstituten, also institutionellen Finanzmarktakteuren, ggf. über die CCP zustande kam (Nostro- oder Eigenhandel „erster Ebene").[807] In der Effektenkonstellation sind die folgenden Ausführungen dann anwendbar, wenn das Ausführungsgeschäft ein Cum-/Ex-Geschäft war. Weitere Probleme, die sich aus peripheren Regresshaftungssituationen ergeben, werden im Anschluss hieran besprochen.[808]

Die Behandlung steuerlicher Rechtsirrtümer im Zivilrecht gebietet eine vielseitige Untersuchung. Zunächst soll die Relevanz der Einordnung unterschiedlicher Anspruchsgrundlagen dargestellt werden (A.). Sodann wird die vertragliche Haftung untersucht (B.), wobei ein besonderes Augenmerk auf die Vertragswirksamkeit (B. II.), das Gewährleistungsrecht (B. IV.) sowie die Ansprüche aus der Störung der Geschäftsgrundlage (B. VI.) gelegt wird. Nachfolgend wird die

803 Siehe oben unter § 4 E. Sollte von einer steuerrechtlichen Anerkennung, also von dem Legalitätsansatz ausgegangen werden, ist ein zivilrechtlicher Ausgleich freilich obsolet.

804 Siehe hierzu ausführlich oben unter § 3 B. I.

805 *Reitz*, Börsengeschäfte, Übertragung von Wertpapieren und Leistungsstörungen, S. 41.

806 Vgl. auch *Bruns*, DStZ 2012, 333 (340); *ders.*, DStR 2010, 2061 (2065); *ders.*, DStZ 2011, 676 (684); *Krause*, WM 1999, 1101 (1107 ff.); auch das FG Hessen v. 10.2.2016 – 4 K 1684/14, rkr., EFG 2016, 761 (768) = DStR 2016, 1084 (1093); *Spengel/Eisgruber*, DStR 2015, 785 (795); *Podewils*, FR 2014, 1064 (1068).

807 Vgl. auch die Einordnung bei *Einsele*, Bank- und Kapitalmarktrecht, § 8 Rn. 4.

808 Siehe zu dieser Unterscheidung bereits oben unter § 8 A.

quasi-vertragliche (C.), die bereicherungsrechtliche (D.) und letztlich die deliktische Haftung (E.) untersucht.

Ausgangspunkt der Lösung sind die nach allgemeiner Meinung[809] selbstverständlich anwendbaren gesetzlichen Regelungen des BGB, wobei teilweise Modifikationen aufgrund der eingangs erwähnten besonderen Geschäftsbedingungen an den Kapitalmärkten angebracht sind.

A. Relevanz der Einordnung

Eine sorgfältige Differenzierung zwischen den verschiedenen Ansprüchen ist schon aufgrund unterschiedlicher Voraussetzungen geboten. Grundsätzlich richtet sich der Fokus auf die Frage nach der Abgrenzung der Gewährleistungsrechte zu dem Informationsverschulden im Zuge einer Haftung aus *culpa in contrahendo.*[810] Zwar ist dieser Abgrenzung durch das Schuldrechtsmodernisierungsgesetz von 2002 in großen Teilen die Brisanz genommen worden.[811] Gleichwohl ergeben sich mitunter eklatante Unterschiede, insbesondere i.R.d. Verjährungsrechts. Bereits vorab soll daher – ohne Vorwegnahme der Konkurrenzbeziehungen[812] – eine grobe voraussetzungsorientierte Einordnung erfolgen.

Während die Kaufgewährleistungsrechte – mit Ausnahme der Schadensersatzansprüche – und § 313 BGB kein Verschulden voraussetzen, erfordert die Haftung aus c.i.c. gem. § 280 Abs. 1 S. 2 BGB unabhängig von der konkreten Rechtsfolge ein Verschulden.[813] Selbiges gilt für die deliktische Haftung der §§ 823 ff. BGB. Verschuldensunabhängig ist dagegen letztlich auch das Kondiktionsrecht der §§ 812 ff. BGB. Weitere Unterschiede zwischen dem Gewährleistungsrecht und der Haftung aus c.i.c. sind die Erheblichkeitsschwelle bei wirtschaftlicher oder tatsächlichen Rückabwicklung des Vertrags (§ 281 Abs. 1 S. 3 und § 323 Abs. 5 S. 2 BGB) sowie der sich aus dem Fristsetzungserfordernis ergebende Vorrang der Nacherfüllung im Kaufgewährleistungsrecht.[814] Abschließend ist auf die unterschiedlichen Verjährungsfristen hinzuweisen. Während bei der allgemeinen Anspruchsverjährung

---

809 *Einsele*, Bank- und Kapitalmarktrecht, § 8 Rn. 53; *Fleckner*, WM 2009, 2064 (2070).

810 *Barnert,* WM 2003, 416; *Häublein*, NJW 2003, 388 (389).

811 Vgl. *Schaub*, AcP 202 (2002), 757 (782); *Lorenz*, Karlsruher Forum 2005, S. 5 (15 f., 35); *Lorenz/Riehm*, Lehrbuch zum neuen Schuldrecht, Rn. 579.

812 Siehe hierzu unten unter § 7 B. II. 4. a); B. VI. 1. a) sowie C. I.

813 Vgl. *Ernst*, in: MünchKomm-BGB, § 280 Rn. 21; *Lorenz*, in: BeckOK-BGB (Stand: Februar 2017), § 280 Rn. 31; *Westermann*, in: MünchKomm-BGB, § 437 Rn. 29.

814 Vgl. *Faust,* in: BeckOK-BGB (Stand: März 2018), § 441 Rn. 3; *Larenz*, Karlsruher Forum 2002, S. 5 (88 f.); *Westermann*, in: MünchKomm-BGB, § 437 Rn. 12; sowie *ders.*, a.a.O., § 441 Rn. 3.

gem. §§ 195, 199 Abs. 1 BGB von drei Jahren auszugehen ist, beginnend mit dem Ende des Jahres, in dem der Anspruch entstanden ist und Kenntnis oder grobfahrlässiger Unkenntnis des Gläubigers eingetreten ist, beträgt die Verjährung im Anwendungsbereich des Gewährleistungsrechts gem. § 438 BGB grundsätzlich zwei Jahre, beginnend mit dem Gefahrübergang.[815]

Die sich möglicherweise aus einem Irrtum über die Eigenschaften i.S.d. § 119 Abs. 2 BGB ergebende Anfechtungsberechtigung ist gegenüber dem speziellen Kaufrecht subsidiär zu behandeln und soll daher auch hier erst nach den kaufrechtlichen Gewährleistungsrechten untersucht werden.[816]

Die präzise Prüfung der unterschiedlichen Anspruchsregime und ihres jeweiligen Verhältnisses zueinander ist daher zwingend geboten. Insbesondere das Problem der Verjährung stellt sich in der Praxis bei der etwaigen Haftung von Leerverkäufern aus Cum-/Ex-Transaktionen. Hierneben dürfte angesichts des Rechtsirrtums die Darlegung des Verschuldens bei Regressansprüchen eine gewichtige Rolle spielen.

B. Vertragliche Haftung

I. Vertragstypologische Einordnung

Zunächst stellt sich die Frage etwaiger vertraglicher Rechte des Aktienkäufers gegen den Leerverkäufer aus Gewährleistung gem. § 437 BGB. Es kommt folglich darauf an, ob die Voraussetzungen des speziellen Leistungsstörungsrechts vorliegen. Diese sollen daher anhand der unterschiedlichen Merkmale thematisiert werden.

1. Kaufvertrag

Gewährleistungsansprüche setzen zunächst einen Kaufvertrag i.S.d. § 433 BGB voraus. Entsprechend stellt sich die Frage, ob es sich bei den Cum-/Ex-Leerverkaufsgeschäften um eben solche handelt. Dies ist regelmäßig anerkannt.[817]

---

815 *Mansel*, NJW 2002, 89 (91 und 94); *Weidenkaff*, in: Palandt, BGB, § 438 Rn. 1; *Westermann*, in: MünchKomm-BGB, § 438 Rn. 1.

816 BGH v. 8.6.1988 – VIII ZR 135/87, NJW 1988, 2597 (2598); BGH v. 18.10.2007 – V ZB 44/07, NJW-RR 2008, 222 (223); *Ahrens*, in: P/W/W, BGB, § 119 Rn. 5; *Armbrüster*, in: MünchKomm-BGB, § 119 Rn. 29 f.; *Brüggemeier*, WM 2002, 1376 (1378); *Ellenberger*, in: Palandt, BGB, § 119 BGB Rn. 28; *Köster*, JURA 2005, 145 (146); *Singer*, in: Staudinger, BGB, § 119 Rn. 85; *Wolf/Neuner*, BGB AT, § 41 Rn. 68; siehe daher hierzu unten unter § 7 B. II. 4. a).

817 *Reitz*, Börsengeschäfte, Übertragung von Wertpapieren und Leistungsstörungen, S. 109 f.; *Schlimbach*, Leerverkäufe, S. 24 f.

Dennoch wird vereinzelt vertreten, bei Leerverkäufen handele es sich um Termingeschäfte.[818] Dies ergebe sich aus dem Verlustrisiko, dem spekulativen Inhalt und der Terminierung in der Zukunft. Dies sind in erster Linie aufsichtsrechtliche Begriffsfragen. Jedenfalls ist seit der Legaldefinition des § 30h Abs. 1 S. 4 WpHG a.F. eine eigene Kategorisierung gerechtfertigt.[819] Dies geht auch aus der üblichen Umbuchungsfrist von zwei Tagen hervor, welche wegen der Standardisierung nicht als Vereinbarung eines späteren Erfüllungszeitpunkts herhalten kann.

In zivilrechtlicher Hinsicht bleibt diese Einordnung ohnehin folgenlos. Dies ergibt sich bei der Einschaltung einer CCP auch schon aus der von ihr eingegangenen Leerposition, welche nicht als Finanzinstrument qualifiziert werden kann. Bei der Inklusion einer CCP entspricht die Leerposition dem Interesse der Parteien. Ein und derselbe Vertrag kann daher nicht unabhängig vom Vertragspartner rechtstypologisch anders beurteilt werden.[820] Hier besteht kein vertragstypologischer Grund, danach zu unterscheiden, ob die Aktie von einem Inhaber oder einem Dritten verkauft wurde. Im Ergebnis ist der Leerverkauf zivilrechtsdogmatisch ein gewöhnlicher Kaufvertrag i.S.d. § 433 BGB.[821]

2. *Rechtskauf*

Weiterhin stellt sich die Frage des Umfangs möglicher Mängelrechte. Im Falle eines Rechtskaufs gilt diesbezüglich gem. § 453 Abs. 1 Alt. 1 BGB die Entsprechungsverweisung auf die Vorschriften des Sachkaufs. Der Aktienkauf stellt letztlich den Kauf eines verbrieften Unternehmensanteils dar. Die Anteilsinhaberschaft an der emittierenden Aktiengesellschaft ist als ein Recht i.S.d. § 453 Abs. 1 Alt. 1 BGB zu

818 *Jung*, in: Fuchs, WpHG, Altauflage 2009, Vor §§ 37e und 37g Rn. 46.

819 *Binder*, in: Langenbucher/Bliesener/Spindler, Bankrechtskommentar, Kap. 37 Rn. 33; siehe auch zur Einordnung als Finanztermingeschäft, bei *Kümpel*, Bank- und Kapitalmarktrecht, 3. Aufl. 2004, Rn. 15.162 ff., 15.166; a.A. *Schwark*, in: Schwark/Zimmer, Kapitalmarktrechts-Kommentar, § 20a WpHG Rn. 8; vgl. allgemein hierzu *Köhler/Büscher*, in: Schwintowski, Bankrecht, Kap. 22 Rn. 55; siehe zur kapitalmarktrechtlichen Einordnung oben unter § 3 B. III.

820 Vgl. *Reitz*, Börsengeschäfte, Übertragung von Wertpapieren und Leistungsstörungen, S. 129.

821 So auch *Reitz*, Börsengeschäfte, Übertragung von Wertpapieren und Leistungsstörungen, S. 129; *Schlimbach*, Leerverkäufe, S. 24 f.; vgl. aber *Reitz*, a.a.O., S. 144 f., 152, welcher bei börslichen Geschäften mittels CCP von einem atypischen Kaufvertag ausgeht, der wirtschaftlich mit einer Kommission vergleichbar sei.

qualifizieren.[822] Lediglich bei der Urkunde selbst, nicht aber in Ansehung des verbrieften Rechts ist von einem Sachkauf auszugehen. Der hier maßgebliche Teil des Aktienkaufs ist deshalb Rechtskauf nach § 453 BGB.[823] Nicht gegenständlich ist hier ferner die Frage, ob sich Mängelrechte hinsichtlich der AG geltend machen lassen. Vorliegend geht es schließlich nicht um einen Unternehmens-, sondern lediglich um den Anteilskauf.[824] Daher liegt kein Kauf über sonstige Gegenstände i.S.d. § 453 Abs. 1 Alt. 2 BGB, sondern im Ergebnis ein zivilrechtlicher Rechtskaufvertrag über Aktien vor. Auch die Tatsache des Leerverkaufs ändert an dieser Betrachtung nichts.

3. *Handelskauf*

Aktienkaufgeschäfte werden regelmäßig als Handelskauf i.S.d. §§ 373 ff., 381 Abs. 1 HGB abgeschlossen. Dies ergibt sich bei den marktteilnehmenden juristischen Personen bereits aus ihrer Eigenschaft als Formkaufmann gem. § 3 Abs. 1 AktG bzw. § 13 Abs. 3 GmbHG.[825] Folglich sind die Vorschriften des Handelskaufs bei der Beurteilung etwaiger Gewährleistungsrechte zu berücksichtigen.

II. Wirksamkeit der Cum-/Ex-Leerverkaufsverträge

Kernvoraussetzung für mögliche Gewährleistungsrechte ist ferner die Wirksamkeit des zugrunde liegenden Vertrags. Hierbei gibt es bei den Cum-/Ex-Leerverkaufsgeschäften eine Vielzahl von Anhaltspunkten, um einen wirksamen Vertrag zumindest anzuzweifeln. Namentlich kommen die §§ 134, 138 sowie

---

822 *Beckmann*, in: Staudinger, BGB, § 453 Rn. 3; *Berger*, in: Jauernig, BGB, § 453 Rn. 2; *Breuer*, Mängelhaftung beim Unternehmens- und Beteiligungskauf nach dem Schuldrechtsmodernisierungsgesetz, S. 34 f.; *Eckert/Maifeld/Matthiessen*, Handbuch des Kaufrechts, Rn. 26; *Groß*, in: Happ, Aktienrecht, S. 613; *Grunewald*, in: Erman, BGB, § 453 Rn. 2; *Krause*, WM 1991, 1101 (1107); *Matusche-Beckmann*, in: Staudinger, BGB, § 434 Rn. 35; *Reinicke/Tiedtke*, Kaufrecht, Rn. 1231; *Saenger*, in: Schulze, NK-BGB, § 453 Rn. 2; *Sorgenfrei*, FR 2001, 291; *Weidenkaff*, in: Palandt, BGB, § 453 Rn. 10.

823 Siehe zum Umfang der Verweisung des § 453 Abs. 1 BGB nachfolgend unter § 7 B. IV. 1.

824 Siehe zu dieser sorgfältigen Differenzierung bei der Anwendung des § 453 BGB auch unten unter § 7 B. IV. 1. c) und d).

825 *Hopt*, in: Baumbach/Hopt, HGB, § 381 Rn. 1; *Schlimbach*, Leerverkäufe, S. 26; vgl. auch *Clauss*, Anfechtungsrechte bei Wertpapiergeschäften zu nicht marktgerechten Preisen (Mistrades), S. 32; *Grunewald*, in: MünchKomm-HGB, § 381 Rn. 1.

§ 142 Abs. 1 BGB in Betracht.[826] Entsprechende Zweifel dahingehend sind insbesondere dann aufgeworfen, wenn beide Beteiligten die Umstände kennen, aus denen sich die oben dargestellten wirtschaftlichen Vorteile ergeben sollen. Relevant ist diese Teiluntersuchung sowohl für vertragliche Gewährleistungs- als auch für quasivertragliche Ansprüche, welche lediglich dann zuzusprechen sind, wenn sie mögliche Nichtigkeitsgründe nicht umgehen.[827]

1. Verbotsgesetz

Fraglich ist daher, ob etwaige steuerliche Gestaltungen wie hier namentlich die Cum-/Ex-Geschäfte die Nichtigkeit gem. § 134 BGB bei Vorliegen eines Verbotsgesetzes nach sich ziehen. Ein solches müsste sich gerade gegen den Inhalt bzw. den mit ihm verfolgten Zweck und die Umstände der konkreten Vertragsgestaltung richten.[828]

a) § 30h WpHG a.F.

Zu untersuchen ist, ob der ungedeckte Leerverkauf im Hinblick auf § 30h WpHG a.F. den Verbotstatbestand erfüllt. Jedoch ist nach allgemeiner Ansicht bereits der Verbotsnormcharakter anzuzweifeln.[829] Der Schutzzweck richtet sich, wie erwähnt, auf den Kapitalmarkt. Dieser wird durch die Wirksamkeit der Leerverkäufe praktisch indes nicht beeinflusst. Ein Kursverfall am Kapitalmarkt lässt sich schließlich auch ohne zivilrechtlich wirksame Verträge bzw. bereits durch Leerverkaufsangebote erzeugen. Die Bußgeldvorschriften der § 39 Abs. 2 Nr. 14a, 14b WpHG a.F. dürften sich insoweit eher als geeignetes Mittel darstellen, um Leerverkaufspraktiken zu unterbinden. Zudem wäre ein praktischer Informationsverkehr bezüglich der Deckung des Geschäfts unmöglich, sodass die Unwirksamkeit kaum erkennbar wäre und damit theoretisch bliebe.[830] Des Weiteren ist festzuhalten, dass jedenfalls dann

---

826 Vgl. *Canaris*, Bankvertragsrecht (2. Aufl.), Rn. 1845 ff.; *Lange*, in: Schwintowski, Bankrecht, Kap. 20 Rn. 45 ff.

827 Vgl. auch *Nickel*, Die Rechtsfolgen der culpa in contrahendo, S. 257.

828 *Arnold*, in: Erman, BGB, § 134 Rn. 13; *Ellenberger*, in: Palandt, BGB, § 134 Rn. 5; *Wendtland*, in: BeckOK-BGB (Stand: November 2017), § 134 Rn. 9; *Wolf/Neuner*, BGB AT, § 45 Rn. 3.

829 Dagegen *Buck-Heeb*, Kapitalmarktrecht, Rn. 754 ff.; *Mock*, in: KölnKomm-WpHG, § 30h Rn. 28 ff.; *Mülbert/Sajnovits*, ZBB 2012, 266 (283); *Mülbert*, in: Assmann/Schneider, WpHG, § 30h Rn. 40; *Schäfer*, in: Assmann/Schütze, Handbuch des Kapitalanlagerechts, § 21 Rn. 23; *Sorgenfrei*, in: Park, Kapitalmarktstrafrecht, WpHG, § 39 Abs. 2 Nr. 14a, 14b Rn. 8.

830 *Mülbert*, in: Assmann/Schneider, WpHG, § 30h Rn. 40.

keine Nichtigkeit vorliegt, wenn die jeweilige Transaktion nicht unter das Verbot fällt. Maßgeblich ist hier, wie dargestellt, vor allem die Eigenhandelsausnahme des § 30h Abs. 2 S. 1 WpHG a.F.[831] In Konsequenz dessen lässt sich auch hier ein Resümee ziehen, welches in doppelter Hinsicht eine Vertragsnichtigkeit der Cum-/Ex-Geschäfte nach § 134 BGB i.V.m. § 30h WpHG a.F. ablehnt. Der Grund dafür ist jedenfalls die fehlende Verbotsnormqualität und zuweilen darüber hinaus auch die Verwirklichung des Verbotstatbestands.

b) § 42 AO

Fraglich ist weiter, ob sich steuerrechtliche Normen nutzbar machen lassen, um die Nichtigkeit von Cum-/Ex-Geschäften zu belegen. Zwar wird die Anwendbarkeit des § 42 AO in Literatur und Rechtsprechung auf die hier dargestellten Cum-/Ex-Leerverkäufe ähnlich lebhaft diskutiert wie die Frage des wirtschaftlichen Eigentums.[832] Im Hinblick auf die zivilrechtliche Wirkung herrscht jedoch Einigkeit darüber, dass § 42 AO lediglich steuerrechtliche Konsequenzen entfalte.[833] Dies ergibt sich schon aus dem Sinn und Zweck der Vorschrift, das Steueraufkommen zu schützen. § 42 AO knüpft an ein Rechtsgeschäft lediglich andere als die von den Parteien gewollten steuerrechtlichen Folgen, verbietet es aber nicht. § 42 AO fehlt folglich bereits der Verbotsnormcharakter. Die Cum-/Ex-Transaktionen sind daher nicht nach § 134 BGB i.V.m. § 42 AO nichtig.

c) § 370 AO

Als taugliches Verbotsgesetz kommt jedenfalls § 370 AO in Betracht. Dabei ist nach der überwiegenden Meinung ein Verbot dann anzunehmen, wenn der Hauptzweck des Vertrags darin liegt, eine Steuerstraftat zu verwirklichen.[834] Angesichts dessen stellen sich hier zwei Fragen. Zunächst ist fraglich, ob der Cum-/Ex-Leerverkauf über den Dividendenstichtag als eine Steuerstraftat zu qualifizieren ist. Dies ist bereits verneint worden.[835] Bejaht man diese Frage jedoch,

---

831 Siehe oben unter § 3 B. III. 2. b).

832 Siehe zur differenzierenden Tatbestandsprüfung bereits oben unter § 4 C. IV.

833 *Drüen*, in: Tipke/Kruse, AO/FGO (Stand: Mai 2010), § 42 AO Rn. 53; *Fischer*, in: Hübschmann/Hepp/Spitaler, AO/FGO (Stand: März: 2008), § 42 AO Rn. 111.

834 BGH v. 9.6.1954 – II ZR 70/53, BGHZ 14, 25 (30 f.) = NJW 1954, 1401; BGH v. 8.11.1968 – V ZR 60/65, WM 1969, 163 (Rn. 18); *Armbrüster*, in: MünchKomm-BGB, § 134 Rn. 57; *Arnold*, in: Erman, BGB, § 134 Rn. 18 und 66; *Beckmann*, in: Staudinger, BGB, § 433 Rn. 25; *Ellenberger*, in: Palandt, BGB, § 134 Rn. 23; *Sack/Seibl*, in: Staudinger, BGB, § 134 Rn. 287.

835 Siehe oben unter § 5 A. IV.

ist darüber hinaus zu untersuchen, ob die Cum-/Ex-Geschäfte den Hauptzweck hatten, Steuerstraftaten zu verwirklichen.

Nachfolgend soll trotz der hier anders vertretenen Auffassung der Strafbarkeitshypothese nachgegangen werden, um die Auswirkungen von § 370 AO auf das zivilrechtliche Cum-/Ex-Geschäft ganzheitlich zu untersuchen.

Zu Beginn ist festzuhalten, dass die Nichtigkeitsfolge des § 134 BGB bei einer von subjektiven Elementen abhängigen Verbotsnorm nach allgemeiner Ansicht nur dann eintreten soll, wenn beiden Vertragsparteien ein rechtswidriges Handeln angelastet werden kann.[836] Hiervon sei lediglich dann abzuweichen, wenn die Nichtigkeit gerade erforderlich sei, um den Kontrahenten zu schützen.[837]

aa) Zweckschwerpunkt

Zwar sprechen die in der Praxis oftmals gewählten Cum-/Ex-Gestaltungsmodelle zur Isolierung des steuerlichen Vorteils dafür, dass der steuerliche Zweck des Geschäfts einen hohen Stellenwert innerhalb der Parteiinteressen einnimmt, auch wenn es sich bei den im Hinblick auf die Steueranrechnung vorgeschalteten Cum-/Ex-Geschäften faktisch um Ermöglichungsgeschäfte handelt.[838] Dies gilt umso mehr, als aufgrund des Vorsatzerfordernisses in § 370 Abs. 1 AO i.V.m. § 15 StGB ohnehin nur Fälle gegenseitiger Absprachen erfasst wären.

Gegen einen steuerlichen Zweckschwerpunkt spricht, dass das Volumen der vermeintlichen Steuergewinne (25 % der Dividende[839] zzgl. SolZ) in Verhältnis zum gehandelten Gesamtwert des Kaufobjekts, und zwar der Aktie, zu setzen ist. Der auf die Gesamttransaktion entfallende Anteil der Kapitalertragsteuer macht somit schätzungsweise durchschnittlich in etwa knapp ein Prozent des jeweiligen

836 *Arnold*, in: Erman, BGB, § 134 Rn. 14; *Ahrens*, in: P/W/W, BGB, § 134 Rn. 14 und 20; *Armbrüster*, in: MünchKomm-BGB, § 134 Rn. 110; *Ellenberger*, in: Palandt, BGB, § 134 Rn. 12a und 24.

837 BGH v. 19.1.1984 – VII 121/83, BGHZ 89, 369 (370) = NJW 1984, 1175 (1176); BGH v. 17.1.1985 – III ZR 135/83, BGHZ 93, 264 (267) = NJW 1985, 1020 (1021); *Arnold*, in: Erman, BGB, § 134 Rn. 17.

838 Siehe oben unter § 3 C.

839 Rechnerisch betrug die durchschnittliche Dividendenrendite der DAX 30 in den letzten zehn Jahren 3,017 % (höchster Durchschnittswert in diesem Zeitraum: 6,35 %; niedrigster Wert im gleichen Zeitraum: 1,10 %) – Rechnung basierend auf der Statistik: „DAX: 10-Jahres-Durchschnitte für KGV, KBV und Dividende", http://boersengefluester.de/10-jahres-durchschnitt-kgv-kbv-dividendenrendite/ (letzter Aufruf: 26.04.2018).

Kaufpreises aus.[840] Hinsichtlich des prozentual geringen Umfangs lässt sich anführen, dass die zu § 134 Abs. 1 i.V.m. § 370 AO ergangene Rechtsprechung regelmäßig prozentual höhere Steuerbelastungen zum Gegenstand hatten. So liegt beispielsweise den klassischen „Ohne-Rechnung-Fällen" eine Umsatzsteuerhinterziehung nach § 12 Abs. 1 UStG i.H.v. 19 % des Netto-Entgelts zugrunde.[841]

Gleichwohl ist ein entsprechender Zweckbezug in Absprachefällen anzunehmen. Der prozentualen Berechnung ist schließlich die absolute Berechnung gegenüberzustellen, welche mittels Fremdkapitalisierung und umfangreicher Sicherungsgeschäfte einen hohen Gewinn ermöglich.[842] Ein hinreichender Zweckbezug läge daher nach der Strafbarkeitshypothese vor.

bb) Restriktive Anwendung

Ein weiterer zur Restriktion anhaltender Faktor ist die latente Ungeeignetheit von § 134 BGB, die Ziele des § 370 AO durchzusetzen. Wie bereits zuvor zusammengefasst, ist es Anliegen des § 370 AO, das Steueraufkommen zum Wohle der Allgemeinheit zu schützen.[843] Für die steuerrechtliche Sanktionierung ist ein Durchgriff auf die innerparteiliche Vertragsbeziehung und in die von Art. 2 Abs. 1 GG geschützte Privatautonomie regelmäßig schon nicht geeignet, jedenfalls aber nicht erforderlich, um die Steuermoral zu erhöhen.[844]

Der Durchgriff etwaiger Verbotsnormen auf das Zivilrecht sollte daher als eine Art *ultima ratio* erfolgen. Insbesondere im Steuerrecht stehen dem Staat mit den pönalen Mitteln wie Strafnormen und Strafzinsen schlagkräftige Instrumente zur Verfügung, um unerwünschte Normverstöße generalpräventiv zu vermeiden oder zu sanktionieren.[845] Reichen diese Mittel nicht aus, so kann

---

840 Demnach kommt theoretisch eine durchschnittliche Kapitalertragsteuerbelastung im Hinblick auf den Anteilswert i.H.v. 0,754 % zustande (25 % von 3,017, wobei noch der SolZ hinzutritt).

841 Siehe die Rechtsprechung des BGH zu den sog. „Schwarzarbeitsfällen", BGH v. 1.6.2015 - VII ZR 216/14, BGHZ 206, 69 = NJW 2015, 2406 (Rn. 10); BGH v. 10.4.2014 - VII ZR 241/13, BGHZ 201, 1 = NJW 2014, 1805 (Rn. 13); BGH v. 1.8.2013 - VII ZR 6/13, BGHZ 198, 141 = NJW 2013, 3167 (Rn. 21); vgl. außerdem *Stöber*, Rechte aus nichtigen Vertragsverhältnissen, S. 49 ff.

842 Siehe hierzu ausführlich oben § 3 B. zur Analyse der Cum-/Ex-Geschäfte.

843 *Rolletschke*, in: G/J/W, Wirtschafts- und Steuerstrafrecht, § 370 Rn. 3; *Schmitz/Wulf*, in: MünchKomm-StGB, § 370 AO Rn. 2.

844 Ähnlich *Stöber*, Rechte aus nichtigen Vertragsverhältnissen, S. 57; vgl. *Armbrüster*, in: MünchKomm-BGB, § 134 Rn. 2; *Ellenberger*, in: Palandt, BGB, § 134 Rn. 1 und 5; *Wendtland*, in: BeckOK-BGB (Stand: November 2017), § 134 Rn. 1.

845 So auch *Stöber*, Rechte aus nichtigen Vertragsverhältnissen, S. 58.

nicht ohne weiteres auf das insoweit steuerneutrale Zivilrecht zurückgegriffen werden. Dies erkannte auch der BGH frühzeitig, indem er zutreffend feststellte:

> *„Steuerlich wird also nichts gewonnen, wenn man ein Rechtsgeschäft um der mit ihm begangenen Steuerhinterziehung willen nach § 134 oder nach § 138 BGB für nichtig hält.“* [846]

Dem folgend ist bei der zivilrechtlichen Nichtigkeit allein aus steuerlichen Gründen Restriktion geboten. Auch das BVerfG hebt hervor, die Privatautonomie *„sei Strukturelement einer freiheitlichen Gesellschaftsordnung“*.[847]

Das Vorbringen der Gegenseite, dass die effektive Bekämpfung der Steuerhinterziehung im Allgemeinen oder der Schwarzarbeit im Besonderen eine weite Anwendung von §§ 134, 138 und ggf. 139 BGB erfordere, um den Leistungsaustausch zu verhindern, kann die vorgebrachten Bedenken nicht entkräften.[848] Wie die Praxis gerichtlich zu entscheidender Fälle belegt, hindert ein nichtiger Vertrag die Parteien weder in rechtlicher noch in tatsächlicher Hinsicht am – grundsätzlich rechtsneutralen – Leistungsaustausch.[849]

Vor diesem Hintergrund ist auch die neuere[850] Rechtsprechung des BGH in den sog. „Schwarzarbeitsfällen“ zu kritisieren. Dieser Rechtsprechung ist das Bestreben zu entnehmen, steuerrechtliche Probleme auf der Ebene des Zivilrechts zu lösen.[851] In diesen Fällen geht es freilich nicht um steuerliche Rechtsirrtümer, sondern um kalkuliertes Vorgehen. Im Mittelpunkt der Problematik steht die Frage, ob die konsensual und richtigerweise nichtige „Ohne-Rechnung-Abrede“ nach § 139 BGB die Gesamtnichtigkeit des Vertrags nach sich zieht.[852] Dies wird zumeist mit einem Verweis auf die effektive Bekämpfung der Schwarzarbeit

---

846 BGH v. 9.6.1954 – II ZR 70/53, BGHZ 14, 25 (25 f.) = NJW 1954, 1401.

847 BVerfG v. 7.2.1990 – 1 BvR 26/84, BVerfGE 81, 242 (252); BVerfG 19.10.1993 – 1 BvR 567/89, BVerfGE 89, 214 (231).

848 BGH v. 31.5.1990 – VII ZR 336/89, BGHZ 111, 308 = NJW 1990, 2542; BGH v. 10.4.2014 – VII ZR 241/13, BGHZ 201, 1 = NJW 2014, 1805; *Stamm*, NJW 2014, 2145 (2149) u.v.m.; vgl. auch *Armbrüster*, in: MünchKomm-BGB, § 134 Rn. 57.

849 Ähnlich auch *Stöber*, Rechte aus nichtigen Vertragsverhältnissen, S. 57 ff.

850 Seit der Einführung des § 1 Abs. 2 Nr. 2 SchwarzArbG durch das Gesetz zur Intensivierung der Bekämpfung der Schwarzarbeit und damit zusammenhängender Steuerhinterziehung v. 23.7.2004, BGBl. I 2004, S. 1842 ff., in Kraft getreten am 1.8.2004.

851 BGH v. 1.6.2015 – VII ZR 216/14, BGHZ 206, 69 = NJW 2015, 2406 (Rn. 10); BGH v. 10.4.2014 – VII ZR 241/13, BGHZ 201, 1 = NJW 2014, 1805 (Rn. 12); BGH v. 1.8.2013 – VII ZR 6/13, BGHZ 198, 141 = NJW 2013, 3167 (Rn. 12).

852 Vgl. *Armbrüster*, in: MünchKomm-BGB, § 134 Rn. 57.

bejaht.[853] Dies ist jedoch aus denselben, bereits oben ausgeführten Gründen verfehlt.[854] Der aus der Ungeeignetheit der Nichtigkeitsfolge zur Durchsetzung steuerlicher Ziele richtigerweise zu ziehende Schluss besteht darin, eine dem BGB grundsätzlich fremde Sanktionswirkung durch die restriktive Anwendung von § 134 BGB zu vermeiden.[855]

cc) Zwischenfazit

Abgesehen davon, dass die Verbotszwecke bzw. Tatbestände der überhaupt in Betracht kommenden diskutierten Verbotsnormen bei Cum-Ex-Leerverkäufen nicht einschlägig sind, drängen sich generelle Bedenken dahingehend auf, dass die tatbestandsnotwendige Hauptzweckfinalität des § 134 BGB selbst dann fehlt, wenn lediglich ein steuerlich unerwünschtes Ergebnis mit Hilfe der Nichtigkeit vorgeblich korrigiert werden soll. Von Korrektur zu sprechen ist deshalb unzutreffend, weil, wie bereits aufgezeigt wurde, steuerrechtliche Unzulänglichkeiten – im Verhältnis Staat – Bürger – weder tatsächlich noch rechtlich über das Zivilrecht ausgleichbar sind. Dieser Gedanke erinnert an den ebenfalls zuvor geäußerten Gedanken, dass Probleme zwischen zwei Parteien – also im Verhältnis Bürger – Bürger – nicht im Steuerrecht zu lösen sind.[856]

Die Cum-/Ex-Geschäfte sind jedenfalls schon aufgrund der regelmäßig fehlenden Tatbestandlichkeit des § 370 AO, zudem aber auch aufgrund der gebotenen Restriktion der §§ 134, 138 BGB[857] nicht nach § 134 BGB i.V.m. § 370 AO unwirksam.

d) Fazit

Die Anwendung des § 134 BGB aus steuerlichen Gründen ist in Konsequenz dessen zu vermeiden. Ein Durchgriff der hier diskutierten Verbotsnorm des § 370 AO auf das gesamte Geschäft ist unverhältnismäßig und somit abzulehnen. Im Ergebnis sind die Cum-/Ex-Leerkaufverträge nicht nach § 134 BGB nichtig.

---

853 BGH v. 1.8.2013 – VII ZR 6/13, BGHZ 198, 141 = NJW 2013, 3167 (Rn. 17); *Lorenz*, NJW 2013, 3132 (3133); *Vossler*, in: BeckOGK-BGB (Stand: Mai 2016), § 134 Rn. 308.

854 So auch *Stöber*, Rechte aus nichtigen Vertragsverhältnissen, S. 58.

855 Vgl. *Stöber*, Rechte aus nichtigen Vertragsverhältnissen, S. 58; siehe auch die abschließenden Ausführungen zu § 138 Abs. 1 BGB sowie ausführlich unten unter § 7 B. II. 3. und 5.

856 Siehe hierzu oben unter § 4 D.

857 Siehe auch das Resümee unten unter § 7 B. II. 5.

2. *Unzulässiger Vertrag zulasten Dritter*

Darüber hinaus kommt eine Einordnung der Cum-/Ex-Transaktionen als Verträge zulasten Dritter in Betracht.[858] Notwendig hierzu ist jedoch bereits der Belastungserfolg beim Dritten (hier dem Fiskus), welcher sich lediglich dann erreichen lässt, wenn die Legalitätsthese angenommen wird. Zudem ist selbst in diesem hypothetischen Fall zweifelhaft, ob der drittbelastende und daher unzulässige Vertrag nichtig ist oder lediglich Ansprüche gegen den Dritten ausgeschlossen sind, im Übrigen aber die Wirksamkeit zwischen den Vertragsparteien unberührt bleibt.

Bei der Anwendung der Grundsätze zum Vertrag zulasten Dritter ist zunächst fraglich, ob der Aktienkaufvertrag zwischen Leerverkäufer und Käufer einen unmittelbaren Nachteil für den Fiskus begründet. Ein bloß mittelbarer Nachteil, welcher sich als Rechtsreflex des fraglichen Vertrags darstellt, ist unbeachtlich.[859]

Gegen die Unmittelbarkeit des Nachteils spricht schon, dass das Transaktionsgeschäft *per se* keine Nachteile begründet. Erforderlich sind vielmehr weitere Schritte, namentlich die Ausstellung der Steuerbescheinigung, ihre Einreichung sowie die Anerkennung, welche allesamt zunächst durchlaufen werden müssten. Der Cum-/Ex-Vertragsschluss kann als vorgelagertes Ermöglichungsgeschäft keine unmittelbaren Nachteile begründen. In Betracht kommt höchstens das Versprechen der Leistung eines Dritten. Hieraus ist jedoch ebenfalls keine Nichtigkeit zu folgern.[860] Vielmehr betrifft das Versprechen einzig die Leistungspflicht des Versprechenden, wohingegen es den Rechtskreis des Dritten unberührt lässt.

Zudem dürften die Vertreter der Legalitätsthese hier argumentieren, der Vorteil sei gesetzlich vorgesehen und daher nicht belastend.[861] Dieser Ansatz ist m.E., wie oben geschildert, unzutreffend und daher auch nicht überzeugend. Auch

---

858 Vgl. RG v. 30.6.1925 – III 371/24, RGZ 111, 166 (178); BGH v. 14.7.1995 – V ZR 31/94, BGH NJW 1995, 3183 (3184); BGH v. 9.3.1972 – VII ZR 178/70, BGHZ 58, 216 (219) = NJW 1972, 942 (943); BGH v. 9.4.1970 – KZR 7/69, BGHZ 54, 145 (147) = NJW 1970, 2157; *Martens*, AcP 177 (1977), 113 (139); *Gottwald*, in: MünchKomm-BGB, § 328 Rn. 259.

859 BGH v. 29.6.2004 – VI ZR 211/03, NJW 2004, 3326 (3327); *Grüneberg*, in: Palandt, BGB, Einf. v. § 328 Rn. 10.

860 *Gottwald*, in: MünchKomm-BGB, § 328 Rn. 16 und 259.

861 Siehe zu dieser Argumentation bereits oben unter § 4 C. I. 1. a) aa); vgl. *Desens*, FR 2014, 305 (313); *Haritz/Werneburg*, NWB 2015, 657 (663); *Seer/Krumm*, DStR 2013, 1757 (1764).

wenn sich der Gesetzgeber nicht eindeutig verhalten hat, so lässt sich gleichwohl kein Einverständnis aus dem Gesetz entnehmen.[862]

Bei Anwendung der Illegalitätsthese entfällt dagegen schon tatbestandlich eine drittbelastende Wirkung des Kaufvertrags, weil die begehrte Anrechnung *de lege lata* misslingt. Der Versuch der Schaffung einer drittbelastenden Situation kann nicht als unzulässiger Vertrag zulasten Dritter gewertet werden. Ein solcher, ebenfalls regelmäßig auf Irrtümern der Parteien fußender Fall ist anderen Rechtsinstituten zugänglich. Ein unzulässiger Vertrag zulasten Dritter liegt nach keiner der beiden dargestellten Ansätze zur steuerrechtlichen Lösung der Cum-/Ex-Geschäfte vor.

3. *Sittenwidrigkeit*

In Betracht kommt ferner die Nichtigkeit des Kaufvertrags nach § 138 Abs. 1 BGB, sofern sich der Aktienleerverkauf als sittenwidriges Geschäft darstellt. Denkbar ist die Sittenwidrigkeit gegenüber dem Vertragspartner. Aber auch für den Fall, dass die Steueranrechnung gelingt, liegt die Annahme eines sittenwidrigen Vertrags nahe. In diesem Falle richtet sich eine mögliche Sittenwidrigkeit gegen die Allgemeinheit bzw. den Staat, wodurch eine dem Vertrag zulasten Dritter ähnliche Situation bestünde.

Tatbestandlich ist fraglich, ob der vermeintlich kleine Teil der nicht erstattungsfähigen Kapitalertragsteuer ausreichend ist, um die Gesamtsittenwidrigkeit der Transaktion zu begründen. Auch darf bei der hiesigen Prüfung der Grundsatz nicht außer Acht gelassen werden, dass die Sittenwidrigkeit nicht herangezogen werden darf, um steuerlich unerwünschte Transaktionen zu konterkarieren.[863]

Ein sittenwidriges Rechtsgeschäft liegt nach der allgemein anerkannten, generalklauselartigen Formulierung dann vor, wenn es gegen das „*Anstandsgefühl aller billig und gerecht Denkenden*" verstößt.[864] Präzisiert wird diese Formel anhand des rechts- und sozialmoralischen Mittels der Gesellschaft.[865] Von besonderer

---

862 Siehe ausführlich zu den Argumenten oben unter § 4 C.

863 Insofern gilt das bereits oben Gesagte; siehe oben i.R.d. Verbotsnormen § 7 B. II. 1.

864 BGH v. 29.9.1977 – III ZR 164/75, BGHZ 69, 295 (297) = NJW 1977, 2356 (2357); BGH v. 9.7.1953 – IV ZR 242/52, BGHZ 10, 232 = NJW 1953, 1665; RG v. 15.10.1912 – VII 231/12, RGZ 80, 219 (221); *Ahrens*, in: P/W/W, BGB, § 138 Rn. 15; *Armbrüster*, in: MünchKomm-BGB, § 138 Rn. 14; *Ellenberger*, in: Palandt, BGB, § 138 Rn. 2; *Wendtland*, in: BeckOK-BGB (Stand: November 2017), § 138 Rn. 16.

865 *Ellenberger*, in: Palandt, BGB, § 138 Rn. 2; *Wolf/Neuner*, BGB AT, § 46 Rn. 12 f.; vgl. auch *Arnold*, in: Erman, BGB, § 138 Rn. 12a.

Relevanz sind in diesem Zusammenhang die rechtsethischen Werte und Prinzipien der Rechtsordnung, ohne dass ein Bewusstsein der Parteien im Hinblick auf die Sittenwidrigkeit grundsätzlich zu fordern ist.[866] Gleichwohl sind bei der Sittenwidrigkeit zulasten Dritter oder der Allgemeinheit einige Besonderheiten zu beachten. Namentlich ist in diesem Fall erforderlich, dass die Beteiligten die Umstände, welche die Sittenwidrigkeit begründen, kennen oder grob fahrlässig verkennen.[867]

Hinsichtlich etwaiger mit einer Steuerhinterziehung verbundener Verträge wird gefordert, dass diese die Steuerhinterziehung als Hauptzweck haben müssen.[868] Insoweit besteht ein Gleichlauf zu dem – dahingehend bereits geprüften und hypothetisch vorrangigen – § 134 BGB.[869] Dagegen lässt sich in Einzelfällen, wenn eine Gesamtwürdigung aller Umstände dies rechtfertigt, eine Sittenwidrigkeit auch dann annehmen, wenn die Steuerhinterziehung nur einen *nicht unwesentlichen Nebenzweck* des Vertrags darstellt.[870] Freilich ist, wie bereits zuvor dargestellt, die Strafbarkeit von Cum-/Ex-Geschäften grundsätzlich nicht gegeben.[871]

Die Frage der Sittenwidrigkeit gegenüber dem Fiskus fordert eine differenzierte Betrachtung anhand der steuerrechtlichen Behandlung.

Folgt man der Legalitätsthese, wird man eine mehrmalige Steuererstattung bei einmaliger Abführung unter den oben geschilderten Umständen und bei lebensnaher Betrachtung als sittenwidrig bezeichnen können. Das moralische Mittel wird derartige Geschäfte zulasten des Staates und damit der Gemeinschaft nicht als ethisch unbedenklich akzeptieren. Dies zeigt nicht zuletzt die öffentliche Empörung über die Cum-/Ex-Fälle.[872] Diese Voraussetzung soll keinesfalls

---

866 BGH v. 8.5.1985 – IV a ZR 138/83, BGHZ 94, 268 (272) = NJW 1985, 2405 (2406); *Ahrens*, in: P/W/W, BGB, § 138 Rn. 34; *Ellenberger*, in: Palandt, BGB, § 138 Rn. 8.

867 BGH v. 6.12.1989 – VIII ZR 310/88, NJW 1990, 567 (568); *Ellenberger*, in: Palandt, BGB, § 138 Rn. 40.

868 BGH v. 2.7.2003 – XII ZR 74/01, NJW 2003, 2742; BGH v. 23.6.1997 – II ZR 220/95, BGHZ 136, 125 (132) = NJW 1997, 2599 (2601); vgl. *Ellenberger*, in: Palandt, BGB, § 138 Rn. 44.

869 Siehe oben unter § 7 B. II. 1.; *Armbrüster*, in: MünchKomm-BGB, § 138 Rn. 43 und 57.

870 *Armbrüster*, in: MünchKomm-BGB, § 138 Rn. 43.

871 Siehe oben unter § 5 A. IV.

872 Vgl. bereits die Berichterstattung in der Tagespresse: Bild-Zeitung v. 18.4.2017 „Betrug um 10 Milliarden Euro – Ring von Bankern und Börsenhändlern aufgeflogen"; Der Freitag v. 18.4.2017 „The great Cum/Ex-Swindle"; Handelsblatt-Spezial „Wie Banken in die Steuerkassen greifen" (abrufbar unter: http://www.handelsblatt.com/finanzen/banken-versicherungen/cum-ex/, letzter Aufruf: 26.04.2018); Der

vorschnell bejaht werden, jedoch ist § 138 Abs. 1 BGB gerade das Einfallstor für moralisch-ethische Werte in das Zivilrecht. Diese eher politischen Werte erlangen so ausnahmsweise Wirkungskraft im Recht. Die Folge wäre demnach die Nichtigkeit des Leerverkaufs nach § 138 Abs. 1 BGB. Aus Sicht der Beteiligten und insbesondere aus Sicht des Erwerbers wären keine Nachteile feststellbar, sodass eine Rückabwicklung weder praktisch wahrscheinlich noch parteilich gewollt wäre. Hierbei würde der Sinn und Zweck von § 138 Abs. 1 BGB *ad absurdum* geführt und seine strenge Rechtsfolge letztlich wirkungslos.

Folgt man dagegen wie hier der Illegalitätsthese, die bereits eine steuerrechtliche Unbeachtlichkeit der Cum-/Ex-Leerverkaufsgeschäfte annimmt, kann ein Geschäft zulasten der Gemeinschaft nicht begründet werden. Es wird gerade kein wie auch immer gearteter Steuervorteil der Beteiligten anerkannt.[873] Vielmehr überwiegt die gebotene Restriktion.[874] Die Nichtigkeit des Aktienkaufs ist daher weder erforderlich noch geboten, zumal der in Rede stehende Teil des gesamten Geschäfts ein sehr geringer ist und erst durch die Parteiabsprache – sofern eine solche besteht – zum Hauptzweck des Vertrags erhoben wird. Wenn eine solche Parteiabsprache aber vorliegt, kann sich der Leerkäufer keineswegs auf die ihm ja bekannte Sittenwidrigkeit des Vertrags berufen.

Aus dieser Bewertung ergibt sich ein leicht absurder Zustand. Entweder sind die Parteien mit dem Rechtsgeschäft zufrieden, bei dem der Staat den gesamten Gewinn finanziert und die Sittenwidrigkeit am Maßstab allgemeiner Bewertung nicht mehr von der Hand gewiesen werden kann (Folge der Legalitätsthese), oder die Sittenwidrigkeit entfällt, da dem Staat kein Nachteil entsteht. Dafür wäre dann aber der Leerkäufer benachteiligt, welcher sodann an einem Regress interessiert sein dürfte (Folge der Illegalitätsthese). Dieser Zustand mangelnden Gleichgewichts stellt einen absoluten Wertungswiderspruch im Zivilrecht dar, welcher dann entsteht, wenn man der Legalitätsthese folgt. Dieser Wertungswiderspruch

---

Spiegel, Ausgabe 47/2016 „Dubiose Aktiendeals – Den Staat abgezockt"; Süddeutsche Zeitung v. 19.4.2017 „Der Staat ist keine Kuh, die man melken darf"; taz.de „Die Finanzaufsicht hat geschludert" (abrufbar unter: http://www.taz.de/Cum-Ex-Betrug-durch-Banken/!5370119/, letzter Aufruf: 26.04.2018); Die Zeit v. 8.6.2017 „Der Milliardentrick" (abrufbar unter: http://www.zeit.de/wirtschaft/2017-05/cumex-skandal-steuern-verlorene-gelder-deutschland, letzter Aufruf: 26.04.2018) sowie die Einsetzung des vierten Parlamentarischen Untersuchungsausschusses der 18. Wahlperiode im Bundestag, BT-Drs. 18/6839; siehe auch die Beschlussempfehlung und Bericht des Untersuchungsausschusses, BT-Drs. 18/12700.

873 Siehe oben unter § 4 E.

874 Siehe oben unter § 7 B. II. 1.

im Zivilrecht lässt sich deshalb als zusätzliches Argument für die Illegalitätstheorie anführen.

Im Ergebnis sind die Cum-/Ex-Verträge nicht nach § 138 Abs. 1 BGB nichtig. Nach der hier vertretenen Auffassung besteht kein Bedürfnis, einen besonderen Billigkeitsverstoß festzustellen. Hierneben haben die hiesigen Erörterungen die Systemwidrigkeit der Legalitätstheorie vor dem Hintergrund der gesamten Rechtsordnung belegt. Der absolute Wertungswiderspruch ergäbe sich aus einer steuerrechtlich nicht zu beanstandenden Transaktion, die zivilrechtlich aber unwirksam wäre, wobei kein Bedürfnis der Parteien oder der Allgemeinheit nach Rückabwicklung besteht. Darüber hinaus gelten die bereits geäußerten Bedenken an einer extensiven fiskalisch motivierten Einflussnahme auf privatrechtliche Verträge hier entsprechend.[875]

4. *Anfechtung*

Weitere klärungsbedürftige Fragen wirft die mögliche Anfechtbarkeit der Cum-/Ex-Kaufverträge auf. Die Rechtsfolge einer erfolgten Anfechtung ist gem. §§ 142, 143 BGB *ex tunc*-Nichtigkeit der Cum-/Ex-Geschäfte.

Problematisch ist insbesondere das Vorliegen von Anfechtungsgründen. In diesem Kontext ist auch das Verhältnis zu den sog. *Mistrades* zu behandeln, welche zuweilen gesonderten Regeln unterfallen.[876] Untersucht werden daher die Anwendbarkeit des Anfechtungsrechts (a)), seine jeweilige Tatbestandlichkeit (b) – d)) unter besonderer Beachtung der arglistigen Täuschung seitens des Leerverkäufers und abschließend die Auswirkungen der besonderen Geschäftsbedingungen am Kapitalmarkt, namentlich etwaiger *Mistrade-Rules* (e)).[877]

a) Anwendbarkeit

Zunächst stellt sich die Problematik der Anwendbarkeit des Anfechtungsrechts. Hier bestehen neben konkurrenzrechtlichen Bedenken (aa)) Einwände gegen die Anfechtbarkeit außerbörslicher elektronischer Geschäfte (bb)).

aa) Konkurrenz zum Gewährleistungsrecht

Die Anfechtung aufgrund eines Eigenschaftsirrtums steht in einem Konkurrenzverhältnis zu den besonderen Regeln des Kaufgewährleistungsrechts. Als

875 Siehe bereits ausführlich oben unter § 7 B. II. 1.

876 Vgl. *Clauss*, Anfechtungsrechte bei Wertpapiergeschäften zu nicht marktgerechten Preisen (Mistrades), S. 39 und 81 ff.

877 Siehe hierzu schon oben unter § 6 A.

allgemein anerkannt gilt, dass die Anfechtung wegen eines Eigenschaftsirrtums des Käufers nach Gefahrübergang nicht mehr möglich sein soll. Der Grund dafür liegt darin, dass das spezielle Mängelgewährleistungsrecht unterlaufen würde. Geschützt werden durch diese Systematik das Recht des Verkäufers zur zweiten Andienung und damit das Vertragsverhältnis selbst sowie die Fristenregelung des § 438 BGB.[878] Die gewährleistungsrechtlichen Vorschriften gehen daher den Regeln über die Anfechtung wegen Eigenschaftsirrtums als *lex specialis* vor. Die übrigen Anfechtungsgründe bleiben von diesen Bedenken indes unberührt. Mithin sind die Gründe der arglistigen Täuschung des § 123 BGB sowie der Erklärungs- und Inhaltsirrtümer einer Willenserklärung i.S.d. § 119 Abs. 1 BGB auch nach dem Gefahrübergang im Kaufrecht anwendbar.[879] Aufgrund dieses Befundes wird die Behandlung des Kaufgewährleistungsrechts hier jener der Eigenschaftsirrtümer i.S.d. § 119 Abs. 2 BGB vorangestellt.[880]

bb) Einschränkung bei vorheriger invitatio ad offerendum

Mit Blick auf die Rechtsfigur der *invitatio ad offerendum* beim außerbörslichen elektronischen Vertragsschluss[881] wird teilweise die Möglichkeit der Anfechtung abgelehnt. Grund dafür ist, dass sich der Irrtum des jeweiligen Handelspartners nur auf die *invitatio* und den ihr zugrunde liegenden Marktpreis beziehe, welcher als Motivirrtum unbeachtlich sei.[882]

Dem wird unter Verweis auf den Zweck und die Dogmatik der Figur der *invitatio ad offerendum* widersprochen. Diese habe gerade den Sinn, den Erklärenden vor ungewollten Verträgen zu schützen.[883] Selbigen Zweck habe das Anfechtungsrecht. Diesen würde man konterkarieren, ginge man von einem Ausschluss aufgrund der *invitatio* aus. Ein Fehler in der *invitatio ad offerendum* setze sich

878 BGH v. 8.6.1988 – VIII ZR 135/87, NJW 1988, 2597 (2598); BGH v. 18.10.2007 – V ZB 44/07, NJW-RR 2008, 222 (223); *Ahrens*, in: P/W/W, BGB, § 119 Rn. 5; *Armbrüster*, in: MünchKomm-BGB, § 119 Rn. 29 f.; *Brüggemeier*, WM 2002, 1376 (1378); *Ellenberger*, in: Palandt, BGB, § 119 BGB Rn. 28; *Gutzeit*, NJW 2008, 1359 (1359); *Köster*, JURA 2005, 145 (146); *Singer*, in: Staudinger, BGB, § 119 Rn. 85; *Wolf/Neuner*, BGB AT, § 41 Rn. 68.

879 *Armbrüster*, in: MünchKomm-BGB, § 119 Rn. 28; *ders*, a.a.O., § 123 Rn. 89; *Wendtland*, in: BeckOK-BGB (Stand: November 2017), § 123 Rn. 40.

880 Siehe daher zur Anfechtung aufgrund eines Eigenschaftsirrtums gem. § 119 Abs. 2 BGB unten unter § 7 B. V.

881 Siehe hierzu oben unter § 6 A. III. 1.

882 vgl. *Fridrich/Seidel*, BKR 2008, 497 (498); *Lindfeld*, Die Mistrade-Regeln, S. 110 f.

883 *Clauss*, Anfechtungsrechte bei Wertpapiergeschäften zu nicht marktgerechten Preisen (Mistrades), S. 51 f.

daher bei automatisierten Handelsabläufen auch in der Annahmeerklärung des zur Offerte Einladenden fort.[884]

Dem ist zu folgen. Die *invitatio ad offerendum* stellt mangels Rechtsbindungswillens gerade keine Willenserklärung dar.[885] Dennoch enthält sie die *essentialia negotii,* auf die sich eine elektronische Erklärung – nunmehr mit Rechtsbindungswillen – in irrtumsfortsetzender Weise beziehen kann.

cc) Fazit

Dem Gesagten zufolge ist die Anwendbarkeit der Anfechtung aufgrund eines Eigenschaftsirrtums von möglichen Synergien im Gewährleistungsrecht abhängig. Bezüglich der übrigen eigenschaftsunabhängigen Anfechtungsgründe bestehen keine Anwendbarkeitsprobleme. Insbesondere führt im außerbörslichen Handel die Konstruktion der *invitatio ad offerendum* nicht zu einem Ausschluss des Anfechtungsrechts.

b) § 119 Abs. 1 und § 120 BGB

Bei den in § 119 Abs. 1 BGB genannten Anfechtungsgründen handelt es sich um den Inhalts- (Alt. 1) und Erklärungsirrtum (Alt. 2). Wie das Gesetz bereits vorschreibt, besteht eine Anfechtungsberechtigung nur, „[…] *wenn anzunehmen ist, dass er sie bei Kenntnis der Sachlage und bei verständiger Würdigung des Falles nicht abgegeben haben würde.*" In den Cum-/Ex-Fällen will der Käufer jedoch genau die Menge Aktien zu dem entsprechenden Preis erwerben. Diese Erklärung wurde regelmäßig wohl auch richtig übermittelt. Ein etwaiger Irrtum im Zuge der Cum-/Ex-Geschäfte betrifft daher nicht die Divergenz zwischen Gewolltem und Erklärtem. Eine Berechtigung zur Anfechtung nach §§ 142 i.V.m. 119 Abs. 1 BGB besteht mithin weder nach Alt. 1 noch nach Alt. 2. Selbiges gilt für die fehlerhafte Übermittlung nach § 120 BGB.

Etwas anderes könnte sich ergeben, wenn man verabredete Cum-/Ex-Geschäfte als sog. *offene Kalkulationsirrtümer* qualifiziert. Der Käufer kalkuliert die Transaktion schließlich erkennbar offen(sichtlich) wirtschaftlich brutto. Nach Ansicht des Reichsgerichts läge demnach ein zur Anfechtung berechtigender

---

884 *Clauss*, Anfechtungsrechte bei Wertpapiergeschäften zu nicht marktgerechten Preisen (Mistrades), S. 57 unter Verweis auf BGH v. 26.1.2005 – VIII ZR 79/04, NJW 2005, 976, zum Online-Versandhandel.

885 *Busche*, in: MünchKomm-BGB, § 145 Rn. 10; *Eckert*, in: BeckOK-BGB (Stand: November 2017), § 145 Rn. 35; vgl. auch *Clauss*, Anfechtungsrechte bei Wertpapiergeschäften zu nicht marktgerechten Preisen (Mistrades), S. 53.

Inhaltsirrtum vor.[886] Dem ist aber entgegenzutreten. Schließlich liegt auch beim Kalkulationsirrtum eine gewollte Erklärung vor, welche einzig von der korrekten Kalkulation abweicht.[887] Hierbei handelt es sich indes um einen unbeachtlichen Motivirrtum.[888]

Bezieht sich der Irrtum dagegen auf eine Eigenschaft oder Beschaffenheit, so ist § 119 Abs. 2 bzw. §§ 437, 434 BGB zu untersuchen.[889] Unterliegen beide Teile dem gleichen Irrtum, sind Rechte aus § 313 BGB zu prüfen.[890]

c) *§ 123 Abs. 1 Alt. 1 BGB*

Der zweite hier praktisch relevante Anfechtungsgrund ist die Anfechtung nach § 123 Abs. 1 Alt. 1 BGB im Falle einer arglistigen Täuschung. Namentlich sind zunächst die Bedingungen einer Täuschung (aa)) im Zuge der Cum-/Ex-Transaktionen herauszuarbeiten. Im Anschluss wird das Erfordernis eines Irrtums des Erwerbers behandelt (bb)) und letztlich das Arglisterfordernis im Hinblick auf die Cum-/Ex-Geschäfte untersucht (cc)).

aa) Täuschung

Allgemein ist zunächst eine Täuschung notwendig, welche für die Abgabe einer Willenserklärung ursächlich war. Erforderlich ist dazu eine Handlung zum Zweck der Erregung oder Aufrechterhaltung eines Irrtums, mittels eines Vorspiegelns falscher oder einer Unterdrückung wahrer Tatsachen seitens des Erklärungsempfängers.[891]

---

886 RG v. 9.11.1906 – II 173/06, RGZ 64, 266 (268); RG v. 2.12.1939 – II 74/39, RGZ 162, 198 (201).

887 BGH v. 28.2.2002 – I ZR 318/99, NJW 2002, 2312; BGH v. 11.5.2001 – V ZR 492/99, NJW 2001, 2464 (2465); *Armbrüster*, in: MünchKomm-BGB, § 119 Rn. 122; *Brox/Walker*, BGB AT, Rn. 424; *Wolf/Neuner*, BGB AT, § 41 Rn. 71 ff.

888 BGH v. 28.2.2002 – I ZR 318/99, NJW 2002, 2312; *Brox/Walker*, BGB AT, Rn. 424.

889 Siehe hierzu unten unter § 7 B. IV. 2. und § 7 B. V.; vgl. auch *Brox/Walker*, BGB AT, Rn. 424.

890 Siehe hierzu unten unter § 7 VI.

891 BGH v. 13.5.1957 – II ZR 56/56, NJW 1957, 988; *Armbrüster*, in: MünchKomm-BGB, § 123 Rn. 13; *Ellenberger*, in: Palandt, BGB, § 123 BGB Rn. 2; *Mansel*, in: Jauernig, BGB, § 123 Rn. 3; *Singer/von Finckenstein*, in: Staudinger, BGB, § 123 Rn. 6; *Wendtland*, in: BeckOK-BGB (Stand: November 2017), § 123 Rn. 7.

(1) Anwendbarkeit im Computerhandel

Vereinzelt wird eine Täuschung im elektronischen Handel schon deshalb abgelehnt, weil eine manuelle Prüfung im Computerhandel unterbleibt.[892] Dem wird aber entgegengehalten, dass hinter den Computerentscheidungen mittels Software menschliche Entscheidungen stünden und diese auch im Strafrecht geschützt würden.[893] Dieser Argumentation ist zu folgen, sodass jedenfalls eine analoge Anwendung gerechtfertigt wäre. Schließlich gilt im Telefonhandel nichts anderes, sodass eine Differenzierung allein aufgrund der Kaufart nicht gerechtfertigt sein kann, zumal es sich beim elektronischen Handel um den am gebräuchlichsten handelt. Bestätigt wird dieses Ergebnis dadurch, dass arglistigem Verhalten stets eine hohe Schutzbedürftigkeit des Gegenübers entgegenzusetzen ist, sodass der sich aus § 123 Abs. 1 Alt. 1 BGB ergebende Schutzgedanke nicht dem Zufall der gewählten Transaktionsart anheimzustellen ist.

(2) Aktiv oder konkludent

Schwierigkeiten wirft die Frage auf, worin die Täuschungshandlung zu erkennen ist. In Betracht kommen sowohl Täuschungshandlungen durch aktives Tun als auch durch konkludentes Verhalten.[894] An eine Täuschungshandlung ist dann zu denken, wenn beispielsweise die Möglichkeit einer Anrechnung der Kapitalertragsteuer nach dem vorzunehmenden Cum-/Ex-Leerverkauf aktiv beworben wird. Dies ist insbesondere dann zu prüfen, wenn gleichzeitig eine günstige Gewinneinpreisung vorgenommen wird und/oder ein „*Rundum-Sorglos-Paket*"[895] offeriert wird.

In konkludenter Hinsicht stellen sich bereits Abgrenzungsschwierigkeiten zur Unterlassenstäuschung. Im Wertpapierhandel wird in der Regel nur die Willenserklärung (Verkaufsangebot) in Betracht kommen, welche der Leerverkäufer abgibt. Hieraus müsste sich dann konkludent ein unwahrer und auf Irrtumserregung gerichteter Erklärungsgehalt ergeben. Mögliche Erklärungsinhalte wären die

---

892 *Fridrich/Seidel*, BKR 2008, 497 (502).

893 *Clauss*, Anfechtungsrechte bei Wertpapiergeschäften zu nicht marktgerechten Preisen (Mistrades), S. 89; *Wiebe*, Die elektronische Willenserklärung: kommunikationstheoretische und rechtsdogmatische Grundlagen des elektronischen Geschäftsverkehrs, S. 388.

894 *Armbrüster*, in: MünchKomm-BGB, § 123 Rn. 28; *Singer/von Finckenstein*, in: Staudinger, BGB, § 123 Rn. 9; *Wendtland*, in: BeckOK-BGB (Stand: November 2017), § 123 Rn. 8; vgl. auch *Canaris*, Bankvertragsrecht (2. Aufl.), Rn. 1857.

895 Siehe hierzu oben unter § 3 B. IV.

Anteilsinhaberstellung, die beteiligte Depotbank und in *Fail*-Konstellationen die Absicht, termingerecht zu liefern, oder schließlich die Steueranrechnung selbst.

Die Auslegung der Verkaufserklärung nach §§ 133, 157 BGB führt vor dem Markthintergrund jedoch nicht zu einem solch erhöhten Erklärungswert. Der schlichten börslichen Aktivität ist ein entsprechender Erklärungsinhalt ohnehin nicht zu entnehmen. Aber auch im OTC-Geschäft sind hohe Anforderungen an eine konkludente Täuschung zu stellen. Den Käufer wird der genaue Geschäftsablauf in der Regel nicht interessieren, solange er mit den versprochenen Aktien beliefert wird. Dem Verkäufer eine hierüber hinausreichende Erklärungshandlung zu unterstellen, grenzt daher an eine Fiktion.

Demzufolge ist eine aktive Täuschung bei entsprechender Kommunikation anzunehmen, wohingegen die hohen Voraussetzungen an eine konkludente Täuschung bei einem Cum-/Ex-Leerverkauf zumindest nicht aufgrund der schlichten Leerverkaufsangebote vorliegen.

(3) Durch Unterlassen

(a) Aufklärungspflicht

Kann mangels aktiver Handlung nur an ein Unterlassen angeknüpft werden, so stellt sich die Frage nach einer einschlägigen Aufklärungspflicht.[896] Eine allgemeine Aufklärungs- oder Offenbarungspflicht besteht nicht.[897] Dies liegt darin begründet, dass sich die Leistungsinteressen bei synallagmatischen Verträgen äquivalent gegenüberstehen, sodass im Wirtschaftsverkehr nicht ohne weiteres verlangt werden darf, den Vertragspartner auf einen Umstand hinzuweisen, welcher unmittelbar die eigene Position des Aufklärenden schwächt. In ständiger Rechtsprechung wird daher lediglich in solchen Fällen eine Aufklärungspflicht angenommen, in denen sie nach Treu und Glauben und den im Verkehr üblichen Gewohnheiten geboten ist und der Vertragspartner daher redlicherweise eine Aufklärung über die Sachlage erwarten darf.[898] Diese generalklauselartig gehaltene Rechtsprechung wird in der Literatur mittels einzelner konkretisierender Anhaltspunkte unterfüttert. Als

---

896 *Armbrüster*, in: MünchKomm-BGB, § 123 Rn. 30; *Canaris*, Bankvertragsrecht (2. Aufl.), Rn. 1858; *Hefermehl*, in: Soergel, BGB, § 123 Rn. 6; *Singer/von Finckenstein*, in: Staudinger, BGB, § 123 Rn. 10; *Wolf/Neuner*, BGB AT, § 41 Rn. 103.

897 BGH v. 13.7.1983 – VIII ZR 142/82, NJW 1983, 2493 (2494); BGH v. 13.7.1988 – VIII ZR 224/87 = NJW 1989, 763; *Armbrüster*, in: MünchKomm-BGB, § 123 Rn. 31; *Schwarze*, Das Recht der Leistungsstörungen, § 33 Rn. 13; *Singer/von Finckenstein*, in: Staudinger, BGB, § 123 Rn. 10.

898 RG v. 15.11.1911 – I 512/10, RGZ 77, 309 (314); RG v. 7.7.1925 – II 494/24, RGZ 111, 233 (235); BGH v. 2.3.1979 – V ZR 157/77, NJW 1979, 2243; BGH v. 13.7.1988 – VIII

Wertungskriterien kommen neben den Vertrauens- und Interessenverhältnissen auch die Möglichkeit sowie das jeweilige Informationsgefälle in Betracht.[899]

(b) Anwendung auf Cum-/Ex-Transaktionen

Zweifelhaft ist, ob eine solche Pflicht in den Cum-/Ex-Fällen angenommen werden kann. Für eine Offenbarungspflicht ließe sich die Komplexität der genannten Geschäfte anführen, welche bei Sachkunde- und Erfahrungsvorsprüngen des Leerverkäufers eine massive Informationsasymmetrie begründen können. Dennoch kann nicht von einer strukturellen, sondern allenfalls von einer partiellen Informationsasymmetrie ausgegangen werden. Ein klassisches Über-/Unterordnungsverhältnis des Stärkeren gegenüber dem Schwächeren besteht nicht, wenn – wie regelmäßig anzunehmen ist – auf beiden Seiten der Transaktion Finanzmarktakteure standen.[900]

Die Frage nach der Interessenlage und der hiermit einhergehenden Vertragswesentlichkeit ist dagegen schwieriger zu beantworten. So soll bei fehlender Vertragswesentlichkeit der Abweichung eine Offenbarungspflicht nicht bestehen.[901] Das Merkmal der Wesentlichkeit[902] wird in diesem Zusammenhang auf eine Abweichung des vereinbarten Kaufpreises vom Wert der Aktien ab ca. 10 % beziffert, wobei in Fällen hoher Order-Volumina auch 5 % ausreichen können.[903] Zur Bestimmung der Vertragswesentlichkeit ist ein Maßstab zu wählen, welcher die Parteiinteressen hinreichend widerspiegelt. Eine entsprechende Erheblichkeit

ZR 224/87, NJW 1989, 763 (764); BGH v. 12.7.2001 – IX ZR 360/00, NJW 2001, 3331 (3332).

899 *Armbrüster*, in: MünchKomm-BGB, § 123 Rn. 32; *Breidenbach*, Die Voraussetzungen von Informationspflichten beim Vertragsschluß, S. 61 ff.; *Hefermehl*, in: Soergel, BGB, § 123 Rn. 6 f.; *Singer/von Finckenstein*, in: Staudinger, BGB, § 123 Rn. 11 ff.; *Wagner*, in: Zimmermann, Störungen der Willensbildung bei Vertragsschluss, S. 59, 76 ff.; siehe auch *Clauss*, Anfechtungsrechte bei Wertpapiergeschäften zu nicht marktgerechten Preisen (Mistrades), S. 92.

900 Siehe hierzu bereits einleitend oben unter § 6 A.

901 *Clauss*, Anfechtungsrechte bei Wertpapiergeschäften zu nicht marktgerechten Preisen (Mistrades), S. 95 unter Verweis auf BGH v. 24.11.1995 – V ZR 40/94, NJW 1996, 451; siehe auch *Clauss*, a.a.O., S. 95 Fn. 455.

902 Siehe zu den Wesentlichkeitsausführungen und -rechnungen bereits oben i.R.d. gesetzlichen Verbots unter § 7 B. II. 1.

903 *Clauss*, Anfechtungsrechte bei Wertpapiergeschäften zu nicht marktgerechten Preisen (Mistrades), S. 95.

ist im Grundfall rein objektiv nicht erreicht.[904] Ohne das Hinzutreten weiterer Umstände gelten diese Ausführungen folglich für den Fall, dass der Leerkäufer in tatsächlicher Hinsicht nicht von dem Leerverkauf wusste, sondern von einem Inhaberverkauf ausging.

Ist der Fall dagegen anders gelagert, sodass die Steueranrechnung bei kollusivem Zusammenwirken der Parteien den Vertragszweck darstellt, liegt eine Vertragswesentlichkeit nahe, da andernfalls ein wirtschaftlich nachteiliges Ergebnis erzielt würde. Dies muss gerade dann gelten, wenn aufgrund eines „Rundum-Sorglos-Pakets" das Geschäft keinen anderen Zweck als die Erzielung des Cum-/Ex-Steuergewinns erfüllt.[905]

Ein weiterer Gedanke, der sich letztlich ebenfalls aus dem Vertrieb der sog. „Rundum-Sorglos-Pakete" ergibt, liegt darin, dass die hiermit einhergehende Vielzahl und Pluralität der vertraglichen Bindungen eine Aufklärungspflicht begründet, weil hierdurch eine engere Verbindung erzeugt wird als durch einen einfachen Kaufvertrag. Dies ist jedoch kritisch zu hinterfragen. Einerseits ist auch bei diesen Verträgen häufig der Verkäufer wirtschaftlich unmittelbarer Vertragspartner, sodass die Aufklärung nicht ohne weiteres erwartet werden kann (beispielsweise beim *Swap*). Andererseits können Verträge vorliegen, aus welchen der Leerverkäufer vom Erfolg entfernt profitiert (beispielsweise beim *Loan*). Zudem ist anzumerken, dass die Verträge alle zumindest theoretisch einen selbstständigen Sinn und Inhalt haben, auch wenn sie gesamtoperativ dem Cum-/Ex-Leerverkaufsgeschäft untergeordnet werden.

Die Analyse der Cum-/Ex-Fälle unter dem Gesichtspunkt der Vertrauensbeziehungen der Parteien ergibt ebenfalls keinen eindeutigen Befund. Soweit börslich bzw. elektronisch gehandelt worden ist, kann nicht von einer – über andere Verträge hinausgehenden – Vertrauensbeziehung der Parteien gesprochen werden. Im außerbörslichen Handel sind vereinzelt Fälle denkbar, in denen

---

904 Bei dem Beispiel eines Aktienwerts von € 100 und einer (Brutto-)Dividende von € 10 verbleibt nach 25-prozentiger – nicht erstattungsfähiger – Kapitalertragsteuer ein (Netto-)Endwert von € 97,5. In diesem Fall beliefe sich die Abweichung folglich auf 2,5 %. Dieses Rechenbeispiel spiegelt sich auch in der Gesamtvertragsgestaltung wider, da es die Notwendigkeit offenbart, den Aktienkauf durch Fremdkapital zu finanzieren. Die Cum-/Ex-Geschäfte fordern einen hohen finanziellen Aufwand für den avisierten Gewinn. Hervorzuheben ist noch, dass es sich in dieser Konstellation um eine zehnprozentige Dividende handelt, welche mit Blick auf die ermittelten Durchschnittsdividenden von 3,017 % vergleichsweise hoch ist; siehe Fn. 839.

905 Siehe hierzu oben unter § 3 B. IV. und § 3 C.; in solchen Fällen ist jedoch zweifelhaft, inwiefern ein Irrtum des Erwerbers vorliegt.

beispielsweise ein langjähriger Vertragspartner im Telefonhandel angebrachte Hinweise unterlässt.

Bei der Berücksichtigung der Interessenverhältnisse ist ferner die Möglichkeit beachtlich, dass es zumindest theoretisch zu unterschiedlichen steuerrechtlichen Behandlungen der Dividendenkompensationszahlung beim Erwerber kommen kann, beispielsweise wenn dieser nicht anrechnungsberechtigt ist, weil es sich um einen ausländischen Marktteilnehmer handelt. Das Interesse, unmittelbar kaufpreiswirksam hierüber aufgeklärt zu werden, ist daher geringer zu gewichten als das Kaufpreis-Leistungsinteresse des Veräußerers. Zudem ist festzuhalten, dass eine adäquate Aufklärung im börslichen Handel aufgrund der dortigen Anonymität nicht ohne weiteres möglich ist. Dies führt zu einem fehlenden Täuschungspotenzial im börslichen Handel.[906] Auch in funktioneller Hinsicht ist im Kaufverhältnis von einer Aufklärungspflicht abzusehen. Anders als beispielsweise im Effekten- oder Beratungsgeschäft tritt der Leerverkäufer hier schlicht als Verkäufer auf.[907]

Ein von *Clauss* vertretener Ansatz[908], welcher zu einer Aufklärungspflicht führt, wenn der Handelspartner die Preisdivergenz zwischen Leistung und Gegenleistung bei einem Mistrade erkennt, stützt sich auf die Rechtsprechung des BGH zu Pflichten beim „erkannten Kalkulationsirrtum".[909] Als Fehlkalkulation käme hier in Betracht, dass der Käufer bereit ist, die Aktie *cum* Dividende zu erwerben, wobei dem Leerverkäufer bewusst ist, dass er lediglich *ex* Dividende liefert. Da die Dividendenregulation jedoch in Höhe der Netto-Dividende durchgeführt wird, divergieren bei einem *Fail* Kaufpreis und Leistungserwartung des Käufers.

Diesen Ausführungen kann indes nicht ohne weiteres gefolgt werden. Zum einen stellt sich die Frage, ob Cum-/Ex-Fälle als klassische Mistrades zu sehen sind.[910] Wie dargestellt, ist die Preisdivergenz aufgrund des Kapitalertragsteueranteils an der Dividende eher gering. Zum anderen setzt diese Rechtsprechung inhaltlich voraus, dass der zur Aufklärung Verpflichtete erkannt hat, dass sich der Geschäftspartner „verkalkuliert" hat.[911] Dies wiederum setzt aber positive

---

906 Vgl. oben unter § 7 B. II. 4. c) bb) und cc), zum Täuschungspotenzial.

907 Vgl. *Breidenbach,* Die Voraussetzungen von Informationspflichten beim Vertragsschluß, S. 76; siehe zu den anderen Funktionen unten unter § 7 A.

908 *Clauss*, Anfechtungsrechte bei Wertpapiergeschäften zu nicht marktgerechten Preisen (Mistrades), S. 93.

909 BGH v. 7.7.1998 – X ZR 17/97, BGHZ 139, 177 (185) = NJW 1998, 3192 (3194).

910 Siehe den Mistrades unten unter § 7 B. II. 4. e).

911 BGH v. 4.10.1979 – VII ZR 11/79, NJW 1980, 180; BGH v. 7.7.1998 – X ZR 17/97, BGHZ 139, 177 (184).

Kenntnis der Steuerrechtswidrigkeit voraus.[912] Eine Übertragung dieser Konstruktion auf Cum-/Ex-Fälle scheidet daher aus.

Diese aufgeführten Eventualitäten, welche zwar im Einzelfall und ausnahmsweise eine Offenbarungspflicht begründen können, rechtfertigen letztlich nicht den Schluss auf eine generelle Aufklärungspflicht. Jedenfalls kann zwischen börslichem und außerbörslichem sowie elektronischen bzw. automatischen und kommunikativen – per Telefon oder E-Mail durchgeführtem – Handel differenziert werden.

(4) Fazit

Die konkrete Frage nach einer etwaigen Täuschungshandlung im Zuge eines Cum-/Ex-Geschäfts ist anhand des Einzelfalls zu beurteilen. Jedenfalls bestehen keine Anhaltspunkte für eine konkludente Täuschung, auch eine Aufklärungspflicht wird in den allermeisten Fällen nicht vorliegen. Selbst für den Fall, dass eine Aufklärungspflicht vorliegt, scheidet eine Täuschung aus, sobald der Verkäufer dem Erwerber die ihm zur Verfügung stehenden Informationen mitgeteilt hat, d.h. seiner Aufklärungspflicht nachgekommen ist.

bb) Irrtum des Erwerbers

Eine weitere, aus der Kausalität der Täuschungshandlung resultierende Voraussetzung der Anfechtung wegen einer vorausgegangenen arglistigen Täuschung ist der Irrtum des Erklärenden.[913] Der Umfang des Irrtums ist in § 123 Abs. 1 Alt. 1 BGB weiter gefasst als der eigenschaftsbezogene Irrtum des § 119 Abs. 2 BGB.[914] Kennt der Käufer die jeweils täuschungsrelevanten Umstände, ist ein Irrtum seinerseits und damit eine erfolgreiche Täuschung ausgeschlossen. Dies liegt insbesondere in den Fällen nahe, in denen mit dem Leerverkäufer ein „Rundum-Sorglos-Paket" vereinbart wurde.

cc) Arglist

Die von § 123 Abs. 1 Alt. 1 BGB geforderte Arglist lässt bedingten Vorsatz genügen, mithin also den Umstand, dass der Handelnde mit der Möglichkeit

---

912 Siehe zur Kenntnis bzw. der Bewertung des steuerlichen Rechtsirrtums unten unter § 7 B. II. 4. c) cc) (2) (b).

913 *Armbrüster*, in: MünchKomm-BGB, § 123 Rn. 20; *Brox/Walker*, BGB AT, Rn. 452; *Wendtland*, in: BeckOK-BGB (Stand: November 2017), § 123 Rn. 7.

914 Siehe hierzu noch unten unter § 7 B. V. 1.; *Wendtland*, in: BeckOK-BGB (Stand: November 2017), § 123 Rn. 7; vgl. auch *Brox/Walker*, BGB AT, Rn. 461.

der Unrichtigkeit seiner Angaben rechnet und sie gleichwohl ins Blaue hinein tätigt.[915] Zu analysieren ist daher, wann der subjektive Maßstab auf Seiten des *Verkäufers* erfüllt ist. In Betracht kommen auch hier tatsächliche wie rechtliche Umstände, wobei eine Einteilung in kognitive und voluntative Elemente des Vorsatzes möglich und geboten erscheint.

(1) Kognitives Element

Im Rahmen der kognitiven Untersuchung ist zu fordern, dass der Leerverkäufer die steuerrechtlichen Folgen und die sie verursachenden Grundlagen zumindest für möglich hält.[916] Hierfür genügt die rein kognitiv zu bestimmende Erkenntnis, dass die steuerrechtliche Behandlung der Cum-/Ex-Geschäfte nicht geklärt, sondern umstritten und damit riskant war. Täuscht der Veräußerer nunmehr über den Leerverkauf oder die mit ihm in Ansehung des Dividendenstichtags verbundenen steuerrechtlichen Folgen, so wird er diese in aller Regel für möglich halten. Ein *subjektiv-kognitives Gefälle* ist demnach nicht in jedem Fall vorauszusetzen. Eine Täuschung ist somit auch in Fällen möglich, in denen die Parteien kollusiv zusammenwirken.

(2) Voluntatives Element

Schwieriger dagegen ist das voluntative Element zu bestimmen. Auch hier ist im Hinblick auf die jeweils vorwerfbare Handlung zu unterscheiden.

(a) Tatsächliche Hinsicht

Zunächst soll das voluntative Element bei Täuschungen über tatsächliche Umstände behandelt werden. Diese umfasst all jene Umstände, welche erst Grundlage der Folgefrage nach der steuerrechtlichen Legalität sind. Namentlich geht es um den Leerverkauf per se, d.h. die Anteilsinhaberschaft im Zeitpunkt des Vertragsschlusses, die Absicht zu *failen* oder die Abwicklung der Transaktion über ausländische Depotbanken. Wird hierüber getäuscht, ändert auch ein etwaiger Rechtsirrtum bezüglich der steuerrechtlichen Behandlung nichts an der mit *dolus eventualis*

---

915 RG v. 27.3.1906 – II 374/05, RGZ 62 149 (151); RG v. 29.10.1931 – VI 231/31, RGZ 134, 43 (53); BGH v. 13.5.1957 – II ZR 56/56, NJW 1957 988 (989); BGH v. 19.5.1999 – XII ZR 210/97, NJW 1999, 2804 (2806); BGH v. 13.6.2007 – VIII ZR 236/06, NJW 2007, 3057 (Rn. 29); vgl. auch BGH v. 12.4.2013 – V ZR 266/11, NJW 2013, 2182 (Rn. 12 ff.); *Armbrüster*, in: MünchKomm-BGB, § 123 Rn. 14; *Ellenberger*, in: Palandt, BGB, § 123 Rn. 11; *Mansel*, in: Jauernig, BGB, § 123 Rn. 7.

916 *Ellenberger*, in: Palandt, BGB, § 123 Rn. 11; *Wendtland*, in: BeckOK-BGB (Stand: November 2017), § 123 Rn. 17.

verwirklichten Täuschung. Diese im Machtbereich des Leerverkäufers liegenden Umstände können irrtumsfrei und wahrheitsgemäß kommuniziert werden. Arglist diesbezüglich ist mithin denkbar.

(b) Rechtliche Hinsicht

Differenzierter zu beantworten ist indes die Frage nach dem Umgang mit dem Rechtsirrtum vor dem Hintergrund des Erfordernisses einer „*billigen Inkaufnahme*".[917] Fraglich ist, ob jener Rechtsirrtum, welcher die steuerrechtliche Legalität der Cum-/Ex-Geschäfte betrifft, hier Berücksichtigung finden soll.

Zum Teil wird vertreten, ein Rechtsirrtum könne arglistiges Verhalten ausschließen.[918] Dahinter steht letztlich der Gedanke, dass derjenige, der einem Rechtsirrtum unterliegt, die sich aus der Rechtswirklichkeit ergebenden Folgen nicht billigend in Kauf nimmt. Anlass für die Annahme eines Rechtsirrtums bieten die bereits zuvor erwähnten Rechtsbegutachtungen, welche die Rechtsauffassung des Verkäufers begründet oder zumindest gestützt haben mögen.[919] Nicht maßgeblich ist dagegen, ob sich der Verkäufer möglicherweise grob fahrlässig verhält.[920]

Auf der anderen Seite ist festzuhalten, dass im Rechtsverhältnis zwischen zwei privaten Parteien Rechtsrat weniger Schutz begründet als gegenüber dem Staat, da es im Zivilrecht um eine ausgewogene Lastenzuweisung geht und nicht wie im Strafrecht die Sanktion strafwürdigen Verhaltens als *ultima ratio*. Der Geltungsanspruch des Rechts, auf den sich der Irrtum bezieht, bzw. die Unzumutbarkeit der Kenntnis des Rechts spielen gegenüber parteiinternen Gerechtigkeitserwägungen eine untergeordnete Rolle. Auf der anderen Seite ließe sich vorbringen, dass es sich bei der Arglistschwelle um eine Art *ultima ratio des Zivilrechts* handelt und dass der Problematik der umfassenden Rechtskenntnis und dem Primat des Rechts auch im Verhältnis zwischen den Parteien hinreichend Rechnung zu tragen ist.

Vorzugswürdig ist daher – auch im Hinblick auf die kaufrechtliche Judikatur – eine restriktive Auslegung des Arglisterfordernisses in § 123 Abs. 1 S. 1

---

917 Vgl. BGH v. 10.11.2009 – XI ZR 252/08, NJW 2010, 596 (Rn. 41); *Ellenberger*, in: Palandt, BGB, § 123 Rn. 11; *Wendtland*, in: BeckOK-BGB (Stand: November 2017), § 123 Rn. 17.

918 BGH v. 29.6.2010 – XI ZR 104/08, BGHZ 186, 96 = NJW-RR 2011, 270 (Rn. 43); BGH v. 5.6.2007 – XI ZR 348/05, NJW 2007, 2407 (Rn. 21); *Armbrüster*, in: MünchKomm-BGB, § 123 Rn. 16.

919 Siehe zu der Bewertung der Rechtsgutachten beim Käufer i.R.d. strafrechtlichen Behandlung bereits oben unter § 5 A. II. 2. b) und c); vgl. auch *Pflaum*, StBp 2015, 185 (193 f.).

920 *Wendtland*, in: BeckOK-BGB (Stand: November 2017), § 123 Rn. 17.

Alt. 1 BGB.[921] Wer sich tatsächlich im Rechtsirrtum befindet, handelt auch dann nicht mehr bedingt vorsätzlich, wenn er den Rechtsirrtum verschuldet hat.

(3) Zwischenfazit

Die Ausführungen haben dargelegt, dass bei der Bestimmung der Arglist eine differenzierte Betrachtung vorzunehmen ist. Während ein kognitives Element zumindest im Hinblick auf das „Für-möglich-Halten" der jeweiligen steuerrechtlichen Wirkung in der Regel vorliegt, ist in der voluntativen Analyse, also der „Inkaufnahme-Schwelle", der Rechtsirrtum über die steuerrechtliche Behandlung der Cum-/Ex-Geschäfte privilegiert. Wird indes über tatsächliche Umstände getäuscht, greift die Privilegierung nicht.

dd) Fazit

An § 123 Abs. 1 Alt. 1 BGB sind in den Cum-/Ex-Fällen tendenziell hohe Anforderungen zu stellen. Zu fordern ist eine aktive Täuschung oder Aufklärungspflichtverletzung. Jedoch wird letztere in aller Regel nicht vorliegen. Im Übrigen ist der subjektive Horizont beider Parteien zu untersuchen, um eine abschließende Beurteilung des Cum-/Ex-Einzelfalls unter dem Gesichtspunkt der *arglistigen* Täuschung vornehmen zu können. Praktisch problematisch ist hier die erschwerte Beweisbarkeit, wobei die Beweislast beim Getäuschten liegt.[922]

d) Anfechtungsfrist

Ein vor allem praktisches Problem stellt die Verfristung der Anfechtungsrechte dar. Während die unverzügliche Frist des § 121 Abs. 1 S. 1 BGB regelmäßig verstrichen sein dürfte, gewährt die einjährige Anfechtungsfrist des § 124 Abs. 1 BGB jedenfalls einen geringfügigen Spielraum in Fällen einer arglistigen Täuschung. Die Frist beginnt gem. Abs. 2 jedoch erst in dem Zeitpunkt, in dem der Anfechtungsberechtigte die Täuschung entdeckt. Dabei macht es einen Unterschied, ob auf die Tatsache des Leerverkaufs abgestellt wird, die schon wesentlich früher bekannt wird, oder auf die steuerrechtlichen Folgen der Transaktion, welche erst später mittels gerichtlicher Feststellung bekannt werden. Da es, wie festgestellt, in aller Regel um die der Transaktion zugrunde liegenden tatsächlichen Umstände geht, wird die Anfechtungsfrist auch in Fällen der Arglist abgelaufen sein. Schließlich beginnt sie dann, wenn schon die Täuschung entdeckt wird.

---

921 Siehe hierzu ausführlich unten unter § 7 B. IV. 7. c) bb).

922 *Armbrüster*, in: MünchKomm-BGB, § 123 Rn. 83; *Mansel*, in: Jauernig, BGB, § 123 Rn. 7.

Vereinzelt wird das besondere Bedürfnis nach Rechtssicherheit im Wertpapierhandel betont, um von der Anwendbarkeit der gesetzlichen Verfristungsregeln abzusehen.[923] Dem ist allerdings nicht zu folgen. Neben der Möglichkeit des gutgläubigen Erwerbs erscheint ein weiteres Korrektiv über die Anfechtungsfristen grundsätzlich nicht erforderlich.[924] Im Effektengeschäft soll die Anfechtungsfrist aus verwirkungsrechtlichen Gründen auf Unverzüglichkeit verkürzt werden, um Spekulationsgeschäfte zulasten der Finanzdienstleisters zu vermeiden.[925] Dies macht auch in den Cum-/Ex-Fällen Sinn. Schließlich ist das Spekulationspotenzial bei Wertpapieren mit entsprechend hohen Transaktionsvolumina immens. Eine geringe Dividende und eine mit ihr einhergehende geringe *Netto/Brutto-Differenz* könnten dazu führen, dass der steuerliche Effekt wirtschaftlich verschlungen wird.

e) Mistrade-Rules

In Ansehung der sog. *Mistrade-Rules* sind die Ausführungen über die allgemeinen gesetzlichen Anfechtungsrechte noch einmal zu betrachten. Die Mistrade-Rules ergeben sich regelmäßig aus den Börsenusancen oder den jeweiligen Geschäftsbedingungen. Die wirksame Einbeziehung der entsprechenden Regelwerke wurde allgemein bereits eingangs festgestellt.[926] Problematisch ist aber, ob auch jene Teile der Regelungen, welche die Mistrades behandeln, wirksam sind.

---

923 *Lindfeld*, Die Mistrade-Regeln, S. 36.

924 *Canaris*, Bankvertragsrecht (2. Aufl.), Rn. 1845 ff.; *Clauss*, Anfechtungsrechte bei Wertpapiergeschäften zu nicht marktgerechten Preisen (Mistrades), S. 102.

925 *Canaris*, Bankvertragsrecht (2. Aufl.), Rn. 1862; *Clauss*, Anfechtungsrechte bei Wertpapiergeschäften zu nicht marktgerechten Preisen (Mistrades), S. 105 f.

926 Siehe oben unter § 6 A.

aa) Börslicher Handel

(1) Inhalt der Mistrade-Rules

(a) Börsenusancen

Inhaltlich sehen die Usancen ein vertragliches Aufhebungsrecht vor.[927] Eine Aufhebung ist demnach sowohl auf Antrag[928] als auch von Amts wegen[929] möglich, und zwar bei inhaltlich „*offensichtlich nicht marktgerechten Preisen*“[930] bzw. im zweiten Fall der amtlichen Intervention, „*wenn diese* [Geschäfte] *nicht den Anforderungen eines ordnungsgemäßen Börsenhandels entsprechen, insbesondere die Preisfeststellung fehlerhaft war.*“[931] Nicht marktgerechte Preise sind zudem teilweise umschrieben.[932] Besonders hervorzuheben sind die kurzen Antragsfristen.[933] Die Rechtsfolge ist letztlich Aufhebung und Rückabwicklung.[934]

Die mit dem Titel: „*Ausschluss zivilrechtlicher Ansprüche*“ überschriebene Klausel der Usancen lautet: „*Zivilrechtliche Ansprüche der Geschäftsparteien gemäß § 2 Abs. 1 und 2 auf Aufhebung und Anpassung von Geschäften sowie das Recht zur Anfechtung von Geschäften sind ausgeschlossen.*“[935] Weiter heißt es in S. 2: „*Im Fall der Aufhebung von Geschäften durch die Geschäftsführung sind*

---

927 Vgl. ausführlich deskriptiv auch *Clauss*, Anfechtungsrechte bei Wertpapiergeschäften zu nicht marktgerechten Preisen (Mistrades), S. 181; siehe zu der Frage, ob die Cum-Ex-Geschäfte *in concreto* den Mistrade-Rules unterfallen, unten unter § 7 B. II. 4. e) cc); wie bereits oben erwähnt, beziehen sich die Ausführungen auf die Usancen an der FWB; siehe zu den Bedingungen an der Eurex Deutschland und Zürich Ziff. 2. 7 ff. Bedingungen für den Handel an der Eurex Deutschland und der Eurex Zürich (Stand: 10.5.2017), (abrufbar unter: https://www.eurexchange.com/exchange-de/ressourcen/regelwerke/Handelsbedingungen/137046, letzter Aufruf: 26.04.2018).

928 §§ 23, 24 BedFWB (Stand: 21.11.2016); bzw. § 30 BedFWB (Stand: 15.4.2009).

929 § 29 BedFWB (Stand: 21.11.2016); bzw. § 25 BedFWB (Stand: 15.4.2009).

930 § 23 Nr. 1 BedFWB (Stand: 21.11.2016); bzw. § 30 S. 1 BedFWB (Stand: 15.4.2009); vgl. auch für den Zeitraum vor 2009 die Ausführungsbestimmungen zu § 8 Abs. 2 und § 40 BedFWB.

931 § 29 Abs. 1 BedFWB (Stand: 21.11.2016); bzw. § 25 Abs. 1 BedFWB (Stand: 15.4.2009).

932 §§ 25–28 BedFWB (Stand: 21.11.2016); bzw. §§ 32–34 BedFWB (Stand: 15.4.2009).

933 Zwei Handelsstunden nach Zustellung der Ausführungsbestätigung, § 24 Abs. 2 BedFWB (21.11.2016); § 31 Abs. 2 BedFWB (Stand: 15.4.2009).

934 § 30 BedFWB (Stand: 21.11.2016); bzw. § 26 BedFWB (Stand: 15.4.2009); siehe auch *Lindfeld*, Die Mistrade-Regeln, S. 23.

935 Aktuell § 32 S. 1 BedFWB (Stand: 21.11.2016); § 28 S. 1 BedFWB (eingeführt am: 15.4.2009).

gegenseitige Ansprüche der Parteien auf Schadensersatz ausgeschlossen.“[936] Inhaltlich modifizieren die Mistrade-Rules das gesetzliche Anfechtungsrecht daher nicht, sondern schließen es aus.[937] Die Konkurrenz zum Anfechtungsrecht ist damit ausdrücklich manifestiert.[938]

Zu beachten ist auch die Analyse der vertragsrechtlichen Geltung der Usancen selbst, namentlich mittels Einbeziehung durch Vertrag und die jeweiligen Bedingungen mit der Eurex Clearing AG als Central Counter Party.[939]

(b) Clearing Bedingungen Eurex

Neben den bereits besprochenen BedFWB treten möglicherweise einschlägige Klauseln aus den Mistrade-Regeln der ClearBed Eurex hinzu. Dort hieß es:

> „*Bezüglich der in das Clearing einbezogenen Geschäfte sind zivilrechtliche Ansprüche der Geschäftsparteien, die auf die Aufhebung solcher Geschäfte gerichtet sind, insbesondere eine Anfechtung wegen Irrtums, sonstige Anfechtungsrechte und zivilrechtliche Ansprüche, die eine Anpassung des Inhaltes solcher Geschäfte zum Ziel haben, ausgeschlossen. Im Fall der Aufhebung oder Preiskorrektur oder Vertragsübernahme von solchen Geschäften sind gegenseitige Ansprüche der Parteien auf Schadensersatz ausgeschlossen.*“[940]

Im Vergleich zu der Mistrade-Regel der FWB fällt besonders der nahezu gleiche Wortlaut der Ausschlussklauseln auf. Die Abweichungen gerade im Hinblick auf das Anfechtungsrecht sind wohl der Tatsache geschuldet, dass der Tätigkeitsbereich der Eurex AG typischerweise ein grenzüberschreitender ist. Im Ergebnis ist jedenfalls das Gleiche gemeint, d.h. Ausschluss der Anfechtungsrechte und der Schadensersatzansprüche im Falle einer Mistradeaufhebung sowie die Durchsetzung eines vertraglichen Aufhebungsrechts.

---

936 Aktuell § 32 S. 2 BedFWB (Stand: 21.11.2016); § 28 S. 2 BedFWB (eingeführt am: 15.4.2009).

937 So auch *Clauss*, Anfechtungsrechte bei Wertpapiergeschäften zu nicht marktgerechten Preisen (Mistrades), S. 166.

938 Beachte für den Zeitraum vor dem 15.4.2009 § 27 Abs. 1 S. 2 BedFWB (Stand: 15.8.2008); bzw. §§ 12a Abs. 2 S. 3, 40 Abs. 1 S. 2 BedFWB a. F., die in die Ausführungsbestimmungen verweisen, vgl. hierzu *Fleckner/Vollmuth*, WM 2004, 1263 (1264).

939 Siehe zur Frage der Wirksamkeit der dargelegten Ausschlüsse unten unter § 7 B. II. 4. e) aa) (2).

940 Für den hier maßgeblichen Zeitraum Kap. 1 Ziff. 1.2.1. Abs. 5 ClearBed (Stand: 2.1.2009), wobei sich der Wortlaut der Klausel mittlerweile geändert hat; siehe unten unter § 7 B. II. 4. e) aa) (2) (b).

Mittlerweile enthalten die ClearBedEurex eine umfangreichere Ausschlussregelung. Demnach soll vorbehaltlich abweichender Bestimmungen der ClearBed *„kein vertragliches Rücktritts- oder Kündigungsrecht wegen Fehlern, Preiskorrekturen oder aus ähnlichen Gründen und kein vertragliches Recht auf Anpassung dieser Transaktion“* bestehen.[941] Dasselbe gilt für *„gesetzliche Rücktritts- oder Kündigungsrechte in Bezug auf eine einzelne Transaktion* [...], *es sei denn, sie basieren auf einer Pflichtverletzung, die die Eurex Clearing AG zu vertreten hat.“*[942] Das Recht auf Kündigung der Clearing-Vereinbarung aus wichtigem Grund bleibt hiervon jedoch unberührt.[943] Auch für die Anfechtungsrechte gilt:

> *„Eine Partei einer Transaktion kann diese Transaktion nicht wegen Irrtums oder falscher Übermittlung anfechten. Soweit deutsches Recht für die betreffende Rechtsbeziehung gilt, bleibt das gesetzliche Recht zur Anfechtung wegen arglistiger Täuschung oder widerrechtlicher Drohung unberührt.“*[944]

Soweit ersichtlich, sind in den ClearBed Eurex hierneben keine besonderen vertraglichen Aufhebungsansprüche geregelt.

(c) Fazit

Dogmatisch regeln diese Börsenusancen spezielle, zumeist kurzfristige Lösungsrechte von den jeweiligen Kaufverträgen bei gleichzeitigem Ausschluss anderer Rechte. Die Rechtsfolge der speziellen Vertragsaufhebung ist jene, die das gesetzliche Anfechtungsrecht in § 142 BGB vorsieht. Verwendet wird daher auch der Terminus *„vertragliche Aufhebungsrechte“*.[945] Letztlich soll ein paralleles Rechtssystem geschaffen werden, das in erster Linie der Rechtssicherheit und Schnelligkeit dient.[946] Um diese Zwecksetzung zu erreichen, ist ein Ausschluss der gesetzlichen Rechte[947] vorgesehen. Bei der Frage nach der Zulässigkeit der Mistrade-Rules kann daher unterschieden werden, ob vertragliche Aufhebungsrechte gewährt oder gesetzliche Rechte im Hinblick auf den Vertrag ausgeschlossen werden. In den Clearingbedingungen sind dagegen ausschließlich Anspruchsausschlüsse enthalten. Die Frage nach der Gewährung vertraglicher

---

941 Kap. I Abschn. 1 Ziff. 1.2.2. (6) lit. (a) ClearBedEurex (Stand: 11.1.2016).

942 Kap. I Abschn. 1 Ziff. 1.2.2. (6) lit. (b) S. 1 ClearBedEurex (Stand: 11.1.2016).

943 Kap. I Abschn. 1 Ziff. 1.2.2. (6) lit. (b) S. 2 ClearBedEurex (Stand: 11.1.2016).

944 Kap. I Abschn. 1 Ziff. 1.2.2. (6) lit. (c) ClearBedEurex (Stand: 11.1.2016).

945 *Fleckner/Vollmuth*, WM 2004, 1263 (1265).

946 *Lenenbach*, Kapitalmarktrecht, Rn. 4.97; *Lindfeld*, Die Mistrade-Regeln, S. 34 ff. und 70.

947 Ansprüche und Gestaltungsrechte gleichermaßen, siehe oben unter § 7 B. II. 4. e) (1) (a) und (b).

Aufhebungsrechte ist folglich jener nach der Wirksamkeit der Ausschlüsse hintanzustellen.[948]

(2) Wirksamkeit der Ausschlussklauseln

(a) Börsenusancen

Zunächst richtet sich die Aufmerksamkeit auf die Frage nach der Wirksamkeit des Ausschlusses der Anfechtungsrechte. Wie oben[949] bereits festgestellt, kommt als objektiver Geltungsgrund der Börsenusancen lediglich Gewohnheitsrecht in Betracht. Fraglich ist damit zunächst, ob die Mistrade-Rules in ihrer oben dargestellten Form gewohnheitsrechtliche Wirksamkeit zwischen den Parteien entfalten. Dabei soll zuerst der Maßstab der Prüfung festgestellt (i) und im Anschluss angewendet (ii) werden.

(i) Maßstab

Das Gewohnheitsrecht der Börsenusancen ist ranggleich mit Gesetzen des Bundes.[950] Hierbei sind grundsätzlich auch Abweichungen *contra legem* zulässig, da es sich auch bei gewohnheitsrechtlicher Geltung eines Rechtssatzes um eine Rechtsnorm i.S.d. Art. 2 EGBGB und mithin um ein Gesetz handelt.[951] Die §§ 134, 138 Abs. 1 BGB fänden demnach allenfalls analoge Anwendung, wobei die für die Bildung von Gewohnheitsrecht erforderliche sog. *opinio iuris* normativ zu korrigieren ist.[952]

Vor diesem Hintergrund ist jedenfalls von einer analogen Anwendung der §§ 134, 138 Abs. 1 sowie des § 242 BGB auszugehen. Die Grenze gewohnheitsrechtlicher Disposition kann nicht dazu führen, dass elementare Gerechtigkeitsformeln des BGB unangewendet bleiben. Andernfalls entstünde ein quasi rechtsfreier Raum kraft Gewohnheits-„Rechts". Dies wäre nicht hinnehmbar.

Zudem erscheint es nicht fernliegend, den Ansatz der Geltung kraft Gewohnheitsrechts neben dem Sachfremdheitsvorbehalt[953] um einen weiteren Zusatz zu ergänzen: den *Vorbehalt der Vereinbarkeit mit zwingendem Recht (ius cogens)*. Wenn eine vertragstheoretische Geltung[954] schon nicht begründet werden kann,

---

948 Siehe daher unten unter § 7 B. II. 4. e) cc).

949 Siehe oben unter § 6 A. I. 1. c).

950 *Fleckner*, ZHR 180 (2016), 458 (519).

951 *Fleckner*, ZHR 180 (2016), 458 (519); *Sprau*, in: Palandt, BGB, Art. 2 EGBGB Rn. 1.

952 So *Fleckner*, ZHR 180 (2016), 458 (520).

953 Siehe hierzu oben unter § 6 A. I. 1. c).

954 Siehe hierzu oben unter § 6 A. I. 1. c).

ist nicht anzunehmen, dass der gewohnheitsrechtliche Konsens auch jede rechtswidrige Usance akzeptiert, die bei vertraglicher Vereinbarung nichtig wäre. Diesem lebensnahen Vorbehalt wäre folglich ein Bedürfnis der Prüfung anhand der §§ 138 und 242 BGB immanent.

(ii) Wirksamkeit im engeren Sinne

Die Frage nach der Wirksamkeit der Mistrade-Rules beurteilt sich folglich analog nach ihrer Konformität mit den §§ 138, 242 BGB.

Vereinzelt wird im Schrifttum pauschaliert vorgebracht, es seien „keine Anhaltspunkte ersichtlich", die für eine Unvereinbarkeit mit diesem Maßstab sprechen.[955] Für die Wirksamkeit wird zudem angeführt, dass die Mistrade-Regeln einen Ersatz für das ausgeschlossene Anfechtungsrecht bereitstellen.[956] Hieraus ergebe sich die Rechtmäßigkeit des Ausschlusses. Dem wird aber entgegengehalten, dass kein Substrat für die arglistige Täuschung sowie den Vertrauensschadensersatzanspruch gewährt wird.[957] Dies ist deshalb besonders gewichtig, weil § 123 BGB tiefe und zum Teil pönalisierte Eingriffe in das Selbstbestimmungsrecht beinhaltet.[958] Auch der in § 122 BGB enthaltene Vertrauensschutzgedanke bezweckt einen wichtigen Risikoausgleich.[959] Überdies wird sowohl im Hinblick auf den Arglistausschluss als auch die Abbedingung des Vertrauensschutzes angeführt, dass hiermit Umstände vorliegen, welche *nicht einmal* durch Vereinbarung abbedungen werden könnten. Daher sei zweifelhaft, ob eine gegen § 307 Abs. 1, Abs. 2 Nr. 1 BGB verstoßende Bestimmung gewohnheitsrechtliche Geltung beanspruchen könne.[960]

Der Argumentation im Hinblick auf § 307 Abs. 1 und Abs. 2 Nr. 1 BGB kann für die Wirksamkeitsprüfung der Börsenusancen nicht gefolgt werden. Wie

---

955 *Alfes*, Central Counter Party – Zentraler Kontrahent – Zentrale Gegenpartei, S. 103; siehe aufgrund des regelmäßig vergleichbaren Inhalts der Klauseln auch zu außerbörslichen Mistrade-Rules: BGH v. 25.6.2002 – XI ZR 239/01, WM 2002, 1687 (1688); *Fleckner/Vollmuth*, WM 2004, 1263 (1273); *Fridrich/Seidel*, BKR 2008, 497 (498); *Koch*, ZBB 2005, 265 (269).

956 *Lindfeld*, Die Mistrade-Regeln, S. 70.

957 *Clauss*, Anfechtungsrechte bei Wertpapiergeschäften zu nicht marktgerechten Preisen (Mistrades), S. 167.

958 *Clauss*, Anfechtungsrechte bei Wertpapiergeschäften zu nicht marktgerechten Preisen (Mistrades), S. 168.

959 *Clauss*, Anfechtungsrechte bei Wertpapiergeschäften zu nicht marktgerechten Preisen (Mistrades), S. 168.

960 *Clauss*, Anfechtungsrechte bei Wertpapiergeschäften zu nicht marktgerechten Preisen (Mistrades), S. 168, 174 ff.

eingangs dargestellt, ist das Recht der Allgemeinen Geschäftsbedingungen nicht der richtige Maßstab, um die Wirksamkeit von Gewohnheitsrecht zu bestimmen.[961] Die analoge Anwendung von §§ 138, 242 BGB legt vielmehr einen vergleichenden Blick dahingehend nahe, ob eine vertragliche Disposition möglich wäre. Ein vertraglicher Verzicht auf § 123 BGB ist nach allgemeiner Ansicht aber ebenfalls unwirksam.[962] Abweichendes gilt für den weitgehend dispositiven § 122 BGB sowie für die übrigen Anfechtungsgründe. Dem Anspruch aus § 122 BGB wohnt zwar ebenfalls ein Rechtsgedanke inne, welcher sich ausweislich der zahlreichen Analogien zu § 122 BGB problemlos als elementar bezeichnen lässt.[963] Das für den Börsenhandel ebenfalls elementare und daher in den Usancen manifestierte Interesse, Rechtsfrieden und Vertrauensschutz in einem standardisierten Verkehr zu gewährleisten, ist dem aber gegenüberzustellen. Der konsensuale Ausschluss der Vertrauenshaftpflicht fußt, anders als § 123 BGB, auch nicht auf einem rechtsmissbräuchlichen Fundament, sodass die Nichtigkeit dieses Ausschlusses vor dem Hintergrund der Verkehrsinteressen nicht zu rechtfertigen ist.

Folge dieser Bewertung ist die Nichtigkeit des Ausschlusses von § 123 BGB gem. §§ 138, 242 BGB. Der Ausschluss des § 122 BGB und der übrigen Anfechtungsrechte ist dagegen wirksam. Ein aus dem AGB-Recht bekanntes Verbot geltungserhaltender Reduktion existiert hier nicht. Einer entsprechenden Anwendung von § 306 Abs. 2 BGB steht der selbstbestimmte Charakter der Börsenusancen entgegen.

(b) Clearing-Bedingungen Eurex

Im Hinblick auf die Mistrade-Regeln der Eurex Clearing AG ist bereits eingangs die AGB-Qualität festgestellt worden.[964] Auch an einer wirksamen Einbeziehung der Clearing-Bedingungen in den Clearing-Rahmenvertrag bestehen keine Zweifel.[965] Die Wirksamkeit dieser Klauseln richtet sich allgemein nach den §§ 305 ff. BGB und aufgrund der Unternehmereigenschaft der Handelsteilnehmer

---

961 Siehe oben unter § 6 A. I. 1. b).

962 BGH v. 17.1.2007 – VIII ZR 37/06, NJW 2007, 1058; *Armbrüster*, in: MünchKomm-BGB, § 123 Rn. 77; *Mansel*, in: Jauernig, BGB, § 123 Rn. 11a.

963 Siehe nur *Armbrüster*, in: MünchKomm-BGB, § 122 Rn. 4 ff.

964 Siehe oben unter § 6 A. I. 2.; *Clauss*, Anfechtungsrechte bei Wertpapiergeschäften zu nicht marktgerechten Preisen (Mistrades), S. 170.

965 *Clauss*, Anfechtungsrechte bei Wertpapiergeschäften zu nicht marktgerechten Preisen (Mistrades), S. 173.

i.S.d. § 310 Abs. 1 S. 1 und 2 BGB im Speziellen nach § 307 Abs. 1 und 2 BGB.[966] Demnach sind Allgemeine Geschäftsbedingungen gem. § 307 Abs. 1 S. 1 BGB unwirksam, wenn sie den Vertragspartner des Verwenders entgegen den Geboten von Treu und Glauben unangemessen benachteiligen. In Betracht kommt vor allem ein Verstoß gegen wesentliche Grundgedanken der gesetzlichen Regelung, von der jeweils abgewichen werden soll, vgl. § 307 Abs. 2 Nr. 1 BGB.[967] Konkretisierend ist anzuführen, dass von einer Gerechtigkeitsnorm nur bei Vorliegen einer besonderen Rechtfertigung abgewichen werden darf.[968] Der Grundgedanke der §§ 119 ff. BGB ist letztlich die Möglichkeit, sich unter gewissen Umständen von ungewollten Willenserklärungen zu distanzieren, wobei hiermit eine Vertrauensschadensersatzpflicht einhergehen kann.[969] Ein genereller Ausschluss dieses Systems ist nach überwiegender und zu befürwortender Meinung unzulässig.[970] Anerkannt ist jedoch, dass eine vergleichbare Lasten- oder Risikoverteilung dazu führt, dass sich der Grundgedanke trotz Ausschlusses fortsetzt.[971]

Daher stellt sich die Frage, ob die in den Mistrade-Rules gewährten Rechte einen vergleichbaren Lasten- bzw. Risikoausgleich beinhalten. Wie die Analyse des Inhalts gezeigt hat, enthalten die Clearingbedingungen selbst keine Lösungsrechte. Darüber hinaus gilt, dass auch mit Blick auf die Börsenusancen keine Substrate für § 123 und § 122 BGB bestehen.[972] Der Ausschluss von § 123 BGB ist, wie dargestellt, selbst gewohnheitsrechtlich unwirksam. Dies gilt mithin erst recht (*argumentum a maiore ad minus*) für die Kontrolle nach § 307 Abs. 1 BGB.

---

966 Siehe auch *Alfes*, Central Counter Party – Zentraler Kontrahent – Zentrale Gegenpartei, S. 93 ff.; *Clauss*, Anfechtungsrechte bei Wertpapiergeschäften zu nicht marktgerechten Preisen (Mistrades), S. 174 ff. und 177.

967 Hierzu *Clauss*, Anfechtungsrechte bei Wertpapiergeschäften zu nicht marktgerechten Preisen (Mistrades), S. 179; vgl. auch *Wurmnest*, in: MünchKomm-BGB, § 307 Rn. 64.

968 BGH v. 21.12.1983 – VIII ZR 195/82, BGHZ 89, 206 (210) = NJW 1984, 1182; *H. Schmidt*, in: BeckOK-BGB (Stand: November 2017), § 307 Rn. 55; *Wurmnest*, in: MünchKomm-BGB, § 307 Rn. 64.

969 So auch *Clauss*, Anfechtungsrechte bei Wertpapiergeschäften zu nicht marktgerechten Preisen (Mistrades), S. 180.

970 BGH v. 28.4.1983 – VII ZR 259/82, NJW 1983, 1671 (1672); *H. Schmidt*, in: BeckOK-BGB (Stand: November 2017), § 307 Rn. 57; *Singer*, in: Staudinger, BGB, § 119 Rn. 102.

971 BGH v. 1.12.1981 – KZR 37/80, BGHZ 82, 238 (240) = NJW 1982, 644 (645); *Clauss*, Anfechtungsrechte bei Wertpapiergeschäften zu nicht marktgerechten Preisen (Mistrades), S. 181; *Stoffels*, AGB-Recht, Rn. 487 ff.

972 Siehe oben unter § 7 B. II. 4. e) aa) (1) (a).

Für die Vertrauenshaftpflicht aus § 122 BGB dagegen wird keine vergleichbare Lasten- oder Risikoverteilung vorgenommen.[973] In Anwendung der eingangs erwähnten Formel begründet auch dieser Umstand die Nichtigkeit der Eurex-Ausschlussklausel. Diese Bedenken gelten bei isolierter Betrachtung der Eurex-Klausel zum maßgeblichen Zeitpunkt für das gesamte gesetzliche Anfechtungsrecht.

Einzig die Bezugnahme auf die Börsenusancen[974] könnte einen vergleichbaren Schutz bieten. Dabei ist zu beachten, dass es sich bei dem sinngemäßen Passus: *„Ergänzend gilt Gewohnheitsrecht“* um eine salvatorische Klausel handelt, sodass eine nichtige Regelung durch die Börsenusancen ersetzt wird. Dies ist im Hinblick auf die börslichen Geschäfte zwar unschädlich aber nicht erforderlich. Die Börsenusancen gelten hier ohnehin. Die Usancen würden vielmehr unterlaufen, wenn man bei dem flächendeckenden Clearing aufgrund der teilnichtigen Clearingbedingungen auf das BGB zurückgreifen würde. Etwas anderes würde für den außerbörslichen Handel gelten, auf welchen aber weder Kapitel V der Clearingbedingungen noch die BedFWB Anwendung finden.

Als Resultat der Prüfung des Rechtsausschlusses in den ClearBed Eurex ist festzuhalten, dass keine mit den gesetzlichen Anfechtungsrechten vergleichbare, im Wesentlichen ähnliche Konzeption verfolgt wird.[975] Hieraus ist die Nichtigkeit des Anfechtungsausschlusses in den ClearBed Eurex im besagten Zeitraum zu folgern.[976]

---

973 So auch *Clauss*, Anfechtungsrechte bei Wertpapiergeschäften zu nicht marktgerechten Preisen (Mistrades), S. 183 f.

974 Kap. V Abschn. 1 (6) ClearBedEurex (Stand: 11.1.2016).

975 Vgl. die Ausarbeitung bei *Clauss*, Anfechtungsrechte bei Wertpapiergeschäften zu nicht marktgerechten Preisen (Mistrades), S. 182 ff., im Hinblick auf die Geltung der Börsenusancen als AGB und die dort gerade vergleichbare Konzeption mit Ausnahme der Ausschlüsse von §§ 122 und 123 BGB.

976 So auch *Clauss*, Anfechtungsrechte bei Wertpapiergeschäften zu nicht marktgerechten Preisen (Mistrades), S. 183 ff. und 191. Bemerkenswert vor diesem Hintergrund ist auch, dass in der aktuellen Fassung der Clearingbedingungen der Eurex Clearing AG eine entsprechend entschärfte Formulierung enthalten ist, nach welcher die Anfechtung wegen einer arglistigen Täuschung zulässig bleibt; siehe bereits oben unter § 7 B. II. 4. e) aa) (1) (b); sowie Kap. I Abschn. 1 Ziff. 1.2.2. (6) lit. (c) ClearBedEurex (Stand: 11.1.2016).

bb) Außerbörslicher Handel

(1) Inhalt der Mistrade-Rules

(a) Geschäftsbedingungen der Geschäftsparteien

Im außerbörslichen Handel ist eine einheitliche Regelung von Mistrades nicht gegeben. Grund hierfür ist, dass weder uniforme Mistrade-Rules existieren noch eine gemeinsame Handelsplattform besteht. Die Mistrade-Rules sind daher im außerbörslichen Handel Produkte einzelner bilateraler Individualverträge.[977] Hieraus ergibt sich theoretisch eine kaum überschaubare Vielfalt an einzelnen individualvertraglich möglichen Mistraderegeln.[978] Hierneben sind Mistrade-Rules in den Banken-AGB denkbar, welche das Effektenverhältnis zum Kunden betreffen.[979] Strukturell besteht zumindest eine Ähnlichkeit zu den börslichen Regeln.[980] Prüfungsgegenständlich sind hier daher hypothetische Klauseln zwischen den unmittelbaren Handelsteilnehmern, welche einen ähnlichen Inhalt haben wie die gegenüber den Kunden bestehenden und regelmäßig in den Börsenusancen geltenden Klauseln. Materiell charakteristisch ist mithin der Ausschluss gesetzlicher bei Gewährung vertraglicher (Auflösungs-)Rechte. Freilich sind auch Modifikationen denkbar. Bei Zugrundelegung einer praktischen Sichtweise könnte hier aufgrund der gegenseitigen Geltung als Allgemeine Geschäftsbedingungen das Problem kollidierender AGB relevant werden.[981] Inhaltlich ist aber zunächst von ähnlichen Bestimmungen wie im börslichen Handel auszugehen.

(b) Clearingbedingungen Eurex

Auch bei den außerbörslichen Geschäften kann die Eurex Clearing AG eine Rolle spielen. Für die OTC-Geschäfte gilt in den ClearBedEurex:

> „*Etwaige bereicherungsrechtliche oder ähnliche Ansprüche gegen die Eurex Clearing AG, die in Verbindung mit einer abstrakten Novation gemäß diesen Clearing-Bedingungen entstehen können, sind ausgeschlossen. Die Novation des Ursprünglichen OTC-Geschäfts schließt jedoch weder Ansprüche aufgrund ungerechtfertigter Bereicherung noch sonstige, nach anwendbarem Recht bestehende Rückerstattungs- oder Ausgleichsansprüche zwischen den Parteien des Ursprünglichen OTC-Geschäfts aus. Weder der wirksame*

977 Vgl. *Fleckner/Vollmuth*, WM 2004, 1263 (1265).

978 *Clauss*, Anfechtungsrechte bei Wertpapiergeschäften zu nicht marktgerechten Preisen (Mistrades), S. 39.

979 Siehe hierzu bereits einleitend oben unter § 6 A. I. 3.

980 *Fleckner/Vollmuth*, WM 2004, 1263 (1264 f.).

981 Siehe hierzu im Allgemeinen beispielsweise *Basedow*, in: MünchKomm-BGB, § 305 Rn. 102 ff.; sowie im Speziellen *Fleckner/Vollmuth*, WM 2004, 1263 (1273).

Bestand des ursprünglichen OTC-Geschäfts noch die Übereinstimmung der übermittelten Geschäftsabschlussdaten des Ursprünglichen OTC-Geschäfts mit den tatsächlichen Bedingungen der OTC-Transaktion stellen eine Geschäftsgrundlage für eine OTC-Transaktion dar."[982]

Dieser leicht abgewandelte Ausschluss steht – wie auch im börslichen Verkehr – keinen speziellen Aufhebungsrechten gegenüber.

(2) Konkurrenz zum Anfechtungsrecht

Problematisch ist auch im außerbörslichen Handel die Frage, ob selbst für den Fall, dass Cum-/Ex-Geschäfte Mistrades darstellen, die gesetzlichen Anfechtungsrechte verdrängt werden. Dies ist logischerweise dann nicht der Fall, wenn die vereinbarten Regeln selbst die Anfechtbarkeit entsprechender Geschäfte oder – allgemeiner – die sonstigen Rechte nicht tangieren, d.h. unberührt lassen.[983] Ein Problem liegt dann darin, dass Mistrade-Regeln in diesen Fällen ins Leere laufen könnten.[984] Dieser Einwand ist dadurch zu entkräften, dass Besonderheiten i.R.d. Mistrade-Rules bei der Anfechtung zu berücksichtigen sind, sodass ihr Ausschluss nicht erforderlich ist.[985] Eine solche vermittelnde Lösung ist überdies mit dem – nach §§ 133, 157 BGB maßgeblichen – Parteiinteresse zu begründen.[986] Die Mistrade-Rules treten mithin auch im außerbörslichen Handel in ein Konkurrenzverhältnis mit den gesetzlichen Anfechtungsrechten.

(3) Wirksamkeit

(a) Geschäftsbedingungen der Vertragspartner

Im Folgenden soll die Frage der Wirksamkeit außerbörslicher Mistrade-Regeln geklärt werden. In diesem Zusammenhang ist abermals auf das Zweigestirn der Mistrade-Rules – Ausschluss gesetzlicher bei Gewährung vertraglicher Rechte – abzustellen. Die §§ 305 ff. BGB bilden insoweit den maßgeblichen Parameter, wobei auch hier der eingeschränkte Prüfungsmaßstab des §§ 307 Abs. 1 und 2,

---

982 Kap. I Abschn. 1 Ziff. 1.2.2. (6) lit. (d) ClearBedEurex (Stand: 11.1.2016).

983 *Clauss*, Anfechtungsrechte bei Wertpapiergeschäften zu nicht marktgerechten Preisen (Mistrades), S. 46; *Fleckner/Vollmuth*, WM 2004, 1263 (1267); *Lange*, in: Schwintowski, Bankrecht, Kap. 20 Rn. 47 ff.

984 *Lindfeld*, Die Mistrade-Regeln, S. 119.

985 Siehe hierzu bereits oben unter § 7 B. II. 4. d) die Fristverkürzung im Anfechtungsrecht.

986 *Clauss*, Anfechtungsrechte bei Wertpapiergeschäften zu nicht marktgerechten Preisen (Mistrades), S. 47.

310 Abs. 1 S. 1 BGB gilt.[987] Im Rahmen der Rechtmäßigkeitsprüfung der Allgemeinen Geschäftsbedingungen ist wiederum nach der Abweichung von wesentlichen Grundgedanken bzw. Gerechtigkeitsgeboten des gesetzlichen Anfechtungsrechts zu fragen.[988] Zu beachten ist im Einzelfall stets auch die Möglichkeit, dass gesetzliche Regeln unberührt bleiben können.

Die gebotene Differenzierung von vertraglichen Aufhebungsrechten und Ausschlüssen gesetzlicher Rechte führt hier dazu, dass Erstere zwar von dem gesetzlichen Leitbild begrenzter Situationen einer Durchbrechung von *pacta sunt servanda* abweichen, jedoch nicht mit dem gesetzlichen Grundgedanken unvereinbar sind.[989] Schließlich besteht an den Kapitalmärkten ein besonderes Interesse daran, sich auch in Fällen eines Kalkulationsirrtums vom Vertrag zu lösen.[990]

Die Ausschlüsse gesetzlicher Rechte hingegen durchbrechen den Vertrauensschutz, welcher sich in § 122 BGB manifestiert.[991] Hiergegen wendet sich *Lindfeld* mit einem Verweis auf die Besonderheiten des Marktes und der Begründung, dass beide Parteien das Kalkulationsrisiko trügen.[992] Zudem wird die Abdingbarkeit des § 122 BGB angeführt.[993] Dem ist entgegenzusetzen, dass insbesondere der Schadensersatzpflicht des § 122 BGB, wie oben schon herausgestellt, ein besonderer vertrauenschützender Rechtsgedanke innewohnt, von dem ausschließlich bei gewichtiger Begründung abgewichen werden darf.[994] Dabei ist zu bedenken, dass § 122 BGB bereits das Vertrauen in den Bestand der Verträge schützt, welche lediglich und ausnahmsweise in den gesetzlich äußerst limitierten Fällen aufgrund gewichtiger Willensmängel unwirksam sind. Erweitert man nun den Kreis der relevanten Willensmängel vertraglich, muss der Schutz des Vertrauens umso stärker wiegen, ergo erst recht (*argumentum a maiore ad minus*) gelten.[995]

---

987 *Fleckner/Vollmuth*, WM 2004, 1263 (1274); *Fridrich/Seibel*, BKR 2008, 497 (498).

988 *Fleckner/Vollmuth*, WM 2004, 1263 (1274); siehe hierzu außerdem bereits oben unter § 7 B. II. 4. e) aa) (2) (b).

989 *Fleckner/Vollmuth*, WM 2004, 1263 (1274); *Fridrich/Seibel*, BKR 2008, 497 (499); *Koch*, ZBB 2005, 265 (270).

990 *Fleckner/Vollmuth*, WM 2004, 1263 (1275).

991 *Fleckner/Vollmuth*, WM 2004, 1263 (1267); *Koch*, ZBB 2005, 265 (271); *Vollmuth*, EWiR 2004, 835.

992 *Lindfeld*, Die Mistrade-Regeln, S. 133.

993 *Fleckner/Vollmuth*, WM 2004, 1263 (1275).

994 Siehe hierzu oben unter § 7 B. II. 4. e) aa) (2) (a) und (b); *Fleckner/Vollmuth*, WM 2004, 1263 (1275).

995 Vgl. auch die ähnlichen Überlegungen bei *Fleckner/Vollmuth*, WM 2004, 1263 (1268).

Für den Ausschluss von § 123 BGB gilt das bereits oben Gesagte entsprechend.[996] Der nach § 138 BGB unzulässigen Abbedingung von § 123 BGB in Gewohnheitsrecht und Individualvertrag folgt mithin notwendig die Unzulässigkeit nach § 307 Abs. 2 Nr. 1 BGB – *erst recht*. Bezüglich eines Ausschlusses der übrigen Anfechtungsrechte bestehen, anders als in den ClearBedEurex hier unterstellt, entsprechende, die Unwirksamkeit vereitelnde Substrate.

Ein letzter Kritikpunkt ist in der Angemessenheit der Fristen zu finden.[997] Diese weichen von dem gesetzlichen Erfordernis der Unverzüglichkeit ab. Dennoch ist hier ein, soweit ersichtlich, unbeachteter Aspekt zu berücksichtigen: Die Mistrade-Rules sehen zuweilen Erheblichkeitsklauseln vor, welche sowohl dem gesetzlichen Anfechtungs- als auch dem Widerrufsrecht fremd sind.[998] Diese Einschränkung federt den Umfang der Aufhebungsrechte in gewisser Weise ab.

Auch wenn es sich hier mangels konkreter Mistrade-Rules eher um generelle Ausführungen handelt, so gilt doch, dass im Hinblick auf die Aufhebungsrechte selbst keine Wirksamkeitszweifel bestehen.[999] Die Aufhebungsrechte dienen der Rechtssicherheit und -geschwindigkeit in einem im Wertpapierhandel unverzichtbaren Maße. Gleichwohl ist wie im börslichen Handel zu bemängeln, dass der Ausschluss weiterer ziviler Rechte, insbesondere von Vertrauensschadensersatzansprüchen (Dritter) sowie der Möglichkeit einer Arglistanfechtung, die Nichtigkeit etwaiger Mistrade-Ausschlussklauseln nach sich zieht.[1000] Im OTC-Handel sind somit etwaige sich auf §§ 122 und 123 BGB beziehende Ausschlussklauseln insgesamt nichtig.[1001]

Für die Wirksamkeit von Ausschlüssen anderer Rechte kommt es auf die Anwesenheit von vertraglichen Substraten an. Wird in den Klauseln nicht hinreichend deutlich differenziert, kommen außerdem das Verbot geltungserhaltender Reduktion sowie § 305c BGB zum Tragen.[1002] Diese Ausführungen lassen sich freilich vor dem Hintergrund der Cum-/Ex-Geschäfte kritisch hinterfragen. Wieso soll in einem Fall kollusiven Zusammenwirkens zu Lasten des Staates das Vertrauen in die Transaktion geschützt sein? Dies ist jedoch eine einzelfallbezogene Frage,

---

996 Siehe oben unter § 7 B. II. 4. e) aa) (2) (a) und (b).

997 *Fleckner/Vollmuth*, WM 2004, 1263 (1275); *Fridrich/Seibel*, BKR 2008, 497 (499).

998 Vgl. *Fridrich/Seidel*, BKR 2008, 497.

999 *Koch*, ZBB 2005, 265 (270).

1000 *Koch*, ZBB 2005, 265 (273).

1001 Vgl. *Clauss*, Anfechtungsrechte bei Wertpapiergeschäften zu nicht marktgerechten Preisen (Mistrades), S. 189; *Koch*, ZBB 2005, 265 (273).

1002 BGH v. 6.4.2005 – VIII ZR 27/04, NJW 2005, 1574 (1576).

welche die Zulässigkeit genereller Ausschlüsse von Rechten in Mistrade-Rules nicht beeinflusst.[1003]

(b) Clearingbedingungen Eurex

Zu den EurexClearBed für die OTC-Geschäfte kann zunächst auf das zuvor Gesagte verwiesen werden.[1004] Bemerkenswert ist aber, dass zum einen die Anfechtungsrechte nicht in der Klausel angesprochen werden und zum anderen auf die Rechte zwischen den Geschäftsparteien verwiesen wird. Hinzu kommt, dass es sich bei der besprochenen Klausel um eine relativ neue handelt, welche die Cum-/Ex-Geschäfte zeitlich nicht tangiert.

cc) Vertragliche Aufhebungsrechte

Den vertraglichen Aufhebungsrechten der Mistrade-Rules *per se* stehen, soweit ersichtlich, kaum Wirksamkeitsbedenken entgegen.[1005] Bei genauer Betrachtung lassen sich aus den geäußerten Positionen lediglich Einwände gegen die Ausschlüsse der gesetzlichen Ansprüche herausfiltrieren. Schwieriger ist die Frage zu beantworten, ob die Cum-/Ex-Geschäfte tatbestandlich unter die Aufhebungsrechte der Mistrade-Rules zu fassen sind. Da jedenfalls die Antragsfristen verstrichen sind, soll diese Frage lediglich kurz umrissen werden.

Hierzu ist zunächst festzuhalten, dass *Mistrade* einen Geschäftsabschluss zu einem nicht marktgerechten Preis meint. Der tatsächliche Ausführungspreis des Geschäfts weicht also in einem besonderen Maße von einem marktgerechten (sog. *Referenzpreis*) ab.[1006] Während die Mistrade-Rules regelmäßig an den Vertragsschluss anknüpfen, zielen die Cum-/Ex-Geschäfte, wie bereits i.R.d. Anwendbarkeit der Anfechtungsrechte angedeutet, auf die Vertragsausführung bzw. -erfüllung.[1007] Der Anknüpfungspunkt des Irrtums ist hier, anders als in der sich mit dem Thema der Mistrades beschäftigenden Literatur, nicht die Willensbetätigung, sondern bereits die Willensbildung. Diese Willensbildung

---

1003 Siehe zur Bewertung des sich hieraus ergebenden Risikos unten unter § 7 B. IV. und VI. sowie C.

1004 Siehe oben unter § 7 B. II. 4. e) aa) (2) (b).

1005 *Fleckner/Vollmuth*, WM 2004, 1263 (1274); *Fridrich/Seibel*, BKR 2008, 497 (499); *Koch*, ZBB 2005, 265 (270 und 273); vgl. auch OLG Schleswig v. 9.1.2004 – 5 U 130/03, WM 2004, 1280, dazu kritisch *Vollmuth*, EWiR 2004, 835.

1006 *Fleckner/Vollmuth*, WM 2004, 1263 (1264); *Lindfeld*, Die Mistrade-Regeln, S. 63.

1007 Vgl. *Clauss*, Anfechtungsrechte bei Wertpapiergeschäften zu nicht marktgerechten Preisen (Mistrades), S. 41; *Fridrich/Seidel*, BKR 2008, 497 (500 ff.); Ähnliches gilt für die Störung der Geschäftsgrundlage gem. § 313 BGB.

beim Leerkäufer weicht bei den Cum-/Ex-Fällen in tatsächlicher oder rechtlicher Hinsicht von der Wirklichkeit ab. Zweifelhaft ist, ob die Cum-Ex-Geschäfte dem Tatbestand der Mistrade-Rules unterfallen. Dagegen sprechen der geringe Umfang der Referenz, die technisch einwandfreie Transaktion und jedenfalls der evidente Fristablauf.

Daher erscheint es angebracht, die Cum-/Ex-Problematik stattdessen mit Hilfe des gesetzlichen Leistungsstörungsrechts zu lösen.

f) Ergebnis der Anfechtungsrechte

Zu den Tatbeständen der gesetzlichen Anfechtungsrechte bleibt zusammenzufassen, dass in Bezug auf die Cum-/Ex-Geschäfte zunächst lediglich eine Anfechtung aufgrund einer arglistigen Täuschung über tatsächliche Umstände in Betracht kommt.[1008]

Nach der hier vertretenen Auffassung sind die gesetzlichen Anfechtungsrechte lediglich in Fällen des börslichen Handels aufgrund der Börsenusancen, jedoch exklusive des Anfechtungsgrundes des § 123 Abs. 1 BGB ausgeschlossen. In den OTC-Trades kommt nur im jeweiligen Einzelfall ein wirksamer Ausschluss in Betracht, wobei die hierzu maßgeblichen Rahmenbedingungen oben bereits ausführlich dargelegt wurden.[1009] Ein vertragliches Aufhebungsrecht aus den sog. Mistrade-Rules besteht hierneben in den Cum-/Ex-Fällen nicht. Abschließend ist anzumerken, dass die gesetzlichen wie die vertraglichen Aufhebungsrechte in jedem Fall durch Verfristung obsolet wären.

5. Fazit zur Vertragswirksamkeit

Die Darstellungen in diesem Punkt machen deutlich, dass ein wirksamer Kaufvertrag in der Cum-/Ex-Grundkonstellation der Regelfall sein dürfte. Eine abweichende Bewertung kann im Einzelfall dennoch geboten sein.[1010] Die Untersuchung hat gezeigt, dass weder die Interessen des Fiskus noch die des Leerkäufers die Nichtigkeit der Cum-/Ex-Geschäfte rechtfertigen. Wirtschaftlich ist das Berufen auf die Nichtigkeit nur begrenzt sinnvoll. Der Vertrag müsste rückabgewickelt (§ 812 Abs. 1 S. 1 Alt. 1 BGB) werden. Damit würden die jeweiligen Leistungen zurückgewährt und damit ein gutes Geschäft des Käufers

1008 Siehe zur Anfechtung aufgrund eines Eigenschaftsirrtums unten unter § 7 B. V.
1009 Siehe oben unter § 7 B. II. 4. c) cc).
1010 Siehe zur Anfechtung wegen arglistiger Täuschung oben unter § 7 B. II. 4. c).

bei Einpreisung[1011] des Steuergewinns – und der möglicherweise bestehenden Ersatzansprüche[1012] – annulliert.[1013]

III. Unmöglichkeit

Zu untersuchen ist ferner die Frage der Möglichkeit der Leistung. Vereinzelt wird vertreten, der anfängliche Leerverkauf stelle ein absolutes Fixgeschäft dar mit der Folge einer Unmöglichkeit der Leistung nach § 275 Abs. 1 BGB.[1014] Unter einem absoluten Fixgeschäft ist eine Verpflichtung zu verstehen, die lediglich bis zu einem bestimmten Zeitpunkt erfüllbar ist. Im Falle der nicht termingerechten Erfüllung wandelt sich die Leistung dann zu einem *aliud*, welches den Leistungszweck nicht mehr erfüllen kann.[1015] *Krause* meint, die negative steuerrechtliche Wirkung – Versagung des Anrechnungsanspruchs – aufgrund der Kompensationszahlung des Leerverkäufers begründe die Unmöglichkeit. Darüber hinaus führt er die fehlende Teilnahmemöglichkeit an der Hauptversammlung an.[1016]

Im Zeitpunkt des Vertragsschlusses ist die Leistung mittels Befriedigung aus der Gattung nach § 243 BGB, d.h. mit Aktien gleicher ISIN, möglich.[1017] Maßgeblicher Zeitpunkt ist daher der Dividendenstichtag. Das Argument der fehlenden Teilnahmemöglichkeit an der Hauptversammlung überzeugt wegen § 123 Abs. 3 S. 3 AktG nicht. Die Organisation der Hauptversammlung erfordert einen längerfristigen Zeitraum, welcher sich bei einer Transaktion über den Dividendenstichtag regelmäßig nicht mehr auswirkt.

Im Hinblick auf die steuerrechtlichen Effekte kann ein absolutes Fixgeschäft m.E. ebenfalls nicht begründet werden. Grund dafür ist, dass ein absolutes Fixgeschäft nur sehr restriktiv angenommen werden kann. Maßgeblich hierfür sind die Parteiinteressen.[1018] Hierbei wird es dem unwissenden Käufer regelmäßig

---

1011 Siehe oben unter § 3 B. V.

1012 Vgl. hierzu die folgenden Ausführungen zur vertraglichen Haftung des Leerverkäufers unten unter § 7 IV.

1013 Vgl. *Canaris*, Bankvertragsrecht (2. Aufl.), Rn. 1847.

1014 *Krause*, WM 1991, 1101 (1108).

1015 BGH v. 30.11.1972 – VII ZR 239/71, BGHZ 60, 14 (16) = NJW 1973, 318; *Ekkenga/Kuntz*, in: Soergel, BGB, § 275 Rn. 48 ff.; *Ernst*, in: MünchKomm-BGB, § 275 Rn. 47; *Stadler*, in: Jauernig, BGB, § 275 Rn. 14; *Lorenz*, in: BeckOK-BGB (Stand: Februar 2017), § 275 Rn. 36.

1016 *Krause*, WM 1991, 1101 (1108).

1017 Vgl. *Schlimbach*, Leerverkäufe, S. 26.

1018 BGH v. 28.5.2009 – Xa ZR 113/08, NJW 2009, 2743 (Rn. 12); *Ernst*, in: MünchKomm-BGB, § 275 Rn. 48; *Lorenz*, in: BeckOK-BGB (Stand: Februar 2017), § 275 Rn. 36.

nicht darauf ankommen, die Dividende unbedingt originär zu beziehen. Ihm geht es entweder um die Aktie selbst oder die wirtschaftliche Dividende, und zwar unabhängig von ihrer rechtstheoretischen Konstitution. Der wissende Käufer dagegen weiß bereits, dass er die Originaldividende nicht bezieht, da andernfalls die avisierte steuerrechtliche Wirkung ausbleibt. In beiden Fällen steht der Bezug der Originaldividende nicht im alleinigen Fokus der Parteien, sodass ein absolutes Fixgeschäft ausscheidet. Das Kaufobjekt ist weder der Dividendenanspruch noch der Anspruch auf Kapitalertragsteueranrechnung, sondern stets die Aktie selbst. Dafür spricht auch, dass der Fixhandelskauf nach § 376 i.V.m. § 381 Abs. 1 HGB kaum einen Anwendungsbereich hätte, wenn man schon regelmäßig von einem absoluten Fixgeschäft ausginge. Im Ergebnis ist ein absolutes Fixgeschäft und damit eine Unmöglichkeit der Leistungspflicht nach § 275 Abs. 1 BGB in den Cum-/Ex-Fällen zu verneinen.

IV. Gewährleistungsrechte des Käufers

Den Schwerpunkt der Untersuchung zivilrechtlicher Regressoptionen des Leerkäufers bilden die kaufvertraglichen Gewährleistungsrechte bei Cum-/Ex-Geschäften.[1019] Hierzu stellt sich zunächst die Frage, ob bei einem Rechtskauf neben § 435 BGB[1020] auch § 434 BGB Anwendung findet (1.). Erst im Anschluss wird geprüft, inwiefern eine positive Zuordnung der unterbliebenen Steueranrechnung unter den Beschaffenheitsbegriff erfolgen kann (2.). Ob diese Beschaffenheit im Einzelfall vereinbart (§ 434 Abs. 1 S. 1 BGB) wurde, dem Vertragszweck (§ 434 Abs. 1 S. 2 Nr. 1 BGB) oder der üblichen Verwendung (§ 434 Abs. 1 S. 2 Nr. 2 BGB) entspricht, soll im Anschluss untersucht werden (3. und 4.). Weiterhin sind neben garantierechtlichen Fragen (6.) Anspruchsausschlüsse (7.), Besonderheiten bei der Verjährung (8.) sowie schadensersatzspezifische Voraussetzungen (9. bis 11.) zu untersuchen. Besondere Berücksichtigung findet in diesem Kontext der subjektive Horizont der Parteien.

1019 A.A. *Reitz*, Börsengeschäfte, Übertragung von Wertpapieren und Leistungsstörungen, S. 259, der eine mangelhafte Leistung im börslichen Handel als undenkbar einstuft, eine Begründung hierfür aber schuldig bleibt; vgl. auch *Canaris*, Bankvertragsrecht (2. Aufl.), Rn. 1897 zum alten Schuldrecht.

1020 Siehe dazu unten unter (5.).

1. *Gesetzliche Gewährleistungsrechte beim Rechtskauf*

Zwar ist unstreitig, dass es sich beim Aktienkauf um einen Rechtskauf handelt und insoweit Rechtsmängel denkbar sind.[1021] Hinsichtlich etwaiger Sachmängel eines Rechts bestehen Zweifel dagegen und infolge dessen Uneinigkeit. Streitpunkt ist der Umfang der Verweisung des § 453 Abs. 1 BGB.

a) *Entsprechende Anwendbarkeit von § 434 BGB*

Teilweise wird vertreten, die Verweisung des § 453 Abs. 1 BGB erstrecke sich auch auf § 434 BGB. Demnach sollen gewisse Umstände eines Rechts, welche nicht die wirtschaftliche Durchsetzbarkeit, sondern die *„gesetzliche Ausgestaltung eines Rechts"* betreffen, einer Mängelhaftung zugänglich sein.[1022] Infolge dessen kann ein Recht sowohl eine vereinbarte als auch eine übliche – rechtliche – Beschaffenheit aufweisen. Zur Beschaffenheit eines Rechts sollen dabei alle Eigenschaften zählen, die seine Struktur bzw. Gestalt prägen.[1023]

Dies lässt sich argumentativ anhand von § 433 Abs. 1 S. 2 BGB belegen. Schließlich hat der Verkäufer eines Rechts unabhängig von dem diese Pflicht konkretisierenden § 434 BGB gem. § 453 Abs. 1 BGB, dem Käufer das Recht frei von Sach- und Rechtsmängeln zu verschaffen.[1024] Auch bei grundsätzlicher Betrachtung wird deutlich, dass eine Unterscheidung zwischen Sach- und Rechtskauf weder durch die normative oder vornormative Begründung der Kaufsache

1021 Siehe oben unter § 7 A. und B. I. 2. sowie die folgenden Vertreter beider Auffassungen, statt aller *Schellhammer,* Schuldrecht nach Anspruchsgrundlagen, Rn. 127; *Westermann,* in: MünchKomm-BGB, § 453 Rn. 5.

1022 *Breuer,* Mängelhaftung beim Unternehmens- und Beteiligungskauf nach dem Schuldrechtsmodernisierungsgesetz, S. 73; *Eidenmüller,* ZGS 2002, 290 (291 und 296); *Faust,* in: BeckOK-BGB (Stand: März 2018), § 453 Rn. 10; *Gaul,* ZHR 166 (2002), 35 (39); *Graf von Westphalen,* in: Henssler/Graf von Westphalen, Praxis der Schuldrechtsreform, § 453 Rn. 15; *Gronstedt/Jörgens,* ZIP 2002, 52 (55); *Hermanns,* ZIP 2002, 696; *Jagersberger,* Die Haftung des Verkäufers beim Unternehmens- und Anteilskauf, S. 106 ff.; *Pahlow,* JA 2006, 385 (387); *Schmidt,* in: P/W/W, BGB, § 453 Rn. 8 und 14; *Stöber,* Beschaffenheitsgarantien des Verkäufers, S. 160 ff., 332; *ders.,* in: BeckOGK-BGB (Stand: November 2017), § 442 Rn. 59; *Westermann,* in: MünchKomm-BGB, § 453 Rn. 11; *Wolf/Kaiser,* DB 2002, 411 (416); *Zimmermann,* AcP 213 (2013), 653 (659 f. und 671); einschränkend *Schröcker,* ZGR 2005, 63 (88), der nur § 434 Abs. 1 S. 1 BGB für anwendbar hält; vgl. auch schon *Flume,* Eigenschaftsirrtum und Kauf, S. 177 ff.

1023 *Eidenmüller,* ZGS 2002, 290 (291); vgl. auch *Flume,* Eigenschaftsirrtum und Kauf, S. 176; *Zimmermann,* AcP 213 (2013), 653 (666).

1024 *Pahlow,* JA 2006, 385 (387).

noch durch die Körperlichkeit bzw. ihr Fehlen gerechtfertigt ist.[1025] Den hiesigen Vertretern zufolge sei ohne weiteres vorstellbar, dass Ertrag und Werthaltigkeit eines Rechts vereinbart würden. Hierbei handelt es sich aber nicht um ein von § 435 BGB gefordertes Recht eines Dritten, sondern vielmehr um die rechtliche Eigenschaft des Rechts bzw. Anteils.[1026] Die Anwendbarkeit des § 434 BGB hieße hier, die individuelle Parteivereinbarung zu schützen. Kerngedanke dabei ist der subjektive Mangelbegriff.[1027]

Die Gegenauffassung führe dagegen zu Lücken beim Schutz des Käufers, welche nicht auf den Willen des Gesetzgebers zurückführbar seien. Typische nicht geschützte Mängel seien Inhalt, Umfang, Rang sowie Bedingungen oder eine Verzinsung. Nach altem Recht bestand ein Schutz durch die Veritätshaftung des § 437 Abs. 1 a.F. und damit speziell nach Kaufrecht. Anhaltspunkte dafür, dass der Gesetzgeber diesen Schutz einschränken und damit im Rahmen allgemeiner Leistungsstörungsregeln erfassen wollte, seien nicht ersichtlich.[1028] Zudem sei der Wortlaut ebenso eindeutig wie die Systematik des Verweiseses.[1029] Die uneingeschränkte entsprechende Anwendbarkeit der Regeln über den Sachkauf auf den Rechtskauf sei demnach zu bejahen, sodass Gewährleistungsrechte für sachmangelhafte Aktien möglich wären.[1030]

b) *Keine Sachmängelhaftung*

Dieser Deutung des § 453 Abs. 1 BGB wird entgegengehalten, ein Sachmangel eines Rechts sei nicht möglich. Dies ergebe sich bereits aus dem Wortsinn des Begriffs „Sachmangel", welcher mangels Sache beim Rechtskauf *ad absurdum* geführt werde.[1031] Auch wird der oben geschilderten Ansicht Konturlosigkeit

---

1025 Vgl. *Haedicke*, Rechtskauf und Rechtsmängelhaftung, S. 331 f.

1026 *Gronstedt/Jörgens*, ZIP 2002, 53 (55); *Jagersberger*, Die Haftung des Verkäufers beim Unternehmens- und Anteilskauf, S. 107; *Wolf/Kaiser*, DB 2002, 411 (416).

1027 *Breuer*, Mängelhaftung beim Unternehmens- und Beteiligungskauf nach dem Schuldrechtsmodernisierungsgesetz, S. 73.

1028 *Stöber*, in: BeckOGK-BGB (Stand: November 2017), § 442 Rn. 64.

1029 *Zimmermann*, AcP 213 (2013), 653 (659).

1030 *Stöber*, in: BeckOGK-BGB (Stand: November 2017), § 442 Rn. 65.

1031 *Bergjan*, Die Auswirkungen der Schuldrechtsreform 2002 auf den Unternehmenskauf, S. 286; *Grunewald*, in: Erman, BGB, § 453 Rn. 2; *Brox/Walker*, Schuldrecht BT, § 2 Rn. 13; *Büdenbender*, in: Dauner-Lieb/Langen, BGB, Bd. 2/1, § 453 Rn. 14; *Eidenmüller*, NJW 2002, 1625 (1627); *Fischer*, DStR 2004, 276 (279 und 280); *Grigoleit/Herresthal*, JZ 2003, 118 (125); *Huber*, AcP 202 (2002), 179 (229); *Lorenz*, in: FS Heidrich, S. 305 (320); *Müller*, in: E/B/J/S, HGB, Bd. 2, § 381 Rn. 5; *Oetker/Maultzsch*, Vertragliche Schuldverhältnisse, § 2 Rn. 113 f.; *Schellhammer*, MDR 2002, 485 (488);

vorgeworfen. Soweit sie auf die „Struktur (Gestalt) des Rechts" abstellt, bestünden Unklarheiten bei der Abgrenzung zum Rechtsmangel.[1032] Auch wird teilweise angeführt, eine Sachmängelhaftung sei nur in den Fällen des § 453 Abs. 3 BGB anzunehmen.[1033] Nach diesem Ansatz wären Gewährleistungsrechte beim Aktienkauf nur eingeschränkt, nämlich beim Vorliegen von Rechtsmängeln denkbar.

c) Stellungnahme

Der erstgenannten Auffassung ist zuzustimmen. Die anerkannten Auslegungsmethoden sprechen für die umfassende Verweisung und damit die Anwendung des Sachmängelrechts auf den Rechtskauf. Sowohl der Sinn und Zweck als auch die Systematik und die historische Auslegung belegen dieses Ergebnis. Darüber hinaus ist auch der Wortlaut der Verweisungsnorm des § 453 Abs. 1 BGB, welcher keine Einschränkung vornimmt, eindeutig. Das Argument des Wortsinns eines begrifflichen „Sachmangels" vermag schon deshalb nicht zu überzeugen, weil die Verweisungsnorm eine „*entsprechende*" Anwendung vorschreibt. Überzeugend ist außerdem, dass durch die Schuldrechtsmodernisierung der subjektive Mangelbegriff ausgeweitet werden sollte.[1034] Hintergrund ist, wie bereits erwähnt, die verfassungsverbriefte Wertigkeit der Parteivereinbarungen. Solche Vereinbarungen lassen sich aber auch für Rechte treffen, sodass es nicht sachgerecht ist, § 453 Abs. 1 BGB in diesem Punk einschränkend auszulegen. Gegenteiliges ist auch dem Willen des Reformgesetzgebers nicht zu entnehmen. Vielmehr soll den Gesetzesmaterialien zufolge beim Rechtskauf – neben einer rechtsmängelfreien Lieferung – auch eine Verknüpfung zur Beschaffenheit möglich sein.[1035]

Gewichtig ist außerdem das Argument, dass eine Rechtfertigung für eine Differenzierung im Verhältnis zum Kauf körperlicher oder vornormativ gegebener Gegenstände nicht ersichtlich ist. Eine solche muss regelmäßig in Ansehung des Art. 3 Abs. 1 GG gleichheitsrechtlichen Erwägungen standhalten. Wieso aber bei einem Rechtskauf trotz ausdrücklicher Verweisung im Gesetz den Parteien die Regelungen der sachlichen Gewährleistungsvorschriften versagt werden sollen, leuchtet nicht ein, gerade auch im Hinblick auf die von *Grigoleit/Herresthal*

ders., Schuldrecht nach Anspruchsgrundlagen, Rn. 127; *Weidenkaff*, in: Palandt, BGB, § 453 Rn. 17; vgl. auch in begrifflicher Hinsicht *Pahlow*, JA 2006, 385 (387).

1032 *Grigoleit/Herresthal*, JZ 2003, 118 (125).

1033 *Müller*, in: E/B/J/S, HGB, Bd. 2, § 381 Rn. 6; *Schellhammer*, MDR 2002, 485 (488); *Schröcker*, ZGR 2005, 63 (88).

1034 So auch *Grigoleit/Herresthal*, JZ 2003, 118 (126).

1035 BT-Drs. 14/6040, S. 242.

erarbeiteten Wertungskriterien[1036] – den Äquivalenzgedanken, den Gedanken der Kontrolle durch den Verkäufer und den Vereinfachungsgedanken im massenhaften Warenkauf – ist ein Rechtfertigungsgrund für die Ungleichbehandlung nicht ersichtlich. Das Äquivalenzprinzip als Grundsatz der Gleichwertigkeit beider Leistungen unter der Parteivereinbarung ist aufgrund des Subjektivbezugs des Gewährleistungsrechts (s.o.) eher als Gleichheitserwägung – im Hinblick auf Rechts- und Sachkauf – als zur Rechtfertigung der Ungleichbehandlung heranzuziehen. Der Vereinfachungsgedanke im Rechtsverkehr kann nicht dazu führen, Rechte zu verkürzen, welche bei einem Sachkauf bestehen. Auch der Kontrollgedanke muss relativiert werden. Aufgrund der grundsätzlichen Verschuldensunabhängigkeit im Gewährleistungsrecht haftet der Verkäufer auch für Mängel, welche seiner Kontrolle entzogen sind. Dies gebietet zum einen das Äquivalenzprinzip und zum anderen der Umstand, dass, wenn der Verkäufer zur Kontrolle außerstande ist, dies erst recht für den Käufer gilt. Letzterer hat aber gleichwohl eine mangelfreie Sache zu bezahlen.

Die Behauptung, eine Sachmängelhaftung sei nur i.R.d. § 453 Abs. 3 BGB denkbar, ist in dieser Auseinandersetzung deplatziert.[1037] § 453 Abs. 3 BGB bezieht sich lediglich auf Sachmängel an der Sache, zu dessen Besitz das verkaufte Recht berechtigen soll. Eine Aussage über einen Sachmangel an einem Recht lässt sich somit auch im Umkehrschluss nicht erhalten. § 453 Abs. 3 BGB führt lediglich dazu, dass Mängelrechte geltend gemacht werden, die nicht am Kaufobjekt selbst bestehen.[1038] Somit trifft der Abs. 3 keine Aussage über das Kaufobjekt „*Recht*".[1039] Insoweit ist § 453 Abs. 1 BGB einschlägig.[1040]

§ 453 Abs. 1 BGB ist mithin als eine die vertragliche Äquivalenz schützende Vorschrift zu lesen.[1041] Ein Sachmangel eines Rechts ist dann anzunehmen,

---

1036 *Grigoleit/Herresthal*, JZ 2003, 118 (126).

1037 So aber *Müller*, in: E/B/J/S, HGB, Bd. 2, § 381 Rn. 6; *Schellhammer*, MDR 2002, 485 (488); siehe oben unter § 7 B. IV. 1. b).

1038 Siehe zum Umfang des Beschaffenheitsbegriffs auch nachfolgend unten unter § 7 B. IV. 2. a).

1039 So auch *Stöber*, Beschaffenheitsgarantien des Verkäufers, S. 167.

1040 Der Diskurs dieser Frage im Schrifttum lässt eine entsprechende Differenzierung häufig vermissen; vgl. beispielsweise *Beckmann*, in: Staudinger, BGB, § 453 Rn. 19; *Grunewald*, NZG 2003, 372 (373); differenzierend dagegen *Zimmermann*, AcP 213 (2013), 653 (660), der zutreffend feststellt, dass § 453 Abs. 3 BGB Sach- und Rechtsmängel erfasst und infolge dessen auch Rechtsmängel eines Rechts konsequent ausgeschlossen sein müssten, was freilich offensichtlich ungewollt ist und von der Gegenansicht, soweit ersichtlich, auch nicht vertreten wird.

1041 So auch *Zimmermann*, AcP 213 (2013), 653 (665 und 675).

wenn nicht die wirtschaftliche Durchsetzbarkeit allein gemindert ist, sondern vielmehr die gesetzliche Ausgestaltung in Form von Struktur und Gestalt beeinträchtigt ist. Diese Maßgaben stellen die Grundstruktur dar, auf der später aufbauend der Begriff der Beschaffenheit auf die Cum-/Ex-Leerverkäufe angewendet werden kann.[1042] Der Grund für diese spezifische Betrachtung ist, dass die Durchsetzbarkeit eines Rechts ebenso wenig wie der Wert des Rechts allein einen Mangel darstellen kann. Die Gefahr, dies versehentlich anzunehmen, ist aber bei einem Sachmangel an einem Recht besonders hoch.

d) Fazit

Festzuhalten ist, dass bei einem Rechtskauf die Sachmängelhaftung des § 434 BGB gem. § 453 Abs. 1 BGB entsprechend anzuwenden ist. Der Anwendungsbereich des speziellen Leistungsstörungsrechts in Form der Gewährleistungshaftung ist daher dem Grunde nach eröffnet.

2. Mangeltauglichkeit

Fraglich ist weiter, ob die fehlende Möglichkeit der Kapitalertragsteueranrechnung nach einem Cum-/Ex-Geschäft überhaupt eine Beschaffenheit darstellen kann. Problematisch ist daher vorab und gerade in Abgrenzung zur c.i.c.-Haftung die generelle Anwendbarkeit der §§ 463, 459 Abs. 2 BGB a.F. bzw. der §§ 434 ff. BGB. Hierbei geht es zunächst der Sache nach um die Frage des Umfangs des Beschaffenheitsbegriffs in § 434 BGB (a)). Anschließend soll festgelegt werden, welche Anforderungen an die Beschaffenheit eines Rechts zu stellen sind (b)). Darüber hinaus werden das Steuerrecht als Beschaffenheitsmerkmal untersucht (c)) und die hieraus gewonnenen Erkenntnisse auf die fehlende Kapitalertragsteueranrechnungsberechtigung des Leerkäufers angewendet. Zusammengefasst wird in diesem Abschnitt untersucht, ob der steuerliche Rechtsirrtum bei den Cum-/Ex-Geschäften als „steuerliche Beschaffenheit“ der gehandelten Aktien zu sehen ist.

a) Beschaffenheitsbegriff

Kernbegriff des § 434 Abs. 1 BGB ist jener der Beschaffenheit. Der Umfang des Beschaffenheitsbegriffs ist umstritten und soll deshalb vorab geklärt werden.

1042 Siehe hierzu unten unter § 7 B. IV. 2. c) bb).

aa) Weiter Begriff

Die wohl überwiegend in der Literatur und Rechtsprechung vertretene Ansicht geht davon aus, die Beschaffenheit einer Sache sei weit zu fassen.[1043] Demnach erstrecke sich die Beschaffenheit auch auf außerhalb der Kaufsache liegende Umstände, insbesondere ihre Beziehungen zur Umwelt, solange ein Bezug zur Kaufsache besteht.

Hierfür wird angeführt, der neue Beschaffenheitsbegriff gehe über den alten i.S.d. § 459 Abs. 1 BGB a.F. hinaus.[1044] Die für den Käufer strengen Gewährleistungsregeln vor der Schuldrechtsmodernisierung bestünden nun nicht mehr. Auch wird der – auf der Privatautonomie fußende – subjektive Fehlerbegriff herangezogen.[1045] Dieser solle nicht durch eine enge Auslegung des Beschaffenheitsbegriffs eingeschränkt werden.[1046] Zudem sprächen Unklarheiten bei der Abgrenzung dafür, den Begriff möglicher Beschaffenheiten zunächst weit zu fassen.[1047]

Hierzu wird auch die internationale Vertragspraxis unter Verweis auf das UN-Kaufrecht als Argument angeführt.[1048] So lasse sich insbesondere aus Art. 9 und 35 CISG eine weite und subjektiv vereinbarte Eigenschaft der Kaufsache

---

1043 BGH v. 15.6.2016 – VIII ZR 134/15, NJW 2016, 2874; BGH v. 26.8.2014 – VIII ZR 335/13, BeckRS 2014, 17609 (Rn. 17); BGH v. 19.4.2013 – V ZR 113/12, NJW 2013, 1948 (Rn. 15); BGH v. 30.11.2012 – V ZR 25/12, NJW 2013, 1671 (Rn. 10); BGH v. 5.11.2010 – V ZR 228/09, NJW 2011, 1217 (Rn. 13); *Berger*, in: Jauernig, BGB, § 434 Rn. 7; *ders.*, JZ 2004, 276; *Gaul*, ZHR 166 (2002), 35 (45 f.); *Häublein*, NJW 2003, 388 (390); *Looschelders*, Schuldrecht BT, § 3 Rn. 38; *Matusche-Beckmann*, in: Staudinger, BGB, § 434 Rn. 54; *Medicus/Lorenz*, Schuldrecht II, Rn. 74; *Redeker*, Beschaffenheitsbegriff und -vereinbarung beim Kauf, S. 265, *Reinicke/Tiedtke*, Kaufrecht, Rn. 300 ff.; *Schmidt*, in: P/W/W, BGB, § 434 Rn. 15; *ders.*, BB 2005, 2763 (2764); *Schröcker*, ZGR 2005, 63 (97); *Schulze/Ebers*, JuS 2004, 462 (463); *Wolf/Kaiser*, DB 2002, 411 (414 und 420); *Zimmermann*, AcP 213 (2013), 653 (666 f.).

1044 BGH v. 15.6.2016 – VIII ZR 134/15, NJW 2016, 2874; *Berger*, JZ 2004, 276 (278); *Reinicke/Tiedtke*, Kaufrecht, Rn. 303; vgl. zu dieser Argumentation auch die Vertreter des vermittelnden Eigenschaftsbegriffs *Canaris*, Karlsruher Forum 2002, S. 5 (65); *Rombach*, in: Amann/Brambring/Hertel, Vertragspraxis nach neuem Schuldrecht, H II 2 b, S. 559 f.

1045 *Häublein*, NJW 2003, 388 (391).

1046 *Redeker*, Beschaffenheitsbegriff und -vereinbarung beim Kauf, S. 265; *Reinicke/Tiedtke*, Kaufrecht, Rn. 304; *Schmidt*, in: P/W/W, BGB, § 434 Rn. 15; *ders.*, BB 2005, 2763 (2765); *Schulze/Ebers*, JuS 2004, 462; *Triebel/Hölzle*, BB 2002, 521 (525).

1047 *Redeker*, Beschaffenheitsbegriff und -vereinbarung beim Kauf, S. 266; *Schmidt*, in: P/W/W, BGB, § 434 Rn. 13; *ders.*, BB 2005, 2763 (2765).

1048 *Schmidt*, BB 2005, 2763 (2765).

ableiten. Argumentiert wird überdies mit einer richtlinienkonformen Auslegung. Art. 2 Abs. 1 und Art. 3 Abs. 1 der Verbrauchsgüterkaufrichtlinie[1049] sähen einen subjektiven Beschaffenheitsbegriff vor, welcher gewährleistungsrechtlich „jede Vertragswidrigkeit" absichere.[1050] Als weiteres Argument wird § 434 Abs. 1 S. 3 BGB angeführt, wonach Eigenschaften sich lediglich als Teil der Beschaffenheit darstellten.[1051]

Ausformuliert sei demnach jede von den Parteien festgelegte Anforderung an die Kaufsache ohne Rücksicht auf ihren Anknüpfungspunkt in materieller oder zeitlicher Hinsicht als Beschaffenheit zu begreifen. Nicht unter diesen Begriff zu fassen seien solche Merkmale, die sich nicht auf die Kaufsache, sondern ausschließlich auf eine Partei, Dritte oder Umstände außerhalb der Kaufsache beziehen. Ein beiläufiger Bezug schade indes nicht.[1052] In zeitlicher Hinsicht führt der Verzicht auf die Voraussetzung, dass ein Merkmal der Kaufsache auf eine gewisse Dauer anhaften soll, zur Ausweitung des Beschaffenheitsbegriffs.[1053]

bb) Vermittelnder Begriff

Teilweise wird eine Einschränkung dieser weiten Auffassung vertreten.[1054] Demnach seien neben den natürlichen Eigenschaften zwar auch rechtliche oder wirtschaftliche Umweltbeziehungen als Beschaffenheit grundsätzlich denkbar. Jedoch wird ein Zusammenhang zwischen der Beziehung zur Umwelt und

---

1049 Richtlinie 1999/44/EG des Europäischen Parlaments und des Rates vom 25. Mai 1999 zu bestimmten Aspekten des Verbrauchsgüterkaufs und der Garantien für Verbrauchsgüter, Amtsblatt Nr. L 171 v. 7.7.1999, S. 0012 – 0016, in Kraft getreten am 7.7.1999.

1050 *Berger*, in: Jauernig, BGB, § 434 Rn. 7; *ders.*, JZ 2004, 276 (279); *Redeker*, Beschaffenheitsbegriff und -vereinbarung beim Kauf, S. 267; *Westermann*, in: MünchKomm-BGB, § 434 Rn. 10.

1051 *Von Gierke/Paschen*, GmbHR 2002, 457 (462).

1052 *Schmidt*, BB 2005, 2763 (2766).

1053 *Eidenmüller*, ZGS 2002, 290 (295); *Faust*, in: BeckOK-BGB (Stand: März 2018), § 434 Rn. 24; *Gaul*, ZHR 166 (2002), 35 (51); *Graf v. Westphalen*, in: Henssler/Graf v. Westphalen, Praxis der Schuldrechtsreform, § 434 Rn. 14; *Reinicke/Tiedtke*, Kaufrecht, Rn. 314; *Matusche-Beckmann*, in: Staudinger, BGB, § 434 Rn. 55; *Triebel/Hölzle*, BB 2002, 521 (525); *Weiler*, ZGS 2002, 249 (255); *Wolf/Kaiser*, DB 2002, 411 (412).

1054 *Grunewald*, in: Erman, BGB, § 434 Rn. 3 f.; *Canaris*, Karlsruher Forum 2002, S. 5 (65); *Faust*, in: BeckOK-BGB (Stand: März 2018), § 434 Rn. 22; *Grigoleit/Herresthal*, JZ 2003, 118 (122 ff.); *Huber/Faust*, Schuldrechtsmodernisierung, Kap. 16 Rn. 8, Kap. 12 Rn. 24; *Jaques*, BB 2002, 417, (418); *Reischl*, JuS 2003, 1076 (1080); *Stöber*, Beschaffenheitsgarantien des Verkäufers, S. 131; *Weidenkaff*, in: Palandt, BGB, § 434 Rn. 11.

einem physischen[1055] Merkmal oder Kennzeichen[1056] gefordert, welcher nicht außerhalb der Kaufsache fußen dürfe.

Der Beschaffenheitsbegriff des § 434 BGB ginge demnach nicht über jenen der Eigenschaft nach § 459 Abs. 2 BGB a.F. hinaus.[1057] Begründet wird diese Restriktion damit, dass sowohl dem subjektiven Element der „Vereinbarung" als auch dem objektiven Teil der „Beschaffenheit" genügend Rechnung zu tragen sei. Darüber hinaus erscheint es jedenfalls in Abgrenzung zur c.i.c-Haftung nachvollziehbar, einen wie auch immer gearteten zumindest mittelbaren physischen Sachbezug zu verlangen. Dies sei auch begrifflich am Beschaffenheitserfordernis festzumachen, welches semantisch einen engeren Bezug zur Sache fordert als Umstände oder Verhältnisse.[1058] Die mit einer Ausdehnung einhergehende Konturlosigkeit des Beschaffenheitsbegriffs sei dagegen zu vermeiden.[1059]

Gegen die Erweiterung des Beschaffenheitsbegriffs in zeitlicher Sicht wird vorgebracht, dass neben den hierzu fehlenden Anhaltspunkten in den Gesetzgebungsmaterialien auch keine anderen Gründe ersichtlich seien, um von der zeitlichen Dimension der Eigenschaft nach § 459 Abs. 2 BGB a.F. abzuweichen.[1060]

cc) Enger Begriff

Vereinzelnd wird abschließend vertreten, dass der jeweilige Umstand in der Beschaffenheit der Kaufsache wurzeln und ihr unmittelbar physisch anhaften muss.[1061] Inhaltlich stützt sich diese Ansicht auf die Rechtsprechung zu § 459 Abs. 1 BGB a.F.[1062] Letztlich wird somit die Identität des alten Fehlerbegriffs mit dem neu in § 434 Abs. 1 BGB eingefügten Beschaffenheitsbegriffs vertreten. Diese Auffassung argumentiert, bei dem Begriff der Beschaffenheit handele es sich um einen durch die Rechtsprechung zu § 459 Abs. 1 BGB a.F.

1055 *Faust*, in: BeckOK-BGB (Stand: März 2018), § 434 Rn. 22.

1056 *Canaris*, Karlsruher Forum 2002, S. 5 (61 ff.); *Grigoleit/Herresthal*, JZ 2003, 118 (123); *Rombach*, in: Amann/Brambring/Hertel, Vertragspraxis nach neuem Schuldrecht, H II 2 b, S. 559 f.; *Stöber*, Beschaffenheitsgarantien des Verkäufers, S. 124.

1057 *Canaris*, Karlsruher Forum 2002, S. 5 (65).

1058 *Stöber*, Beschaffenheitsgarantien des Verkäufers, S. 123; vgl. auch *Rombach*, in: Amann/Brambring/Hertel, Vertragspraxis nach neuem Schuldrecht, H II 2 b, S. 559 f.

1059 *Kindl*, WM 2003, 409 (411); *Stöber*, Beschaffenheitsgarantien des Verkäufers, S. 124.

1060 *Stöber*, Beschaffenheitsgarantien des Verkäufers, S. 125 f.

1061 OLG Hamm v. 13.5.2003 – 28 U 150/02, NJW-RR 2003, 1360; *Huber*, AcP 202 (2002), 179 (225 ff.); *Reinking*, DAR 2002, 15 (16).

1062 Vgl. beispielsweise BGH v. 19.12.1980 – V ZR 185/79, BGHZ 79, 183 (185) = NJW 1981, 864.

entwickelten Begriff. Dieser sei folglich im Sinne der Rechtsprechung auszulegen. Umfasst sei somit die einen Fehler begründende Beschaffenheit.[1063]

dd) Stellungnahme

Wie oben bereits angeklungen, verweisen die in neuerer Literatur vertretenen Ansichten zur Beschaffenheit jedenfalls auf den nach altem Recht geformten Begriff der Eigenschaft. Das neue Schuldrecht wird eher als Modifikation einer bekannten und bewährten Begrifflichkeit verstanden.[1064] Unter Eigenschaften im Sinne der §§ 459 Abs. 2, 463 BGB a.F. verstand man „*– neben der physischen Beschaffenheit – alle tatsächlichen und rechtlichen Verhältnisse, welche die Beziehung der Sache zur Umwelt betreffen und wegen ihrer Art und Dauer die Brauchbarkeit oder den Wert der Sache beeinflussen.*“[1065] Aufgrund des hier direkt bestehenden Zusammenhangs zum Rechtskauf soll die Diskussion bereits mit Blick auf ebendiesen geführt werden.

Der enge Beschaffenheitsbegriff kann vor diesem Hintergrund nicht überzeugen.[1066] Der nicht zuletzt europarechtlich intendierten tendenziellen Ausweitung der Käuferschutzrechte ist hier der Vorrang einzuräumen. Die Begründung zum Regierungsentwurf orientiert sich im Hinblick auf alle, d.h. nicht nur auf die in der Verbrauchsgüterkaufrichtlinie genannten Kaufverträge an der besagten Richtlinie. Hierdurch soll eine Spaltung des Kaufrechts vermieden werden.[1067] Zwar geht der BGH in Bezug auf die Aus- und Einbaupflicht des Verkäufers i.R.d. Nachlieferung von einer ebensolchen Spaltung des Kaufrechts aus[1068], jedoch kann hieraus kein Schluss auf die grundsätzliche Frage nach dem Vorliegen eines Mangels gezogen werden. Denn das den Schritt der Spaltung rechtfertigende Auseinanderfallen der Vorstellungen des deutschen und des europäischen Normgebers ist hier

---

1063 OLG Hamm v. 13.5.2003 – 28 U 150/02, NJW-RR 2003, 1360; *Huber,* AcP 202 (2002), 179 (227 f.).

1064 *Matusche-Beckmann,* in: Staudinger, BGB, § 434 Rn. 57.

1065 BGH v. 19.12.1980 – V ZR 185/79, BGHZ 79, 183 (185) = NJW 1981, 864; vgl. auch BGH v. 14.12.1960 – V ZR 40/60, BGHZ 34, 32 (41) = NJW 1961, 772 (775) m.w.N.

1066 BGH v. 15.6.2016 – VIII ZR 134/15, NJW 2016, 2874; vgl. *Faust,* in: BeckOK-BGB (Stand: März 2018), § 434 Rn. 19 f.; *Matusche-Beckmann,* in: Staudinger, BGB, § 434 Rn. 49; *Rombach,* in: Amann/Brambring/Hertel, Vertragspraxis nach neuem Schuldrecht, H II 2 b, S. 559 f.; *Weidenkaff,* in: Palandt, BGB, § 434 Rn. 11.

1067 BT-Drucks. 14/6040, S. 211 f.; *Canaris,* Karlsruher Forum 2002, S. 5 (59); *Stöber,* Beschaffenheitsgarantien des Verkäufers, S. 112; *Matusche-Beckmann,* in: Staudinger, BGB, § 434 Rn. 50; *Weidenkaff,* in: Palandt, BGB, § 434 Rn. 11.

1068 BGH v. 17.10.2012 – VIII ZR 226/11, DNotZ 2013, 282 (Rn. 17 ff.).

gerade nicht gegeben.[1069] Daraus ist die Konsequenz zu ziehen, dass der Begriff der Beschaffenheit nach § 434 BGB zumindest solche Umstände erfasst, die nach § 459 Abs. 2 BGB a.F. zusicherungsfähige Eigenschaften waren, und nicht hinter diese Marke zurückfällt. Zudem muss mit Blick auf § 435 BGB eine gewisse Vergleichbarkeit der Gewährleistungsverantwortung gesichert werden, für welche der enge Beschaffenheitsbegriff keinerlei Grundlage bietet.[1070]

Auch der vermittelnde Ansatz sieht sich Kritik ausgesetzt. Das Abgrenzungsmerkmal des Bezugs zur Sache oder des Anhaftens bzw. solcher Umstände, die außerhalb der Sache liegen, sind einer präzisen Abgrenzung abträglich.[1071] Den einschränkenden Stimmen ist das Argument gemein, dass das verkaufte Recht mangels physischer Substanz keine Beschaffenheit aufweisen kann. Dies macht eine begriffliche Modifikation notwendig. Folglich ist beim Rechtskauf auch in dieser Konstellation auf einen wertbildenden Faktor abzustellen.[1072] Angewendet auf den Rechtskauf hieße diese Lösung, dass sowohl nach dem vermittelnden als auch dem weiten Beschaffenheitsbegriff zumindest dann eine Beschaffenheit vorliegt, wenn an einen wertbildenden Faktor des Rechts angeknüpft wird. Dies ist aufgrund der Möglichkeiten zur Differenzierung im jeweiligen Einzelfall der vorzugswürdige Weg.

In jedem Fall spricht für die vermittelnde Ansicht, dass der weite Begriff bei einem Rechtskauf dazu führen würde, dass auch die Bonität des Schuldners umfasst wäre. Hierbei handelt es sich um einen tatsächlichen Umstand der Umwelt, auf welchen sich das Recht bezieht.[1073] In Ansehung der Risikosphäre herrscht aber Einigkeit darüber, dass eine Verkäuferhaftung für die wirtschaftliche Durchsetzbarkeit gerade nicht bestehen soll.[1074] Diesbezüglich sollte auch keine Beschaffenheitsvereinbarung möglich sein, da ansonsten hierzu korrelierend bei üblicherweise leistungsfähigen Schuldnern eine Haftung nach § 434 Abs. 1 S. 2 Nr. 2 BGB begründet wäre. Dies ist ersichtlich nicht gewollt. Die Bonität ist daher m.E. schon

1069 Vgl. BGH v. 17.10.2012 – VIII ZR 226/11, DNotZ 2013, 282 (Rn. 26 f.); BT-Drucks. 14/6040, S. 211.

1070 Vgl. exemplarisch zu § 435 S. 1 BGB BGH v. 18.1.2017 – VIII ZR 234/15, MDR 2017, 332, wonach ein Fahndungsaufruf einen Rechtsmangel begründet.

1071 *Kindl*, WM 2003, 409 (411).

1072 *Zimmermann*, AcP 213 (2013), 653 (668); vgl. dagegen *Schröcker*, ZGR 2005, 63 (87 f. und 99), welcher schon den Verweisungsbereich von § 453 Abs. 1 BGB einschränken will.

1073 So auch *Schröcker*, ZGR 2005, 63 (99), der hieraus aber andere Schlüsse zieht.

1074 Vgl. hierzu *Beckmann*, in: Staudinger, BGB, § 453 Rn. 76; *Faust*, in: BeckOK-BGB (Stand: März 2018), § 453 Rn. 20; so auch *Brink*, WM 2003, 1355 (1357).

mangels Strukturbezugs zum Recht nicht Beschaffenheitsmerkmal, sodass es i.R.d. Kaufrechts weder auf eine Vereinbarung noch auf die Üblichkeit der Bonität ankommt.[1075] Angewendet auf den Fall des Aktienkaufs gilt selbiges für den bloßen Kurswert des Anteils.[1076] Somit kann aufgrund des zuvor festgestellten Gleichlaufs zwischen Rechts- und Sachmangel nach § 453 Abs. 1 BGB im Rückschluss festgestellt werden, dass der extensive Beschaffenheitsbegriff auch für den Sachkauf zu weit geht.

Im Hinblick auf den Sachmangel eines Rechts ist begrifflich zu unterscheiden zwischen Mängeln des Rechts *per se,* beispielsweise hinsichtlich der Verzinsung, Fälligkeit oder einer Bedingung,[1077] und solchen des Bezugspunkts des Rechts, beispielsweise beim Anteilskauf ein von der betreffenden Gesellschaft betriebenes Unternehmen oder zu diesem Unternehmen gehörende Gegenstände sowie beim Erwerb einer hypothekarisch gesicherten Forderung Mängel des sichernden Grundstücks. In die zweite Kategorie zählt auch die Zahlungsfähigkeit des Schuldners (Bonität). Lediglich im Hinblick auf die zweite Kategorie, also die mittelbare Gewährleistungsberechtigung – da ja schließlich nur das Recht gekauft wird – ist § 453 Abs. 3 BGB relevant, sodass mittelbare Mängelrechte nur dann bestehen, wenn ein Recht zum Besitz einer Sache berechtigt.

„Sachmängel" eines Rechts sind jedoch nicht (nur) Umstände, die diese mittelbaren, restriktiv gewährten Gewährleistungsrechte auslösen, sondern (auch) solche Umstände, die der Struktur des Rechts selbst innewohnen. Hieraus ergibt sich der – schon im Wortlaut begründete – Schluss, dass die Begriffe *Sach-* bzw. *Rechts*mangel den Mangel und nicht etwa das mangelbehaftete Kaufobjekt beschreiben. Daraus ist weiter zu folgern, dass beim Rechtskauf kein Bedürfnis für eine weite Beschaffenheit besteht, da diese dem in § 453 Abs. 3 BGB niedergelegten Restriktionsgedanken des Gesetzgebers zuwiderliefe.

Interessant ist auch der Ansatz *Zimmermanns*, welcher die Frage der grundsätzlichen Beschaffenheitsfähigkeit davon abhängig macht, ob die Parteien eine entsprechende Vereinbarung über die Eigenschaft getroffen haben.[1078] Hiergegen

---

1075 Ähnlich auch *Lorenz/Riehm*, Lehrbuch zum neuen Schuldrecht, Rn. 485; *Eidenmüller*, ZGS 2002, 290 (293); vgl. aber auch *Schröcker*, ZGR 2005, 63 (87 f.); *Stöber*, Beschaffenheitsgarantien des Verkäufers, S. 166; *Westermann*, in: MünchKomm-BGB, § 453 Rn. 11; *ders.*, JZ 2001, 530 (532).

1076 Siehe hierzu noch ausführlich unten unter § 7 B. IV. 2. b); vgl. auch unten unter § 7 B. V. 1. b) aa) (2) zur fehlenden Eigenschaftsqualität des Kurswertes i.R.d. § 119 Abs. 2 BGB.

1077 *Faust*, in: BeckOK-BGB (Stand: März 2018), § 453 Rn. 10.

1078 *Zimmermann*, AcP 213 (2013), 653 (673).

spricht aber die auch im Gesetz angelegte klare Trennung von Beschaffenheit einerseits und Vereinbarung andererseits nach § 434 Abs. 1 S. 1 BGB. Insofern konstatiert er lediglich folgerichtig, dass beim börslichen Handel regelmäßig keine Vereinbarung stattfindet. Mittelpunkt der dortigen Ausführungen sind zudem (mittelbare) Mängelrechte im Hinblick auf das Unternehmen beim Anteilskauf. Insoweit ginge die Gewährleistungsverpflichtung noch über die hier befürwortete hinaus. Wenn schon – bei Vorliegen einer entsprechenden Vereinbarung – Eigenschaften des Unternehmens mangelbegründend sein können, so muss dies *erst recht* für solche Eigenschaften gelten, die sich aus dem Recht selbst ergeben.[1079]

Des Weiteren ist auf die dogmatische Stellung des Beschaffenheitsbegriffs hinzuweisen. Dieser stellt den Schlüsselbegriff dar als Eingangstor für das Gewährleistungsrecht. Ein nachteiliges Beschaffenheitsmerkmal löst erst dann Rechte aus, wenn die Voraussetzungen der Vereinbarung (§ 434 Abs. 1 S. 1) oder der Unüblichkeit (§ 434 Abs. 1 S. 2 Nr. 2 BGB) hinzutreten. Vor diesem Hintergrund ist die Beschaffenheit selbst eher weit zu fassen. Gleichwohl darf sie eines gewissen Bezugs zum Kaufobjekt nicht gänzlich entbehren. Dies ergibt sich aus dem Wortsinn der Beschaffenheit. Die vermeintlichen Unsicherheiten bei der Festlegung eines „Bezugs zur Kaufsache" dürfen daher nicht vorgeschoben werden, um den Begriff der Beschaffenheit insgesamt zu verwässern.

Folglich sind die extremen Positionen einer engen oder weiten Beschaffenheit – nicht zuletzt mit Blick auf den hier zu untersuchten Aktienkauf – wenig zielführend. Der vermittelnde Beschaffenheitsbegriff ist daher vorzugswürdig.

Davon ausgehend wird auch der Bezug zu den zuvor behandelten Stimmen deutlich, welche § 453 Abs. 1 BGB einschränkend auslegen wollen. Die beiden behandelten Fragen gehen dabei ein Stück weit miteinander einher. Maßgeblich ist in Konsequenz des zuvor zu § 453 Abs. 1 BGB Gesagten, dass ein Sachmangel eines Rechts auch dann möglich ist, wenn ein physischer Bezug zum Kaufgegenstand gefordert wird. Notwendig ist freilich eine modifizierte Anwendung dieses Merkmals auf das jeweilige Recht als *postnormatives* Kaufobjekt. Unter dieser Voraussetzung ist eine Beschaffenheit des Rechts sowohl nach dem vermittelnden als auch nach dem weiten Beschaffenheitsbegriff denkbar.[1080] Letzterer ist jedoch u.a. wegen seiner weitreichenden Rückwirkungen in Form der Bonitätshaftung nach der hier vertretenen Auffassung abzulehnen.

1079 Siehe insoweit bereits andeutungsweise oben unter § 7 B. IV. 1. b) und c).

1080 Ähnlich auch *Zimmermann*, AcP 213 (2013), 653 (667), der eine wertungsgemäße Vergleichbarkeit annimmt; vgl. auch *Redeker*, Beschaffenheitsbegriff und -vereinbarung, S. 269.

b) Beschaffenheit eines Rechts

Im Anschluss hieran ist festzuhalten, was als Beschaffenheit eines Rechts zu begreifen ist. Dazu kann zunächst die schon oben erwähnte Formel herangezogen werden:

> *„Ein Sachmangel eines Rechts ist dann denkbar, wenn nicht die wirtschaftliche Durchsetzbarkeit allein gemindert ist, sondern vielmehr die gesetzliche Ausgestaltung in Form von Struktur und Gestalt beeinträchtigt ist."*[1081]

In Kombination mit dem vermittelnden Beschaffenheitsbegriff kann die Formel insofern bestätigt werden, als dass nicht jede Beziehung zur Umwelt ausreicht, sondern ein *struktureller Anknüpfungspunkt* im Recht zu suchen ist.

Als Beispiele werden hier im Allgemeinen Inhalt, Verzinsung oder Bedingungsabhängigkeiten angeführt. Im Speziellen, d.h. in Bezug auf Anteilskäufe, werden nicht erfüllte wirtschaftliche Bedingungen, beispielsweise gesellschaftsrechtliche Ausgestaltung, Größe und Ausschüttungen, genannt.[1082] Folglich kann für die Beschaffenheit eines Rechts der erforderliche physische Bezug der Umweltbeziehung zur Kaufsache überbrückt werden. Unter dieser Voraussetzung liegt eine *wertungsmäßige Vergleichbarkeit* zum Sachkauf vor.[1083] Die nachfolgenden Anknüpfungspunkte sollen nunmehr auf eben diese strukturelle Gestalt hin untersucht werden. Können diese Anforderungen dagegen nicht bejaht werden, sind bloße Umstände außerhalb des Rechts und damit außerhalb der Verkäuferrisikosphäre betroffen. Sie wären damit – wie auch Marktpreise oder Kurswerte – einer Verkäufergewährleistungshaftung nicht zugänglich.[1084] Die Beschaffenheit eines Rechts soll dagegen in der Summe aller seiner *Eigenschaften* liegen, welche es *ausmachen*.[1085]

Als Beispiel ist hier die Dividendenberechtigung einer Aktie anzuführen.[1086] Die Tatsache, dass eine *cum* Dividende versprochene Aktie *ex* Dividende geliefert wird, löst Gewährleistungsrechte aus. Der Schadensersatzanspruch[1087] in

---

1081 Siehe oben unter § 7 B. IV. 1. a); *Eidenmüller*, ZGS 2002, 290 (291).

1082 *Schmidt*, in: P/W/W, BGB, § 453 Rn. 8 und 14; *Stöber*, Beschaffenheitsgarantien des Verkäufers, S. 165 und 335.

1083 Vgl. hierzu *Zimmermann*, AcP 213 (2013), 653 (667).

1084 *Faust*, in: BeckOK-BGB (Stand: März 2018), § 434 Rn. 23.

1085 *Eidenmüller*, ZGS 2002, 290 (291).

1086 Vgl. beispielsweise auch zur Möglichkeit der Anfechtung aufgrund eines Eigenschaftsirrtums i.S.d. § 119 Abs. 2 BGB *Canaris*, Bankvertragsrecht (2. Aufl.), Rn. 1855.

1087 So etwa FG Hessen Urt. v. 10.2.2016 – 4 K 1684/14, rkr., EFG 2016, 761 (764) = DStR 2016, 1084 (1088); *Anzinger*, RdF 2012, 394 (396); *Bruns*, DStR 2010, 2061 (2063); *ders.*, DStZ 2011, 676 (678); *Desens*, DStZ 2012, 142 (147); *Hahne*, DStR 2007, 605

Form der Dividendenregulationszahlung ergibt sich gesetzlich aus §§ 437 Nr. 3, 434, 433, 280 Abs. 1 und 3, 283 BGB. Zwar will *Loritz* den Kompensationsanspruch auf § 816 Abs. 2 BGB stützen, jedoch bleibt er eine nähere Begründung hierfür schuldig.[1088] Auch inhaltlich überzeugt dieser Ansatz nicht, da er den Kaufvertrag und damit den Vorrang des Leistungsstörungsrechts außer Acht lässt.[1089] Darüber hinaus verkennt er, dass sich die Dividendenberechtigung aus dem Eigentum an den Aktien ergibt, welches der Erwerber aber erst mit Einbuchung der Aktien erhält.[1090] Im Zeitpunkt der Ausschüttung ist der zivilrechtliche Eigentümer der Anspruchsinhaber bzw. zur Erhebung der Leistung im eigenen Namen berechtigt und damit der Berechtigte i.S.d. § 816 Abs. 2 BGB.[1091] Dem Erwerber ist die Dividende dagegen nur vertraglich zugewiesen. Dies belegen gerade die Cum-/Ex-Leerverkaufsgeschäfte. Denn nicht das Konto des zivilrechtlichen Eigentümers, sondern das des Leerverkäufers, welcher selber nicht berechtigt ist, wird belastet. Damit liegt ein Fall des § 816 Abs. 2 BGB auch tatbestandlich nicht vor.

Die automatische Dividendenregulierung ändert jedenfalls an dem zuvor geschilderten Umstand nichts. Der hier dargestellten Konkretisierung der Beschaffenheiten von Rechten ist beizupflichten. Sie bildet letztlich die Konkretisierung der zuvor vertretenen Auffassungen.

c) Steuerrecht als Beschaffenheit

Zu untersuchen ist weiterhin, ob der steuerliche Rechtsirrtum unter diese soeben erarbeitete Formel fällt und damit einer kaufrechtlichen Gewährleistungshaftung zugänglich ist. Hierzu soll zunächst analysiert werden, in welchen Fällen steuerrechtliche Folgen als Beschaffenheit anerkannt sind (aa)), und in einem zweiten Schritt, ob diese Ergebnisse auf die Cum-/Ex-Geschäfte übertragbar sind (bb)).

---

(606); *ders.*, AG 2011, 503 (505); *Klein*, BB 2016, 2200 (2203); *Podewils*, FR 2011, 69 (70); *Rau*, DStR 2011, 510 (511); *Storg*, NWB 2007, Fach 3, 14327 (14329); siehe hierzu oben unter § 3 A. I. 2.

1088 *Loritz*, BB 2017, 2327 (2332).

1089 Vgl. *Faust*, in: BeckOK-BGB (Stand: März 2018), § 437 Rn. 205; *Westermann*, in: MünchKomm-BGB, § 437 Rn. 63.

1090 Siehe hierzu bereits oben unter § 3 A. I. 1.

1091 Vgl. *Schwab*, in: MünchKomm-BGB, § 816 Rn. 75; *Stadler*, in: Jauernig, BGB, § 816 Rn. 13; *Wendehorst*, in: BeckOK-BGB (Stand: November 2017), § 816 Rn. 29.

aa) Allgemeine Überlegungen

(1) Stand der Rechtsprechung

In der Rechtsprechung wird für viele Steuerarten abgelehnt, einen Mangel anzunehmen. Ergangen sind zumeist Entscheidungen zur alten Rechtslage der §§ 459 Abs. 2, 463 S. 1 BGB a.F. und damit zu der Frage, ob es sich bei der jeweiligen Steuerrechtslage um eine zusicherungsfähige Eigenschaft handelt. Nachfolgend sollen die Fälle analysiert werden, in denen die Rechtsprechung einen Mangel bei steuerrechtlichen Implikationen eines Kaufs angenommen hat.

Der BGH hatte in einem Fall[1092] zu entscheiden, in dem der Kläger ein Grundstück kaufte, wobei in den Kaufvertrag aufgenommen wurde, dass der Kläger die Abschreibungsmöglichkeit des § 7b EStG a.F. in Anspruch nehmen könne. Der Kläger begehrte nach endgültiger Ablehnung der Anrechnungsmöglichkeit durch das Finanzamt Ersatz in Höhe des nicht anerkannten Steuervorteils. Das Gericht führte hierzu aus, dass die fehlenden Voraussetzungen des § 7b EStG a.F. kein Recht eines Dritten darstellen, sondern lediglich eine Steuervergünstigung des Klägers nicht begründen. Ein Rechtsmangel liege damit nicht vor.[1093] Dies lasse aber keinen Umkehrschluss auf einen Sachmangel zu. Vielmehr handele es sich um eine zugesicherte Eigenschaft.[1094] Dabei nimmt der BGH die Fälle, in denen die Eigenschaft an die Person des Erwerbers gebunden und damit dem Verantwortungsbereich des Veräußerers entzogen ist, von seiner Feststellung aus.[1095] Aufgrund dieser zugesicherten Eigenschaft sei im Übrigen die Sachmängelhaftung eröffnet. Diese Wertung stellte der BGH später noch einmal klar, indem er bei einem erwerbspersonellen Bezug eine Eigenschaft als nicht zusicherungsfähig einstufte.[1096]

In einem anderen Fall des BGH[1097] ging es um die vom Verkäufer zugesagte Möglichkeit einer Erstattung von einer in den Niederlanden gezahlten Umsatzsteuer, welche die in der BRD geltende um fünf Prozentpunkte überstieg. Der BGH führte hierzu aus, dass zwar neben den (physischen) Eigenschaften des Kaufgegenstandes auch tatsächliche, wirtschaftliche, soziale oder rechtliche Beziehungen des Kaufgegenstandes zu seiner Umwelt Eigenschaften sein könnten, die für dessen Brauchbarkeit und Wert von Bedeutung sind. Diese Beziehungen

---

1092 BGH v. 19.12.1980 – V ZR 185/79, BGHZ 79, 183 = NJW 1981, 864.
1093 BGH v. 19.12.1980 – V ZR 185/79, BGHZ 79, 183 (185) = NJW 1981, 864.
1094 BGH v. 19.12.1980 – V ZR 185/79, BGHZ 79, 183 (185) = NJW 1981, 864.
1095 BGH v. 19.12.1980 – V ZR 185/79, BGHZ 79, 183 (186) = NJW 1981, 864.
1096 BGH v. 26.4.1991 – V ZR 165/89, BGHZ 114, 263 (263 und 266) = NJW 1991, 2556.
1097 BGH v. 28.3.1990 – VIII ZR 169/89, BGHZ 111, 75 = NJW 1990, 1659.

müssen aber ihren Grund in der Beschaffenheit der Kaufsache selbst haben, von ihr ausgehen und ihr auch für eine gewisse Dauer anhaften.[1098] Dies sei hier indes nicht der Fall. Die Umsatzsteuer betreffe einzig das Verhältnis zwischen Staat und dem jeweiligen Steuersubjekt aufgrund des jeweiligen Umsatzsteuervorgangs, unabhängig von Art oder Beschaffenheit der Kaufsache.[1099] Die Angaben des Verkäufers betrafen somit nicht die Beschaffenheit, sodass eine Haftung aus Informationsverschulden bei Vertragsschluss in Betracht kam.

Hieraus lassen sich zusammengefasst drei Aussagen der höchstrichterlichen Rechtsprechung extrahieren.

Erstens stellt die hier erwähnte nicht bestehende Steuerbegünstigung nach altem Recht weder einen Sach- noch einen Rechtsmangel der verkauften Sache i.S.d. früheren Kaufrechts dar.

Zweitens kommt eine Gewährleistungshaftung gleichwohl in Betracht, sofern eine Eigenschaft zugesichert wurde, aber nicht vorhanden ist. Voraussetzung hierfür ist neben der tatsächlichen Vereinbarung bzw. Zusicherung, dass es sich auch um eine *zusicherungsfähige* Eigenschaft handelt. Dies ist dann der Fall, wenn sie einen *Bezug zur Beschaffenheit* des Kaufgegenstandes hat.

Drittens ist die Haftung des Verkäufers abzulehnen, sobald die Eigenschaft mit der Person des Erwerbers zusammenhängt und somit dem Risikobereich des Veräußerers entzogen ist.

Aufgrund der oben beschriebenen[1100] Genese des subjektiven Mangelbegriffs im neuen Kaufrecht ist zu konstatieren, dass eine steuerrechtliche Beschaffenheit dann vorliegt, wenn sie ihren Grund in der Beschaffenheit des Kaufobjekts hat. Freilich hat der BGH bislang nur Einzelfälle des Sachkaufs entschieden, sodass der Übernahme dieser Kriterien eine kritische Auseinandersetzung hiermit voranzustellen ist.

(2) Kritik

Kritik wird der Sichtweise des BGH vor allem in der älteren Literatur entgegengebracht. So stellt *Landsberg* fest, dass nach den oben dargestellten Grundsätzen der zusichernde Verkäufer weicher hafte, da er „nur“ aus c.i.c verantwortlich sei.[1101] Dies wirke sich gerade beim Verschuldensnachweis und dem bloßen Ersatz des negativen Interesses nachteilig für den Käufer aus. Er schlägt daher vor,

1098 BGH v 28.3.1990 – VIII ZR 169/89, BGHZ 111, 75 (78) = NJW 1990, 1659 (1660).
1099 BGH v 28.3.1990 – VIII ZR 169/89, BGHZ 111, 75 (79) = NJW 1990, 1659 (1660).
1100 Siehe oben unter Beschaffenheitsbegriff § 7 B. IV. 2. a).
1101 *Landsberg*, JuS 1982, 335 (338).

danach zu fragen, weshalb die erwartete steuerliche Vergünstigung versagt wurde.[1102] Diese Argumentation ist jedenfalls dann zweifelhaft, wenn – wie in den hier in Rede stehenden Fällen – die allgemeine Verjährung der c.i.c-Ansprüche den Käufer begünstigen würde. Aber auch darüber hinaus ist die Kritik nach der Schuldrechtsmodernisierung weitgehend obsolet. Dies ergibt sich daraus, dass der Beschaffenheitsbegriff nunmehr zusicherungsunabhängiger Mittelpunkt des Gewährleistungsrechts ist. *Brych* spricht sich mit Blick auf die Verjährungsproblematik – ansonsten aber ohne nähere Begründung – für die Annahme eines Rechtsmangels nach altem Recht aus.[1103]

In Teilen der neueren Literatur finden sich oftmals pauschale Ausführungen, in welchen es abgelehnt wird, steuerrechtliche Bezüge als Beschaffenheit einer Sache anzusehen.[1104] Jedenfalls dann, wenn auf die steuerlichen Folgen des Kaufs abgestellt wird und ein Sachbezug nicht vorliegt, aber auch darüber hinaus wird auf die fehlende Trennschärfe verwiesen, welche ein letztlich weiter Beschaffenheitsbegriff mit sich brächte.[1105] Auch insoweit, als dass hier auf die analysierten BGH-Entscheidungen zurückgegriffen wird, ist zu beachten, dass die Aussagen des BGH zu § 459 Abs. 1 BGB a.F. ergangen sind und daher aufgrund der neuen Kaufrechtsdogmatik – der subjektive Fehlerbegriff des § 459 Abs. 2 BGB a.F. als Mittelpunkt des heutigen Gewährleistungsrechts – einer Aktualisierung bedürfen.

(3) Stellungnahme

Den pauschal ablehnenden Ansichten ist entgegenzuhalten, dass eine Einschränkung gegenüber der früheren Rechtsprechung zum alten Recht im Hinblick auf die neue Rechtslage nicht allein mit der Reform begründbar ist.[1106] Darüber

---

1102 *Landsberg*, JuS 1982, 335 (338).

1103 *Brych*, ZfBR 1981, 153; siehe zur Verjährung unten unter § 7 B. IV. 8.; siehe zum Rechtsmangel unten unter § 7 B. IV. 5.

1104 *Koller*, NJW 1981, 1768; *Krause*, WM 1999, 1101 (1107); *Matusche-Beckmann*, in: Staudinger, BGB, § 435 Rn. 36; *Westermann*, in: Münch-Komm-BGB, § 435 Rn. 10 unter Berufung auf BGH v. 19.12.1980 – V ZR 185/79, BGHZ 79, 183 (185) = NJW 1981, 864 (865); sowie *ders.*, a.a.O. § 434 Rn. 9 f., der jedoch eine Beschaffenheitsvereinbarung gleichwohl für möglich hält und damit an der alten Dogmatik des § 459 BGB a.F. festzuhalten scheint; vgl. auch *Grunewald*, in: Erman, BGB, § 434 Rn. 8.

1105 *Koller*, NJW 1981, 1768.

1106 Siehe oben zu den Ausführungen i.R.d. Beschaffenheitsbegriffs unter § 7 B. IV. 2. a) bb).

hinaus ist es mit dem effektiven Gewährleistungsrecht sowie dem durch selbiges geschützten Äquivalenzprinzip unvereinbar, wenn steuerliche Umstände von vornherein seinem Anwendungsbereich entzogen werden. Die Steuerbarkeit einzelner geschäftlicher Operationen oder Aktivitäten ist zudem auch aus betriebswirtschaftlicher Sicht ein elementarer Faktor. Es handelt sich daher regelmäßig um beachtliche wirtschaftliche Beziehungen zur Umwelt. Der schon durch den vermittelnden Beschaffenheitsbegriff geforderte Objektbezug und die jeweilige Risikoabwägung stellen hinreichende Korrektive dar, um eine ausufernde Gewährleistungspflicht des Verkäufers zu verhindern. Auch die vielseitigen steuerlichen Effekte bei einer Transaktion - Anrechnungs- oder Erstattungsberechtigungen bzw. Steuerbelastung - sprechen gegen eine kategorische Exklusion aus dem Anwendungsbereich der kaufrechtlichen Gewährleistungshaftung.

Im Ergebnis sprechen daher normative wie dogmatische Erwägungen gleichermaßen für die insoweit vermittelnde Auffassung des BGH, nämlich steuerliche Umstände - wie den steuerlichen Rechtsirrtum - unter strengen Voraussetzungen dem Kaufgewährleistungsrecht anheimzustellen.

(4) Fazit

Die generelle Applikation der kaufrechtlichen Gewährleistung auch in steuerlicher Hinsicht ist somit festgestellt worden.[1107] Die „steuerliche Beschaffenheit" sind demnach:

> „[…] *neben der physischen Beschaffenheit - alle tatsächlichen und rechtlichen Verhältnisse, welche die Beziehung der Sache zur Umwelt betreffen und wegen ihrer Art und Dauer die Brauchbarkeit oder den Wert der Sache beeinflussen* […], *soweit sie nicht an die Person des Erwerbers gebunden sind und sich damit dem Verantwortungsbereich des Veräußerers entziehen.*"[1108]

Mithin sind für die steuerliche Beschaffenheit ein Objektbezug und eine mangelnde Personenbegründetheit erforderlich. Eben dieser Objektbezug kann bei steuerlichen Umständen und damit auch steuerlichen Rechtsirrtümern begründet sein.[1109] Auch wenn der Objektbezug begrifflich Überschneidungen mit der Frage der Beschaffenheit bei steuerrechtlichen Vor- oder Nachteilen aufweist, kann das zuvor Gesagte bestätigt werden. Die begrifflichen Unterschiede sind

---

1107 So auch *Berger*, in: Jauernig, BGB, § 434 Rn. 7; vgl. auch *Schaub*, AcP 202 (2002), 757 (765).

1108 BGH v. 19.12.1980 - V ZR 185/79, BGHZ 79, 183 (185) = NJW 1981, 864.

1109 BGH v. 8.1.1975 - VIII ZR 124/73, WM 1975, 230; BGH v. 19.12.1980 - V ZR 185/79, BGHZ 79, 183 (185) = NJW 1981, 864.

schließlich in dem Wortlaut des § 459 Abs. 2 BGB a.F. begründet, welcher auf die Eigenschaft abstellt.[1110] Wie dargelegt, soll dieses Eigenschaftsmoment nun aber als Grundbaustein der Beschaffenheit dienen.[1111]

Abschließend ist freilich darauf hinzuweisen, dass ein Steuerumstand wohl in den seltensten Fällen *ein tatsächliches oder rechtliches Verhältnis mit Bezug zum Kaufobjekt* (nach hiesiger Lesart sogar mit Strukturbezug[1112]) *sein* wird, zudem *mittels Art und Dauer die Brauchbarkeit der Kaufsache beeinflusst* und darüber hinaus noch *dem Risikobereich des Verkäufers entspringt*. Es handelt sich daher um strenge Anforderungen, die hier den gerechten Lastenausgleich zwischen Käufer und Verkäufer sicherstellen.

Hieraus folgt im Ergebnis zusammengefasst, dass ein andauernder struktureller Beschaffenheitsbezug zu fordern ist, d.h. das Steuerrecht an eine Beschaffenheit anknüpft, und in einem zweiten Schritt, dass der persönliche Risikobereich gegen das Äquivalenzinteresse der Parteien abzuwägen ist.[1113]

bb) Anwendung auf die Cum-/Ex- Leerverkäufe

Im Folgenden sollen die gewonnenen Erkenntnisse hinsichtlich der „steuerrechtlichen Beschaffenheit"[1114] auf die Cum-/Ex-Leerverkäufe angewendet werden, wobei die erarbeiteten Anforderungen an den „Sachmangel eines Rechts"[1115] heranzuziehen sind, um die Beschaffenheit der Aktien zu untersuchen.

(1) Beschaffenheitsbezug

Die erste Voraussetzung ist, dass die Steuerfolge an eine strukturelle Beschaffenheit des Rechts anknüpft. Die restriktive Handhabung von Gewährleistungsansprüchen in diesem Zusammenhang wird häufig mit dem Argument begründet, das Steuerrecht knüpfe nicht an die Beschaffenheit an.[1116] Abzustellen ist damit auf konkrete Anknüpfungspunkte aus tatsächlichen oder rechtlichen

---

1110 Siehe zur dogmatischen Problematik der zusätzlichen Anforderung der persönlichen Risikosphäre unten unter § 7 B. IV. 2. c) bb) (3).

1111 Siehe oben unter § 7 B. IV. 2.

1112 Siehe oben zum vermittelnden Beschaffenheitsbegriff bzw. der Stellungnahme § 7 B. IV. 2. a) bb) und dd).

1113 Vgl. auch *Krause*, WM 1999, 1101 (1107 f.); sowie *Berger*, in: Jauernig, BGB, § 434 Rn. 7.

1114 Siehe oben unter §7 B. IV. 2. c) aa).

1115 Siehe oben unter §7 B. IV. 2. b).

1116 BGH v. 26.4.1991 – V ZR 165/89, BGHZ 114, 263 (263 und 266) = NJW 1991, 2556 m. Anm. *Emmerich*, JuS 1991, 857; BGH v. 30.10.1987 – V ZR 144/86, BGH NJW-RR

Verhältnissen der Aktie, die ihre Beziehung zur Umwelt betreffen, wobei sie ihrer Struktur anhaften müssen und letztlich wegen ihrer Art und Dauer die Brauchbarkeit oder den Wert der Aktie beeinflussen. Mit anderen Worten muss zunächst eine Beschaffenheit der Aktie vorliegen ((a)), an welche dann das Steuerecht anknüpft ((b)) und ein Werteinfluss ((c)) gegeben ist.[1117]

(a) Beschaffenheit

(i) Leerverkauf

Möglicherweise handelt es sich bei der Tatsache des Leerverkaufs um eine beschaffenheitsbegründende Eigenschaft. Gemeint ist damit freilich nicht, dass eine fremde Sache übereignet wird, sondern der Verkäufer im Zeitpunkt des Kaufvertrags nicht Eigentümer des Kaufobjekts ist.[1118]

Hieraus wird bereits deutlich, dass eine beschaffenheitsbegründende Eigenschaft nicht vorliegt. Der Eigentumsstellung im Zeitpunkt des Kaufgeschäfts ist wegen der Abstrahierung schuldrechtlicher Verhältnisse und ihrer Trennung vom Verfügungsgeschäft der eigentliche Sachbezug abzusprechen.[1119] Das Eigentum an den gehandelten Aktien wird schließlich bei Lieferung erworben. Unsicherheiten über die Eigentümerstellung sind mithin als Motivirrtümer einzuordnen, welche auch nicht zur Anfechtung berechtigen. Der Leerverkäufer verspricht schließlich Eigentum und Besitz an der Aktie zu verschaffen. Dies beabsichtigt er auch.[1120] Jedenfalls dürfte der Irrtum über die Inhaberschaft bei den Cum-/Ex-Geschäften nur eine untergeordnete Rolle gespielt haben. Wie oben ausgeführt, stellt die Inhaberschaft zwar die Grundlage, aber nicht den Hauptzweck der Transaktion dar.[1121] Die Frage nach dem zugrundeliegenden Leerverkauf nimmt damit nur ein Durchgangsstadium ein.

Hiergegen könnte man wertungsorientiert argumentieren, dass in dem zuvor geschilderten Umfang Leerverkäufe teilweise verboten waren.[1122] Dieser Ansatz

---

1988, 348 (350); siehe hierzu auch Anm. *Emmerich,* WuB IV, A § 463 BGB 1.88; vgl. *Grunewald;* in: Erman, BGB, § 434 Rn. 8.

1117 Vgl. auch OLG Köln v. 13.11.1992 – 19 U 77/92, NJW-RR 1993, 784; sowie *Grunewald,* in: Erman, BGB, § 434 Rn. 8.

1118 Siehe zum Leerverkauf oben unter § 3 B. I.

1119 Vgl. auch BGH v. 14.12.1960 – V ZR 40/60, BGHZ 34, 32; NJW 1961, 772; OGHBrZ Köln v. 22.11.1948 – II ZS 21/48, OGHZ, NJW 1949, 220 (221); kritisch dagegen *Mayer-Maly,* AcP 170 (1970), 133 (172).

1120 *Trüg,* NJW 2009, 3202 (3204).

1121 Siehe oben unter § 3 B. I.

1122 Siehe oben unter § 3 B. III.

vermag in zweifacher Hinsicht nicht zu überzeugen. Zum einen schützen die Leerverkaufsverbote nicht den Käufer oder Investor, sondern den Kapitalmarkt bzw. den Emittenten, sodass schon die Wertung hier nicht einschlägig ist.[1123] Zum anderen ist es nicht sachgerecht, sich i.R.d. vertraglichen Äquivalenzrisikos der §§ 434, 435 BGB einer beschaffenheitsfernen Wertung zu bedienen, welche den Gesetzgeber der §§ 434, 435 BGB hier nicht beeinflusst hat.

Die Relativität der Schuldverhältnisse und das Trennungsprinzip überwiegen eindeutig. Mehr als die Verschaffung der Kaufsache aufgrund der Verpflichtung kann der Käufer nicht verlangen. Er ist schließlich nicht Rechtsinhaber. Deshalb ist auch die fehlende Rechtsinhaberschaft beim Verkäufer im Zeitpunkt des Vertragsschlusses gewährleistungsrechtlich unerheblich. Ob der Leerverkauf eine spätere Beschaffenheit begründet oder auslöst, ist eine andere Frage.[1124]

Letztlich beschreibt der Leerverkauf eine bloße Art, Geschäfte zu betreiben. Die Eigentümerstellung des Verkäufers im Zeitpunkt des schuldrechtlichen Vertragsschlusses entbehrt aber jedweden Bezugs zur Kaufsache.[1125]

(ii) Dividende

Weiterhin ist zu klären, bei welchen strukturellen Merkmalen einer Aktie es sich um Beschaffenheitsmerkmale handelt. Beispielsweise wurde schon auf die gesellschaftsrechtliche Position hingewiesen. Wie ebenfalls oben angeklungen, wird auch die Dividende unter den Begriff der Beschaffenheit subsumiert.[1126] Der sich aus der Lieferung *ex* Dividende ergebende Schadensersatzanspruch (§§ 437 Nr. 3, 280 Abs. 1 und 3, 283, 434, 433 BGB) wird jedoch durch die Dividendenkompensationszahlung grundsätzlich abgegolten.[1127] Hierbei handelt es sich auch nicht um den bloßen Marktwert.[1128] Der Marktwert hängt von Beschaffenheitsmerkmalen ab, sodass sich die Dividendenzahlung regelmäßig im Aktienkurs widerspiegelt. Dies ist auch der Hintergrund der Dividendenkompensationszahlung, weshalb die Wertzuordnung aufgrund des bilateralen

---

1123 *Krüger/Ludewig*, WM 2012, 1942 (1943 und 1946); siehe auch schon die Ausführungen oben unter § 3 B. III.

1124 Siehe hierzu unten unter § 7 IV. 3.

1125 Vgl. auch *Schlimbach*, Leerverkäufe, S. 8.

1126 Siehe hierzu ausführlich oben unter § 7 IV. 2. b); vgl. auch *Schmidt*, in: P/W/W, BGB, § 453 Rn. 8 und 14; *Stöber*, Beschaffenheitsgarantien des Verkäufers, S. 165 und 335.

1127 Siehe auch zu sonstigen Gestaltungsrechten § 7 II. 4. und V.

1128 Vgl. *Beckmann*, in: Staudinger, BGB, § 453 Rn. 8; *Faust*, in: BeckOK-BGB (Stand: März 2018), § 434 Rn. 23a; *ders.*, in: BeckOK-BGB (Stand: März 2018), § 453 Rn. 20; *Pahlow*, JA 2006, 385 (388).

schuldrechtlichen Kaufvertrags vorgenommen wird. Daher fragt sich nachfolgend, ob die Dividende in diesem Fall als Netto- oder Brutto-Dividende zu werten ist. Die Antwort gibt sodann die zweite Ebene, d.h. die Ebene der steuerrechtlichen Anknüpfung.[1129]

(iii) Dividendenkompensationszahlung

Weiter lässt sich fragen, ob die Dividendenkompensationszahlung selbst als eine Beschaffenheit anzusehen ist. Die Frage stellt sich deshalb, weil es i.R.d. steuerrechtlichen Anknüpfungen besonders auf die Art der jeweiligen Bezüge ankommt. Hier liegt jedoch ein Scheinproblem vor, da es sich letztlich um ein Folgeproblem der nicht erfüllbaren Dividendenlieferung handelt.

(b) Anknüpfungspunkte des Steuerrechts

(i) Einkünfte vor dem 19.12.2006

Nunmehr soll eine Analyse der steuerrechtlichen Anknüpfungskriterien anhand der Tatbestandsmerkmale der hier streitigen Anrechnungsmöglichkeit des § 36 Abs. 2 Nr. 2 EStG erfolgen.[1130] Wie bereits eingangs angedeutet, ist bei der Einkünftebestimmung eine Unterscheidung anhand der unterschiedlichen Rechtslagen geboten.[1131] Vor dem 19.12.2006 vereinnahmt der Leerkäufer nach der hier vertretenen Auffassung keine Einkünfte, weil ihm die unter § 20 Abs. 1 Nr. 1 S. 1 EStG fallenden Bezüge nicht zuzurechnen sind.[1132] Der Quellensteuerabzug (in der Form der Nichterhebung trotz wirtschaftlicher Kompensation im Kaufpreis) haftet der Aktie an.

Dieses Erfordernis ist aber gesetzlich zwingende Voraussetzung für die begehrte Anrechnung der Kapitalertragsteuer, welche ihrerseits der Grund für die Wertdiskrepanz zwischen Netto- und Brutto-Dividende als dem Stammrecht immanente Strukturausformung ist.

(ii) Einkünfte ab dem 19.12.2006

Seit dem 19.12.2006 sind gem. § 20 Abs. 1 Nr. 1 S. 4 EStG, wie ausgeführt, auch stellvertretende Bezüge steuerbar, die von einem Nichtanteilseigner im Falle eines Cum-/Ex-Geschäfts bezogen wurden.[1133] Damit ist die Grundvoraussetzung

---

1129 Siehe nachstehend unter § 7 B. IV. 2. c) bb) (1) (b).

1130 Siehe zu den Tatbestandsmerkmalen im Einzelnen oben unter § 4 C.

1131 Siehe hierzu ausführlich oben unter § 4 C. I. 2.

1132 Siehe hierzu ausführlich oben unter § 4 C. I. 1. c) bzw. 3.

1133 Siehe hierzu ausführlich oben unter § 4 C. I. 2.

für den Erwerber, um in den Genuss der Brutto-Dividende zu kommen, auch beim Leerverkauf erfüllt. Der Leerverkäufer stellt demnach beim Cum-/Ex-Geschäft Einkünfte zur Verfügung, welche kraft des „neuen" Steuerrechts nunmehr Einkünfte darstellten, die grundsätzlich zur Kapitalertragsteueranrechnung berechtigen.

Ab dem 19.12.2006 knüpft das Steuerrecht immer noch kraft Fiktion an Bezüge aus Aktien an. Grund hierfür ist, dass es weder wirtschaftlich noch zivilrechtlich einen erheblichen Unterschied macht, aus welchem Rechtsverhältnis die Bezüge stammen. Der Quellensteuerabzug (in der Form der steuerpflichtwidrigen Nichterhebung) haftet auch hier der Aktie an.

Wie auch oben kommt es schließlich (noch) nicht darauf an, ob tatsächlich Steuern abgeführt wurden oder nicht. Ausreichend ist allein, dass das Steuerrecht abstrakt an besagte Bezüge anknüpft.

(iii) Fazit

Wie bereits angedeutet, stellen die Cum-/Ex-Geschäfte relativ komplexe Geschäfte dar. Dies zeigt sich auch in dem vorliegend diskutierten Rahmen. Primär in Rede steht hier die Anrechnungsmöglichkeit, welche aber zuvor einer Erhebung bedarf. Die Berechtigung zur Anrechnung von Kapitalertragsteuern ist daher das Spiegelbild der Anknüpfung des Steuerrechts an die Beschaffenheit der Aktien. Das Steuerrecht stellt für die Steueranrechnung darauf ab, ob Bezüge steuerbar sind und ob Steuern erhoben wurden. Ausreichend ist, dass das Steuergesetz hieran bei Vorliegen oder Nichtvorliegen von Kapitalerträgen aus Aktien bestimmte Rechtsfolgen knüpft.

(c) Werteinfluss

Abschließend muss die an eine Beschaffenheit anknüpfende Steuerfrage einen Werteinfluss aufweisen. Wie die Cum-/Ex-Geschäfte und ihre Beurteilung durch die Illegalitätsthese gezeigt haben, ist die Frage der Anrechnung von Kapitalertragsteuern nach Cum-/Ex-Geschäften zweifelsohne wertbeeinflussend.

Der tatsächliche und damit für die Mangelbegründung erforderliche (negative) Werteinfluss manifestiert sich beim Kapitalsteuerabzug im Tatbestandsmerkmal der Steuererhebung i.S.d. § 36 Abs. 2 Nr. 2 EStG und damit in der Frage, ob Kapitalertragsteuer erhoben worden bzw. ein Steuerabzug unterblieben ist. Der Grund des Unterbleibens (vor dem 19.12.2006 tatsächliches Unterbleiben beim Emittenten sowie ab dem 19.12.2006 bei Einschaltung einer ausländischen Depotbank)[1134]

1134 Siehe hierzu ausführlich oben unter § 4 C. II.

ist in der Prüfung der Beschaffenheit zweitrangig. Jedenfalls ergibt sich hieraus die wirtschaftlich nachteilige Netto-/Brutto-Differenz, welche mangels Anrechnungsberechtigung des Käufers zu einem negativen Werteinfluss führt.

(d) Fazit

Zusammenfassend liegen die zur steuerlichen Beschaffenheitsfeststellung erforderlichen Merkmale vor. Im Umkehrschluss bedeutet dies, dass die Beschaffenheit der über den Dividendenstichtag veräußerten Aktien den Brutto-Dividendenanspruch beinhaltet.

Die Tatsache, ob eine Aktie mit oder ohne Dividende und dafür im letzteren Fall kombiniert mit einer Schadensersatzzahlung geliefert wird, ist ein strukturell dem Recht innewohnender, wirtschaftlich relevanter und dauerhafter Umstand, an den das Steuerrecht anknüpft. Die grundsätzliche Beschaffenheitstauglichkeit von Cum-/Ex-leergehandelten Aktien ist mithin zu bejahen.

(2) Kein persönliches Risiko

Wie oben bereits erwähnt, ist bei der Begründung eines steuerrechtlichen Mangels besonders darauf zu achten, dass das persönliche steuerliche Risiko des Käufers nicht auf den Verkäufer abgewälzt werden darf.[1135] Um ein gerechtes Endergebnis zu finden, sind daher das Äquivalenzinteresse der Parteien einerseits und das Gewicht des Steuerrisikos andererseits gegeneinander abzuwiegen.

Das Interesse des Käufers an der Lieferung des Kaufobjekts inklusive der steuerlich erwarteten Umstände muss demnach größer sein als das persönliche Risiko des Käufers, eben diese Ungewissheit selbst zu verantworten. Insbesondere *Krause* vertritt in diesem Kontext die Auffassung, jede Partei trage ihr steuerrechtliches Risiko allein.[1136] Diese pauschale Feststellung soll anhand einiger abwägungsrelevanter Kriterien genauer untersucht werden.

(a) Billigkeitserwägungen

Die Billigkeitsgesichtspunkte befassen sich zunächst mit dem Umstand, dass der Verkäufer in aller Regel keinen Einblick in die Steuersituation des Käufers hat. Mit dieser Einstiegserwägung ist auch das Vorbringen verwandt, der Verkäufer solle

1135 BGH v. 19.12.1980 – V ZR 185/79, BGHZ 79, 183 = NJW 1981, 864; BGH v. 26.4.1991 – V ZR 165/89, BGHZ 114, 263 (263 und 266) = NJW 1991, 2556 m. Anm. *Reithmann*, EWiR 1991, 655 (656); *Krause*, WM 1991, 1101 (1107 f.); *Lindheimer*, DNotZ 1991, 135 (139); siehe auch bereits oben unter § 7 B. IV. 2. c).

1136 *Krause*, WM 1999, 1101 (1107 ff.).

deshalb nicht haften, weil er keine Möglichkeit habe, an dem Steuerverfahren des Erwerbers zu partizipieren und ihm die Steueranrechnung zu verschaffen.[1137]

Jedoch ist anzumerken, dass gerade und explizit bei den Cum-/Ex-Geschäften ein gewisser Konsens über die Schutzbedürftigkeit des Käufers besteht.[1138] Wie bereits ausführlich dargestellt, führt die besondere Konstruktion der Transaktionen dazu, dass ein Erwerb der jeweiligen Aktien in Unkenntnis des Leerverkaufs möglich ist. Unabhängig von der Kenntnis und dem Erfolg des steuerlichen Verfahrens vereinnahmt der Leerverkäufer den Kaufpreis *cum* Dividende.[1139] Dieses zumeist gegen den Fiskus in Stellung gebrachte Schutzwürdigkeitsargument muss ebenfalls – *bzw. eigentlich* – gegen den jeweiligen Vertragspartner gelten, welcher die Gegenleistung vereinnahmt.

Die Argumentation der fehlenden Prozessteilnahme ist gleich doppelt zweifelhaft. Zum einen ist es üblich, dass der Verkäufer eines Rechts nach der Abtretung i.S.v. §§ 398, 413 BGB an dem Verfahren der Rechtsdurchsetzung nicht mehr partizipiert. Hierbei ginge es freilich nur um die Durchsetzung des gekauften Rechts und nicht der hieran geknüpften Steuererstattungsansprüche. Zum anderen aber kann die Verfahrensteilnahme im Angesicht der materiellen Rechtswidrigkeit der Cum-/Ex-Leerverkaufsgeschäfte nicht angeführt werden.[1140] An der bereits aufgezeigten Steuerrechtswidrigkeit und den hieraus resultierenden Schäden beim Erwerber ändert daher auch die fehlende Teilnahmemöglichkeit des Leerverkäufers am Steuerverfahren nichts.

Die hier erwogenen Billigkeitsgründe sprechen mithin dafür, die steuerrechtliche Behandlung der Cum-/Ex-Geschäfte dem Äquivalenzprinzip zuzuschreiben.

(b) Steuerstruktur

Ein weiteres Kriterium könnte die Struktur der steuerrechtlichen Belastung darstellen. Hier könnte beispielsweise an die Steuerart angeknüpft werden. Die Kapitalertragsteuer als Erhebungsform der Einkommensteuer erfasst schließlich individuelle Verhältnisse (*Personalsteuer*).[1141]

1137 Vgl. *Krause,* WM 1999, 1101 (1109) in einem leicht abweichenden Kontext.

1138 *Berger/Matuszewski,* BB 2011, 3097 (3101); *Blumer/Elicker,* BB 2012, 3187 (3188); *Derlien/Kern,* BB 2013, 1943; *Desens,* DStZ 2012, 142 (147); *Englisch,* FR 2010, 1023 (1031); *Seer/Krumm,* DStR 2013, 1756 (1760 und 1762).

1139 Siehe hierzu ausführlich oben unter § 3 B. I.

1140 Siehe hierzu bereits oben unter § 4 E.

1141 Vgl. zur Individualbesteuerung *Hey*, in: Tipke/Lang, Steuerrecht, § 8 Rn. 22; vgl. auch BGH v. 26.4.1991 – V ZR 165/89, BGHZ 114, 263 (263 und 266) = NJW 1991, 2556.

Diese Erwägung muss jedoch genauer betrachtet werden. Maßgeblich ist weniger die Einkommenbesteuerung, sondern vielmehr die Anrechnung der Kapitalertragsteuer auf Bezüge aus Aktien. Der hinter der Anrechnung stehende Zweck ist die Vermeidung einer Doppelbelastung.[1142] Der steuerliche Rechtsirrtum bezieht sich auf den Umstand, dass die Voraussetzungen der Anrechnungsberechtigung aus § 36 Abs. 2 Nr. 2 EStG vorliegen. Diese wiederum hängt davon ab, ob zuvor Kapitalertragsteuer auf die jeweiligen Beiträge abgeführt worden ist. Insofern erfolgt eine Rückkopplung an Gründe, die in der Aktie als Anteil und damit im Kaufobjekt liegen.

Dies bedeutet letztlich, dass bei über den Dividendenstichtag leerverkauften Aktien unabhängig von der Person des Erwerbers mangels Steuerabzugs auf die Dividende eine Anrechnung nicht möglich ist.

Auch eine zweite Erwägung ist hier anzustellen, welche explizit Bezug auf die Person des Anrechnenden nimmt. Wie ebenfalls oben erörtert wurde, sind ausländische Anteilsinhaber nicht anrechnungsberechtigt.[1143] Hieraus könnte geschlossen werden, dass eben doch Gründe maßgeblich wären, welche sich aus der Person des jeweiligen Anteilsinhabers ergeben. Die Versagung der Anrechnungsmöglichkeit sieht sich massiven Rechtmäßigkeitsbedenken gegenüber und fußt zu Unrecht auf der Unterscheidung der Person des Steuerpflichtigen.[1144] Hieraus abzuleiten, dass die Frage dieser konkreten Steuererstattung ein im Risikobereich des Steuerpflichtigen liegender Umstand sei, ist ein Trugschluss.

Stattdessen ist klar geworden, dass nach Cum-/Ex-Leerverkaufsgeschäften schon gar nicht die Möglichkeit verschafft wird, anrechnen zu können. Keine Person ist berechtigt, nicht erhobene Kapitalertragsteuern nach einem Cum-/Ex-Leerverkaufsgeschäft anzurechnen.[1145] Das Risiko der Nichtanrechnung ergibt sich schon aus der jeweiligen Aktienlieferung und nicht erst aus der Person des Käufers. Seine persönliche Anrechnungsberechtigung steht bei einer vorgelagerten Cum-/Ex-Transaktion nicht mehr im Fokus. Besagtes Risiko der Nichtanrechnung bei Cum-/Ex-Geschäften ist daher dem Äquivalenzverhältnis zuzuordnen.

Eine Beschaffenheitsferne kann folglich nicht mit Verweis auf die Einkommensteuerart begründet werden, sondern ist vielmehr anhand der konkreten steuerrechtlichen Belastung zu untersuchen. Dabei wohnt das Risiko der Nichtanrechnung strukturell und normativ eher dem Kaufobjekt als der Person des Käufers inne.

1142 Siehe hierzu bereits oben unter § 3 A. II.

1143 Siehe hierzu oben unter § 3 B. I.

1144 Siehe oben unter § 4 E.

1145 Siehe oben unter § 4 E.

(c) Verfahren

Einen weiteren Anhaltspunkt kann ein Blick auf die Verfahrensweisen liefern. Bei der Erhebung der Kapitalertragsteuer und ihrer Bescheinigung handelt es sich um ein Massenverfahren.[1146] Diese Art und Weise des Anrechnungsverfahrens bei der Dividendenbesteuerung spricht demnach gegen den Individualitätscharakter.

(d) Belastungsgedanke

Ein weiterer Gedanke, welcher für die Risikotragungspflicht des Verkäufers spricht, ergibt sich aus der Antwort auf die Frage nach der tatsächlichen Belastung. Anders als der Inhaberverkäufer, welcher selbst durch den vorherigen Steuerabzug belastet wurde, nimmt der Leerverkäufer eine belastungstechnisch isolierte Position ein, indem er zu keiner Zeit steuerrechtlich belastet ist. Da er die Aktien erst nach dem Dividendenstichtag erwirbt, verzeichnet er selbst keine Kapitalerträge.

(e) Fazit

Abschließend kann neben dem weniger evidenten Bezug der Besteuerung zum Anteil selbst der weit offensichtlichere Zusammenhang der Steueranrechnung zum Äquivalenzprinzip begründet werden. Das Risiko der Parteien kann hierbei dahingehend umschrieben werden, dass der Leerverkäufer sich den Umstand der Steuererstattung – ob bewusst oder unbewusst – dergestalt zunutze macht, dass er unmittelbar aufgrund der Kaufpreiszahlung begünstigt wird.[1147] Scheitert nun die Steueranrechnung in einer Vielzahl von Fällen, ist es nicht sachgerecht, dieses Risiko auf Seiten des Leerkäufers zu verorten. Die Abwägung des steuerlichen Risikos mit dem Äquivalenzinteresse fällt somit überwiegend zugunsten des Äquivalenzinteresses aus.[1148]

(3) Exkurs: Dogmatische Stellung der Abwägung

Die dogmatische Stellung der Risikoabwägung ist deshalb hervorzuheben, weil die erste Voraussetzung für einen steuerrechtlichen Mangel – der Beschaffenheitsbezug des Steuerrechts – letztlich der Feststellung der Beschaffenheitsmerkmale

---

1146 *Klein*, BB 2016, 2200 (2206); vgl. auch FG Hessen v. 10.2.2016 – 4 K 1684/14, EFG 2016, 761 (767) = DStR 2016, 1084 (1092); sowie *Bruns*, DStZ 2012, 333 (337); *Häuselmann*, DStR 2009, 1996 (1997).

1147 Siehe oben unter § 3 B. I.

1148 So auch *Bruns*, DStR 2010, 2061 (2065); vgl. auch FG Hessen v. 10.2.2016 – 4 K 1684/14, EFG 2016, 761 (768) = DStR 2016, 1084 (1093).

gleicht.[1149] Dies wirft deshalb Schwierigkeiten auf, weil der Käufer sich immer schon bereits auf die Abweichung der Beschaffenheit berufen könnte, um steuerliche Nachteile geltend zu machen.

Die dargelegte Risikoabwägung darf indes nicht unterlaufen werden. Daher muss bei lebensnaher Auslegung des jeweiligen Sachverhalts untersucht werden, ob ein steuerlicher Nachteil ausgeglichen werden soll. Ist dies der Fall, kommt die geschilderte Risikoabwägung zur Anwendung. Die hier gezeigten hohen Anforderungen führen regelmäßig dazu, steuerliche Rechtsirrtümer nicht dem Gewährleistungsrecht zu unterwerfen. Eine generelle Nichtbeachtung steuerlicher Nachteile im Kaufgewährleistungsrecht kann dagegen nicht überzeugen.

Die Risikoabwägung kommt somit immer dann zum Tragen, wenn der Käufer ein steuerliches Interesse ersetzt verlangt. Fällt die Abwägung negativ aus, dann stellt sie einen Ausschluss für den Beschaffenheitsbezug dar, sodass § 434 BGB unangewendet bliebe.

cc) Abgrenzung zur Beratung über steuerrechtliche Fragen

Das Gesagte lässt sich auch mit Blick auf andere Fallgruppen untermauern. Gemeint sind Fälle, in denen der Verkäufer aufgrund seiner vermeintlichen Sachkenntnis über steuerrechtliche Fragestellungen berät, die im weiteren Sinne mit der Kaufsache zusammenhängen, ohne sich auf eine Beschaffenheit der Kaufsache zu beziehen.[1150] Dies zeigt, dass auch Fälle denkbar sind, in denen steuerliche Rechtsirrtümer im Zusammenhang mit dem Kaufvertrag stehen und dabei nicht zwangsläufig einen steuerlichen Mangel begründen. In diesen Fällen kommt insbesondere eine Haftung aus § 311 Abs. 2 i.V.m. § 280 Abs. 1 S. 1 BGB in Betracht.[1151]

d) Fazit

Im Ergebnis ist festzuhalten, dass die Kapitalertragsteueranrechnung auf Bezüge aus Aktien eine vereinbarungsfähige – oder potenziell übliche – Beschaffenheit der Aktie ausmacht. Es handelt sich hierbei um einen dauerhaften (steuer-)rechtlichen Bezug der Aktie zur Umwelt, welcher für ihren Wert von Bedeutung ist.[1152] Dieser Bezug fußt nicht etwa auf dem bloßen Marktpreis,

1149 Siehe oben unter § 7 B. IV. 2. c) bb).

1150 Vgl. *Schaub*, AcP 202 (2002), 757 (777 und 794) am Beispiel von Werbungskosten.

1151 *Schaub*, AcP 202 (2002), 757 (805).

1152 Siehe oben unter § 7 B. IV. 2. c); insbesondere aber BGH v. 28.3.1990 – VIII ZR 169/89, BGHZ 111, 75 (78) = NJW 1990, 1659 (1660).

sondern lässt sich an ein der Rechtsstruktur innewohnendes Merkmal (Kapitalerträge in Form der Dividende) anknüpfen.

Zudem fällt die – durch das steuerrechtliche Interesse notwendige – Abwägung zwischen personellem und vertragsäquivalentem Risiko zugunsten des Käuferinteresses an der dem Preis entsprechenden Gegenleistung aus. Damit ist das Risiko des steuerlichen Rechtsirrtums bei den Cum-/Ex-Geschäften im Äquivalenzverhältnis zu verorten.[1153] In zeitlicher Dimension ist die konkrete Gewinnausschüttung nicht wiederholbar und damit der Aktie auf Dauer anhaftend. Der steuerliche Rechtsirrtum ist demnach bei den Cum-/Ex-Geschäften in Form der steuerlichen Beschaffenheit der gehandelten Aktien zu berücksichtigen.

3. *Beschaffenheitsvereinbarung*

Neben der grundsätzlichen Beschaffenheitsqualität ist für die kaufrechtliche Gewährleistung erforderlich, dass das jeweilige Beschaffenheitsmerkmal auch Inhalt des Kaufvertrags geworden ist. Die erste von den zwei hier in Betracht kommenden Möglichkeiten stellt die Beschaffenheitsvereinbarung gem. § 434 Abs. 1 S. 1 BGB dar.[1154]

Vorab und im Hinblick auf die Abgrenzung zur Garantiehaftung ist zu erörtern, welche Anforderungen an die Beschaffenheitsvereinbarung (a)) zu stellen sind. Im Anschluss sollen mögliche Zusicherungen bzw. Erklärungen ausgelegt und untersucht werden, die im Zusammenhang mit den Cum-/Ex-Geschäften gestanden haben könnten (b) – d)).

a) Begriff/Abgrenzung zur Garantie

Der Begriff der Beschaffenheit ist stets derselbe. Einzig die Verantwortlichkeit des Verkäufers für die Beschaffenheit der Kaufsache steigert sich mit dem Grad an Zusicherung. Während für die Vereinbarung die bloße Beschreibung der Kaufsache genügt, erfordert eine unselbstständige Garantie die Erklärung des Verkäufers über die gesetzlichen Rechtsfolgen hinaus, für die Beschaffenheit einstehen zu wollen.[1155] Im Rahmen der Beschaffenheitsvereinbarung i.S.d. § 434 Abs. 1 S. 1 BGB haben die Parteien in Ansehung der Privatautonomie

---

1153 Vgl. BGH v. 23.3.1990 – V ZR 16/89, WM 1990, 1210 (1212).

1154 Siehe zur Üblichkeit der Beschaffenheit unten unter § 7 B. IV. 4.

1155 *Berger*, in: Jauernig, BGB, § 434 Rn. 9 f.; *Looschelders*, Schuldrecht BT, § 4 Rn. 138; *Schmidt*, BB 2005, 2763 (2765); *Stöber*, Beschaffenheitsgarantien des Verkäufers, S. 332. *Weidenkaff*, in: Palandt, BGB, § 434 Rn. 16; vgl. auch BGH v. 29.11.2006 – VIII ZR 92/06, BGHZ 170, 86 = NJW 2007, 1346 (Rn. 20).

die Möglichkeit, eine eigenständige subjektive Abrede darüber zu treffen, welchen Zustand das Kaufobjekt aufweisen soll.[1156] Aufgrund der oben[1157] bereits festgestellten Anwendbarkeit von § 434 BGB gem. § 453 Abs. 1 BGB gelten die hiesigen Ausführungen auch für den Rechtskauf.

Um eine Beschaffenheitsvereinbarung nach § 434 Abs. 1 S. 1 BGB annehmen zu können, bedarf es grundsätzlich einer Angabe des Verkäufers, dass das konkrete Kaufobjekt, welches verschafft werden soll, ungeachtet anderer oder gleichartiger Objekte eine gewisse Beschaffenheit aufweisen soll.[1158] Diese Angaben können auch konkludent gemacht werden.[1159] Der maßgebliche Umfang einer auf der Grundlage der Angaben des Verkäufers zustande gekommenen Vereinbarung bemisst sich nach den §§ 133, 157 und 242 BGB.[1160] In praktischer Hinsicht stellt sich die Schwierigkeit, ob oder unter welchen Voraussetzungen in den Cum-/Ex-Fällen eine solche Vereinbarung anzunehmen ist und auf welche Angaben oder Merkmale sie sich ggf. bezieht. In Orientierung an den obigen Ausführungen zur Beschaffenheit kann die Vereinbarung an alle unter den Begriff der Beschaffenheit fallenden Umstände anknüpfen, die das gekaufte Recht ausmachen.[1161]

b) Beschaffenheit „cum Dividende“

In Betracht kommt zunächst die Vereinbarung einer Beschaffenheit der verkauften Aktien mit, also „*cum*“ Dividendenanspruch. Die Parteien sind sich demnach darüber einig, dass die verkauften Aktien mit dem Dividendenanspruch geliefert werden. Dabei sind unterschiedliche Fragen zu behandeln. Fraglich ist zunächst, ob die Vereinbarung „*cum Dividende*“ auch die Anrechnung der Kapitalertragsteuer auf die Dividende impliziert, d.h. netto oder brutto zu verstehen ist. Zudem ist zweifelhaft, welche Anforderungen an ein möglicherweise konkludentes Handeln zu stellen sind.

1156 *Schmidt*, in: P/W/W, BGB, § 434 Rn. 25; *Triebel/Hölzle*, BB 2002, 521 (525); *Schulze/Ebers*, JuS 2004, 462 (463).

1157 Siehe oben unter § 7 B. IV. 1.

1158 *Berger*, in: Jauernig, BGB, § 434 Rn. 9; *Westermann*, in: MünchKomm-BGB, § 434 Rn. 16.

1159 *Berger*, in: Jauernig, BGB, § 434 Rn. 9; *Grunewald*, in: Erman, BGB, § 434 Rn. 14.

1160 *Emmerich*, Schuldrecht BT, § 4 II 2 Rn. 13 f.

1161 *Eidenmüller*, ZGS 2002, 290 (291); siehe oben unter § 7 B. IV. 2.

aa) Klassischer Leerverkauf

Wird eine Aktie „*cum* Dividende" versprochen, so umfasst diese Verabredung jedenfalls den Dividendenanspruch in wirtschaftlicher Hinsicht. Umfasst ist demnach auch die Dividendenkompensationszahlung als wertmäßige Diskrepanz zwischen *Cum*-Geschäftsabschluss und *Ex*-Ausführungsgeschäft. In steuerlicher Hinsicht enthält diese Vereinbarung dagegen objektiv keinen Aussagegehalt. Selbiges gilt in Ansehung der Art des Verkaufs – Inhaber- oder Leerverkauf. Beides sind für den hier herausgearbeiteten Beschaffenheitsbegriff jedoch wesentliche Umstände. Erforderlich ist daher die Auslegung i.S.d. §§ 133, 157 BGB. Zu bedenken ist, dass der Anteilsinhaber selbst nur die Netto-Dividende ausgeschüttet bekommt, sodass die Zusage, die Aktie cum Dividende zu liefern, nicht auf die Kapitalertragsteuer zu erstrecken wäre. Ergebnis dessen ist, dass bei einer Vereinbarung „*cum Dividende*" – ausdrücklich oder konkludent – eine negative Beschaffenheitsabweichung bei der Lieferung ex Dividende nicht begründet wäre, solange eine Dividendenregulation vorgenommen wurde. Etwas anderes ergibt sich aber aus der Verkehrssitte. Mit Blick auf die Cum-/Cum-Geschäfte um den Dividendenstichtag ist zu bedenken, dass die Käufer kurz vor dem Dividendenstichtag damit rechnen, die Kapitalertragsteuer anzurechnen, um die Steuerarbitrage zu erzielen.

Vor diesem Hintergrund ist die Verabredung, die Aktien cum Dividende zu liefern, ohne weiteres als Versprechen zu sehen, Aktien zu liefern, die sich dazu eignen, den Quellensteuerabzug anzurechnen.

bb) Fail

Ein etwas veränderter Blickwinkel liegt dann vor, wenn die „*Cum-Dividenden-Vereinbarung*" mit hinreichend Vorlauf getroffen wurde. Legt man nun die Erklärung aus, gelangt man zu dem Ergebnis, dass es hier bereits auf die Originaldividendenberechtigung ankommen muss. Schließlich ist der Kaufvertrag in dieser Konstellation vor dem Dividendenstichtag zu erfüllen. Über die Lieferverzögerung wird quasi künstlich der gleiche Fall geschaffen wie bei einem Leerverkauf über den Dividendenstichtag. Jedoch soll dieser Zustand gerade vermieden werden, wenn „*cum Dividende*" geliefert werden soll. Die sich hieraus ergebenden Folgen sind deshalb nicht durch die Kompensationszahlung abgegolten, weil die Erklärung weiterreicht. Steht die Ausschüttung einer Dividende durch den Emittenten nicht an, so sind die jeweiligen Bezeichnungen *cum* oder *ex* ohnehin obsolet.

cc) Zwischenfazit

Der ergründete Erklärungswert *„cum Dividende"* umfasst die Differenz zwischen originaler und künstlicher Dividende, wobei sich die Vereinbarung nach erfolgter Auslegung auch auf die Berechtigung zur Kapitalertragsteueranrechnung bezieht. Wenn der „cum" vereinbarte Geschäftsabschluss mehr als zwei Tage Vorlauf zur Kupontrennung hat und es später zu einem sog. *Fail* kommt, erstreckt sich der Erklärungswert bereits auf die Originaldividende. Beide Szenarien umfassen die steuerrechtlichen Folgen der Transaktion.

Die Vereinbarung, dass *„cum Dividende"* geliefert werden soll, ist mithin in aller Regel als Beschaffenheitsvereinbarung i.S.d. § 434 Abs. 1 S. 1 BGB zu werten. Der konkludente Abschluss einer solchen Beschaffenheitsvereinbarung ist kaum vorstellbar. Es bestünde die Gefahr, dass sich der konkludente Erklärungswert einzig aus dem Zeitpunkt des Geschäftsabschlusses ergäbe.

c) Kapitalertragsteueranrechnung

Ein anderer denkbarer Vereinbarungsinhalt ist die Anrechnungsmöglichkeit der Kapitalertragsteuer *per se*. Entweder basiert diese Anrechnungsmöglichkeit auf der Annahme, dass der Veräußerer die Anteile als Inhaber verkauft, oder auf der Annahme der Legalitätstheorie. Derartige Vereinbarungen liegen insbesondere in Fällen kollusiven Zusammenwirkens nahe, wenn also die Möglichkeit des Steuergewinns offengelegt und zum Geschäftskonzept gemacht wird.[1162]

Dies stellt in Anknüpfung an die Beschaffenheit eine Angabe bezüglich der steuerrechtlichen Beschaffenheit der Aktien dar. Der Schwerpunkt der Angaben liegt mithin auf der steuerlichen Behandlung und damit im Umstand des steuerlichen Rechtsirrtums. Solche – sich direkt auf die Steuerrechtslage beziehenden – Vereinbarungen lagen auch in den oben untersuchten Entscheidungen des BGH vor.[1163]

Die konkludente Annahme einer solchen Zusicherung ist nur sehr schwer vorstellbar. Jedenfalls darf nicht der Fehler gemacht werden, aus der Beschaffenheitstauglichkeit auf die Vereinbarung steuerrechtlicher Folgen zu schließen. Dies ist nicht zuletzt dem Umstand geschuldet, dass steuerliche Folgen zwar, wie

---

1162 Zu den Gesamtgeschäftskonzepten, die auch bei BFH v. 16.4.2014 – I R 2/12, BFHE 246, 15 = DStR 2014, 2012 (Rn. 32) behandelt wurden, siehe oben unter § 3 B. IV.; zu der Frage, wie sich die Kenntnis des Käufers i.R.d. Zusammenwirkens auswirkt, siehe unten unter § 7 B. IV. 7. c).

1163 Vgl. BGH v. 19.12.1980 – V ZR 185/79, BGHZ 79, 183 = NJW 1981, 864; BGH v. 26.4.1991 – V ZR 165/89, BGHZ 114, 263 (263 und 266) = NJW 1991, 2556.

ausgeführt, ausnahmsweise eine Beschaffenheit darstellen können, aber eben recht nahe am Rande des Käufer-Risikobereichs lavieren, was letztlich auch der Grund für die Risikoabwägung ist.

d) Keine Vereinbarung im börslichen Handel

In praktischer Hinsicht kann wohl davon abgesehen werden, eine ausdrückliche Beschaffenheitsvereinbarung in den Fällen des reinen börslichen Handels anzunehmen. Eine Kommunikation im puren Computerhandel findet nicht statt.[1164]

Übrig bleiben damit lediglich konkludente Vereinbarungen. Von solchen ist hier jedoch deshalb abzusehen, weil das bloße Anbieten eines Wirtschaftsguts an einem standardisierten Markt wie dem Wertpapiermarkt keine Aussage über seine Beschaffenheit enthält. Hiervon geht auch der Gesetzgeber aus, da § 434 Abs. 1 S. 2 Nr. 2 BGB andernfalls obsolet wäre. Abweichendes kommt lediglich im Hinblick auf die *Fails* in Anbetracht der zeitlichen Perspektive in Frage. Bereits zuvor ist aber festgestellt worden, dass dem Zeitpunkt der Offerte kein besonderer Erklärungswert hinsichtlich der Beschaffenheit entnehmbar ist.[1165]

e) Fazit

Im Ergebnis wird deutlich, dass Beschaffenheitsvereinbarungen insbesondere im Hinblick auf die steuerrechtliche Behandlung möglich waren. Damit bleibt es Frage des Einzelfalls, ob diese Vereinbarungen auch tatsächlich getroffen wurden. Jedenfalls sind insbesondere konkludente Vereinbarungen nur sehr restriktiv anzunehmen.

4. § 434 Abs. 1 S. 2 Nr. 2 BGB entsprechend

In Betracht kommt ferner die Möglichkeit, die fehlende Berechtigung zur Kapitalertragsteueranrechnung unter das Merkmal der „üblichen" Beschaffenheit zu fassen. Strittig ist in diesem Zusammenhang, ob die Verweisung des § 453 Abs. 1 BGB auch die „übliche Beschaffenheit" im Sinne des § 434 Abs. 1 S. 2 Nr. 2 BGB erfasst. Nach der hier vertretenen Auffassung ist ein Recht sowohl einer vereinbarten als auch einer üblichen Beschaffenheit zugänglich.[1166] Freilich ist zu beachten, dass

1164 *Clauss*, Anfechtungsrechte bei Wertpapiergeschäften zu nicht marktgerechten Preisen (Mistrades), S. 89; *Fridrich/Seidel*, BKR 2008, 497 (502).

1165 Siehe zur Beschaffenheit „*Cum*" in Anknüpfung an den Kaufpreis oben unter § 7 B. IV. 3. b).

1166 Siehe oben unter § 7 B. IV 1. d).

eine allgemeine Bonitätshaftung des Rechtsverkäufers nicht entstehen darf.[1167] Wie oben dargestellt, ist jedoch das notwendige Korrektiv, um eine ausufernde Haftung zu vermeiden, der vermittelnde Beschaffenheitsbegriff.[1168] Demnach kommt eine Haftung für die Bonität des Rechts dann in Betracht, wenn diese selbst auf einem Umstand fußt, welcher der Struktur des Rechts innewohnt. Die Üblichkeit der jeweiligen Beschaffenheit ist hiervon bei genauer Betrachtung nicht tangiert. Der ausufernden Verkäuferhaftung ist auf Seiten des Kaufobjekts zu begegnen, nicht aber auf der marktbezogenen Seite der Vereinbarung bzw. der Üblichkeit einer bestimmten Beschaffenheit der Kaufsache im Verhältnis zu anderen Kaufobjekten.

Inhaltlich setzt § 434 Abs. 1 S. 2 Nr. 2 BGB voraus, dass sich der Kaufgegenstand zur gewöhnlichen Verwendung eignet und eine Beschaffenheit aufweist, welche bei Sachen der gleichen Art üblich und zu erwarten ist. Hierbei handelt es sich um einen objektivierten Fehlerbegriff, der hinter den subjektiven Vereinbarungen des § 434 Abs. 1 S. 1 und S. 2 Nr. 1 BGB zurücktritt und sich auf die durchschnittliche Verwendung erstreckt.[1169] Zu fragen ist daher, ob die Möglichkeit der Kapitalertragsteuererstattung bei Bezügen aus Aktien der durchschnittlichen Verwendung des erworbenen Anteils entspricht.

Dafür spricht, wie auch zuvor bereits erörtert, ein Blick auf den Cum-/Cum-Markt um den Dividendenstichtag. Es liegt nahe, dass das jeweilige Wertpapier allgemein in vollständiger Werthöhe und im Speziellen samt Dividendenansprüchen (in Brutto-Höhe) verschafft werden soll. Wie ausgeführt, wird um den Dividendenstichtag generell eine Wertpapierverschiebung zu einem Anrechnungsberechtigten vorgenommen.[1170] In steuerrechtlicher Hinsicht ist zu beachten, dass es nur auf die konkrete Steuersituation ankommt. Wie oben dargestellt, trägt der pauschale Einwand, das Steuerrisiko sei nicht übertragbar, nur bedingt.[1171] Die Struktur des konkreten Anrechnungsanspruchs haftet bei den Cum-/Ex-Geschäften den Aktien an. Bei einem vorgeschalteten Cum-/Ex-Leerverkauf ist es für *jedermann* unmöglich, eine Steueranrechnungsberechtigung zu erlangen,[1172] sodass

---

1167 *Eidenmüller*, ZGS 2002, 290 (293); *Faust*, in: BeckOK-BGB (Stand: März 2018), § 453 Rn. 20; *Schröcker*, ZGR 2005, 63 (87 ff.); *Westermann*, in: MünchKomm-BGB, § 453 Rn. 11; *ders.*, JZ 2001, 530 (532).

1168 Siehe oben unter § 7 B. IV 2.

1169 *Berger*, in: Jauernig, BGB, § 434 Rn. 14; *Faust*, in: BeckOK-BGB (Stand: März 2018), § 434 Rn. 57; *Weidenkaff*, in: Palandt, BGB, § 434 Rn. 25 f.; *Westermann*, in: MünchKomm-BGB, § 434 Rn. 24.

1170 Siehe oben unter § 3 A. II.

1171 Siehe oben unter § 7 B. IV. 2. c).

1172 Siehe oben unter § 4 E.

ein anrechnungsberechtigter Käufer bei Abschluss des Kaufvertrags üblicherweise davon ausgeht, den Kapitalertragsteuerabzug marktüblich ausgleichen zu können.

Aufgrund dieser üblichen Erwartung des Erwerbers kann in dem konkreten Fall der Anrechnungsberechtigung in Bezug auf die Kapitalertragsteuer auf Bezüge aus Aktien die Üblichkeit i.S.d. § 434 Abs. 1 S. 2 Nr. 2 BGB bejaht werden.

5. *Rechtsmangel*

Denkbar ist ferner, statt auf einen Sachmangel auf einen Rechtsmangel i.S.v. § 435 BGB abzustellen. Die Rechtsmängelhaftung ist, soweit ersichtlich, unstrittig von § 453 Abs. 1 BGB erfasst und mithin anwendbar auf den Rechtskauf.[1173] Ein Rechtsmangel soll in der Sache neben dem Bestehen von Rechten Dritter auch dann vorliegen, wenn bei Aktien beispielsweise verkörperte Mitgliedschaftsrechte nicht den vereinbarten Inhalt haben, etwa hinsichtlich des Stimmrechts.[1174]

Auch dieser Ansatz wird im Hinblick auf steuerrechtliche Fragen teilweise kategorisch abgelehnt.[1175] Dem gegenüber steht der bereits dargestellte differenzierende Ansatz.[1176] Die fehlende Steueranrechnungsberechtigung eines Käufers sei schon tatbestandlich kein Recht eines *Dritten*, welches an der Kaufsache bestehe.[1177]

Dem ist zuzustimmen. Wie oben bereits erwähnt, ist auch begrifflich bei einem Rechtsmangel das Recht gemeint, das den Mangel begründet, und nicht jener Mangel, der einem Recht innewohnt. Dies ergibt sich so auch aus dem Wortlaut des § 435 S. 1 BGB. Interessant ist dagegen der Ansatz *Krauses*, der – zur alten Rechtslage des § 437 BGB a.F. – in einer ähnlichen Konstellation[1178] vertritt, dass grundsätzlich von der Rechtsmängelhaftung auszugehen sei, welche jedoch in dem dort untersuchten Fall nicht greife, da sich zum einen kein unmittelbarer

---

1173 *Berger*, in: Jauernig, BGB, § 453 Rn. 4; *Grunewald*, in: Erman, BGB, § 453 Rn. 9; *dies.*, NZG 2003, 372 (373); *Schmidt*, in: P/W/W, BGB, § 453 Rn. 7; *Westermann*, in: Münch-Komm-BGB, § 435 Rn. 3; vgl. auch *Haedicke*, Rechtskauf und Rechtsmängelhaftung, S. 170 und 317.

1174 *Zimmermann*, AcP 213 (2013), 652 (653); vgl. *Westermann*, in: Münch-Komm-BGB, § 435 Rn. 7 ff.

1175 *Berger*, in: Jauernig, BGB, § 435 Rn. 5; *Westermann*, in: Münch-Komm-BGB, § 435 Rn. 10; a.A. *Brych*, ZfBR 1981, 153.

1176 BGH v. 19.12.1980 – V ZR 185/79, BGHZ 79, 183 (185) = NJW 1981, 864.

1177 BGH v. 19.12.1980 – V ZR 185/79, BGHZ 79, 183 (185) = NJW 1981, 864.

1178 Die behandelte Konstellation betrifft die vermeintliche Infektion von Aktien mit dem Stigma des § 50c EStG a.F. unter der Hypothese, dass eine Anrechnung der Kapitalertragsteuer beim Dividenden-Stripping unzulässig wäre.

Nachteil ergebe, sondern erst mittelbar infolge der Weiterveräußerung, und zum anderen risikosphärisch bereits der Käufer belastet sei.[1179] Auch mit Blick auf den Wortlaut des § 437 BGB a.F. ist zweifelhaft, inwiefern ein steuerlicher Irrtum den Bestand eines Rechts betreffen kann.

Im Ergebnis überwiegen die Gründe, eine Rechtsmängelhaftung hier bereits tatbestandlich scheitern zu lassen.

6. *Garantie*

Nunmehr sollen mögliche Garantien im Zusammenhang mit Cum-/Ex-Geschäften untersucht werden. Eine Garantie ist jede ausdrückliche oder stillschweigende bindende Erklärung, durch welche eine verschuldensunabhängige Einstandspflicht für einen bestimmten Umstand oder Erfolg durch den Verkäufer übernommen wird.[1180]

Bezieht sich die Garantie auf die Pflicht aus § 433 Abs. 1 S. 2 BGB, handelt es sich um eine unselbstständige (sog. *Beschaffenheits-*)Garantie. Voraussetzung dafür wäre, dass ein Bezug zur „Mangelfreiheit" herstellbar ist, d.h. dass sich die Garantie auf ein Beschaffenheitsmerkmal bezieht.[1181] Ist dies nicht der Fall, kann insofern zwar grundsätzlich die Übernahme einer selbstständigen Garantie diskutiert werden, jedoch dürften die hohen Voraussetzungen hierfür bei den Cum-/Ex-Geschäften nicht vorliegen.

Nur der erste Fall der unselbstständigen Garantie wirkt sich auf die Mängelrechte aus. Die Möglichkeit einer Beschaffenheitsgarantie – auch für „Sachmängel" eines Rechts – ergibt sich konsequenterweise aus den obigen Ausführungen zur Verweisungsnorm des § 453 Abs. 1 BGB.[1182]

1179 *Krause*, WM 1991, 1101 (1110 f.); ähnlich *Brych*, ZfBR 1981, 153.

1180 *Stöber*, in: BeckOGK-BGB (Stand: November 2017), § 442 Rn. 44 und 54; *ders.*, Beschaffenheitsgarantien des Verkäufers, S. 329; vgl. auch *Berger*, in: Jauernig, BGB, § 443 Rn. 1.

1181 *Berger*, in: Jauernig, BGB, § 443 Rn. 2; *Stöber*, in: BeckOGK-BGB (Stand: November 2017), § 442 Rn. 53; *ders.*, Beschaffenheitsgarantien des Verkäufers, S. 255; vgl. auch *Weidenkaff*, in: Palandt, BGB, § 442 Rn. 19; *Westermann*, in: MünchKomm-BGB, § 442 Rn. 13; vgl. auch BGH v. 29.11.2006 – VIII ZR 92/06, BGHZ 170, 86 = NJW 2007, 1346 (Rn. 20).

1182 Siehe hierzu oben unter § 7 B. IV. 1. d); *Stöber*, in: BeckOGK-BGB (Stand: November 2017), § 442 Rn. 60 f.; *ders.*, Beschaffenheitsgarantien des Verkäufers, S. 168.

a) Beschaffenheitsgarantie

Die Möglichkeit des Vorliegens einer unselbstständigen Garantie hängt freilich zunächst von dem Beschaffenheitsbezug ab.[1183] Zu untersuchen ist, woraus sich eine Beschaffenheitsgarantie ergeben könnte und welche Anforderungen an eine entsprechende Zusage zu stellen sind. So lassen sich nach praxisnaher Auslegung kaum Anhaltspunkte dafür finden, dass der Verkäufer der Aktie verschuldensunabhängig dafür einstehen will, dass der Käufer zur Anrechnung der Kapitalertragsteuer berechtigt ist.

Praktisch muss die Beschaffenheitsgarantie als eine die bloße Beschaffenheitsvereinbarung des § 434 Abs. 1 S. 1 BGB übersteigende deutliche Erklärung gestaltet sein, dass der Verkäufer verschuldensunabhängig für die Folgen einer bestimmten Beschaffenheit einstehen will und insbesondere Schadensersatz zu leisten bereit ist.[1184] Hieran wird bei den Cum-/Ex-Geschäften eine tatsächliche Garantieübernahme regelmäßig scheitern.

Ein solcher Einstandswille ist beim schlichten Börsengeschäft ohnehin ausgeschlossen. Aber auch bei einer OTC-Transaktion erscheint die mögliche Angabe des Verkäufers, die Aktien „*cum Dividende*" liefern zu wollen, nicht ausreichend und eine Versicherung hierüber unwahrscheinlich.

Abschließend kommt somit nur eine konkludente Garantieübernahme in Betracht. Diese ist zwar grundsätzlich ein denkbares Auslegungsergebnis i.S.d. §§ 133, 157 BGB, darf jedoch aufgrund der strengen Rechtsfolgen nur äußerst restriktiv angenommen werden.[1185] Erforderlich dazu wäre, dass der Käufer die Erklärung unter Berücksichtigung von Treu und Glauben sowie mit Rücksicht auf die Verkehrssitte und auf alle Umstände des Einzelfalls als Garantieübernahme verstehen durfte.[1186] Die hierzu in der Rechtsprechung entwickelten Fallgruppen lassen sich nicht ohne weiteres übertragen. Selbst ein Informations- und

---

1183 Siehe hierzu oben unter § 7 B. IV. 3. a); vgl. *Westermann*, in: MünchKomm-BGB, § 443 Rn. 8.

1184 *Stöber*, in: BeckOGK-BGB (Stand: November 2017), § 442 Rn. 92.

1185 BGH v. 29.11.2006 – VIII ZR 92/06, BGHZ 170, 86 = NJW 2007, 1346 (Rn. 20); *Dauner-Lieb*, in: Schulze, NK-BGB, § 276 Rn. 25; *Oetker/Maultzsch*, Vertragliche Schuldverhältnisse, § 2 Rn. 289; *Stöber*, in: BeckOGK-BGB (Stand: November 2017), § 442 Rn. 85; *ders.*, Beschaffenheitsgarantien des Verkäufers, S. 87, 330; *Lorenz*, in: BeckOK-BGB (Stand: Februar 2017), § 276 Rn. 40; *Graf v. Westphalen*, in: Henssler/Graf v. Westphalen, Praxis der Schuldrechtsreform, § 444 Rn. 17.

1186 BGH v. 29.11.2006 – VIII ZR 92/06, BGHZ 170, 86 = NJW 2007, 1346 (Rn. 21 ff.); *Grunewald*, in: Erman, BGB, § 437 Rn. 28; *Stöber*, Beschaffenheitsgarantien des Verkäufers, S. 87.

Erfahrungsgefälle, das noch am naheliegensten ist, kann hier mit Rücksicht auf die Handelsverkehrssitten nicht angenommen werden.[1187]

Die strengen Anforderungen an eine Beschaffenheitsgarantie werden in den allermeisten Fällen der Cum-Ex-Transaktionen unerreicht geblieben sein. Dennoch sollen nachfolgend einige weitergehende Ansätze kurz erwähnt werden.

b) Übernahme eines Beschaffungsrisikos

Teilweise wird von einer konkludenten Beschaffenheitsgarantie ausgegangen, wenn der Verkäufer ein Beschaffungsrisiko übernimmt.[1188] Begründet wird dies mit der Annahme, der Verkäufer verpflichte sich über die Beschaffung der Sache hinaus auch dazu, dass der Kaufgegenstand mängelfrei sei. Diese Forderung scheint jedenfalls in der vorliegenden Konstellation des Leerverkaufs nicht unplausibel. Schließlich muss sich der Verkäufer die leerverkauften Aktien erst noch am Markt beschaffen, um pflichtgemäß erfüllen zu können.

Dieser Ansicht ist zu entgegnen, dass eine Ausweitung gegenüber dem alten Kaufrecht, nach dem der Verkäufer nur im Falle einer Zusicherung verschuldensunabhängig für die Mangelfreiheit der Kaufsache einzustehen hatte, nicht anhand des SchuldRModG[1189] oder seiner Materialien belegt werden kann.[1190] Dies ist mit Blick auf die Cum-/Ex-Geschäfte auch stimmig. Schließlich weiß der Leerkäufer grundsätzlich nicht, dass es sich um ein Leergeschäft handelt. Daher wird kein Beschaffungsrisiko übernommen. Der Verkäufer sichert damit objektiv nicht mehr zu als bei einem „normalen" Kaufgeschäft. Der Käufer ist nicht schutzbedürftiger und die Unklarheit, ob in solchen Fällen ein Beschaffungsrisiko übernommen wird, stellt sich letztlich als zufällig dar.

Zusammen mit dem systematischen Argument, dass sich das Beschaffungsrisiko auf die Pflichten aus § 433 Abs. 1 S. 1 BGB bezieht, ergibt sich aus der Übernahme eines Beschaffungsrisikos keine Beschaffenheitsgarantie.[1191]

1187 Siehe hierzu auch schon oben unter § 7 II. 4. c) aa) (3) (a).

1188 *Canaris*, DB 2001, 1815; *Schlechtriem/Schmidt-Kessel*, Schuldrecht Besonderer Teil, Rn. 85; *von Westphalen*, ZGS 2002, 154 (157).

1189 Gesetz zur Modernisierung des Schuldrechts v. 26.11.2001, BGBl. I 2001, 3138 ff., in Kraft getreten am 1.1.2002.

1190 *Berger*, in: Jauernig, BGB, § 437 Rn. 25; *Dauner-Lieb*, in: Schulze, NK-BGB, § 276 Rn. 34; *Stöber*, Beschaffenheitsgarantien des Verkäufers, S. 93 f.; *Vollkommer*, in: Dauner-Lieb/Konzen/Schmidt, Das neue Schuldrecht in der Praxis, S. 129.

1191 Siehe hierzu *Stöber*, in: BeckOGK-BGB (Stand: November 2017), § 442 Rn. 86 f. m.w.N.; vgl. *Vollkommer*, in: Dauner-Lieb/Konzen/Schmidt, Das neue Schuldrecht in der Praxis, S. 129.

c) Sonderfall Rechtskauf

Eine weitere Fallgruppe, in der die konkludente Übernahme einer Beschaffenheitsgarantie diskutiert wird, ist der schlichte Rechtskauf. In Anlehnung an das alte Kaufrecht, nach welchem der Verkäufer eines Rechts gem. §§ 437 Abs. 1, 44 0 Abs. 1, 325, 326 BGB a.F. verschuldensunabhängig für die Verität des verkauften Rechts haftete, wird teilweise eine verschuldensunabhängige Haftung beim Rechtskauf vertreten.[1192] Zwar wird zum Teil eine generelle konkludente Garantie abgelehnt, gleichwohl aber behauptet, eine Vertragsauslegung führe regelmäßig zu einer Garantieübernahme für den Bestand des Rechts.[1193]

Diesen Ansichten ist die Zielsetzung des Reformgesetzgebers entgegenzuhalten, welcher neben der allgemeinen Verschuldenshaftung auch für den Rechtskauf keine Ergänzungen vorsah.[1194] Vielmehr liefe die undifferenzierte und pauschale Annahme einer Beschaffenheitsgarantie hier dem Ziel der Angleichung der Mängelgewährleistungspflichten zuwider. Neben möglichen Einzelfällen, in denen sich eine Garantie aus den Umständen oder einer eindeutigen Übernahme ergeben kann, soll der bloße Rechtsverkauf nicht zur Annahme einer Garantie ausreichen.[1195]

Die zuletzt genannten Bedenken überwiegen. Eine automatische oder konkludent-vertragliche Garantie findet keine Stütze im reformierten Gesetz. Der Vorschlag einer grundsätzlichen Garantie beim Rechtskauf ist daher abzulehnen.

Darüber hinaus ist aber festzuhalten, dass auch bei gegenteiliger Bewertung hier in der Sache keine Garantie bestünde. Erfasst ist schließlich nur die Veritätshaftung des Verkäufers, welche in den Cum-/Ex-Fällen unproblematisch nicht betroffen ist. Die Aktien existieren schließlich tatsächlich.

1192 *Canaris*, Schuldrechtsmodernisierung, S. XIV; *Haas*, BB 2001, 1313 (1317); *Oechsler*, Vertragliche Schuldverhältnisse (2. Aufl.), Rn. 402; *Vollkommer*, in: Dauner-Lieb/Konzen/K. Schmidt, Das neue Schuldrecht in der Praxis, S. 128 f.; vgl. auch *Hertel*, in: Amann/Brambring/Hertel, Vertragspraxis nach neuem Schuldrecht, B IV 1 c, S. 177.

1193 *Reinicke/Tiedtke*, Kaufrecht, Rn. 1236; *Zimmer/Eckhold*, JURA 2002, 145 (146).

1194 BT-Drucks. 14/7052, S. 198; *Huber/Faust*, Schuldrechtsmodernisierung, 7. Kap. Rn. 31; *Stöber*, in: BeckOGK-BGB (Stand: November 2017), § 442 Rn. 88 f.; *ders.*, Beschaffenheitsgarantien des Verkäufers, S. 96.

1195 *Berger*, in: Jauernig, BGB, § 453 Rn. 7; *Brink*, WM 2003, 1355 (1359); *Faust*, in: BeckOK-BGB (Stand: März 2018), § 453 Rn. 18; *Graf v. Westphalen*, in: Henssler/Graf v. Westphalen, Praxis der Schuldrechtsreform, § 453 BGB Rn. 4; *Grunewald*, in: Erman, BGB, § 453 Rn. 8; *Huber/Faust*, Schuldrechtsmodernisierung, 7. Kap. Rn. 28, 13. Kap. Rn. 122, 16. Kap. Rn. 2; *Pahlow*, JA 2006, 385 (388); *Westermann*, in: MünchKomm-BGB, § 434 Rn. 3.

d) Fazit

Eine unselbstständige Garantie wird in aller Regel in den Cum-/Ex-Fällen nicht vorliegen. Ein besonderer und genereller Einstandswille ist nicht ersichtlich. Dieser müsste im Einzelfall besonders hervortreten. Eine ausufernde Garantiehaftung ist darüber hinaus abzulehnen.

7. Ausschlüsse

Im Folgenden stellt sich die Frage nach etwaigen Ausschlüssen der kaufvertraglichen Gewährleistungsrechte. In Betracht kommen ausdrückliche wie konkludente vertragliche Ausschlüsse gleichermaßen sowie solche aus Gesetz. Darüber hinaus sind die allgemeinen Geschäftsbedingungen der Eurex Clearing AG sowie die der Banken wie auch die in den BedFWB niedergelegten Börsenusancen auf Besonderheiten zu untersuchen.

a) Vertraglicher Gewährleistungsausschluss

Insbesondere im privatautonom geprägten OTC-Geschäft sind individualvertragliche Gewährleistungsausschlüsse denkbar. Im rein börslichen Handel dagegen sind Ausschlüsse individualvertraglicher Natur aufgrund der Standardisierung der Geschäfte ausgeschlossen. Ob ein ausdrücklicher individualvertraglicher Ausschluss vorliegt, ist einzelfallabhängig zu beurteilen.

Problematisch ist dagegen die Bestimmung der Schwelle einer konkludenten haftungsbeschränkenden Vereinbarung. Teilweise werden die hieran gestellten Anforderungen derart gesenkt, dass schon die Interessenlage maßgeblich sein soll.[1196] Dem könnte hier mit Blick auf die Verkehrsinteressen, die Schnelllebigkeit und das Interesse an Rechtsklarheit und Rechtsfrieden durchaus entsprochen werden. Aufgrund der Außergewöhnlichkeit der Cum-/Ex-Fälle wird den Parteien indes nicht bewusst sein, dass Aktienverkäufe Mängelrechte auslösen können. Aus diesem Grund ist ein konkludenter Gewährleistungsausschluss, gestützt auf die Interessenlage, abzulehnen. Dieser würde sich als grundlagenlose Fiktion darstellen.[1197]

Letztlich sind also im OTC-Geschäft, insbesondere im Telefonhandel, entsprechende Ausschlüsse zwar möglich und zulässig; ob sie tatsächlich wirksam

---

1196 BGH v. 21.4.1982 – VIII ZR 26/81, BGHZ 83, 334 = NJW 1982, 1700; *Grunewald*, in: Erman, BGB, § 444 Rn. 7.

1197 *Schack*, NJW 1983, 2806; vgl. auch *Stöber*, in: BeckOGK-BGB (Stand: November 2017), § 444 Rn. 24 ff.; *Westermann*, in: MünchKomm-BGB, § 444 Rn. 5.

vereinbart wurden, ist aber von den Umständen des jeweiligen Einzelfalls abhängig.

b) Mistrade-Rules

Ein weiterer zu beachtender Faktor findet sich in den börslich, elektronisch oder zentralparteilich abgewickelten Geschäften in den schon zuvor behandelten *Mistrade-Rules*, welche neben besonderen „Mistrade-Rechten" auch Ausschlüsse gesetzlicher Rechte beinhalten.[1198] Zu untersuchen ist mithin, ob die Ausschlussklauseln wirksam sind, wobei hauptsächlich auf die vorherigen Ausführungen zu verweisen ist, und ob sie darüber hinaus im Falle ihrer Wirksamkeit Gewährleistungsrechte tatbestandlich erfassen.

aa) Börsenusancen

Wie zuvor festgestellt, wirken Börsenusancen aufgrund ihrer gewohnheitsrechtlichen Natur.[1199] Daher ist die Frage aufzuwerfen, ob die Börsenusancen[1200] erstens wirksam sind und zweitens die Gewährleistungsrechte auszuschließen vermögen. Die Wirksamkeit der Börsenusancen wurde bereits oben bejaht.[1201] Die Antwort auf die zweite Frage ist dagegen anhand des Tatbestands der Ausschlussklauseln herzuleiten.

Zwar sind die Klauseln[1202] mit der Phrase „*Ausschluss zivilrechtlicher Ansprüche*" überschrieben, jedoch sät die Analyse des Wortsinns der Vorschriften Zweifel an ihrer Einschlägigkeit. Schließlich sind nur Ansprüche auf Aufhebung und Anpassung sowie die Anfechtung von Geschäften erfasst. Damit wird weniger nach dem Anspruchsregime als vielmehr anhand der Rechtsfolge unterschieden. Insbesondere sollen Annullierungen der Geschäfte vermieden werden, und zwar unabhängig davon, ob diese sich aus Gestaltungsrechten (Anfechtung oder Rücktritt) oder Ansprüchen ergeben.

1198 Siehe oben unter § 7 B. II. 4. e) aa) (1).

1199 Siehe oben unter § 6 A. I. 1. c); vgl. auch *Clauss*, Anfechtungsrechte bei Wertpapiergeschäften zu nicht marktgerechten Preisen (Mistrades), S. 163.

1200 Hier die Ausschlussklauseln aktuell § 32 BedFWB (Stand: 21.11.2016); § 28 BedFWB (eingeführt am: 15.4.2009), (abrufbar unter: http://www.deutsche-boerse-cash-market.com/blob/1198396/2e56422c878b2fcfd0c11cf097148f53/data/20090415.pdf) (letzter Aufruf: 26.04.2018).

1201 Siehe oben unter § 7 B. II. 4. e) aa) (2).

1202 Aktuell § 32 S. 1 BedFWB (Stand: 21.11.2016); § 28 S. 1 BedFWB (eingeführt am: 15.4.2009).

Fraglich ist aber, ob sich auch nicht aufhebungsgerichtete Gewährleistungsrechte unter den Begriff der *„Anpassung"* von Rechtsgeschäften subsumieren lassen.

Dagegen spricht, dass in den §§ 433 ff. BGB der Begriff der Anpassung nicht vorkommt. Auch dogmatisch handelt es sich bei den Gewährleistungsansprüchen weniger um eine Anpassung als vielmehr um eine gesetzliche Modifikation zur Aufrechterhaltung des Vertrags. Die Anpassung, wie ausdrücklich in § 313 Abs. 1 BGB erwähnt, zielt eher darauf ab, solche Umstände, welche Grundlage - nicht Inhalt - des Vertrags sind, d.h. äußere und nicht innere Begebenheiten, abzufedern.[1203] Hierfür spricht auch, dass die Atypizität der Cum-/Ex-Geschäfte ausnahmsweise zur Annahme einer Gewährleistungshaftung für Aktien führt, weshalb anzunehmen ist, dass dieser Umstand bisher weder von den Parteien noch vom Börsenrat bedacht worden, geschweige denn durch langwierigen Gebrauch zum gewohnheitsrechtlichen Konsens erwachsen ist.

Ferner ist anzuführen, dass sich nach der hier vertretenen Auffassung die Dividendenkompensationszahlung als gewährleistungsrechtlicher Schadensersatz darstellt[1204], welcher dann ebenfalls ausgeschlossen wäre. Dass dies den Parteiinteressen zuwiderläuft, belegt die praktische Akzeptanz der Dividendenregulationszahlung.

Aus dieser Feststellung kann umgekehrt geschlossen werden, dass die Ausschlüsse gerade keine Gewährleistungsrechte erfassen sollten.[1205] Zudem hätte man schlicht *„jegliche Gestaltungsrechte und Sekundäransprüche im Hinblick auf den börslichen Kaufvertrag"* ausschließen können. Da die Teilunwirksamkeit mangels Verbots geltungserhaltender Reduktion im Gewohnheitsrecht unschädlich ist und überdies auch die existente Klausel, wie aufgezeigt, im Hinblick auf § 123 BGB unangewendet bleibt, hätte eine solch weite Formulierung hier nicht geschadet. Im Gegenteil trüge sie zur Schaffung klarer Verhältnisse bei.

Dem gegenüberzustellen sind die hinter dem Ausschluss stehenden Erwägungen. Die Usancen sollen insgesamt der Standardisierung und Rechtssicherung des börslichen Handels dienen. Dies ist deshalb hervorzuheben, weil aufgrund ihrer objektiv-rechtlichen Geltung bei der Auslegung der Wille des Normgebers zugrunde gelegt werden muss. Vor diesem Hintergrund wird teilweise auf eine

---

1203 Siehe hierzu unten unter § 7 B. VI. 1. a), zum Konkurrenzverhältnis mit § 313 BGB; vgl. auch *Westermann*, in: MünchKomm-BGB, § 437 Rn. 56.

1204 Siehe bereits oben unter § 3 A. I. 2. und § 7 B. IV. 2. b).

1205 Ähnlich *Habersack/Ehrl*, ZfpW 2015, 312 (339).

extensive Auslegung des Wortlauts zur Maximierung des Anwendungsbereichs geschlossen.[1206]

Im Ergebnis überwiegen gleichwohl die Gründe, die § 32 S. 1 bzw. § 28 S. 1 BedFWB in dem Fall der Cum-/Ex-Geschäfte nicht auf die Gewährleistungsansprüche auszuweiten. Dies würde zu einer Rechtlosstellung des Erwerbers führen, ohne dass hierfür handfeste Gründe vorlägen. Diese Vorgehensweise bestätigt letztlich den Ausnahmecharakter der hier behandelten Transaktionen und ihrer zivilrechtlichen Behandlung.

bb) Clearing-Bedingungen

Ein anderer Maßstab gilt in Ansehung der Clearing-Bedingungen der Eurex Clearing AG.[1207] Wie bereits festgestellt, handelt es sich hierbei um Allgemeine Geschäftsbedingungen.[1208] Ebenfalls wurde die Nichtigkeit der dortigen Ausschlussklauseln i.w.S. hinsichtlich der Anfechtungsrechte festgestellt, und zwar aufgrund ihrer Unvereinbarkeit mit § 123 und § 122 BGB.[1209] Zu klären bleibt, wie sich die Nichtigkeit auf die Wirksamkeit der gesamten Klausel auswirkt.

Inhaltlich erfasst der Ausschluss zivilrechtlicher Ansprüche Rechte, die auf Aufhebung gerichtet sind, insbesondere die Anfechtung wegen Irrtums, sonstige Anfechtungsrechte sowie zivilrechtliche Ansprüche, die eine Anpassung des Geschäftsinhalts zum Ziel haben.[1210] Schwerpunktmäßig sind also auch hier „*Aufhebungs- und Anpassungsansprüche*“ erfasst. Im zweiten Satz dieser Regelung sind weiter Schadensersatzansprüche ausgeschlossen, wenn eine Aufhebung, Preiskorrektur oder Vertragsübernahme erfolgt ist. Wie oben festgestellt, ist sowohl der Anfechtungsausschluss als auch der Ausschluss des Vertrauensschadensersatzes unwirksam.[1211] Ob sich diese Unwirksamkeit auf die hier in Betracht kommenden

---

1206 Vgl. *Clauss*, Anfechtungsrechte bei Wertpapiergeschäften zu nicht marktgerechten Preisen (Mistrades), S. 166.

1207 Kap. I Abschnitt 1, Ziff. 1.2.1. Abs. (5) ClearBed v. 2.1.2009, (abrufbar unter: http://www.eurexclearing.com/blob/114480/3112c9719d716d872c1d4b76a1e4ed1c/data/cc_history_02012009_de.pdf) (letzter Aufruf: 26.04.2018).

1208 Siehe oben unter § 6 A. I. 2.

1209 So auch *Clauss*, Anfechtungsrechte bei Wertpapiergeschäften zu nicht marktgerechten Preisen (Mistrades), S. 174, 183 ff.; siehe zudem oben unter § 7 B. II. 4. e) aa) (2) (b).

1210 Für den hier maßgeblichen Zeitraum Kap. 1 Ziff. 1.2.1. Abs. 5 ClearBed (Stand: 2.1.2009), wobei sich der Wortlaut der Klausel mittlerweile geändert hat, siehe oben unter § 7 B. II. 4. e) aa) (1).

1211 Siehe oben unter § 7 B. II. 4. e) aa) (2) (b).

Gewährleistungsrechte erstreckt, ist zweifelhaft. Ein Argument gegen die Wirksamkeit der übrigen Klauseln ist die fehlende Differenzierung hinsichtlich arglistigen Verhaltens, welche eine unangemessene Benachteiligung des Erwerbers darstellen könnte.[1212] Das Verbot geltungserhaltender Reduktion erfasst damit Anpassungs- wie Ausschlussklauseln gleichermaßen.[1213]

Ähnlich wie bereits zuvor können die Mängelrechte tatbestandlich nur unter die „*Anpassungsansprüche*" subsumiert werden. Dabei wurde bereits festgestellt, dass Gewährleistungsrechte keine Anpassungsansprüche sind.[1214] Dies gilt hier umso mehr, als Unklarheiten in den Allgemeinen Geschäftsbedingungen gem. § 305c Abs. 2 BGB zu Lasten des Verwenders gehen.

Argumentativ lässt sich dies auch anhand einer Differenzierung innerhalb der Gewährleistungsrechte festmachen. Der Rücktritt ist ein Aufhebungsrecht, der Schadensersatz ist ausdrücklich im zweiten Satz und in einer anderen Konstellation, nämlich im Anschluss an die Anpassung, erwähnt, sodass im Umkehrschluss eine Erfassung in S. 1 der Klausel sinnlos erscheint. Mithin bliebe nur, die Minderung gem. § 439 BGB als eine Art Anpassungsanspruch zu qualifizieren, wenn man von unsauberen Mehrfachqualifizierungen einmal absieht.

Die hieraus resultierende Kernthese lautet: Gewährleistungsansprüche sind keine Anpassungsansprüche und auch nicht als solche zu werten. Aus den Clearing-Bedingungen der Eurex Clearing AG kann sich insoweit in zweierlei Hinsicht für den maßgeblichen Zeitraum kein wirksamer Ausschluss der Gewährleistungsrechte ergeben.

cc) Außerbörslicher Handel

Abschließend ist auf mögliche Mistrade-Rules im außerbörslichen Handel hinzuweisen, welche sich regelmäßig aus den jeweiligen AGB der Marktteilnehmer ergeben. Mangels einheitlicher und konkreter Bedingungen kann insofern lediglich auf die bereits zum Recht der AGB erfolgten Ausführungen verwiesen werden. Zu beachten sind freilich die allgemeinen Grundsätze der Zulässigkeit solcher Ausschlüsse sowie bei einer unmöglichen Trennbarkeit die Gesamtnichtigkeit einer Klausel beim Ausschluss der Arglistanfechtung oder von Vertrauensschadensersatzansprüchen.[1215]

1212 Vgl. *Wurmnest*, in: MünchKomm-BGB, § 307 Rn. 31 f.

1213 Vgl. allgemein hierzu *Roloff*, in: Erman, BGB, § 306 Rn. 1 und 7a ff.

1214 Siehe oben unter § 7 B. IV. 7. b) aa).

1215 Siehe hierzu oben unter § 7 B. II. 4. e) aa) (2) (b).

c) *Ausschluss nach § 442 Abs. 1 S. 1 BGB*

Einen weiteren Schwerpunkt stellt auch beim Rechtskauf der Ausschluss nach § 442 Abs. 1 S. 1 BGB i.V.m. § 453 Abs. 1 BGB dar.[1216] Die Norm ist als besonderer Ausfluss des Grundsatzes *venire contra factum proprium* zu verstehen, nach welchem dem Käufer die Schutzwürdigkeit abgesprochen wird, wenn dieser den Mangel kannte (Abs. 1 S. 1) oder infolge grober Fahrlässigkeit nicht kannte.[1217] Handelt der Verkäufer indes arglistig (bzw. gewährte er eine Garantie), gilt die Rückausnahme gem. Abs. 1 S. 2. In den ersten beiden Fällen würde sich der Käufer also widersprüchlich verhalten, wenn er trotz Kenntnis des Mangels den Kauf vereinbart, um dann anschließend Gewährleistungsrechte geltend zu machen. Entscheidender Zeitpunkt ist dabei der des Vertragsschlusses.[1218]

aa) Kenntnis des Käufers

Für die Kenntnis des Käufers ist erforderlich, dass diesem nicht nur die äußeren Erscheinungen des Mangels bekannt sind, sondern auch, dass diese gerade daraus resultieren, dass der Kaufgegenstand (insgesamt) nicht vertragsgemäß beschaffen ist und der Verkäufer hierfür einzustehen hat.[1219] Ausreichend und damit kenntnisbegründend sind auch Hinweise von Dritten oder eigene Ermittlungen.[1220] Im Hinblick auf die grob fahrlässige Unkenntnis ist das Außerachtlassen der im Verkehr erforderlichen Sorgfalt maßgeblich.[1221]

1216 *Berger*, in: Jauernig, BGB, § 442 Rn. 1; *Schmidt*, in: P/W/W, BGB, § 442 Rn. 2; *Stöber*, in: BeckOGK-BGB (Stand: November 2017), § 442 Rn. 8; *Weidenkaff*, in: Palandt, BGB, § 442 Rn. 3 f.

1217 BGH v. 15.6.2012 – V ZR 198/11, BGHZ 193, 326 = NJW 2012, 2793 (Rn. 22); *Büdenbender*, in: Schulze, NK-BGB, § 442 Rn. 4; *Faust*, in: BeckOK-BGB (Stand: März 2018), § 442 Rn. 2; *Matusche-Beckmann*, in: Staudinger, BGB, § 442 Rn. 1; *Schmidt*, in: P/W/W, BGB, § 442 Rn. 1; *Stöber*, in: BeckOGK-BGB (Stand: November 2017), § 442 Rn. 10 u. 20; *Westermann*, in: MünchKomm-BGB, § 442 Rn. 1.

1218 *Büdenbender*, in: Schulze, NK-BGB, § 442 Rn. 7; *Stöber*, in: BeckOGK-BGB (Stand: November 2017), § 442 Rn. 15.

1219 BGH v. 13.5.1981 – VIII ZR 113/80, NJW 1981, 2640 (2641); *Matusche-Beckmann*, in: Staudinger, BGB, § 442 Rn. 6; *Stöber*, in: BeckOGK-BGB (Stand: November 2017), § 442 Rn. 11 f.; *Westermann*, in: MünchKomm-BGB, § 442 Rn. 4 f.; a.A. *Faust*, in: BeckOK-BGB (Stand: März 2018), § 442 Rn. 15: Es genüge die Kenntnis des Ist-Zustands, die Kenntnis der Abweichung des Ist-Zustands vom Soll-Zustand sei nicht erforderlich.

1220 *Stöber*, in: BeckOGK-BGB (Stand: November 2017), § 442 Rn. 14.

1221 *Berger*, in: Jauernig, BGB, § 442 Rn. 5; vgl. auch *Westermann*, in: MünchKomm-BGB, § 442 Rn. 5.

Bei Cum-/Ex-Leerverkäufen hieße dies, dass dem Käufer sowohl die tatsächlichen Umstände des Leerverkaufs als auch die hieraus erwachsenden Folgen bekannt sein müssten, er also sowohl in tatsächlicher als auch in rechtlicher Hinsicht kenntnisbehaftet ist. Dies ist auch dogmatisch stimmig, da auch im Kaufrecht nicht nach der Art des Irrtums (tatsächlich oder rechtlich) differenziert wird. Dieses Doppelerfordernis ist daher nicht zuletzt der Komplexität der Transaktion geschuldet.[1222] Eine negative, den Tatbestand des § 442 BGB ausschließende Beschaffenheitsvereinbarung kann beispielsweise nicht schon dann angenommen werden, wenn lediglich die Tatsache des Leerverkaufs bekannt ist.[1223] Wie oben bereits angedeutet, liegt der Schwerpunkt auf dem Irrtum der steuerlichen Behandlung derartiger Transaktionen. Bei der Lösung dieser Anforderungen ist freilich nach dem subjektiven Horizont des Käufers im Einzelfall zu differenzieren. Hierzu müsste der Käufer die fehlende Inhaberschaft des Verkäufers und die sich hieraus ergebenden steuerrechtlichen Folgen gekannt haben.

Die Kenntnis knüpft gleichsam an die kognitive Übereinstimmung von Vorstellung und Wirklichkeit im Hinblick auf eine bestimmte Information an. Somit zeigt sich in gewisser Weise hier das Spiegelbild des Irrtums, sodass ein entsprechender Bezug zu den vorstehenden Ausführungen gegeben ist.[1224]

(1) Vorüberlegungen

(a) Ausführungen zum Vorsatz

Fraglich ist vorab, inwiefern die Untersuchungen i.R.d. subjektiven Strafrechtstatbestands[1225] hier nutzbar gemacht werden können. Richtig ist, dass der zuvor behandelte Eventualvorsatz ein kognitives Element enthält.[1226] Eben dieses kognitive Element gilt es hier zu untersuchen. Zwar sind die möglichen Bezugspunkte grundsätzlich die gleichen wie im Strafrecht, jedoch sind hier einige Besonderheiten zu beachten.

Zum einen ist nun nicht mehr das Verhältnis zwischen „Bürger und Staat" betroffen, sondern ein Verhältnis zwischen zwei privaten Parteien. Zum anderen wird zivilrechtlich auf andere Zeitpunkte abgestellt. Bei der Frage nach

---

1222 Vgl. auch BGH v. 20.12.1978 – VIII ZR 114/77, NJW 1979, 713 (714); *Grunewald*, in: Erman, BGB, § 442 Rn. 5; *Stöber*, in: BeckOGK-BGB (Stand: November 2017), § 442 Rn. 11; für Rechtsmängel *Westermann*, in: MünchKomm-BGB, § 442 Rn. 4.

1223 Vgl. *Faust*, in: BeckOK-BGB (Stand: März 2018), § 442 Rn. 14; *Westermann*, in: MünchKomm-BGB, § 434 Rn. 23.

1224 *Fatemi*, NJOZ 2010, 2637; siehe oben unter § 7 B. II. 4. c) bb).

1225 Siehe oben unter § 5 A. II. 2. d).

1226 *Fatemi*, NJOZ 2010, 2637 (2638).

dem Irrtum im Anfechtungsrecht richtet sich der Fokus auf den Zeitpunkt der Abgabe der Willenserklärung, bei § 442 Abs. 1 BGB dagegen auf den Vertragsschluss.[1227] Die Prüfung der Strafbarkeit bezog sich auf den Zeitpunkt des Erstattungsbegehrens.

Bei der Kenntnisbestimmung des Käufers soll auch hier nach tatsächlicher und rechtlicher kognitiver Bewertung unterschieden werden.

(b) Exkurs: Kenntnis eines Rechtsmangels

Obgleich die steuerrechtliche Behandlung von cum-/ex-gehandelten Aktien keinen Rechtsmangel darstellt, soll eine kurze Analyse der für die Kenntnis eines Rechtsmangels geforderten Voraussetzungen erfolgen. Schließlich handelt es sich bei § 435 BGB um Rechte Dritter in Bezug auf die Kaufsache und damit um rechtliche Umstände, die ebenfalls in § 442 BGB zu würdigen sind.[1228]

Vorausgesetzt wird hier, dass der Käufer nicht nur die zugrundeliegenden Tatsachen gekannt, sondern auch den Schluss auf das Bestehen eines störenden Rechts gezogen haben muss, wobei die Einzelheiten der Rechtsposition des Dritten nicht bekannt gewesen sein müssen.[1229] Der maßgebliche Unterschied ist jedoch, dass die Rechtsmängel nicht auf der tatsächlichen Beschaffenheit der Kaufsache beruhen und ihnen daher bereits eine erschwerte Erkennbarkeit immanent ist.

(2) Tatsächliche Hinsicht

In tatsächlicher Hinsicht ist die Kenntnis des Käufers vom Leerverkauf bzw. von den sich hieraus ergebenden Dividendenkompensationszahlungen vom Nichtinhaber der Aktien maßgeblich. Zudem ist nach den Umständen zu fragen, welche der steuerlichen Rechtsfrage zugrunde liegen, beispielsweise die tatsächlich nicht erhobene Kapitalertragsteuer auf die Dividendenkompensationszahlung ab Ende 2006 mittels Abwicklung über eine ausländische Depotbank auf Seiten des Leerverkäufers.[1230] Bei den sog. *Fails* stellt sich die Frage, ob die Absicht des Verkäufers

1227 Vgl. *Armbrüster*, in: MünchKomm-BGB, § 119 Rn. 145; *Büdenbender*, in: Schulze, NK-BGB, § 442 Rn. 7; *Stöber*, in: BeckOGK-BGB (Stand: November 2017), § 442 Rn. 15.

1228 *Westermann*, in: MünchKomm-BGB, § 442 Rn. 3.

1229 BGH v. 20.12.1978 – VIII ZR 114/77, NJW 1979, 713 (714); BGH v. 29.5.1954 – II ZR 163/53, BGHZ 13, 341 (342) = NJW 1954, 1366; *Faust*, in: BeckOK-BGB (Stand: März 2018), § 442 Rn. 16; *Westermann*, in: MünchKomm-BGB, § 442 Rn. 4.

1230 Siehe hierzu oben unter § 4 A. III.; vgl. auch *Büdenbender*, in: Schulze, NK-BGB, § 442 Rn. 24.

zum *Failen* bekannt war. Dies betrifft die Absicht des Verkäufers, termingerecht zu liefern, mithin eine innere Tatsache. Zu beachten ist in diesem Zusammenhang auch, dass ein *Fail* genutzt werden kann, um die relevanten steuerlichen Tatsachen zu verbergen.[1231]

Als Indiz für Cum-/Ex-Leerverkaufstransaktionen können praktisch neben der innerparteilichen Kommunikation nur die Gewinneinpreisungen herangezogen werden. Je nach Höhe der Einpreisung kommt eine grob fahrlässige Unkenntnis in Bezug auf die tatsächlichen Grundlagen der Cum-/Ex-Geschäfte in Betracht. Eine pauschale Kenntnis des Käufers kann indes unabhängig vom Einzelfall nicht begründet werden. Der Regelfall bei börslichen Geschäften ist wohl die fehlende Erkennbarkeit.[1232]

Diese Analyse des subjektiven Käuferhorizonts ist zudem um den Zusatz zu ergänzen, dass auch nicht beschaffenheitsbezogene Umstände weitere beschaffenheitsrelevante Schlüsse nach sich ziehen.[1233] Die Rede ist also von der Fernwirkung von Vorstellungen, welche Folgerungen auf weitere Vorstellungen zulassen. Geht der Käufer beispielsweise irrtümlich davon aus, der Verkäufer sei Inhaber der Aktie, wäre er, die Wahrheit dieser Vorstellung unterstellt, in aller Regel auch anrechnungsberechtigt.[1234] Wie festgestellt, ist die Frage nach der steuerrechtlichen Behandlung der Cum-/Ex-Sachverhalte eine beschaffenheitsbegründende Eigenschaft der Aktien.[1235]

Liegen entsprechende Erkenntnisse nicht vor, so besteht mangels tatsächlichen Argwohns schon kein Anlass für rechtliche Überlegungen. Der Ausschluss gem. § 442 Abs. 1 S. 1 BGB wäre sodann zu verneinen.

(3) Rechtliche Hinsicht

Problematisch ist hierauf aufbauend, wie sich die vorliegende Kenntnis über die tatsächlichen Umstände i.R.d. § 442 Abs. 1 S. 1 BGB auswirkt. Dies zielt auf die Frage ab, wie sich der steuerliche Rechtsirrtum und die sich aus ihm ergebende wirtschaftliche Brutto-Dividende auf die subjektive Perspektive des Käufers auswirken. Dazu ist zunächst die generelle Beachtlichkeit rechtlicher Irrtümer im

---

1231 Siehe hierzu oben unter § 3 B. II.

1232 *Berger/Matuszewski*, BB 2011, 3097 (3101); *Desens*, DStZ 2012, 142 (147); *Englisch*, FR 2010, 1023 (1031) m.w.N.; siehe oben unter § 3 B. V. 1. a).

1233 Ähnlich *Fatemi*, NJOZ 2010, 2637; *Westermann*, in: MünchKomm-BGB, § 442 Rn. 5.

1234 Siehe zum Inhaberverkauf oben unter § 3 A. I.

1235 Siehe zum steuerlichen Rechtsirrtum als Beschaffenheit i.S.d. § 434 BGB oben unter § 7 B. IV. 2. c).

Zivilrecht ((a)) zu untersuchen, sodann sind die dort gewonnenen Erkenntnisse auf die Cum-/Ex-Fälle anzuwenden ((b)).

Die zuvor bei der Analyse der Rechtsmängel festgestellte erschwerte Erkennbarkeit rechtlicher Umstände ist hierauf nicht übertragbar. Schließlich bestehen handfeste, tatsächliche Anhaltpunkte, die den rechtlichen Sachmangel begründen.

(a) Rechtsirrtümer im Zivilrecht

Allgemein richtet sich das Augenmerk inhaltlich auf den eingangs skizzierten Konflikt zwischen dem Geltungsanspruch des Rechts und der Unzumutbarkeit der absoluten Normkenntnis.[1236] Die ergebnisorientierte Einpassung dieses Konflikts ist Anliegen der nachfolgenden Bearbeitung. Im Zivilrecht ist zudem ein Interessenausgleich der sich unmittelbar gegenüberstehenden Parteiinteressen zu finden. Aufgrund der Gegenläufigkeit der Kenntnis zum Irrtum ist ein Rückgriff auf den Forschungsstand zu den Irrtümern i.R.d. §§ 119 ff. BGB angebracht.

Die einschlägige Literatur zu der Frage der „Diskriminierung des Rechtsirrtums im BGB" im Allgemeinen und der Beachtlichkeit eines rechtlichen Eigenschaftsirrtums im Besonderen führt die dogmengeschichtliche und dogmatisch-systematische Konzeption des BGB an, um eine Gleichschaltung der Tatsachen- mit den Rechtsirrtümern zu erreichen.[1237] Das BGB unterscheidet schließlich nicht zwischen Rechts- oder Tatsachenirrtum,[1238] mithin auch nicht zwischen rechtlicher und tatsächlicher Kenntnis. Für die Unbeachtlichkeit der Kenntnis der zugrundeliegenden Tatsachen bei einem hierauf aufbauenden *error iuris* sprechen daher auch gleichheitsrechtliche Erwägungen. *Wieso soll ein rechtlich Unkundiger ungleich einem tatsächlich Unkundigen gestellt sein?* Dies ließe sich als Begründung anführen, dass der steuerliche Rechtsirrtum dazu führt, dass eine Kenntnis des Mangels abzulehnen wäre.

Gleichwohl will *Mayer* hier Wertungsgesichtspunkte *„aus dem betroffenen Normenkreis"* heranziehen, um die Beachtlichkeit des Rechtsirrtums ggf.

1236 Siehe oben unter § 2 B.

1237 RG v. 3.6.1916 – V 70/16, RGZ 88, 278 (285); *Mayer*, Der Rechtsirrtum und seine Folgen im bürgerlichen Recht, S. 158; *Mayer-Maly*, AcP 170 (1970), 133 (177); *Rittner*, in: FS Hippel, S. 391 (404) m.w.N.

1238 RG v. 3.6.1916 – V 70/16, RGZ 88, 278 (285); *Mayer*, Der Rechtsirrtum und seine Folgen im bürgerlichen Recht, S. 158, 212; *Mayer-Maly*, AcP 170 (1970), 133 (177); *Rittner*, in: FS Hippel, S. 391 (400); vgl. ebenfalls gegen eine Diskriminierung des *error iuris* aus historisch philosophischer Perspektive *Mayer-Maly*, in: FS Verdross, S. 147 ff.

einzuschränken.[1239] Ein weiteres, der älteren Rechtsprechung zur Anfechtung entnommenes Korrektiv zur ausufernden Rechtsirrtumsanfechtung läge bei *bewusst riskanten* oder *unsicheren Geschäften* vor.[1240]

Diese Einschränkungen des zuvor Gesagten sind deshalb zu begrüßen, weil der eingangs erwähnte Konflikt zwischen Normkenntnis und Normdurchsetzung in die Betrachtung mit einzubeziehen ist. Ein entsprechender Konflikt besteht bei tatsächlichen Irrtümern, wie aufgezeigt, nicht.[1241] Zwar geht es hier nicht mehr um die eigentliche – primäre – Normdurchsetzung, jedoch soll dem Verkäufer nicht undifferenziert das Risiko fehlerhafter Norminterpretation des Käufers aufgebürdet werden. Eine ausgewogene Lösung setzt daher die Berücksichtigung der gegenläufigen Interessen voraus.

(b) Anwendung auf die Cum-/Ex-Geschäfte

Wendet man diese Erkenntnisse auf die Cum-/Ex-Geschäfte an, so ist zunächst festzuhalten, dass sich an die Käuferkenntnis in tatsächlicher Hinsicht ein steuerlicher Rechtsirrtum anschließt. Der explizite Gegenstand dieses Irrtums ist die Frage nach der steuerrechtlichen Legalität der Cum-/Ex-Geschäfte.[1242] Die Beantwortung dieser Frage ist wohl unstreitig Gegenstand eines Rechtsirrtums, welcher, wie vorstehend ausgeführt, zunächst einmal gleich dem Irrtum über Tatsachen zu behandeln ist.[1243] Hierdurch wird der Erwägung der Unzumutbarkeit absoluter Normkenntnis Rechnung getragen. Das hieße, dass aufgrund des steuerlichen Rechtsirrtums beim Leerkäufer in aller Regel keine Kenntnis vorläge.

Fraglich ist indes, ob sich aus den formulierten Beschränkungen der Anerkennung rechtlicher Irrtümer etwas anderes ergibt. Vorliegend handelt es sich bei dem *betroffenen Normenkreis* um eine komplizierte steuerrechtliche Gesetzeslage, welche lediglich mittelbare Geltung im Kaufrecht beansprucht. Hinzu treten andere *Wertungsgesichtspunkte*, die sich aus den bereits untersuchten Sittlichkeitserwägungen ergeben könnten, wonach der Fiskus mittelbar über den Käufer den

---

1239 *Mayer*, Der Rechtsirrtum und seine Folgen im bürgerlichen Recht, S. 212.

1240 *Mayer*, Der Rechtsirrtum und seine Folgen im bürgerlichen Recht, S. 212, unter Berufung auf BGH v. 24.6.1958 – VIII ZR 86/57, DB 1958, 893 und BGH v. 18.12.1954 – II ZR 296/53, BGHZ 16, 54 (58); siehe hierzu auch BGH v. 15.6.1951 – I ZR 121/50, BGHZ 2, 331 = NJW 1951, 705; vgl. auch *Armbrüster*, in: MünchKomm-BGB, § 119 Rn. 141; *Fleischer*, in: Zimmermann, Störungen der Willensbildung bei Vertragsschluss, S. 35, 48.

1241 Siehe bereits einleitend oben unter § 2.

1242 Siehe hierzu oben unter § 4.

1243 Siehe hierzu oben unter § 7 B. IV. 7. c) aa) (3) (a).

Gewinn des Leerverkäufers finanziert.[1244] Auch die vertragliche Risikozuweisung ist nach der hier erarbeiteten Einschätzung mit Blick auf die Risikoabwägung i.R.d. steuerrechtlichen Beschaffenheit grundsätzlich zunächst einmal eher zulasten des Leerverkäufers vorzunehmen.[1245]

Wendet man das Kriterium der bewusst riskanten Geschäfte auf die Cum-/Ex-Geschäfte an, so wird deutlich, dass der vergleichsweise umfassend informierte Leerkäufer zwar in rechtlicher Hinsicht irrte, den Grund und die Folgen seines Irrtums über die steuerrechtliche Legalität jedoch erkennen und in seine Risikoabwägung einbeziehen konnte. Ihm war eine eigene Bewertung der irrtumsbegründenden Rechtsfrage möglich, sodass er normativ mit dem Geschäftsabschluss ein bewusstes Risiko einging. Dies lässt sich wertungsgemäß aus zweierlei Gründen legitimieren.

Die erste Erwägung ist, dass das erkannte Risiko einen Vertragsschluss zu anderen Konditionen ermöglicht. Das Risiko versagter steuerlicher Anerkennung der Cum-/Ex-Transaktionen ließe sich schließlich im Kauf berücksichtigen. So hätten beispielsweise Garantien oder risikoangemessene Kaufpreise vereinbart werden können. Letzteres ist, wie ausgeführt, sogar konkret geschehen.[1246] Dies ergibt sich aus der Beachtlichkeit des Risikos, da es, wie oben aufgezeigt, der einzige Gewinngrund der Cum-/Ex-Geschäfte ist. Es handelt sich nicht um eine steuergünstige Randerscheinung, sondern um den Kernzweck des Geschäfts – die *Cum-/Ex-„Arbitrage“*.[1247] Das Gesagte verdeutlicht auch der Umstand, dass § 442 Abs. 1 S. 2 BGB grob fahrlässige Unkenntnis genügen lässt, da eine hinreichende Berücksichtigung dieser steuerrechtlichen Problematik im Verhältnis zum Verkäufer für eine spätere Gewährleistungsberechtigung geboten gewesen wäre.[1248] Die zweite Erwägung liegt darin, dass den Käuferinteressen gem. § 442

1244 Siehe hierzu oben unter § 7 B. II. 3.

1245 Siehe hierzu schon oben unter § 7 B. IV. 2. c) bb) (2); vgl. auch *Mayer*, Der Rechtsirrtum und seine Folgen im bürgerlichen Recht, S. 214.

1246 Siehe oben unter § 4 C. I. 1. b), zu der Analyse des Urteils FG Hessen v. 10.2.2016 – 4 K 1684/14, EFG 2016, 761 = DStR 2016, 1084 (1086 f.) unter dem Gesichtspunkt des Gewinnsplittings bei Cum-/Ex- Geschäften.

1247 Siehe hierzu oben unter § 3 B. V. 1. b) aa), wo bereits auf die Fehlerhaftigkeit des Begriffs Arbitrage in diesem Zusammenhang hingewiesen wurde.

1248 Vgl. BGH v. 20.12.1978 – VIII ZR 114/77, NJW 1979, 713; *Berger*, in: Jauernig, BGB, § 442 Rn. 5; *Westermann*, in: MünchKomm-BGB, § 442 Rn. 8.

Abs. 1 S. 2 BGB hinreichend durch die Rückausnahme in Fällen der Arglist beim Verkäufer Rechnung getragen ist.[1249]

Hieran vermögen auch etwaige Rechtsgutachten dann nichts zu ändern, wenn sie der Sphäre des Käufers entsprungen sind. Sofern sich die Begutachtungen nicht aus dem Äquivalenzprinzip ergeben, kann dem Verkäufer nicht das Risiko fehlerhafter Begutachtungen zugeschoben werden. Ebenso unbeachtlich ist i.R.d. § 442 Abs. 1 BGB, dass der Leerverkäufer u.U. dem gleichen steuerlichen Rechtsirrtum erlag wie der Erwerber. Abschließend lassen sich auch die Gleichheitserwägungen zum Rechtsirrtum im Zivilrecht damit widerlegen, sodass die zuvor geäußerten Bedenken in den Cum-/Ex-Fällen nicht greifen. Aufgrund des bewussten Risikobezugs ist eine Gleichbehandlung nicht sachgerecht. *Wieso soll jemand, der das Risiko kennt, es aber falsch einschätzt, gleich behandelt werden, wie jemand der nicht einmal das Risiko kennt?*

Die zumindest teilweise Gewissheit der geschilderten rechtlichen Unsicherheit, basierend auf der tatsächlichen Kenntnis, führt somit in den Cum-/Ex-Fällen grundsätzlich zum Gewährleistungsausschluss nach § 442 Abs. 1 S. 1 BGB.

(4) Grob fahrlässige Unkenntnis

Abschließend ist zu klären, wann der Erwerber die Schwelle der grob fahrlässigen Unkenntnis i.S.d. § 442 Abs. 1 S. 2 BGB überschreitet. Maßgeblich hierfür ist, dass die Unkenntnis des Käufers auf einer besonders schwerwiegenden Verletzung der im Verkehr erforderlichen Sorgfalt beruht und der Käufer den Mangel nicht erkannt hat, obwohl er ihm in jedem Fall hätte einleuchten müssen.[1250] Dabei trifft den Käufer keine grundsätzliche Sorgfaltspflicht in Bezug auf die Beschaffenheitsuntersuchung der Kaufsache, sondern lediglich bei Vorliegen besonderer Umstände.[1251]

Da typischerweise nicht an Absprachen anzuknüpfen ist, weil ansonsten bereits Kenntnis vorläge, ist der einzig denkbare Anknüpfungspunkt für die grob fahrlässige Unkenntnis die wirtschaftliche Struktur der Cum-/Ex-Geschäfte,

---

1249 Siehe hierzu unten unter § 7 B. IV. 7. c) bb); vgl. auch *Berger*, in: Jauernig, BGB, § 442 Rn. 6.

1250 BGH v. 20.2.2013 – VIII ZR 40/12, BeckRS 2013, 05054 (Rn. 15); RG v. 19.2.1931 – VI 389/30, RGZ 131, 343 (355); *Faust*, in: BeckOK-BGB (Stand: März 2018), § 442 (Rn. 19); *Stöber*, in: BeckOGK-BGB (Stand: November 2017), § 442 Rn. 23; *Westermann*, in: MünchKomm-BGB, § 442 Rn. 8.

1251 *Matusche-Beckmann*, in: Staudinger, BGB, § 442 Rn. 25; *Stöber*, in: BeckOGK-BGB (Stand: November 2017), § 442 Rn. 24; *Westermann*, in: MünchKomm-BGB, § 442 Rn. 9; vgl. auch RG v. 19.2.1931 – VI 389/30, RGZ 131, 343 (353).

die namentlich durch die Konditionen des Gewinnsplittings geprägt ist.[1252] Im Mittelpunkt steht dabei der Kaufpreis der Aktien, wobei auf die jeweilige Einpreisung von Gewinnen aufgrund des Cum-/Ex-Leerverkaufs abzustellen ist. Hierbei handelt es sich auch um einen gewichtigen Anhaltspunkt, welcher eine gesteigerte Sorgfaltspflicht des Käufers begründet, da ihm der beschaffenheitswidrige Zustand der Aktien anhand ihres Kaufpreises offensichtlich wird.[1253]

Hierzu sind grundsätzlich zwei Extrempositionen denkbar, um eine grob fahrlässige Unkenntnis des Erwerbers zu begründen. Zum einen könnte man vertreten, die grob fahrlässige Unkenntnis liege bereits dann vor, wenn die Einpreisung des Transaktionsgewinns jene für die Cum-/Cum-Geschäfte typische Marke von 98 % übersteigt. Zum anderen könnte man auf einen totalen Gewinnverzicht des Leerverkäufers abstellen.[1254] Diese beiden Extrempositionen bieten jedoch aufgrund ihrer Strenge wenig Differenzierungsspielraum und sind daher abzulehnen.

Sachgerechter ist vielmehr ein vermittelnder Richtwert, bei dem eine *gewinnverzichtende* oder *gewinnteilende* Tendenz des Leerverkäufers erkennbar ist. Namentlich ist dies jedenfalls ab einem Richtwert von etwa 77 % der Gewinneinpreisung der Fall.[1255] Dieser bildet einen Mittelwert zwischen der vollständigen Gewinnweitergabe und der – einer Cum-/Cum-Einpreisung ähnlichen – Minimalberücksichtigung des Geschäftsgewinns im Gewinnsplitting. Bei einer solchen Deutlichkeit der Cum-/Ex-Struktur bei gleichzeitig wirtschaftlich reduzierter Schutzwürdigkeit des Erwerbers erscheint dessen grob fahrlässige Unkenntnis i.S.d. § 442 Abs. 1 S. 2 BGB von dem Cum-/Ex-Leerverkauf und damit den sich hieraus ergebenden steuerlichen Effekten sowie ihrer Abhängigkeit vom rechtlichen Erfolg der Transaktion als gegeben.

(5) Fazit

Die Untersuchung des subjektiven Käuferhorizonts im Hinblick auf Cum-/Ex-Geschäfte hat eine Möglichkeit zur Differenzierung zutage gefördert. Hatte der Käufer schon tatsächlich keine Kenntnis vom Cum-/Ex-Leerverkauf

---

1252 Siehe hierzu bereits oben unter § 3 B. V; siehe zu der Kenntnis bei Absprachen oben unter § 7 B. IV. 7. c) (1) bis (3).

1253 Vgl. OLG Brandenburg v. 22.2.2012 – 4 U 69/11, NJW 2012, 2124 (2125); *Faust*, in: BeckOK-BGB (Stand: März 2018), § 442 Rn. 20 und 22; *Schmidt*, in: P/W/W, BGB, § 442 Rn. 8; *Stöber*, in: BeckOGK-BGB (Stand: November 2017), § 442 Rn. 27.

1254 Siehe hierzu bereits oben unter § 3 B. V.

1255 Siehe hierzu bereits oben unter § 3 B. V.: Einpreisung von 77 % des Gewinns.

(beachtlicher Irrtum in tatsächlicher Hinsicht), hatte er auch keine Kenntnis des steuerrechtlichen Mangels.

Wusste der Käufer aber von dem Leerverkauf bzw. der Intention des Verkäufers zu *failen*, kannte er auch das sich hieraus ergebende steuerliche Risiko. Der Irrtum in rechtlicher Hinsicht ist in diesem Zusammenhang daher unerheblich. Ähnlich liegen Fälle, in denen eine *gewinnverzichtende* oder *gewinnteilende* Tendenz beim Leerverkäufer anhand des Kaufpreises ersichtlich wird, sodass sich dem Erwerber aufdrängen musste, dass der Transaktion ein Cum-/Ex-Leerverkauf zugrunde liegt (unbeachtlicher Irrtum in tatsächlicher Hinsicht). In diesen Fällen sind die Rechte des Leerkäufers gem. § 442 Abs. 1 BGB ausgeschlossen.

bb) Rückausnahme

Dem zuvor dargelegten Gewährleistungsausschluss steht die Rückausnahme des § 442 Abs. 1 S. 2 Alt. 1 BGB gegenüber. Demnach gilt im Fall grob fahrlässiger Unkenntnis des Käufers die Ausnahme von § 442 Abs. 1 S. 1 a.A. BGB, sofern der Verkäufer den Mangel arglistig verschweigt. Die Ausnahme des § 442 Abs. 1 S. 2 Alt. 2 BGB scheitert hier wohl im Regelfall an einer fehlenden Garantie.[1256]

Auf Seiten des Verkäufers ist für die Begründung der Arglist zu fordern, dass er den Mangel für möglich hält und dennoch zumindest damit rechnet und billigend in Kauf nimmt, dass der Käufer den Mangel nicht kennt und bei Kenntnis den Kaufvertrag nicht in der Form abgeschlossen hätte.[1257]

Zunächst stellt sich die Problematik der Abgrenzung zwischen Arglist und grober Fahrlässigkeit. Hervorzuheben ist, dass bei der Annahme arglistigen Verhaltens in Ansehung des – sich aus Art. 3 Abs. 1 GG ergebenden – Willkürverbots Zurückhaltung geboten ist.[1258] Ein pauschaler Arglistvorwurf, beispielsweise darauf fußend, dass es sich beim Verkäufer um einen Fachmann handele, kann damit nicht begründet werden.[1259] Entscheidend sind somit stets die persönlichen Kenntnisse des konkreten Verkäufers.

1256 Siehe oben unter § 7 B. IV. 6.

1257 *Ehling/Kappel*, BB 2013, 2955; *Stöber*, in: BeckOGK-BGB (Stand: November 2017), § 442 Rn. 35; siehe auch bereits zur Arglist oben unter § 7 B. II. 4. c).

1258 *Stöber*, in: BeckOGK-BGB (Stand: November 2017), § 442 Rn. 35.

1259 BVerfG v. 3.3.2015 – 1 BvR 3271/14, BeckRS 2015, 47767 (Rn. 12); *Stöber*, in: BeckOGK-BGB (Stand: November 2017), § 442 Rn. 37.

Im Hinblick auf den Umfang der Arglist genügt die Kenntnis der mangelbegründenden Umstände.[1260] Darüber hinaus ist dann Restriktion geboten, wenn der einzige Grund, um arglistiges Verhalten abzulehnen, in der vermeintlichen Geringfügigkeit des Mangels besteht.[1261] Zwar ist hier wirtschaftlich, wie bereits zuvor erwähnt, nur ein kleiner Wertanteil in Ansehung des Gesamtwerts der gehandelten Aktien betroffen.[1262] Jedoch ist aufgrund der Tatsache, dass die Cum-/Ex-Geschäfte nur dann für alle Beteiligten wirtschaftlich vorteilhaft sind, wenn die Steueranrechnung erfolgt, ein Bagatellcharakter abzulehnen.

Im Hinblick auf die Offenbarungspflicht bleibt festzuhalten, dass der Verkäufer dann verpflichtet ist, verborgene Mängel oder Umstände, die erfahrungsgemäß auf die Entstehung und Steigerung bestimmter Mängel schließen lassen, auch dann dem Käufer mitzuteilen, wenn sie für dessen Kaufentschluss von Bedeutung und insbesondere die beabsichtigte Nutzung erheblich zu mindern geeignet sind. Dies gilt auch dann, wenn der Käufer nicht nach ihnen gefragt hat.[1263] Diese Pflichten steigern sich, wenn sich das Informationsgefälle erhöht, wenn also ein fachkundiger gewerblicher Verkäufer mit einem nicht fachkundigen privaten Käufer kontrahiert.[1264] Zudem sei angemerkt, dass die Zusicherung einer nicht vorhandenen Beschaffenheit dem Verschweigen fehlender Beschaffenheit gleichsteht.[1265]

1260 BGH v. 7.3.2003 – V ZR 437/01, NJW-RR 2003, 989 (990); BGH v. 8.12.2006 – V ZR 249/05, NJW 2007, 835 (Rn. 8); BGH v. 12.4.2013 – V ZR 266/11, NJW 2013, 2182 (Rn. 14); *Faust*, in: BeckOK-BGB (Stand: März 2018), § 438 Rn. 40; *Stöber*, in: BeckOGK-BGB (Stand: November 2017), § 442 Rn. 37.

1261 *Faust*, in: BeckOK-BGB (Stand: März 2018), § 438 Rn. 42; *Stöber*, in: BeckOGK-BGB (Stand: November 2017), § 442 Rn. 35.

1262 Siehe oben unter § 7 B. II. 1. c) aa).

1263 BGH v. 3.12.1986 – VIII ZR 345/85, NJW-RR 1987, 436 (437); BGH v. 16.3.2012 – V ZR 18/11, NJW-RR 2012, 1078 (Rn. 19 ff.); BGH v. 15.6.2012 – V ZR 198/11, BGHZ 193, 326 = NJW 2012, 2793 (Rn. 15); *Ehling/Kappel*, BB 2013, 2955 (2956); *Gröschler*, NJW 2005, 1601 (1602); *Stöber*, in: BeckOGK-BGB (Stand: November 2017), § 442 Rn. 36.

1264 Vgl. BGH v. 28.4.1971 – VIII ZR 258/69, BGH NJW 1971, 1795 (1798 f.); *Matusche-Beckmann*, in: Staudinger, BGB, § 438 Rn. 106; *Stöber*, in: BeckOGK-BGB (Stand: November 2017), § 442 Rn. 37.

1265 RG v. 2.10.1907 – V 8/07, RGZ 66, 335 (338); BGH v. 16.10.1991 – VIII ZR 140/90, NJW 1992, 170 (171); *Matusche-Beckmann*, in: Staudinger, BGB, § 438 Rn. 114; *Weidenkaff*, in: Palandt, BGB, § 442 Rn. 18; a.A. *Faust*, in: BeckOK-BGB (Stand: März 2018), § 438 Rn. 38; vgl. auch *Berger*, in: Jauernig, BGB, § 444 Rn. 11.

Abschließend ist auf die Ausführungen zur Arglistanfechtung nach § 123 Abs. 1 Alt. 1 BGB zu verweisen.[1266] Dort wurde bereits festgestellt, dass in voluntativer Hinsicht der steuerliche Rechtsirrtum ein arglistiges Verhalten verhindert.[1267] Daraus ergibt sich auch, dass im Anwendungsfall des § 442 Abs. 1 S. 1 BGB der Rückausnahme des § 442 Abs. 1 S. 2 BGB kaum ein Anwendungsbereich in den Cum-/Ex-Fällen verbliebe.

Hieraus ergeben sich auch die verschiedenen Perspektiven tatsächlicher und rechtlicher Informationen, welche bei der Bewertung des Informationsgefälles in der oben aufgezeigten Weise zu berücksichtigen sind.[1268] Demnach ist Arglist beim Verkäufer im Hinblick auf tatsächliche Umstände zwar denkbar, in Bezug auf rechtliche Umstände dagegen nicht.[1269] Beweispflichtig ist bei § 442 Abs. 1 BGB der sich auf den Haftungsausschluss berufende Verkäufer.[1270] Der im Falle grober Fahrlässigkeit mögliche Rückausschluss bei Arglist oder Beschaffenheitsgarantie des Verkäufers ist dagegen vom Käufer zu beweisen.[1271]

cc) Rechtsfolge und Sperrwirkung

Die gesetzlich angeordnete Rechtsfolge des § 442 BGB ist der Ausschluss der Gewährleistungsrechte des Käufers. Dabei stellt sich mit Blick auf weitere Anspruchsgrundlagen die Frage des Ausschlussumfangs. Überwiegend wird § 442 BGB auch für andere Regelungsregime eine Sperrwirkung entnommen.[1272]

1266 Siehe oben unter § 7 B. II. 4. c).

1267 Siehe oben unter § 7 B. II. 4. c) cc) (2) und (3); vgl. auch *Büdenbender*, in: Schulze, NK-BGB, § 442 Rn. 24.

1268 Siehe oben unter § 7 B. IV. 7. c) aa).

1269 Die Kenntnis in tatsächlicher Hinsicht ist an dieser Stelle freilich unbeachtlich, da die Anwendung von § 442 Abs. 1 S. 1 BGB bereits Kenntnis oder Kennenmüssen der tatsächlichen Umstände voraussetzt; vgl. im Übrigen oben unter § 7 B. IV. 7. c) aa).

1270 BGH v. 2.10.1987 – V ZR 105/86, NJW-RR 1988, 79; *Faust*, in: BeckOK-BGB (Stand: März 2018), § 442 Rn. 34; *Stöber*, in: BeckOGK-BGB (Stand: November 2017), § 442 Rn. 116; *Weidenkaff*, in: Palandt, BGB, § 442 Rn. 6; *Westermann*, in: MünchKomm-BGB, § 442 Rn. 2.

1271 *Büdenbender*, in: Schulze, NK-BGB, § 442 Rn. 35; *Matusche-Beckmann*, in: Staudinger, BGB, § 442 Rn. 50; *Stöber*, in: BeckOGK-BGB (Stand: November 2017), § 442 Rn. 116; *Weidenkaff*, in: Palandt, BGB, § 442 Rn. 6; vgl. auch BGH v. 12.11.2010 – V ZR 181/09, BGHZ 188, 43 = NJW 2011, 1280 (Rn. 15); BGH v 12.4.2013 - V ZR 266/11, NJW 2013, 2182 (Rn. 21).

1272 BGH v. 27.3.2009 - V ZR 30/08, BGHZ 180, 205 = NJW 2009, 2120 (Rn. 19 ff.); *Weidenkaff*, in: Palandt, BGB, § 437 Rn. 51a; *ders.*, a.a.O., § 442 Rn. 3.

Hiergegen spricht aber, dass neben der eindeutigen Spezialität der Vorschrift wegen der insoweit gleichlaufenden Anwendbarkeit des § 254 BGB kein Bedürfnis für eine Ausweitung des § 442 BGB besteht.[1273] Auf der anderen Seite wird vertreten, § 254 BGB sei neben § 442 BGB nicht anwendbar.[1274] Dies ergibt sich aus der Stellung der speziellen kaufrechtlichen Norm im Gesetz. Nachteilig an diesem Ansatz ist zwar, dass ein quotales Mitverschulden des Käufers keine Berücksichtigung findet und somit im Vergleich zur allgemeinen Norm ein relatives *Alles-oder-Nichts* Prinzip gilt. Dieses ist dem Gesetz indes direkt zu entnehmen, weil § 442 Abs. 1 S. 2 BGB unterschiedliche Verschuldensgrade ausdrücklich berücksichtigt und andernfalls obsolet wäre.[1275]

dd) Fazit

Eine pauschale Kenntnis wird dem Käufer bei Cum-/Ex-Transaktionen nicht nachzusagen sein. Der Ausschluss nach § 442 Abs. 1 BGB bleibt somit höchstens in solchen Einzelfällen möglich, in denen der schwer erbringbare Beweis über den subjektiven Horizont gelingt. Die Rückausnahme des § 442 Abs. 1 S. 2 BGB kommt im Falle der Arglist bei Vorliegen eines steuerlichen Rechtsirrtums nicht zur Anwendung.

d) § 444 BGB

Zudem ist ein kurzer Hinweis auf § 444 BGB vorzunehmen, nach welchem sich der Verkäufer nicht auf einen etwaigen Mangelausschluss berufen kann, soweit er arglistig handelt. Geht man infolge der unter (b)) gemachten Ausführungen bei einigen Geschäften von einem Mängelausschluss aus, so wird die Regel des § 444 Alt. 1 BGB hier relevant. Zu der dann tatbestandlich notwendigen Arglist ist auf die bereits gemachten Ausführungen (c)) zu verweisen.[1276]

e) § 377 HGB

Ein weiterer, zumindest theoretisch denkbarer Ausschlussgrund findet sich in § 377 Abs. 1 und 2 i.V.m. § 381 Abs. 1 HGB. Danach sind Mängelrechte bei

---

1273 *Stöber*, in: BeckOGK-BGB (Stand: November 2017), § 442 Rn. 108; *Fischinger/Lettmaier*, NJW 2009, 2496 (2498 f.).

1274 BGH v. 28.6.1978 – VIII ZR 112/77, BGH NJW 1978, 2240; BGH v. 31.1.1990 – VIII ZR 314/88; BGHZ 110, 196 (202 f.) = NJW 1990, 1106 (1108); *Berger*, in: Jauernig, BGB, § 442 Rn. 6; *Stöber*, in: BeckOGK-BGB (Stand: November 2017), § 442 Rn. 108.

1275 *Stöber*, in: BeckOGK-BGB (Stand: November 2017), § 442 Rn. 108 f.

1276 Siehe oben unter § 7 B. II. 4. c) cc).

einem beiderseitigen Handelskauf ausgeschlossen, sofern keine unverzügliche Anzeige der Mängel erfolgt.[1277] Eine Ausnahme besteht gem. § 377 Abs. 5 HGB ebenfalls in Fällen arglistigen Verhaltens. Dies gilt gem. § 381 Abs. 1 HGB grundsätzlich auch für den Aktienkauf.[1278] Wie bereits bei der vertragstypologischen Einordnung der Cum-/Ex-Leerverkaufsgeschäfte festgestellt wurde, bereitet das Merkmal des beiderseitigen Handelskaufs aufgrund der Kaufmannseigenschaft der beteiligten Parteien kraft Rechtsform keine Schwierigkeiten.[1279]

Problematisch bei der Anwendung der Vorschrift des § 377 HGB ist dagegen, inwiefern der Kurzfristigkeit von Aktiengeschäften einerseits und der Langwierigkeit der Steuerverfahren andererseits hinreichend Rechnung getragen werden kann. In jedem Fall ist die Feststellung des *„rechtlichen Sachmangels"* an den Aktien erst zu einem nach der Ablieferung liegenden Zeitpunkt möglich, sodass es auf die spätere Mängelanzeige nach § 377 Abs. 3 HGB ankommt. Demnach muss unverzüglich nach der Entdeckung des Mangels eine Mangelanzeige erfolgen. Die Entdeckung eines Mangels erfordert seine tatsächliche oder – nach Maßgabe des § 347 Abs. 1 HGB – bei ordnungsgemäßem Verhalten hypothetische Wahrnehmung.[1280] Daraus resultiert die Einschlägigkeit der Fallgruppe der sog. verdeckten Mängel.[1281]

Zweifelhaft ist aber, wie sich dieser Befund auf die Entdeckung eines *„steuerrechtlichen Sachmangels"* bei cum/ex gehandelten Aktien auswirkt. Dem Gesagten zufolge spricht bei steuerrechtlichen Mängeln jedenfalls die Tatsache, dass der Mangel letztlich erst mit der bestandskräftigen Festsetzung tatsächlich besteht, für eine späte Entdeckung. Somit könnte frühestens dann ein Mangel anzunehmen sein, wenn sich konkret abzeichnet, dass die steuerliche Beschaffenheit keine Legalität genießt. Die lange Dauer dieses Zeitraums und die faktische Unmöglichkeit der Untersuchung einer Kaufsache auf steuerrechtliche Mängel stellt jedoch den Beschleunigungszweck des § 377 HGB und damit

---

1277 *Grunewald*, in: MünchKomm-HGB, § 377 Rn. 3; *Müller*, in: E/B/J/S, HGB, Bd. 2, § 377 Rn. 154.

1278 *Hopt*, in: Baumbach/Hopt, HGB, § 377 Rn. 2; *Müller*, in: E/B/J/S, HGB, Bd. 2, § 381 Rn. 2.

1279 Siehe hierzu oben unter § 7 B. I. 3; vgl. auch *Grunewald*, in: MünchKomm-HGB, § 381 Rn. 1; *Hopt*, in: Baumbach/Hopt, HGB, § 381 Rn. 1; *Schlimbach*, Leerverkäufe, S. 26.

1280 *Grunewald*, in: MünchKomm-HGB, § 377 Rn. 78; *Müller*, in: E/B/J/S, HGB, Bd. 2, § 377 Rn. 163.

1281 RG v. 2.7.1920 – III 141/20, RGZ 99, 247 (248); *Hopt*, in: Baumbach/Hopt, HGB, § 377 Rn. 38 f.

seine Anwendung in Frage. Schließlich ist § 377 i.V.m. § 381 Abs. 1 HGB aus ähnlichen Gründen nach h.M. nicht auf Rechtsmängel anwendbar.[1282] Auch wenn es sich bei steuerrechtlichen Mängeln nicht um Rechtsmängel handelt, so ist doch nicht davon auszugehen, dass der historische Gesetzgeber des § 377 HGB einen steuerlichen Mangel eines Rechts im Sinn gehabt hat. Zudem kann in diesen Fällen dem Beschleunigungszweck der Rügeobliegenheit des § 377 HGB ebenfalls nicht Genüge getan werden.[1283] Vor diesem Hintergrund ist unabhängig von der Mangelart (Sach- oder Rechtsmangel) die Anwendung des § 381 Abs. 1 HGB auf die sinnlich wahrnehmbaren Eigenschaften zu beschränken bzw. eine Untersuchungspflicht als untunlich anzusehen.[1284] Der steuerliche Rechtsmangel ist keine solche sinnlich wahrnehmbare Beschaffenheit, sodass auch für die Cum-/Ex-Leerverkaufsfälle ein Gewährleistungsausschluss nach § 377 Abs. 1 und 2 HGB i.V.m. § 381 Abs. 1 HGB nicht in Betracht kommt.

8. *Verjährung*

a) *Verjährung der Rechte aus Cum-Ex-Geschäften de lege lata*

Wie bereits erwähnt[1285], beträgt die kaufrechtliche Verjährung gem. § 438 Abs. 1 Nr. 3, Abs. 2 BGB für Gewährleistungsverpflichtungen kenntnisunabhängig zwei Jahre ab Ablieferung.[1286] Eine Ablieferung liegt vor, wenn der Verkäufer seinen Gewahrsam bzw. seine Verfügungsgewalt an der Kaufsache durch eine einseitige, in Erfüllungsabsicht vorgenommene Handlung aufgibt und eben jene Sachgewalt beim Käufer begründet wird, sodass dieser die Untersuchung der Kaufsache vornehmen kann sowie seinerseits einem Dritten Gewahrsam und Verfügungsgewalt einräumen könnte.[1287] Da es lediglich auf die

---

1282 *Grunewald*, in: MünchKomm-HGB, § 377 Rn. 53; *dies.*, a.a.O., § 381 Rn. 2; *Müller*, WM 2011, 1249 (1256 und 1260); a.A. *Hopt*, in: Baumbach/Hopt, HGB, § 377 Rn. 12; *Stöber*, in: Heidel/Schall, HGB, § 377 Rn. 16 m.w.N.

1283 Vgl. *Müller*, in: E/B/J/S, HGB, Bd. 2, § 381 Rn. 15.

1284 Ebenso *Müller*, in: E/B/J/S, HGB, Bd. 2, § 381 Rn. 15; vgl. auch *Stöber*, in: Heidel/Schall, HGB, § 377 Rn. 16.

1285 Siehe oben unter § 7 A.

1286 Vgl. hierzu grundlegend *Brüggemeier*, WM 2002, 1376 (1380); *Eidenmüller*, NJW 2002, 1625; *Larenz*, Karlsruher Forum 2002, S. 5 (91); *Schaub*, AcP 202 (2002), 757 (768); *Schrader*, Wissen und Recht, S. 129 ff.; *Westermann*, in: MünchKomm-BGB, § 437 Rn. 1.

1287 BGH v. 30.1.1985 – VIII ZR 238/83, BGHZ 93, 338 (345) = NJW 1985, 1333; BGH v. 20.4.1988 – VIII ZR 1/87, NJW 1988, 2608 (2609); BGH v. 11.10.1995 – VIII ZR

hypothetische Möglichkeit der Überprüfung ankommt und – anders als zuvor bei § 377 HGB – bei der Verjährung der Beschleunigungszweck des Handelsrechts keine Rolle spielt, ergeben sich für Cum-/Ex-Kaufverträge keine Besonderheiten. Somit ist bei der über § 453 Abs. 1 BGB erfolgenden Anwendung des § 438 Abs. 2 BGB auf Cum-/Ex-Aktienkäufe auf die Übertragung des Rechts – mithin auf die Belieferung mit den Aktien – abzustellen.[1288]

Cum-/Ex-Geschäfte sind seit dem 1.1.2012 nicht mehr möglich.[1289] Die letzten Übertragungsgeschäfte, bei denen ein entsprechender steuerrechtlicher Mangel vorliegen kann, entfallen letztlich auf Cum-/Ex-Geschäfte über Aktien, die letztmalig im Jahr 2011 eine Dividendenzahlung beinhaltet haben. Zu berücksichtigen ist jedoch, dass das börsliche Ausführungsgeschäft zwei Tage nach dem Verpflichtungsgeschäft erfolgt und überdies die Möglichkeit der OTC-Termingeschäfte und Fails besteht.[1290] Die zweijährige Verjährungsfrist führt damit zu einer – von den jeweiligen Terminvereinbarungen abhängigen – Verjährung der Gewährleistungsrechte aus den Cum-/Ex-Geschäften spätestens in den ersten Wochen des Jahres 2013.

Eine erhebliche Abweichung hiervon begründet jedoch der Arglistvorwurf nach § 438 Abs. 3 S. 1 BGB, indem in solchen Fällen die Regelverjährung aus § 195 ff. BGB greift.[1291] Zudem werden *de lege ferenda* einige Modifikationen des kaufrechtlichen Verjährungsrechts befürwortet, welche nachfolgend erörtert werden.

b) Mangelartbezogene Abweichung

Bedenken äußert *Eidenmüller*, der vorwiegend ein subjektives Verjährungssystem oder wenigstens objektive Fristen in Fällen der Rechtsmängelhaftung beim

---

151/94, NJW 1995, 3381 (3382); *Faust*, in: BeckOK-BGB (Stand: März 2018), § 438 Rn. 30; *Westermann*, in: MünchKomm-BGB, § 438 Rn. 25.

1288 *Eidenmüller*, NJW 2002 1625 (1626); *Faust*, in: BeckOK-BGB (Stand: März 2018), § 438 Rn. 35; *Heerstraßen/Reinhard*, BB 2002, 1429 (1434); *Weidenkaff*, in: Palandt, BGB, § 438 Rn. 16; *ders.*, a.a.O., § 453 Rn. 31b; *Westermann*, in: MünchKomm-BGB, § 438 Rn. 8; vgl. auch BT-Drs. 14/6040, S. 227; BT-Drs. 14/6857, S. 62; sowie *Mansel/Budzikiewicz*, Das neue Verjährungsrecht, § 5 Rn. 46.

1289 Siehe oben unter § 4 A. IV.

1290 Siehe oben unter § 3 A. I. 1.

1291 *Grunewald*, in: Erman, BGB, § 438 Rn. 23.

Rechtskauf fordert.[1292] Schließlich drohe anders als bei Sachmängeln keine Abnutzung der Sache.[1293]

Wie bereits ausgeführt, stellen steuerliche Mängel keine Rechtsmängel dar.[1294] Gleichwohl lässt sich dem Gedanken fehlender Verschleißgefahr der Kaufsache etwas abgewinnen. Dieser ließe sich sowohl auf steuerliche Mängel als auch generell auf den Rechtskauf ausweiten.[1295] Indes ist die Verschleißgefahr nicht der einzige Grund für die kurze Verjährung im Kaufrecht.[1296] Die Risikoabgrenzung im Wirtschaftsverkehr erstreckt sich mittels Rechtsfriedensgewährung insgesamt auf die Gewährleistungsrechte, wobei bei längeren Fristen ökonomisch eine Einpreisung der Gewährleistungsgefahr des Verkäufers den Kaufpreis erhöht.[1297]

Im Ergebnis ist daher nicht von einer Abweichung von der kaufrechtlichen Verjährung bei Rechtsmängeln im Rechtskauf auszugehen.[1298]

c) Kaufgegenstandsbezogene Abweichung

Interessant ist ferner auch der Ansatz von *Canaris*, welcher ein anderes Verjährungsregime nicht wegen des Mangels, sondern wegen des Kaufobjekts vertritt. Demnach solle bei unkörperlichen Gegenständen der Rechtsgedanke des § 634a Abs. 1 Nr. 3 BGB zugunsten der Regelverjährung verallgemeinert und angewendet werden.[1299] Die Vorschrift will der fehlenden Mängelerkennbarkeit bei unkörperlichen Gegenständen entgegenwirken.[1300] Um dem auch beim Kauf

---

1292 *Eidenmüller*, NJW 2002, 1625 (1626).

1293 *Eidenmüller*, NJW 2002, 1625 (1626); vgl. auch *Behrensmeyer*, Die Verjährung von kaufrechtlichen Gewährleistungs- und Rückgriffsansprüchen, S. 89; *Westermann*, in: MünchKomm-BGB, § 438 Rn. 7.

1294 Siehe oben unter § 7 B. IV. 5.

1295 Siehe dazu sogleich unter b).

1296 *Behrensmeyer*, Die Verjährung von kaufrechtlichen Gewährleistungs- und Rückgriffsansprüchen, S. 86 ff.; *Larenz*, Karlsruher Forum 2002, S. 5 (93).

1297 *Larenz*, Karlsruher Forum 2002, S. 5 (92 f.); vgl. auch *Faust*, in: BeckOK-BGB (Stand: März 2018), § 438 Rn. 2.

1298 So auch *Faust*, in: BeckOK-BGB (Stand: März 2018), § 438 Rn. 17; *Grunewald*, NZG 2003, 372 (374); *Heerstraßen/Reinhard*, BB 2002, 1429 (1434); vgl. auch *Amann*, in: Amann/Brambring/Hertel, Vertragspraxis nach neuem Schuldrecht, D XII. 2. S. 329.

1299 *Canaris*, Schuldrechtsmodernisierung 2002, S. XXIX; vgl. ähnlich *Eidenmüller*, NJW 2002, 1625 (1626).

1300 *Busche*, in: MünchKomm-BGB, § 634a Rn. 32; *Canaris*, Schuldrechtsmodernisierung 2002, S. XXIX; *Schwenker/Rodemann*, in: Erman, BGB, § 634a Rn. 11; *Voit*, in: BeckOK-BGB (Stand: Februar 2017), § 634a Rn. 21.

gerecht zu werden, sei §§ 453 Abs. 1, 438 Abs. 1 Nr. 3 BGB teleologisch zu reduzieren.[1301]

Raum für diese Argumentation bietet der Wortlaut des § 453 Abs. 1 BGB. Demnach sind die Vorschriften über den Kauf von Sachen lediglich entsprechend anzuwenden. Dieser Verallgemeinerung bei allen Rechtskäufen ist aber entgegenzuhalten, dass der Gesetzgeber – ausweislich der systematisch im Werkvertragsrecht zu verortenden Regelung – die Problematik der Mangelerkennbarkeit bei unkörperlichen Gegenständen gesehen und absichtlich im Kaufrecht unberücksichtigt gelassen hat.[1302] Auf der anderen Seite wird der Gesetzgeber komplizierte Fälle wie den hier vorliegenden nicht erkannt haben. Ebenfalls für einen subjektiven Verjährungsbeginn spricht, dass die kurze kaufrechtliche Verjährungsfrist mitunter dadurch gerechtfertigt ist, dass der Käufer mit der eigenhändigen Beschaffenheitsprüfung beginnen kann.[1303] Diese Möglichkeit besteht beim Rechtskauf aber gerade nicht. Gleichwohl hat der Gesetzgeber explizit keine nicht geregelten Sonderfälle für Rechtsmängel ins Auge gefasst.[1304] Auch eine Betrachtung der alten Rechtslage, nach der für die Gewährleistungshaftung gem. § 477 BGB a.F. eine noch kürzere Verjährungsfrist von nur sechs Monaten galt, spricht gegen eine Subjektivierung der Verjährung.[1305] Zwar wollte der Gesetzgeber die Fristen verlängern, allerdings ist der Ausgangspunkt ein käuferungünstiger, sodass sich Zweifel an einer Überschreitung des genormten Maßes aufzwingen. Letztlich ist daher § 438 BGB von der Verweisung des § 453 Abs. 1 BGB mitumfasst.[1306]

d) Auf den „Steuermangel" bezogene Abweichung

Die aufgezeigte drohende Verjährung ist ein praxisrelevantes Problem in den Cum-/Ex-Fällen, wobei sich die Verjährungsproblematik über die Cum-/Ex-Fälle hinaus regelmäßig auf Fälle der mangelbegründenden steuerlichen Rechtsirrtümer erstreckt.[1307]

1301 *Canaris*, Schuldrechtsmodernisierung 2002, S. XXIX; im Ergebnis ähnlich *Eidenmüller*, NJW 2002, 1625 (1626).

1302 Ähnlich auch *Haedicke*, Rechtskauf und Rechtsmängelhaftung, S. 325 und 340.

1303 Vgl. *Berger*, in: Jauernig, BGB, § 446 Rn. 6; *Westermann*, in: MünchKomm-BGB, § 438 Rn. 2; *ders.*, in: MünchKomm-BGB, § 446 Rn. 7.

1304 BT-Drs. 14/6040, S. 227.

1305 Vgl. *Westermann*, in: MünchKomm-BGB, § 438 Rn. 2.

1306 *Mansel/Budzikiewicz*, Das neue Verjährungsrecht, § 5 Rn. 45.

1307 Siehe schon zum alten Kaufrecht *Brych*, ZfBR 1981, 153; vgl. auch *Schaub*, AcP 202 (2002), 757 (769).

Grund hierfür ist die lange Regeldauer der Steuerverfahren.[1308] Damit ein ersatzfähiges Interesse vorliegt, ist abzuwarten, zu welchen Ergebnissen das Steuerverfahren und ggf. das sich anschließende Finanzgerichtsverfahren gelangen. Dabei werden im Zeitpunkt der Klärung der steuerlichen Rechtsfrage Gewährleistungsrechte regelmäßig verjährt sein. Der Grund hierfür im Kaufrecht sind der starre objektive Verjährungsbeginn des § 438 Abs. 2 BGB und die sich hieran anschließende, gegenüber den allgemeinen Regeln verkürzte Verjährungsfrist des § 438 Abs. 1 Nr. 2 und 3 BGB. Diese Deutung ergibt sich aus Wortlaut und Zweck der Norm. Die so insgesamt kurze Verjährungsfrist soll frühzeitigen Rechtsfrieden und eine sinnvolle Risikoverteilung im Kaufrecht gewährleisten.[1309]

In den Fällen, in denen die Mangelhaftigkeit einer Leistung auf einem steuerlichen Rechtsirrtum in der hier exemplarisch beschriebenen Weise beruht, würde es zu einer strukturellen Rechtsvereitelung kommen. Zweifelhaft ist, ob deshalb generell von § 438 BGB in Fällen *„steuerrechtlicher Mängel"* abgewichen werden kann. Hierfür könnte ins Feld geführt werden, dass der Anlass des Verjährungsbeginns die Tatsache sein soll, dass der Käufer das Kaufobjekt in seinem Machtbereich hat, sodass er eine Beschaffenheitsprüfung vornehmen kann.[1310] Dieser Gedanke ist aber im Wertpapierhandel aufgrund der regelmäßig geringen Haltedauer und der fehlenden Körperlichkeit der Papiere nicht einschlägig. Einer solchen Lösung *de lege ferenda* fehlt daher, trotz der angebrachten wertenden Bedenken, die Legitimität im Gesetz. Außerdem besteht bereits in dem Zeitpunkt, indem Zweifel hinsichtlich der steuerrechtlichen Legalität aufkommen, die Möglichkeit, verjährungshemmende Maßnahmen zu ergreifen oder den Geschäftspartner auf Freihaltung in Anspruch zu nehmen.

1308 Vgl. *Birk/Desens/Tappe*, Steuerrecht, Rn. 370 ff.; *Brych*, ZfBR 1981, 153; *Tipke/Lang*, Steuerrecht, § 21 Rn. 1 ff.; vgl. außerdem die Veranlagungszeiträume der finanzgerichtlichen Rechtsprechung zu den Cum-/Ex-Geschäften: BFH v. 16.4.2014 – I R 2/12, = BFHE 246, 15 = DStR 2014, 2012, VZ 2008; FG Hessen v. 10.2.2016 – 4 K 1684/14, EFG 2016, 761 = DStR 2016, 1084, VZ 2010; FG Hessen v. 10.3.2017 – 4 K 977/14, BeckRS 2017, 94604, VZ 2008.

1309 *Eidenmüller,* NJW 2002 1625; *Faust,* in: BeckOK-BGB (Stand: März 2018), § 437 Rn. 1; *Westermann,* in: MünchKomm-BGB, § 437 Rn. 1.

1310 Für den Kauf beweglicher Sachen *Berger,* in: Jauernig, BGB, § 446 Rn. 6; *Westermann,* in: MünchKomm-BGB, § 446 Rn. 7; für den Rechtskauf ist dagegen auf die Übertragung des Rechts abzustellen *Brink* WM 2003, 1355 (1361); *Grunewald,* in: Erman, BGB, § 453 Rn. 12; *Westermann,* in: MünchKomm-BGB, § 453 Rn. 14; vgl. auch *Eidenmüller,* NJW 2002, 1625 (1626); vgl. auch vorstehend unter § 7 B. IV. 2. c) bb).

e) *Fazit*

Eine Öffnung der Systematik des speziellen Verjährungsrechts zugunsten der allgemeinen Vorschriften ist lediglich in Fällen arglistigen Verhaltens des Verkäufers gem. § 438 Abs. 3 S. 1 BGB denkbar.[1311] Wie aufgezeigt kommt ein solches Verhalten im Hinblick auf die tatsächlichen Umstände in Betracht.[1312] Hier droht insbesondere wegen der schwierigen Beweisbarkeit eine Rechtlosstellung.[1313] Dafür, dass dieses System keiner der hier behandelten Modifikation *de lege ferenda* zugänglich ist, spricht auch, dass man bei Anwendung der Regelverjährung auf die diskutierten Fälle den Verkäufer mit dem arglistigen Verkäufer i.S.d. § 438 Abs. 3 S. 1 BGB gleichsetzen würde. Dies ist unter wertender Betrachtung unangemessen.

Letztlich besteht hier ein strukturelles Problem bei der Steuerregresshaftung des Verkäufers nach einem steuerlichen Rechtsirrtum, welches aber sowohl beim Sach- als auch beim Rechtskauf Schwierigkeiten aufwirft. Die Entsprechungsverweisung des § 453 Abs. 1 BGB ist, wie aufgezeigt, auch hier umfassend anzuwenden. Eine individualvertragliche zukünftige Lösung läge in der Vereinbarung abweichender Verjährungsfristen i.R.d. § 202 BGB für die hier diskutierten Mängel.[1314] Angewendet auf die in der Vergangenheit liegenden Cum-/Ex-Transaktionen ist daher außerhalb des § 438 Abs. 3 S. 1 BGB von der Verjährung kaufrechtlicher Gewährleistungsrechte auszugehen.[1315]

9. *Erheblichkeitsschwelle*

Im Hinblick auf die bei einer faktischen Auflösung des Vertrags erforderliche Erheblichkeitsschwelle der §§ 281 Abs. 1 S. 3, 323 Abs. 5 S. 2 BGB bleibt anzumerken, dass diese zumindest im Einzelfall erreicht sein könnte. Dies gilt insbesondere dann, wenn eine Beschaffenheitsvereinbarung getroffen wurde.

Jedoch ist nicht abschließend geklärt, nach welchen Maßstäben die Bestimmung der Erheblichkeit zu erfolgen hat. Sei es, dass man dabei allein auf die

1311 Siehe zu den Anforderungen an arglistiges Verhalten i.R.d. Cum-/Ex-Geschäfte oben unter § 7 B. II. 4. c) cc).

1312 Siehe hierzu ausführlich oben unter § 7 B. II. 4. c) cc) (2) (a).

1313 Vgl. auch *Brych*, ZfBR 1981, 153.

1314 So auch *Faust*, in: BeckOK-BGB (Stand: März 2018), § 438 Rn. 22; vgl. auch *Grothe*, in: MünchKomm-BGB, § 202 Rn. 1; *Henrich*, in: BeckOK-BGB (Stand: November 2017), § 202 Rn. 1; *Mansel/Budzikiewicz*, Das neue Verjährungsrecht, § 6 Rn. 1 ff.; *Weidenkaff*, in: Palandt, BGB, § 437 Rn. 4.

1315 So auch *Jehnke/Blank*, DStR 2017, 905 (910).

Leistung[1316] abstellt oder dass man mit der Rechtsprechung eine umfassende Interessenabwägung anhand des Schuldverhältnisses[1317] vornimmt, hängt die Frage der Erheblichkeit vom Einzelfall ab. Hierzu ist, wie bereits angeklungen, einerseits die Höhe der Dividendenzahlung zu würdigen, nach welcher sich der Kapitalertragsteuerabzug in absoluter Höhe bemisst (*leistungsbezogene Erwägung*), und andererseits die Parteiabsprache sowie arglistiges Verhalten zu berücksichtigen (*Interessenberücksichtigung*).

10. Verschulden

Eine weitere Voraussetzung für die in § 437 Nr. 3 BGB gewährten Schadensersatzansprüche ist das Vertretenmüssen nach § 280 Abs. 1 S. 2 BGB.[1318] Dieser zusätzlichen Voraussetzung des Schadensersatzes i.R.d. Gewährleistungsrechts kommt deshalb eine besondere Bedeutung zu, weil die Rechtsfolge auch Ersatz für etwaige Verzugszinsen umfasst. Aufgrund des subjektiven Bezugs des Verschuldens ist auch hier die Untersuchung etwaiger Irrtümer angelegt.[1319] Ausreichend ist bereits fahrlässiges Handeln i.S.d. § 276 Abs. 2 BGB. Untersucht werden soll hier, wie der subjektive Horizont des Leerverkäufers in den Cum-/Ex-Fällen zu bewerten ist.

a) Irrtum in tatsächlicher Hinsicht

Wie auch zuvor soll zunächst das tatsächliche kognitive Element erörtert werden. Dabei ist die tatsächliche Ebene der Bezugspunkt des Vorsatzes, beispielsweise der Leerverkauf an sich.[1320] Neben dem absichtlichen Leerverkauf kommt, anders als bei der Bewertung arglistigen Verhaltens, auch der „versehentliche Leerverkauf" in Betracht.[1321] Letztlich wird man jedenfalls mit der Implementierung

---

1316 *Ernst*, in: MünchKomm-BGB, § 323 Rn. 246.

1317 BGH v. 17.2.2010 – VIII ZR 70/07, NJW-RR 2010, 1289 (Rn. 23); OLG Düsseldorf v. 18.1.2008 – 17 U 2/07, NJW-RR 2008, 1230 (1231); OLG Nürnberg v. 21.3.2005 – 8 U 2366/04, NJW 2005, 2019 (2020); *H. Schmidt*, in: BeckOK-BGB (Stand: November 2017), § 323 Rn. 39.

1318 *Berger*, in: Jauernig, BGB, § 437 Rn. 14; *Lorenz*, Karlsruher Forum 2005, S. 5 (73); *Lorenz*, in: BeckOK-BGB (Stand: Februar 2017), § 280 Rn. 31; *Westermann*, in: MünchKomm-BGB, § 437 Rn. 29.

1319 Vgl. zur Arglist beim Leerverkäufer oben unter § 7 B. II. 4. c) cc).

1320 Siehe hierzu bereits oben unter § 7 B. II. 4. c) cc) (2) (a).

1321 Siehe hierzu bereits andeutungsweise oben unter § 3 B. V. 3.

des Verbots ungedeckter Leerverkäufe[1322] eine Sorgfaltspflicht bejahen können, sollte tatsächlich ein „versehentlicher“ Cum-/Ex-Leerverkauf erfolgt sein.

Der Fahrlässigkeitsmaßstab als geringere Anforderung an das Verschulden bedeutet, dass letztlich durch den Leerverkauf das Risiko steuerlicher Illegalität dem Käufer sorgfaltswidrig aufgebürdet wird. Wer dieses latente Risiko der Cum-/Ex-Geschäfte verkannte, handelte sorgfaltswidrig. Das Verschulden in tatsächlicher Hinsicht stellt damit in aller Regel keine Schwierigkeit dar.

b) Irrtum in rechtlicher Hinsicht

Schwieriger dagegen ist die Frage, ob sich der Verkäufer auf ein fehlendes Verschulden aufgrund eines Rechtirrtums in Ansehung der Legalitätsthese stützen kann. Anders als zuvor ergibt sich daher die Frage, ob ein steuerlicher Rechtsirrtum neben dem Vorsatz auch Fahrlässigkeit entfallen lässt.[1323]

aa) Vorüberlegungen

In der Rechtsprechung ist die grundsätzliche Möglichkeit eines verschuldensausschließenden Rechtsirrtums anerkannt.[1324] Gefordert wird gleichwohl eine Unverschuldetheit des Rechtsirrtums, welche nur in strengen Grenzen bei gewichtigen Gründen in Betracht komme und sich beispielsweise aus einschlägiger und damit vertrauenswürdiger Rechtsprechung ergeben könne.[1325] Eine solche Rechtsprechung lag bei den Cum-/Ex-Geschäften, wie ausgeführt, nicht vor.[1326]

Einen differenzierteren Maßstab vertritt *Mayer*, welcher der Rechtsprechung bis dato die Kriterien der *Qualität des verkannten Rechts*, eine *situative Betrachtungsweise*, *rechtsfolgenorientierte Abwägung und Wertung*, *besondere Gesichtspunkte des Vertrauensschutzes* und abschließend das *Verhalten des Gegners* zugrunde legt.[1327]

1322 Siehe hierzu ausführlich oben unter § 3 B. II.

1323 Siehe zum Vorsatz bereits oben unter § 7 B. II. 4. c) cc).

1324 Vgl. BGH v. 11.1.1984 – VIII ZR 255/82, BGHZ 89, 296 (303) = NJW 1984, 1028 (1030); BGH v. 18.4.1974 - KZR 6/73, BGH NJW 1974, 1903 (1904); RG v. 20.12.1924 - V 846/23, RGZ 110, 1 (17); RG v. 5.7.1897 - VI 204/97, RGZ 39, 94 (98 ff.).

1325 BGH v. 11.1.1984 - VIII ZR 255/82, BGHZ 89, 296 (303) = NJW 1984, 1028 (1030); BGH v. 18.4.1974 - KZR 6/73, BGH NJW 1974, 1903 (1904); RG v. 5.7.1897 - VI 204/97, RGZ 39, 94 (98 ff.); vgl. auch *Mayer*, Der Rechtsirrtum und seine Folgen im bürgerlichen Recht, S. 113; vgl. zum Verzug BGH v. 7.3.1972 – VI ZR 169/70, NJW 1972, 1045.

1326 Siehe oben unter § 4.

1327 *Mayer*, Der Rechtsirrtum und seine Folgen im bürgerlichen Recht, S. 102 f.

Die Darstellungen zeigen einen bunten Strauß an Indikatoren, welche zur Bestimmung der Beachtlichkeit eines Rechtsirrtums herangezogen werden können. Abschließend sei angemerkt, dass äußerst strenge Anforderungen an einen entschuldigenden Rechtsirrtum zu fordern sind. Dies gebietet insbesondere die unmittelbare Gegnerbenachteiligung, ohne dass der Geschäftsgegner regelmäßig Einfluss auf den Irrtum nehmen konnte.[1328] Die Applikation der genannten Gesichtspunkte auf die Cum-/Ex-Leerverkäufer führt somit zu folgenden Überlegungen.

bb) Anwendung auf die Cum-/Ex-Geschäfte

Wie bereits zuvor ausgeführt, handelt es sich bei der Kapitalertragsteueranrechnung nach Cum-/Ex-Leerverkaufsgeschäften um eine komplexe und legislativ weitgehend misslungene Rechtsmaterie. In den Rahmen der situativen Betrachtung lässt sich grundsätzlich der Umstand umfassender Rechtserkundigungen einordnen.[1329] Der Befund einer komplexen, auch durch Erkundigungen nicht zweifelsfrei zu klärenden Rechtslage spricht folglich in erster Linie für die grundsätzliche verschuldensrechtliche Beachtlichkeit des steuerlichen Rechtsirrtums in den Cum-/Ex-Fällen.

Dem entgegenzusetzen ist, dass ein Unterlassen der Geschäfte oder eine Vorabauskunft bei der Finanzverwaltung i.R.d. Zumutbaren lag.[1330] Die Abwägung besonderer Wertungen sowie die besonderen Gesichtspunkte des Vertrauensschutzes sprechen ebenfalls gegen einen verschuldensausschließenden Rechtsirrtum. Der Grund hierfür ist, dass sich der risikolose Reingewinn exakt aus dem Schaden des Erwerbers ergibt.[1331] Da das Risiko der Cum-/Ex-Transaktionen gerade aus der steuerrechtlichen Beurteilung erwuchs und die Gewinnverhältnisse zugunsten des Verkäufers und zulasten des Erwerbers offensichtlich waren, kann eine bewusste Risikoverteilung zulasten des Erwerbers nicht mehr allein mit dem Verweis auf die Legalitätsthese behauptet werden.[1332] Anhaltspunkte für ein schützenswertes Vertrauen des Leerverkäufers zulasten des Erwerbers sind mithin nicht ersichtlich.

1328 So auch BGH v. 18.4.1974 – KZR 6/73, BGH NJW 1974, 1903 (1904); zum Verzug BGH v. 7.3.1972 – VI ZR 169/70, NJW 1972, 1045 (1046).

1329 Vgl. *Mayer*, Der Rechtsirrtum und seine Folgen im bürgerlichen Recht, S. 106.

1330 Vgl. *Mayer*, Der Rechtsirrtum und seine Folgen im bürgerlichen Recht, S. 108.

1331 Siehe hierzu bereits ausführlich oben unter § 3 A. I.

1332 Siehe zum Rechtsirrtum des Erwerbers im Rahmen seiner Mangelkenntnis auch schon oben unter § 7 B. IV. 7. c) aa).

Zum Verhalten des Gegners, d.h. hier also des Käufers, ist auf die bereits zu dem Ausschlussgrund des § 442 BGB vorgenommene Wertung zu verweisen, welche zumindest im Kaufrecht eine gesonderte Berücksichtigung möglicherweise selbstschädigenden Verhaltens mittels § 254 BGB ausschließt.[1333] Vor diesem Hintergrund kann auch der Ansatz *Krauses* nicht überzeugen, der Vertragspartner sei aufgrund der meist vielschichtigen Vertragsgestaltungen mitverantwortlich, sodass eine Schadensersatzpflicht aus Wertungsgründen abzulehnen sei.[1334] Auch im Hinblick auf die Rechtsfolge ist somit durchaus ein Schadensersatzanspruch angemessen.

Abschließend sind der eingangs erwähnte Geltungsanspruch sowie das Ziel hinreichender Rechtssicherheit zu betrachten, welche ebenfalls einen äußerst restriktiven Umgang mit Rechtsunsicherheiten i.R.d. Verschuldens fordern. Zwar geht es hier nicht um den primären, d.h. ursprünglichen Geltungsanspruch des Rechts, jedoch wirkt sich die Regressverantwortlichkeit auf die Beachtung des Rechtssatzes durch den Schädiger aus.

Konkret zu den Cum-/Ex-Geschäften ist die Evidenz des staatlichen Verlusts und der hieraus substanziell erwachsene Gewinn des Käufers sowie seine Identität mit dem Verlust des Erwerbers im Falle des Scheiterns der Anrechnung als besonderes Kriterium gegen die Anerkennung des verschuldensausschließenden Rechtsirrtums anzuführen.

c) Fazit

Letztlich besteht aufgrund der Verantwortlichkeit für fahrlässiges Handeln hier grundsätzlich kein Anlass, ein Verschuldenserfordernis zu verneinen. Als praxisrelevant ist abschließend die Beweislastumkehr des § 280 Abs. 1 S. 2 BGB hervorzuheben.[1335]

11. Adäquat-kausaler Schaden

Im Hinblick auf die sich aus § 437 Nr. 3 BGB ergebende Schadensersatzberechtigung ist festzuhalten, dass nach § 251 Abs. 1 BGB auch etwaige Schäden aufgrund von Verzugszinsen gegenüber der Finanzverwaltung ersatzfähig sind.

Die Bedenken *Krauses,* aufgrund des kurzfristigen Zeitraums (weniger als zwei Tage vor dem Dividendenstichtag) die haftungsbegründende Kausalität

1333 Siehe hierzu auch *Krause*, WM 1991, 1101 (1109).

1334 *Krause*, WM 1991, 1101 (1109), zum alten Schuldrecht.

1335 Vgl. *Ernst*, in: MünchKomm-BGB, § 280 Rn. 34; *Grüneberg*, in: Palandt, BGB, § 280 Rn. 34.

entfallen zu lassen, vermögen nicht zu überzeugen.[1336] Sie basieren letztlich auf dem Gedanken, dass die Parteien die Dividendenzahlung zum „Quasi-Kaufgegenstand" erheben.[1337] Dies ist nicht sachgerecht. Auch wenn die Dividendenzahlung und insbesondere auch die Kapitalertragsteuererstattung von gesteigertem Interesse für den Käufer sind, so vermögen diese Interessen nicht die Aktie als Bestandteil der *essentialia negotii* abzulösen.

Von einem adäquat-kausalen Schaden kann infolge dessen in den Cum-/Ex-Fällen ausgegangen werden.

12. Fazit für die kaufrechtlichen Gewährleistungsrechte

Im Ergebnis lässt sich zusammenfassen, dass kaufrechtliche Gewährleistungsrechte der Leerkäufer nach Cum-/Ex-Transaktionen infolge der hier untersuchten kaufrechtlichen Dogmatik in Betracht kommen. Das Äquivalenzinteresse wiegt aufgrund des Sachbezugs und der positiven Risikoabwägung hinreichend schwer, um Kaufgewährleistungsrechte zu begründen. Insofern können diese Kriterien hier weiter gefestigt werden.

Maßgeblich für das Durchgreifen der kaufrechtlichen Gewährleistungsrechte ist der subjektive Horizont des Käufers. In praktischer Hinsicht bestehen dagegen Schwierigkeiten i.R.d. Verjährung. Die Gewährleistungshaftung ist überdies bei der weiteren Anspruchsprüfung als *lex specialis* zu berücksichtigen, um eine Umgehung dieser Regelungen zu vermeiden.

V. Nachtrag: Der Eigenschaftsirrtum in § 119 Abs. 2 BGB

1. Verkehrswesentliche Eigenschaft einer Sache

Wie bereits erwähnt, ist die Vorschrift des § 119 Abs. 2 BGB über die Anfechtung aufgrund eines Eigenschaftsirrtums wegen des Vorrangs des Kaufgewährleistungsrechts hier unanwendbar. Ein kurzer ergänzender Blick soll gleichwohl auf die Anfechtung wegen Mängel der Willensbildung geworfen werden, wobei über die bereits behandelten Anfechtungsrechte hinaus nun eine Betrachtung des Eigenschaftsirrtums i.S.d. § 119 Abs. 2 BGB erfolgt. Hierbei ist bereits das Zustandekommen des Willens auf Ebene der Motivbildung beeinträchtigt.[1338]

Die Anfechtung aufgrund eines Eigenschaftsirrtums i.S.d. § 119 Abs. 2 BGB bezieht sich auf Eigenschaften einer Person oder Sache, die im Verkehr als

1336 *Krause*, WM 1991, 1101 (1108).
1337 Vgl. *Krause*, WM 1991, 1101 (1108).
1338 *Schrader*, Wissen im Recht, S. 451; *Wolf/Neuner*, BGB AT, § 41 Rn. 51.

wesentlich angesehen werden. Der Begriff der Sache in § 119 Abs. 2 BGB umfasst im Gegensatz zu § 90 BGB anerkanntermaßen auch Rechte.[1339] Wie bereits zuvor angesprochen, ist im Anschluss an die Ausführungen zu § 119 Abs. 2 BGB (1. und 2.) das Verhältnis zum Kaufgewährleistungsrecht (3.) zu klären.

a) Streitstand

Umstritten und mit Blick auf etwaige Konkurrenzen relevant ist die Frage nach dem Umfang der Anfechtungsberechtigung nach § 119 Abs. 2 BGB anhand der Voraussetzung einer verkehrswesentlichen Eigenschaft.[1340]

aa) Rechtsprechung

Die in der Rechtsprechung vorwiegend vertretene Auffassung subsumiert „unter den Begriff der Eigenschaften der Sache… nicht nur die natürlichen (körperlichen) Eigenschaften, sondern auch solche tatsächliche und rechtliche Verhältnisse einer Sache, die zufolge ihrer *Beschaffenheit* [hervorgehoben durch den Verf.] und vorausgesetzten Dauer nach den Verkehrsanschauungen einen Einfluss auf die Wertschätzung der Sache auszuüben pflegen."[1341] Der BGH fordert weiter, dass die jeweilige Eigenschaft von dem Erklärenden in irgendeiner Weise erkennbar dem Vertrag zugrunde gelegt wurde, ohne dass sie zum Inhalt der Erklärung gemacht werden mussten.[1342]

Der Grund für diesen restriktiven Ansatz liegt darin, dass ein wirksam abgeschlossenes Rechtsgeschäft nicht durch eine weite Fassung des Begriffs der verkehrswesentlichen Eigenschaft der Anfechtbarkeit gem. § 119 Abs. 2 BGB

1339 So die Rspr. seit RG v. 22.11.1935 – V 77/35, RGZ 149, 235 (238); *Armbrüster*, in: MünchKomm-BGB, § 119 Rn. 130; *Flume*, Eigenschaftsirrtum und Kauf, S. 174; *Mansel*, in: Jauernig, BGB, § 119 Rn. 12; *Singer*, in: Staudinger, BGB, § 119 Rn. 95; *Wolf/Neuner*, BGB AT, § 41 Rn. 56.

1340 Vgl. *Armbrüster*, in: MünchKomm-BGB, § 119 Rn. 102.

1341 RG v. 9.11.1906 – II 173/06, RGZ 64, 266 (269); so auch BGH v. 14.12.1960 – V ZR 40/60, BGHZ 34, 32 (41) = NJW 1961, 772 (775); siehe auch ständige Rspr. BGH v. 18.11.1977 – V ZR 172/76, BGHZ 70, 47 (48) = NJW 1978, 370; BGH v. 22.9.1983 – VII ZR 43/83, BGHZ 88, 240 (245) = NJW 1984, 230 (231); vgl. *Wolf/Neuner*, BGB AT, § 41 Rn. 56.

1342 RG v. 22.11.1935 – V 77/35, RGZ 149, 235 (238); BGH v. 14.11.1962 – V ZR 66/61, WM 1963, 252; BGH v. 18.11.1977 – V ZR 172/76, BGHZ 70, 47 = NJW 1978, 370; BGH v. 22.9.1983 – VII ZR 43/83, BGHZ 88, 240 (246) = NJW 1984, 230 (231).

anheimgestellt werden soll.[1343] Maßgebliches Kriterium dazu ist neben der Unmittelbarkeit[1344] auch die Typizität[1345] der Eigenschaft.

bb) Literatur

In der Literatur werden zahlreiche Gegenpositionen vertreten, welche sich zumindest in der Ablehnung der Rechtsprechung einig sind. Diese sei kaum „justiziabel" und „teleologisch" unplausibel.[1346] Konsensual soll jedoch die Festlegung der Verkehrswesentlichkeit durch die Parteien maßgeblich sein.[1347] Daher wird nachfolgend nur ein kurzer Überblick gewährt.

Larenz ordnet den Eigenschaftsirrtum als ausnahmsweise beachtlichen Motivirrtum ein.[1348] Hierfür spricht die Fiktion in § 119 Abs. 2 BGB: „*gilt*". Hieraus resultiert lediglich die subjektive und objektive Erheblichkeit des jeweiligen Irrtums, nicht aber die Erkennbarkeit. *Flume* dagegen vertritt die Lehre vom „geschäftlichen Eigenschaftsirrtum", wonach nur solche Eigenschaften umfasst sind, welche Inhalt des Rechtsgeschäfts geworden sind.[1349] Daraus entsteht die Wirkung, dass es im Kaufgewährleistungsrecht zur Identität der dortigen Eigenschaft nach altem Recht bzw. verkehrsüblichen Beschaffenheit nach neuem Recht kommt.[1350]

cc) Stellungnahme

Gegen die in der Rechtsprechung vertretene Sichtweise spricht, dass der Begriff der Eigenschaft im Ergebnis über die Verkehrswesentlichkeit enger wäre als jener

1343 So schon RG v. 22.11.1935 – V 77/35, RGZ 149, 235 (238).

1344 BGH v. 18.11.1977 – V ZR 172/76, BGHZ 70, 47 = NJW 1978, 370; RG v. 22.11.1935 – V 77/35, RGZ 149, 235 (238).

1345 BGH v. 26.10.1978 – VII ZR 202/76, BGHZ 72, 252 (254) = NJW 1979, 160 (161); BGH v. 22.12.1971 – V ZR 130/68, DB 1972, 479 (481).

1346 *Armbrüster*, in: MünchKomm-BGB, § 119 Rn. 104 m.w.N.

1347 *Armbrüster*, in: MünchKomm-BGB, § 119 Rn. 105; *Flume*, BGB AT, Bd. II, § 24/2b S. 477 ff.; *Medicus/Petersen*, Bürgerliches Recht, Rn. 140; vgl. auch *Bork*, BGB AT, § 22 Rn. 846 ff.; *Ellenberger*, in: Palandt, BGB, § 119 Rn. 25; *Mansel*, in: Jauernig, BGB, § 119 Rn. 15; *Singer*, in: Staudinger, BGB, § 119 Rn. 82; *Wolf/Neuner*, BGB AT, § 41 Rn. 64.

1348 *Larenz*, BGB AT, § 36 III 1. S. 660; *Baumann*, AcP 187 (1987), 512 (536); *Bork*, BGB AT, § 22 Rn. 853; *Westermann*, JuS 1964, 169 (172); *Wendtland*, in: BeckOK-BGB (Stand: November 2017), § 119 Rn. 39.

1349 *Flume*, Eigenschaftsirrtum und Kauf, S. 13 ff.; *Medicus/Petersen*, Bürgerliches Recht, Rn. 140.

1350 Vgl. *Baumann*, AcP 187 (1987), 512 (535); vgl. aber *Larenz*, BGB AT, § 36 III 1. S. 660.

der Beschaffenheit im Kaufgewährleistungsrecht. Das ist deshalb inkonsequent, weil der Anwendungsbereich des § 434 BGB ausgeweitet wird, obwohl der begrifflich gleichlaufende § 119 Abs. 2 BGB eingeschränkt wird. Rechtfertigungsbedürftig ist zwar die Einschränkung der Erkennbarkeit vor dem hohen Schutzgut der Privatautonomie in § 119 Abs. 2 BGB. Die insofern alternative Lösung über § 313 BGB trägt aber der grundsätzlichen Vertragsbindung Rechnung.

Dem Begriff der verkehrswesentlichen Eigenschaft ist vor dem Hintergrund der gewichtigen Rechtsfolge des § 142 BGB, nämlich *ex tunc*-Nichtigkeit, und der erwähnten Fiktion des Eigenschaftsirrtums ein Ausnahmecharakter im Anfechtungsrecht zuzusprechen. Gleichwohl ist ein gewisser Gleichlauf zum Kaufgewährleistungsrecht gegeben.

In Konsequenz dessen ist eine Trennung der unterschiedlichen Merkmale angebracht, sodass die verkehrswesentliche Eigenschaft mit der üblichen Beschaffenheit des Kaufgewährleistungsrechts gleichliefe, wobei die Verkehrswesentlichkeit entsprechend der hier tendenziell bevorzugten Ansicht des BGH enger auszulegen wäre als die Üblichkeit im Verkehr.

b) Anwendung auf die Cum-/Ex-Geschäfte

aa) Eigenschaft

Grundsätzlich kommen zwei Anknüpfungspunkte in Betracht. Zum einen besteht die Möglichkeit eines Irrtums über den Wert der Aktien und zum anderen über Tatsachen, die diesem Wert zugrunde liegen oder ihn zumindest beeinflussen.[1351]

(1) Untersuchungsgegenstand und Bezüge zum Kaufgewährleistungsrecht

Mangels Unmittelbarkeitszusammenhangs fallen bereits solche Tatsachen, welche lediglich im Unternehmen begründet sind, nicht unter den Eigenschaftsbegriff. Beispielshalber werden hier die Ertragslage oder sonstige das Unternehmen beeinflussende Faktoren angeführt.[1352] Dies ist jedoch, wie oben bereits ausgeführt, keine für die Cum-/Ex-Fälle relevante Fragestellung.[1353]

1351 *Clauss*, Anfechtungsrechte bei Wertpapiergeschäften zu nicht marktgerechten Preisen (Mistrades), S. 82; i.R.d. den Wert beeinflussenden Tatsachen kann seinerseits unterschieden werden, siehe hierzu unten unter § 7 B. V. 1. b) (2) und (3).

1352 *Canaris*, Bankvertragsrecht (2. Aufl.), Rn. 1854; *Ekkenga*, in: MünchKomm-HGB, Effektengeschäft, Rn. 187; vgl. auch *Armbrüster*, in: MünchKomm-BGB, § 119 Rn. 136, welcher in diesen Fällen die Verkehrswesentlichkeit verneint; siehe ähnlich auch zum Gewährleistungsrecht oben unter § 7 B. IV. 4.

1353 Siehe bereits oben unter § 7 B. IV. 1. c) und d).

Aus den Darstellungen i.R.d. Kaufgewährleistung und den hier erarbeiteten Anforderungen der Anfechtbarkeit aufgrund eines Eigenschaftsirrtums ergibt sich, dass eine Anfechtung nach § 119 Abs. 2 BGB einzig vor dem Gefahrenübergang möglich gewesen wäre. Vertritt man dagegen die Auffassung, der steuerliche Rechtsmangel falle nicht unter den Begriff der Beschaffenheit oder sei als solche nicht üblich i.S.d. § 434 Abs. 1 S. 2 Nr. 2 BGB, so greift auch das Anfechtungsrecht nach § 119 Abs. 2 BGB nicht.

Die vor diesem Hintergrund und angesichts der bereits herausgestellten Subsidiarität bloß theoretische Frage soll nunmehr kurz behandelt werden.

(2) Wert der Aktien

Im Hinblick auf den Beschaffenheitsbegriff herrscht insofern Einigkeit, als dass der Wert der Aktie *per se* regelmäßig nicht zur Anfechtung berechtigt. Der Wert einer Sache ist nicht als Eigenschaft der Sache anzusehen.[1354] Er allein stellt mithin keinen Anknüpfungspunkt für einen zur Anfechtung berechtigenden Irrtum dar. Über die begriffliche Hürde hinaus ist der Wert in einem marktwirtschaftlichen System der freien Preisbildung das Ergebnis der vorgesehenen Risikoverteilung.[1355]

Vereinzelt wird aufgrund des börslichen Preisfindungsmechanismus des § 24 Abs. 2 BörsG erwogen, den Wert einer börslich gehandelten Aktie als Eigenschaft heranzuziehen.[1356] Obgleich dieser Ansatz im Hinblick auf den Basiswert

---

1354 RG v. 9.11.1906 – II 173/06, RGZ 64, 266 (269); RG v. 4.12.1920 – I 216/20, RGZ 101, 51 (52); RG v. 22.1.1927 – I 25/26, RGZ 116, 15 (18); BGH v. 18.12.1954 – II ZR 296/53, BGHZ 16, 54 (57); BGH v. 8.6.1988 – VIII ZR 135/87, NJW 1988, 2597 (2598); *Armbrüster*, in: MünchKomm-BGB, § 119 Rn. 131 f.; *Canaris*, Bankvertragsrecht (2. Aufl.), Rn. 1848; *Ekkenga*, in: MünchKomm-HGB, Effektengeschäft, Rn. 187; *Fleckner/Vollmuth*, WM 2004, 1263 (1268); *Fridrich/Seibel*, BKR 2008, 497 (498); *Lenenbach*, Kapitalmarktrecht, § 4 Rn. 4.91; *Schwarze*, Das Recht der Leistungsstörungen, § 33 Rn. 11; vgl. auch mit Ausnahme des Freiverkehrs *Clauss*, Anfechtungsrechte bei Wertpapiergeschäften zu nicht marktgerechten Preisen (Mistrades), S. 82; interessant in diesem Zusammenhang auch *Clauss*, a.a.O., S. 87 f., die für derivative Finanzinstrumente von einer Eigenschaft ausgeht bei den den Derivaten zugrunde liegenden Werten erster Stufe. Im Umkehrschluss heißt dies, dass der Wert einer Aktie selbst nicht Eigenschaft ist. Liegt die Aktie aber einem Derivat zugrunde, stellt ihr Wert eine wesentliche Eigenschaft des Derivats dar.

1355 *Armbrüster*, in: MünchKomm-BGB, § 119 Rn. 131.

1356 Vgl. *Clauss*, Anfechtungsrechte bei Wertpapiergeschäften zu nicht marktgerechten Preisen (Mistrades), S. 86; *Hefermehl*, in: Soergel, BGB, § 119 Rn. 51; *Kramer*, in: MünchKomm-BGB (Vorauflage), § 119 Rn. 132.

derivativer Finanzinstrumente sinnvoll erscheint, ist von einer Übertragung auf den Aktienhandel im Allgemeinen und die Cum-/Ex-Geschäfte im Besonderen abzusehen. Der Wert der Aktien selbst kann daher nicht eigenschaftsbegründend herangezogen werden.[1357]

(3) Wertbegründende Faktoren

In Betracht kommen weiter Irrtümer, die sich auf Tatsachen beziehen, welche den Wert der Aktien unmittelbar betreffen, beeinflussen oder ausmachen. Sowohl begrifflich als auch inhaltlich bestehen dabei Synergien zum Kaufgewährleistungsrecht, welche das dargestellte Konkurrenzverhältnis der beiden Regime begründen.[1358] Beispielsweise ist in Abgrenzung zu unternehmensbezogenen Tatsachen[1359] hier eine *Anlagebezogenheit* des jeweiligen Merkmals zu fordern.

Als wertbegründende Tatsache kommt die Dividendenausstattung eines Wertpapiers in Betracht.[1360] Dies ist jedenfalls dann anzunehmen, wenn es sich um eine konkrete oder konkretisierbare Dividende handelt, also nicht um eine bloß zukünftige oder potenzielle. Bei Cum-/Ex-Geschäften ist in Anlehnung an die Beschaffenheit die mit der Dividende der Aktie verbundene Kapitalertragsteueranrechnung als Eigenschaft zu bejahen.[1361] Maßgeblich ist daher, wie ausgeführt, die Berechtigung zur Steueranrechnung selbst.

Hierneben liegende, nicht die Eigenschaft der Aktie betreffende Irrtümer stellen sich als bloße Motivirrtümer dar, welche nur bei Hinzutreten einer sie betreffenden arglistigen Täuschung zur Anfechtung nach § 123 Abs. 1 Alt. 1 BGB berechtigen.

(4) Risikoabwägung

Ergänzend muss die bereits im Kaufrecht herausgearbeitete Risikoabwägung zwischen dem persönlichen Steuerrisiko des Erwerbers und dem Leistungsrisiko des Leerverkäufers vorgenommen werden.[1362] Dies ist aus zweierlei Gründen geboten. Zum einen würde der Käufer vor Gefahrübergang privilegiert, ohne dass

---

1357 Siehe zur Eigenschaftsbegründung ausführlich auch unten unter § 7 B. V. 1. b) aa) (3) und (4).

1358 Siehe hierzu unten unter § 7 B. II. 4. a); vgl. auch BGH v. 8.6.1988 – VIII ZR 135/87, NJW 1988, 2597 (2598).

1359 Siehe hierzu oben unter § 7 B. V. 1. b) aa) (1).

1360 *Canaris*, Bankvertragsrecht (2. Aufl.), Rn. 1855; *Ekkenga*, in: MünchKomm-HGB, Effektengeschäft, Rn. 187.

1361 Siehe hierzu auch oben unter § 7 B. IV. 2. c).

1362 Siehe zur Risikoabwägung oben unter § 7 B. IV. 2. c) bb) (2).

hierfür ein Grund besteht. Zum anderen hat der Käufer nach der Anfechtung aufgrund eines Eigenschaftsirrtums den Vertrauensschaden gem. § 122 BGB zu tragen. Auch grundsätzlich ist dargelegt worden, wieso eine individuelle Risikoabwägung bei steuerlichen Rechtsirrtümern essenziell ist.[1363]

Inhaltlich ist hier ebenfalls nach oben zu verweisen, sodass bei einem Cum-/Ex-Geschäft grundsätzlich der Leerverkäufer auch in steuerlicher Hinsicht das Leistungsrisiko zu tragen hat.[1364]

bb) Verkehrswesentlichkeit

Die Verkehrswesentlichkeit der Kapitalertragsteueranrechnung im Anschluss an ein Cum-/Ex-Geschäft bestimmt sich anhand der hier favorisierten Lösung des BGH nach der Erkennbarkeit für den Erklärungsempfänger.

Ähnlich wie bereits zuvor im Zusammenhang mit der Üblichkeit im Mängelrecht spricht einiges dafür, dass für den Leerverkäufer erkennbar war, dass der Erwerber das Geschäft nicht abgeschlossen hätte, wenn er sich über die steuerrechtliche Illegalität der Cum-/Ex-Geschäfte im Klaren gewesen wäre. Die Verkehrswesentlichkeit ergibt sich hier folglich daraus, dass üblicherweise davon auszugehen ist, dass eine misslingende Steueranrechnung den Aktienerwerb über den Dividendenstichtag als wirtschaftlich nachteilig darstellt.[1365] Eine entscheidende und erkennbare Bedeutung kann dann nicht mehr von der Hand gewiesen werden. Dies gebietet letztlich eine logische Betrachtung des Verhältnisses der Leistung zur Gegenleistung sowie des Cum-/Cum-Marktumfelds.

2. Irrtum

Die Irrtumsstruktur und die hiermit korrelierende Kenntnis des Käufers wurde bereits erschöpfend i.R.d. Ausschlussgrunds des § 442 BGB erörtert.[1366] Demnach ist zwischen dem bereits tatsächlichen Irrtum und dem eigentlichen Rechtsirrtum zu unterscheiden. Wusste der Käufer schon tatsächlich nicht, dass ein Cum-/Ex-Leerverkauf vorlag (Irrtum in *tatsächlicher* Hinsicht), irrt er auch im Hinblick auf die wirtschaftliche Brutto-Dividende, welche sich aus der steuerrechtlichen Behandlung des Geschäfts ergibt. Ob er möglicherweise von der Illegalitätsthese ausgegangen ist, ist in diesem Fall unerheblich.

1363 Siehe hierzu bereits oben unter § 7 B. IV. 2. c) bb) (2) (e) und (3).

1364 Siehe ausführlich oben unter § 7 B. IV. 2. c) bb) (2).

1365 Siehe hierzu oben unter § 3 B. I.

1366 Siehe hierzu oben unter § 7 B. IV. 7. c).

Wusste der Käufer aber von dem Leerverkauf bzw. der *Fail-Intention* des Verkäufers, irrt er dann nicht in *rechtlicher* Hinsicht, wenn er zwar Zweifel an der Rechtmäßigkeit hegte, sich diese aber mangels rechtlicher Begutachtung i.w.S. nicht erhärten ließen. Der Irrtum über rechtliche Umstände ist in § 119 Abs. 2 BGB zwar grundsätzlich ebenso erheblich wie der über tatsächliche. Bei der Kenntnis des (rechtlichen) Risikos und der Gewinnabhängigkeit eines Geschäfts von eben diesem Risiko liegt ein zur Anfechtung berechtigender Irrtum i.R.d. § 119 Abs. 2 BGB nicht vor.

Einzig die Einzelfallfrage nach der subjektiven Einstellung des Käufers bleibt hiernach klärungsbedürftig. Im Rahmen der Irrtumsbestimmung ist eine Differenzierung anhand des subjektiven Horizonts, nämlich der Kenntnis des Anfechtenden bzw. Erklärenden, ebenso wie zuvor möglich und geboten.

3. Konkurrenz

Wie bereits eingangs erwähnt, ist die Anfechtung wegen eines Eigenschaftsirrtums gem. § 119 Abs. 2 BGB nach erfolgtem Gefahrübergang nicht anwendbar.[1367] Der Grund hierfür ist der Schutz der speziellen kaufgewährleistungsrechtlichen Regeln. Daraus folgt, dass die Anfechtung nach § 119 Abs. 2 BGB in der Praxis keine Anwendung auf die Cum-/Ex-Geschäfte findet. Die Ausführungen in diesem Punkt sind daher eher theoretischer Natur.

4. Fazit

Der Anfechtungsgrund des Eigenschaftsirrtums gem. § 119 Abs. 2 BGB wird in den meisten Cum-/Ex-Fällen zumindest theoretisch vorliegen. Der – ebenso mangelbegründende – steuerliche Rechtsirrtum ist im Allgemeinen bei Vorliegen eines hinreichenden Eigenschaftsbezugs i.R.d. Selbstbestimmungsschutzes durch § 119 Abs. 2 BGB geschützt.[1368] Aus der dargelegten Konkurrenzsituation resultiert praktisch gleichwohl die Wirkungslosigkeit des an sich einschlägigen § 119 Abs. 2 BGB.

VI. Störung der Geschäftsgrundlage

Neben der anfechtungs- und gewährleistungsrechtlichen Lösung können auch die Grundsätze der Störung der Geschäftsgrundlage gem. § 313 BGB herangezogen werden. § 313 BGB bildet eine Kernnorm gerechter Lastenverteilung bei

---

1367 Siehe hierzu oben unter § 7 B. II. 4. a).

1368 Vgl. *Mayer,* Der Rechtsirrtum und seine Folgen im bürgerlichen Recht, S. 158.

einem zugrunde gelegten Vertragsverhältnis.[1369] In den Cum-/Ex-Fällen liegt die Annahme einer fehlenden Geschäftsgrundlage i.S.d. § 313 Abs. 2 BGB im Hinblick auf die steuerrechtliche Legalität besagter Geschäfte nahe.

1. *Tatsächliches Element*

a) *Anwendbarkeit und Konkurrenz zum Kaufrecht*

Zu thematisieren ist zunächst, ob i.R.d. tatsächlichen Elements ein Umstand vorliegt, den die Parteien als Grundlage für den geschlossenen Vertrag betrachten – nicht aber als seinen Inhalt.[1370] Vereinbarungen im Hinblick auf die Kaufsache sind demnach nicht erfasst, da diese den Inhalt und nicht die Grundlage des Vertrags darstellen.[1371] Soweit das Kaufgewährleistungsrecht greift, ist § 313 BGB grundsätzlich unanwendbar, um die dortigen speziellen Voraussetzungen nicht zu unterlaufen.[1372] Nach der hier vertretenen Auffassung stellt sich die Berechtigung zur Kapitalertragsteueranrechnung im Anschluss an einen Cum-/Ex-Leerverkauf als Beschaffenheit i.S.d. Kaufrechts dar, sodass das Risiko der Nichtanrechnung bereits durch § 433 Abs. 1 S. 2 BGB dem Verkäufer zugewiesen ist.[1373] Die Grundsätze über die Störung der Geschäftsgrundlage wären mithin nicht anwendbar.[1374]

Gleichwohl soll im Hinblick auf die Gegenhypothese und den oben bereits umrissenen alternativen Lösungsweg die Möglichkeit der Störung der Geschäftsgrundlage genauer untersucht werden. Regelmäßig anerkannt ist, dass steuerliche

1369 *Finkenauer*, in: MünchKomm-BGB, § 313 Rn. 1; *Unberath*, in: BeckOK-BGB (Stand: März 2011), § 313 Rn. 3; *Schollmeyer*, Selbstverantwortung und Geschäftsgrundlage, S. 443; vgl. auch *Grüneberg*, in: Palandt, BGB, § 313 Rn. 1; vgl. auch *Canaris*, Bankvertragsrecht (2. Aufl.), Rn. 1850.

1370 *Ellenberger*, in: Palandt, BGB, § 119 Rn. 30; *Finkenauer*, in: MünchKomm-BGB, § 311 Rn. 57; *Medicus/Stürner*, in: P/W/W, BGB, § 313 Rn. 8 ff.; vgl. auch *Brox/Walker*, Allgemeines Schuldrecht, § 27 Rn. 14 und 19.

1371 BGH v. 1.2.1984 – VIII ZR 54/83, BGHZ 90, 69 (74) = NJW 1984, 1177 (1178); BGH v. 27.9.1991 – V ZR 191/90, NJW-RR 1992, 182; *Grüneberg*, in: Palandt, BGB, § 313 Rn. 10; kritisch dagegen *Finkenauer*, in: MünchKomm-BGB, § 313 Rn. 9 und 166 f.

1372 BGH v. 16.3.1973 – V ZR 118/71, BGHZ 60, 319 (320) = NJW 1973, 1234; BGH v. 7.2.1992 – V ZR 246/90, BGHZ 117, 159 (161) = NJW 1992, 1384 (1385); *Faust*, in: BeckOK-BGB (Stand: März 2018), § 453 Rn. 31; *Finkenauer*, in: MünchKomm-BGB, § 313 Rn. 166; *Grüneberg*, in: Palandt, BGB, § 313 Rn. 12; vgl. auch schon *Oertmann*, Geschäftsgrundlage, S. 31, 33, 132.

1373 Siehe oben unter § 7 B. IV. 12.

1374 Vgl. *Böttcher*, in: Erman, BGB, § 313 Rn. 39; *Reinicke/Tiedtke*, Kaufrecht, Rn. 816 ff.; *Medicus/Stürner*, in: P/W/W, BGB, § 313 Rn. 4.

Erwägungen, Vorgänge und Folgen als Geschäftsgrundlage eines Rechtsgeschäfts in Betracht kommen.[1375] Maßgeblich zur Bestimmung der Geschäftsgrundlage ist das Ergebnis einer ergänzenden Vertragsauslegung gem. §§ 133, 157 BGB.[1376] Allzu hoch sind die Anforderungen dabei nicht. Schließlich muss die Grundlage dem anderen nur in irgendeiner Weise ersichtlich sein.[1377]

Insofern handelt es sich bei § 313 BGB, ähnlich wie bei der an späterer Stelle zu untersuchende Haftung aus culpa in contrahendo[1378], um eine Art Auffangtatbestand für die steuerlichen Rechtsirrtümer.

b) Geschäftsgrundlage

Unter der Hypothese, dass die Kapitalertragsteueranrechnung nach einem Cum-/Ex-Geschäft nicht als Beschaffenheit i.S.v. § 434 BGB zu werten ist, wären § 313 BGB und die aus ihm resultierenden Rechte auf die Cum-/Ex-Fälle anwendbar.[1379] Zugrunde zu legen ist dann der subjektive Begriff der Geschäftsgrundlage, welcher in ständiger Rechtsprechung wie folgt umrissen wurde. Es darf sich bei der Vorstellung über die Grundlage des Vertrags nicht lediglich um einen geheimen Irrtum einer Partei handeln. Erforderlich ist vielmehr ein Umstand, der bei Abschluss des Vertrags zutage getreten ist, infolge dessen „erkennbar" war und „von den jeweiligen Vorstellungen der Parteien umfasst ist", sodass hierauf „der Geschäftswille aufbauen" kann.[1380] Die hiergegen in Stellung

---

1375 *Ebeling*, DB 2002, 553 (554); *Finkenauer*, in: MünchKomm-BGB, § 311 Rn. 284; *Kapp*, BB 1979, 1207 (1208); *Milatz/Herbst*, DStR 2011, 706 (709); *Wachter*, ZEV 2002, 176 (177); vgl. auch *Mayer*, Der Rechtsirrtum im bürgerlichen Recht, S. 215 f., 218 f.; vgl. ferner OLG Köln v. 13.11.1992 - 19 U 77/92, NJW-RR 1993, 784 (785), wo § 313 BGB lediglich im Ergebnis aufgrund unerheblicher Abweichungen abgelehnt wurde; KG v. 26.3.1982 - 6 U 552/81, BB 1982, 944.

1376 BGH v. 24.1.2008 - III ZR 79/07, NJW-RR 2008, 562 (Rn. 12); BGH v. 1.2.1984 - VIII ZR 54/83, BGHZ 90, 69 (74) = NJW 1984, 1177 (1178); BGH v. 3.7.1981 - V ZR 100/80, BGHZ 81, 135 (143) = NJW 1981, 2241 (2242); *Grüneberg*, in: Palandt, BGB, § 313 Rn. 10; *Böttcher*, in: Erman, BGB, § 313 Rn. 32.

1377 Siehe ausführlich dazu sogleich unter b).

1378 Siehe hierzu unten unter § 7 C.

1379 So auch *Mayer*, Der Rechtsirrtum im bürgerlichen Recht, S. 213 ff.

1380 *Oertmann*, Geschäftsgrundlage, S. 37 f.; vgl. BGH v. 23.1.1967 - II ZR 166/65, BGHZ 46, 392 (393 f.) = NJW 1967, 1081 (1082 unten); BGH v. 18.11.1975 - VI ZR 153/73, DB 1976, 234 (235); BGH v. 28.2.2002 - I ZR 318/99, NJW 2002, 2312 (2313); OLG München v. 22.1.1997 - 7 U 4544-96, NJW-RR 1999, 557 (559); KG Berlin v. 26.3.1982 - 6 U 5520/81, BB 1982, 944; zustimmend auch *Schollmeyer*,

gebrachten Bedenken der objektiven Geschäftsgrundlage[1381] vermögen im Rahmen von § 313 Abs. 2 BGB aufgrund des Vertragsbezugs nicht zu überzeugen.[1382]

Die Steueranrechnungsberechtigung stellt jedenfalls einen (rechts-) tatsächlichen Umstand dar. Der Rechtsirrtum ist dem Tatsachenirrtum gleichgestellt.[1383] In der Rechtsprechung werden für steuerrechtliche Folgen i.R.d. § 313 BGB, soweit ersichtlich, keine einheitlichen Forderungen gestellt. Über die Erwartungshaltung, den Steuernachteil erstattet zu bekommen, befinden sich beide Parteien im Irrtum, sodass § 313 Abs. 2 BGB Anwendung fände.[1384] Auch bei § 313 Abs. 2 BGB ist der Rechts- dem Tatsachenirrtum gleichgestellt.[1385] Daher ist zunächst unbeachtlich, welche Grundannahme diesen Umstand auslöst, ob also der Leerverkauf bekannt oder unbekannt ist. Auch dass es sich hierbei um einen Ausgleich im Äquivalenzverhältnis handelt, steht dem nicht entgegen, da der Äquivalenzgedanke ein Grundstein der durch § 313 BGB bezweckten Geschäftsanpassung ist.[1386] Die Parteien gehen jedenfalls davon aus, dass eine zumindest potenzielle Anrechnungsmöglichkeit bei Aktiendividenden über den Stichtag besteht. Wie ausgeführt, liegt hierin gerade die bewusste oder unbewusste wirtschaftliche Zielsetzung des Geschäfts.

Der steuerrechtliche Erfolg des Cum-/Ex-Geschäfts – und damit seine Legalität – wird somit zur Vertragsgrundlage erhoben. Der steuerliche Rechtsirrtum kann mithin zur Anwendung des § 313 BGB führen. Der eingangs formulierten Hypothese des Nichtvorliegens kaufrechtlicher Gewährleistungshaftung folgend, soll eine Untersuchung der weiteren Voraussetzungen von § 313 BGB vorgenommen werden.

Selbstverantwortung und Geschäftsgrundlage, S. 444; *Unberath*, in: BeckOK-BGB (Stand: März 2011), § 313 Rn. 6.

1381 *Larenz*, SchuldR, Bd. I, § 21 II, S. 324 ff. zur sog. objektive Geschäftsgrundlage.

1382 BT-Drs. 14/6040, S. 176; *Brox/Walker*, Allgemeines Schuldrecht, § 27 Rn. 9; vgl. auch *Teichmann*, in: Soergel, BGB, § 313 Rn. 15 und 114 f.

1383 *Böttcher*, in: Erman, BGB, § 313 Rn. 30; *Teichmann*, in: Soergel, BGB, § 313 Rn. 125; vgl. auch BAG v. 9.7.1986 – 5 AZR 44/85, BAGE 52, 273 = NJW 1987, 918.

1384 Vgl. *Brox/Walker*, Allgemeines Schuldrecht, § 27 Rn. 9; *Böttcher*, in: Erman, BGB, § 313 Rn. 30; *Grüneberg*, in: Palandt, BGB, § 313 Rn. 6 und 38; *Unberath*, in: BeckOK-BGB (Stand: März 2011), § 313 Rn. 82; vgl. auch BGH v. 18.11.1985 – II ZR 51/85, NJW-RR 1986, 708.

1385 BGH v. 23.10.1957 – V ZR 219/55, BGHZ 25, 390 (393) = NJW 1958, 297 (298); *Grüneberg*, in: Palandt, BGB, § 313 Rn. 38.

1386 Vgl. KG Berlin v. 26.3.1982 – 6 U 5520/81, BB 1982, 944; *Krebs*, in: Schulze, NK-BGB, § 313 Rn. 2; *Larenz*, SchuldR, Bd. I, § 21 II, S. 324; *Böttcher*, in: Erman, BGB, § 313 Rn. 29.

2. *Hypothetisches Element*

Eine weitere – der Vertragskontinuität dienende – Voraussetzung ist das hypothetische oder kausale Element. Demnach muss auch im Falle des § 313 Abs. 2 BGB eine wesentliche Störung der Vertragsgrundlage eintreten, welche die Annahme begründen muss, die Parteien hätten bei ihrer Kenntnis nicht oder nicht wie erfolgt kontrahiert.[1387] Die genaue Quote einer Abweichung ist dabei umstritten und jeweils nicht verallgemeinerungsfähig. Deshalb ist danach zu urteilen, was die Parteien im Einzelfall als äquivalent ansehen oder bestimmt haben.[1388]

Das hypothetische Element des § 313 Abs. 1 BGB bereitet bei steuerlichen Rechtsirrtümern im Allgemeinen und den Cum-/Ex-Transaktionen im Besonderen wohl am wenigsten Schwierigkeiten. Hätten die Parteien gewusst, dass die Kapitalertragsteueranrechnung nach einem Cum-/Ex-Geschäft ausgeschlossen wäre, hätten sie es nicht oder preisgerecht abgeschlossen. Dies bezieht sich sowohl auf die Anrechnungsberechtigung als auch auf die Art der Geschäfte selbst, wenn der Käufer in Unkenntnis hierüber war. In Abwägung der Parteiabsprachen ist diese Störung auch als wesentlich anzusehen. Zwar ist auf den oben gestellten Erheblichkeitsbefund hinzuweisen, jedoch darf das hohe Interessengewicht der steuerrechtlichen Wirkung der Transaktion nicht ignoriert werden.[1389] Die steuerrechtliche Wirkung ist mithin kausal für den Vertragsschluss.

3. *Normatives Element*

Schlussendlich ist eine unzumutbare Härte für die andere Partei bei Billigung der aus § 313 BGB erwachsenen Rechte zu vermeiden. Hierzu ist eine umfassende Interessenabwägung vorzunehmen. Daher sind alle Umstände, d.h. Vor- wie Nachteile der Parteien, umfassend zu würdigen.[1390] Richtlinie ist, dass ein Festhalten an der vereinbarten Regelung zu einem untragbaren und mit Recht und

---

1387 *Finkenauer*, in: MünchKomm-BGB, § 313 Rn. 58; *Grüneberg*, in: Palandt, BGB, § 313 Rn. 18; *Unberath*, in: BeckOK-BGB (Stand: März 2011), § 313 Rn. 25; *Schollmeyer*, Selbstverantwortung und Geschäftsgrundlage, S. 444.

1388 *Finkenauer*, in: MünchKomm-BGB, § 313 Rn. 58; *Medicus*, BGB AT, Rn. 866; vgl. *Teichmann*, in: Soergel, BGB, § 313 Rn. 129.

1389 Ähnlich bereits oben unter § 7 B. IV. 2. c).

1390 BGH v. 11.10.1994 – XI ZR 189/93, BGHZ 127, 212 (218) = NJW 1995, 47 (48); *Finkenauer*, in: MünchKomm-BGB, § 313 Rn. 76; *Grüneberg*, in: Palandt, BGB, § 313 Rn. 19; *Böttcher*, in: Erman, BGB, § 313 Rn. 27; *Teichmann*, in: Soergel, BGB, § 313 Rn. 132.

Gerechtigkeit nicht zu vereinbarendem Ergebnis führen würde.[1391] Indikatoren für die Unzumutbarkeit sind Risikoverteilung, Vorhersehbarkeit und Zurechenbarkeit der Störung.[1392]

Grundsätzlich ist es unbillig, dem Leerverkäufer in den Cum-/Ex-Fällen den steuerrechtlich rechtswidrigen Gewinn zu belassen. Die besondere Konstruktion der Geschäfte und die festgestellte Schutzwürdigkeit des Leerkäufers wiegen ebenfalls schwer.[1393] Zur Risikoverteilung ist festzuhalten, dass, wie oben festgestellt, die vertragliche Äquivalenzverpflichtung des Verkäufers gegenüber dem steuerrechtlichen Individualrisiko in den Cum-/Ex-Fällen schwerer zu gewichten ist.[1394] Im Grundfall des schlichten Leerverkaufs, aber auch in Fällen kollusiven Zusammenwirkens ist von einer generellen Vorhersehbarkeit der steuerrechtlichen Illegalität nicht auszugehen. Hieran ändert auch ein möglicherweise spekulativer Kern nichts.[1395] Im Hinblick auf die Zurechenbarkeit ist auf den ersten Blick keiner der beiden Parteien die steuerrechtliche Illegalität zuzurechnen. Jedoch ist der maßgebliche tatsächliche Umstand (Leerverkauf) durch eine Verkäuferhandlung bedingt. Diese Erwägungen gelten zunächst grundsätzlich und für alle Cum-/Ex-Leerverkaufstransaktionen.

Etwas anderes könnte dann gelten, wenn die Analyse des subjektiven Horizonts des Käufers eine umfassende Kenntnis der tatsächlichen Umstände offenbart, namentlich Kenntnis vom Leerverkauf.[1396] Unterliegen nunmehr beide dem steuerlichen Rechtsirrtum, erscheint es unangemessen die Rechte aus § 313 BGB zu gewähren, obgleich der Käufer das Risiko der Nichtanrechnung abschätzen konnte. Schließlich ist Arglist beim Leerverkäufer bei Vorliegen eines Rechtsirrtums nicht denkbar.[1397] Hierbei handelt es sich letztlich um normative Erwägungen, welche den zu § 442 BGB erzielten Ergebnissen gleichen.[1398] Schließlich soll

---

1391 St. Rspr. BGH v. 1.2.2012 – VIII ZR 307/10, NJW 2012, 1718 (Rn. 30) m.w.N; BGH v. 11.10.1994 – XI ZR 189/93, BGHZ 127, 212 (218) = NJW 1995, 47 (48); *Krebs*, in: Schulze, NK-BGB, § 313 Rn. 43; *Böttcher*, in: Erman, BGB, § 313 Rn. 30; *Schollmeyer*, Selbstverantwortung und Geschäftsgrundlage, S. 444.

1392 *Finkenauer*, in: MünchKomm-BGB, § 313 Rn. 61 ff.; *Grüneberg*, in: Palandt, BGB, § 313 Rn. 38; *Krebs*, in: Schulze, NK-BGB, § 313 Rn. 45 ff.; *Stadler*, in: Jauernig, BGB, § 313 Rn. 20 ff.; vgl. auch BGH v. 16.2.2000 – XII ZR 279/97, NJW 2000, 1714 (1716); *Schollmeyer*, Selbstverantwortung und Geschäftsgrundlage, S. 443.

1393 Siehe hierzu bereits ausführlich oben unter § 7 B. IV. 2. c) bb) (2).

1394 Siehe oben unter § 7 B. IV. 2. c) bb) (2).

1395 Vgl. *Böttcher*, in: Erman, BGB, § 313 Rn. 25.

1396 Siehe hierzu oben unter § 7 B. IV. 7. c).

1397 Siehe hierzu bereits oben unter § 7 B. II. 4. c) cc) (3).

1398 Siehe hierzu oben unter § 7 B. IV. 7. c) dd).

der Leerverkäufer vor einer übermäßigen Bevorteilung des Leerkäufers bewahrt werden. Anlass ist die freie Willensentschließung eines hinreichend informierten Leerkäufers.[1399] Demnach würde nunmehr das Selbstverantwortungsprinzip die vertragliche Äquivalenz überwiegen.

Dies ist indes aufgrund des Charakters von § 313 Abs. 2 BGB nicht zwingend. Zwar ist hier ebenso wie im Kaufrecht eine Risikoabwägung möglich. Spiegelt sie sich im konkreten Geschäft aber nicht wider, so ist i.R.d. § 313 Abs. 2 BGB nicht davon auszugehen, dass die Parteien mit der Realisierung des Risikos gerechnet haben. Dies ist aufgrund der einseitig leerverkäufer-begünstigenden Struktur der Cum-/Ex-Geschäfte ein beachtlicher Faktor, welcher auch in dem hier diskutierten Fall beiderseitiger Kenntnis in zumutbarer Weise einen Anpassungsanspruch nach sich zieht. Denn anders als zuvor handelt nun der Leerverkäufer widersprüchlich, wenn er sich seiner Verantwortung für den gemeinsamen Irrtum entziehen wollte – *venire contra factum proprium*.[1400] Dieser Umstand rechtfertigt das vom Kaufrecht möglicherweise im Einzelfall abweichende Ergebnis, in der hier untersuchten Hypothese auch im Fall des reinen Rechtsirrtums.

Im Ergebnis wäre demnach die Kenntnis des Käufers von dem eigentlichen Cum-/Ex-Geschäft, anders als zuvor im Kaufrecht, dann nicht schädlich, wenn eben dieser Umstand zur Vertragsgrundlage gemacht wurde.

4. *Ausschluss*

Ein gegenüber den Gewährleistungsansprüchen bestehender Unterschied ergibt sich auch aus den Ausschlussklauseln der *Mistrade-Rules* durch Börsenusancen und Clearing-Bedingungen der Eurex Clearing AG, welche ausdrücklich Anpassungsansprüche erfassen.[1401] An der Wirksamkeit dieses Ausschlusses kraft Gewohnheitsrechts oder durch AGB bestehen keine Zweifel.[1402] Ein etwaiger Ausschluss im OTC-Geschäft hängt dagegen vom Einzelfall ab.

Ein Aufhebungsanspruch bzw. Rücktrittsrecht aus § 313 Abs. 3 S. 1 BGB kommt nur bei Unmöglichkeit oder Unzumutbarkeit der Vertragsanpassung in

1399 Vgl. *Grüneberg*, in: Palandt, BGB, § 313 Rn. 22.

1400 Vgl. *Schollmeyer*, Selbstverantwortung und Geschäftsgrundlage, S. 126 f. und 445; *Unberath*, in: BeckOK-BGB (Stand: März 2011), § 313 Rn. 72.

1401 Siehe oben unter § 7 B. II. 4. e) aa) (1).

1402 Siehe oben unter § 7 B. II. 4. e) aa) (2).

Frage. Die Anforderungen hieran sind hoch. Die Anpassung müsste der Rechtsordnung zuwider, undurchführbar oder sinnlos sein.[1403]

Der Rechtsordnungswiderspruch könnte sich aus den Börsenusancen ergeben. Hinsichtlich des Sinns und Zwecks des Ausschlusses ist zu fragen, ob nicht die den Anpassungsansprüchen nachgeschalteten Aufhebungsansprüche *erst recht* ausgeschlossen sind, zumal der Ausschluss ersterer andernfalls praktisch leer liefe. Hinsichtlich der Clearing-Bedingungen der Eurex Clearing AG kommt dagegen nur die Undurchführbarkeit in Betracht. Die Vertragsanpassung ist jedoch nur praktisch ausgeschlossen, nicht aber theoretisch unmöglich.

Im Ergebnis kommt ein Anpassungsanspruch des Leerkäufers aus § 313 Abs. 1 i.V.m. Abs. 2 BGB im Anwendungsbereich der untersuchten Ausschlussklauseln nicht in Betracht. Auch das Recht aus § 313 Abs. 3 S. 1 BGB bleibt verwehrt.

5. *Fazit für die Störung der Geschäftsgrundlage*

Den Rechten wegen einer möglichen Störung der Geschäftsgrundlage aus § 313 BGB ist nach der hier vertretenen Auffassung bereits die Anwendbarkeit abzusprechen.

Nach einer anderen, die gewährleistungsrechtliche Haftung in den Cum-/Ex-Fällen ablehnenden Sichtweise sind die Rechte aus § 313 BGB tatbestandlich zu bejahen. Diese gehen in Ansehung der schlichten Rechtsirrtümer sogar weiter als die Rechte aus § 437 BGB. Anders als die Gewährleistungsrechte sind die Rechte aus § 313 BGB im Anwendungsbereich der Mistrade-Rules vollumfänglich ausgeschlossen. Mangels spezieller Vorschriften gelten i.Ü. die allgemeinen Verjährungsregelungen der § 195 i.V.m. § 199 Abs. 1 BGB.

C. Culpa in Contrahendo

Ein weiteres Anspruchsregime zur Behandlung steuerlicher Rechtsirrtümer im Zivilrecht ist das der culpa in contrahendo. Problemschwerpunkt ist hier, neben dem Konkurrenzverhältnis zu den Ansprüchen aus § 437 BGB (I.), der individuelle Verschuldensvorwurf gegenüber dem Verkäufer (II.). In diesem Kontext stehen die Wissens- und Erfahrungshorizonte der jeweiligen Parteien im Fokus.[1404]

1403 *Finkenauer*, in: MünchKomm-BGB, § 313 Rn. 115; *Grüneberg*, in: Palandt, BGB, § 311 Rn. 42.

1404 So auch *Krause*, WM 1991, 1101 (1110); vgl. auch *Podewils*, FR 2014, 1064 (1068).

Ebenfalls untersucht werden die Auswirkungen der Mistrade-Rules in diesem Zusammenhang (III.) sowie abschließend die Verjährung (IV.).

I. Anwendbarkeit

1. Streitstand

Problematisch ist im Hinblick auf die spezielle kaufrechtliche Gewährleistungshaftung bereits die Anwendbarkeit der c.i.c. Hier ist das Verhältnis zu den zuvor dargelegten Gewährleistungsrechten des Käufers streitig.[1405] Mit Blick auf eine mögliche Sperrwirkung ist zunächst die grundsätzliche Anwendbarkeit der Haftung aus §§ 280 Abs. 1, 311 Abs. 2 Nr. 1, 241 Abs. 2 BGB zu thematisieren. Hierbei handelt es sich regelmäßig um die Fälle der sog. *fahrlässigen Täuschung.*[1406]

a) Vorrang des Leistungsstörungsrechts

Überwiegend wird vertreten, das Gewährleistungsrecht genieße grundsätzlich Vorrang.[1407] Der Verkäufer sei über die Rechte aus § 437 BGB hinreichend geschützt, sodass aufgrund des Spezialitätsverhältnisses eine Sperrwirkung eintrete. Grund hierfür seien die abschließenden und speziellen Regelungen in § 434 ff. BGB. Geschützt werde insofern das Vertrauen des Verkäufers, sodass ein zusätzlicher Schutz über die c.i.c. nicht erforderlich sei. Auch würden die speziellen Verjährungsregeln des § 438 BGB sowie die Ausschlussgründe der §§ 442, 445 BGB und abschließend das aus dem Fristsetzungserfordernis ableitbare Prinzip des Vorrangs der Nacherfüllung unterlaufen.[1408]

1405 Vgl. *Schaub*, AcP 202 (2002), 757 (775 ff.).

1406 Vgl. *Lorenz/Riehm*, Lehrbuch zum neuen Schuldrecht, Rn. 575 ff., 579.

1407 BGH v. 27.3.2009 – V ZR 30/08, BGHZ 180, 208 (214) = NJW 2009, 2120 (2122); *Grunewald*, in: Erman, BGB, Vor § 437 Rn. 27; *Gehrlein*, in: BeckOK-BGB (Stand: November 2017), § 311 Rn. 43 und 79; *Grüneberg*, in: Palandt, BGB, § 311 Rn. 14; *Brox/Walker*, Allgemeines Schuldrecht, § 25 Rn. 18; *Köster*, JURA 2005, 145 (147 und 150); *Mansel*, NJW 2002, 89 (99); *Redeker*, Beschaffenheitsbegriff und Beschaffenheitsvereinbarung beim Kauf, S. 3; *Schaub*, AcP 202 (2002), 757 (782 f. und 806); *Schröcker*, ZGR 2005, 63 (88 f.); *Schulze/Ebers*, JuS 2004, 462 (463); *Stadler*, in: Jauernig, BGB, § 311 Rn. 38; *Weiler*, ZGS 2002, 249 (253 f.); *Weidenkaff*, in: Palandt, BGB, § 437 Rn. 51a f.; vgl. *Matusche-Beckmann*, in: Staudinger, BGB, § 437 Rn. 73 ff.; *Reinicke/Tiedke*, Kaufrecht, Rn. 860; *Mertens*, AcP 203 (2003), 818 (825).

1408 *Mansel*, NJW 2002, 89 (95); *Schulze/Ebers*, JuS 2004, 462 (463); *Gehrlein*, in: BeckOK-BGB (Stand: November 2017), § 311 Rn. 79.

b) *Kumulative Anspruchskonkurrenz*

Dagegen wird teilweise vorgebracht, dass Gewährleistungsrechte und Ansprüche aus Verschulden bei Vertragsschluss nebeneinander stünden. Dies geböten der jeweils unterschiedliche Zweck und Regelungsgehalt sowie die unterschiedlichen Voraussetzungen der Haftungssysteme.[1409] Diese sog. *These einer kumulativen Anspruchskonkurrenz* wird unter anderem damit begründet, dass der schuldhaft handelnde Verkäufer nicht durch die kurzen kaufrechtlichen Verjährungsfristen privilegiert werden dürfe.[1410] Vielmehr sollten mit der Schuldrechtsmodernisierung die Rechte des Käufers gestärkt werden.[1411] Insoweit wird hiernach unterschieden, ob ein informationelles oder ein kaufgegenständliches Defizit vorliegt.[1412]

c) *Stellungnahme*

Im Ergebnis spricht viel für die erstgenannte Auffassung der Sperrwirkung durch das spezielle Kaufrecht. Im Vordergrund steht hier die Vertragsbindung, sodass ein Rückgriff auf das meist informationsverschuldensbezogene vorvertragliche Haftungsrecht grundsätzlich nicht zur Anwendung gelangen soll. Dies belegt die Argumentation, dass andernfalls die besonderen Regeln des Kaufrechts unterlaufen würden.[1413]

Etwas anderes kann daher nur dann gelten, wenn die Unterwanderung des *lex specialis* nicht droht. Dies ist namentlich dann der Fall, wenn der Kontrahent arglistig handelt.[1414] Aufgrund der nunmehr fehlenden Schutzbedürftigkeit ist ein Rückgriff auf die allgemeine Informationshaftung denkbar. Selbiges gilt freilich dann, wenn die Gewährleistungsrechte, anders als hier für die Cum-/Ex-Geschäfte festgestellt, nicht einschlägig sind oder der Geschäftspartner eine Beratungspflicht übernommen hat.

1409 *Barnert*, WM 2003, 416 (424); *Emmerich*, Das Recht der Leistungsstörungen, § 7 Rn. 35; *Derleder*, NJW 2004, 969 (974 und 976); *Faust*, in: BeckOK-BGB (Stand: März 2018), § 437 Rn. 190; *ders.*, a.a.O., § 453 Rn. 30; *Häublein*, NJW 2003, 388 (391 ff.); *Reischl*, JuS 2003, 1076 (1079); *Kindl*, WM 2003, 409 (410 ff.).

1410 *Häublein*, NJW 2003, 388 (391 unten).

1411 *Barnert*, WM 2003, 416 (424).

1412 *Faust*, in: BeckOK-BGB (Stand: März 2018), § 437 Rn. 190.

1413 Siehe bereits oben unter § 7 A.

1414 Siehe hierzu *Jaques*, BB 2002, 417 (418).

2. *Sonderfälle*

Dem Gesagten entsprechend, soll ein kurzer Überblick über die mögliche Berücksichtigung steuerlicher Rechtsirrtümer bei Cum-/Ex-Geschäften im Zuge der c.i.c.-Haftung gewährt werden.

a) Arglist

Eine allgemeine Anwendbarkeit der c.i.c. neben der Gewährleistungshaftung wird sowohl höchstrichterlich als auch in großen Teilen der Literatur in Fällen arglistigen Verhaltens angenommen.[1415] Begründet wird dies vornehmlich mit der fehlenden Schutzbedürftigkeit des Verkäufers in diesen Fällen sowie mit dem Umstand, dass wegen § 438 Abs. 3 BGB eine Umgehung der speziellen Regelungen nicht droht.[1416]

Teilweise wird auch in solchen Fällen angenommen, das Gewährleistungsrecht sperre die Rechte aus c.i.c., sofern die Pflichtverletzung einen Beschaffenheitsbezug aufweist.[1417] Argumentativ wird hier auf dieselbe Vorschrift verwiesen, die bereits zur Begründung der Gegenauffassung herangezogen wurde. Dabei werden § 438 Abs. 3 BGB und § 634a Abs. 3 BGB so interpretiert, dass der Gesetzgeber ja gerade die Möglichkeit arglistigen Verhaltens gesehen und es gleichwohl durch Sondervorschriften im jeweiligen Gewährleistungsrecht geregelt hat.[1418] Diese Bedenken vermögen indes nicht zu überzeugen. Die normativ gebotene umfassende Haftung des arglistigen Rechtsverkehrsteilnehmers wiegt schwerer als die vom Gesetzgeber im Verjährungsrecht (notwendigerweise) eingeführten Öffnungsklauseln, zumal sie hier ohne Auswirkungen bleibt.

In Bezug auf die Cum-/Ex-Geschäfte bedeutet dies, dass in jenen Fällen, in denen der Leerverkäufer arglistig gehandelt hat, die Haftung aus c.i.c. anwendbar wäre. Sowohl hinsichtlich der Beweislast als auch der Ausführungen zur

---

1415 BGH v. 27.3.2009 – V ZR 30/08, BGHZ 180, 205 = BGH NJW 2009, 2120; vgl. auch BGH v. 17.5.1995 – VIII ZR 70/94, NJW 1995, 2159 (2160); *Brox/Walker*, Allgemeines Schuldrecht, § 25 Rn. 18; *Brüggemeier*, WM 2002, 1376 (1378); *Grüneberg*, in: Palandt, BGB, § 311 Rn. 15; *Reinicke/Tiedke*, Kaufrecht, Rn. 861; *Westermann*, in: MünchKomm-BGB, § 437 Rn. 57.

1416 BGH v. 27.3.2009 – V ZR 30/08, BGHZ 180, 205 = NJW 2009, 2120; *Westermann*, in: MünchKomm-BGB, § 437 Rn. 57; vgl. *Gutzeit*, NJW 2008, 1359 (1360).

1417 *Berger*, in: Jauernig, BGB, § 437 Rn. 33 ff.; *Mertens*, AcP 203 (2003), 818 (851 f.); *Schaub*, AcP 202 (2002), 757 (783); *Stadler*, in: Jauernig, BGB, § 311 Rn. 38; *Weiler*, ZGS 2002, 249 (256); vgl. auch *Matusche-Beckmann*, in: Staudinger, BGB, § 437 Rn. 74 ff.

1418 *Kindl*, in: Erman, BGB, § 311 Rn. 86.

Abgrenzung eines arglistigen von einem grob fahrlässigen Handeln des Verkäufers unter Bezugnahme auf den subjektiven Horizont kann nach oben verwiesen werden.[1419] Dort wurde bereits festgestellt, dass ein schlichter Rechtsirrtum arglistiges Verhalten beim Leerverkäufer hemmt.[1420]

b) *Beratungs- oder Aufklärungspflicht*

Darüber hinaus soll die Sperrwirkung auch dann entfallen, wenn besondere, sich zumeist aus der Verkehrssitte ergebende Beratungs- und Aufklärungspflichten bestehen.[1421] Eine generelle Aufklärungspflicht besteht nicht, sodass es einer selbstständigen Pflicht im konkreten Einzelfall bedarf.[1422] Dies fußt auf dem Grundgedanken, dass jede Partei für ihre eigenen Interessen zuständig ist und eine Abweichung hiervon begründungspflichtig ist.[1423] Anforderung ist daher das erkennbare Interesse des Käufers, welches sich zumeist aus der Bedeutung der Information für den jeweiligen Entschluss ergibt.[1424]

Hiervon abzugrenzen sind solche Ansprüche, die sich aus einem selbstständigen „Beratungsvertrag", ggf. i.V.m. §§ 280 Abs. 1 BGB, im Kapitalanlagerecht ergeben können.[1425] Hierbei handelt es sich um die eingangs skizzierte Differenzierung zwischen primären Aktienkaufgeschäften und den hiermit im Zusammenhang stehenden Effektengeschäften.

Der schlichte Kaufvertrag vermag in den Cum-/Ex-Konstellationen keine eigenen Aufklärungspflichten zu begründen. Dies ist bei rein börslichen Geschäften schon aufgrund der praktischen Unmöglichkeit der Erfüllung einer solchen Pflicht abzulehnen. Demnach kann nicht im OTC-Geschäft, beispielsweise im Telefonhandel, bloß aufgrund eines Wechsels des Mediums von einer

---

1419 Zum arglistigen Verhalten des Leerverkäufers siehe bereits oben unter § 7 B. II. 4. c) cc).

1420 Siehe oben unter § 7 B. II. 4. c) cc) (3).

1421 *Brox/Walker*, Allgemeines Schuldrecht, § 25 Rn. 18; *Matusche-Beckmann*, in: Staudinger, BGB, § 437 Rn. 79 und 92; *Westermann*, in: MünchKomm-BGB, § 437 Rn. 57; vgl. auch *Canaris*, Bankvertragsrecht (2. Aufl.), Rn. 1851.

1422 *Bachmann*, in: MünchKomm-BGB, § 241 Rn. 123; *Grigoleit*, Vorvertragliche Informationshaftung, S. 261; siehe auch schon oben zu § 123 BGB unter § 7 B. II. 4. c) aa).

1423 *Jaques*, BB 2002, 417 (419); vgl. auch *Bachmann*, in: MünchKomm-BGB, § 241 Rn. 123.

1424 *Matusche-Beckmann*, in: Staudinger, BGB, § 437 Rn. 92.

1425 *Clouth*, ZHR 177 (2013), 213 (222); *Hannöver/Walz*, in: Schimansky/Bunte/Lwowski, Bankrechtshandbuch, Bd. II, § 110 Rn. 29; siehe zu dem autonomen Beratungsvertrag unten unter § 7 A.

Aufklärungspflicht ausgegangen werden. Zudem besteht im eigentlichen Aktiengeschäft kein strukturelles, sondern allenfalls ein partiellen Informationsgefälle.[1426] Darüber hinaus überzeugt es auch nicht, dass angesichts der weiten Verbreitung von Leerverkäufen ein gesteigertes Interesse an der Inhaberschaft *per se* bestehen soll.

Auch im Hinblick auf steuerliche Umstände ist eine besondere Risikoabwägung vorzunehmen, die den Risikogedanken i.R.d. *„steuerrechtlichen Beschaffenheit"* hinreichend beachten muss.[1427] Nimmt man also mit Blick auf die vorstehenden Ausführungen ein Informationsgefälle an, welches eine Aufklärungspflicht begründet, ist ähnlich wie im Kaufgewährleistungsrecht zu fragen, ob der vermeintliche Schädiger auch das Risiko des steuerlichen Rechtsirrtums trägt. Dies wäre, wie ausgeführt, in den Cum-/Ex-Fällen für den Leerverkäufer zu bejahen.[1428]

Übrig bleiben mithin lediglich solche Fälle, in denen bei direkter Kommunikation nach speziellen Aspekten der Cum-/Ex-Geschäfte gefragt wurde. Die sich aus einer Zwischenschaltung eines Finanzintermediärs ergebenden Besonderheiten sollen dagegen erst später behandelt werden.[1429] Hier ist in Synergie mit den zuvor i.R.d. Anfechtung geschilderten Bedenken nicht von einer Beratungs- oder Aufklärungspflicht auszugehen.

c) Keine Gewährleistungsverantwortung

Für den Fall, dass entgegen der hier vertretenen Auffassung der Steuernachteil in Form der fehlenden Kapitalertragsteueranrechnung nicht auf die Beschaffenheit der Aktien zurückgeführt wird oder eine Gewährleistungsverantwortung aus einem anderen Verständnis der Kaufrechtsdogmatik abgelehnt wird, wäre folgerichtig die Haftung aus c.i.c. dem Grunde nach anwendbar.[1430]

Haftungsbegründend wäre gleichwohl eine quasivertragliche Verpflichtung erforderlich, welche nichtbeschaffenheitsbezogene Merkmale im Rahmen einer Beratungsverpflichtung behandelt.[1431] Eine solche generelle Beratungs- und

1426 Ähnlich auch *Krause*, WM 1991, 1101 (1110).

1427 Siehe hierzu ausführlich oben unter § 7 B. IV. 2.

1428 Siehe hierzu ausführlich oben unter § 7 B. IV. 2. d).

1429 Siehe zu den Beratungs- und Aufklärungspflichten auch oben unter § 7 B. II. 4. c) aa) i.R.d. Täuschung durch Unterlassen i.S.d. § 123 Abs. 1 Alt. 1 BGB.

1430 *Brox/Walker*, Allgemeines Schuldrecht, § 25 Rn. 18; *Lorenz/Riehm*, Lehrbuch zum neuen Schuldrecht, Rn. 580; *Schaub*, AcP 202 (2002), 757 (805 ff.); vgl. auch *Grigoleit*, Vorvertragliche Informationshaftung, S. 265.

1431 *Brüggemeier*, WM 2002, 1376 (1378); *Emmerich*, in: MünchKomm-BGB, § 311 Rn. 64 f.; *Lorenz/Riehm*, Lehrbuch zum neuen Schuldrecht, Rn. 579; *Westermann*,

Aufklärungspflicht ist zuvor bereits für die Cum-/Ex-Fälle abgelehnt worden.[1432] Maßgeblich sind mithin Nebenpflichten, welche fern von Arglist auch dann verletzt sind, wenn der Verkäufer „fahrlässig täuscht".[1433] Erfasst hiervon sind Fälle, in denen Kommunikation stattgefunden hat, auch wenn der Verkäufer den Leerverkauf, die Absicht zu *Failen* oder die Illegalität der Steueranrechnung nicht billigend in Kauf genommen hat. Im Übrigen ist eine generelle wirtschaftliche, intellektuelle und informationelle Überlegenheit des Leerverkäufers in den Cum-/Ex-Fällen höchstens im Einzelfall denkbar.[1434] Das Recht der c.i.c. ist daher nicht geeignet, eine Quasi-Gewährleistungsverantwortung für steuerliche Rechtsirrtümer zu etablieren.

3. *Fazit*

In Würdigung dessen besteht eine Schadensersatzpflicht in den Cum-/Ex-Fällen aus culpa in contrahendo in den seltensten Fällen. Gleichwohl eignet sich das Institut der c.i.c., um steuerliche Rechtsirrtümer im Zusammenhang mit einer Pflichtverletzung zu erfassen.

Relevant für die Sanktion der Cum-/Ex-Geschäfte sind daher lediglich Fälle einer arglistigen Täuschung durch den Leerverkäufer. Zu beachten ist freilich die bereits behandelte verschuldenshemmende Wirkung des steuerlichen Rechtsirrtums.[1435]

II. Verschulden

Einen weiteren ebenfalls bereits erwähnten Schwerpunkt bildet das Verschuldenserfordernis gem. § 280 Abs. 1 S. 2 BGB. In diesem Zusammenhang kann grundsätzlich auf die Ausführungen zum Verschulden und den subjektiven Horizonten der Parteien i.R.d. Gewährleistungsrechte zurückgegriffen werden.[1436]

Da fahrlässiges Verhalten genügt, schadet ein (steuerlicher) Rechtsirrtum nicht. Lediglich vorsätzliches Handeln wird bei einem Rechtsirrtum abzulehnen sein. Jedoch ist hinreichend zu differenzieren. Bezieht sich die Pflichtverletzung

in: MünchKomm-BGB, § 437 Rn. 58.

1432 Siehe oben unter § 7 B. II. 4. c) zur Arglistanfechtung nach § 123 BGB.

1433 *Westermann*, in: MünchKomm-BGB, § 437 Rn. 59; vgl. auch *Faust*, in: BeckOK-BGB (Stand: März 2018), § 437 Rn. 190.

1434 Vgl. *Emmerich*, in: MünchKomm-BGB, § 311 Rn. 68 ff.; *Gehrlein*, in: BeckOK-BGB (Stand: November 2017), § 311 Rn. 71.

1435 Siehe hierzu bereits oben unter § 7 B. II. 4. c) cc) (2) (a) sowie § 7 B. IV. 10. b).

1436 Siehe oben unter § 7 B. IV. 7. c); vgl. auch *Krause*, WM 1991, 1101 (1109).

nämlich auf tatsächliche Umstände, mittels derer dem Geschäftspartner das Irrtumsrisiko „untergeschoben" wird, ist auch vorsätzliches Verhalten möglich.

Angewendet auf die Cum-/Ex-Geschäfte hieße dies, dass Arglist im Hinblick auf den Leerverkauf und die Unkenntnis des Erwerbers, nicht aber auf die Steueranrechnung denkbar ist.[1437] Im Übrigen dürfte sich ein Leerverkauf über den Dividendenstichtag als sorgfaltswidrig darstellen, wenn eine in der Anwendbarkeit diskutierte Pflichtverletzung hinzu tritt.[1438]

Abweichend zum Kaufrecht ist die Anwendung des § 254 BGB geboten. Anders als § 442 BGB sieht § 254 BGB ein flexibleres System der Mitverschuldensberücksichtigung anhand eines Quotelungssystems vor.[1439] Im Hinblick auf arglistiges Verhalten des Leerverkäufers ist die Kenntnis des Käufers unter dem Aspekt des Mitverschuldens, wie auch im Kaufrecht, unbeachtlich.[1440]

In Anknüpfung an den *subjektiven Horizont* beider Parteien ist im Fall unverschuldeter, tatsächlicher Unkenntnis des Käufers kein Mitverschuldensanteil zu berücksichtigen, wohingegen bei bloß rechtlicher Unkenntnis eine Quotelung vorzunehmen ist. Ab wann Cum-/Ex-Konstellationen bei hinreichender Sorgfalt erkennbar waren und damit die Quotelung des § 254 BGB auszulösen vermochten, ist eine Frage des Einzelfalls.[1441]

III. Ausschluss

Einen weiteren Problemkreis bilden auch hier die Anspruchsausschlüsse der sog. *Mistrade-Rules*. Zweifelhaft ist, ob Schadensersatzansprüche unter die genannten Klauseln zu subsumieren sind und ob dies darüber hinaus auch in Fällen einer arglistigen Täuschung vertretbar ist.

Wie oben bereits erwähnt, ist die Einschlägigkeit der Mistrade-Rules für die nicht auflösungsgerichteten Rechte zu bezweifeln.[1442] Freilich kommt im Wege der Naturalrestitution auch die Rückabwicklung als Schadenswiedergutmachung

1437 Siehe auch die Ausführungen zuvor unter § 7 B. II. 4. c) cc) (2) (a) sowie § 7 B. IV. 10. b).

1438 Siehe oben unter § 7 C. I.

1439 Vgl. *Grüneberg*, in: Palandt, BGB, § 254 Rn. 64; *Oetker*, in: MünchKomm-BGB, § 254 Rn. 105; *Teichmann*, in: Jauernig, BGB, § 254 Rn. 3.

1440 BGH v. 9.10.1991 – VIII ZR 19/91, NJW 1992, 310; BGH v. 26.2.1980 – VI ZR 53/79, BGHZ 76, 216 (218) = NJW 1980, 1518 (1519); *Grüneberg*, in: Palandt, BGB, § 254 Rn. 59; *Oetker*, in: MünchKomm-BGB, § 254 Rn. 112.

1441 Siehe zum „Erkennenmüssen" bereits ausführlich oben unter § 7 B. IV. 7. c) aa) (4).

1442 Siehe oben unter § 7 B. IV. 7. b).

in Betracht.[1443] Jedoch ist hiervon nicht auf einen Ausschluss der monetären Schadensersatzforderung zu schließen.

Folglich greift allenfalls die *Anpassungsklausel*[1444], welche indes sowohl systematisch als auch ihrem Wortlaut nach nicht anzuwenden ist. Bei der hiesigen Schadensersatzhaftung geht es um eine neben dem Vertrag stehende Pflichtverletzung, wie die gesperrte Anwendung im Bereich der kaufrechtlichen Gewährleistung verdeutlicht.[1445] Insofern ist nach der hier entwickelten Auffassung schon die vertragliche Pflichtverletzung nicht als Anpassung zu sehen. Dies gilt dann *erst recht* für die culpa in contrahendo sowie die später noch zu erörternde deliktische Haftung. Ob das Ausschluss-Telos so weit geht, dass jegliche Rechte, gerade in Fällen wie auch immer gearteten arglistigen Verhaltens ausgeschlossen sein sollen, darf bezweifelt werden. Das zuvor Gesagte muss mithin *erst recht* für arglistiges Verhalten gelten, womit auch die zweite Frage beantwortet wäre.

Eine mögliche Haftung aus c.i.c. ist mithin im Anwendungsbereich der *Mistrade-Rules* nicht ausgeschlossen.

IV. Verjährung

Ein praktischer Unterschied zur Gewährleistungsverantwortung ergibt sich im Hinblick auf die Anspruchsverjährung. Mangels spezieller Verjährungsfristen gilt die allgemeine dreijährige Verjährungsfrist, beginnend mit Anspruchsentstehung und Kenntnis oder grob fahrlässiger Unkenntnis gem. § 195 i.V.m. § 199 Abs. 1 BGB.[1446] Schwierigkeiten bereitet das Tatbestandsmerkmal der grob fahrlässigen Unkenntnis. Um einen Gleichlauf zur jeweiligen Anspruchsentstehung sicherzustellen, ist hier ebenfalls auf die Lösung anhand des subjektiven Horizonts des Aktivlegitimierten zu verweisen.[1447]

V. Fazit

Nach der hier vertretenen Auffassung kommen Ansprüche aus c.i.c. zur Lösung der Cum-/Ex-Problematik nur in den Fällen einer arglistigen Täuschung durch

---

1443 Vgl. *Emmerich*, in: MünchKomm-BGB, § 311 Rn. 185 ff.; *Lorenz*, in: BeckOK-BGB (Stand: Februar 2017), § 280 Rn. 50.

1444 Siehe oben unter § 7 B. II. e) aa) (1).

1445 Siehe oben unter § 7 C. I.

1446 BGH v. 15.6.2010 – XI ZR 309/09, NJW-RR 2010, 1574 (12); *Emmerich*, in: MünchKomm-BGB, § 311 Rn. 200 m.w.N.; *Grunewald*, NZG 2003, 372 (374); vgl. auch *Schaub*, AcP 202 (2002), 757 (782).

1447 Siehe hierzu oben unter§ 7 B. IV. 7. c) (4).

den Leerverkäufer in Betracht, die für sich genommen zumindest nicht bei einem beiderseitigen steuerlichen Rechtsirrtum denkbar ist. Hierneben ist die Haftung aus *culpa in contrahendo* auch in Fällen einer *„fahrlässigen Täuschung“* bei einer entsprechenden Pflichtverletzung in Bezug auf den steuerlichen Rechtsirrtum theoretisch denkbar, wobei die hier entwickelte kaufrechtliche Lösung besagte Haftung sperrt.

Relevante Abweichungen ergeben sich neben der Anwendbarkeit der allgemeinen Verjährungsregelung auch in der allgemeinen Mitverschuldensberücksichtigung nach § 254 BGB. Diese Besonderheiten kommen in den Cum-/Ex-Fällen praktisch indes nicht zum Tragen.

D. Bereicherungsrecht

Des Weiteren ist ein kurzer Blick auf das Bereicherungsrecht zu werfen. In Fällen der eingangs behandelten und in den allermeisten Fällen nicht vorliegenden Nichtigkeit des Cum-/Ex-Transaktionsgeschäfts[1448] sowie im Falle einer – nach der hier vertretenen Ansicht durch das Kaufgewährleistungsrecht gesperrten – Anfechtung nach § 119 Abs. 2 BGB ist eine Rückabwicklung der Transaktion nach § 812 Abs. 1 S. 1 Alt. 1 BGB vorzunehmen.

Hierneben soll nunmehr eine Untersuchung der *condictio ob rem* erfolgen (I.). Diese könnte sich daraus ergeben, dass aufgrund des steuerlichen Rechtsirrtums ein *verfehlter steuerlicher Zweck* vorliegen könnte. Im Anschluss wird auf etwaige Ausschlüsse (II.) sowie Besonderheiten im Verjährungsrecht (III.) Bezug genommen.

I. § 812 Abs. 1 S. 2 Alt. 2 BGB

Der Kondiktionsregelung des § 812 Abs. 1 S. 2 Alt. 2 BGB zufolge sind Leistungen herauszugeben, wenn ein nach dem Inhalt eines Rechtsgeschäfts bezweckter Erfolg nicht eintritt.

Problematisch ist bereits die Anwendbarkeit im Spannungsfeld zwischen den sich aus § 313 BGB oder der Gewährleistungsverantwortung des Verkäufers ergebenden Rechten. Nach allgemeiner Auffassung genießen die Rechte aus § 313 BGB aufgrund ihrer vertragsinhaltlichen Begründung Vorrang vor der *condictio ob rem.*[1449] Wird die Frage nach der Erstattung von Kapitalertragsteuern

1448 Siehe hierzu oben unter § 7 B. II. 5.

1449 BGH v. 17.6.1992 – XII ZR 253/90, NJW 1992, 2690; *Böttcher*, in: Erman, BGB, § 313 Rn. 38; *Finkenauer*, in: MünchKomm-BGB, § 313 Rn. 178; *Buck-Heeb*, in: Erman,

in den Cum-/Ex-Fällen bereits an die Eigenschaft bzw. Beschaffenheit der Aktien geknüpft und damit dem Geltungsbereich des Mängelrechts anheimgestellt, kommt § 812 Abs. 1 S. 2 Alt. 2 BGB ebenfalls nicht zur Anwendung.[1450] Die Steuerposition ist dann der Primärleistungspflicht zuzuordnen.

Der einzig denkbare Fall der Zweckverfehlungskondiktion kommt daher in Betracht, wenn entgegen der hier vertretenen Auffassung eine Störung der Geschäftsgrundlage angenommen wird und diese, wie angedeutet, ausgeschlossen wäre.[1451] Der bezweckte steuerrechtliche Erfolg wäre dann von einer Einigung der Beteiligten umfasst, welche indes nicht Vertragsgegenstand wäre.[1452] Diese Anforderungen wären unter der dargestellten Hypothese in Ansehung der Steuerfolgen der Cum-/Ex-Geschäfte erfüllt.[1453]

II. Ausschlüsse

1. Mistrade-Rules

Schwierigkeiten bestehen abschließend darin, ob die Mistrade-Rules auch bereicherungsrechtliche Ansprüche wirksam ausschließen. Inhaltlich zielt diese Frage abermals auf die Qualifizierung gesetzlicher Ansprüche als sog. *Anpassungsansprüche.*[1454]

Für eine Qualifikation der bereicherungsrechtlichen Ansprüche als Anpassungsansprüche spricht zunächst, dass, wie bereits vorstehend festgestellt, die *condictio ob rem* in vertraglichen Fällen auf der gleichen Grundlage wie § 313 BGB aufbaut. Der Ausschluss der Ansprüche aus § 313 BGB würde dann leerlaufen. Weiterhin lässt sich anführen, dass der Charakter des Bereicherungsrechts darin

BGB, § 812 Rn. 50; *Schmidt-Kessel/Hadding,* in: Soergel, BGB, § 812 Rn. 111; *Schwab,* in: MünchKomm-BGB, § 812 Rn. 453; *Unberath,* in: BeckOK-BGB (Stand: März 2011), § 313 Rn. 24.

1450 *Buck-Heeb,* in: Erman, BGB, § 812 Rn. 50; *Westermann,* in: MünchKomm-BGB, § 437 Rn. 63.

1451 Siehe oben unter § 7 B. VI. 1. a).

1452 *Schmidt-Kessel/Hadding,* in: Soergel, BGB, § 812 Rn. 111; *Schwab,* in: MünchKomm-BGB, § 812 Rn. 449 ff.; *Buck-Heeb,* in: Erman, BGB, § 812 Rn. 50; *Sprau,* in: Palandt, BGB, § 812 Rn. 30.

1453 Siehe oben unter § 7 B. VI. zur Geschäftsgrundlage.

1454 Aktuell § 32 S. 1 BedFWB (Stand: 21.11.2016); § 28 S. 1 BedFWB (eingeführt am: 15.4.2009); bzw. Kap. I Abschn. 1 Ziff. 1.2.2. (6) lit. (a) ClearBedEurex (Stand: 11.1.2016); Kap. I Ziff. 1.2.1. Abs. 5 ClearBed (Stand: 2.1.2009); Siehe zu den Inhalten bereits ausführlich oben unter § 7 B. II. 4. e) aa) (1).

liegt, ungerechtfertigte Bereicherungen auszugleichen und damit die Bereicherungslage auf Basis des Rechts anzupassen.[1455]

Gegen einen Anpassungscharakter lässt sich anführen, dass zwar die Bereicherungslage, nicht aber der Vertrag angepasst wird. Schließlich werden lediglich außerhalb der Vertragsbindung stehende Werte durch § 812 Abs. 1 S. 2 Alt. 2 BGB kondiziert.

Im Ergebnis ist der bereicherungsrechtliche Anspruch eher im Umfeld des § 313 BGB zu verorten, sodass ein Ausschluss durch die Mistrade-Rules naheliegt.

2. § 817 S. 2 BGB analog

Ein speziell bereicherungsrechtlicher Ausschlussgrund ist in der analogen Anwendung des § 817 S. 2 BGB zu sehen. Die Analogie soll nach allgemeiner Auffassung dann begründet sein, wenn ein beiderseitiger Sittenverstoß vorliegt.[1456] Ein solcher Sittenverstoß wurde bereits intensiv untersucht. Nach der vorzugswürdigen Illegalitätsthese kommt ein Sittenverstoß beider Parteien weder generell noch im Einzelfall in Betracht. Ein weiterer Ansatz ist der Kondiktionsausschluss im Anschluss an eine Steuerhinterziehung.[1457] Im Anwendungsfeld des steuerlichen Rechtsirrtums liegt eine vorsätzliche Steuerhinterziehung bei Cum-/Ex-Geschäften in aller Regel aber nicht vor.[1458]

III. Verjährung

Auf die Haftung aus Bereicherungsrecht ist ebenfalls die Regelverjährung nach §§ 195, 199 Abs. 1 BGB anwendbar. Zu den Voraussetzungen – Anspruchsentstehung und Kenntnis – kann daher umfassend nach oben verwiesen werden.[1459]

1455 Siehe *Schwab*, in: MünchKomm-BGB, § 817 Rn. 1 ff.

1456 St. Rspr., s. RG v. 27.3.1936 – VII 336/35, RGZ 99, 161 (167); BGH v. 6.5.1965 – II ZR 217/62, BGHZ 44, 1 (6) = NJW 1965, 1585 (1587); BGH v. 29.4.1968 – VII ZR 9/66, BGHZ 50, 90 (91) = NJW 1968, 1329; *Schwab*, in: MünchKomm-BGB, § 817 Rn. 11; *Wendehorst*, in: BeckOK-BGB (Stand: November 2017), § 812 Rn. 11; a.A. *Buck-Heeb*, in: Erman, BGB, § 817 Rn. 11.

1457 *Schmidt-Kessel/Hadding*, in: Soergel, BGB, § 817 Rn. 35.

1458 Siehe oben unter § 5 C.

1459 Siehe oben unter § 7 B IV. 7. c) aa) und § 7 C. IV.

IV. Fazit

Zwar bietet die Zweckverfehlungskondiktion auch bei steuerlichen Rechtsirrtümern grundsätzlich einen Auffangtatbestand, jedoch ist dieser aufgrund der Subsidiarität nur von theoretischer Relevanz. Speziell im Hinblick auf die Cum-/Ex-Geschäfte ist dagegen bereits der Vertragsbezug der steuerlichen Beschaffenheit zu betonen und damit der Tatbestand der *condictio ob rem* abzulehnen. In Bezug auf etwaige Ausschlüsse ist in stringenter Fortführung der vorigen Ergebnisse im Anwendungsbereich der Mistrade-Rules von einem Anspruchsausschluss auszugehen.

E. Delikt

Abschließend stellt sich die Frage nach einer deliktischen Haftung des Leerverkäufers. Mangels der Betroffenheit absoluter Rechte kommt einzig eine Haftung aus § 823 Abs. 2 BGB im Falle der Verletzung eines Schutzgesetzes sowie aus § 826 BGB im Falle einer vorsätzlichen sittenwidrigen Schädigung in Betracht. Besonderes Augenmerk soll auf die Schutzgesetzqualität etwaiger tangierter Regelungen gelegt (I.) sowie im Anschluss ein knapper Blick auf den Zusammenhang zu Ausschlussklauseln (II.) und die Verjährung (III.) gewährt werden.

I. Schutzgesetze und Anspruch aus § 826 BGB

Der BGH fordert, dass der individualschützende Teil einer Norm tatsächlich und primär bezweckt sein muss und sich nicht als bloßer Rechtsreflex neben den institutionellen Schutz stellt.[1460] An dieser Richtlinie sind möglicherweise betroffene Normen zu messen.

1. § 823 Abs. 2 BGB i.V.m. § 370 Abs. 1 AO

Eine besonders gravierende Vorschrift ließe sich in § 370 Abs. 1 AO finden. Neben der zuvor festgestellten Tatbestandslosigkeit hinsichtlich der Cum-/Ex-Geschäfte stellt sich ferner die Frage danach, ob die Steuerhinterziehung überhaupt ein Schutzgesetz darstellt. Dies ist bereits deshalb zweifelhaft, weil die Steuerstrafnorm das der Allgemeinheit zustehende Steueraufkommen schützen soll.[1461]

1460 BGH v. 3.2.1987 – VI ZR 32/86, BGHZ 100, 13 (18) = NJW 1987, 1818; vgl. auch *Sprau*, in: Palandt, BGB, § 823 Rn. 56; *Wagner*, in: MünchKomm-BGB, § 823 Rn. 498.

1461 Vgl. *Joecks*, in: Joecks/Jäger/Randt, Steuerstrafrecht, § 370 AO Rn. 26; *Rolletschke*, in: G/J/W, Wirtschafts- und Steuerstrafrecht, § 370 AO Rn. 3; *Schmitz/Wulf*, in: MünchKomm-StGB, § 370 AO Rn. 2 ff.

Der Schutz des Vertragspartners bei einem bilateralen Vertrag ist hiermit weder möglich noch bezweckt.

2. § 823 Abs. 2 BGB i.V.m. § 263 Abs. 2 StGB

In Betracht kommt mit dem Straftatbestand des Betrugs i.S.d. § 263 Abs. 1 StGB, neben § 370 Abs. 1 AO eine weitere strafrechtliche Norm. Denkbar im hiesigen Zusammenhang ist eine Täuschung durch den Leerverkäufer gegenüber dem Käufer und zu seinen Lasten. Bei § 263 StGB handelt es sich unstreitig um eine Schutznorm i.S.d. § 823 Abs. 2 BGB.[1462]

Tatbestandlich müsste zunächst eine Täuschung vorliegen. Eine Täuschung meint jede Beeinflussung des Getäuschten im Wege des geistigen Kontakts mit dem Ziel der Irreführung über Tatsachen.[1463] Wie bereits zuvor festgestellt, lässt sich eine generelle Täuschung durch den Leerverkäufer im börslichen oder außerbörslichen Verkehr nicht begründen. Hervorzuheben ist, dass insbesondere eine Aufklärungspflicht nicht besteht.[1464] Haftungsrechtlich relevant sind daher in erster Linie aktive Täuschungen im kommunikativen OTC-Geschäft über tatsächliche Aspekte des Risikogeschäfts, da ein Rechtsirrtum den Vorsatz in Bezug auf den Vermögensschaden bei einer Täuschung über rechtliche Aspekte entfallen lässt.[1465] Liegen diese Voraussetzungen indes in Korrelation mit der arglistigen Täuschung i.S.d. § 123 Abs. 1 BGB vor, ist in der Regel auch ein strafbarer Betrug verwirklicht. In diesem Fall wäre die hier behandelte Haftung zu bejahen. Daneben kann ohne diese subjektive Vorstellung allein aufgrund des bewussten Leerverkaufs keine Täuschung vorliegen.[1466] Schließlich sieht sich der Verkäufer willens und in der Lage, dem Erwerber Eigentum an den Aktien zu verschaffen. Dies gelingt in den Cum-/Ex-Fällen auch entsprechend.

1462 BGH v. 14.10.1971 – VII ZR 313/69, BGHZ 57, 137 = NJW 1972, 36; BGH v. 4.5.1993 – VI ZR 81/92, NJW 1993, 2992; BGH v. 19.7.2011 – VI ZR 367/09, NJW-RR 2011, 1661; *Sprau*, in: Palandt, BGB, § 823 Rn. 69; *Wagner*, in: MünchKomm-BGB, § 823 Rn. 525.

1463 *Fischer*, StGB, § 263 Rn. 14 f.; *Perron*, in: Schönke/Schröder, StGB, § 263 Rn. 11; siehe auch OLG Köln v. 16.7.2015 – 106 Qs 1/15, wistra 2015, 404 (405); sowie oben unter § 7 B. II. 4. c) aa).

1464 Siehe hierzu bereits oben zu § 123 BGB unter § 7 B. II. 4. c) aa) (3).

1465 Siehe oben unter § 7 B. II. 4. c) cc) (2) (b); siehe auch zum Zusammenspiel zwischen Arglist und Betrug *Ehling/Kappel*, BB 2013, 2955 (2955 und 2958).

1466 *Trüg*, NJW 2009, 3202 (3204); siehe auch hierzu bereits oben unter § 7 B. II. 4. c) aa); vgl. zur fehlenden Erfüllungsabsicht *Mittermeier*, ZBB 2010, 140 (144).

3. *§ 823 Abs. 2 BGB i.V.m. § 30h WpHG a.F.*

Eine weitere zuvor besprochene Regelung ist in § 30h WpHG a.F. zu finden.[1467] Auch hier ist die Schutzgesetzeigenschaft mangels Individualschutzzwecks zweifelhaft.[1468] Die Norm diente, wie dargestellt, nicht dem Einzelanlegerschutz, sondern dem Finanzmarkt als Institution.[1469] Dies wird u.a. durch die Gesetzeshistorie deutlich.[1470] Demnach ist die Vorschrift des § 30h WpHG a.F., zusammen mit den §§ 30i und 30j WpHG, aus dem ursprünglichen Diskussionsentwurf eines Gesetzes zur Stärkung des Anlegerschutzes und Verbesserung der Funktionsfähigkeit des Kapitalmarkts abgespalten worden. Dieser Entwurf sah zwar einen Anlegerschutz vor, jedoch lediglich in öffentlicher Hinsicht und nicht mittels Gewährung individueller Ansprüche. Die schlussendliche Fassung kann daher trotz ihrer Reduktion nicht weiter reichen als der Entwurf. Wenn § 30h WpHG a.F. somit eine Schutzfunktion zukommen soll, dann tendenziell eher in Richtung des Emittenten.

Im Ergebnis greift ein Anspruch aus § 823 Abs. 2 BGB i.V.m. § 30h WpHG a. F. schon mangels eines Schutzgesetzcharakters nicht durch.

4. *§ 823 Abs. 2 BGB i.V.m. den Börsenusancen*

Teilweise wird vertreten, die Börsenusancen seien taugliche Schutzgesetze i.S.d. § 823 Abs. 2 BGB, da sie den reibungslosen Ablauf der Geschäfte zugunsten der Handelsteilnehmer bezwecken.[1471] Diese Einschätzung ist aber zweifelhaft. Zum einen verfolgen die Börsenusancen hinsichtlich der gesetzlichen Ansprüche eher eine einschränkende Tendenz.[1472] Es widerspräche daher einem ihrer Teilzwecke, sie nun zur Anspruchserweiterung im Rahmen einer Blankettnorm anspruchsbegründend heranzuziehen. Zum anderen schützen die Usancen beide Handelsteilnehmer gleichermaßen sowie, im Hinblick auf die reibungslosen Geschäftsabläufe, die Börse als Handelsplatz und Institution. Nun aber unter

---

1467 Siehe zur Tatbestandlichkeit der Norm oben unter § 3 B. III. 2.

1468 *Buck-Heeb*, Kapitalmarktrecht, Rn. 757; *Mock*, in: KölnKomm-WpHG, § 30h Rn. 28; *Mülbert/Sajnovits*, ZBB 2012, 266 (283); *Mülbert*, in: Assmann/Schneider, WpHG, §30h Rn. 40.

1469 Siehe oben unter § 3 B. III.

1470 *Mülbert,* in: Assmann/Schneider, WpHG, § 30h Rn. 41.

1471 *Ekkenga*, in: MünchKomm-HGB, Effektengeschäft, Rn. 79.

1472 Siehe bereits oben zu der Ausschlussseite der Mistrade-Rules unter § 7 B. II. 4. e) aa) (1).

Verweis auf diesen Zweck einen vorwiegenden Schutz gerade für den Geschädigten anzunehmen, ist nicht sachgerecht.

5. *§ 826 BGB*

Jedenfalls grundsätzlich kommt ein Schadensersatzanspruch des Käufers gegen den Leerverkäufer aus vorsätzlich sittenwidriger Schädigung i.S.d. § 826 BGB in Betracht. Hierzu bedarf es jedoch eines doppelten Schädigungsvorsatzes, welcher im Angesicht der unklaren Rechtslage der Cum-/Ex-Fälle grundsätzlich nicht gegeben sein dürfte.[1473] Der einzige Ausnahmefall ist der einer ggf. eventualvorsätzlichen arglistigen Täuschung durch den Leerverkäufer. Der Anspruch aus § 826 BGB tritt dann neben die Rechte aus c.i.c., § 823 Abs. 2 i.V.m. § 263 Abs. 2 StGB sowie § 123 BGB.[1474]

II. Ausschluss durch Mistrade-Rules

Eine hier ebenfalls aufgeworfene Frage ist die danach, ob die festgestellte deliktische Haftung im gegebenen Einzelfall durch die Mistrade-Rules ausgeschlossen wäre. Insofern ist auf das bereits zuvor i.R.d. c.i.c.-Haftung Gesagte zu verweisen, wonach Schadensersatzansprüche nicht *per se* unter die untersuchten Ausschlussklauseln fallen.[1475]

III. Verjährung

Auf die in diesem Abschnitt behandelte Haftung aus deliktsrechtlichen Vorschriften ist mangels spezieller Regelungen die Regelverjährung nach § 195 i.V.m. § 199 Abs. 1 BGB anwendbar. Insoweit gleichen die Feststellungen denen der vorherigen Abschnitte.[1476]

IV. Fazit

Im Ergebnis kommen nur in Einzelfällen einer vorsätzlichen Täuschung Ansprüche aus § 823 Abs. 2 BGB i.V.m. § 263 StGB sowie aus § 826 BGB in Betracht. Bei diesen Ausnahmefällen greift in aller Regel auch die Haftung aus c.i.c.

1473 *Förster*, in: BeckOK-BGB (Stand: November 2017), § 826 Rn. 28 und 32; *Wagner*, in: MünchKomm-BGB, § 826 Rn. 25 und 33; vgl. § 7 B. II. 4. c) cc).

1474 Siehe zu den Anforderungen an eine arglistige Täuschung bei Bezug auf Cum-/Ex-Geschäften § 7 B. II. 4. c).

1475 Siehe hierzu oben unter § 7 C. III.

1476 Siehe oben unter § 7 C. IV. und § 7 D. III.

sowie die Anfechtungsberechtigung aus § 123 Abs. 1 Alt. 1 BGB. Im Übrigen liegt eine deliktsrechtliche Haftung bei Cum-/Ex-Geschäften eher fern.

F. Sonderbestimmungen

Schlussendlich soll eine kurze Untersuchung weiterer Regelungen erfolgen, die sich aus den BedFWB und ClearBed Eurex ergeben. Diese Regelwerke halten neben den bereits behandelten Vorschriften für Geschäftsschlüsse[1477] und den *Mistrade-Rules*[1478] besondere Leistungsstörungsrechte bereit.

Nach der hier vertretenen Auffassung stellt sich zunächst die Frage, ob diese Regelungen auch die Fälle einer Schlechtleistung abdecken sollen. Hiergegen spricht, dass die Börsenusancen zwar die Leistungspflichten normieren, aber keine Gutleistungspflicht vorsehen.[1479] In leistungsstörungsrechtlicher Hinsicht ist insbesondere die Nichtlieferung bzw. die Nichtleistung trotz Fälligkeit (und Mahnung) – Verzug – geregelt.[1480] Ein Verzug oder eine Nichtleistung liegen im eigentlichen Sinne nicht vor, da auch bei den *Fails* eine Belieferung durch den Leerverkäufer erfolgen muss. Andernfalls würde die für den Erfolg des Geschäfts maßgebliche Preisdifferenz nicht entstehen bzw. nicht genutzt werden können. Zu untersuchen ist daher lediglich der „geringfügige" Verzug bei den *Fails*.

I. Zwangsregulierung der Frankfurter Wertpapierbörse

Leistet der Verkäufer eines Wertpapiers am zweiten Börsentag nach Geschäftsschluss nicht, tritt gem. § 286 Abs. 1, 2 Nr. 2 BGB Verzug auch ohne vorherige Mahnung ein. Die Folge ist das Wahlrecht gem. § 376 Abs. 1 HGB.[1481] Daneben tritt die Zwangsregulierung, welche sich aus den Börsenusancen ergibt.[1482]

Strukturell handelt es sich bei dieser Zwangsregulierung eher um die Vollstreckung der Primärleistungspflicht als um eine dem *market claims process* der

---

1477 Siehe hierzu oben unter § 6 A. II.

1478 Siehe zu den Ausschlüssen gesetzlicher bei gleichzeitiger Gewährung vertraglicher Rechte oben unter § 7 B. II. 4. e) aa) (1).

1479 Vgl. § 12 BedFWB (Stand: 15.8.2008); heute § 9 BedFWB (Stand: 21.11.2016).

1480 § 8 ff. BedFWB (Stand: 15.8.2008); § 5 ff. BedFWB (Stand: 21.11.2016).

1481 *Ekkenga*, in: Claussen, Bank- und Börsenrecht, § 7 Rn. 162.

1482 §§ 9 bis 11 BedFWB (Stand: 15.8.2008); heute §§ 6 bis 8 BedFWB (Stand: 21.11.2016) (abrufbar unter: 15.6.2017); *Fleckner*, WM 2009, 2064; *Einsele*, Bank- und Kapitalmarktrecht, § 8 Rn. 53; *Will*, in: Kümpel/Wittig, Bank- und Kapitalmarktrecht, Rn. 18.2.

Clearstream Banking AG ähnliche Modifizierung der Primärleistungspflicht.[1483] Nur letztere ist jedoch den Sekundärrechten zuzuordnen. Auf die Cum-/Ex-Fälle haben diese Regulierungen keine Auswirkungen. Die Zwangsregulierung bezieht sich tatbestandlich schon nur auf die Verzögerung der Lieferung, wobei hier auch bei den *Fails* keine klassische Verzögerung oder Nichtlieferung vorliegt. Wie bereits ausgeführt, liefert der Leerverkäufer schließlich wirtschaftlich günstig die verkauften Aktien.[1484] Auf eine Bestimmung des Konkurrenzverhältnisses zu den Clear Bed Eurex kann mithin verzichtet werden.[1485]

II. Zwangsregulierung der Eurex Clearing AG

Die Bedingungen der Eurex Clearing AG erfassen ebenfalls Sanktionen bei Nichtleistung.[1486] Bei lediglich geringfügigen Lieferverzögerungen wie den hier behandelten *Fails* bleibt dieser Mechanismus indes effektlos. Damit lediglich nebenbei erwähnenswert sind die ergänzend möglichen Vertragsstrafen i.R.d. Clearingvertrags.[1487]

III. Bestimmungen der Clearstream Banking AG

Eine weitere Regulierung findet sich in den Bestimmungen der Clearstream Banking AG, welche, wie ausgeführt, Grundlage der Dividendenregulationszahlung sind.[1488] Nach hier vertretener Auffassung stellt der Kompensationsanspruch für den Minderwert der Aktie aufgrund des nicht verschafften Dividendenanspruchs

---

1483 Siehe oben unter § 3 A. I. 2. zur Dividendenkompensation sowie nachfolgend unter § 7 F. III.; Kundenhandbuch der Clearstream Banking AG S. 4–1 (v. Februar 2012); bzw. aktuell: S. 6–3 (Stand: März 2018) (im Internet abrufbar unter: http://www.clearstream.com/clearstream-en/keydocuments--1-/csd--1-/customer-handbook/cbf-kundenhandbuch/12100, letzter Aufruf: 26.04.2018).

1484 Siehe oben unter § 3 B. I.

1485 Vgl. § 5 Abs. 1 und 3 BedFWB (v. 21.11.2016); bzw. § 8 Abs. 1 und 3 BedFWB (v. 15.8.2008).

1486 Vgl. Clearing-Bedingungen der Eurex Clearing AG, Kap. V Abschn. 2 Ziff. 2.1 (Stand: 11.1.2016).

1487 Clearing-Bedingungen der Eurex Clearing AG, Kap. V Abschn. 2 Ziff. 2.1 (Abs. 6) (Stand: 11.1.2016).

1488 Kundenhandbuch der Clearstream Banking AG S. 4–1 (v. Februar 2012); bzw. aktuell S. 6–3 (Stand: März 2018) (im Internet abrufbar unter: http://www.clearstream.com/clearstream-en/keydocuments--1-/csd--1-/customer-handbook/cbf-kundenhandbuch/12100, letzter Aufruf: 26.04.2018); siehe ausführlich zur Dividendenkompensation oben unter § 3 A. I. 2.

rechtstechnisch einen Anspruch aus §§ 437 Nr. 3, 280 Abs. 1 und 3, 283, 434, 433 BGB dar. Bei konsequenter Betrachtung erfasst der durch die Bestimmungen der Clearstream Banking AG vorgesehene Anspruch zwar den gleichen Anspruchsgrund, bleibt in Ansehung des Umfangs aber hinter seinem gesetzlichen Pendant zurück.

Dass dies die gesetzlichen Rechte des Käufers beeinträchtigt, ist nicht ersichtlich. Schließlich besteht das Anliegen der Kompensation gerade darin, Schlechtleistungen auszugleichen.

IV. Fazit

Im Ergebnis sind hier keine besonderen Leistungsstörungsrechte ausfindig zu machen, welche für die Cum-/Ex-Fälle einschlägig sind. Eine Konkurrenzbestimmung im Verhältnis zu den allgemeinen gesetzlichen Regeln ist mithin nicht erforderlich.[1489]

G. Praktische Probleme der Anspruchsdurchsetzung

Abschließend sollen einige Probleme beleuchtet werden, die sich bei der Durchsetzung der festgestellten Rechte bzw. Ansprüche stellen. Namentlich sollen zusammenfassende Schwerpunkte i.R.d. Verjährung (I.), der Identitätsbestimmung des Verkäufers (II.), etwaiger Gegenrechte (III.) sowie, gerade für die Fälle nach dem 19.12.2006, im anwendbaren Sachrecht (IV.) gesetzt werden.

I. Verjährung

Die Untersuchung hat ergeben, dass bei nahezu allen Ansprüchen die Regelverjährung der §§ 199 i.V.m. 195 BGB greift. Besonderheiten ergeben sich lediglich i.R.d. hier einschlägigen kaufrechtlichen Gewährleistungsverantwortung des Leerverkäufers.

Das Problem der – mitunter als unzulänglich empfundenen – kaufrechtlichen Gewährleistungsverfristung wurde bereits zuvor umfassend behandelt.[1490] Gleichwohl ist ein Abweichen von den dortigen Bestimmungen nicht angezeigt. Dies wird praktisch dazu führen, dass die allermeisten Regressansprüche gegen den Leerverkäufer nach Cum-/Ex-Geschäften verjährt sein dürften.[1491]

1489 Vgl. beispielsweise *Schlimbach*, Leerverkäufe, S. 27, der sich für die Verdrängung der allgemeinen (gesetzlichen) Regelungen ausspricht.

1490 Siehe oben unter § 7 B. IV.

1491 Siehe oben unter § 7 B. IV. 8.

II. Identität des (Leer-)verkäufers

Ein weiteres praktisches Problem in der zivilrechtlichen Behandlung der Cum-/Ex-Geschäfte stellt die Anonymität des börslichen Handels dar.[1492] Problematisch ist insbesondere die Identitätsfeststellung des jeweiligen Leerverkäufers, sofern die Eurex Clearing als CCP agiert. Der Grund hierfür liegt darin, dass aufgrund des *Nettings* nicht feststellbar ist, welche Aktien konkret geliefert wurden, zumal es sich in Ansehung der Depotorganisation nur um einen Miteigentumsanteil an der Gesamturkunde handelt.[1493] Ein Zweck der CCP ist schließlich die Sicherung der *post trade anonymity.*[1494] Auf den zweiten Blick betrifft diese Erwägung jedoch eher die genaue Herkunft bzw. Quelle etwaiger Aktien sowie ihre Lieferung, nicht aber den zugrundeliegenden Kausalvertrag. Auch wäre zu prüfen, inwieweit die Informationen technisch vorhanden sind, auch wenn von einer Darstellung abgesehen wird.[1495] Demnach kennen sich zwar die wirtschaftlichen Vertragsparteien, d.h. die Clearing-Mitglieder untereinander, nicht. Die CCP hingegen hat aber sehr wohl Informationen über die beiden an einem Trade beteiligten rechtlichen Vertragspartner.[1496] Auch vertragstheoretisch ist dem Erwerber sein Vertragspartner – der zentrale Kontrahent – bekannt.[1497]

Bei den OTC-Geschäften dürften dagegen, jedenfalls wenn Absprachen getroffen wurden, keine Probleme bestehen.[1498] Soweit ersichtlich, hat diese Einordnung auch die Geschäftspraxis belegt. Gerade im Hinblick auf die Praxis ist jedoch anzumerken, dass oftmals telefonisch eine entsprechende Kaufabrede

---

1492 Vgl. *Haritz/Werneburg,* NWB 2015, 657 (659); *Loritz,* WM 2017, 309 (312); *ders.,* BB 2017, 2327 (2330); siehe zudem bereits oben unter § 6 A.; vgl. auch *Jobst,* ZBB 2010, 384.

1493 *Einsele* in: MünchKomm-HGB, Depotgeschäft, Rn. 108 f.; *Klein,* BB 2016, 2200 (2201); *Müller/Schade,* BB 2017, 1239 (1249).

1494 *Alfes,* Central Counterparty – Zentraler Kontrahent – Zentrale Gegenpartei, S. 68; vgl. *Habersack/Ehrl,* ZfpW 2015, 312 (316); *Müller/Schade,* BB 2017, 1239 (1248 f.).

1495 Dagegen *Klein,* BB 2016, 2200 (2201), der von einer absoluten Anonymisierung ausgeht.

1496 *Reitz,* Börsengeschäfte, Übertragung von Wertpapieren und Leistungsstörungen, S. 76, 114 f.

1497 *Spengel/Eisgruber,* DStR 2015, 785 (797 und 800).

1498 Siehe den Sachverhalt, welcher der Entscheidung BFH v. 16.4.2014 – I R 2/12, BFHE 246, 15 = DStR 2014, 2012 zugrunde lag.

getroffen wurde, zumal das Handelsvolumen aufgrund der prozentual geringen Gewinnmarge mitunter beachtlich gewesen sein kann.[1499]

III. Gegenrechte

Weiterhin zu thematisieren sind gerade in Ansehung eines in der Praxis aufgetretenen Falls mögliche Gegenrechte des Leerverkäufers.[1500] Ob solche Gegenrechte bestehen, darf jedoch bezweifelt werden. Eine Berücksichtigung in Form eigener Ansprüche des Verkäufers ist neben der Mitverschuldensberücksichtigung nicht angezeigt.[1501]

IV. Anwendbares Sachrecht

Ein weiterer Problemkreis, welcher sich aus dem bereits erwähnten und ab dem 19.12.2006 teilweise zwingenden internationalen Bezug der Cum-/Ex-Leerverkaufsgeschäfte ergibt, ist die Frage nach dem anwendbaren Sachrecht. Grundsätzlich gilt das Recht des Staates, in dem der Leerverkauf jeweils vorgenommen wird.[1502] Mangels Rechtswahl gilt gem. Art. 4 Abs. 1 lit. h) ROM I sodann bei „multilateralen Systemen“ das Recht des Marktplatzes.[1503] Handelt es sich hierbei um die FWB oder eine andere deutsche Wertpapierbörse, wäre aufgrund des Ortes deutsches Recht anwendbar.

Etwas anderes gilt dagegen bei OTC-gehandelten Aktien. Maßgeblich ist hier wegen beiderseitiger Wertpapierdienstleistungserbringung Art. 4 Abs. 2 ROM I.[1504] Demnach ist das Recht des Staates anwendbar, in dem derjenige Handelsteilnehmer seinen gewöhnlichen Aufenthalt hat, der die für den Vertrag charakteristische Leistung zu erbringen hat.[1505] Die vertragscharakterisierende Leistung ist hier nicht die klassische Geldgegenleistung, sondern die Verpflichtung zur

---

1499 Siehe den Sachverhalt, welcher der Entscheidung FG Hessen v. 10.2.2016 – 4 K 1684/14, EFG 2016, 761 = DStR 2016, 1084 zugrunde lag.

1500 Vgl. *Podewils*, GmbHR 2014, R 337.

1501 So auch *Podewils*, GmbHR 2014, R 337 (R 338).

1502 *Schlimbach*, Leerverkäufe, S. 8 und 106.

1503 *Einsele*, Bank- und Kapitalmarktrecht, § 8 Rn. 82; *Martiny*, in: MünchKomm-BGB, Art. 4 ROM I-VO Rn. 155 ff.; *Spickhoff*, in: BeckOK-BGB (Stand: November 2017), VO (EG) 593/2008 Art. 4 Rn. 47; vgl. auch andeutungsweise *Storg*, NWB 2007, Fach 3, 169 (170).

1504 *Einsele*, Bank- und Kapitalmarktrecht, § 8 Rn. 82.

1505 Vgl. *Martiny*, in: MünchKomm-BGB, Art. 4 ROM I-VO Rn. 171 ff.

Wertpapierlieferung.[1506] Daraus resultiert, dass in den Cum-/Ex-Fällen vorbehaltlich etwaiger Rechtswahlabkommen bei OTC-Trades die Anwendbarkeit ausländischen Rechts zu prüfen ist.[1507] Charakteristisch für die Fälle ab dem 19.12.2006 sind, wie aufgezeigt, solche Transaktionen, in denen der Leerverkäufer sein Depot bei einer ausländischen Depotbank hatte, was indes einflusslos auf die Anwendbarkeitsbestimmung des Sachrechts ist.

H. Ergebnis der zivilrechtlichen Leerverkäuferhaftung

Das zugrundeliegende Transaktionsgeschäft ist grundsätzlich wirksam und nur im Ausnahmefall anfechtbar. Zudem ist fraglich, ob eine Rückabwicklung wirtschaftlich vorteilhaft wäre. Der Leerverkäufer haftet dem Erwerber bei einem Cum-/Ex-Kaufvertrag aus seinen Kaufgewährleistungspflichten. Zu berücksichtigen ist der subjektive Horizont der Parteien, welcher zum Anspruchsausschluss führen kann. Die sich hieraus ergebenden Rechte dürften in den Cum-/Ex-Fällen verjährt sein.

Die weiteren in Betracht kommenden Ansprüche aus § 313, *culpa in contrahendo*, dem Bereicherungs- oder Deliktsrecht greifen dagegen in den Cum-/Ex-Fällen grundsätzlich nicht. Die einzig denkbare Ausnahme hiervon betrifft Fälle arglistigen Vorgehens des Leerverkäufers, welches aber nicht einzig auf dem steuerlichen Rechtsirrtum beruhen darf.

1506 So auch *Einsele*, Bank- und Kapitalmarktrecht, § 8 Rn. 82; *Martiny*, in: MünchKomm-BGB, Art. 4 ROM I-VO Rn. 172; *Spickhoff*, in: BeckOK-BGB (Stand: November 2017), VO (EG) 593/2008 Art. 4 Rn. 53.

1507 Siehe beispielsweise den Sachverhalt, der BFH v. 16.4.2014 – I R 2/12, BFHE 246, 15 = DStR 2014, 2012 zugrunde lag; *Schwenke*, jM 2015, 83.

Kapitel 8. Periphere Regresshaftung

Betrachtet man die Auswirkungen aus anderen Perspektiven, so stellen sich Anschlussfragen an die soeben geklärte zivilrechtliche Haftung des Leerverkäufers. Untersucht werden daher im Folgenden weitere Erscheinungsformen der Folgen steuerlicher Rechtsirrtümer bei Cum-/Ex-Geschäften.

A. Zivilrechtliche Haftung der Finanzintermediäre

War zwischen dem eigentlichen Cum-/Ex-Geschäft und dem Investor ein Finanzintermediär zwischengeschaltet, stellt sich die Frage, ob letzteren ebenfalls eine Haftung trifft. Gemeint sind solche Fälle, in denen im Wege des Effektengeschäfts oder der autonomen Beratungsleistungen mit dem jeweiligen Kunden interagiert wurde. Hier soll daher der Oberbegriff der *Financial Services* für die Haftung unterschiedlicher Finanzintermediäre, d.h. Anlagevermittler- und Berater, herhalten.

Substanziell betrifft dies klassische Cum-/Ex-Geschäfte anderer Investoren, bei denen eine Beteiligung vorgesehen war.[1508] Ein direktes Auftreten der Bank als Leerverkäufer gegenüber dem Bankkunden erscheint aufgrund der hohen Transaktionsvolumina unwahrscheinlich. Beispielsweise sind Fälle bekannt geworden, in denen über die Auflegung eines Fonds versucht wurde, Leerkäufe zu tätigen. Anleger wurden dazu bewegt, in einen Fonds zu investieren, wobei hohe Renditen für den Fall einer erfolgreichen Anrechnung versprochen wurden. Für den Fall des Misserfolgs sollte dagegen keine Auszahlung stattfinden.[1509]

Respektive soll nunmehr ein Überblick über die Schwerpunkte der Intermediärshaftung gewährt werden. Erörtert werden neben dem Abriss des Anwendungsbereichs (I.) das Pflichtenprogramm (II.), das Verschulden (III.) und das Mitverschulden des Investors (IV.). Die Unterschiede zwischen den einzelnen Financial Services sollen derweil nicht vertieft werden.

1508 Vgl. bereits die Abgrenzung oben unter § 7, Einleitung zur Haftung des Leerverkäufers.

1509 Siehe den Sachverhalt, der der Amtshaftungsklage vor dem OLG Köln Urteil v. 11.12.2014 – 7 U 23/14, BeckRS 2015, 5658 zugrunde lag, wobei wohl auch in diesen Fällen des bewussten Leerkaufs von Gewinnabsprachen mit dem Leerverkäufer auszugehen ist; Handelsblatt v. 23.2.2017, „Sarasin kassiert Niederlage im Streit um Steuer-Fonds"; sowie den Fall, der der Entscheidung des LG Essen v. 8.7.2015 – 42 O 4/14, BeckRS03713 zugrunde lag; vgl. auch *Florstedt*, NZG 2017, 601 (603); *Loritz*, WM 2017, 353 (359).

I. Anwendungsbereich

Wie die Praxis gezeigt, aber auch die Wissenschaft vorhergesagt hat[1510], verschaffen sich zunehmend vermögende Privatpersonen Zutritt zu ggf. riskanten Kapitalanlagegeschäften. Wenn private Anleger auf institutionelle, gewerbsmäßige Finanzmarktakteure treffen, welche ihrerseits fremde Vermögensinteressen wahrnehmen, werden regelmäßig Anlageberatungsdienstleistungen im weiteren Sinne erbracht, d.h. auch Anlagevermittlungsdienstleistungen.[1511] Die Anlageberatung ist von der Vermittlung durch ein Empfehlungselement abzugrenzen.[1512] Gleichwohl ist auch bei der Vermittlungsleistung eine Auskunft zu geben. Eine Einteilung kann grob danach erfolgen, ob das Ziel in der schlichten Informationsvermittlung (dann Auskunfts-) oder darüber hinaus in der zumindest teilweisen Bewertung (dann Beratungserteilung) von Informationen liegt, sodass die Aufklärung letztlich in der Beratung enthalten ist.[1513]

Zweifelhaft ist bei der Beratung der Schwerpunkt der Verantwortlichkeit. Dieser könnte sich – neben einer Haftung aus c.i.c. – aus einem gesonderten Beratungsvertrag ergeben.[1514] Ob diese Figur eines selbstständigen und unentgeltlichen Beratungsvertrags aufrechterhalten werden soll, ist umstritten. Ein Teil der

---

1510 Vgl. *Podewils*, GmbHR 2014, R 337; siehe nur *Bamberger*, in: Derleder/Knops/Bamberger, Handbuch zum deutschen und europäischen Bankrecht, § 50 Rn. 8.

1511 *Bamberger*, in: Derleder/Knops/Bamberger, Handbuch zum deutschen und europäischen Bankrecht, § 50 Rn. 2: im weitesten Sinne Financial Services; *Emmerich*, in: MünchKomm-BGB, § 311 Rn. 101.

1512 BGH v. 7.10.2008 – XI ZR 89/07, BGHZ 178, 149 = NJW 2008, 3700 (Rn. 11 ff.); vgl. auch die Legaldefinition der Anlageberatung, § 1 Abs. 1a Nr. 1a KWG und § 2 Abs. 3 Nr. 9 WpHG; sowie die Legaldefinition der Anlagevermittlung, § 1 Abs. 1a S. 2 Nr. 1 KWG und § 2 Abs. 3 Nr. 4 WpHG; siehe zur Unterscheidung im Bürgerlichen Recht BGH v. 30.10.2014 – III ZR 493/13, NZG 2015, 396 (Rn. 35); vgl. auch *Schlick*, WM 2015, 261 (265).

1513 *Bachmann*, in: MünchKomm-BGB, § 241 Rn. 113; vgl. auch *Spindler*, in: Langenbucher/Bliesener/Spindler, Bankrechtskommentar, Kap. 33 Rn. 36.

1514 BGH in st. Rspr. BGH v. 6.7.1993 – XI ZR 12/93, BGHZ 123, 126 = NJW 1993, 2433 – sog. Bond-Urteil; BGH v. 22.3.2011 – XI ZR 33/10, BGHZ 189, 13 = NJW 2011, 1949; *Buck-Heeb*, WM 2012, 625 (630); *Hannöver/Walz*, in: Schimansky/Bunte/Lwowski, Bankrechtshandbuch, Bd. II, § 110 Rn. 19 ff.; *Ruland/Wetzig*, BKR 2013, 56 (57); *Spindler*, in: Langenbucher/Bliesener/Spindler, Bankrechtskommentar, Kap. 33 Rn. 18; *Weller*, ZBB 2011, 191; vgl. auch BGH v. 1.7.2014 – XI ZR 247/12, NJW 2014, 3360 (3361); *Bultmann*, in: Bultmann/Hoepner/Lischke, Anlegerschutz, Rn. 481; *Einsele*, Bank- und Kapitalmarktrecht, § 8 Rn. 24.

Literatur spricht sich dagegen aus.[1515] Die Annahme eines solchen Beratungsvertrags scheitere an einem fehlenden Rechtsbindungswillen der Parteien.[1516] Konsequenz dessen wäre eine bloße Fiktion, der jegliche gesetzliche Grundlage fehle.[1517] Ein weiterer Kritikpunkt sind die widerläufigen Interessen der beratungspflichtigen Intermediäre.[1518]

Im Einklang mit der Rechtsprechung wird hier von einem selbstständigen Beratungsvertrag ausgegangen, wobei der Umstand, dass auch die Gegenansicht von einer möglichen Haftung aus c.i.c. ausgeht, der Kontroverse die Brisanz nimmt.[1519] Gleichwohl erscheint es angemessen, einen konkludenten Beratungsvertrag anzunehmen, da es im *Financial Service* schwerpunktmäßig um die Information des potenziellen Anlegers geht. Das Bedürfnis der Beratung besteht daher tatsächlich und kann deshalb nicht als fiktiv abgetan werden.

In personeller Hinsicht ist ein Kundenverhältnis – *business to consumer (b2c)* – erforderlich, wobei zumindest der BGH an die Professionalität und damit die konkrete Erfahrung des Kunden keine hohen Anforderungen stellt.[1520] Gleichwohl scheidet im *business to business (b2b)*-Verkehr die Annahme eines Beratungsvertrags aus, da in dieser Konstellation die vorab geschilderten Bedenken an der Konstruktion insgesamt überwiegen. Wie eingangs erwähnt, betrifft diese Beratungshaftung in sachlicher Hinsicht lediglich solche Verhältnisse, in denen zumindest theoretisch eine Beratung erfolgt, nicht also solche bei Direktbanken oder Discount-Brokern.[1521] Der Kunde muss sich mit einem Beratungswunsch an das Kreditinstitut (bzw. in Anlehnung an § 31 WpHG an

---

1515 *Lerch*, Anlageberater als Finanzintermediäre, 2015, S. 274 ff. und 287; *Mertens*, AcP 203 (2003), 818 (830); *Schaub*, AcP 202 (2002), 757 (788 ff. und 806); *Spindler*, NJW 2011, 1920 (1921); *Tonner/Krüger*, Bankrecht, § 24 Rn. 26; *U. Krüger*, NJW 2013, 1845 (1846); aus der früheren Literatur *Canaris*, Bankvertragsrecht (3. Aufl.), Rn. 78 und 88.

1516 *Mertens*, AcP 203 (2003), 818 (851).

1517 *Lerch*, Anlageberater als Finanzintermediäre, 2015, S. 274 ff., 287; *U. Krüger*, NJW 2013, 1845 (1845 ff.).

1518 Vgl. *Spindler*, NJW 2011, 1920 (1921).

1519 *Breidenbach*, Die Voraussetzungen von Informationspflichten beim Vertragsschluß, S. 76; *Spindler*, in: Langenbucher/Bliesener/Spindler, Bankrechtskommentar, Kap. 33 Rn. 53.

1520 BGH v. 22.3.2011 – XI ZR 33/10, BGHZ 189, 13 = NJW 2011, 1949; a.A. *Bracht*, in: Schwintowski, Bankrecht, Kap. 19 Rn. 38 ff.

1521 *Bracht*, in: Schwintowski, Bankrecht, Kap. 19 Rn. 39 f.; *Emmerich*, in: MünchKomm-BGB, § 311 Rn. 99; *Tonner/Krüger*, Bankrecht, Rn. 27 ff.

ein Wertpapierdienstleistungsunternehmen[1522]) wenden, woraufhin dieses eine informierende Rolle einnehmen muss.[1523] Im Ergebnis besteht hier folglich sowohl in sachlicher als auch personeller Perspektive ein restriktiver Anwendungsbereich, welcher stets eine Einzelfallprüfung erfordert.

II. Pflichtverletzung

Bei der haftungsbegründenden Pflichtverletzung ist zunächst der Pflichtenhorizont anhand der einschlägigen Rechtsprechung zu entwickeln (1. und 2.) und sodann zu untersuchen, ob dieser Erwartungshorizont auch die bislang in diesem Zusammenhang nicht höchstrichterlich entschiedenen Steuerumstände erfasst (3. und 4.).

1. Pflichtenhorizont

Die Pflichten erstrecken sich auf eine anleger- und objektgerechte Beratung im Zeitpunkt der Beratungshandlung, welche sich mit den entsprechenden Umständen richtig, sorgfältig, zeitnah, vollständig und verständlich auseinandersetzen muss.[1524] Ausschlaggebend ist der jeweilige Einzelfall, wobei Faktoren wie Wissensstand, Risikobereitschaft und Anlageziel des Kunden sowie allgemeine Risiken wie Konjunkturlage, Kapitalmarktentwicklung und spezielle anlageobjektbezogene Risiken als Maßstab heranzuziehen sind.[1525] Kurzum: alle verkehrswesentlichen Informationen, die für die Anlageentscheidung des Kunden ersichtlich relevant sind, sind mitzuteilen. Dem Kunden müssen überdies Chancen und Risiken derart dargelegt werden, dass dieser eine selbstständige informierte Entscheidung zu treffen in der Lage ist.[1526] Ein etwaiges Beratungsmoment

---

1522 Vgl. die Legaldefinition in § 2 Abs. 4 WpHG; vgl. zur Streitfrage der Anwendbarkeit der §§ 31 ff. WpHG verneinend BGH v. 17.9.2013 – XI ZR 332/12, BKR 2014, 32 (Rn. 17); befürwortend dagegen aufgrund doppelter Rechtsnatur *Einsele*, Bank- und Kapitalmarktrecht, § 8 Rn. 42; *Lenenbach*, Kapitalmarktrecht, Rn. 11.93.

1523 *Clouth*, ZHR 177 (2013), 212 (224).

1524 BGH v. 6.7.1993 – XI ZR 12/93, BGHZ 123, 126 (128 f.) = NJW 1993, 2433; *Buhk*, Die Haftung eines Wertpapierdienstleistungsunternehmens bei der Anlagenvermittlung und der Anlagenberatung, S. 167 ff.; *Clouth*, ZHR 177 (2013), 212 (225); *Grigoleit*, ZHR 177 (2013), 264 (267); *Hannöver/Walz*, in: Schimansky/Bunte/Lwowski, Bankrechtshandbuch, Bd. II, § 110 Rn. 44; *Spindler*, in: Langenbucher/Bliesener/Spindler, Bankrechtskommentar, Kap. 33 Rn. 56; *Tonner/Krüger*, Bankrecht, § 24 Rn. 27.

1525 BGH v. 22.3.2011 – XI ZR 33/10, BGHZ 189, 13 (Rn. 20) = NJW 2011, 1949 (1950); *Tonner/Krüger*, Bankrecht, § 24 Rn. 27.

1526 *Lenenbach*, Kapitalmarktrecht, Rn. 11.73.

beruht auf einer Bewertung der mitgeteilten Umstände und einer hieraus resultierenden Empfehlung des Beraters.[1527] Inhaltlich muss diese Empfehlung dann lediglich vertretbar sein.[1528]

2. *Anlageobjekt*

Ein besonderes Problem ergibt sich in den bekanntgewordenen Fällen, in denen Fondsbeteiligungen vertrieben wurden, wobei die betreffenden Fonds selbst Cum-/Ex-Leerkäufe vornahmen oder sich an anderen „Cum-/Ex-Fonds" beteiligten.[1529] Dabei erfolgt der Vertrieb der Beteiligungen in der Regel über Finanzintermediäre.[1530]

Schwierigkeiten resultieren hier aus der Tatsache, dass die Cum-/Ex-Geschäfte lediglich mittelbar mit der eigentlichen Anlage in Verbindung stehen. Das Anlageobjekt selbst ist schließlich nur die Fondsbeteiligung, wobei der jeweilige Fonds die eigentlichen Cum-/Ex-Transaktionen vornahm. Dies führt jedoch nicht generell zum Ausschluss der aufklärungsrelevanten Tatsachen – insbesondere dann nicht, wenn es sich um reine Cum-/Ex-Fonds handelte. Der Umfang der jeweiligen Geschäfte ist ab einer Erkennbarkeitsschwelle aufklärungsrelevant.

3. *Steuerrechtliche Umstände*

Im Hinblick auf die steuerrechtlichen Gegebenheiten ist vorab die Perspektive zu schärfen. Es ist nicht lediglich auf die steuerrechtliche Wirkung beim Anleger abzustellen, sondern auf das Finanzprodukt. Mithin muss auch der grundsätzlich beachtliche Einwand relativiert werden, jeder sei für seine Steuerlage selbst verantwortlich.[1531] Richtigerweise wird hieraus der Schluss gezogen, dass eine Beratungspflicht besteht, sofern ein unmittelbarer Zusammenhang mit dem

---

1527 *Lenenbach*, Kapitalmarktrecht, Rn. 11.141 ff.; *Horn*, in: FS Schimansky, S. 653 (656).

1528 BGH v. 6.7.1993 – XI ZR 12/93, BGHZ 123, 126 (128 f.) = NJW 1993, 2433; BGH v. 21.3.2006 – XI ZR 63/05, NJW 2006, 2041 (Rn. 20); BGH v. 22.3.2011 – XI ZR 33/10, BGHZ 189, 13 = NJW 2011, 1949, *Emmerich*, in: MünchKomm-BGB, § 311 Rn. 101; *Bracht*, in: Schwintowski, Bankrecht, Kap. 19 Rn. 42 ff.; vgl. auch *Tonner/Krüger*, Bankrecht, § 23 Rn. 22.

1529 Siehe hierzu OLG Köln v. 11.12.2014 – 7 U 23/14, BeckRS 2015, 05658; *Spengel/Eisgruber*, DStR 2015, 785 (798); vgl. auch *Florstedt*, NZG 2017, 601 (603); Handelsblatt v. 23.2.2017, „Sarasin kassiert Niederlage im Streit um Steuer-Fonds"; vgl. auch zu den US-Pensionsfonds *Desens*, FR 2014, 265 (269): Diese können aufgrund von Art. 10 Abs. 3 lit. b) DBA-USA die deutsche Kapitalertragsteuer ersetzt verlangen.

1530 *Reiter*, in: Kümpel/Wittig, Bank- und Kapitalmarktrecht, Rn. 9.57.

1531 Siehe hierzu bereits oben unter § 7 B. IV. 2. c) aa) (2).

Effektengeschäft vorliegt.[1532] Der Kreis des Bezugs zum Finanzprodukt muss jedoch weit gefasst werden, sodass er auch solche Steuerwirkungen beinhaltet, welche die Geschäftsstruktur des Anlageobjekts in sich trägt.

Bei genauer Betrachtung könnte man bereits sagen, steuerrechtliche Umstände sind für die mittelbaren Cum-/Ex-Geschäfte irrelevant, weil der Investor nicht Geschäftspartei wird, sondern einzig das wirtschaftliche Risiko trägt.

4. *Anwendung auf Cum-Ex-Fälle*

Wendet man diesen Pflichtenmaßstab auf die Cum-/Ex-Geschäfte an, so wird ein umfassender Beratungsmaßstab zu fordern sein. Dies ergibt sich aus der Komplexität der Geschäfte, der rechtlichen sowie ethischen/sittlichen Fragwürdigkeit und dem sich hieraus letztlich ergebenden Risiko. Dieses ist aufgrund der juristisch schwierigen Einschätzung vergleichsweise hoch einzustufen. Das ist schon daran zu erkennen, dass die Kreditinstitute selbst Gutachten in Auftrag gaben. Wie oben dargestellt, hing der wirtschaftliche Erfolg unmittelbar und untrennbar mit dem rechtlichen zusammen.[1533]

Im Rahmen der Informationshaftung kann auch nicht davon ausgegangen werden, dass Rechtsgutachten aufklärungsrechtliche Zweifel auszuräumen vermögen. Vielmehr sind entsprechende Unsicherheiten in einem Beratungsverhältnis weiterzugeben. Dies gebietet die Vollständigkeit und Richtigkeit der mitgeteilten Informationen. Je umstrittener eine Rechtsfrage ist, desto erforderlicher ist die Aufklärung über diesen Umstand der Unklarheit. Dies darf vor allem deshalb gefordert werden, weil wohl die wenigsten Privatanleger den Grund für die Rendite in einem sog. „*Steuerdeal*" vermuten werden. Bestehende Unsicherheiten dürfen nicht übergangen werden, sondern sind gerade zum Gegenstand der Aufklärung zu machen. Schließlich besteht der Sinn und Zweck der Aufklärung darin, Entscheidungen auf Basis von Informationen im Angesicht des Ungewissen zu fördern. Für den Anleger ist nicht nur das Ergebnis der Gutachten, sondern auch deren Anlass relevant. Dies ergibt sich nicht zuletzt aus der Gefahr, dass sich die Gutachten als rechtsirrig herausstellen. Schlussendlich fordert auch der BGH, bei besonders komplizierten Geschäften den gleichen

1532 *Ekkenga*, in: MünchKomm-HGB, Effektengeschäft, Rn. 349; vgl. *Steuer*, in: FS Schimansky, S. 793 (805); a.A. *Helmschrott/Waßmer*, WM 1999, 1853 (1860), Aufklärung nur über die Spekulationssteuer.

1533 Siehe ausführlich zu Struktur und Funktion der Cum-/Ex-Geschäfte oben unter § 3 B.

Wissensstand zu gewährleisten, den der Berater innehat.[1534] Dies impliziert die rechtliche Streitfrage in ihrer Gänze. Zudem wird man bei Cum-/Ex-Geschäften wohl von entsprechend komplizierten Geschäften ausgehen können.

In rein wirtschaftlicher Hinsicht ist der prozentual geringe Anteil der Kapitalertragsteuererstattung insgesamt kein Argument mehr. Schließlich ist, wie ausgeführt, die steuerrechtliche Legalität die einzige Gewinnperspektive. Wenn bereits aus wirtschaftlichen Gründen erhöhte Pflichten bestehen, so gilt dies infolge dessen *erst recht* bei rechtlichen und nicht zuletzt strafrechtlichen Implikationen. Verpflichtungsmildernd schlägt jedoch zu Buche, wenn Cum-/Ex-Geschäfte lediglich in einem geringen Umfang oder beiläufig neben anderen Geschäften getätigt wurden. Das wirtschaftliche Risiko muss schließlich im Hinblick auf die Gesamtanlage gewichtet werden, sodass ein ungleich höheres Wirtschaftsgewicht – und damit -risiko – vorliegt, wenn eine Beteiligungsgesellschaft ausschließlich oder hauptsächlich Cum-/Ex-Geschäfte betrieben hat. In diesem Zusammenhang ist auch das Totalverlustrisiko im Falle steuerrechtlicher Illegalität zu beachten.[1535]

Im Ergebnis ist daher bei der Erfüllung der Beratungspflicht zu fordern, dass neben der genauen Konstruktion der Cum-/Ex-Leerverkaufsgeschäfte auch über die erheblichen Unsicherheiten aufzuklären ist. Auch wenn es bei den Anlagegeschäften lediglich um Beteiligungs-Fonds ging, so ist aus den Cum-/Ex-Geschäften unter den dargestellten Gegebenheiten eine gewisse Fernwirkung abzuleiten.

5. *Besonderheiten bei der Aufklärungshaftung*

Ein weiterer Aspekt ist die schlichte Aufklärungshaftung.[1536] Der Pflichtenumfang ist hierbei geringer als bei einem gesonderten Vertrag. Jedenfalls wird keine Empfehlung abgegeben, sondern lediglich informiert.[1537] Das zuvor Ausgeführte muss folglich entsprechend modifiziert werden. Soweit die erfolgten Ausführungen auf die Notwendigkeit der schlichten Tatsachenvermittlung Bezug nehmen, kann jedoch ein Übertrag der vorigen Ausführungen erfolgen.[1538]

1534 BGH v. 22.3.2011 – XI ZR 33/10, BGHZ 189, 13 = NJW 2011, 1949 (Rn. 29).

1535 Vgl. beispielsweise *Bracht,* in: Schwintowski, Bankrecht, Kap. 19 Rn. 42 ff.

1536 Vgl. auch die Differenzierung bei BGH v. 22.3.2011 – XI ZR 33/10, BGHZ 189, 13 = NJW 2011, 1949 (Rn. 20); BGH v. 7.10.2008 – XI ZR 89/07, BGHZ 178, 149 = NJW 2008, 3700 (Rn. 11 ff.); *Lerch*, Anlageberater als Finanzintermediäre, S. 11.

1537 BGH v. 13.5.1993 – III ZR 25/92, NJW-RR 1993, 1114 (1115); *Lenenbach*, Kapitalmarktrecht, Rn. 11.342 ff.; *Lerch*, Anlageberater als Finanzintermediäre, S. 12.

1538 Vgl. *Lenenbach*, Kapitalmarktrecht, Rn. 11.174; siehe oben unter § 8 A. II. 1. bis 3.

Ähnliches gilt für Fälle einer denkbaren Anlagevermittlung. Hierbei wird der Intermediär auf Seiten des Kapitalsuchenden tätig. Tendenziell sind hier geringere Maßstäbe gegenüber der Beraterhaftung anzulegen. Der Schwerpunkt läge auf der Auskunftserteilung, jedoch ist dem potenziellen Anleger der anpreisende und werbende Charakter der Auskünfte bewusst.[1539] Der Vermittler ist daher lediglich verpflichtet, richtige und vollständige Informationen mitzuteilen, die für den Anlageentschluss wesentlich sind.[1540]

6. *Besonderheiten bei der Haftung aus Effektenhandel*

Ein weiterer Haftungsgrund könnte sich auch aus dem Effektengeschäft ergeben. Dieses stellt letztlich ein operatives Mittel dar, welches dem Kunden eine Partizipation an den Kapitalmärkten ermöglicht.[1541] Wie bereits erläutert, besteht in der Regel ein Kommissionsgeschäft i.S.d. § 383 HGB.[1542] Zweifelhaft ist, ob neben der Anwendung eines Beratungsvertrags aus einer Nebenpflicht des Effektengeschäfts Abweichungen von substanziellem Gewicht denkbar sind. In der Regel wird hier ein Gleichlauf der beiden Systeme und der aus ihnen resultierenden Pflichten gewährleistet sein.[1543]

Wie bereits oben angedeutet, kommt beispielsweise beim schlichten „*Execution only*"-Geschäft kein Beratungsvertrag neben dem Effektengeschäft zustande, welcher Anlass für eine verschärfte Haftung geben könnte.[1544] Folglich ist der Haftungsgrund für die Beratung nicht an das Effektengeschäft anzuknüpfen.[1545] Maßgeblich bleibt damit der bloße Aufklärungsmaßstab.

1539 *Hannöver/Walz*, in: Schimansky/Bunte/Lwowski, Bankrechtshandbuch, Bd. II, § 110 Rn. 25 f.

1540 BGH v. 13.5.1993 – III ZR 25/92, NJW-RR 1993, 1114 (1115).

1541 *Einsele*, Bank- und Kapitalmarktrecht, § 8 Rn. 1; *Lange*, in: Schwintowski, Bankrecht, Kap. 20 Rn. 4 ff.; *Lenenbach*, Kapitalmarktrecht, Rn. 4.2; siehe auch bereits oben unter § 7, Einleitung zur Haftung des Leerverkäufers.

1542 *Ekkenga*, in: MünchKomm-BGB, Effektengeschäft, Rn. 70.

1543 *Breidenbach*, Die Voraussetzungen von Informationspflichten beim Vertragsschluß, S. 76; vgl. auch *Einsele*, Bank- und Kapitalmarktrecht, § 8 Rn. 42 ff.

1544 BGH v. 19.3.2013 – XI ZR 431/11, BGHZ 196, 370 = NJW 2013, 3293; *Einsele*, Bank- und Kapitalmarktrecht, § 8 Rn. 25; *Hannöver/Walz*, in: Schimansky/Bunte/Lwowski, Bankrechtshandbuch, Bd. II, § 110 Rn. 29 f.; *Lenenbach*, Kapitalmarktrecht, Rn. 11.209 ff.

1545 *Ekkenga*, in: MünchKomm-HGB, Effektengeschäft, Rn. 251; *Nobbe/Zahrte*, in: MünchKomm-HGB, Anlageberatung, Rn. 34.

Hier kommt nur eine Haftung aus einer Nebenpflichtverletzung in Betracht (§ 241 Abs. 2 BGB), welche indes jener aus Anlageberatungsvertrag nachrangig ist.[1546]

III. Verschulden

In der *Financial Service*-Haftung ist i.R.d. Verschuldens zumindest Fahrlässigkeit zu fordern, wobei wegen des Vertretenmüssens eine Entlastungspflicht der Bank gem. § 280 Abs. 1 S. 2 BGB besteht.[1547] Zwar sind grundsätzlich, wie auch oben geschehen[1548], die Auswirkungen eines Rechtsirrtums auf das Verschulden zu untersuchen. Vorliegend kann diese Problematik aber abstrahiert betrachtet werden. Der umfassende Richtigkeits- und Vollständigkeitsanspruch der Informationspflicht implementiert, wie vorstehend festgestellt, die Tatsache, dass Cum-/Ex-Leerverkäufe steuerrechtlich umstrittene Geschäfte sind. Dem steuerlichen Rechtsirrtum der Legalitätsthese ist mithin keine entschuldigende Wirkung bei der Informationshaftung zu entnehmen.

Das Gegenstück hierzu bilden Rechtsirrtümer über den Umfang von Aufklärungspflichten.[1549] Sie stellen sich als unmittelbare Rechtsirrtümer dar, die sich auf das Verschulden auswirken können. Die hierzu umfassend geführte Diskussion ist daher nicht übertragbar.

IV. Mitverschulden

Ein weiterer Schwerpunkt, der einer eigenverantwortlichen Anlageentscheidung folgerichtig innewohnt, ist die Frage nach der Berücksichtigung des Mitverschuldens i.S.d. § 254 BGB. Ein generelles Mitverschulden allein aufgrund besagter Autonomie kommt indes nicht in Betracht.[1550] Es bedarf daher spezifischerer Anknüpfungspunkte. Diese müssen jedoch den Besonderheiten der

---

1546 *Hannöver/Walz,* in: Schimansky/Bunte/Lwowski, Bankrechtshandbuch, Bd. II, § 110 Rn. 29.

1547 BGH v. 22.3.2011 – XI ZR 33/10, BGHZ 189, 13 (Rn. 39) = NJW 2011, 1949; *Einsele*, Bank- und Kapitalmarktrecht, § 8 Rn. 43; *Hannöver/Walz*, in: Schimansky/Bunte/Lwowski, Bankrechtshandbuch, Bd. II, § 110 Rn. 93; *Tonner/Krüger*, Bankrecht, § 24 Rn. 71.

1548 Siehe oben unter § 7 B. II. 4. c) cc).

1549 Vgl. hierzu beispielsweise *Harnos*, BKR 2009, 316 (318 ff.); *Langen/Eckstein*, NZG 2010, 1177.

1550 BGH v. 22.3.2011 – XI ZR 33/10, BGHZ 189, 13 (Rn. 41) = NJW 2011, 1949; *Bracht*, in: Schwintowski, Bankrecht, Kap. 63 Rn. 63; *Schlick*, WM 2011, 154 (162); *Tonner/Krüger*, Bankrecht, § 24 Rn. 74.

Anlageberatungshaftung standhalten, die sich aus der informationellen Asymmetrie und dem Anlegerschutz ergeben, sodass hier freilich hohe Anforderungen an einen Mitverschuldensanteil zu stellen sind.[1551]

Übertragen auf hohe bzw. überzogene Renditeversprechungen allein muss beachtet werden, dass diese auch für den durchschnittlichen Anleger unrealistisch oder gar exorbitant hoch sein müssen.[1552] Insbesondere im Hinblick auf erklärtermaßen riskante Anlagen ist an einen Mitverschuldensanteil i.S.d. § 254 BGB zu denken.[1553] In diesem Zusammenhang betont der BGH die Bedeutung einer einzelfallbezogenen Prüfung des Grads des Mitverschuldens.[1554]

Zwar kann hier zugunsten des Anlegers erwogen werden, dass Cum-/Ex-Geschäfte vergleichsweise komplizierte Geschäfte bilden, deren Konstruktion, wenn überhaupt verstanden, jedenfalls aber nicht von ihm erdacht wurde. Letztlich wird gleichwohl eine Bewertung im Einzelfall nicht ausbleiben.

V. Verjährung

Im Rahmen der Verjährung nach §§ 195, 199 BGB ist zunächst auf den Zeitpunkt abzustellen, zu dem die Anlage eingegangen wird.[1555] Problematisch ist in der Praxis aber, wann der Anleger Kenntnis bzw. grob fahrlässige Unkenntnis von der Fehlerhaftigkeit der Beratung hatte. Zudem ist auf die bis zum 4.8.2009 geltende Sonderregelung des § 37a WpHG a.F. hinzuweisen, wonach ein objektiver Verjährungsbeginn mit Anspruchsentstehung festgesetzt wurde. Diese Regelung war nach überzeugender Auffassung des BGH in Vorsatzfällen nicht anzuwenden.[1556] Praktisch führt die Regelverjährung hier dazu, dass eine Vielzahl von Ansprüchen durchsetzbar sein dürfte.

1551 *Spindler,* in: Langenbucher/Bliesener/Spindler, Bankrechtskommentar, Kap. 33 Rn. 211.

1552 BGH v. 13.1.2000 – III ZR 62/99, NJW-RR 2000, 998 (999); *Hannöver/Walz,* in: Schimansky/Bunte/Lwowski, Bankrechtshandbuch, Bd. II, § 110 Rn. 103; *Spindler,* in: Langenbucher/Bliesener/Spindler, Bankrechtskommentar, Kap. 33 Rn. 211.

1553 Siehe hierzu OLG Oldenburg v. 8.3.2000 – 2 U 1/00, WM 2001, 1685; OLG Köln v. 18.6.1999 – 3 U 106/98, MDR 2000, 99; OLG Karlsruhe v. 24.10.2002 – 9 U 49/02, BKR 2003, 382 (384).

1554 Vgl. BGH v. 9.4.1987 – III ZR 126/85, WM 1987, 1546.

1555 BGH v. 8.3.2005 – XI ZR 170/04, BGHZ 162, 306 = WM 2005, 929 (930); *Hannöver/Walz,* in: Schimansky/Bunte/Lwowski, Bankrechtshandbuch, Bd. II, § 110 Rn. 104 ff. m.w.N.; *Tonner/Krüger*, Bankrecht, § 24 Rn. 82.

1556 BGH v. 8.3.2005 – XI ZR 170/04, BGHZ 162, 306 = NJW 2005, 1579; BGH v. 19.12.2006 – XI ZR 56/05, BGHZ 170, 226 = NJW 2007, 1876 (1877); *Bracht,* in:

VI. Fazit

In den Fällen, in denen Finanzintermediäre zwischen den Investoren und den eigentlichen Cum-/Ex-Akteuren zwischengeschaltet waren, ist ein hoher Maßstab an die zu erwartende Aufklärung über die Risiken der Cum-/Ex-Geschäfte zu fordern.

Aus dem Gesagten ist deutlich geworden, dass die Haftung für fehlerhafte Anlageberatung naheliegt. Maßgeblich ist stets eine Aufklärung, welche zum Schutze des Anlegers eine selbstbestimmte Anlageentscheidung durch Überbrückung von Wissens- und Erfahrungsvorsprung ermöglicht.[1557] Festgestellt wurde insbesondere auch, dass der steuerliche Rechtsirrtum der Legalitätsthese das Verschulden nicht entfallen lässt. Auf der anderen Seite scheidet eine Schadensersatzpflicht aus, wenn der jeweilige Finanzintermediär hinreichend seiner Aufklärungs- bzw. Beratungspflicht nachgekommen ist.

Die sich aus einer fehlerhaften, pflichtwidrigen Aufklärung ergebende Rechtsfolge einer Anlageberatungshaftung liegt in der Ersatzpflicht des Schadens der Anlage selbst und mithin in dem negativen Interesse in Form der Rückabwicklung der Einlage.[1558] Praktische Unterschiede ergeben sich vor allem aufgrund der hier geltenden Regelverjährungsfrist.

B. Zivilrechtliche Haftung der Berater

Ein weiterer Aspekt der Cum-/Ex-Geschäfte ist die mögliche Haftung der Rechts- und Steuerberater, die im Zuge der Cum-/Ex-Geschäfte beratend tätig geworden sind.[1559] Insofern stellt sich die Frage nach Regressansprüchen. Anhaltspunkt

Schwintowski, Bankrecht, Kap. 19 Rn. 68; *Einsele*, Bank- und Kapitalmarktrecht, § 8 Rn. 44.

1557 *Bamberger*, in: Derleder/Knops/Bamberger, Handbuch zum deutschen und europäischen Bankrecht, § 52 Rn. 1; vgl. auch *Einsele*, Bank- und Kapitalmarktrecht, § 8 Rn. 24 ff.

1558 BGH v. 8.3.2005 – XI ZR 170/04, BGHZ 162, 309 = NJW 2005, 1579; *Bracht*, in: Schwintowski, Bankrecht, Kap. 19 Rn. 61; *Einsele*, Bank- und Kapitalmarktrecht, § 8 Rn. 43; *Hannöver/Walz*, in: Schimansky/Bunte/Lwowski, Bankrechtshandbuch, Bd. II, § 110 Rn. 98; *Lenenbach*, Kapitalmarktrecht, Rn. 11.405; *Spindler*, in: Langenbucher/Bliesener/Spindler, Bankenrechtskommentar, Kap. 33 Rn. 212; vgl. auch *Grüneberg*, in: Palandt, BGB, § 280 Rn. 50.

1559 Die Haftung der Rechtsanwälte und Steuerberater verläuft im Wesentlichen kongruent und soll daher hier einheitlich dargestellt werden; vgl. *Fischer*, ZAP 2016, Fach 23, 1087; vgl. zu strafrechtlichen Risiken bereits vorstehend unter § 5 B.; sowie *Podewils/Hellinger*, DStZ 2013, 662.

dafür ist die Haftung aus etwaigen Verträgen mit Geschäftsbesorgungscharakter i.S.d. § 675 BGB.[1560]

Der Rechtsanwalt hat im Rahmen seiner allgemeinen Mandatspflichten umfassend zu belehren und die Belange des Mandanten in jede Richtung zu wahren sowie Nachteile zu vermeiden.[1561] Dazu ist freilich eine Orientierung an höchstrichterlicher Judikatur geboten. Liegt diese nicht vor, richtet sich die Pflichterfüllung nach der Vertretbarkeit des gewählten Lösungswegs.[1562]

Für die steuerrechtliche Legalität der Cum-/Ex-Geschäfte lag in dem maßgeblichen Zeitraum keine höchstrichterliche Rechtsprechung vor. Zudem ist der Legalitätsthese die Vertretbarkeit nicht abzusprechen.[1563] Die Begründung einer zu einem Schadensersatzanspruch führenden schuldhaften Pflichtverletzung ist in diesem Zusammenhang grundsätzlich nicht anzunehmen.

C. Zivilrechtliche Haftung der Organe

Eine weitere praxisrelevante Erscheinung der Cum-/Ex-Leerverkaufsgeschäfte bildet eine mögliche Organhaftung.[1564] Diese betrifft die Innenhaftung der für die jeweilige Steuererklärung beim Leerkäufer zuständigen Organe, wobei wie oftmals in solchen Fällen die Implikation der *Directors & Officers*-Versicherungen dieser Organe avisiert sein dürfte. Dieser Zusammenhang wird im Folgenden überblicksartig beleuchtet.

I. Organhaftung

Die Organhaftung bzw. Vorstandshaftung oder Geschäftsführerhaftung[1565] ergibt sich aus § 93 Abs. 2 S. 1 AktG bzw. § 43 Abs. 2 GmbHG. In Betracht kommen

---

1560 Vgl. *Fischer*, in: BeckOK-BGB (Stand: November 2017), § 675 Rn. 6 und 35; *ders.*, ZAP 2016, Fach 23, 1087 (1088); *Heermann*, in: MünchKomm-BGB, § 675 Rn. 26 und 40 ff.

1561 BGH v. 17.3.2016 – IX ZR 142/14, BeckRS 2016, 7175 (Rn. 9); *Fischer*, ZAP 2016, Fach 23, 1087 (1088).

1562 BGH v. 17.3.2016 – IX ZR 142/14, BeckRS 2016, 7175 (Rn. 15); *Fischer*, ZAP 2016, Fach 23, 1087 (1088).

1563 Siehe bereits ausführlich oben unter § 4 C.

1564 Siehe *Votsmeier/Iwersen*, Handelsblatt v. 14.9.2016, S. 28 f.; vgl. *Florstedt*, NZG 2017, 601; siehe auch LG Essen v. 8.7.2015 – 42 O 4/14, BeckRS 2016, 03713.

1565 In der Praxis sind Finanzunternehmen häufig in Form einer GmbH organisiert, welche im Verhältnis zum Investitionsvolumen meist mit geringem Eigenkapital ausgestattet sind; vgl. *Rau*, FR 2014, 1012; *Bamberger*, in: Derleder/Knops/Bamberger, Handbuch zum deutschen und europäischen Bankrecht, § 52 Rn. 7.

haftungsauslösende Handlungen im Zusammenhang mit Cum-/Ex-Geschäften (Leerverkauf oder -ankauf oder Begehren der Steueranrechnung).[1566] Ein Schwerpunkt dieser Haftung ist aufgrund des i.S.d. § 76 Abs. 1 AktG pflichtwidrigen Handelns – die Cum-/Ex-Geschäfte waren schließlich rechtswidrig[1567] – die Problematik des Verschuldens. In diesem Zusammenhang gilt gem. § 93 Abs. 1 AktG die Sorgfalt eines ordentlichen und gewissenhaften Geschäftsleiters bzw. nach § 43 Abs. 1 GmbHG die eines ordentlichen Geschäftsmanns. Es handelt sich dabei um einen Sonderfall der Haftung nach § 277 BGB, wobei § 93 Abs. 1 S. 2 AktG einen speziellen Ermessensspielraum in Form einer sog. *Business Judgement Rule* eröffnet.[1568] Ziel dieser Regelung ist es, einen unternehmerischen Ermessensspielraum zu schaffen.[1569] Zu untersuchen ist daher auch hier, wie sich ein etwaiger steuerlicher Rechtsirrtum, gerade unter Berücksichtigung juristischer Beratung der Organe, auf das Verschulden auswirkt.

II. Verschulden

Während die erste Frage schlicht bejaht werden kann, da das Begehren der Steueranrechnung sachüblich ist, ist die Frage nach der Berücksichtigung des Rechtsirrtums einer tendenziell aufwändigeren Antwort zuzuführen. Dafür ist auf die vom BGH in anderem Zusammenhang entwickelte ISION-Rechtsprechung zurückzugreifen.[1570] Demnach entfalle das Verschulden bei einem rechtswidrig handelnden Vorstand, wenn sich dieser auf den Rat eines anderen verlässt und nicht über die erforderliche Rechtskunde verfüge.[1571] Erforderlich sei indes eine ergebnisoffene Prüfung durch einen fachlich geeigneten und unabhängigen Berater, welcher über die rechtlichen Umstände der Gesellschaft umfassend informiert ist.[1572] Notwendig ist darüber hinaus, dass der Vorstand

---

1566 Vgl. auch *Florstedt*, NZG 2017, 601.

1567 Siehe bereits ausführlich oben unter § 4 C.; *Florstedt*, NZG 2017, 601 (602); die Vertreter der hier abgelehnten Legalitätsthese dürften argumentieren, die Cum-/Ex-Geschäfte seien rechtmäßig und daher bereits Pflichtkonform; vgl. auch allgemein hierzu *Steber*, DStR 2015, 2391 (2393).

1568 *Dauner-Lieb*, in: Henssler/Strohn, GesR, § 93 Akt Rn. 17 ff.; *Hölters*, in: Hölters, Aktiengesetz, § 93 Rn. 2 und 4; *Ritter*, in: Schüppen/Schaub, MAH Aktienrecht, § 24 Rn. 18 ff.; vgl. auch *Fleischer*, in: FS Hüffer, S. 187 (199 f.).

1569 *Dauner-Lieb*, in: Henssler/Strohn, GesR, § 93 Akt Rn. 17.

1570 BGH v. 20.9.2011 – II ZR 234/09, NZG 2011, 1271; BGH v. 28.4.2015 – II ZR 63/14, NZG 2015, 792.

1571 Vgl. auch *Harnos*, Geschäftsleiterhaftung bei unklarer Rechtslage, S. 334 f.

1572 *Harnos*, Geschäftsleiterhaftung bei unklarer Rechtslage, S. 334 f.

die erteilte Rechtsauskunft seinerseits einer sorgfältigen „Plausibilitätsprüfung" unterzieht.[1573]

Die Frage, ob die Unabhängigkeit der Berater im Einzelfall gewahrt ist oder inwiefern dies aufgrund von Interessenkonflikten nicht der Fall ist, kann hier nicht abschließend geklärt werden.[1574] Selbiges gilt für die Frage nach dem Umfang der Sachverhaltsdarstellung und der hierauf aufbauenden hypothetischen oder konkreten Gutachten.[1575] Rechtsdogmatisch interessanter ist aber die Weiterentwicklung der ISION-Grundsätze, wonach eine zusätzliche Kontrolle i.R.d. Plausibilitätskontrolle des Gutachtens zu fordern sei.[1576]

Demnach könne eine generelle Begründungsunplausibilität in Ansehung der Legalitätsthese bei Cum-/Ex-Geschäften nicht bestehen, sofern das entsprechende Gutachten vollständig sei.[1577] Fraglich dagegen sei, ob die ISION-Maßstäbe um weitere „ergebnisbezogene" Plausibilitätsansätze zu ergänzen seien.[1578] In diesem Zusammenhang werden zunächst weitere, zum Teil aus dem US-amerikanischen Recht abgeleitete Verschärfungen diskutiert. Namentlich soll es sich um *offensichtliche Rechtswidrigkeit*[1579], die *Bestandsgefahr*[1580] der Gesellschaft und die Berücksichtigung *außerrechtlicher Maßstäbe*[1581] drehen. Während für eine offensichtliche Rechtswidrigkeit neben der Begründungsplausibilität kein Raum ist und die Bestandsgefahr in den Cum-/Ex-Fällen eine untergeordnete Rolle einnimmt, steht einzig der außerrechtliche Maßstab der Sittenwidrigkeit in Rede.[1582] Wie bereits zuvor dargestellt, ist eine sittliche Indikation der Cum-/Ex-Geschäfte belegt.[1583] Der Einfluss sittlicher Maßstäbe im haftungsrechtlichen

---

1573 BGH v. 20.9.2011 – II ZR 234/09, NZG 2011, 1271 (Rn. 18); BGH v. 28.4.2015 – II ZR 63/14, NZG 2015, 792 (Rn. 16 ff.); vgl. auch schon BGH v. 14.5.2007 – II ZR 48/06, NZG 2007, 545 (547); vgl. ferner *Fleischer*, NZG 2010, 121 (122 ff.); *ders.*, in: FS Hüffer, S. 187 (188); *Florstedt*, NZG 2017, 601 (605); *Steber*, DStR 2015, 2391 (2393).

1574 Siehe hierzu ausführlich *Florstedt*, NZG 2017, 601 (605 f.); vgl. auch *Steber*, DStR 2015, 2391 (2394).

1575 Siehe hierzu ausführlich *Florstedt*, NZG 2017, 601 (606).

1576 *Florstedt*, NZG 2017, 601 (611).

1577 *Florstedt*, NZG 2017, 601 (607 f.).

1578 Vgl. *Florstedt*, NZG 2017, 601 (608).

1579 Harris v. Pearsall, 116 Misc. 366 (383 f.), N.Y. Supreme Court (1921).

1580 Harris v. Pearsall, 116 Misc. 366 (381 ff.), N.Y. Supreme Court (1921).

1581 Harris v. Pearsall, 116 Misc. 366 (384), N.Y. Supreme Court (1921).

1582 So *Florstedt*, NZG 2017, 601 (608 ff.).

1583 Siehe hierzu oben unter § 7 B. II. 3.

Umfeld vermag indes nicht das durch den Rechtsirrtum geschaffene Vertrauen zu überwiegen.[1584]

Aufgrund der Unzulänglichkeiten der behandelten Ansätze schlägt *Florstedt* vor, die Plausibilitätskontrolle anhand von evidenten Wertungswidersprüchen weiterzuentwickeln.[1585] Zwar liegt der Vorteil dieser Lösung darin, dass unterschiedliche Fälle auch unterschiedlichen Lösungen zugeführt werden können[1586], jedoch spricht gegen diesen Ansatz, dass es abermals um die Bewertung rechtlicher Wertungen ginge, welche das Organ nicht einem qualifizierten Rechtsrat zuwider zu leisten bereit ist. Vielmehr ist gerade streitig, welche Wertung der unklaren Rechtslage in den Cum-/Ex-Fällen zu entnehmen ist, sodass hier viel dafür spricht, neben den Anforderungen an die Begründungsunplausibilität keine weiteren Erfordernisse zu stellen.

Insofern kann zumindest teilweise an den bereits zuvor erörterten Verschuldensvorwurf angeknüpft werden.[1587] Ein steuerlicher Rechtsirrtum kann im Einzelfall unter den genannten Kriterien zum Verschuldensentfall führen, wobei es einer speziellen Ergebnisplausibilität vorliegend nicht bedarf.[1588]

III. Verjährung

Die sich aus § 93 Abs. 2 S. 1 AktG und § 43 Abs. 2 GmbHG gegenüber den bisher diskutierten Anspruchsgrundlagen ergebende Besonderheit ist die erweiterte Verjährungsfrist des § 93 Abs. 6 AktG bzw. § 43 Abs. 4 GmbHG. Demnach verjähren die Ansprüche der Gesellschaft in fünf bzw. bei börsennotierten Aktiengesellschaften in zehn Jahren. Folglich ergibt sich hieraus im Falle der Organhaftung eine ungeahnte Regressperspektive.

IV. Fazit

Demzufolge gilt für die Organhaftung die grundsätzliche Verantwortlichkeit für die im Zuge der Cum-/Ex-Geschäfte entstandenen Schäden. Wie die Ausführungen gezeigt haben, ist der steuerliche Rechtsirrtum i.R.d. Verschuldens jedoch beachtlich.

1584 So auch *Florstedt*, NZG 2017, 601 (609); vgl. auch *Fleischer*, in: FS Hüffer, S. 187 (201 f.).

1585 *Florstedt*, NZG 2017, 601 (609 und 611).

1586 Siehe *Florstedt*, NZG 2017, 601 (609).

1587 Siehe hierzu u.a. oben unter § 7 B. II. 4. c) cc).

1588 Vgl. auch LG Essen v. 8.7.2015 – 42 O 4/14, BeckRS 2016, 03713.

Als praxisrelevante Implikation ist hierbei außerdem der Bezug zu etwaigen Vermögensschaden-Haftpflichtversicherungen von Aufsichtsräten, Vorständen und Geschäftsführern, den sog. *Directors & Officers*-Versicherungen, hervorzuheben.[1589] Dabei sind eventuelle Ausschlüsse des Versicherungsschutzes, wie beispielsweise Ziff. 5.11 AVB-AVG im Hinblick auf Ansprüche mit Strafcharakter, aufgrund der hier abgelehnten Strafbarkeit[1590] restriktiv zu handhaben.[1591]

D. Zivilrechtliche Haftung der Depotbank des Leerverkäufers bei Inlandsfällen nach 2006

Vereinzelt wird eine Regressberechtigung des Erwerbers gegenüber der gem. § 44 Abs. 5 S. 1 EStG zum Steuerabzug verpflichteten Depotbank des Leerverkäufers erwogen.[1592] Ein etwaiger Anspruch ergäbe sich nach teilweise vertretener Auffassung aus § 426 BGB auch für den Ausgleich des Steuerschuldners und des für den Steuerabzug Haftenden.[1593] In Betracht kommen hier nur inländische Depotbanken.[1594] Argumentativ werden die faktische Doppelbelastung des Leerkäufers sowie die Wertung des § 44 Abs. 5 S. 2 EStG angeführt, um diese Haftung zu untermauern.[1595]

Für diese Lösung spricht, dass die Depotbank ihrerseits Regress beim Leerverkäufer nehmen könnte. Dieser Anspruch ergäbe sich gem. §§ 280, 241 Abs. 2 BGB aus der Verletzung vertraglicher Neben- bzw. Rücksichtnahmepflichten. Somit wäre letztendlich auch der Leerverkäufer belastet. Problematisch indes wäre, dass diese Kette der Regresshaftung dazu führen könnte, dass neben der speziellen Verjährung der kaufrechtlichen Gewährleistung i.S.d. § 437 BGB auch die in § 442 BGB vorgenommene Bewertung anhand des subjektiven Horizonts des Leererwerbers unbeachtet bliebe. Steuerrechtlich ist, wie dargestellt,

---

1589 Siehe Handelsblatt v. 14.9.2016, S. 28–29.

1590 Siehe hierzu oben unter § 5 C.

1591 Vgl. hierzu beispielsweise *Voit,* in: Prölss/Martin, VVG, Ziff. 5.11 AVB-AVG Rn. 1; *Ihlas,* D&O Directors and Officers Liability, S. 548 f.

1592 *Habammer,* DStR 2017, 1958; *Jehke/Blank,* DStR 2017, 905 (911); *Spengel,* FR 2017, 545; kritisch dagegen *Schmid/Mühlhäuser,* DStR 2017, 2778.

1593 *Jehke/Blank,* DStR 2017, 905 (911) unter Verweis auf BGH v. 22.10.1992 – IX ZR 244/91, BGHZ 120, 50 = NJW 1993, 585; BFH v. 19.1.2012 – IX ZR 2/11, BGHZ 192, 221 = DStR 2012, 527.

1594 Siehe zu Cum-/Ex-Geschäften über inländische Depotbanken auch nach Ende 2006 *Habammer,* DStR 2017, 1958; *Jehke/Blank,* DStR 2017, 905 (907 f.); *Spengel,* FR 2017, 545.

1595 *Jehke/Blank,* DStR 2017, 905 (911).

ja gerade nicht der Leerverkäufer belastet, sondern der Erwerber. Insofern ist zweifelhaft, ob vor diesem Hintergrund die Gleichrangigkeit der Gesamtschuld aus § 426 BGB aufrechterhalten werden kann.[1596]

E. Fazit

Die unterschiedlichen Regresssituationen, in denen die Cum-/Ex-Fälle relevant werden, verdeutlichen, welch hohe Wellen und Einflüsse derartige Geschäfte über das klassische Transaktionsgeschäft hinaus schlagen. Praktisch von Relevanz sind die gegenüber den Ansprüchen aus dem Transaktionsgeschäft längeren Verjährungsfristen.

1596 Vgl. allgemein *Bydlinski*, in: MünchKomm-BGB, § 426 Rn. 4 ff.

Kapitel 9. Zusammenfassung der wesentlichen Ergebnisse in Thesenform

A. Cum-/Ex-Geschäfte

Die Ausführungen haben mittels Analyse der zugrundeliegenden kapitalmarkt- und steuerrechtlichen Systeme die Funktionsweisen und Ziele der Cum-/Ex-Geschäfte verdeutlicht. Hierbei handelt es sich um Leerverkäufe über den Dividendenstichtag mit der Zielsetzung, einmalig abgeführte Kapitalertragsteuer mehrmals anzurechnen. Bei den Cum-/Cum-Geschäften hingegen wird die gehandelte Aktie lediglich so verschoben, dass ein nicht anrechnungsberechtigter Marktteilnehmer mittelbar wirtschaftlich in den Anrechnungsgenuss kommt. Die Tatsache der Mehrfachsteueranrechnung ist im Cum-/Ex-Transaktionsgeschäft das einzige Gewinnmoment.[1597]

B. Steuerrechtliche Bewertung

Die Untersuchung der steuerrechtlichen Rechtmäßigkeit der Cum-/Ex-Geschäfte hat gezeigt, dass die für eine Anrechnungsberechtigung gem. § 36 Abs. 2 Nr. 2 EStG erforderlichen Voraussetzungen nach einem Cum-/Ex-Dividenden-Leerverkaufsgeschäft beim Erwerber der Anteile nicht vorliegen. Zwar verzeichnet der Erwerber seit dem 19.12.2006 bei Vereinnahmung von Dividendenregulationszahlungen eines Leerverkäufers steuerbare Einkünfte. Eine tatsächliche Erhebung der Kapitalertragsteuer ist jedoch weder durch die Zurechnung der Erhebung beim Anteilsinhaber noch durch die Vorlage der Steuerbescheinigung ersetzbar. Weiterhin ist im hypothetischen Fall der steuerrechtlichen Legalität der Cum-/Ex-Transaktionen von einem Gestaltungsmissbrauch i.S.d. § 42 AO und folglich von der steuerrechtlichen Unbeachtlichkeit der jeweiligen Konstruktion in Fällen kollusiven Zusammenwirkens auszugehen.[1598] Der Irrtum über die Steuerrechtslage ist bei der Beantwortung der Frage nach der steuerrechtlichen Legalität irrelevant.

1597 Siehe oben unter § 3 C.
1598 Siehe oben unter § 4 E.

C. Strafrechtliche Bewertung

Die strafrechtliche Betrachtung der Cum-/Ex-Geschäfte hat vor allem zweierlei zutage gefördert. Zum einen ist der mit der steuerrechtlichen Legalität eng zusammenhängende objektive Tatbestand beim Leererwerber in aller Regel zu bejahen. Zum anderen ist neben dem tatsächlichen ein steuerlicher Rechtsirrtum i.R.d. subjektiven Tatbestands hinreichend zu würdigen. Die Anwendung der Steueranspruchstheorie führt hierbei im Regelfall zur Straffreiheit beim rechtsirrig handelnden Leerkäufer der Aktien.[1599] Damit ist der steuerliche Rechtsirrtum im Strafrecht beachtlich.

D. Zivilrechtliche Haftung des Leerverkäufers

Die Analyse der Cum-/Ex-Geschäfte hat gezeigt, dass sich ein steuerlicher Rechtsirrtum im Zivilrecht auf verschiedenen Ebenen auswirken kann. Aufgrund des vorliegenden Vertragsverhältnisses ergibt sich die folgende Dogmatik.

I. Wirksamkeit der Verträge

Die Arbeit hat belegt, dass steuerlich unerwünschte und allgemein missbilligte Cum-/Ex-Leerverkaufsverträge nicht aus diesem Grund ihre zivilrechtliche Wirksamkeit verlieren. Eine solche Rechtsfolge ist weder erforderlich noch geeignet, steuerwirksame Effekte zu erzielen, und daher lediglich in extremen Einzelfällen denkbar.[1600] Abweichendes gilt indes im Anwendungsbereich der Anfechtungsrechte, welche ihren Grund letztlich in den Parteiinteressen finden. Faktisch kommt nach der hier vertretenen Auffassung in den Cum-/Ex-Fällen aufgrund der Sperrwirkung des Gewährleistungsrechts jedoch nur die Arglistanfechtung des § 123 Abs. 1 Alt. 1 BGB in Betracht.[1601]

II. Gewährleistungsrechte

Die Untersuchung der Gewährleistungsrechte hat ergeben, dass weder die Einordnung als Rechtskauf noch die steuerliche Grundlage des Mangels einer Untersuchung des steuerrechtlichen Irrtums im Kaufgewährleistungsrecht entgegenstehen. Vielmehr ist aufgezeigt worden, dass sowohl in Anwendung der Verweisung aus § 453 Abs. 1 BGB als auch nach der vermittelnden Beschaffenheitsauffassung ein

---

1599 Siehe oben unter § 5 C.
1600 Siehe oben unter § 7 B. II. 1. bis 3.
1601 Siehe oben unter § 7 B. II. 4. a).

Sachmangel eines Rechts möglich ist. Zu fordern sind deshalb – in Abgrenzung zur Bonitätshaftung des Verkäufers – eine Anknüpfung an die rechtliche Ausgestaltung in Form von Struktur und Gestalt des gehandelten Rechts sowie hinsichtlich des steuerlichen Risikos eine individuelle Risikoabwägung. Resultat hieraus ist für die Cum-/Ex-Geschäfte eine grundsätzliche Kaufgewährleistungsverantwortung des Leerverkäufers.[1602] Die vereinzelt vertretene These, jeder sei für seine Steuer selbst verantwortlich, ist widerlegt worden.

Indes hat die Untersuchung der *subjektiven Horizonte* der Parteien ergeben, dass anhand des § 442 BGB die Kenntnis und grobfahrlässige Unkenntnis des Käufers vom Leerverkauf zu berücksichtigen ist. Außer in Fällen arglistigen Verhaltens des Verkäufers sind Gewährleistungsansprüche daher ausgeschlossen.[1603] Der steuerliche Rechtsirrtum findet in diesem Zusammenhang insofern Berücksichtigung, als dass zwar nicht das Verschulden, wohl aber der Vorsatz des Leerverkäufers entfällt.

Einen weiteren Schwerpunkt bildet die Verjährung der Ansprüche aus § 437 BGB. Wie ausgeführt, ist trotz der teilweise strukturellen Unregelmäßigkeiten eine Abweichung von den gesetzlichen Regelungen nicht vorzugswürdig.[1604] Daraus folgt, dass die allermeisten Ansprüche gegen die Cum-/Ex-Leerverkäufer mittlerweile verjährt sein dürften. Ausgenommen ist auch hier die Haftung arlistig handelnder Leerverkäufer.

III. Störung der Geschäftsgrundlage

Das Institut der Störung der Geschäftsgrundlage i.S.d. § 313 BGB bietet gegenüber der Gewährleistungshaftung einen alternativen Lösungsweg für den innerparteilichen Ausgleich steuerlicher Rechtsirrtümer. Voraussetzung ist, dass steuerliche Umstände in Ansehung des Parteiwillens nicht zum Vertragsinhalt gemacht werden, sondern auf der Ebene der Geschäftsgrundlage verbleiben. Technisch sind die Ansprüche aus § 313 BGB im Anwendungsbereich der Mistrade-Rules regelmäßig ausgeschlossen.[1605]

IV. Haftung aus Nebenpflichtverletzung

Eine Haftung aus Nebenpflichtverletzung im Wege der c.i.c. besteht in den Cum-/Ex-Fällen in aller Regel mangels Aufklärungspflicht nicht. Außer in Fällen

---

1602 Siehe oben unter § 7 B. IV. 2. d) und 12.

1603 Siehe oben unter § 7 B. IV. 7. c) dd).

1604 Siehe oben unter § 7 B. IV. 8. e).

1605 Siehe oben unter § 7 B. VI. 5.

der arglistigen Täuschung ist die Haftung aus c.i.c. ferner durch das insoweit vorrangige Kaufgewährleistungsrecht verstellt.[1606]

V. Deliktische und Bereicherungsrechtliche Haftung

Hinsichtlich einer etwaigen Haftung aus Bereicherungsrecht im Zusammenhang mit den Cum-/Ex-Geschäften bleibt festzuhalten, dass – außer im Falle der ausnahmsweisen Nichtigkeit der Transaktion – die ansonsten denkbare *condictio ob rem* nicht durchgreift.[1607] Auch eine deliktische Haftung besteht nur in Fällen betrügerischen Vorgehens.[1608]

VI. Besonderheiten im Aktienhandel

Die Untersuchung hat ferner gezeigt, dass auch komplizierte Fälle wie die Cum-/Ex-Transaktionen auf der Basis des Leistungsstörungsrechts des BGB zu lösen sind. Gleichwohl sind die behandelten Besonderheiten im Aktienwirtschaftsrecht hinreichend zu beachten. Besondere Implikationen gehen hier von der zentralen Gegenpartei sowie den sich aus den Usancen ergebenden sog. *Mistrade-Rules* aus. Diese halten im Rahmen ihres (vorwiegend börslichen) Anwendungsbereichs besondere Lösungsrechte und Ausschlüsse der gesetzlichen Rechte bereit.[1609] Die Implementierung der CCP hingegen vermag zumindest grundsätzlich nicht die etwaigen Rechte zu beeinträchtigen.

Das Hauptwirkungsfeld der Mistrade-Rules liegt hier auf Aufhebungs- und Anpassungsrechten, wobei Gewährleistungsrechte bestehen bleiben. Umgekehrt sind die Cum-/Ex-Geschäfte zivilrechtlich einer leistungsstörungsrechtlichen Lösung zuzuführen und mithin nicht unter die sich aus den Mistrade-Rules ergebenden Rechte zu subsumieren.

Die vorliegende Fallkonstellation illustriert dennoch, dass bei umfangreichen Ausschlüssen von Sekundärrechten die Gesamtrisikoverteilung ins Ungleichgewicht geraten kann.

VII. Praktische Besonderheiten

Die praktischen Gegebenheiten führen in aller Regel dazu, dass die festgestellten Ansprüche verjährt sein dürften. Dieses Ergebnis folgt vor allem aus der

---

1606 Siehe oben unter § 7 C. V.

1607 Siehe oben unter § 7 D. IV.

1608 Siehe oben unter § 7 E. IV.

1609 Siehe oben unter § 7 B. II. 4. e).

kaufrechtlichen Dogmatik und ihrer Applikation auf die steuerlichen Rechtsirrtümer.

E. Periphere Regresshaftung

Die Analyse in diesem Punkt hat offenbart, dass weitere Regressoptionen in Betracht kommen. Im Vordergrund steht hier die Verantwortung der Finanzintermediäre. In der dort analysierten Haftung findet der steuerliche Rechtsirrtum keine Beachtung. Zudem gilt die für den Investor vorteilhafte Regelverjährungsfrist.[1610]

Die Untersuchung der Organhaftung für das festgestellte pflichtwidrige Handeln hat ergeben, dass zwar grundsätzlich eine Regresshaftung mit großzügigen Verjährungsfristen in Betracht kommt, der steuerliche Rechtsirrtum hingegen unter Umständen zum Verschuldensausschluss führt.[1611]

Etwas anderes gilt dagegen für die Haftung etwaiger Berater[1612] sowie für die vereinzelt vorgeschlagene gesamtschuldnerische Haftung der Depotbank des Leerverkäufers, deren Tatbestände schon nicht vorliegen.[1613]

1610 Siehe oben unter § 8 A. VI.

1611 Siehe oben unter § 8 C. IV.

1612 Siehe oben unter § 8 B.

1613 Siehe oben unter § 8 B.

Kapitel 10. Ausblick

Abschließend soll ein kurzer Ausblick über die in Bezug auf die Cum-/Ex-Geschäfte gefundenen Ergebnisse hinaus gewährt werden.

A. Die Beachtlichkeit des steuerlichen Rechtsirrtums

Unter Bezugnahme auf die einleitenden Erörterungen (§ 2) der unterschiedlichen Interessen, welche bei der Untersuchung eines (steuerlichen) Rechtsirrtums zu berücksichtigen und in Einklang zu bringen sind, ergibt sich die folgende Gewichtung besagter Interessen.

Während im Steuerrecht der Rechtsanwendungsbefehl überwiegt, rückt in der strafrechtlichen Beurteilung des steuerlichen Rechtsirrtums dieser über die Steueranspruchstheorie dahingehend in den Fokus, dass nunmehr nicht mehr das primäre Rechtsanwendungsinteresse überwiegt, sondern Aspekte wie Vertrauensschutz oder die faktische Unmöglichkeit umfassender Normkenntnis. Hinzu tritt das *ultima ratio*-Prinzip des Strafrechts.

Wiederum anders gestaltet sich die Interessenlage im Zivilrecht. Auch hier ist der Primat des Rechts weniger tangiert. Auf der anderen Seite stellt der zivilrechtliche Regress einen Erwägungsgrund dar, weshalb der steuerliche Rechtsirrtum i.R.d. Steuerrechts unbeachtlich ist. Hinzu tritt, dass der Rechtsirrtum nicht aus der Sphäre einer der Parteien stammen muss. Das Gesetz unterscheidet nicht zwischen Rechts- und Tatsachenirrtümern. Bei der Frage nach der Schuldhaftigkeit etwaigen Handelns ist daher der genaue Zusammenhang zum steuerlichen Rechtsirrtum zu prüfen, womit in aller Regel vorsätzliches Handeln entfällt.

B. Der steuerliche Rechtsirrtum im Zivilrecht

Die Analyse der steuerlichen Rechtsirrtümer hat die folgende dreigliedrige Abstufung in der zivilrechtlichen Behandlung zutage gefördert. Zunächst ist zu fragen, ob der Steuerumstand zum Vertragsinhalt (1. Stufe) gemacht wurde. Ist dies der Fall, so kommen Rechte aus (Kauf-)Gewährleistung wegen eines Sachmangels in Form einer vertragswidrigen Beschaffenheit (§§ 434 ff. BGB) sowie eine Anfechtung aufgrund eines Eigenschaftsirrtums i.S.d. § 119 Abs. 2 BGB in Betracht. Der Steuerumstand müsste dazu *ein tatsächliches oder rechtliches Verhältnis mit Bezug zum Kaufobjekt* (im Falle eines Rechtskaufs sogar mit Strukturbezug) *sein*, welcher *mittels Art und Dauer die Brauchbarkeit der Kaufsache beeinflussen* müsste und nicht *dem Risikobereich des Käufers entspringen* dürfte.[1614]

Ist der steuerliche Umstand dagegen lediglich Vertragsgrundlage (2. Stufe) geworden, so sind Rechte aus der Störung der Geschäftsgrundlage (§ 313 BGB) denkbar. Lediglich theoretisch ist hingegen an die *condictio ob rem* (§ 812 Abs. 1 S. 2 Alt. 2 BGB) zu denken. Letztlich, sofern der steuerliche Rechtsirrtum auf keiner der ersten beiden Stufen verortet werden konnte, befindet er sich allein im Risikobereich einer Partei (3. Stufe), wobei kein zivilrechtlicher Regressanspruch besteht. Die aufgezeigten Stufen bilden ab, dass eine steuerrechtliche Implikation in verschiedene Risikobereiche fallen kann.

Die einzige Ausnahme hiervon sind solche Fälle, in denen nicht der steuerliche Rechtsirrtum selbst, sondern eine darüber hinausgehende Pflichtverletzung auch solche Konstellationen umfasst. Namentlich löst eine solche Pflichtverletzung Rechte aus *culpa in contrahendo* oder § 123 Abs. 1 BGB sowie u.U. eine deliktische Haftung aus.

C. Leistungsstörungsrecht im Aktienwirtschaftsrecht

Weitere Erkenntnisse wurden i.R.d. Leistungsstörungsrechte im Aktienhandel gewonnen. Allgemein besteht Konsens darüber, die Regeln des bürgerlichen Rechts auch auf moderne und komplexe Strukturen anzuwenden.[1615] Die Arbeit hat die Konsequenz der kaufrechtlichen Dogmatik im Hinblick auf Beschaffenheiten von Rechten im Allgemeinen und Aktien im Besonderen aufgezeigt. In diesem Kontext ist die Wechselwirkung zwischen speziellen Usancen und dem zentralen Kontrahenten weitestgehend unklar.

Der hier geebnete Weg bedeutet letztlich die Möglichkeit, die Institute des Kaufgewährleistungsrechts in den seltenen Fällen zumindest dann anzuwenden, wenn Abweichendes nicht geregelt worden ist. Dies gilt sowohl für die untersuchten *Mistrade-Rules* als auch für die (Zwischen-)Verantwortlichkeit der zentralen Gegenpartei.

Problematisch ist die im Zivilrecht, insbesondere im Kaufverjährungsrecht, festgestellte teilweise bestehende Unzulänglichkeit *de lege lata*.[1616]

1614 Siehe hierzu mit Nachweisen oben unter § 7 B. IV. 2. b).

1615 Vgl. auch *Alfes*, Central Counterparty – Zentraler Kontrahent – Zentrale Gegenpartei, S. 195 f.

1616 Zur Verjährung bei einer „steuerrechtlichen Beschaffenheit“, siehe oben unter § 7 B. IV. 8.

D. Maßgeblichkeit der zivilrechtlichen Lastenzuweisung

Die abschließende zivilrechtliche Lastenzuweisung stellt den Schlusspunkt der Untersuchung dar. Das Zivilrecht ist für die Lastenverteilung zwischen den Parteien zuständig. Wie die Arbeit gezeigt hat, sichert es den individuell-konkreten Schutz der Parteien umfassend und abschließend, woraus sich Rückschlüsse auf vorgeschaltete (hier insbesondere steuerrechtliche) Probleme ziehen lassen.

Wie ausgeführt, führte das pauschale Argument der Schutzbedürftigkeit im Steuerrecht mitunter zu unbefriedigenden Ergebnissen. Das Argument der Schutzbedürftigkeit ist vielmehr dann richtig platziert, wenn es auf der Seite der zivilrechtlichen Folgen untersucht wird.[1617] Das Risiko eines steuerlichen Rechtsirrtums ist daher zivilrechtlich zuzuweisen.

E. Schlusswort

Abschließend ist anzumerken, dass sowohl für die Cum-/Ex-Fälle als auch darüber hinaus die Akzeptanz des Rechts durch eine Vielzahl von Faktoren beeinflusst wird. Deutlich geworden ist, dass neben der Qualität der Gesetze auch die Qualität ihrer Anwendung Grundlage moralisch fragwürdiger Geschäfte sind.

Anders als das *ultima ratio*-Prinzip des Strafrechts[1618] ist der zivilrechtliche Lastenausgleich zumindest geeignet und angemessen, den Primat des Rechts durchzusetzen. Die Regressoptionen im Zivilrecht sind somit Ausdruck elementarer Gerechtigkeitserwägungen.

1617 Siehe oben unter § 4 E., Fazit zur steuerrechtlichen Behandlung.

1618 Vgl. auch *Haritz/Werneburg*, NWB 2015, 657 (663); *Seer/Krumm*, DStR 2013, 1757; *dies.*, DStR 2013, 1814 (1815).

www.ingramcontent.com/pod-product-compliance
Ingram Content Group UK Ltd.
Pitfield, Milton Keynes, MK11 3LW, UK
UKHW022032051026
15623UKWH00001B/15

9 783631 762998